牛津应用语言学汉译丛书

Fundamental Concepts of Language Teaching

语言教学的基本概念

〔加〕H. H. 斯特恩 著

刘振前 宋青 庄会彬 译

2018 年·北京

H. H. Stern

Fundamental Concepts of Language Teaching

Copyright © Oxford University Press 1985

据牛津大学出版社 1985 年版本译出。

English text originally published as *Fundamental Concepts of Language Teaching* by Oxford University Press, Great Clarendon Street. Oxford © Oxford University Press 1985.

This Chinese translation edition is published by The Commercial Press by arrangement with Oxford University Press(China) Ltd for distribution in the mainland of China only and not for export therefrom.

Copyright © Oxford University Press(China) Ltd and The Commercial Press 2018.

Oxford is a registered trademark of Oxford University Press.

译者前言

H. H. 斯特恩是研究第二语言教学问题的权威人士,加拿大卓越的语言教学法专家之一,深受人们敬仰的教育家,曾任安大略教育研究院现代语言中心主任,1981 年到 1987 年任该院课程研究系荣誉教授。为纪念他对加拿大语言教学的卓越贡献,设立有"斯特恩奖",以褒扬那些为语言教学做出突出贡献的语言教师。

斯特恩 1981 年退休后,致力于两本书的撰写:第一本书《语言教学的基本概念》(Fundamental Concepts of Language Teaching)(即本书)于 1983 年出版,其中阐述的理论很快为学术界所接受,被公认为语言教学的主要理论依据之一;第二本书是《语言教学的问题与可选策略》(Issues and Options in Language Teaching),作者在撰写过程中去世,后由艾伦与哈雷根据斯特恩博士的遗稿整理编辑而成。

《语言教学的基本概念》是作者毕生从事语言教学研究和语言教学与语言教师培训经验的结晶,自 1983 年首版以来,至今已重印十数次(至 1997 年已重印九次),是应用语言学领域的经典之作,是应用语言学专业学生的必读书目,被学界誉为"语言教学研究的圣经"。该书从内容上来看,有如下特点:第一,强调理论的指导作用;第二,强调教学理论与具体教学实践相结合;第三,注重提高读者的自我判断力;第四,汲取诸多学科关于语言教学的研究成果。①

---

① 引自斯特恩著《语言教学的基本概念》(英文版·出版前言)(上海:上海外语教育出版社,2002)。

但是，我们认为，本书的最大特点是将语言教学置于教育这个大背景下，联系语言学、社会语言学、心理学、心理语言学、社会学、人类学、教育学（尤其是课程论）等源学科，对语言教学的各个方面进行了全面的探讨。虽然所引用的某些理论在某些人看来可能已经"过时"或者说过于"陈旧"，但是可以说，若论对语言教学理解的深刻、全面，迄今仍鲜有出其右者。译者虽然已经从事语言教学与研究近三十年，但是在翻译本书的过程中，越来越深刻地发现，本书内容总体来说不仅没有过时，相反，仍具有强大的生命力，对我国的语言教学与语言教学研究仍然有巨大的指导意义。

本书适合大专院校外语学院与文学院语言专业的研究生、语言教师、语言教学研究者、语言研究者以及语言学爱好者阅读与参考，尤其适合做应用语言学专业的研究生教材。

献给罗达

目　录

致谢 …………………………………………………（ i ）

绪论 …………………………………………………（ 1 ）
第一部分　扫清障碍 ………………………………（ 9 ）
第 1 章　语言教学漫谈 ……………………………（ 11 ）
第 2 章　理论与实践 ………………………………（ 33 ）
第 3 章　语言教学的概念框架 ……………………（ 49 ）
第 4 章　语言教学研究 ……………………………（ 72 ）

第二部分　语言教学历史面面观 …………………（ 99 ）
第 5 章　方式与研究 ………………………………（101）
第 6 章　近代与当下的各种思潮：1880—1980 …（131）

第三部分　语言的概念 ……………………………（159）
第 7 章　语言学理论的历史发展 …………………（161）
第 8 章　语言学理论与语言教学：两者关系的建立 …（204）
第 9 章　语言学理论与语言教学：重新评估与现状 …（231）

第四部分　社会的概念 ……………………………（251）

第10章　社会、文化和语言 ………………………………… (253)
第11章　社会语言学面面观 ………………………………… (288)
第12章　社会科学与第二语言课程设置 …………………… (325)
第13章　语言的教学与学习的社会学 ……………………… (356)

第五部分　语言学习的概念 …………………………………… (377)
第14章　语言与语言学习的心理学研究 …………………… (379)
第15章　语言教学心理学的发展：选评 …………………… (414)
第16章　第二语言学习的模型与语言水平 ………………… (441)
第17章　学习者因素 ………………………………………… (469)
第18章　学习的条件与学习过程 …………………………… (509)

第六部分　语言教学的概念 …………………………………… (541)
第19章　教育研究及其同语言教学的关系 ………………… (543)
第20章　语言教学理论与教学方法的理论 ………………… (585)
第21章　语言教学法无定法 ………………………………… (617)
第22章　语言教学的教育学解读 …………………………… (645)

结论 ……………………………………………………………… (667)

参考文献与引用索引 …………………………………………… (675)

索引 ……………………………………………………………… (785)

译后记 …………………………………………………………… (835)

致　　谢

本书在成书过程中，曾从下列出版社所出版的出版物中引用一些片段或整篇论文，谨表谢忱：

Newbury House，图表 3.1—3.4 引自卡普兰（R. B. Kaplan）著《应用语言学的范围》（*On the Scope of Applied Linguistics*）（1980）；图表 3.5 引自麦基（W. F. Mackey）的"语言学习、语言教学与语言政策之间的互动模型"（Interaction model of language learning, language teaching and language policy），首次发表在雅格博维茨（L. A. Jakobovits）编《外语学习》（*Foreign Language Learning*）（1970）一书中；图表 5.1 引自凯利（L. Kelly）著《语言教学 2500 年》（*25 Centuries of Language Teaching*）；引文引自菲什曼（J. Fishman）著《语言社会学》（*Sociology of Language*）（1972）；问题与答案引自哈奇（E. Hatch）的"第二语言句法习得"（Acquisition of syntax in a second language）一文，载理查兹（J. C. Richards）编《第二语言与外语学习理解：问题与理论》（*Understanding Second and Foreign Language Learning: Issues and Approaches*）（1978）；语义区分的例子引自加德纳（R. C. Gardner）和兰伯特（W. E. Lambert）著《态度、动机与第二语言学习》（*Attitudes and Motivation and Second Language Learning*）（1972）。

The Ontario Institute for Studies in Education（安大略教育研究院），图表 3.6 引自"语言学习/教学过程的理论模型"（Theoretical model of the language learning/teaching process），首次发表于《双语制工作论文》（*Working Papers on Bilingualism*）（1976 年 8 月第 11 期）；The Council of Europe（欧洲委员会），引文引自里克特里奇（R. Richterich）著"语言需求的分析：幻觉—借口—必要性"（The analysis of language needs：Illusion-pretext-necessity）一文，载《欧洲成年人现代语言学习单元/学分制》（*A European Unit/Credit System for Modern Language Learning by Adults*）（1978）。

The International Phonetic Association（国际语音协会），斯特恩（H. H. Stern）翻译的六篇文章，引自帕西（J. Passy）和朗博（A. Rambeau）编《法国古典名著选：为便于非母语读者阅读，所选散文、诗歌均附发音图示》（*Chrestomathie française：Morceaux choisis de prose et de poésie avec prononciation figurée à l'usage des étrangers*）（1897）。

Penguin Books Limited，图表 9.1 引自皮特·科德（S. Pit Corder）著《应用语言学入门》（*Introducing Applied Linguistics*）（1973），图表 11.3 与图表 11.4 引自鲁宾逊（W. P. Robinson）著《语言与社会行为》（*Language and Social Behaviour*）（1972）；Routledge and Kegan Paul（London），引文引自奥格登（C. K. Ogden）和理查兹（I. A. Richards）著《意义的意义》（*The Meaning of Meaning*）（1923）。

Teachers of English to Speakers of Other Languages（向说其他语言的人讲授英语的教师协会），引文引自汉纳兹（U. Hannerz）的"第二语言：人类学观"（The second language：An anthropological view），载《TESOL[①]季刊》（*TESOL Quarterly*）1973 年第 7 期。

[①] 此处缩略形式的全称是"Teaching English to Speakers of Other Languages"，可译作"向说其他语言的人教授英语"，但是因为在国内已经接受了这个缩略语，此处保留原文形式。——译者注

The Center for Applied Linguistics（应用语言学研究中心），图表11.5与引文引自斯图尔特（W. A. Stewart）的"用于描写多语制的语言类型纲要"（An outline of linguistic typology for describing multilingualism），载赖斯（F. A. Rice）编《第二语言在亚洲、非洲和拉丁美洲地位的研究》（Study of the Role of Second Languages in Asia, Africa, and Latin America）（1962）。

John Wiley & Sons Inc.，引文引自菲什曼（J. Fishman）、弗格森（C. A. Ferguson）和达斯·居普塔（J. Das Gupta）编《发展中国家的语言问题》（Language Problems of Developing Nations）（1968）；Encyclopedia Britannica Inc.，（Chicago）（大英百科全书出版有限公司（芝加哥）），诺斯特兰（Nostrand）对"层创模型"的描述，根据西利（H. N. Seelye）的"跨文化语境的分析与教学"（Analysis and teaching of cross-cultural context）一文改编，载《大英外国语言教育评论》（Britannica Review of Foreign Language Education）（第1卷）；引自"与第二文化的共鸣：动机与技巧"（Empathy for second culture: Motivations and techniques），发表于《回应新的现实》（Responding to New Realities），《ACTFL外国语言教育评论》（ACTFL Review of Foreign Language Education）1974年第5卷。蒙全国教材公司（The National Textbook Company）慨允重印。The American Council on the Teaching of Foreign Languages（美国外语教学委员会），图表13.1引自麦基（W. F. Mackey）"双语教育分类"（A typology of bilingual education）一文，载《外国语言年鉴》（Foreign Language Annals）1970年第3期。

University of New Mexico（新墨西哥大学），图表13.2引自斯波尔斯基（B. Spolsky）、格林（J. B. Green）和里德（J. Read）著《双语教育描写、分析与评估模型》（A Model for the Description,

Analysis and Perhaps Evaluation of Bilingual Education)（纳瓦霍阅读研究进展报告第 23 号）（1974）。

Indiana University Press，图表 14.2 和图表 14.3 引自奥斯古德（C. E. Osgood）和谢别奥克（T. A. Sebeok）著《心理语言学：理论与研究问题概观》（*Psycholinguistics: A Survey of Theory and Research Problems*）（1965）。Northeast Conference on the Teaching of Foreign Languages Inc.（东北外语教学会议股份有限公司），引文引自诺姆·乔姆斯基（Noam Chomsky）的报告"语言学理论"（Linguistic Theory），载小米德（R. G. Mead Jr.）编《语言教学：宏观环境》（*Langauge Teaching: Broader Context*）（1966）。

NABE Journal，图表 16.2 引自卡明斯（J. Cummins）的"双语教育的进入与退出悖论"（The entry and exit fallacy in bilingual education），1980 年春季。蒙编者慨允重印。The University of Wisconsin Press，引文引自奥苏贝尔（D. P. Ausubel）"成人与儿童的第二语言学习：心理学考量"（Adults versus children in second language learning: Psychological considerations）一文，载《现代语言杂志》（*Modern Language Journal*）1964 年第 48 期。

Research Bulletin No. 276（《研究简报》第 276 号），图表 17.2 引自"法语学习动机面面观"（Aspects of the motivation to learn French），载加德纳（R. C. Gardner）著《动机与第二语言习得》（*Motivation and Second Language Acquisition*）（1973）。蒙作者慨允重印。

Ontario Modern Language Teacher's Association（安大略现代语言教师协会），引文引自里弗斯（W. M. Rivers）著《第六种语言的学习：一个成人学习者的日记》（*Learning a Sixth Language: An Adult Learner's Daily Diary*），首次发表在《加拿大现代语言评论》（*Canadian Modern Language Review*）第 36 卷第 1 期（1979 年 10 月）。蒙编辑莫

利卡（A. S. Mollica）慨允重印。

Prentice-Hall Inc.，引文引自希尔加德（E. R. Hilgard）和鲍尔（G. H. Bower）著《学习理论》(*Theories of Learning*)（1975）。

Language Learning, Vol. 28 No. 1（《语言学习》第 28 卷第 1 期），比亚里斯托克（E. Bialystock）"第二语言学习的理论模型"（A theoretical model of second language learning）（1978）。蒙主编慨允重印。

Little, Brown & Co.，引文引自贝克（C. M. Beck）著《教育哲学与理论：导论》(*Educational Philosophy and Theory: An Introduction*)（1974）。蒙作者慨允重印。

McGraw-Hill Book Company，引文引自卡罗尔（J. B. Carroll）的"心理学理论与教育研究对外语教学的贡献"（The contribution of psychological theory and educational research to the teaching of foreign languages），载瓦尔德曼（A. Valdman）编《语言教学的趋势》(*Trends in Language Teaching*)（1966），以及图表 22.3 引自布鲁姆（B. Bloom）、黑斯廷斯（J. Y. Hastings）和马多斯（G. Madaus）著《学生学习的形成性和总结性评估手册》(*Handbook on Formative and Summative Evaluation of Student Learning*)（1971）。

朱利叶斯·格鲁斯·弗莱格（Julius Groos Verlag），图表 21.3 引自"教学策略：心理学与语言学基础"（Instructional strategies: Their psychological and linguistic bases），首次发表于《国际应用语言学评论》（IRAL）1970 年第 8 卷第 1 期。Holt, Rinehart and Winston, CBS College Publishing，图表 22.1 引自邓金（M. J. Dunkin）和比德尔（B. J. Biddle）著《教学研究》(*The Study of Teaching*)（1974）。

绪　　论

　　本书开篇，还是开宗明义为好：这是一本关于语言教学理论的书。如此"直言不讳"坦诚本书性质，可能会使那些跟"象牙塔"里的理论家们老死不相往来的读者望而却步，因此不会继续读下去。但是，权且冒一次险，希望本书后面各个章节的内容，会使那些对任何"理论性的"东西都嗤之以鼻的人坚信："优秀的教学实践的基础，是对理论深刻的领悟。确实，没有任何东西比好的理论更实际的了"（Wardhaugh 1969: 116）。

　　因此，本书的读者是对语言教学真正感兴趣，并且愿意拿出一定的时间和心思去理解课堂教学实践背后东西的任何人。我头脑中所想象的读者，（尤其）是那些有思想、负责任的一线教师，或者那些在寻找方向或者寻求职业发展的未来的语言教师。本书对那些以不同方式关注这些问题的人亦有裨益，其中包括教育行政管理者、政策制定者、师资培训者、教材编写者、教学研究者，以及正在学习应用语言学、语言教学法和普通教育学的学生。

　　诚邀各位读者积极参与对第二语言或者外语的教授与学习的探索。我们的基本出发点是下述假设：语言固然难学，教起来也不易。近一百年来，乃至此前数百年以来，正如凯利（Kelly 1969）在其引人入胜的《语言教学2500年》一书中所指出的关于语言教学，提出了各种各样的理论，进行过大量的试验、革新，也曾进行过许多辩论甚至论战，目的是改进语言教学实践，使之更易于掌控、更有效，而且更有趣味。几十年来，我们总是在告诉教师要采用这种或者那种方法。最近，我们又敦促他们教学要讲究科学，应该依靠语言科学与研究。接着，又来了个一百八十度大转弯，告诫他们要有独立思维，切莫奉"伪科学"的教条为圭臬。

对勤于思考的语言教学工作者和学生而言，长久以来积累的信息、观点和相互矛盾的建议，如浩瀚海洋。在这其中，要从大量的文献中发现真正有价值的东西，将放之四海而皆准的真理，与过眼云烟般的时尚或者彻头彻尾的谬误区别开来，实非易事。首要的是，这一切中究竟是什么有助于语言教学水平的提高，对他[1]而言，亦难以做出决断。

本书并不试图向人们宣布又一种现成的解决方案。我们的主要目的是帮助读者学会自助。理论家和语言教学工作者一样，都想要改进语言教学，因此，究竟该如何去做，他们必须自己做出决断。问题在于，（无论是个人还是集体）所做出的决策是充分考虑了各方面因素深思熟虑的结果，具有坚实的理论基础，能够达到预期的效果，还是显然很幼稚、无知，缺乏理论根基，没有系统性与统一性。

本书意在引导读者进行探索，使其职业判断能力更加敏锐，而不是越俎代庖，替他们做出判断；敦请读者对语言教学进行思考，厘清已知的事实，将已知与未知或者仍有疑惑的东西区别开来。由于语言教学本身是一件极其复杂的事情，因此我们的探索也不会很简单。假如我们没有耐心，寻求草率的答案的话，就不可能走得很远。

本书旨在为分析广义的语言教学问题提供一个框架，因此并不局限于某种语言或某些语言的学习者或教师，也不局限于某一个国家、某种教育制度或者教育水平。其内容适用于当今世界各地各种情况下的语言教学。

因此，我们将各种条件下贴着各式各样标签的语言教学类型，统统都考虑在内：外语学习、第二语言学习、少数族裔和多数族裔语言学习、双语教育、第三语言学习、多语习得、双语语言能力获得。总而言之，本书的中心是母语之外的任何语言的学习。

尽管本书并非针对母语教育，但是也大可不必将母语教育与第二语言教学区分得泾渭分明。相反，在很多情况下，两者之间的界线非常模糊，甚至根本无法区分。我们的原则是，母语与非母语教育两者之间不应该分家，而是统一的[2]。本书各个章节所探讨的针对外语教师的问题，在某种程度上也适用于母语教育，因此希望母语教育工作者能以本书为基础找出两者的共通之处。然而，为了对读者公平起见，首先应该申明，本书主要探讨的是母语之外的其他语言的学习与双语教育，而非母语教育中的语文教学。

本书另一个局限也应在此一并指出：尽管本书以广义的"实用"为目的，而且我们希望其不具有贬义的"理论性"，但是语言教学实践并非本书的主要主题。这就意味着那些以获取课堂管理信息和各种教学技巧为目的的读者，尤其是新任职的教师或正在接受教师培训的学生，可能在本书中找不到他们寻求的指导。现在市场上已经有多种很好的纯粹以实用为目的的教学指导用书[3]。

那么，本书内容是如何展开的呢？全书分为六个部分，共22章。首先，我们将在第一部分中讨论语言教学中普遍使用的一些术语，为本书后边各个章节的研究扫清障碍。同时，我们还要对理论与实践之间的关系以及研究的作用进行考察，为本研究建立起一个概念框架。在第二部分中，我们将对语言教学的历史进行追溯，把语言教学的最新发展与历史联系起来。本书其余四个部分各侧重讨论语言教学的一个核心概念：语言（第三部分）、社会（第四部分）、学习（第五部分）和教学（第六部分）。对这些概念的讨论均与一个或者多个学科相联系：语言学（第三部分），人类学、社会学与社会语言学（第四部分），心理学与心理语言学（第五部分），以及教育理论（第六部分）。我们首先对这些学科本身进行逐一介绍，当然都是从语言教师的视角，然后围绕上述核心概念，将这些学科与语言教学联系起来进行探讨。我们敦请读者，在阅读每一个部分的过程中，要动脑思考一下自己的观点，对自己不仅作为语言教师，而且作为语言学习者和使用者的经验进行反思，将自己的经验与语言教学的历史以及相关各个学科与研究联系起来，借以理解过去和现在的语言科学、研究与语言教学实践之间的相互联系。

希望通过系统的研究，最终能够加深我们对语言教学以及影响语言教师职业角色的各种因素的理解。换言之，本书开头提到的这种"探索"，应该给我们提供一幅语言教育学的心理"地图"，使我们能够在上面为自己定好位。理想的效果是，通过这个练习，我们能形成对自己行之有效，可用于指导行动的、没有偏颇、经得起专业人士推敲的语言教学"理论"。如果能达到上述目标，这将会对我们处理学生问题、课程设置问题的方式产生影响，而且，从广义上讲，会影响我们从职业的角度思考问题、做出判断和决策的方式。当然，我们最终的希望是，本书建议的方式从长远来讲，有助于避免一个世纪以来语言教学中所遭遇的挫折与失败，促进我们孜孜以求的语言教学方法的改进与教学效果的提高。

本书的写作耗费了作者大量的时间，其成长过程则时间更长。书中所阐述的语言教学观的形成与发展持续了很多年，说来颇为难为情，乃是作者毕生学习语言、教授语言、从事教师培训的结晶，也是多年从事语言研究以及在英国、加拿大与经验丰富的教师和应用语言学研究生共同进行学术研究的成果。

有许许多多的人，无论他们知道与否，都对本书做出了贡献，我可以将其名字一一列出，给予衷心的感谢。他们的影响渗透在本书的字里行间，书后的参考文献或许是对那些朋友、同事以及本书所引用的其他作者最高的褒扬。在语言问题上最多元化的加拿大、安大略语言教育家开放的胸怀以及经常与他们合作的特权，构成了良好融洽的氛围，激励我对本书所探讨的题目进行深入的思考。

本书主要完成于作者供职于加拿大多伦多省安大略教育研究院现代语言中心期间，乃是数十年来跟现代语言中心许多热情、能干的同事与风趣、积极的学生通力合作的产物。在本书前言中，我只能提及那些直接对本书的写作做出过贡献的人和机构的名字，向他们表示衷心的感谢。他们是：现代语言中心图书管理员艾丽斯·温里布（Alice Weinrib），是她热情提供参考文献信息；玛乔丽·韦施（Marjorie B. Wesche）和伯吉特·哈利（Birgit Harley），两人阅读了本书前几章的内容并提供了宝贵的意见，同时与作者本人合作撰写过一篇论文，本书的部分论点就是在这篇文章中以浓缩的形式首先提出的（Stern, Wesche, and Harley 1978）；吉姆·卡明斯（Jim Cummins），蒙其允准使用我们合作撰写的一篇关于语言学习的论文，本书第五部分就是根据这篇论文扩展而成的（Stern and Cummins 1981）。此外，作者对帕特里克·艾伦（Patrick Allen）和埃伦·杰斯克（Ellen Jeske）亦满怀感激，前者审读了全部书稿，并提出了宝贵的意见，后者则不辞辛苦耐心地为我打印了全部书稿，专业地完成了这项艰巨的任务。最后，我还要向牛津大学出版社表示衷心的感谢，是他们的宽容、鼓励和良好愿望，才使本项目得以完成。显然，本人并非是最拖沓的一个作者。在牛津大学出版社的历史上，曾有一位作者让他们等待了 70 年。我下定决心不去打破那个纪录。最后，我要说的是，像这样一个旷日持久的项目肯定影响到了一个人的家庭生活，需要做出一定的牺牲。谨以此书献给我的妻子，感谢多年来她不懈的支持、协调和适时提醒我的现实态度。

注释：

1. 本人接受最近一些年来广为推崇的在学术著述中应使用"非性别歧视语言"的原则，而且在本书中尽量避免使用有争议的表达形式，但在行文自然、风格得体的情况下仍选择使用"他、他的（he/his/him）①"等男性形式，前提是这些形式不会被误解为有性别歧视。若文中已经明确表明，则另当别论。
2. 近年来②，许多人反复强烈呼吁，要将母语教学和非母语教学纳入统一的架构内对待。例如，鲁莱特（Roulet 1980: 27）曾这样写道：

    "为了推动母语和二语教学法的发展，有必要把母语的学习和学校内的二语学习视作是一个整体的进程。"③

    同时参见霍金斯（Hawkins 1981: 57），他曾提到过一个新的"母语/'语言'/外语"三学科④。
3. 首先应该提及的是里弗斯（Rivers）的《外语技能教学》（*Teaching Foreign Language Skills*）。本书1968年首次出版，是内容涵盖范围非常广泛的教学指南，且具有很强的理论导向功能，首版后十年间，受到读者广泛欢迎，1981年新的扩充版出版。里弗斯还发起

---

① 英语的第三人称代词区分男性与女性，有 he/she 与 him/her，由于受女权运动的影响，一些人主张应该避免使用此类具有性别歧视的表达方式。——译者注
② 指上世纪80年代初期。——译者注
③ 原文为法语。——译者注
④ 原文为"trivium"，原指文科七门学科中的前三门，即语法、修辞、论理。——译者注

编写了法语版（Rivers 1975）、英语版（Rivers and Temperley 1978）、德语版（Rivers, Dell'Orto, and Dell'Orto 1975）和西班牙语版（Rivers, Azevedo, Heflin, and Hyman-Opler 1976）的一系列语言教学指南。其他一些著名的教学指南类书籍还有：菲诺基亚诺与博诺莫（Finocchiaro and Bonomo 1973）、霍尼（Horney 1975）、查斯顿（Chastain 1976）、保尔森与布鲁德（Paulson and Bruder 1976）、艾伦与瓦莱特（Allen and Valette 1977）、格里特纳（Grittner 1977）以及 AMA（1979）。关于对上述部分著述的分析，见本书第 21 章。

第一部分

扫清障碍

第 1 章

语言教学漫谈

在语言教学中，我们经常使用的术语有"第二语言""外语""双语""语言学习"以及"语言习得"等。有人会认为，作为语言专业工作者，我们应该已经把自己家里的"内务"整理得有条不紊了，所使用的术语都有统一的界定，没有任何歧义。然而，事实远非如此。自相矛盾的是，语言教育学中使用的一些术语，往往都是有歧义的，有时甚至完全混淆不清。因此，我们应该从一开始就时刻警惕由于概念界定不清可能带来的误解，并且在本书开篇第 1 章中将使用的术语加以解释，以尽量减少误解。因此，目前，我们唯一能够做到的是，对本书中常用的一些重要术语，如"第二语言"或者"外语"、"双语"、"教学"以及"学习"等，加以讨论，阐明术语可能导致的问题。

第二语言

下面首先讨论常识所谓的"母语"或者"本族语"与"第二语言"或者"外语"之间的区别。从学术层面来看，前两个术语可以用"主要语言"与"一语"来替换，后两者则可以用"辅助语言"与"二语"来替换。两组术语可列表如下：

一语（L1①）　　　　　　　　二语（L2）
第一语言（first language）　　第二语言（second language）
本族语（native language）　　非本族语（non-native language）
母语（mother tongue）　　　　外语（foreign language）
主要语言（primary language）　辅助语言（secondary language）
强势语言（stronger language）　弱势语言（weaker language）

上述两组术语，就像"左"与"右"、"我/我们"与"你/你们"，或者"国内"与"国外"一样，只是相对于一个人或者一群人而言的，表明一种语言与某个个人或者某个群体之间主观的关系。我们永远都不能绝对地用上述两组术语中的任何一个来描述法语、英语、阿拉伯语或者日语。[1]

还有第三组术语，可以不需考虑个体与语言之间的关系，用来客观地描述语言。这一组术语突出强调语言的地理分布、社会功能、政治地位、起源、类型或者重要性等。例如：

广泛交际中使用的语言（language of wider communication）
标准语（standard language）
地方语言（regional language）
民族语言（national language）
官方语言（official language）
现代语言（modern language）
古典语言（classical language）

---

① 作者在本章中用"L1"指列出的所有情况。——译者注

有些术语可归入几个不同的范畴。例如,"外语"从主观上讲可能"并非我的一语(L1)",或者从客观上讲,是"在某个国家没有法律地位的语言"。在下例中,前两组术语与第三组术语之间从语义上讲有混淆之处。例如,某个法裔加拿大人说:

(1) 我反对你说在加拿大"把法语当成第二语言来学习";法语跟英语一样,都是第一语言(I object to you speaking of "learning French as a second language" in Canada; French is as much a first language as English①)。

的确,可以肯定地说,对多数法裔加拿大人来说,法语是其"第一语言""一语"或者"母语",而英语则是其"第二语言"或者"二语"。相反,对加拿大以英语为本族语者而言,法语是其"第二语言"或者"二语"。在本例中,之所以会产生混淆,是因为说话者将"第一"等同于"民族""历史第一"或者"重要",而将"第二"等同于"不重要"或者"低等"了,从而将表明语言状况、价值或者地位的第三组客观术语,与前两组将个人及其语言使用相联系的主观术语相混淆。本书所说的第二语言学习,并不涉及对语言本身的价值判断。

然而,即使前两组术语也有混淆的地方,因为有些普遍使用的语言,其区分并非总是泾渭分明,例如某人习得甲种语言与习得乙种语言方式之间的区别,或者某人某种语言所达到的水平。

因此,首先,凡是"一语(L1)"术语均指,某个人在婴儿期和

---

① 作者在本章中主要对一些核心术语进行界定,有些术语区分非常微妙,所以为了不失原文的意思,凡是涉及术语辨析的例子,原文一并抄录。——译者注

童年期（因此称"第一语言"或者"本族语"）通常在家庭环境中（因此称"母语"）已经习得了该语言。例如：

(2) 英语是我的母语（English is my mother tongue）。
(3) 我是法语本族语者（I am a native speaker of French）。
(4) 他的第一语言是匈牙利语（His first language is Hungarian）。

11 上述各例中所提到的语言，都是在人生的这个特定阶段以这种方式习得的。

其次，凡是一语术语均表明某一语言应该达到某种理想水平。这些术语都具有已"完全"掌握了某种语言、达到熟练运用的"本族语"水平等意味。例（2）、（3）中的说话者和例（4）中所提到的人，分别将自己认同为说英语、法语、匈牙利语的人。正常情况下，我们可以假设，例（2）中的说英语者、例（3）中的说法语者和例（4）中的说匈牙利语者，都精通童年时代所习得的语言，因为在许多情况下术语的两种用法恰好一致。但是，也并非总是如此，同样的术语可以指自己主观认为的语言水平（感觉使用某种语言"得心应手"），而且习得的方式可能让人产生误解。例如，例（4）中的匈牙利人可能以如下方式阐明自己的立场：

(5) 我的本族语是匈牙利语，但是现在以英语作为第一语言（My native language was Hungarian, but I now use English as my first language）。

在有些情况下，他甚至会说：

(6) 匈牙利语是我的第一语言，但是现在已经很生疏了（Hungarian was my first language, but it is now rather rusty）。

(7) 匈牙利语是我的第一语言，但是现在已经忘得一干二净啦（Hungarian was my first language, but I have completely forgotten it）。

因此，我们应该将作为"童年早期首先习得的语言"的一语，与作为"优势或者偏爱语言使用（language of dominant or preferred use）"的一语，区分开来。如果能够意识到其歧义性，通常语境可以将不同的用法清楚地区分开。因此，如果说例（5）、（6）或者（7）的说话者说出下面的话，就不会发生混淆：

(8) 我小时候，匈牙利语是我的第一语言，而现在英语是我的第一语言（Hungarian was my first language when I was small, but English is my first language now）。

但是，如果有人问：

(9) 你的第一语言是什么（What is your first language）?

那么，他理应努力澄清歧义：

(10) 你的意思是我的本族语，还是我现在使用的主要语言（Do you mean my native language, or the language I regard as my primary language now）?

因此，需要做出区分的时候，最好名从其主，用"本族语（native language）"指童年时代早期习得的语言，用"主要语言（primary language）"指优势或者偏爱使用的语言，而用"第一语言（first language）"或者"一语（L1）"通指上述两种用法。

二语（L2）（指"非本族语（non-native language）""第二语言（second language）""外语（foreign language）"）的概念中暗含着先前已经具备了一语的意思，换言之，具有某种形式的双语的意思①。同样，与二语（L2）有关的一组术语的使用具有双重功能：一来用这组术语表示某种语言习得的方式，二来表示对某种语言掌握的程度。

(11) 我们正在学校里学习法语②。
(12) 我正在努力学习僧伽罗语。
(13) 我们的丹麦"互裨"姑娘③被她的父母送来英国在我们家里学习英语。她不上课。

无论是以何种方式进行的正规学习，如通过例（11）中学校提供的语言课程、例（12）中的自学，还是如例（13）以非正规方式学习，在上述三种情况下，所学的都是"第二语言"或者"外语"，亦即，例（11）的法语、例（12）的僧伽罗语和例（13）的英语，都是在这几个人习得了一语之后学习的。

另外，与二语有关的一组术语，相对于主要语言而言，具有语言

---

① 凡是习得母语之后又学习了另外任何语言的人，均可称为双语者，但是其第二语言的水平却大相径庭。——译者注
② 凡是不牵涉术语的辨析且意思清楚的例子，均不再提供原文。——译者注
③ 指以授课、协助做家务等换取膳宿的姑娘。——译者注

水平较低的含义。这种语言是一个人的"弱势"或者"辅助"语言，给人以"不熟悉""新颖"或者"生疏"的感觉。

(14) 我是法国人，懂英语，但是会说的很少。

(15) 他是波兰人，在学校里学习了英语。如今，他用英语讲课，还用英语写书。

在例(14)中，英语无疑是在习得法语之后学习的第二语言或者外语，法语是说话者的本族语和主要语言，而英语则是其弱势、辅助语言。而在例(15)中，我们对其本族语水平并不能非常肯定，可能这个波兰语本族语者将波兰语作为主要语言使用，但是其英语水平也非常高，因此能够用英语这门（从时间顺序上来讲）第二语言教学和写书。单纯凭例(15)所提供的信息，还不能说，相对于波兰语而言，英语是否（从主观上讲）是辅助的、不那么受偏爱的语言。可以想象，这位波兰语本族语者已经定居英语国家，而且其波兰语已经退化，英语的地位上升，成为强势或者主要语言，相反其本族语波兰语则降至辅助语言地位。

总之，"第二语言"这个术语有两重含义。首先，这个术语指语言学习的时间顺序。第二语言是习得本族语之后习得（或者将要习得）的任何语言。这个定义有意含糊了一语之后多久开始习得才算是第二语言。在一种极端情况下，第二语言的学习过程始于童年期，此时学习者对本族语的掌握还很肤浅，而在另外一个极端情况下，第二语言的学习过程始于成年期，此时一语的习得过程实际上已经完成，或者已经慢下来。或者，第二语言学习过程可以始于上述两个极端之间任何时间点上。本书所关注的是所有类型的第二语言学习。

其次，"第二语言"这个术语用于指相对于主要或者优势语言而言的语言掌握水平。从这个意义上讲,"第二语言"具有无论是实际语言水平还是主观知觉的语言水平都比较低的含义。因此,"第二"的意思是"弱势的"或者"辅助的"。由于在很多情况下,两种意义重合,也就是说,一语习得之后开始学习的语言水平,往往都低于一语,"第二语言"或者"二语"这个术语包含上述两层意思。如果需要特别说明某人语言水平较低的话,为了意思表达清楚起见,使用"弱势的"或者"辅助的"。

一语与二语之间的区别

为了对一语和二语下的两组术语做一区别,我们采纳的是常识的观点,即在很多情况下,这种区别在实际中是很容易做出的。在很多国家或者地区,尤其是在欧洲国家,这通常确实是不言自明的。例如,英国、法国或者德国的许多地区语言都很统一,所说的分别是英语、法语或者德语,对这些地区的人而言,英语、法语或者德语就是其本族语和主要或者偏爱使用的语言。简而言之,上述情况中显然包括了第一语言的两种意思。如果不同的教育体系把英语、法语或者德语作为第二语言或者外语来教授的话,一语与二语之间的区别就不成为问题了。然而,在很多情况下,各种语言的相对地位并非如此简单。家庭、邻里、学校、地区或者整个国家各种语言可能形成错综复杂的双语制与多语制。在这种情景中,一个人的语言经历大大地模糊了一语与二语学习的界线。例如,许多欧洲国家都从国外接受了一些流动工人。在德国,流动工人来自西班牙、意大利或者土耳其,对其子女而言,德语可能是其第二语言。而在英国,大批的移民来自南亚次大陆,他们把英语作为第二语言使用。在像加拿大这样的移民国家,英语或者法语一语教师常常会发现,对班上有些学生来说,英语或者法语是其二语。相反,德语二语教师会发现,其德语二语课堂上有某些学生的父母竟然是德语本族语者。这些学生通过家庭中的语言经验，对德语的掌握几乎达到本族语水平，但是并不完善。在非洲和亚洲许多国家，当地方言或者语言，与地区语言和一种或者数种广泛交际中使用的语言，如英语、法语、斯瓦希里语或印地语，错综复杂地交织在一起①。在这些情况下，一语与二语的区别就不容易判断了。由于以上原因，最好将一语和二语一并纳入双语制这个共同的概念下。²

第二语言学习与双语制（现象）

"诸如'双语（者）的（bilingual）'和'双语制（现象）（bilingualism）'之类的词汇，乃是关于双语制（现象）的文献中混淆不断的来源"（Macnamara 1966: 11）。我们不想在本节中对双语制（现象）问题展开全面讨论，而仅仅是对"双语（者）的"或者"双语制（现象）"这两个术语加以澄清，以便于更好地讨论"第二语言学习"这个概念。

我们在上一节中对第一语言、第二语言进行了区分，在本节中也必须对"双语（者）的"与"双语制（现象）"两个术语的"客观的"与"主观的"用法做出区分。

我们可以说：

（16）加拿大是一个双语国家（Canada is a bilingual country）。

---

① 新加坡、中国香港地区的情况就是如此。——译者注

这是关于（英语和法语）两种语言客观或者法定地位的陈述。但是，这未必意味着这个国家所有的人都是"双语者"，亦即并非所有的人都精通两种语言，而仅仅意味着在加拿大有一部分人是其中一种语言的本族语者，另外一部分人则是另一种语言的本族语者。

这个术语的第二个用法，亦即个人双语的情形，将语言与个人联系起来，与一语/二语术语的主观用法相对应。例如：

(17) 我是法语和英语双语者（I'm bilingual in French and English）。

恰如前文讨论的关于一语与二语的表达方式，上述陈述中暗含着两层意思：(1) 语言习得的方式，(2) 两种语言的水平。

就上述第一层意思而言，这暗示着两种语言是同时学习的，这个过程跟某一语言作为第一语言或者本族语的习得非常相似。一种典型的情况是，两种语言在儿童所处的直接环境中都得到使用，例如父母中一方说英语，另一方说法语，因此，两种语言以与单语家庭中一种语言相同的方式，潜移默化地获得习得。双语制（现象），从这个意义上讲，是两种语言作为第一语言的同时习得（simultaneous first language acquisition in two languages），简称"儿童早期双语制（early-childhood bilingualism）"。

就上述第二层意思（即语言掌握水平）而言，例 (17) 的陈述具有达到一定语言水平的含义。也就是说，说某人是双语者，通常可理解为这个人能熟练运用两种语言，两者不分伯仲，暗含两种语言水平都很高的意思。

在更专业性的讨论中，双语概念的这种用法发生了变化。被人们理解为两种语言都达到一语水平的双语现象，让位于更宽泛、更灵活的定义。其理由是，如例（17）所假定的那种完美、完全或者同等水平的对两种语言的掌握（平等双语现象、精通两国语言、平衡双语现象①），是极其罕见的。对两种语言的掌握从来都达不到平衡的程度，总是表现出某种"单语优势格局"（Fishman 1966: 126），至于哪种语言具有优势地位，取决于以下各种因素：语言接受或者生成过程中对不同语言的偏好，对书面语或者口语、不同正式程度语言的偏好，以及对语言使用特定领域的偏好等。假如我们承认对两种语言的掌握有如此巨大的差异的话，那么在"懂某种第二语言（knowing a second language）"与"是双语者（being bilingual）"之间就不可能做出泾渭分明的区分了。因此，"双语制（现象）"的定义往往比较宽泛，这样一来，对两种或者两种以上语言的掌握达到任何水平，均可叫作双语现象。[3]

（18）他有支离破碎的法语知识。
（19）他讲法语很流利。
（20）我无论是使用法语还是英语，都得心应手，使用哪一种语言都没有什么两样。

根据这种观点，上述各例的情形，都可称为双语现象。就例（18）或者（19）的情形而言，对两种语言的掌握可能相当不平衡，而例（20）所描述的英语和法语两种语言的水平，则接近普遍接受的双语的概念。这种宽泛定义所导致的后果是，对两种语言的水平必须进行准确的定义，这样才能理解特定条件下双语的含义。例如，假如工作

---

① 对应的英语术语分别是"equilingualism""ambilingualism"和"balanced bilingualism"。——译者注

描述中明确要求某个职位上的人必须具备双语能力的话,那么,就应该准确地说明两种语言达到什么样的水平才可称为双语,符合职位要求。正是因为有了上述宽泛的定义,才使我们能够将前文中所描述的第一语言与第二语言之间错综复杂的关系(例证见例(4)—(15)),都作为双语来处理。

从上述讨论可得出如下结论:因为无论何种第二语言的学习都意味着第一语言已先于第二语言存在了,所以只要有第二语言学习,就自然产生广义的双语现象。

第二语言与外语

过去,"外语"这个术语乃相对于"本族语"而广泛使用的。最近几十年来,另外一个术语"第二语言"越来越广泛地应用于指非本族语之外的任何语言的学习。两者在多数情况下同义,可替换使用,但是在有些情况下,"第二"和"外国"有概念上的差异。因此,缩略形式 TESL(Teaching of English as a Second Langauge 英语作为第二语言的教学),不同于 TEFL(Teaching of English as a Foreign Language 英语作为外语的教学)。例如,在美国,TESL 指对母语为其他语言的移民的英语教学。

关于"第二语言"与"外语"的区别,如今,人们已经达成共识:必须将在目标语国家学习和使用的非本族语,跟在目标语国家或者领土之外的某个语言社团里学习和使用的非本族语,区分开来。前者为"第二语言",后者通常称为"外语"。第二语言通常在某个国家有其法定地位,或者具有认可的功能,而外语却没有。

上述两种情形常常具有重要意义,这在相关文献中已经引起关注(例如 Marckwardt 1963;Stern 1969a;Hartmann and Stork 1972;Quirk *et al.* 1972；Christophersen 1973；Harrison *et al.* 1975；Paulston 1974）。第二语言学习的目的，往往不同于外语学习的目的。由于第二语言通常是官方语言，或者是官方认可的一种或者两种语言，因此需要靠它来"完全参与国家的政治与经济生活"（Paulston 1974：12-13），或者靠这种语言来接受教育（Marckwardt 1963）。相反，外语学习的目的常常是五花八门，例如，去国外旅游、与本族语者交流、阅读外国文学或者阅读国外科学技术文献等。由于是在本国内使用，第二语言的学习通常有更多的环境支持，而使用外语的言语社团，往往与目标语国家可能相隔路途遥远，因此外语的学习严重缺乏环境支持。所以，外语学习需要更多的正规教学和其他措施，以弥补环境支持的匮乏。相反，第二语言由于在环境中广泛使用，常常是通过非正规的方式学习（"轻而易举获得"①）的。

然而，上述任何外语与第二语言区分所产生的后果，均非在某个国家具有地位的二语（即第二语言）与目标语国界之外的某个社团使用的二语（即外语）之间概念区分中所固有的。

"第二"与"外国"之间的区分虽有一定的道理，但可能并非像有时人们所说的那么重要。的确，这可能引起人们的误解。这种区分第二次世界大战后在国际组织（如联合国教科文组织）中流行起来，目的是应对讨论语言问题时遇到的民族敏感问题。但是，反对把某一个国家的语言称作外语，恰恰是混淆了主观与客观两组术语。关于这一点，我们前面已经提醒过。"外国语"中的"外国"可以表达人与

---

① 英语原文为"pick up"，之所以使用这个短语，是因为西方有很多理论家认为，母语与狭义的第二语言是在自然环境中通过使用语言进行交流，轻松获得的。这其实是一种误导。心理语言学的语言发展研究结果表明，即使母语的习得，也并非那么容易；人们之所以感觉容易，是因为人在掌握了语言之后，把以前学习过程中所经历的挫折都抛到九霄云外的缘故，颇有"好了伤疤忘了疼"的味道。——译者注

语言之间的关系（也就是说，对个人来说，这种语言是"新奇"或者"陌生"的），但是，不论语言使用者为何人，未必能表达语言的法定地位（也就是说，外语是在国家没有法定地位的"非本民族语言（non-national language）"）。假如我们将"外国语"仅仅看作是"二语"的同义术语的话，对移民到英语国家的人来说，说英语是"外国语"跟说英语是"第二语言"一样荒诞。因此，从概念上讲，"第二语言"与"外国语"的区分在使用中是有所保留的。然而，按照习惯做法，只要需要，我们将对两者加以区分。

族际语与族内语①

近年来，夏威夷东西方研究中心（East-West Center in Hawaii）的人员主张，应该将族际语与族内语区分开来，两者之间的差异与第二语言与外语之间的差异，有本质的不同（Smith 1981）。英语属于族际语。英国、美国等英语国家不能为英语要求专利，它们无权决定"正确"英语的标准。区分族际语与族内语所涉及的一些概念以前并非从来没有遇到过。例如，斯图尔特（Stewart 1968）在其对多语社会各种语言的分类中，"广泛交际中使用的语言"这一术语下包含着两种功能。[4] 但是，这两个概念的主要特点以前并没有得到明确的阐述，两者的意义也没有得到详细说明。第二语言或者外语学习都意味着有某一个或者多个语言社区作为地域参照，或者接触群体。族际语和族内语却不具备这个特征。因此，英语在法国就是外语，而且正常情况下也是以英国和美国为参照来学习的。同样，英语对加拿大的法语本族语者来说是作为第二语言来学习的，其参照群体乃是北美的英

---

① 英语原文为"international"与"intranational"，前者有人翻译成"国际性语言"，但是因为两者是相对应的术语，故译为"族际语"。——译者注

语社区。相反，印度虽然也使用英语，但印度国内却没有这样一个地缘性的语言参照群体。在印度，人们学习英语，并将它应用于广泛的交际中，尤其是用它来达到教育、商业和政治目的，在这种情况下，英语就是一种族内语。与此相同，在尼日利亚或者赞比亚，英语具有官方语言的地位，但却没有具体参照群体，学习英语是为了进行内部或者国际交流。法语在象牙海岸也具有同样的族内语功能。假如许多国家的人都在学习英语，英语学习不仅以英语国家或者地区为参照，而且是具有不同语言背景的人跨越国境进行国际交流的手段，在这种情况下，英语就是族际语。族际语这个术语的提出，就是用来表达这个作用。

上述区别如图表 1.1 所示：

	存在特定的语言与文化参照群体	不存在特定的语言与文化参照群体
国内二语应用	第二语言学习	族内语学习
国外二语应用	外国语学习	族际语学习

图表 1.1　四种不同情形第二语言的区分

上述四重划分法虽已很清楚，但是仍可能产生某种混淆，所提到的四种用法都统归在二语这个术语之下（见本书第 9 页①），一般都作为（广义的）第二语言学习来对待。然而，有时候第二语言学习则用其狭义的意思，与图表 1.1 中的外国语学习形成对照。

一般来说，我们用"第二语言"这个术语来指所有形式的二语

---

① 正文中所提到的本书页码，均指原著中的页码，即本书的边码。——译者注

的教授与学习，但是有时为了避免重复，将"教"或者"学"与"二语""外语"或者"语言"，合并起来使用。在特定语境中，必须做出区分时，我们会提醒读者特别关注"第二"与"外国"以及"族内"与"族际"之间的区别。

教与学

另外一对需要加以说明的术语是"教"与"学"。[5]

语言学习

根据现今人们的理解，学习的概念受到心理学对学习过程研究的影响，结果对学习的诠释要比这个术语的一般用法远为宽泛。心理学关于学习的概念，远远超出了直接跟随教师学习，或者通过研究或练习来学习等一般意义上的学习，其中不仅包括技能的学习（如游泳或缝纫）或者知识的获取，而且还包括学会学习（learning to learn）和学会思考（learning to think）、态度的修正、兴趣的培养、社会价值观或者社会角色的确立，甚至性格的改变。

与上述广义的学习的定义相应，语言学习的定义也非常宽泛，包括各种不需要正规教学的语言学习。首先包括下文马上就要讨论的第一语言习得这个极其广泛的领域。其次，人在一生中需要在不接受任何具体辅导的情况下，习得新的术语、意义、行话、俚语、语码或"语域"，可能还要学习新的语调模式、新的手势或者体态，习得新的方言，而且，在许多语言环境中，需要学习使用多种语言，来应付日常生活与工作。这些语言学习的很多甚至绝大部分内容，都不需要教师"教"，其中有些内容是学习者无意识中获得的。因此，有人说，第二语言的学习在很多情况下是"……在实际交际情景中，通过相对非正式、没有计划的模仿和使用语言，自然而然发生的"（Ferguson 1962:6）。

我们绝不可以忽视所有这些"自然的""无指导的"或者"非正式的"语言学习。的确，自70年代初以来①，自然语言学习一直是语言学习研究的核心课题。但是，必须强调的是，本书主要关注的是受某种刻意计划的社会干预诱发或者影响的语言学习，亦即作为语言教学反应的语言学习。

学习与习得

自数年前开始，谈到语言学习，尤其是第一语言学习，人们就已习惯于使用语言"习得"，而非语言"学习"。究其原因，是因为理论家将儿童语言"习得"过程看作是成长与成熟的生物过程，而非（通过经验、环境影响的）社会学习过程，亦非主动教学的过程。持这种观点的理论家不希望在没有充分证据的情况下预先判断这是否是一个学习过程，因此选择使用了"习得"这样一个中性的术语。我们认为，这种术语上的区分是值得怀疑的。心理学家习惯于使用"成长""发展"和"学习"这些术语，来描述遗传或生物因素与环境或经验影响之间错综复杂的关系。因此，在儿童发展研究中，研究者经常谈论"学会行走"或者"行走的发展"，他们认为问题的关键在于对生理、神经成熟与社会经验作用之间关系的界定。这与"学会说话""语言发展"或者"语言习得"这些术语中呈现出来的问题是一样的。因此，我们认为，"语言习得"这个术语的使用并无什么理论意义，而是将它纯粹看作是"语言学习"的替换用语，用它来避免重复。"习得"这个词跟"语言"合用的一个缺点是，它使人联

---

① 指20世纪70年代。——译者注

想到永久占有的概念。然而，一个人的语言发展，是要不断得到修正的，语言"习得"这个术语可能诱发产生"终结性"或者"永久性"的概念，从而可能会引起误解。

自大约 1975 年起，美国应用语言学家克拉申（Krashen 1978，1981）就赋予了"语言习得"这个术语以特殊的意义，将它与语言学习对立起来。克拉申用"习得"这个术语来描述相当于儿童习得第一语言方式的第二语言学习，不关注语言形式，自然而然发生，而学习则是指尤其在类似学校的正规环境中有意识的语言发展。克拉申的习得与学习的区分，在第二语言学习的论述中已经很流行，被用以描述无意识的语言发展方式。但克拉申的术语也有其缺点，即与对应的心理学术语相冲突。如前所述，根据克拉申的观点，"学习"和"习得"是两种不同的学习方式（有意识程度的差别）。克拉申所做出的区分是有其价值的，但是这种区分中所暗含的对"学习"这个术语使用上的限制，即将学习定义为在类似学校的正规环境中的学习，则是一个缺陷。然而，在本书关于语言"学习"或者"习得"的讨论中，我们必须将广义的学习与狭义的学习区分开来。[6]

下面把我们关于"学习"这个概念的观点做一下总结。我们的"语言学习"概念涵盖第一语言与第二语言的"习得"或"学习"、双语的发展以及语言内部变异的学习。有些学习是由"教"诱发出来的，但是大部分的学习可能是自发的，不需要教授。

语言教学

在特定社会中生长和生活的人，在学会第一语言之后，都在不同程度上需要学习新的（第二）语言。诱发第二语言学习的各种原因已为人们所熟知，此处不再深入讨论。问题的关键是，社会必须提供什么样的条件来帮助人们学习所需要的第二语言？这个问题的答案取决于我们给语言教学的定义。

假如有人坚持认为，语言教学是不必要的，或者说，社会无论提供什么条件，对促进语言学习都无济于事，那么这可以成为放弃所有语言教学的一个论据。那样的话，我们必须做好对语言教学置之不理的准备，将其看成是一种没有任何规划的社会过程，那么继续本书的讨论也就毫无意义了。显然，本书并不支持语言教学完全无用的观点，否则就不会写这样一本书了。

语言教学可定义为旨在促进语言学习的活动。语言教学的不同方面是本书探讨的主要内容。此处必须指出的是，本书对"语言教学"的诠释，范围远远超出了"课堂语言教学"的范畴，不仅包括正规的课堂教学或者训练方法，而且包括个性化的语言教学、自学、计算机辅助教学、媒体教学（如收音机、电视机）。另外，各种辅助性活动，如教学材料、教学语法或者词典的编写、教师的培训，以及教育体制内外必要的教学行政管理，统统都被纳入教学这个概念之下。有时，有人坚持认为，"反传统学校（deschooling）"（Illich 1971）的非正规方法，如自然情景中语言的使用，比正规课堂教学的"教学"效果更好。在这些情况下，尽管教师并不处于显眼的位置，但是只要我们将这些非正式的途径有意识地用于语言学习，这些活动就没有脱离教学的范畴。

既然语言教学是"旨在促进语言学习的活动"，那么语言教学的理论中总是暗含着语言学习的概念。虽然学习者和学习的概念可能在某一理论中并没有明确阐述，或者两个概念可能给人误导，太教条、太有局限性、太苛求，或者可能不能正确阐释学习者或者学习过程，但是，很难想象语言教学的理论不同时是语言学习的理论。好的语言教学理论可以以最好的方式满足学习者的各种条件与需求。语言教学恰恰是因为在这方面的失败，常常遭到批评，从而促使人们更加关注对学习者的理解。这是有充分理由的。但是，如果出于对学习者的关注，就坚定地认为，我们只需要语言学习的理论，而不需要语言教学的理论的话，那就未免过分了。[7]

总而言之，我们对语言教学的诠释是宽泛的，这样才能将所有旨在促进语言学习的活动全部包括进来。这一点讲清楚后，还老是大谈特谈什么"教与学"，就未免太迂腐了。因此，在以下的探讨中，如果我们仅仅提到其中之一，请记住，在恰当的语境中，也包含其对应的方面，这一点很重要。

其他容易混淆的术语

语言教育学中使用的其他许多术语都是有歧义的。需要时，我们将在本书后面的各个章节中一一予以澄清。[8]

注释：

1 一语（L1）／二语（L2）的区别，最早是1959年由卡特福特（Catford）提出的。"为了方便，可以使用缩略形式'一语（L1）'来指主要语言，用'二语（L2）'来指辅助语言。一语通常但并非总是童年时期习得的第一种语言：它是一个人的日常生活语言，在很大程度上也是计数和其他形式的自我刺激或者'语言思维'所用的语言。多数人，或许除了精通两国语言者之外的所有人，都只有一门一语，但是可能懂多门二语，每一种或许只是为了特定的用途，例如，阅读科技论文、享受地中海假日、阅读圣经"（Catford 1959: 137–138）。一语／二语之区分早在20世纪60年代，尤其在英国，已经流行起来（Halliday, McIntosh, and

Strevens 1964: 77-79）。这一区分已沿用下来，在英语世界教学领域的专业用语中广泛流行。

2. 关于家庭、邻里、学校、地区以及国家语言使用分布模式，系统描述可参见麦基（Mackey 1970）。同时参见本书第 13 章（第 272 页）。

3. "凡是某一语言的本族语者使用第二语言的情况，无论多么不完整、不完善，均可称为双语"（Halliday, McIntosh, and Strevens 1964: 77）。

4. 斯图尔特（Stewart）的分类，首次出现在华盛顿应用语言学研究中心一项关于第二语言在世界发展中地区作用的研究中，这项研究规模虽小，但是具有划时代意义（Rice 1963）。关于这个分类的详细讨论，见本书第 11 章（第 232—234 页）。

5. 关于教育学中包括"教"与"学"等一些基本概念的讨论，见赫斯特和彼得斯（Hirst and Peters 1970）。同时参见本书第 19 章。

6. 关于学习与习得问题，本书第五部分关于心理学与学习的各个章节中有全面探讨。

7. 语言教学理论中的教学的概念在本书第六部分中有详细论述。

8. 以下是类似有歧义术语的简单清单，有心的读者可以尝试做出解释：方法（method）、方法论（methodology）、方法体系（methodics）；语言教学方法（language teaching method）、方式/理论（approach①）、风格（style）、理论（theory）、策略（strategy）、技巧（technique）、程序（procedure）；应用语言学（applied linguistics）、教育语言学

---

① 也有人将这个术语翻译成"教学理论"，与教学法、教学技巧，共同构成了语言教学的三个方面（参见 Richards 等著（管燕红译）《朗文语言教学及应用语言学辞典》（*Longman Dictionary of Language Teaching & Applied Linguistics*），北京：外语教学与研究出版社，2000 年）。——译者注

(educational linguistics)、语言教育学（language pedagogy）、语言教学论（language didactics）；视听法（audiovisual method）、听说法（audiolingual method）；传统教学方法（traditional method）、直接法（direct method）、现代教学方法（modern method）；教程（course）、教学法（method）、课程（programme）、课程（设置）（curriculum）、教学大纲（syllabus）①。同时参见本书第19章（第421—422页）与第20章（注释1）。

---

① 有些术语的汉语对应词可能不止一个，所以此处将原文抄录出来，以供参考。——译者注

第 2 章

理论与实践

为什么需要理论探讨？

可以说，语言教师都把自己看成是讲究实际的人，而不是什么理论家。有些人甚至可能会说，他们反对"理论"，其对理论的抵触常常在以下言论中表达出来："理论上看都很好，可就是在实践中行不通"，或者"理论家叫我们不要翻译（或者不要解释语法规则，或者不要将印刷的文字展示给学生），但是作为课堂教学实践者，我懂得，这是行不通的"。从这个意义上讲，理论是一种高不可攀的理想，或者是不适用于严酷的现实世界的一套假设。

语言教育学的作者一向对理论与实践之间的差距有清醒的认识。他们为了弥合这种差距做出了巨大的努力，反映在一些著述的标题上，如查斯顿（Chastain）的《第二语言技能的发展：从理论到实践》(*Developing Second Language Skills: Theory to Practice*)（1976）。[1] 在最近的相关著述中，"理论"一般被理解为最重要的支持学科对语言教学的贡献，如语言学和心理学，因此语言教学理论往往等同于语言学理论与心理学或者学习理论。语言教育学的作者需要争论的主要问题之一是，语言科学本身始终处于变化之中。理论与实践之间非但没有成为一体，这些变化反而更清楚地表明，两者之间存在着一条巨大的鸿沟。[2] 本书对语言教学理论的探讨，也必须妥善解决这个问题。本书第三部分到第六部分从不同的方面对语言教学的一些基本概念进行了探讨，以期解决理论与实践的关系问题。然而，尽管各个相关学科在语言教学理论的发展中都起着重要的作用，但是这些学科仅仅构成本书所说的语言教学"理论"的一部分。此处，"理论"仅仅是语言教学背后的思想。

因此，"理论"这个术语不仅仅适用于被作者正式描述为"理论"的陈述，例如"语言学理论""学习理论""听说语言教学理论"，或者"认知理论"。

理论是隐藏在语言教学实践之中的，存在于教学实践背后的假设、课程的规划、日常课堂教学、关于语言教学的价值判断以及语言教师日常必须做出的决策中。语言教师可以通过教学活动表达自己的理论信念，也可以（或者说最好）在专业会议的讨论中表达自己的理论立场。

理论的作用，在语言教师的培训、给语言教师的建议或者指导、课程规划、教材编写、课程的选择或者设备投入的理由说明等这些特定的情景中，尤其突显出来。在这些情况下，我们必须表达自己关于语言教学的观点，做出选择，旗帜鲜明地支持某种立场，而且经常还要反驳对立的观点，来维护自己的立场。总之，理论的作用在辩论和政策的制定中，尤其清楚地显示出来。

广义的理论探讨无时无刻不在进行，绝非仅仅发生在某种内隐记忆理论所谓的阈下水平上。关于语言教学职业问题的各种会议与讨论引起了人们浓厚的兴趣，这说明他们对语言教学问题有着各种各样的观点和想法。甚至大众——尤其是在那些语言问题具有政治敏感性的地区——也常常被吸引到语言教学的大辩论中。假如我们也浏览一下职业评论、教师杂志和语言教学研究文献中的各种著述的话,可能会得出这样的结论:几乎不需要更多的理论探讨了,因为这种探讨已经足够多了。

然而,这些理论探讨大都没有产生什么结果。请注意,人们对语言教学令人不满的现状,对语言教学的低效,对在未达到理想结果的某种东西上财力和精力的浪费,对所有这一切,无休无止地抱怨。理论建构的必要性,既体现在语言教学职业人员的焦躁不安上,也体现在对解决语言教学问题灵丹妙药徒劳无益的探寻中,还体现在家长对语言教学的不耐烦和语言学习失败者所表达的绝望与愤恨上。长期以来,语言教学思想的快速变幻,旷日持久的方法之争,所谓的发现与"突破"以及接踵而来的幻灭,所有这些都有理论探讨在其中:各种理论走马灯似地交替更换,场面虽轰轰烈烈,结果却令人悲哀。经验丰富的语言教师对五花八门的"新"理论、教学方法改革以及各式各样的创新,已经产生了怀疑。这是情有可原的。

甚至语言学、心理学和社会学提供的知识,也并没有给蹩脚的理论提供保护。恰恰相反,科学知识可能在应用的过程中被歪曲,或者可能导致混乱,除了增加些科学的行话与冠冕堂皇的新术语外,别无任何贡献。[3] 术语的变化有时可能表明思想的改变或者重点的转移,但是对一线语言教师来说,这往往仅仅意味着标签的变换,对其教学无足轻重,而且对其所面临的问题也没有很多新的启迪。[4]

对语言教学理论现状的不满屡见于专业文献中。早在 1964 年,美国心理学家 J. B. 卡罗尔(Carroll 1966: 105)就在柏林世界现代语言教学大会的主题发言中指出:"现在更需要的不是研究,而是根据心理学和心理语言学理论的最新进展,对目前流行的各种外语教学理论,进行深入的重新思考。"

数年后,他在另外一个场合对"各种观点和争议令人扑朔迷离的关系"进行了评价,得出下述结论:"我认为,我们的(语言教学)领域,长期以来一直受到许多虚假的二分法、毫不相关的观点对立、含混不清的概念、对真正重要问题与变量的忽视的侵害"(Carroll 1971: 101-103)。[5]

从那时起,理论界一直在争论不休。最近,布朗(Brown 1980: 229)用下面的话表达了其对目前流行的理论的看法:"一种完善的第二语言习得理论尚有待于建构,尽管尤其是近十年来,许多研究已开始炮制某种理论的总体框架。目前,我们正处于理论建构的过程中,但是亟须进一步的观察与反馈,这样才能够向有竞争力、一体化的第二语言习得理论这个目标推进。"

理论的定义

那么,假如我们希望发现或者构建好的语言教学理论的话,首先必须问自己一个问题:什么是好的理论?有了这样一个标准,建构好的理论就有了指导。这样一来,我们才会使自己相信,这样的理论在关于语言教育学的讨论中,才是有意义的,而非仅仅是炫耀的外衣,或者是"礼节性的称号"(O'Connor 1957: 110)。

当然,"理论"这个概念通常用于物理科学,如相对论和光波理论。在人文科学领域,也常常谈到理论,心理学领域的学习理论或者人格理论即是其例证。其他方面的应用包括艺术理论、音乐理论、语言学理论或者教育理论。"理论"一词的使用有三重相当不同但相互联系的意思,三重意思都适用于我们关于语言教学理论的探讨。[6]

首先,当我们谈到艺术理论或者教育理论的时候,使用的是第一种广义的"理论"(T1),指对某个题目或者活动相关思想的系统研究,例如艺术、音乐或教育。理论将某个题目或者某些实际活动看成是统一的整体，但又是可分解的。理论提供的是一种思想系统，分析与综合的方法，或者是可用于对不同观察、现象或者活动进行梳理的概念框架。我们所谈到的"第二语言习得理论"，采用的也是这种最广泛的意义。

从上述广义上讲，"第二语言教学理论"与教育哲学家在讨论教育理论时使用的"理论"这个术语，意思是一样的（O'Connor 1957; Hirst 1966; Reid 1965; Kneller 1971）。例如，内勒（Kneller 1971）将"科学理论"与作为系统思维或者统一的思想系统的同义语使用的"理论"区分了开来（同上：41）。里德（Reid 1965）提出了一个甚至更广义的"理论"的定义，他称教育理论为"庞大的袋子，也可以说是杂物袋，里面装满了关于教育的反思与言论"，其中包括"对课程设置、教育内容、好的与不好的教学、教学方法的所有讨论，……（以及）这些讨论背后的心理学、社会学与哲学问题"（同上：19）。以这种广义的定义作为出发点，有一定的好处，因为这样一来，统一系统的思想发展就可以被看成好的理论应该具备的一个特点。

第二，在广义与一般意义的"理论"（T1）下，可以包含各种不同的思想流派或者理论流派（T2s），每一个流派都有其假设、基本原理、原则、模型和概念等。经常被不十分严谨地称为语言教学"方法""理论/方式""哲学"或者"思想流派"之类，如语法翻译法、直接法、听说法或者认知法等，均为第二种意义上的理论。本书的主题虽然是第一种意义上的语言教学理论（T1），但是我们也不应无视基于语言学和心理学各种假设的语言教学与学习的各种理论，这些理论强调的是不同的目标，倚重于不同的程序（T2s）。[7]

最后，在自然科学和人文科学中，理论这个概念的使用更加严格（T3），意思是"经过观察或实验验证的假设，或者一系列假设"

（Kneller 1964/1971：4），或者是"其主要功能是用于解释所研究问题的有逻辑联系的一系列假设"（O'Connor 1957：92）。进化论和光电磁理论是典型的例子。心理学中的各种人格理论和学习理论，如赫斯特（Hirst 1966）所言，正在千方百计达到"科学理论"的标准。产生于语言学和心理学的科学理论（T3），在语言教学理论（T3）的形成与发展过程中发挥了作用，因此对广义的语言教学理论（T1）有贡献。本书探讨的是广义的第二语言教学理论（T1），其中必须包括语言教学与学习中与第二和第三种意义（T2s 与 T3s）各个方面相关的理论讨论。

标准

面对语言教学方法中存在的三种意义上的各种理论，我们如何能将好的理论与坏的理论区分开来呢？对目前流行的语言教学理论的主要批评之一，恰恰是一些理论构想中存在的缺憾："虚假的二分法""毫不相关的观点对立""含混不清的概念""对真正重要问题与变量的忽视"（Carroll 1971）。理论建构中必须具备什么特质，才能足以应对这些严厉的批评呢？假若我们将文献中对理论这一概念的处理，与目前关于语言教学的讨论联系起来的话，就会发现，下列标准与语言教学理论的构建关系尤其紧密。[8]

效用与适用性

这可能是判断一个理论优劣的最重要的标准。既然第二语言教学的理论（T1 或者 T2）主要是指导实际活动的理论，那么它就必须有用、有效，或者说适用。其效用首先表现在语言教学计划、决策与实践中。优秀的教学理论既有助于宏观的政策层的决策，也有助于微观的课堂活动层的决策。同教学实践毫无关系的语言教学理论,不能赋予语言教学以意义的语言教学理论,或者"在教学实践中无用"的理论,是站不住脚的,因此注定要受到人们的怀疑。[9]检验语言教学理论的关键是看其对语言学习的影响。

显明性

理论应阐明其主要假设,并予以界定。无论一名语言教师多么坚定地否认自己对理论有兴趣,没有语言教学理论,他就不能进行语言教学,即使这理论只是隐含于价值判断、决策与行动中,或者隐含于其操作的组织模式中。然而,重要的是,理论的建构,是一个从幼稚和缺乏反思的"现实",到对行动背后的假设、原则和概念,更为有意识的理解过程。[10]根据这一标准,缺乏反思、没有意识到行动背后假设的教师所具有的是一种内隐理论,这样的理论是站不住脚的。语言教育学方面的著述有助于理论意识的建立。[11]没有显明性,就不可能对一些关键问题展开讨论,思想也就不可能有什么发展。所以,显明性是判断理论优劣的另一个标准。

统一性与一致性

理论(尤其是 T1 或者 T2)是对众多事件的系统化,这一事实表明,好的理论的第三个重要特质是,它应该揭示出事物的秩序、模式或者格式塔,同时在我们大脑中建立起事物之间或者事物的组成部分之间关系的意识,没有这种意识,这些关系就无法得到认识。理论应该可以用"模型"或者图表直观地表现出来。[12]

与统一性密切相关的是一致性。理论应该是对其涵盖的所有现象条理化的陈述。所有的部分都应该有机地联系起来,且有理有据。恰恰是数据或者思想观点的秩序化,以及它们之间的逻辑关系,可能将理论的优劣区分开来。假如，如里德所言，理论仅仅是一个"杂物袋"的话，那这就是一个难以立得住的理论，没有做出任何努力对各个组成部分进行秩序化、系统化处理，一致性也就无法保证了。语言学习活动发生于教育的不同阶段与不同的学科中，语言教学的理论应该有助于对这些千差万别的语言学习活动的理解。由于传统或者偶然因素的影响，语言教学中缺乏一致性，这是司空见惯的。例如，语言教师甲可能恪守某一思想流派，而语言教师乙则遵循另一思想流派。这并非是因为语言不同而需要用不同的理论，而往往纯粹是偶然差异的结果，如教师的背景、训练或者以前的经验的不同，或者甲、乙语言教学中已接受的习惯做法的差异等。例如，对文学片段的精细研读（即所谓的"原著文本诠释""原著文本分析"，或者"讲解课"），作为语言学习和文学分析的一种方法，是法国中小学校与大学法语母语教学的传统教学方法，但也常常被法语二语教师用于其教学中。假如这种技巧在法语作为第二语言的教学中亦有价值的话，理应推广到其他语言的教学中。如果这种技巧对其他语言学习的价值不确切的话，它对法语教学的价值岂不也大打折扣了吗？

大学的语言专业、中小学的语言课程和电视成人语言课程的目的不同，对象也不同，因此之间的差异是预料之中的。但是，根据理论所阐明的原则，这种差异应该是可以得到解释的。即使同一语言课程，教学层次不同，如初学者、中级学习者、高级学习者，教学方式常常也不同。这一切更多情况下是由于传统而非系统的课程开发造成的。好的理论有助于认识到这些不一致之处，将有用的与偶然的区分开来，或者尽量消除这种不一致性。[13]

然而，语言教学理论的统一性，未必意味着某一种语言教学方法理论、语言学理论或者心理学理论（T2 或者 T3）的排他应用。例如，许多语言教师都认为自己是折中派。也就是说，他们既不拘泥于某一种教学方式，也不将自己的哲学完全建立在某一种语言学理论或者心理学理论上。但是，有意识地在不同思想流派中做出选择的折中，与仅仅是为自己"不负责任的临时拼凑寻找借口"（Widdowson 1979: 243）的折中，是有天壤之别的。

根据一致性标准的要求，语言教学理论（T1 或者 T2）应该有一种原则，根据这一原则，有时是这一种有时是另一种心理学、教学法或者语言学的理论适用于语言教学实践，否则就仅仅是一个杂物袋了。

综合性

这一特征未必是所有理论的优点，因为有些 T2 或者 T3 意义上的理论所关注的焦点，是某些特殊的方面。这是合理的。但是，由于我们所探讨的主要是广义的语言教学理论（T1），因此这个理论应该提供一个综合架构，其他具体的理论在其中都可以有其位置。综合性这一特征也不应绝对，因为某种理论对这一领域界限的界定，乃是根据实际情况决定的事情。我们提出这条标准，仅仅是为了表明，所限定的领域应该有其理据，这样一来，某一理论所声称涵盖的所有相关现象都在理论中有所反映。

解释力与可验证性

这一标准与其说适用于 T1 意义上的语言教学理论，倒不如说更适用于其背后的某些科学理论。通常情况下，科学理论（T3）的价值在于其解释力、预测力，以及给实证研究指出的方向。由于这种理论通常情况下产生于现有的知识与信息，或者产生于所观察到的非正常现象、困难或者问题，因此好的理论应该能有助于发现立论的知识领域和仍然等待探索或者验证的未知领域。简言之，好的理论能够促进研究。

理论与研究互为倚傍，相辅相成。研究只有与现有的知识，或者问题与假设相联系，才有意义，因为它们乃是思想与研究有序系统的一个组成部分。[14]

理论的阐述需要实证研究的验证，其必要性充分地体现在布鲁克斯（Brooks 1960/1964）20 世纪 60 年代颇有影响的关于语言教学的《语言与语言学习》（*Language and Language Learning*）一书的相关讨论中。该书强烈呼吁采用听说教学法。布鲁克斯在本书中提出的第二语言教学理论（T2）的基础，是儿童早期习得两种语言的模式。他采纳的是一种双语理论，将"并列（co-ordinate）"双语与"复合（compound）"双语区分开来，主张第二语言的学习需要在不参考母语的前提下，建立起完全不同的或者"并列"的语言系统，这样才能创造双语的条件，促使学习者以儿童早期习得本族语的方式，来学习两种语言。进而言之，布鲁克斯主张，应在听说技能之后，引入读写技能，其理由是这一程序反映了母语习得的状况。他还提出，要将第二语言的学习建立在刺激—反应—强化理论之上，根据这一理论，有意识的指导和对语言规则的理解被减少到最小程度。布鲁克斯（Brooks 1966: 359）认识到，其理论"总的来说（仍停留在）信念（水平上），几乎没有研究对其语言教学原则的效度进行过验证"。早在 1964 年，巴赞（Bazan 1964）就对这些原则进行过批判性的详细审视，因而能够发现，这些原则都是由"没有事实依据的假设"构成的，因此是很值得质疑的。换言之，语言教学理论绝对不能仅仅是从主张到反主张，停留在纸面上。理论的探讨应最终导向对证据的探寻，或者正如巴赞所言（同上：337），"我想呼吁，在寻求更好的教学方法的过程中，我们应该（对方法）进行分析、研究、实验和评估。"总之，假若一种语言教学理论（T2）自称是建立在某种科学理论（T3）基础之上的话，它就应该有实证证据或者研究的支持。

近十年来，人们日益清楚地认识到，语言教学必须有经过研究验证的理论与假设的支持。主观臆断当然有其位置，但是仅靠主观臆断是远远不够的。思想必须最终接受检验。正如我们在本书后面的章节将要看到的，由于没有对第二语言学习者的学习障碍做出有说服力的解释，从而激发了大量关于第二语言学习的理论探讨，进而产生了一些富有成效的研究。

简明性

有一种常见的错误观念，认为理论必定是复杂、晦涩的陈述。事实上，好的理论应追求简单、经济，或者节俭，而且其语言表述直截、明了。当然，简单绝不能失于空泛与过分简单化。我们可以有一定根据地说，许多语言教学理论都倾向于把语言与语言学习过程的处理简单化。例如，第二语言学习的刺激—反应理论肯定可以被看成是非常经济的，因为它对于第一语言与第二语言学习，甚至所有学习行为都采用完全相同的理论模型。这种简洁性不管多么诱人，这种理论如果不能解释语言习得与语言使用的很多重要方面的话，就会受到批评。

理论发展的社会结果

好的理论使我们能够从更好的视角来看语言教学，认清语言教学与其他各种活动的关系。语言教学理论的大背景是教育、社会政策、国内与国际政治，以及相关学科的学术研究（语言学、心理学、社会学和人文各个学科）。因此，理论的发展应该使语言教学更加有意义，而且更能够满足人们对知识的追求。通过理论的建构，语言教学工作者不再被卷在学术的论战中不知所措，或者不再被学术的外表装饰所误导，而是应该获得更大的职业自信心，建立起同相关领域的从业者一样的认同感。

好的语言教学理论还应该对公众、对政治家和行政管理者，以及对语言学习者，都有价值。目前，由于无知和错误的信息，学校的语言政策经常受到政治攻击。关于语言教学中究竟应该包含哪些内容，家长、政治家和学习者的意见经常同教师的观点大相径庭。语言学习过程的本质常常被人所误解。一些商业性语言学校的广告吹嘘，只要经过很短的学习时间，就能掌握某种语言，而且达到很高的流利水平，这纯粹是一种误导。同样，随意使用"双语"这个术语来描述语言教学的目标，如果不明白这个术语的现代定义，即双语未必意味着对两种语言"完全"与"等同"的掌握的话，也是会引起人们的误解的。传播完善的理论与拒绝未被验证、不恰当的观点，都会对教育和社会的语言政策产生有利的影响。从学习者的观点来看，完善的理论建构也有其优势，可以帮助学习者更好地理解语言学习中所涉及的任务。

总结与结语

本章首先讨论了在何种意义上"语言教学理论"的探讨是有价值的，然后阐述了建构好的理论的理由，最后提出了好的理论的标准：效用性与适用性、显明性、一致性与统一性、综合性、解释力与可验证性，以及简明性。

我们可以借用内格尔（Nagel 1961: 131）提出的关于理论的定义，并做一修正，权作对全章的总结：好的语言教学理论应致力于提供一个概念框架，以利于发现与语言教学相关的所有的因素以及各个因素之间的关系，在必要的研究与探索的支持下，为语言教学实践提供有效的指导。[15]

好的理论的建构是一个周而复始而非一劳永逸的过程。我们唯一的期待是，本书所讨论的好的理论的标准，能为我们更清晰和更有成效的思维提供指导。

注释：

1 同时参见布朗（Brown 1980）最后一章"从理论到实践"（From Theory to Practice）。

2 关于这一问题的详细讨论，见斯特恩、韦施和哈利（Stern, Wesche, and Harley）的论文，载于萨普斯（Suppes 1978）以各个学科与教育实践中理论与研究的关系为主题的一本文集。

3 拉门德拉（Lamendella 1969）称此为"词汇藻饰（verbal overlay）"。

4 追溯一下"语言规则"或者"习惯"之类术语的兴衰历史，是很有益处的。多年以前，人们认为，语言学习者理所当然必须学习语言规则。后来，舆论转向，反对规则学习这一原则。规则已经过时，甚至谈到"语法规则"都几乎会引起人们的鄙夷。相反，教授"结构"或者"句型"则是可以接受的，学生在教师的帮助下通过"刺激—反应"技术，作为"习惯"来习得语言结构或者句型。大约1970年前后，"习惯""语言型式""语言结构""刺激—反应"等概念受到人们的怀疑，而从另一方面讲，"规则"不再是禁忌。卡罗尔（Carroll 1971: 103-104）为"习惯"的使用提出了辩护，认为"习惯"比"规则"从心理学来讲更基础。关于这一点，安东尼和诺里斯（Anthony and Norris 1969: 1）写道：

"语言教学方法此兴彼衰，此消彼长。其中有些广泛流行起来，接着就销声匿迹。为什么从口语学习到规则学习，又从规则学习回到口语学习，而现在又回到了规则学习上，老是在摇摆不定呢？"最近关于这个问题的讨论，参见塞利格（Seliger 1979）。

5 大约同一时期，其他一些作者也同样对语言教学理论的现状表示强烈不满。例如，麦基在《语言教学分析》（*Language Teaching Analysis*）（Mackey 1965: ix）一书的引言中，不仅认识到把握"各个相互冲突的流派的主张与反对意见"的必要性，而且认识到对"语言教学中存在长达一个世纪的某些争议"做出清楚说明的必要性。接着，麦基（同上：138-139）对这一状况提出严厉的批评："科学的进步是渐进的，每一个新阶段是上一阶段改进的结果，而非对上一阶段的否定，而语言教学方法却追逐时尚，像钟摆一样从一个极端走向另外一个极端。结果，语言教学虽然搞了几百年，却没有积累下来系统的知识。这方面的工作质量低劣，导致语言教学法整个领域名誉扫地，将江湖骗子跟学者同日而语了。结果，大部分语言教学法都变成了某种观点，而非事实。在这些问题上群情激奋，不足为怪，而且'方法'一词的意义一方面太狭窄，一方面又太宽泛，也不足为怪。究其原因，很简单，它既存在于关于语言与语言学习的知识状态与组织中，也存在于对过去所说和所为存心的无知中。"同样，韩礼德、麦金托什和斯特雷文斯（Halliday, McIntosh, and Strevens 1964: ix）也曾指出："在实际操作层面，除非在极其模糊的意义上，没有任何普遍接受的流行理论或者实践系统。相反，我们却有无数不同的先进程度大相径庭的（教学）方式，……"

6 关于理论这一概念的讨论，多见于科学哲学的著述中（如 Conant 1947；Nagel 1961）。同时参见斯诺（Snow 1973）关于教学研究中理论建构问题的讨论，载于《教学研究手册续编》（*Second Handbook of Research on Teaching*）（Travers 1973）。

7　多数语言教育学方面的著述，都可以被看作是第二种意义上的第二语言教学理论。这些理论通常引导读者关注某些教学方法，而且常常努力向读者解释推荐某种教学方式的依据。

8　霍尔和林赛在其人格理论著作的引言中，对理论这一概念做出的阐述尤其有价值（Hall and Lindsey 1957/1970，尤其是第 9—17 页）。面对评估许多不同的人格理论这个难题，他们提出了一系列标准，用于对这些理论进行评估。尽管霍尔和林赛提出的标准不能直接适用于语言教学理论，但是在本章中我们以他们为样板，提出了一系列标准。有兴趣的读者可以将我们的标准与注释 6 中所讨论的斯诺提出的更完整的清单（Snow 1973: 104-106）做一比较。

9　本书引言中引用的沃德豪（Wardhaugh）的评论，是对这个标准恰如其分的表述："没有任何东西比好的理论更有实用价值的了。"布朗（Brown 1980: 230）这样写道："但是，若不经过实践的检验，任何理论都不可能成为好的理论，而且没有实际用途的理论几乎是没有价值的。对外语教师而言，有实际应用或者至少对某些课堂实践有启示的第二语言习得理论，才是有价值的。"

10　霍尔和林赛（Hall and Lindsey 1957/1970）用理论基础的显明性和先进性，对人格理论的状态进行了描述。其评价同样适用于语言教学理论，"相对于理想而言，关于人格的各种理论虽然不尽如人意，但是，相对于坚信自己是在按照唯一可能方式来接受或者观察现实的幼稚的现实主义者的思想而言，这些理论仍然向前跨出了很大的一步。即使各种人格理论并不具备人们所期望的显明性，其存在仍使以系统的方式向着这个目标的努力成为可能"

(1970:17)。

11 布朗在其《原则》(*Principles*①)(1980)一书中,特别强调了这一点。

12 在本书第 3 章我们将看到,数位理论家提出了几个语言教学的模型。

13 研究发现的所存在的矛盾冲突有时恰恰暴露了理论中存在的问题。例如,沉浸式语言学习方式在加拿大使用很成功,有人认为,之所以如此,是因为在沉浸式课堂上,语言学习者可以直接体验语言使用的环境。然而,在美国,当奇卡诺移民被"沉浸"到只讲英语的学校后,这种方式就不那么成功了。这些相互冲突的研究发现促进了对这个问题的讨论与研究,目的就是为了找出这种不一致的根源,而且可能的话,将其作为一个现实的社会问题和与成功的语言学习条件相关的理论问题加以解决(例如,Cohen 1975;Paulston 1975)。同时参见本书第 13 章(第 271 页)。

14 关于理论与研究之间的互补关系,详细讨论见本书第 14 章。

15 内格尔(Nagel 1961:131)在关于理论的工具论一节中,根据这种观点,对理论的定义进行了归纳总结,即(理论是)"用以有效地指导实验研究,揭示所观察的一般被认为没有关系的事物之间联系的概念框架"。

---

① 本书的全名是 *Principles of Language Learning and Teaching*。——译者注

第3章

语言教学的概念框架

我们需要一个概念框架,即前一章所说的 T1,作为指导我们进行探索的地图,这样才能条理清晰地讨论语言教学问题。在目前研究阶段,这个地图必须是尝试性的,在进行探索的过程中,可根据需要随时做出修正。

现有的方案与理论模型

首先,让我们回顾一下在其他方面为了相似的目的所做出的一些努力。最近三四十年以来,人们越来越清醒地认识到,语言教学乃是一个极其复杂的现象,人们坚信,如果语言教学真正是一种事业的话,就必须以学术和科学的方式对待它所涉及的方方面面,建立起完善的理论框架。大约从 1940 年到 1960 年,似乎语言学和心理学的合理应用,能提供理论基础,最好地解决语言教学问题。然而,1960 年到 1970 年间两个领域中翻天覆地的变化浇灭了人们燃起来的希望。人们已经认识到,语言教学作为一种实践活动,与语言科学中的理论发展之间的相互影响,远不像前一个时期所表现出来的那样简单、直截。许多学者得出结论:应用语言学(applied linguistcs)作为语言科学的理论发展与语言教学实践之间的中介学科,或许能够为语言科学更有效地参与教学铺平道路。从 1964 年到 1970 年代中期这一时期，几部颇有影响的著作都表达了类似的观点，例如韩礼德、麦金托什和斯特雷文斯（Halliday, McIntosh, and Strevens 1964）、麦基（Mackey 1965）、科德（Corder 1973）与爱丁堡应用语言学教程（Allen and Corder 1973-1977）。同时，这批学者，尤其是科德，提出警告说，应用语言学尽管在有些方面非常重要，但是其作用是有限的。[1] 除了语言科学之外，其他因素，如社会、政治与经济现实等，都应一并加以考虑，这样才能更好地理解语言教学问题。美国应用语言学学会（The American Association of Applied Linguistics）成立，1973 年到 1978 年间，在美国开始了关于应用语言学研究范围的长时间的讨论（Kaplan 1980），讨论清楚地表明，到 1970 年代末，问题仍没有得到解决。

这次持久的大辩论围绕以下几个问题展开：（1）语言科学中的哪些领域或者方面对语言教学有影响？语言科学与语言教学实践之间应该建立什么样的有效关系？（2）语言科学之外，还有哪些因素在语言教学理论中起着举足轻重的作用？

研究者提出了各种方案或者理论模型。他们努力对上述问题做出回答，建立起了一个将各种需要考虑的主要因素都置于了有序的关系之中的理论框架。

语言科学与语言教学实践

坎贝尔

语言科学同语言教学之间的关系是语言教学理论发展中的一个关键问题。美国应用语言学家坎贝尔（Campbell）提出的简单明了的模型是受到学者广泛接受的理论之一。根据坎贝尔的观点（Campbell 1980: 7），应用语言学是语言教学工作者与理论家之间的中介：

```
┌─────────┐      ┌───────────┐      ┌───────────┐
│ 语言学  │ ←→   │ 应用语言学 │ ←→   │ 语言教学法 │
└─────────┘      └───────────┘      └───────────┘
  理论家            中介            语言教学工作者
```

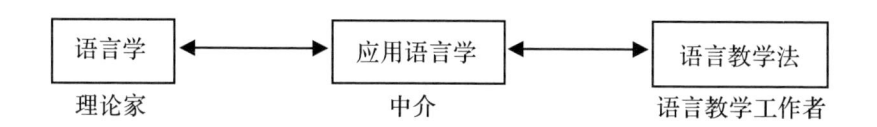

图表3.1　坎贝尔关于理论与实践之间关系的模型Ⅰ

但是，就第二语言教育学而言，仅仅跟语言学建立关系还是不够的，因此坎贝尔（同上：8）在上述模型基础上提出了其扩展的理论模型，这个模型至今为所有的应用语言学家所认可，尽管在究竟应该将哪些学科包含进来这一问题上，可能仍有分歧：

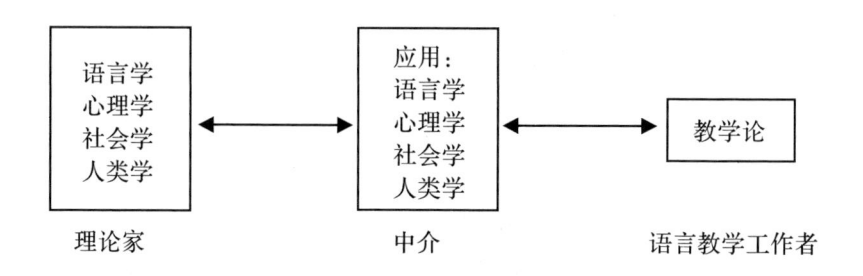

```
┌─────────┐      ┌─────────┐      ┌───────┐
│ 语言学  │      │ 应用：  │      │ 教学论 │
│ 心理学  │ ←→   │ 语言学  │ ←→   └───────┘
│ 社会学  │      │ 心理学  │
│ 人类学  │      │ 社会学  │
└─────────┘      │ 人类学  │
                 └─────────┘
  理论家            中介          语言教学工作者
```

图表3.2　坎贝尔关于理论与实践之间关系的模型Ⅱ

斯波尔斯基

关于特定学科对语言教学理论的贡献，斯波尔斯基（Spolsky 1978）提出的理论模型乃是一个得到缜密论证的例子[2]。跟坎贝尔及其他学者所做的一样，斯波尔斯基（Spolsky 1980: 72）借助于两个图，首先表明仅仅以语言学作为语言教学的基础是不够的，而且甚至语言学与心理学合到一起，也还是不充分的。在最后第三个图中，他恰如其分地勾画出其心目中的理论框架的轮廓：

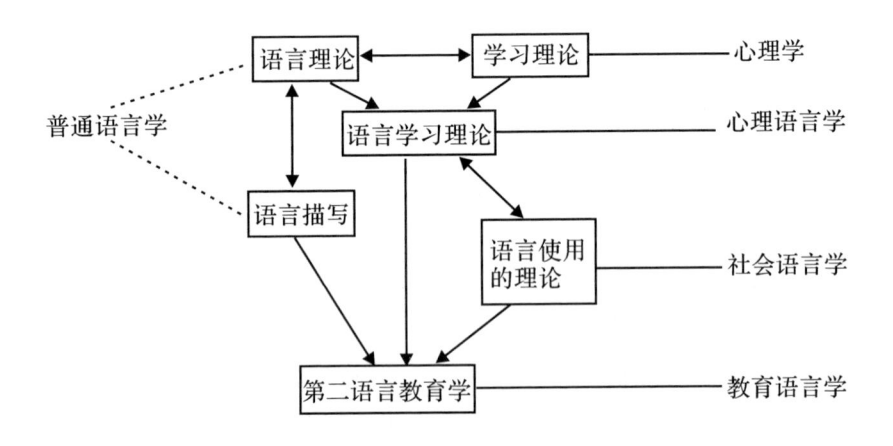

```
                    语言理论 ←→ 学习理论        ——— 心理学
                       ↕      ↘   ↓
普通语言学                      语言学习理论     ——— 心理语言学
                       ↕      ↗   ↓
                    语言描写      语言使用
                                  的理论        ——— 社会语言学
                           ↘  ↓  ↙
                         第二语言教育学         ——— 教育语言学
```

图表 3.3　斯波尔斯基的教育语言学模型

　　根据上述图示，语言教学（"第二语言教育学"）有三个主要源泉：（1）语言描写，（2）语言学习理论，与（3）语言使用的理论。反过来说，语言学习的理论必须最终产生于语言理论和学习理论。语言描写也必须以语言理论为基础。为语言教学提供必要的理论基础和信息的学科包括心理学、心理语言学、普通语言学和社会语言学，各自对应的分别是学习理论、语言学习理论、语言理论与语言描写以及社会中语言使用的理论。上述四个分支联手来处理语言教育问题，从而构成了一个以问题为导向的学科，斯波尔斯基称之为教育语言学，其他人则称之为应用语言学。斯波尔斯基认为，他所提出的第二语言教育学模型也可以应用于应用语言学的其他应用领域，如翻译、词典编纂和语言规划。因此，教育语言学是应用语言学中有更明确定名的

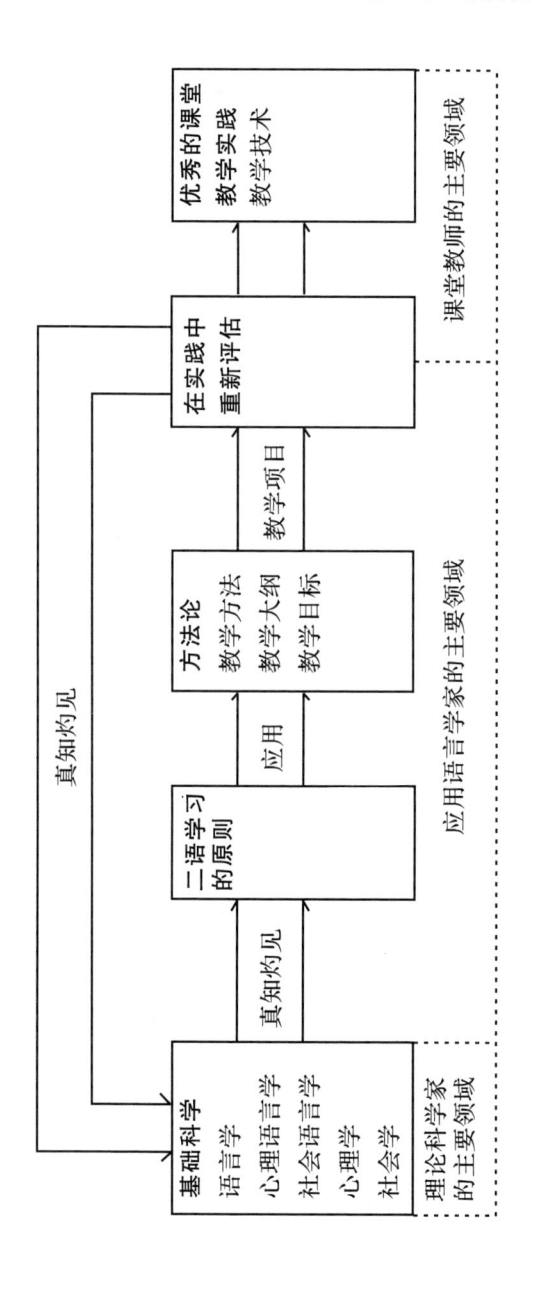

图表 3.4 英格拉姆的语言教学实践发展模型

一个专门领域。很自然,教育语言学不仅跟第二语言教育学有关,而且还跟其他语言教育问题有关,如第一语言教学、阅读教学、言语教育。斯波尔斯基的模型特别指明的是,语言教学理论所包含的要素有哪些,以及与这些要素相关的每一个分支学科所起的特定的作用是什么。我们应该注意到,在坎贝尔的模型和斯波尔斯基的模型中,双向箭头表示交互过程。斯波尔斯基(Spolsky 1980: 72)承认,在其模型中"没有将语言教育发生的实际情况和来自现实世界的种种压力考虑在内"。此外,语言教学方法论以及构成教学法理论的其他要素,也不在这个模型的视野之内。

英格拉姆

第三种理论模型将其他模型中缺失的某些特征补充了进来。跟坎贝尔的做法一样,英格拉姆(Ingram 1980: 42)也列出了一个相关学科的清单,并将不同的任务分配给理论家、应用语言学家和语言教学工作者(见图表3.4)。这个模型更详细地规定了应用语言学家应发挥的功能,以及应用语言学家和课堂教师各自的任务分工。教学实践对理论的反馈得到应有的重视。然而,相对于应用语言学家而言,分配给语言教学工作者的角色很有局限性,这一点颇值得怀疑。另外,认为教学方法和实践最终完全来自理论科学的观点,也颇令人质疑。尽管在对三者的描述中内嵌了反馈与交互的象征符号,但是总的来说,理论家——中介——语言教学工作者的关系还是被看成单向的,从语言科学导向语言教学实践,而非从语言教学实践导向语言科学。

代表其他因素的各种理论模型

为了弄清楚科德与斯波尔斯基提到的其他各种因素在理论中的作

用,下面我们将考察分别由麦基(Mackey)和斯特雷文斯(Strevens)提出的两种理论模型。

麦基

麦基在给雅格博维茨(Jakobovits 1970: xii)的《外语学习问题:心理—语言学分析》(*Foreign Language Learning: A Psycho-Linguistic Analysis of the Issues*)一书写的前言中提出了"交互模型",将语言学习放到了社会政治这个大背景下来进行考察(见图表3.5)。

麦基发现有五种主要变量:M(方法与教学材料,例如,教材、录音磁带和电影)、T(教师做了什么)、I(教学:学习者得到了什么)、S(社会语言与社会文化环境影响)和L(学习者做了什么)。麦基的理论框架揭示出教学变量(图中的MTI三角形)、学习变量(图中的ISL三角形)与支配模型中上半部分的政治、社会和教育因素之间的依赖关系。麦基在其模型中并没有将其背后学科的作用,联系图中所标明的因素,表示出来。麦基将其模型描述为多学科的框架,其中涉及"心理学、社会学、人类学、法律、教育学、政府、语言学等学科,以及其他一些附属学科与技术,如计算机科学和心理声学……"他认为,框架中的不同组成部分或者不同组成部分的不同方面,都值得单独详细地深入探讨。在其重要著作《语言教学分析》(*Language Teaching Analysis*)(1965)一书中,讨论"有意识地局限于语言教学活动中的各个变量",即模型中的MTI变量,这些变量"不同于语言学习所涉及的变量……"(1970a: x),即ISL变量。后者是雅格博维茨书中讨论的主题。换言之,麦基在处理与语言教学相关的各种因素时,采纳的是一种宏观的理论视角,同时他还呼吁要对与宏观设计相关的具体方面进行深入的研究。

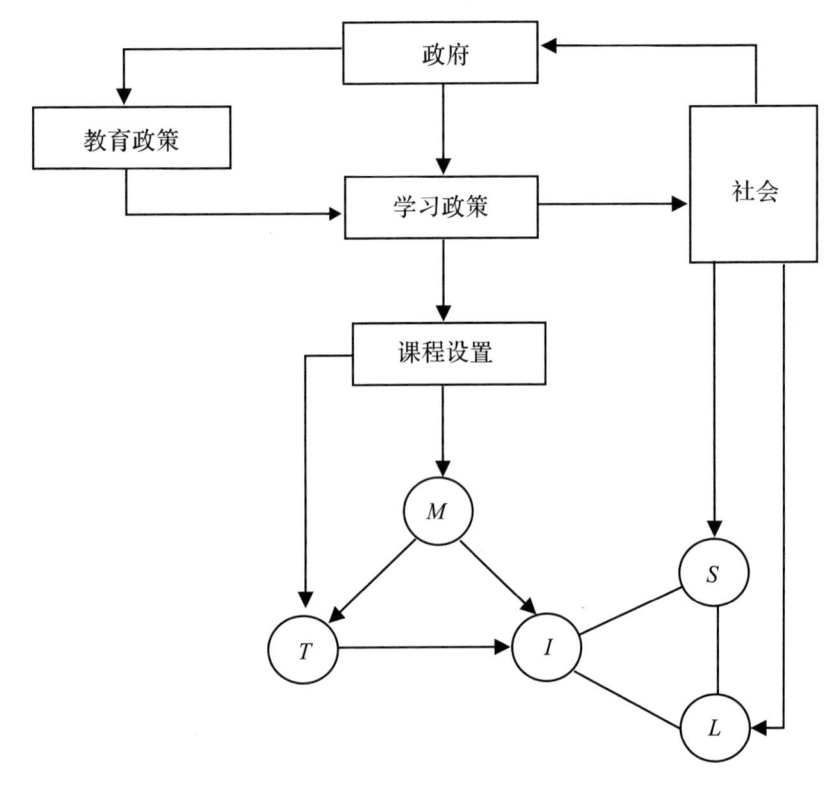

M = 方法与教学材料变量：文本、录音磁带、电影

（参考《语言教学分析》第二部分）

T = 教师变量：教师做了什么

（参考《语言教学分析》第三部分）

I = 教学变量：学习者得到了什么（参考 Jakobovits）

S = 社会文化变量：环境产生了什么影响（参考 Jakobovits）

L = 学习者变量：学习者做了什么（参考 Jakobovits）

图表 3.5　麦基语言学习、教学与政策的交互模型

斯特雷文斯

斯特雷文斯（Strevens 1976，1977）提出的语言学习/教学过程的理论模型（见图表3.6），同前几个理论模型略有不同之处，即关注点有差异，其意图是要将语言教学所有的基本特征以及由教学产生的学习，融入同一个模型中。[3] 不同于坎贝尔、斯波尔斯基和英格拉姆各自的理论模型，斯特雷文斯的模型主要关注的是从语言科学到语言教学的思想流动。跟麦基的模型相似，该模型在其构想中包含政策与政府机构，而且同英格拉姆和麦基一样，斯特雷文斯也详细地描述了教学的过程。事实上，这个模型乃是一个教学—学习过程的流程图。

斯特雷文斯的模型由12个组成部分构成，其逻辑依据是，首先必须有人启动语言教学活动（组成成分1—3）。下面6个组成成分（组成成分4—9）对语言教学意图的实施过程进行了描述，最后3个组成成分（组成成分10—12）则对学习结果进行了解释。3个启动成分分别是（1）公众愿望，体现为社会提供语言教学的意图，（2）执行决策所需要的财政投入与管理机构，和（3）构成语言教学知识来源的专门学科。斯特雷文斯模型中的第3个组成部分既包括心理语言学和社会语言学，也包括教育学、语言学、心理学和社会理论，应用语言学是将所有学科联系起来的跨学科公分母。因此，斯特雷文斯的模型中第3种组成成分中包含了斯波尔斯基和坎贝尔各自理论模型的主要特征。

语言教学的意图可能以各种具体的形式体现出来，包含在第4种组成成分"LL/LT类型"中，根据学习者的年龄（儿童—少年—成年）、参与类型（自愿者或者非自愿者）以及其他几个因素的不同而变化。实施中包括教师培训（组成成分5）以及教学方法与教学材料

58　语言教学的基本概念

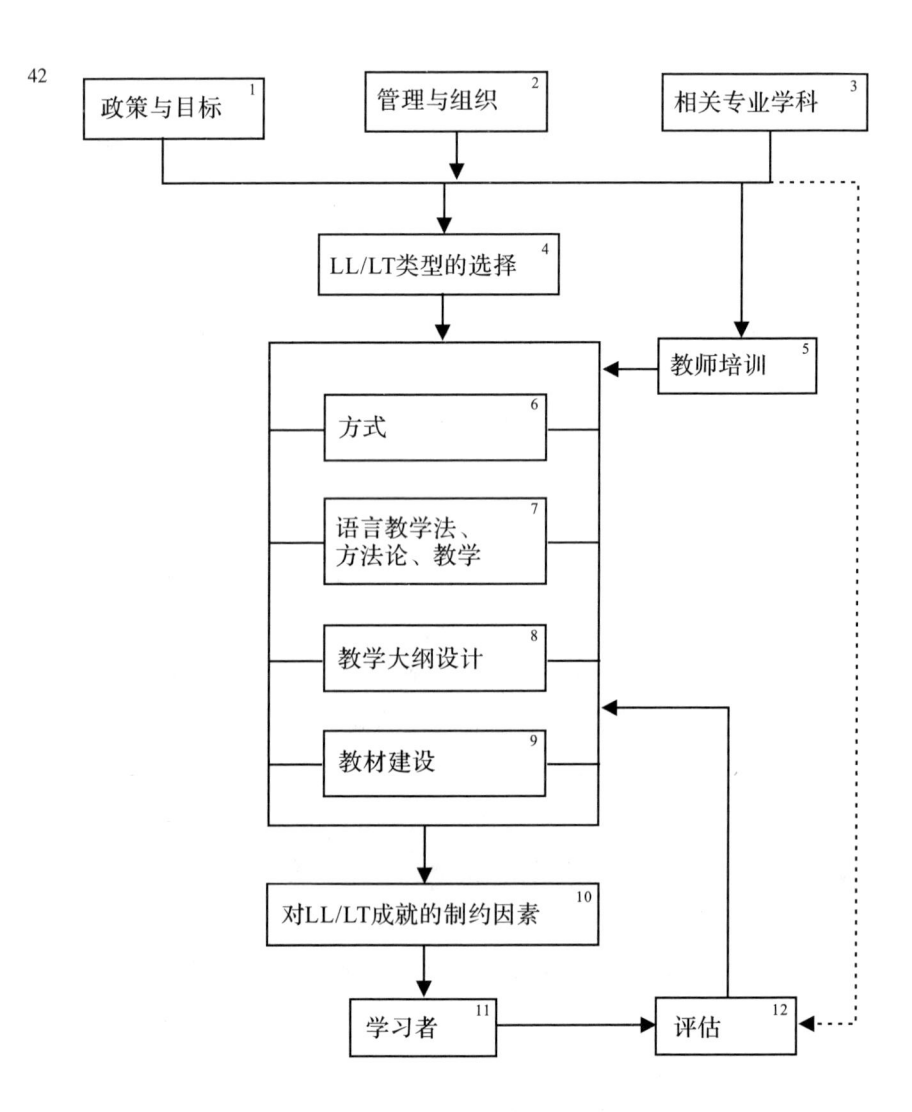

```
政策与目标¹     管理与组织²     相关专业学科³
       │              │                │
       └──────────────┼────────────────┤
                      ▼                │
              LL/LT类型的选择⁴          │
                      │                ▼
                      │          教师培训⁵
                      ▼                │
              ┌───────────────┐◄───────┘
              │   方式⁶        │
              │               │
              │ 语言教学法、   │
              │ 方法论、教学⁷  │
              │               │
              │ 教学大纲设计⁸  │
              │               │
              │ 教材建设⁹      │
              └───────┬───────┘◄──────┐
                      ▼                │
              对LL/LT成就的制约因素¹⁰   │
                      │                │
                      ▼                │
                  学习者¹¹ ──────► 评估¹² ◄┄┄
```

图表 3.6　斯特雷文斯语言学习/语言教学过程模型

（组成成分6—9）。后者恰好与麦基提出的模型中的 M（教学方法与教学材料）、T（教师变量）和 I（教学变量）相对应。第10种成分包含影响语言学习结果的各种因素，如可用于语言学习的时间、教学质量以及某些实际的制约条件（如噪音、拥挤或者疲劳）。第11种组成成分侧重于影响语言学习的学习者特征（如能力、性格等）。第12种组成成分代表对学习结果的评估，其中包含对教学过程的反馈，这样可以从对学习的评估中获得益处，促进教学水平的提高。

这一模型将教与学的各个方面置于同一个方案中来，而在过去的几十年来，尽管人们已认识到其重要性，但是几乎没有将它放到同一个理论框架中加以审视。[4]

评述

前面描述的各个理论模型有很多共性，都表明了哪些因素或者问题在语言教学理论的建构中应该予以考虑。所有的理论模型都具有跨学科性质，而且都承认多种因素之间的交互作用。所有的模型中都提出了一种"元理论（metatheory）"，即在语言教学法的重大争议问题上保持中立或者客观的 T1[①]，仅仅为语言教学研究或者语言教学行动提供一种框架。上面所探讨的各个例子强调的是略有不同但是互补的特征。麦基与斯特雷文斯突出强调了社会与政治因素，坎贝尔与斯波尔斯基侧重于语言教育学跟一些主要相关学科的关系，而麦基、英格拉姆和斯特雷文斯则将语言教学—学习过程作为其理论核心。

不存在单一的"理想"模式。语言教学可以用许多不同的方式

---

① 即前一章中所说的最广义上的理论。——译者注

来解读，至于究竟用哪一种方式来解读，取决于理论模型建构的目的。坎贝尔与斯波尔斯基的模型产生于关于理论与实践的关系，以及关于应用语言学或者教育语言学相对于其母学科的地位的辩论。麦基的理论模型旨在为一些主要领域的研究提供指导，而斯特雷文斯提出的模型则是为语言教学职业提供通用的分析工具。

第二语言教学理论的一般模型[5]

我们为自己的研究提出的模型（见图表3.7）综合了前述各个模型的某些方面。但是，我们并没有采纳前人的任何模型，因为它们都

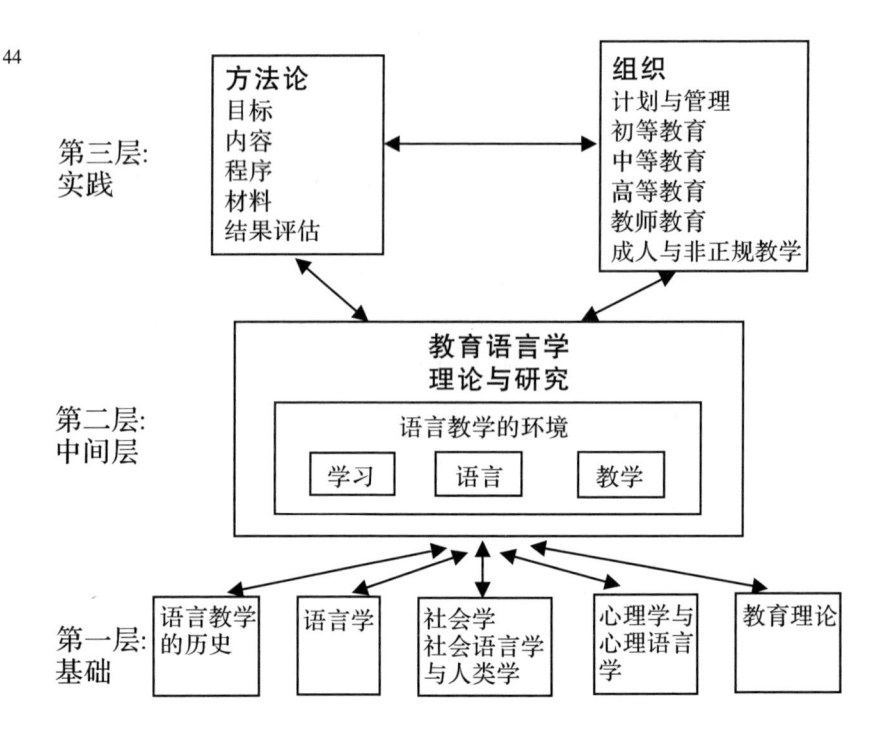

图表3.7　第二语言教学的一般模型

不能够提供完全满意的框架以满足我们的目的。

建构本模型的目的

我们提出另外一个模型，有如下目的：

（一）首要的是，这个模型应该能够帮助教师建构自己的"理论"或者"哲学"（T2），对下列问题做出回答："对一些基本问题，你的立场是什么？""你如何看待自己的教学？""你如何看待语言教学？""教授语言甲或者语言乙需要做些什么？"

（二）它应能够帮助教师对语言教学指导手册、综述性文章或者政策报告中普遍流行的语言教学理论、观点或者哲学，进行分析、解读和评估。

（三）它应能帮助教师对特定的教学/学习情境进行分析，妥善处理语言教学与学习问题。所说的语言教学的情境可能是某所学校或者大学里语言甲或者语言乙的教授，或者可能是整个教育体系中笼统的语言教学。

我们同意斯特雷文斯和麦基的观点，认为这个模型必须具有综合性，而且，作为综合与分析的工具，能够涵盖想象得到的所有的语言教学情境。同样，跟坎贝尔与斯波尔斯基的观点一致，我们认为，理论与实践之间的关系、基础学科在语言教学中的作用，在理论框架中至关重要。最后，同麦基的观点一致，这个模型不仅能够为语言教学工作者提供指导，而且应该成为研究的指南。

总之，本模型建构的目标是：（1）为理论建构提供理论框架，（2）提供用以对现有理论进行解读和评估的范畴与标准，（3）为语言教学计划与实践提供基本的概念，以及（4）为研究指明方向。

本模型的特点

如同前面考察的其他模型，本模型乃是一种 T1，即"元理论"，或者是语言教学的一般理论框架。根据这个模型，可以识别、建构或者评估第二种意义上各种更具体的理论（即 T2：不同的思想流派或者教学方式）与第三种意义上的各种理论——关于语言与语言学习的某些方面的"科学理论"。

这是一个一般的模型，因为它试图不偏不倚地提供一个基点，以对语言教育学中的相关因素（包括某些有争议的方面）进行考察。它既不先验地规定语言教学的目标，也不推荐或者责难某些具体教学方法，更不主张采用具体的组织模式，或者在一些目前有争议的理论问题上采纳某种观点。但是，这并非意味着在这个框架内我们就要一直保持中立，不做出任何判断。相反，我们希望，运用这一没有偏见的分析方式，将得出恰当的标准，以便做出更有根据的判断，更清楚地界定已知与未知的领域，制定出更完善的政策，最终更有效地指导实践。

（一）综合性

我们提出的理论模型，甚至可能比斯特雷文斯的模型更具有综合性，涵盖了第二语言的教学与学习的各种情形：不仅仅是发达与发展中国家中小学、大学与其他机构里的外语学习，例如英国和美国中小学与大学里法语的教学与学习，或者法国与阿根廷的英语教学与学习；而且包括语言少数族裔的第二语言学习，例如流动工人或者移民，或者全世界多语言情境中的语言学习，例如赞比亚与尼日利亚的英语学习，或者印度的印地语与英语学习。语言学习者未必是特定意义上的大中小学在校"学生",也可能是在努力学习新移入国家语言的移民,在国外访问的旅行者,想要阅读另一国家科学文献的科学家,本族语非其教学语言的学龄儿童,或者任何年龄段在"实地""获取"语言的学习者。

(二) 交互原则

模型中各种组成成分之间的关系,同其他模型一样,用双向箭头(↔)表示。但是,并非所有的相关特征与关系都在图中表示了出来。但是,其原则是显而易见的:这种设计表达出整个理论中对思想的一致性与统一性的要求,以及对模型的组成成分之间相互联系的清醒意识。这一原则,乃是针对语言教学思想与实践中普遍存在的条块分割与不一致性,而提出来的。

这一原则,如坎贝尔的模型所示(见图表3.1与图表3.2),也可以被诠释为在整个方案中承担不同角色的个体之间的互补合作。这些不同的角色是由图中不同的层次来表示的。在第一个层次上,我们看到的是相关学科领域的专家,如语言学家、心理学家、历史学家等,即坎贝尔模式图中的理论家;第二个层次是语言教学理论家、研究工作者或者应用语言学家,即坎贝尔所谓的中介者;第三个层次是语言教学工作者、教师、测试专家、管理者和课程设计者。

这种层次划分表示发挥作用的不同,但未必是人员的区分。语言教师也可能是第二层次上语言教育学研究者或者理论家,或者是某个基础学科领域的专家,如第一层次上的语言学、心理学,或者人文学科之一。反过来讲,某一学科的学者也可以是应用语言学家和语言教师。[6]

交互原则还表明,理论发展的原动力并不仅仅从基础学科自下而上流动,而且可能从所标明的任何位置开始。因此,教师并非是理论发展的被动接受者。语言教学与学习的实践、教师或者学习者的直觉与经历，能够为语言教学理论与基础学科的发展，贡献思想、信息、问题与疑问。[7]换言之，从实际应用工作中获取思想，进行理论建构，乃是卓有成效的一种方式。[8]

（三）多因素观

同前面讨论的某些理论模型（如麦基的模型与斯特雷文斯的模型）一样，这个模型采纳的也是语言教学的多因素观，反对某一单一因素（如教师、教学方法、教学材料、新的概念（如个性化教学）或者技术手段）自身可以解决多数语言学习问题的观念。这并不是说在所有的情况下，所有的因素都同等重要。但是，由于语言与语言学习固有的复杂性，在实践中或者在研究中，多因素途径可能比单因素途径更为有效。因此，希望借助于这个模型，在对语言教学问题进行分析的过程中，或者在语言教学研究或者语言教学规划过程中，将多种因素及其相互关系一并考虑在内。

（四）跨学科方式

如同其他多数模型，我们的方案假定，语言教学研究具有跨学科性。对各种模型的考察结果表明，这种观点目前为人们所广泛接受。这与早期认为语言教学是完全建立在纯文学研究或者语言学基础之上的观念，形成了鲜明的对照。然而，令人惊讶的是，除了斯波尔斯基之外，只有极少数人曾讨论过哪些是语言教学的基础学科，哪些是边缘学科，以及哪些学科对语言教育学有贡献。多数理论模型中都包括语言学、心理学、社会学及其相关学科。有些模型甚至包括更多的学科。我们所做出的选择是本书的主要主题。关于这个问题，下面做一简要的解释。

这个模型的总体设计同斯波尔斯基的模型与坎贝尔的模型相似，不同于麦基的模型或者斯特雷文斯的模型。也就是说，本书的核心议题是，思想既从理论学科向实践流动，亦从实践向理论学科流动。斯特雷文斯所描述的教学过程，以相似的方式，出现在我们的理论构想的第二、三两个层次上，此乃对语言教学的诠释。[9] 这个理论框架图可以这样来解读，不同的层次代表不同的抽象水平，第一个层次为最抽象的语言教学理论，第三个层次则是最具体的语言教学理论。

对模型的描述

本模型所代表的观点是，在语言教学中，我们必须按照四个核心概念去操作：语言、学习、教学与环境。

任何一种语言教学理论，亦即 T2，无论是系统阐述的思想（例如"教学方法"或者"教学理论"），抑或是没有系统阐述的理论，或者是语言教学实践的组织或者活动背后的一系列原则，都可以被看作是对上述四个核心概念的表达。我们可以以就这些核心概念进行提问的方式，开始对某种理论进行阐述、探索、解读或者评估。

（一）语言教学需要对语言的本质有深刻的领悟。无论是内隐的还是外显的，每个教师都需要有一个语言理论。因此，关于语言教学理论，需要提出的核心问题之一是：这种语言教学理论的语言观是什么？回答这个问题可以借鉴的主要学科包括：语言学、心理语言学、社会语言学以及具体语言的研究。

（二）语言教学需要对语言学习者以及语言学习的本质有全面的认识。相关的基本问题包括：这种理论所针对的是什么样的学习者？它如何看待语言学习？直接与上述问题密切相关的学科包括心理学，尤其是教育心理学，以及研究语言学习与语言使用的心理语言学。

（三）语言教学中暗含着语言教师与语言教学的概念。提出的问题是：这种教学理论如何诠释语言教学？根据理论，指派给教师的角色是什么？如何对教学进行描述或者分析？跟这个概念直接密切相关的学科是教育研究。

（四）最后，语言教学在一定的环境中发生。对语言教学环境的解读乃是语言教学理论的一个基本组成部分。语言、学习与教学必须始终放在一定的环境或者背景中来看待。因此，相关的问题有三组：

（1）语言环境。学习者的第一语言和目标语，两者都存在于对语言学习产生影响的一定的社会、文化和政治背景中。在建构语言教学理论的过程中，需要提出的问题是：在这个社会中语言与语言学习具有什么地位？教授甲种语言或者乙种语言的社会语言学背景是什么？社会科学，如社会学、社会语言学、社会心理学和文化人类学，能够帮助我们回答上述问题。

（2）教育环境。此处的问题是：语言在教育中具有什么地位？第二语言教学与具体的教育背景如何相容？回答这两个问题需要对教育进行分析，辅以（1）下的社会学与社会语言学分析。

（3）语言教学背景。环境也可以以第三种方式来解读。这种方式与语言教学密切相关，但是在前面考察的各种理论中都被忽略了。这就是语言教学的历史背景与当下的背景。语言教学是在当下与过去教学的发展这个大背景下展开的。这就产生了如下问题：从历史上看，这种语言教学理论的前身是什么？它在语言教学的历史发展中的地位如何？语言教学的历史、教育理论以及对当下"教学法最新发展"的解读，有助于我们对上述问题做出回答。

我们的理由是，通过提出上述问题并努力做出回答，可以发展、完善、探索和评估语言教学的各种理论（T2s），这样可以使我们的判断更加敏锐，赋予我们的职业活动以完善理论的特征，即我们在第

2 章中识别出来的好的理论的那些属性。归根结底，我们可能希望，正如在本书前言中所提出的，这个理论模型将对语言教学质量产生重大影响。

很自然，上述问题也可以用不同的方式来做出回答。一种方式是，可以根据我们自己的经验，寻求常识性的答案。这显然是起点。毫无疑问，无论何时，对实践的思考乃是理论建构中一个不可或缺的部分。在本书后边的各个章节中，我们将根据语言教学的各个相关学科以及对这些概念有影响的研究，对上面提出的问题进行系统的探讨。这个理论模型旨在为下面的论证提供直观的指引。

因此，在第一个层次上，作为理论建构基础的研究包括：（1）语言教学的历史；（2）语言学；（3）社会学、社会语言学和人类学；（4）心理学和心理语言学；以及（5）教育理论。

在这一方面，我们的理论框架与前面考察的各种理论模型，尤其是斯波尔斯基提出的模型，有很多相似之处。但是，我们更突出强调的是语言教育学和教育思想，这或许是其他理论模型中所没有明确表达出来的。

在第二个层次上，同坎贝尔、斯波尔斯基以及其他人一样，我们也认为，第一层次的各个学科，与第三层次的语言教学实践之间，必须有一个中介的跨学科层次。此处我们采纳斯波尔斯基的"教育语言学"这一术语来描述这个中介学科，并对第一个层次研究的贡献进行多学科的综合。这个层次所涉及的四个概念乃是教育语言学的核心。作为理论与实践相结合的研究领域，教育语言学可以适用于一般意义上的语言教育或者语言教学的某些具体课题。尽管本书的研究仅仅局限于第二语言教育，但是教育语言学也适用于对语言教学其他方面的类似研究。

第三个层次是实践，可以分为方法论与组织。[10]方法论中包含教学目标、教学内容、教学程序（教学策略与技术/技巧）、教学材料与教学评估。在组织之下，我们需要对语言教学的体制设置进行分析：政府规划与管理，正常情况下不同层次的教育，如初级教育、中等教育、高等教育、成人教育、语言教师教育等。语言教学理论通过这两个范畴体现出来。方法论在组织的不同层次中都有体现。[11]

结论

正如我们在本章开始时所指出的，作为地图或者指南，我们所提出的理论模型，必须被看成是关于语言教学理论的尝试性理论框架（T1）。是否有用处，需要对其不同的组成成分以及各个成分之间的关系进行深入的考察之后，才能做出判断。本书主要侧重于第一和第二个层次。当然，在我们对第一与第二个层次的内容进行讨论的过程中，片刻都没有将第三个层次，方法论与组织，抛诸脑后；但是，对第三个层次的探讨将是另外一个研究的课题。

在开始对语言教学的基本概念及其背后的相关学科进行讨论之前，还有一个语言教学理论建构中更普通的问题，需要进一步深入探讨：这个问题是下一章研究的主题——研究的作用。

注释：

1　例如，"有些决策……是根据从语言的科学研究提供的知识中无法推导出来的原则（做出来的），例如，根据政治、经济或者教育政策做出的决策，以及一般教学论与教学方法论方面的决策"（Corder 1975: 2-3）。

2　这个模型的雏形是斯波尔斯基在1970年召开的乔治城圆桌会议上

宣读的一篇论文中提出来的。1973 年，他在其主编的关于教育语言学发展趋势一书的导言（Spolsky 1973a）中，正式提出了这个模型；这部著作至今尚未出版。同时，这篇文章扩展后成为《教育语言学入门》（Educational Linguistics: An Introduction）的第一章，后来经过修订后在卡普兰（Kaplan 1980）主编的《应用语言学的研究领域》（On the Scope of Applied Linguistics）中重新发表。

3　这个模型是 1974 年斯特雷文斯在夏威夷火奴鲁鲁东西方研究中心文化学习研究所工作期间设计出来的，最初发表在《双语研究进展报告》（Working Papers on Bilingualism）（Strevens 1976）中，1977 年在《英语教学的新动向》（New Orientations of the Teaching of English）（Strevens 1977）一书中重印。

4　斯特雷文斯提出的模型，与邓金和比德尔（Dunkin and Biddle 1974）著名的"课堂教学研究模型"，有一些相似之处，后者将预备与情境变量（大约等同于斯特雷文斯模型中第 1、2、3 和 10 种组成成分）、过程变量（类似斯特雷文斯模型中的第 4—9 种组成成分）和产品变量（斯特雷文斯模型中的第 11、12 种组成成分）做了区分。读者在本书第六部分中将看到，我们将我们对语言教学的诠释，与邓金与比德尔的模型联系了起来。

5　这个模型于 1971 年在纽芬兰省圣约翰斯市纪念大学加拿大教育研究学会召开的会议上首次公布，同年在瑞典格兰纳市由布鲁姆（Bloom）组织的国际课程设置研讨会上做了详细探讨（Stern 1971）。后来，1972 年，在哥本哈根第三届世界应用语言学大会上做了详细阐发，并以"语言教学理论与研究的新动向"（Directions in Language Teaching Theory and Research）为题，发表在本次会议的《会议论文集》（Proceedings）（Stern 1974）中，并压缩为"远离教条主义：通往更完善的语言教学理论"（Retreat from Dogmatism: Toward a Better Theory of Language Teaching）（Stern 1974a）一文，再次发表。目前这个模型略微不同于以前的版本。现在回忆起来，我相信，早期的版本中有一些不一致之处，因为当时的模型一方面是语言教学与学习的流程图（近似于斯特雷文斯的模型），一方面是语言教学与学习思想流程图（近似于斯波尔斯基的模型）。本书所呈现的模型试图消除这一不一致之处。

6 历史上有个有名的例子是丹麦学者奥托·耶斯佩森（Otto Jespersen），他既是一个语言学学者，也是一个语言教学理论家，曾经出版了当时广为阅读的语言教学方面的著作（Jespersen 1904），同时还是从事实际教学工作的外语教师。另外两个例子是亨利·斯威特（Henry Sweet）和哈罗德·帕尔默（Harold Palmer）。

7 英格拉姆模型图（图表3.4）中的反馈反映了类似的观点。

8 剑桥大学心理学家唐纳德·布罗德本特（Donald Broadbent）的这句话，被拉瑟福德（Rutherford）在1972年哥本哈根第三届世界应用语言学大会论文《摘要》（Abstracts）中引用过。关于理论与实践之间的交互作用过程，我们将在本书后面的章节中做进一步阐述。

9 见本书第六部分。

10 实践层可以称为语言教育研究、语言教育学，或者用麦基的术语说，叫语言教学论（language didactics），其中包括方法论和组织。我所使用的语言教育学（language pedagogy）这个术语——忽略了"pedagogy"这个词的词源——包括对成人的教育学，因此跟"成人教育学（andragogy）"并不做区分。最近以来，有些作者也是这样来处理的。（教学决策中有许多方面或者因素需要加以考虑，儿童与成人之间的区别乃是其中之一。）关于教育语言学与语言教育学的关系，本书结论部分有详细阐述。

11 在本模型中，方法论这一范畴相当于麦基的分析中的 MTI 三角形和斯特雷文斯模型中的第 6—9 种组成成分。组织在一定程度上相当于斯特雷文斯模型中的第 2、4 与 5 种组成成分，在其他模型中没有探讨，尽管在多数教育体系中，教育机构中语言的规划是决策中重要的、有争议的课题。

第4章

语言教学研究

对待学术研究的态度

用教—研合一方式①来处理语言教学问题,这已经不像几十年前一样,是一个陌生的理念。然而,甚至时至今日,仍有许多语言教师,不仅对语言教学理论,而且对语言教学研究,都持怀疑态度。外国语言的文学研究和哲学研究,对多数人来说,都是可以接受的,但是语言教学则常常被看成是实际情况下凭直觉、敏感性、创意能解决的问题,而非恰当的研究课题。

如果研究结果似乎得不出肯定的结论,或者远离课堂教学现实,语言教学实际工作者就会恼火(Carroll 1969: 59; Clark 1971: 3),而且可能会耸耸肩膀,将研究斥之为"毫无用处的象牙塔货色",或者将它看成是"科学游戏"而置之不顾。甚至有些学者,尽管他们自己也从事学术研究,对某些种类的研究,也是嗤之以鼻。例如,瑞士学者里克特里奇(Richterich),作为针对成人设计的开创性的欧洲委员会现代语言项目(The Council of Europe Modern Language Project)

---

① 英文为"research approach",汉语中没有现成的译法,这样翻译虽然仍有歧义,但毕竟将其研究的成分突出了出来。——译者注

的首席成员,谈到语言教学的研究方式,却这样说:

> "例如,有些人有一种科学的幻觉(而且将这种幻觉传递给其他人),认为如果不首先按照严格的科学方式,对学习现代语言的成年人或者某些成年人群体的动机和需求,进行大量的研究,就做出变革,那不仅是徒劳无益而且是错误的。进行长期研究需要首先设计出复杂、烦琐的研究程序,研究一旦完成,就已经过时,因为很多事件(新的理论、新的实验、新的事实,以及社会、政治、经济的进化或者革命)无时无刻不在改变着分析的假设、情景和条件"(Richterich 1978:5)。

与上述否定的观点恰好相反,偶尔可以发现某些语言教育工作者,对研究的价值和重要性过分信任。他们对研究的内在价值或者其与特定情景的相关性,不进行批判性的审视,将打着"研究"标签的任何东西都看成是绝对真理。他们要求研究人员对极其复杂的问题做出快速、完整、不容置疑的回答,足见其对研究毫无原则的信任。研究发现的尝试性、渐进性和累积性则常常被忽视。

本章并不鼓励对研究本身毫无批判地接受,而是呼吁人们接受这种研究性的语言教学方式,将它看成是有效的语言教学的一个基本组成部分和语言教学理论的必要补充。

历史回顾

教—研合一方式,可以追溯到19世纪末,跟语言科学的发展与教育中的科学运动紧密地联系在一起。[1] 但是,直到大约1950年,语言教学才成为持久的主动研究的课题。

1948 年，芝加哥大学的阿加德（Agard）和邓克尔（Dunkel）首次勇敢地进行了重大的实验研究，试图对"新型"语言教学方法和传统方法做一比较。² 同这项研究相关，邓克尔（Dunkel 1948）将当时能够找得到的、可以给语言教学以启迪的文章，收入一个集子。同年，第一家具有强烈的研究取向的学术期刊《语言学习》（*Language Learning*），由密歇根大学安阿伯分校英语语言所（The English Language Institute）正式创刊。在过去的十年中①，英语语言所在所长查尔斯·弗里斯（Charles Fries）的领导下，为将语言教育学置于语言学研究基础之上，做出了卓越的贡献。几年后，大约在那个时间被吸引到语言研究领域来的卡罗尔（Carroll 1953: 168）抱怨说，尽管关于语言教学的文献很多，但是"我们对这个问题的了解，并不比 30 年前多多少"。几年后，同一作者对英国的语言教学研究现状做出了如下评论：

> 现代语言教学中缺乏研究，而且完全没有真正的研究传统。对近 15 年来发表在《现代语言》（*Modern Languages*）上的论文进行的综述表明，报告研究结果的论文寥寥无几。多数语言教学方面的文章都停留在个人经历的报告、观点陈述或者邀请加入讨论等低水平上。许多文章给人留下的印象是，其作者甚至都不懂得最简单的学术研究规则，即找出其他人在同一主题上说了些什么或者做了哪些思考。
>
> 关于英国的现状，可以做出如下总结：语言教学的经验可谓丰富，有一定数量的讨论和数量不多的实验研究，但是类似教学活动其他领域的系统研究，如小学阅读研究，却极为鲜见。现有

---

① 以本书出版的时间为参照点，指 1973 年到 1983 年间。——译者注

严肃认真的研究分布过于分散；有些研究在大学的图书馆里跟其他文章混在一起，难以找到。³

1960年代，形势剧变。对研究的兴趣高涨，而且从这时起，研究才开始真正对政策问题和第二语言教学中的方法之争，产生重大影响。在这个时期，卡罗尔首当其冲，呼吁要重视研究，从而促使语言教育工作者建立起研究的价值与质量意识。他在语言学习能力及测试方面的研究，以及这个时期所撰写的研究综述，在这方面很有影响。⁴另外一个心理学家兰伯特（Lambert）和他在蒙特利尔麦吉尔大学的同事关于第二语言态度与双语现象的研究，是对卡罗尔研究的补充。⁵60年代，人们反反复复地表达了对研究的需求。⁶这是1964年在柏林召开的一次重要的国际语言教学大会的主题（Müller 1965）。

1950年代和1960年代，数个国家建立起具有强烈研究取向的语言中心。第二次世界大战后，在法国，人们开始关注法语作为世界性语言地位的衰落，从而导致1951年一个政府专门委员会和一个特别研究机构的设立。后者即基础法语学习中心（The Centre d'Etude du Français Élémentaire），中心主任是著名语言学家乔治斯·古冈安（Georges Gougenheim）。中心的任务是开发基础法语（basic French），法语称"français élémentaire"，后来改称"français fondamental"，为简单实用的特殊用途语言研究与基础法语教学的实证研究，以及教学材料的编写，树立了榜样（Gougenheim et al. 1964）。1959年，中心更名为法语传播研究及学习中心（The Centre de Recherche et d'Etude pour la Diffusion du Français，简称CREDIF）。该中心界定了基础法语的词汇与语法，开创了基于基础法语的听说教学新方式，闻名遐迩。1950年代到1970年代，中心所做的工作对语言教学产生了重大影响。

1959年，一个不同语言背景下的语言中心，应用语言学中心（The Center for Applied Linguistics，简称CAL），在华盛顿特区设立，二十多年来，它一直是美国一个重要的研究活动与信息中心。[7] 除了许多大学已建立的应用语言学研究中心之外，1966年，英国首个语言教学与研究信息中心（Centre for Information on Language Teaching and Research）成立。[8] 1967年，加拿大国际双语研究中心（The International Centre for Research on Bilingualism）在魁北克建立，1968年，安大略教育研究院（The Ontario Institute for Studies in Education，简称OISE）现代语言中心（The Modern Language Centre）在多伦多市成立。[9]

首要的是，1960年代，人们将教—研一体方式应用于解决语言教育学中一些有争议的问题和关键性问题，这说明研究的重要性已得到认可。50年代末，新的听说法和语言实验室在许多国家引起广泛的兴趣，由此而产生的革新促使人们试图用实证方法来解决关于其优缺点的争议。在美国，进行了数项探索性研究，其中包括谢勒和沃特海默（Scherer and Wertheimer 1964）、查斯顿和沃尔德霍夫（Chastain and Woerdehoff 1968）、查斯顿（Chastain 1969），以及宾夕法尼亚项目（Smith 1970）和瑞典的GUME项目（Levin 1972）。[10] 所有这些研究都旨在解决围绕听说法（"功能技能（functional skills）"，或者称"新手段（New Key）"）和传统（"语法翻译"或者"认知"）法的大辩论。还有一些研究深入地探讨了语言实验室的利与弊。[11]

大约1960年，儿童的语言教学问题突显出来，成为第三个研究领域。关于这个问题，联合国教科文组织发挥了积极主动作用，1962年和1966年，在汉堡联合国教科文组织教育学院（The UNESCO Institute for Education）召开了两次专家会议，为促进不同国家的比较研究做出了积极的努力（Stern 1967，1969）。关于这个颇有争议的问题，英国的英格兰与威尔士教育与科学部（The Department of Education and Science of England and Wales）、国家教育研究基金会（The National Foundation for Educational Research）、纳菲尔德基金会（The Nuffield Foundation）以及后来的学校委员会（The Schools Council）曾合作进行过一个长达十年的（1964—1974）的重大研究（Burstall et al. 1974）。[12]

从1960年代中期起，加拿大研究者开始对"沉浸式"教学与"家庭—学校语言转换（home-school switch）"作为语言学习的方式产生极大的兴趣，对其效果进行了长达十年的教学试验与研究。[13]最后，1965年，国际教育成就评估协会（The International Association for the Evaluation of Educational Achievement，简称IEA）发起一个规模宏大、雄心勃勃的合作项目，对十个国家的英语作为外语的教学与八个国家法语作为外语的教学，进行了调查与评估。上述两个研究对不同国家学校学生英语或者法语作为外语的成绩进行了调查，并将研究发现联系相关国家语言教学的状况与其他背景因素进行了探讨（Carroll 1975；Lewis and Massad 1975；参照本书第19章：432—434）。

除了关于沉浸式教学的研究之外，多数研究结果并非总是"一是一、二是二"，跟最初的研究预测有一定的差距。在很多情况下，研究结果并不能让参与辩论的人感到满意，而且在有些情况下，例如英国的研究、宾夕法尼亚项目、瑞典的GUME项目、关于语言实验室的研究等，反而使争论愈演愈烈。[14]

对语言教育学研究越来越失望，使研究者（尤其是北美的研究者）坚信，应该运用各种研究方法，对与语言学习的本质相关的基本问题进行研究，结果70年代，第二语言学习研究猛增，主导了整个研究领域。然而，这些研究虽然收效很大，但是因为突出强调的是"自由的"或者"无指导的"语言学习，所以对回答什么是有效的教学方式这个问题，几乎于事无补。同时，语言教育学中引入了数个革新，但是很少有研究予以支持。[15]

如何理解研究的作用

长期以来，研究一直是语言教学的一个组成部分，这就使我们能够对研究的性质与研究对语言教育学的贡献，做一概括性的说明。奇怪的是，关于语言教学本身，很少有人做过论述，因为对很多语言教学工作者而言，研究仍然是语言教学边缘的一个方面。因此，语言教学研究缺乏方向性。很少有人讨论研究的重点，也没有建立起明确的研究方法。[16]

教一研合一方式的依据

语言教学必须与研究相结合，理由如次：

（一）第二语言教学，跟任何方面的教育相同，需要人力与财力资源的大量投入。它需要大批人手全职投入，而且对很多人来说是毕生的事业。它占用学生大量的学习时间、教学场所、技术设备、教师培训以及教学材料的编印（如语法、教材、词典、教具等）等，都需要大量的投入。因此，这方面的规划、决策、实践和创新，不应该仅仅依靠传统、个人观点或者反复试验，而是应该借鉴理性的探索，系统的研究，如果可能的话要借助控制实验。

（二）我们呼吁要对语言教学进行研究，意味着公开承认我们还缺乏语言教学某些方面的知识，但这并不说明我们对语言教学一无所知。相反，语言教育学已经积累了一定的知识储备。语言教学研究的一个重要任务是，发现并用语言文字描述已经存在的知识，这样一来，大量的已有信息就可以为人所用了（Clark 1971: 4）。同时，研究有助于消除错误的信息，指出尚需要进一步了解的领域。通过研究，人们才能够明确需要进行什么样的研究，来填补空白。

（三）教—研合一方式的另一个含义是，我们不能期望语言教学会由于某种发明或者其他突破，突然或者奇迹般地得到改进。我们也不能假定，在世界上某个地方，有一位伟大的教师、专家，或者导师，能够有求必应，回答我们所有的问题。相反，我们认为，语言教学的改进，可能是许许多多的人有计划通力合作的结果，在这个过程中，事实的探寻、假设的检验、教学实验以及大量苦心孤诣的研究结果的积累，从长远来看，要比激烈的辩论或者全盘接受没有经过检验的大而化之的解决方案，更富有成效。

（四）教师个人的直觉与高超的教学艺术，一向是语言教育学发展的重要源泉，而且两者将继续发挥重要作用。研究并非经验与创造发明的替代。但是，教师个人的实际经验，应该能够经得起批判性研究与他人经验的双重检验。

（五）需要对语言教学进行研究，这还意味着，对目前日常教学工作的不断检查，应该成为"质量控制"的一种形式。同其他教育活动一样，语言教学也有一种制度化的倾向。一个多世纪以来，教学传统已经形成；教学方法、内容、年龄层次和教学的顺序都相对固化了。所谓的"新"方法、"新"教程和"完全不同的"方式，结果却仅仅是稍有变异的传统的东西而已。语言教学传统的这种顽固不化性，是语言或者语言学习的本质使然呢，还是缺乏批判态度的结果？我们应该做好准备，对已形成的习惯做法加以审视。研究乃是教育过程中促使人们对一切活动进行质疑的成分。

（六）在前两章中，我们已经强调过，研究与理论相得益彰，相辅相成。研究不仅将怀疑的态度注入理论构想中，而且提供了效度检验与验证的技术，反过来又刺激新的理论思考。

（七）同其他教育活动相比，语言教学或许更容易因受到流行时尚和公众舆论的左右而摇摆不定，而且，常常因某些观点而形成不同的阵营。时常，新方法的发明者或者新理念的推广者，声称自己已经找到了解决语言教学问题的关键途径，此类声言不绝于耳，挥之不去。但是，若不经过最好的实证研究方法的验证，而只是无谓地争论，这只是一而再、再而三地徒然浪费精力而已。

（八）最后，研究有助于形成更加客观的对语言教学实践的看法，进而有助于语言教育学地位的提升，使之成为"经过缜密思考、有理性支持、完全职业化的活动"（Clark 1971:4）。

教学中研究成分的界定

关于研究，我们虽然已经谈了很多，但是尚未对研究的定义和范围进行界定。我们开始可以把研究广义地定义为：对与语言教学和学习相关的疑问或者问题的系统调查。这个定义与对教育研究的描述一脉相承，即"为了加深对教育过程的理解、提高教育效率，而进行的系统努力"（Entwistle 1973:14）。[17]

研究范围

我们需要一个宽泛的定义，来强调教—研合一方式的普遍性。过去，给研究下的定义过于狭隘。1960 年代，人们将研究主要理解为对教学方法的研究，而 70 年代，则变成了对自然环境中第二语言习得的研究。这些研究虽有价值，但是假如语言教学研究的范围过于狭窄的话，就有可能忽略同样需要研究的语言教学的其他方面，从而歪曲我们对语言教学的理解。

原则上，可以用第 3 章描述的一般模型（图表 3.7），来界定研究的课题或者问题的范围。研究同图中标出的任何学科都有密切联系，可以针对语言教学的核心概念，即语言、学习、教学或者教学环境（可以针对其中之一，也可以将它们联系起来），进行研究；也可以在语言教育这个层面上展开研究，解决语言教学组织中的教学方法与政策问题。在很多情况下，研究是跨学科的，涉及模型的所有三个层面。

例如，儿童语言教学主要是一个政策问题（第三个层次）。例如，国家教育研究基金会（NFER）关于英国小学教育中的法语教学的研究（Burstall *et al.* 1974）就涉及语言学习中的年龄与成熟等基本问题（第二个层次）。在第一个层次上，语言教学的研究与儿童神经、生物和心理的发展相联系。除了教育处理之外，研究中还必须考虑不同的教学环境中的政治与社会语言因素。

语言教学研究所包含的广阔领域可以概括如下：

(1) 语言学习者与语言学习过程；
(2) 语言教师与教学；
(3) 语言教学与学习的环境；
(4) 语言教学方法与语言教学组织；
(5) 语言系统、具体的语言以及相关的文化与社会；
(6) 语言教学的历史研究。

语言教学研究的领域极其广泛，但是这并不意味着每个研究者，更不用说读者了，甚或语言教学研究所涉及的每个机构，对整个领域所有的层次或者题目都要进行研究。相反，假如研究者个人或者机构能够专门从事某个方面的研究、各自的研究互为补充的话，则研究更为经济、更为富有成效。[18] 从另外一个角度来看，研究可分为基础性研究和应用性研究，但两者并非泾渭分明。第一和第二个层次上的研究，从本质上讲，大都是基础性的研究。因此，1970 年代关于语言学习本质的研究，并不局限于特定的教育体制。此类研究所探索的某些问题，例如，第二语言学习是否像第一语言学习一样需要经历类似的阶段，都具有普遍意义，研究发现可以说具有广泛的适用性。从另一方面讲，关于英国小学法语教学的研究和加拿大的沉浸式语言教学项目的研究，则更具有应用性，因为两者都是针对特定体制下第二语言教学组织中的政策问题而展开的。尽管同开展研究的教育背景直接相关，但是这些研究的应用非常广泛，而且对其他教育体制有一定的启迪。[19]

在教学法这个层次上，不应该将实践与研究、开发与研究区分得过于清楚。教—研合一方式可以跟教材编写之类的教学活动紧密地交织在一起。关于这一点，早在 60 年代中期，麦基（Mackey 1965）和英国的纳菲尔德基金会就已经认识到了，前者提出了一个对教学材料进行系统分析的方案，而后者则在教学材料的开发中，包含了关于教学材料内容与试用评估的研究（Spicer 1969）。1970 年代，其中有些研究程序经过完善后被系统地应用于本书作者指导的一个项目的研究，有意识地将研究与教材开发联系了起来（Stern *et al.* 1980）。然而，教材开发中实证研究方法的重要性，还没有得到广泛的认识。[20]

这里也应该顺便提一下已有或者新的教程和项目的评估问题，越来越多的人在用系统的方法对这一个领域进行研究。总之，研究乃整个语言教学每个阶段中的一个基本组成部分。

研究即系统的探索

真正的研究与随意的探讨或者偶发的尝试—错误程序的区别在

于，前者是一个发现的系统过程。但是，常识的探究与正规的研究之间，并非泾渭分明。例如，有一位法语（第二语言）教师注意到，在与学生的课堂会话中，自己常常不能用语言表达一些常见的事物、想法和活动，而这些却是其学生日常经历的组成部分。于是，他决定从报纸、杂志上以及其他渠道收集自己大脑储存中匮乏的词汇，并按照主题进行分类，编成词汇表。无疑，这一项目具有系统性，因此可称为研究，即法语词汇学研究。但是，研究的复杂性与先进性则不可同日而语。研究者是否采用了词汇学研究方法或者田野研究方法？他调查过是否已经有人编过类似的词表吗？他采用什么程序找出了进行词汇搜索的主题？他是否验证过从报纸、杂志上收集到的词汇是法语母语者会话中使用的词汇，而非广告行话？他如何报告发现？一个研究在多大程度上具有系统性，其标准就暗含在这些问题中。[21]

达到下述标准，就可以说研究具有系统性：（1）研究是否有明确的理据？（2）研究是否有理论基础？（3）是否按照刻意选择的方法进行了研究？（4）研究发现与对研究发现的解释是否区分开了？

（1）研究的理由。在本章的历史回顾一节中（第54—57页），我们已经看到，研究并非凭空而来。独立的研究应跟研究的大背景相适应，乃是由一些基本问题或者实际需要而引发的。因此，1960年代关于教学方法的研究，乃是为了回答听说法是否比传统方法效果更好这个既有理论意义又有实际价值的问题而进行的。这就是谢勒-沃特海默（Scherer-Wertheimer）研究的大背景，研究的目的就是对两种方法的优缺点通过比较得出科学确定的结论（Scherer and Wertheimer 1964: 12），其基础是作者认为没有得出确定结论的三个研究。

几年后，具有相同目标的宾夕法尼亚项目（Smith 1970）也是在前人研究（包括谢勒-沃特海默研究）的基础上进行的。在同一背景下，1960年代，还进行过大约16个类似的研究。但是，这些对宏观的方法进行对比的研究从来都没有得出完全确定的结论。这种研究结论的不确定性促使瑞典参与 GUME 项目的研究者将注意力集中到了对某些具体方面的考察上。同时，还有一些研究者彻底放弃了对教学方法的研究，转而投入到对学习的研究。[22]总之，研究的理由是可以明确陈述出来的。研究并非是由无聊、想入非非或者没有明确目的的好奇心激发出来的。因此，研究报告前边的"文献综述"并非是可有可无的装潢，综述中所提供的是关于研究背景的必要信息，在这个背景下新的研究才有意义。另外，综述还保证研究者所研究的主题，是前人所没有研究过的，而不是由于对前人研究的无知，仅仅是在重复别人走过的路。

由于研究是在一定的背景下发生的，因此几乎不可避免地都需要相互合作。也就是说，研究者个人要将自己的研究，跟其他研究者关于同一问题的研究联系起来。一个研究通常是研究网络的一个组成部分。而且，理想的状态是，研究按照累积的方式来运作。60 年代关于教学方法的研究，清楚地表明了这一从一个研究到另一个研究的发展过程。[23]在这一方面，自 60 年代起，各种不同的语言信息中心的设立，加上综述、摘要和对研究的调查，为研究者和语言教学这个职业提供了极大的便利，获取文献资料的机会大大增加了。[24]

（2）理论与研究。其次，研究应该有第二章中所说的三种意义上理论（T1、T2 和 T3）的支撑。首先，假如能将研究置于我们在前一章中所讨论的概念框架中，则研究更有意义。从这个角度来讲，拥有一幅 T1 "地图"，如麦基（见图表 3.5）、斯特雷文斯（见图表 3.6）所提供的模型，或者有本书所提供的模型（见图表 3.7），是非常有用的，这样可以将研究置于相互之间理性的关系之中。

60 年代的方法研究，乃是以第二种意义上的理论（T2）（亦即不同的思想流派）为基础展开的。就此类研究而言，不同理论的区别性是非常关键的。假如各种 T2 之间区别是虚假的，整个研究所做出的努力就大打折扣了。因此，在提出研究问题的过程中，对理论的批判性观照，乃是进行任何有价值的研究的前提条件。

70 年代的语言学习研究的一个有趣的特点是，由这些研究产生了一些有挑战性的科学概念、模型和预测，换言之，即 T3 意义上的理论，例如"中介语"的概念、"监察理论（monitor theory）"、"文化适应理论（acculturation theory）"，或者学习与习得之间的区分。我们将在本书第五部分中对这些理论进行探讨。各种构念与理论的提出与发展本身就是富有成效的，因为它们激发人们的思考与讨论，关于学习的研究尽管并没有回答我们迫切要求回答的所有问题，但却促使我们以不同的方式来了解语言学习。这里指出这一点就足够了。显然，理论思考的质量决定了研究的质量。最先进的研究设计或者复杂的统计技术，也不能弥补研究背后的思想、理论或者概念的不足。

（3）研究方法。研究的第三个特点是，它应该有明确陈述出来的研究方法，并且能够证明方法的正确性。从广义上讲，语言教学研究首先是教育研究，因此教育研究和行为科学研究中使用的原则与程序亦适用。关于这一点，在很多著述中已有阐述，例如恩特威斯尔（Entwistle 1973）、特拉弗斯（Travers 1978）、梅森和布兰布尔（Mason and Bramble 1978）。其次，语言教学研究有其独特的特征，从而区别于其他方面的教育研究，因为其研究内容是语言。正是语言研究同教育与行为研究的跨学科综合，才使语言教学研究具有其独特性，而且也格外困难。虽然研究设计、数据收集与分析的技术，跟行为科学其他方面的研究没有任何差异，但是在实践中这往往是有欺骗性的，因为既然我们是在研究语言和语言学习，那么使用熟悉的方法来进行研究就很困难，或者是不恰当的。例如，假如某项研究要求做课堂观察的话，研究者显然可以借鉴教育研究中积累的课堂观察经验，但是教育研究中发现的范畴可能得进行修改，以满足语言课堂的条件。

研究对语言教学理论的重要贡献之一是，将实证程序引入到了语言教育的研究中。研究如果采用观察、描述和实验等技术的话，就具有"实证"性。正如我们已经注意到的，语言教学理论多是臆想、个人观点表述、实际经验解释和关于教学的辩论，假如能得到系统的实证程序的匡正的话，这一切都可看成是非常合理的寻找方向的方法。但是，在语言教学理论中，我们常常会忽视实证数据的收集。近二十五年来，教—研合一方式在一定程度上弥补了理论建构中对实证数据的忽视，而且语言教学理论跟教育、行为和语言学等领域研究的联系，将实证方式引入了语言教育学，人们这方面的意识越来越强，尽管这一方向上的发展还只是一鳞半爪，很没有系统性。例如，60年代早期，联合国教科文组织通过其儿童语言研究强烈呼吁，无论是在哪个国家，凡是具有开拓性的工作，都应该有实证研究的支撑，但是仅有少数国家做出响应。语言实验室在教学中的应用，除了工程技术方面之外，事实上，并没有进行过系统的研究。教学方法乃是特别创造出来的，研究是事后做出来的。

然而，即使在今天，在语言教育领域，人们仍没有认识到，实证程序在语言教学的各个方面或者我们的理论框架中的各个层次上，都有其作用。我们尤其需要描写性研究，对所教授的语言系统的状态进行不间断的记录。50年代关于基础法语的研究就是其中一例。类似研究在其他语言中也发起过，但是研究的深度和广度都有局限性。[25]而对普遍教授的语言的文化方面，则几乎没有进行过描写（见本书第12章）。

描写方式在对学习者的研究和教学研究中有其作用。70年代，误差分析（error analysis），作为一种研究第二语言学习障碍的技术，得到广泛应用（例如 Richard 1974；Corder 1981）。

描写性语言教学研究包括对语言教学与学习的调查和对课堂教学的观察。前述（本书第56页）国际教育成就评估协会（IEA）对不同国家英语和法语作为外语的教学水平的调查，以及这些国家教学条件和其他背景因素的调查，即为其中的例子。然而，基于教学实证研究的事实性数据难以获得。例如，70年代，语言教育工作者，尤其是美国的语言教育工作者，对个性化教学和几种新的教学方法，如沉默法（The Silent Way）、暗示法（Suggestopaedia）和社区语言学习法（Community Language Learning①），趋之若鹜。相对而言，我们经常听到一些不同派别偏激的言论，呼吁人们采用不同的教学方法，但是关于这些具有创新性的方法如何在教学实践中应用，很难获得基于观察和描写分析的准确解释，更不用说采用实证方法对其效果进行评估了。

"实验的"这个术语用于指与谢勒-沃特海默研究或者宾夕法尼亚项目相似的研究中使用的研究程序，研究者需要在一定程度上对相关变量进行控制（control）和操纵（manipulate）②。在这类研究中，其中一组学生，即实验组，接受一种"实验"处理，通常是创新性的教学方法（如听说法、语言实验室教学法、沉浸法、暗示法等），对应的另一组学生接受另外一种方法（传统法、非语言实验室法、非沉浸法等），然后对两者进行对比。作为一种研究方式，组别对照法广泛地运用于语言教学研究，而且在很多情况下，取得了良好的效果。但是，有时，需要比较的变量难以控制，这就是为什么有些实验研究（如宾夕法尼亚项目）的结果受到批评的原因之一。另外一个原因是，有些人就是不喜欢这种研究结果，这将在下文讨论。但是，

---

① 也有人译作"集体语言学习法"。——译者注

② 在研究方法论中，前者指主要采用随机化方式对无关变量的处理，后者则是对自变量的处理。——译者注

有时，这种组别比较法被滥用，排除了其他一些可以达到更好效果的技术的使用。[26]

在有些语言学习研究中，其他"实验室"实验技术也得到有效的使用。例如，皮亚杰（Piaget）采用小样本实验方法和访谈法，对儿童智力的发展进行了研究；美国一位研究者霍森菲尔德（例如 Hosenfeld 1979）则将传统的语言教学任务分派给学生个人，让他们采用"有声思维"的方式将自己完成练习的过程报告出来，并同实验者讨论他们所学到的东西。她采用这种方式将隐藏在日常课堂教学中关于语言学习的信息挖掘了出来。[27]

（4）研究发现与解释。最后，"系统的研究"与日常"发现过程"的一个重要区别是，研究者必须以客观、简明、无歧义的形式将发现呈现出来，并将结果与解释区分开来。由于语言教育学缺乏客观性，而且有一种过分区分派系的倾向，教—研一体方式的这一特点就显得尤其重要了。60年代以来，研究者在许多有争议的领域进行了研究：儿童语言、关于教学方法的辩论、语言实验室的兴起、沉浸式语言教学等。在很多情况下，研究发现并未被语言教学界所接受，而且在有些情况下，政治的考虑影响了对研究的接受。例如，宾夕法尼亚项目的研究结果之所以成为众矢之的，是因为没有将创新的听说法或语言实验室法的明显优势显示出来。英国小学法语教学项目也令小学法语教学的支持者恼火，不仅因为研究结果并未表明早开始第二语言学习的儿童的成绩有压倒性优势，而且因为研究者对早开始第二语言学习的优点持怀疑态度。在加拿大，人们批评沉浸式教学研究具有偏向性，研究本身有利于沉浸式教学法，因为研究结果表明实验组学生成绩优于其他组别学生。在上述所有情况下，研究的客观性使人们参与到与政策有关的论辩中，更加关注现实。同时，它还使人们有机会对研究结果及其解释与对政策的影响做出区分。一篇关于沉浸式教学法的研究报告这样提醒读者：

> "简而言之，研究不可能为管理者所关注的问题提供所有的答案。它可以表明沉浸式教学法是成功的，而且指出采用沉浸法可能面临的问题或者困难，但是不能也不应该明确地说双语制是有价值的，以及现有体制应该赋予它什么样的地位。这是政策制定者必须做出的价值判断"（Stern *et al*. 1976: 17-18）。

研究的连续性与对研究结果的解释

语言教育中需要研究的问题，几乎很少有通过一个研究就能够解决得了的，往往需要很多研究者或者同一个研究小组多年的潜心研究，各个研究相互补充，不断积累，最终才能高效地解决问题。从这个角度看，70年代，欧洲委员会现代语言项目和加拿大法语沉浸式教学试验，乃是其中两个有趣的研究范例。作为一个课程开发项目，欧洲委员会项目始于1971年，一直持续到80年代，多个国家的学者参与了合作研究（例如，Trim 1980；Trim *et al*. 1980）。研究成果发表后，许多人将其成果应用到各自的课程开发中。这个大规模的项目可能会激发更多更深入的研究，其影响可能会缓慢地以多种方式在许多地方的课程设置中体现出来（Council of Europe 1981）。加拿大的沉浸式教学研究始于1965年，至本书出版时仍在进行中。上述事实足以说明，在同一问题上，研究可能持续很多年，而且研究具有非常重要的价值，在此例中指"沉浸"教学方式对第二语言学习的价值。尽管最初提出的一些问题数年后可能被放弃，因为这些问题已得到回答（例如，沉浸式语言教学是否比传统语言教学方式效果更显著），但是，随着沉浸式教学经验的丰富，另外一些问题又会涌现出来。例如，儿童接受沉浸式语言教学三年或四年后似乎可能达到语言水平的高原期，这种现象能否避免或者克服？如果能，如何避免或者克服？或者，"晚沉浸"跟"早沉浸"效果相同吗？由于长期以来一直服务于沉浸式语言教学项目，研究与政策的制定已经融为一体，研究者与实际教学工作者之间已经形成了一种相辅相成互相支持的良性关系。[28]试将上述情况与语言教学法方面的研究做一对照。尽管这些研究持续的时间也很长（例如，宾夕法尼亚项目、国家教育研究基金会（NFER）小学法语教学项目），但是其设计是一次性的，对最终的结果，语言教学工作者和政策制定者或者全盘接受，或者置之不理，别无其他选择。这些重大的单一性的研究引起了很多争议，并未像人们所期待的那样，令语言教学实际工作者满意地彻底解决有争议的问题。

研究与语言教学工作者

人们常说，研究结果应该方便语言教学实际工作者使用，这样才能对实践产生影响。上述说法有其正确之处。深锁在研究报告里不能为语言教学实际工作者或者大众接触的研究，可能是极大的浪费，因此人们敦促研究者将研究成果的"传播"作为其研究的最后一个重要阶段。这是非常正确的。

然而，教学工作者应该将自己看成是研究的参与者，而非仅仅是远离自己活动领域的研究结果的接受者。把研究者看成是"象牙塔"里的人这种陈腐的想法，可以说是有百害而无一利。语言教学工作者最好也是研究的参与者。首先，他在教学实践中所面临的任务和问题以及在语言教学过程中所提出的问题，最终应该成为研究的课题。在许多情况下，正如我们在一个教师所进行的词汇研究的例子中所看到的，语言教学工作者自己也要做一些必要的研究。

其次，在另外一些情况下，语言教学工作者跟研究者应该能够合作来从事研究。最后，对语言教学工作者而言，比"应用"研究更为重要的是，要形成自己的教—研合一方式，或者形成研究的态度。尽管语言教学工作者，无论是教师还是教学管理者，通常是依靠自己对具体情境的直觉判断、预感等来行事，但是时常后退几步，采用研究的思维与行为方式，对一些现象进行探究、审视、诊断和分析，还是大有裨益的。我们认为，正是研究与实践之间的这种互动关系，才使两者都更为有成效。[29]

结论

上面我们对语言教学理论与研究的历史进行了简要的回顾，从中我们必须认识到，研究并非能够解决所有的语言教学问题。有时，人们坚持认为教师培训、教学材料开发和课堂教学重于研究。但是，这些皆非真正的替代选择。研究与理论可以被看作是规划周密的语言教学的必要组成部分，但是绝对不能替代任何其他部分。

研究所代表的是教学中严密的探究和不断探索的成分，为教学提供资料和证据，在对教学的承诺、广为接受的教法、必要的对政策的价值判断和基本的信息、观念、分析以及批判的超然和谨慎态度之间做出了平衡。

注释：

1 早期的发展在本书第二部分中也提到过。

2. 研究者需要克服许多困难（例如，缺乏严格的研究设计，没有合适的测试）。卡罗尔（Carroll 1961: 9-11）曾对这些困难进行过描述，并做出如下评论："阿加德-邓克尔（Agard-Dunkel）的研究应被看作是比较调查研究，而非真正意义上的实验。"
3. 引自提交给国家教育研究基金会（The National Foundation for Educational Research）未发表的报告《教育研究指南》（*Map of Educational Research*）（Thouless 1969）。同时参见卡罗尔（Carroll 1960）。
4. 50 年代，卡罗尔开展了语言学习能力测试的研究，并跟斯坦利·萨彭（Stanley Sapon）合作编制出其有名的现代语言学习能力量表（Carroll and Sapon 1959；同时参见 Carroll 1981: 90）。卡罗尔对这个研究领域进行过简明、全面的总结，60 年代，许多语言教师读过其研究综述。尤其参见卡罗尔（Carroll 1961/1963, 1966a, 1969a）。跟联合国教科文组织赞助的儿童语言教学项目相关，他找出了需要研究的问题（1967），并撰写了详细的研究指南（1969b）。
5. 在兰伯特（W. E. Lambert）的指导下，麦吉尔大学心理学系培养出了许多著名学者，例如罗伯特·加德纳（Robert Gardner）、利昂·雅格博维茨（Leon Jakobovits）和理查德·塔克（Richard Tucker）。他们在 60 年代进行过大量的研究，出版了许多著作，发表了许多论文，对语言教学产生了巨大的影响。
6. 例如，贝尔（Bell 1960）、斯特雷文斯（Strevens 1963）、麦基（Mackey 1965）、斯特恩（Stern 1970）。
7. 关于应用语言学研究中心（CAL）的信息，请参阅其公报《语言学报道》（*The Linguistic Reporter*），尤其是 1979 年第 21 卷第 7 期应用语言学研究中心成立 20 周年纪念专刊，载有专文对中心的发展历史进行了回顾，并对未来发展方向做了展望。应用语言学研究中心还设有 ERIC 语言与语言学资料交流中心（The ERIC Clearinghouse on Languages and Linguistics），专门提供特殊资料服务。美国大学研究中心中最值得关注的是华盛顿特区乔治城大学语言与语言学学院（The School of Languages and Linguistics of Georgetown University）。自 1950 年以来，学院每年举办一次语言学与语言研究圆桌会议，与会学者在会议的两三天时间里共同讨论一些具体的问题。自 1950 年第二次圆桌会议起，每次会议的报告由乔治城大学出版社出版，提供了重要的研究信息，明确了研究的热点（例如 De Francis 1951；Altis 1980）。

8 1964 年，在英国政府的赞助下，现代语言研究与发展委员会（Committee on Research and Development in Modern Languages）成立，1970 年撤销。两年后，委员会为全国现代语言委员会（National Committee for Modern Languages）所取代，其创建的宗旨是鼓励与协调研究与发展。还有几个英国的大学研究中心在这个领域的研究也非常活跃，其中包括爱丁堡大学、埃塞克斯大学、兰开斯特大学、雷丁大学等。1978 年，全国教育语言协会成立（National Congress on Language in Education）（Perren 1979，1979a）。

9 国际双语研究中心（ICRB）建立的宗旨是对双语和语言接触进行全方位的研究（Mackey 1978），现代语言中心的侧重点则是第二语言的学习与教学以及双语教育（Stern 1970）。约尔登（Yalden 1976）对加拿大和全世界教师和研究者可用的文献进行过综述。

10 谢勒与沃特海默（Scherer and Wertheimer 1964）和查斯顿与沃尔德霍夫（Chastain and Woerdehoff 1968）的研究乃是大学阶段两种语言教学方法的对比。宾夕法尼亚外语项目（Smith 1970）在宾夕法尼亚州 58 个中学进行，从 1965 年到 1968 年持续了四年，其目的是对不同的教学策略和不同类型的语言实验室进行研究。GUME 项目（Levin 1972）则是戈森堡大学教育学院与英语系联合完成的一个项目，由几个独立的研究组成，研究对象部分是在校生，部分是成人。

11 1963 年，《基廷报告》（The Keating Report）引起轰动。关于对语言实验室的许多研究的综述，见福里斯特（Forrester 1975）。

12 除了 1962 年和 1966 年关于联合国教科文组织倡议的报告（Stern 1967，1969）和英国研究的报告（Burstal et al. 1974），请参见斯特恩和温里布（Stern and Weinrib 1977）从 70 年代的角度所做的综述。同时参见本书第 17 章（第 364—365 页）。

13 初期的基础研究是在麦吉尔大学进行的，除了期刊文章之外，兰伯特和塔克（Lambert and Tucker 1972）亦在其一本书中对所做的研究做过总结。在加拿大安大略和其他地方所做的研究，定期发表在《加拿大现代语言评论》（Canadian Modern Language Review）上（例如 Harley 1976）和在安大略教育研究院（OISE）现代语言中心双语研究项目报告中。关于各种研究的参考文献和对 70 年代末经验的总结，参见斯温（Swain 1978）、斯特恩（Stern 1978，1978a）、斯温和拉普金（Swain and Lapkin 1981）。同时参见比罗（Bileau 1982）。关于沉浸式教学中的年龄问题，参见本书第 17 章（第 364 页）。

14 例如，GUME 项目引起了激烈争论，因此遭到瑞典教育委员会（The Swedish Board of Education）的抵制（Ellegard and Lindell 1970）。宾夕法尼亚项目的研究结果受到攻击，其研究方法也受到批评。史密斯（Smith 1970）一文的附录中有一份一次讨论会的报告、瓦莱特（Valette）的评估报告以及史密斯对批评的回应。1969 年 10 月,《现代语言杂志》(*Modern Language Journal*) 设专栏对宾夕法尼亚项目进行了讨论,撰稿人包括克拉克 (Clark)、瓦莱特 (Valette)、霍金 (Hocking)、奥托 (Otto)、罗敏 (Roeming) 等。1969 年 12 月,《外国语年鉴》(*Foreign Language Annals*) 刊载卡罗尔和威利 (Wiley) 的文章,对宾夕法尼亚项目进行了全面深入的讨论。关于宾夕法尼亚项目的参考文献,参见《外国语年鉴》1969 年第 3 卷第 2 期:180—181。同时参见英格拉姆 (Ingram 1975: 281-284)。关于对英国小学法语教学研究的反响,见斯特恩与温里布 (Stern and Weinrib 1977)、霍金斯 (Hawkins 1981: 180-190) 和斯特恩 (Stern 1982)。

15 关于语言教学研究的深入讨论与参考文献,见本书第五部分。

16 除了卡罗尔 60 年代写的研究综述 (里面详细讨论了研究的理论基础与设计的严密性)、为联合国教科文组织儿童语言项目撰写的指南 (Carroll 1969b) 之外,另外还有几本语言教学研究方法方面的专著,例如克拉克 (Clark 1971)、蒂通 (Titone 1974)、艾伦与戴维斯 (Allen and Davies 1977),以及哈奇与法黑蒂 (Hatch and Farhady 1982)。关于研究与实践之间的关系,详细讨论见塔荣等 (Tarone *et al.* 1976)、斯特恩 (Stern 1978b),以及斯特恩、韦施与哈利 (Stern, Wesche, and Harley 1978)。1977 年,德国也有研究者对研究现状进行了综述 (Koordinierungsgremium 1977)。

17 在一篇关于哲学家对教育研究的贡献论证严密的论文中,彼得斯和怀特 (Peters and White 1973) 将把研究局限于对经验假设检验的狭义的研究观,与任何研究都是"研究"的极端广义的研究观,做了区分。他们认为,研究是"那些精通某种思想的人,为了回答某个具体问题，而进行的长期系统的探索"（同上：94）。我们也赞同这种相对宽泛的研究的定义。

18 例如，在一项以加拿大法语儿童和英语儿童为研究对象，对学生交换项目对语言学习与社会态度影响的评估研究（Hanna et al. 1980）中，除了法语、英语、统计学和对学校体制的了解外，要求采用教育研究、心理学、社会学和教育语言学研究中采用的一些技能。为了满足这个项目的要求，需要许多研究者进行合作。

19 例如，英国小学法语教学研究立刻在北美得到认可。此外，加拿大的沉浸式语言教学研究也引起美国和威尔士教育家的兴趣。

20 例如，可能需要语言研究（本书第9章），或者文化研究（本书第12章），或者系统评估。

21 在本例中，词汇表的编者默克利（Merkley）清楚地认识到了其研究方法的局限性，而且在后记中清楚地指了出来。

22 除了对教学方法研究的反对之外，研究兴趣转向用实证方法对语言学习进行研究，还有其他一些原因。参见本书第15章。

23 研究结果的不确定性并不意味着研究是一种时间上的浪费。研究结果越来越清楚地表明，"方法"的界定并不清晰，无法放到一起来进行比较。如果这个教训至今没有汲取的话，就是浪费时间了。参见本书第21章。

24 信息来源包括以下两个期刊：《语言教学：国际语言教师与应用语言学家摘要报》（*Language Teaching: The International Abstracting Journal for Language Teachers and Applied Linguists*）（其前身是《语言教学与语言学摘要》（*Language Teaching and Linguistics: Abstracts*））和《语言与语言行为（研究）摘要》（*Language and Language Behavior Abstracts*），以及金塞拉（Kinsella 1978）书中

发表的论文。华盛顿应用语言学研究中心、伦敦语言教学信息中心和多伦多现代语言中心所提供的信息服务，已得到越来越广泛的运用。

25 正在进行的描写性语言研究的主要例子是英语语言调查，已经出版了《当代英语语法》（*Grammar of Contemporary English*）（Quirk et al. 1972）。关于描写性语言研究和对比性语言研究，详细讨论见本书第 9 章。

26 组别对照法的过度使用，可从对加拿大一项主要研究（即渥太华-卡尔斯顿项目）的评论中显示出来。在这个项目中，数个研究团队几乎无一例外都运用这一技术，在加拿大首都渥太华多所学校里对三种不同的法语教学方式进行了研究："没有任何人对测量成绩和评估项目的必要性产生过质疑。……确实，渥太华-卡尔斯顿项目是同类项目中最全面、持续时间最长的一个。但是，由于任务艰巨，其他一些研究技术，如课堂观察、通过访谈获取教师观点等，却没有得到应有的足够重视。各个项目之间的差异与项目内部的变异，也总的来说只是做了表面化的处理，既没有对项目实施的条件进行详细的描述，也没有将教师问卷调查和课堂观察得到的结果跟学生的成绩与态度联系起来……假如给课堂上和学校环境中所发生的一切更多的关注的话，研究的价值则倍增"（Stern et al. 1976: 32）。

27 关于运用学习者的知见为研究技巧的研究，本书第 14 章注释 11 已引用。多伦多的比亚里斯托克（Bialystok）在本书第 18 章参考的系列研究中，运用了其他一些精巧的实验技术。

28 产生于研究者与管理者/语言教学实际工作者长期良性合作的一些问题，在两本关于安大略法语语言项目的书中有详细讨论，本章注释 26 已经引用：斯特恩、斯温和麦克莱恩（Stern, Swain,

and McLean 1976）和斯特恩等（Stern *et al.* 1976a）。同时参见斯特恩（Stern 1978）。斯温与拉普金（Swain and Lapkin 1981）曾对沉浸式教学十年来的研究做过综述。

29 关于交互方式的详细讨论，见斯特恩、韦施和哈利（Stern, Wesche, and Harley 1978）。同时参见本章结论部分，尤其是注释4。

第二部分

语言教学历史面面观

第5章

方式与研究

历史意识作为起点

建构语言教学理论的最佳方式是反观自身,探索在何种程度上第二语言教学受到我们自己语言学习与语言教学经历的影响。影响我们的语言教学方式,进而影响语言教学理论的背景事件,可能包括下面某些或者所有情形:

(1) 儿童期在家庭中非正规的语言(第一与第二语言)学习;

(2) 学校里接受的语言教学方式以及我们对教学方式的反应;

(3) 成人正规或者非正规的第二语言学习经历;

(4) 周围的人如何看待或者谈论语言、语言学习和说其他语言的人;

(5) 高等学校的语言培训或者高等教育中跟语言相关的其他活动;

(6) 可能接受过的任何语言教师培训;

(7) 过去与当下的语言教学经验;

(8) 跟其他语言教师的讨论、专业会议、在岗培训、教师协会会议;

(9) 阅读语言教学读物，包括图书、专业或者通俗期刊文章。

借助于上述清单，就可以将我们作为语言教师的历史重构出来，初步判断是什么样的观念、经历或者习惯做法，决定了我们过去和现在关于第二语言教学的一些思想，也可以通过内省找出这些影响可能的来源。我们是否是在按照当初老师教我们的方式教学生？我们是否是在按照我们所经历的相反的方式教学？随着时间的推移，我们的语言教学哲学是否发生了改变，是什么引发了这些改变？我们教学理论中占主导的是哪些影响？

除了上述个人自传方式之外，对我们所在的（中小）学校、大学或者社区里语言教学历史做一探究，也是有益的。最后，我们将联系我们国家或者全世界语言教学作为一个职业目前的状况，来阐述我们自己的个人立场，并试图联系语言教育学的历史来理解语言教学的现状。

通过研究语言教学的历史，我们可以洞察当下的思想与思潮，并找出未来发展的方向。了解历史背景有助于更好地理解语言教学理论。例如，假如我们具备必要的背景知识的话，语言教育学的著作或者文章对我们就更有意义。最近十几年来出版的最有影响力的语言教育学专著之一，是里弗斯的《外语技能的教学》，1968 年首版。尽管本书可以提供语言教学法方面的帮助，教师可随时用于其教学实践，但是书中所强调的重点，需要放到本书写作的 60 年代中期发生的那场关于语言教学的大讨论这个大背景下，才能得到更好的理解。当时，人们对通行的听说法提出质疑，里弗斯本人也在该书出版前对这个理论进行过批判性评价（Rivers 1964；参见本书第 15 章）。在这个大背景下，此书所传达出来的主要信息是对听说教学理论的赞同，但是其中融入了当时正在显示其实力的"认知"方式的成分，并且为其所修正。1981 年，该书新版出版。尽管新版沿用了旧版的版式，并且保留了其大部分内容，但是作为本领域的标杆性的著作，书中既反映了教学思想与职业观点的变化，又反映了新的研究成果。正如里弗斯所言，"60年代以来，大量的河水已从桥下流过"（Rivers 1981: xiii；同时参见本书第21章第477—482页）。

那么，本章的意图是从历史的角度来讨论语言教学理论。除了需要对我们自己的历史进行思考之外，正如前面所指出的，我们将用三种方式来探讨语言教学理论的历史发展：在语言教育学历史的文献中定位我们自己；作为第一手研究的例证对一份历史文献进行探究；在第6章中对最近的发展趋势进行综述。

语言教学的史学研究

研究的匮乏

我们期待从对语言教学的历史研究中获得什么呢？至少可以说，这种研究应该对语言教育学的发展历史进行描写性记录。我们可以用这种方式将一些教学观念、思想、经验和成功的实践积累并保存下来，否则就有可能丢失，后代人就只有费力地去重新发现了。可惜的是，目前的历史资料保存现状并非令人满意。我们对语言教学理论历史的研究有限，可能是由于被当下的问题和辩论所纠缠的缘故，我们常常忽略过去，或者歪曲历史教训，总是反反复复在发起以往发生过的争论。[1] 甚至关于一些最近重要发展趋势方面的信息也严重匮乏，且不可靠，例如直接法的历史，基础法语的起源，"二战"时期美国的语言教学经验，或者60年代初期的听说法等。[2]

然而，从历史的角度对语言教学进行探讨，是非常必要的，且已有许多这方面的研究。大致说来，历史的研究可分为两类：一般性考察和某个具体方面的研究。

一般的历史考察

或许是因为要增加深度的缘故，众多的语言教学著述，例如平洛赫（Pinloche 1913）、克洛塞特（Closset 1949）、马林森（Mallinson 1953）、拉多（Lado 1964）、格里特纳（Grittner 1977）、查斯顿（Chastain 1976）和迪勒（Diller 1978），都是从历史的角度来介绍当下的发展的。但是，由于此类著述关注的焦点都是现代的教学思想，因此对历史沿革的考察则往往仅仅是一个背景，作者粗线条地将意欲强调的方面勾勒了一下，对历史的处理简短，而且带有明显的倾向性。

对作者而言，写简短的历史介绍是一项很有挑战性的任务，因为迄今还没有一部权威、全面的语言教学史可供借鉴，而且对具体方面的研究数量不足，范围不够广，深度也欠缺，无法将它们拼凑成完全令人满意的语言教学与学习的通史。所以，我们只好依赖已有的任何资料。

有批判头脑的读者期待历史记录应言之有据，有充分的研究基础，应对报告中事件、参考文献和名字的选择做出合理的解释，但是这是很少见的。此外，他还想要知道征引的是第一手资料还是第二手资料。各种相关著述中关于历史的介绍，几乎千篇一律，出奇地相似，这使人们对其可靠性产生了怀疑。出现在书中的是完全相同的人物，引用的文献内容完全相同，甚至小的事实性错误也在几种语言教学简史中反复出现！[3]

历史的考察按理应该（但很少做到）将语言教学思想的历史与教学实践的历史区分开来，因为争论性或者理论性著述中的证据，不应该与语言教学手册中的证据等同对待。因此，广泛使用的教学语法，例如16世纪英格兰的杜韦斯（Duwes）的法语语法，或者19世纪德国的普洛茨（Ploetz）的教材，可以为当时流行的语言教学实践提供线索，而哲学家（如蒙恬（Montaigne）或者洛克（Locke））对语言学习方式的反思，则可提供思想特点的证据，但未必可用以描写某个时期流行的教学实践。当然，哲学家或者改革家的观点有时是反对当时流行教学方式的表达。的确，其批评可能反映当时惯常的教学方式，但是必须牢记，其观点可能有倾向性。[4] 例如，古安（Gouin）的教学思想在19世纪末很有影响，他建议要进行语言教学改革，并栩栩如生地讲述了自己借助于各种语言教学方法学习德语的艰难历程，作为证据，还引用了奥伦多尔夫（Ollendor）、雅克托（Jacotot）、罗伯逊（Robertson）和普罗茨（Ploetz）的著作。上述描述旨在表明一个世纪前一个作者对当时流行教学方法的感受，其故事提供给了我们当时语言教学状况的大量信息。然而，历史学家不会一开始就把古安的描述当成是对当时教学实践与观点确信无疑的陈述，而是必须进一步寻找证据对其进行验证。而且，即使把古安的著述当成关于19世纪语言教学的可靠文献，作为历史学家，他还必须考虑其描述在多大程度上适用于他的祖国——法国的情况，在多大程度上适用于他留学学习德语的国家——德国的情况，或者在多大程度上适用于两个国家的情况，或者推而广之，在多大程度上适用于整个欧洲乃至整个西方世界的情形。

  语言教学史学家在引用历史文献中的证据来支持现代的观点时，也必须持批判、谨慎的态度。例如，17世纪教育家夸美纽斯（Comenius）关于语言教学的观点很具有超前性，这给人留下了极其深刻的印象，其著述在关于语言教学与学习中是否需要学习语言规则的大讨论中经常被引用。人们引用他的著作来支持下述观点：实践是至高无上的，语法规则完全没有必要。夸美纽斯确实这样说过："任何语言通过实践来学习，比通过学习规则来学习，要容易得多。"但是，我们绝对不应该掩盖以下事实：尽管上述主张跟现代的某个观点戏剧性地极其吻合，但是其后还有一个并不为人所经常引用的陈述："但是，规则有助于巩固来自于实践的知识。"[5]

在对几种值得注意的语言教学历史考察进行讨论时，这种谨慎的态度是时刻必须牢记的。下面将要介绍的语言教学历史包括：(1) 两种按照编年史撰写的语言教学史；(2) 按照主题撰写的语言教学史。

一、按照时间顺序呈现的历史概观

编写语言教学史最常见的方式是，按照历史顺序，从古代到当下，描写其发展。因此，在其著作《语言教学分析》（*Language Teaching Analysis*）一书中，麦基（Mackey 1965: 141-151）在很小的篇幅内，从古希腊、罗马开始，到中世纪及其随后的几个世纪，一直到现代，对语言教学的沿革进行了描述。而蒂通（Titone 1968）的著作部头较小，对古代语言教学的历史仅仅做了两个素描，其起始时间是文艺复兴时期。两部著作涉及的范围大致相同，后者更详细一些，而且引证资料丰富。蒂通首先对文艺复兴时期到 19 世纪一些对语言学习有独立见解的重要教师和作者进行了介绍，其中包括阿谢姆（Ascham）、拉特科（Ratke）、蒙恬、夸美纽斯、洛克，一直到 18 世纪末的雅克托和汉密尔顿（Hamilton）。但是，他主要关注的却是 19 世纪和 20 世纪上半叶的一些主要人物，例如从"传统"或者"语法翻译法"之父，到古安、维埃托尔（Viëtor）、里普曼（Ripman）等改革家。而对斯威特（Sweet）、耶斯佩森（Jespersen）和帕尔默（Palmer）现代三位语言教学领域的巨头，则分别以一章的篇幅给予重点介绍。本书最后先介绍了"二战"前语言教学的总趋势，然后对当代（亦即 1967 年）几个国家的语言教学趋势进行了简介，并对最近兴起的一些教学方法进行了分类。

麦基与蒂通对语言教学历史发展的看法大致一致。两人都将语言教学的历史追溯到古代，他们一致认为，欧洲语言教学的思想首先围绕拉丁语作为教学、学术研究和交际的主要媒介逐渐形成的，当时之所以教授拉丁语，是为了"使神职人员能够用第二种语言进行交流、阅读和写作"（Mackey 1965: 141）。自 16 世纪起，上述功能被欧洲其他一些国家的本地语言所逐渐取代，它们开始被当作外语来学习。起初，那些现代语言是需要使用语言达到社会目的的人以非正规、实用的方式来学习的，而在随后的几个世纪里，随着拉丁语作为学术语言特殊地位的逐渐丧失，其教学陷入刻板的形式主义，变得越来越乏味，令人呆滞，而现代语言反过来成为学校开设的科目，拉丁语教学的形式主义也被移植到了这些语言的教学中。麦基和蒂通两人都认识到，在语言教学发展的过程中，长期存在两种原则的矛盾，即里弗斯（Rivers 1981: 25-27）所说的"形式主义（formalism①）"与"行动主义（activism②）"之间的矛盾。两种语言教学理念或者方式，在语言教学的历史上此消彼长。根据麦基和蒂通的观点，语言教学的历史就是行动主义与形式主义此消彼长的历史，前者以 16 世纪到 19 世纪的蒙恬、夸美纽斯、洛克、巴泽多（Basedow）、汉密尔顿、雅克托、古安以及维埃托尔为代表，后者尤其以 18 世纪末和 19 世纪的梅丹热尔（Meidinger）、扎伊泰因许克尔（Seidenstücker）、阿恩（Ahn）、奥伦多尔夫（Ollendorf）和普罗茨为

---

① 即通过形式训练（如变格、变位练习）来学习语言的一种教学方式。——译者注
② 即通过语言使用来学习语言的一种教学理念。——译者注

代表。语言教学方法从古代与中世纪通过积极地使用拉丁语来学习，摇摆到文艺复兴时期的通过语法规则来学习，又回到夸美纽斯的口语行动，再回到普罗茨的语法规则，最终又回到直接法的口语至上教学上来（Mackey 1965: 151）。

总之，麦基和蒂通两人都强调各种教学方法的矛盾与冲突是对语言教学的历史进行诠释的核心原则。[6] 麦基对历史上教学方法的交替与更迭的描述，相对比较中立、客观，相对而言，蒂通则将重点放到了历史上预示现代听说法（诉诸体验、归纳、练习等的教学方法）某些"行动主义"原则的几个例子上了。他在书中一开始就向"形式方式/理论（formal approach）"发起攻击，认为它是"19世纪之初或者之前不久产生的教学方法的变异"（同上：2），其失败应归因于心理学与语言学知识的缺乏和语言教师的惰性。尽管两位作者在取向上有差异，但都描绘出一幅语言教学生动的发展趋势全景图，向读者介绍了语言教学历史上的一些大人物及其重要的著述。然而，我们认为，用两种宽泛的原则的矛盾冲突来解释语言教学的历史发展，未免太简单化了。[7]

二、按照主题呈现的历史概观

凯利（Kelly 1969）在对语言教学2500年的历史考察中，提出了另一种研究语言教学历史的方式。这种方式有三种区别特征。首先，作者在这项宏大的研究中，对从古代到现代大约1200种第一手资料进行了考察。其次，凯利没有循规蹈矩，按照惯常的时间顺序来处理历史，而是追溯了不同的主题或者方面的起源与发展。因此，拓展了历史研究法的范围。同以往多数作者仅关注语言教学方法不同，他将历史方式（historical approach）延伸到了对语言教育学许多特征的研究上。第三，作者所考察的特征都是精心系统地选择出来的。基于麦基（Mackey 1965）的概念框架，他对历史上麦基方案的前身或者其对等的方案，进行了探讨。

凯利的研究结果表明，当下教学实践中许多习惯做法和思想观念，都在历史上有其相似的做法和思想观念。例如，句型训练的前身是16世纪和17世纪教学语法中使用的替换表；作为最近几十年来呈现文本的一种常见形式，对话"在课堂上的使用贯穿了整个语言教学的历史"（Kelly 1969: 120）。凯利还将许多当下教学中具有的特征一直追溯到更早的时代，例如语法、词汇和发音的教学以及翻译、作文和阅读的作用。他还对语言教学目标、语言的选择、教师角色的变化以及语言学与心理学思想对语言与语言学习的影响等进行了研究。

进而言之，凯利（同上：394）在按照主题对语言教学状况进行考察的基础上，得到一幅崭新的语言教学的年代发展概观图，跟现有的任何描述都不相同。系统总结见图表5.1。

凯利认为（同上：363）："两千年来，语言教师可资运用的思想库基本上没有变化，始终在变化的是根据这些思想创造教学方法的方式，而且被接受的那部分思想库，就像思想呈现的形式，因时代而异。"根据图表5.1所表达的概念，欧洲文明的语言教学历史大致可分为五个阶段：古典时期、中世纪、文艺复兴时期、理性时代和现代。随着语言在社会中地位的变化和当时学术研究（即凯利所谓的"母科学（parent sciences）"和"批评科学（critical sciences）"）所表达出来的学术气候的变化，语言教学的观点也在变化。[8]语言教学主要是一门艺术，长期以来追求的目标不外乎三种：社会目标（语言是交际的一种形式）、文学—艺术目标（语言是艺术创作和欣赏的媒介）和哲学目标（语言分析）。上述广义的目标在不同历史时期得到强调的程度有别。语言教学发展中的另外一个变量是古典语

时代	母科学	艺术								批评科学
		目标						方法		
		文学		学术		社会		非正规	正规	
		CL	ML	CL	ML	CL	ML			
古典时期	逻辑 语法 修辞 哲学 神学	X	Gr{X X}	X	Gr{X X}	Y	Gr{X X}	在家庭和社会中接触语言	书面语言教学为主——拉丁语当社会用途为辅——教授语言是为了文学目的	带有规范偏向性的母科学——观察提升为规则制约活动
中世纪			X							
12—15世纪										
文艺复兴时期	教育 语法 修辞	X	X	X		Y	X	现代语言教学方法，主要是口语——例子之后是一些经典文本	古典语言教学遵循中世纪模式——现代语言进入翻译教学以达到文学目的	

续表

时代	母科学	艺术								批评科学
		目标						方法		
		文学		学术		社会		非正规	正规	
17—19世纪	语法 哲学 教育 修辞	Y		X	X				语法以逻辑导向——语言的社会目的居于次要地位——语法翻译法发展	同上
19世纪与20世纪早期	语言学 心理学 教育学 解剖学			X	Y		X	自然法、直接法等主导——拉丁语直接法和“结构”法实验	古典语言教学继续沿用19世纪惯例——许多现代语言教师仿效	实验心理学 语言教学论 方法分析

X　主要目标　　CL　古典语言　　Gr　希腊语

Y　最重要的辅助目标　　ML　现代语言

图表5.1　凯利的第二语言教学沿革纲要

言与欧洲各个国家的本地话①。"在古罗马，希腊语承担着古典语言和现代语言两重功能，教授希腊语的目的从日常社交谈话，到文学与哲学思想的传承，多种多样"（Kelly 1969: 397）；但是，在近代，古典语言和现代语言之间的相互影响，一直是第二语言教学发展中的一个重要因素。

凯利认为，古典时期、文艺复兴时期和现代的语言教学之间有着很多的相似性，而且中世纪和理性时代的语言教学也有很多的相似性。在前一种情况下，社会目标为主，例如，现代特别强调交际，而在后一种情况下，"重点转移到写作和分析技能上"（同上：398）。跟变化了的教学目标相适应，教学的方法在正规与非正规之间变化。换言之，麦基、蒂通和里弗斯所谓方法上长期存在的"行动主义"和"形式主义"之间的矛盾，在凯利看来，乃是所教授语言的社会作用与教学目标变化的结果②。

凯利的研究覆盖面广，有着令人着迷的文献资料支撑和深思熟虑的讨论，他声称自己的研究以麦基的架构为基础，但这并没有被充分证明。读者不得不去猜测，背离麦基的方案的地方纯粹是呈现方式的问题呢，还是他在一定的历史条件下，采用了一个仅部分内容与麦基的架构相一致的框架。

尽管考察的所有方面似乎都有某种历史渊源，但是从凯利的叙述显然可以看出，在有些方面，历史的搜索并非很有收获。而且，有些方面的历史可以跨越本书所涵盖的整个历史时期，而其他方面的历史

---

① 即所谓的现代语言。——译者注
② 也就是说，语言教学方法必须与教学的目标相适应。但是，即使时至今日，教学方法与教学目标不相适应的情况仍非常普遍。就中国的外语教学的情况而言，教学目标往往要求过高，要求听、说、读、写（有时还要加上"译"）样样都好，谈何容易！——译者注

可能仅仅始于几十年前。上述论述引发出以下几个问题：某个方面或者某个主题的历史含义事实上是什么？这是否表明，考虑到语言学习的必要性，不同的时代与不同的语言学习环境，不可避免地要面临以不同形式出现的相同问题，而且解决的途径也或多或少都是一样的？或者说，这是否意味着语言教学早期的某一特征，与后来同一类目下的表现形式，有某种历史联系或者因果联系？我们像凯利一样，在历史早期找到现代教学思想存在的证据，这是否仅仅是将当下的语言学和教学概念强加给历史呢？进而言之，如果将教学的某个方面割裂开来并从"历时"的角度研究其发展，我们可能就不会在共时平面上恰当地认识它，因此错失其在当代的意义，而且过分地用20世纪的先入之见对待之。

上述问题表明，语言教学历史需要两种方式相互补充：一是将某一历史阶段的语言教学与学习放到社会和教育的大背景下进行共时研究，二是对语言教学的不同特征和方面的发展进行历时描述。这些问题进一步表明，任何令人满意的全景性的研究，最终都必须以大量具体、深入的研究为依归，这些研究或者针对某些具体问题、环境或时期，或者将那些长期以来需要详细、客观地进行研究，但目前尚没有研究过，且对语言教学与学习总体有贡献的事件或者人物进行探讨。

各个历史方面的研究

就我们目前所拥有的知识而言，第二种研究方式，即对某些具体方面的研究，或许比进一步的宏观研究更有成效。如果语言教学史学家选择一个小的领域进行深入的研究，就有更多的机会发现和分析一批可控的资料，从而加深对语言教学总体的理解。比利时学者克罗塞特（Closset 1949）在其语言教学理论著作中曾经对语言教学的历史发展进行过概述，他当时就已经认识到有必要进行更为专门化的研究。在他的鼓励下，其合作者之一，马雷夏尔（Maréchal 1972）在比利时踏上了语言教学历史的研究之路。在进行研究的过程中，他不久便发现，必须对自己的研究范围做一限制，随后便开始了对比利时公立教育体制中中学现代语言教学历史的研究。除了在绪论一章中对此前的语言教学历史进行过叙述之外，本书主要对从 1830 年比利时独立建国，到 1914 年第一次世界大战爆发这段历史，进行了研究，虽然只是详细论述了语言教学改革运动对一种教育体制的影响，但是它还为欧洲其他国家或者同一教育体制中其他部分类似的研究提供了一个参照点。马雷夏尔的研究工作，为对下一阶段到现在的语言教学发展进行研究奠定了基础。最后，其研究记录了语言教学在双语国家的地位。正是由于以上种种原因，尽管研究的课题有一定的局限性，但是此类研究的重要性已经超越了时间、空间和具体研究领域的限制。

兰利（Lambley 1920）对都铎和斯图亚特王朝时代英格兰的法语教学与培养进行了研究。此乃专门化研究的又一经典，说明此类研究是建立更好的历史观的基础。上述对某一国家一个时代特定社会政治背景下第二语言教学与语言使用的个案研究，对语言教学史的研究，尤其有意义，因为这是一个由拉丁语作为欧洲国家之间主要交流媒介向本国语过渡的阶段，即麦基和凯利认为非常重要的语言教学发展期。

兰利首先简要介绍了法语在中世纪时期英格兰的情况，然后叙述了 16、17 世纪英语语言的发展历史，叙述中世纪历史所采用的文献资料是大约 20 种关于语言各个方面的手稿，而对都铎和斯图亚特时代历史的叙述则采用了 1521 年至 1699 年间出版的 150 多种法语教学手册。

根据兰利的描述，中世纪的英格兰提供了一个从社会语言学的角度讲有趣的三语制的例子。自从诺曼征服以来，法语在英格兰广泛使用，成为皇家宫廷、法庭与贵族的语言。广大的群众说的是英语，而学问与学术研究中使用的当然是拉丁语。尽管15世纪时，英语的使用在整个社会中更为普遍，但一直到都铎和斯图亚特王朝时期，法语仍然是跟外国人（尤其是在宫廷圈子中）接触时的族际通用语（lingua franca①）。因此，随着英语作为普通交流媒介的普及，法语作为第二语言的学习，在贵族的教育中变得重要起来。这就是为什么宫廷和贵族通常要延聘法语私人教师的原因。拉丁语作为文化（literacy②）和学术研究主要途径仍然很重要。那么，学习法语的原因，用凯利用于对语言学习目标进行分析的表达方式来说，是"社交"。作为交际的一种手段，法语不仅为廷臣，而且为商人阶层、旅行者和士兵所需要。其中，商人用法语与西欧，尤其是法国与荷兰，做生意——"或者经常出入网球场，或者投身战争，或者在城市田野间走动③"，16世纪会话书上如此说。⁹此外，两个世纪期间发生的宗教迫害迫使人们越过英吉利海峡迁移：例如，16世纪，法国的清教徒逃亡到了英格兰，而在17世纪内战和共和期间，英国上层社会家庭心甘情愿地将自己的子女送到法国去接受教育。兰利向人们展示了法国和英格兰社会、政治和宗教的发展，在其所研究的这段历史中，对法语语言教学产生影响的方式。

都铎和斯图亚特王朝时代，人们对学习法语的兴趣在当时出版的

---

① 亦译"法通语"。——译者注
② 汉语中无对应的词来翻译，意思是阅读和写作（能力），近似于汉语口语中的"文化"。——译者注
③ 其原文是"soit que quelcun face merchandise ou qu'il hante la court, ou qu'il suive la guerre, ou qu'il aille par villes et champs"，这几句话由于缺乏逻辑性，甚至拼写跟现代法语都有不同或者有语法错误，加上缺乏语境，很难恰当地翻译出来。——译者注

法语语法书和法语指南的巨大数量上反映出来，这一切兰利都在其研究中做过具有洞察力的分析。她的研究支持凯利的观点，认为关于教学法讨论的内容一直令人吃惊地没有任何变化。是通过练习还是规则的学习来学习语言，是通过正规的教学还是非正规的语言使用来学习语言，这些在最近的讨论中突显出来的问题，早在 400 年前就已经在困扰着法语教师了。由于法语作为第二语言在英格兰具有实用价值，学习的方法花样百出，除了在私人教师的指导下借助于手册的正规学习方式之外，还包括：学习相关话题的会话，与法语母语者接触，国外旅行，与说法语的家庭一起生活，参加法语教会活动，或者阅读法语浪漫小说等。当时备受推崇的学习法语的不同方法，为如何改进拉丁语教学提供了借鉴。

那个时代早期两部最流行的法语教学语法，是亨利八世宫廷里两位私人教师贾尔斯·杜韦斯（Giles Duwes）和约翰·帕尔斯格雷夫（John Palsgrave）编写的。他们所描述的 16 世纪语言学习方式上的差异，对现代的读者来说，并不陌生。兰利将杜韦斯的《学会阅读、发音、说出纯正法语入门》（*An Introductorie for to learne to rede, to pronounce, and to speke French trewly*）（1534），描述为非常流行实用的教学语法小册子。而另一方面，帕尔斯格雷夫的著作《法语释疑》（*L'Esclarcissement de la langue françoyse*）（1530）则是一部皇皇学术巨著，巨大的对开本，1000 页有奇，分为三册，其中包括法语发音指南、语法、词汇和实用练习，里面不仅附有"散文与韵文书信（letters missive in prose and in rime）"形式的行对齐翻译，而且包括"接待皇帝、法国国王或者任何亲王的信使的各种各样对话形式的交流，还有关于用餐、求爱、求和、宣战礼仪的交流，以及描述一般民众与阐述人的灵魂是什么的交流，其中还包含时间的分配以及其他一些无实质性内容的东西①"（Lambley 1920: 90）。究竟是通过"规则"来教授语言呢，还是通过"练习"来教授语言，上述两种教学方式之争（一个世纪后，夸美纽斯将人们的注意力吸引到这个问题上来），直至今日仍未休止，此乃杜韦斯和帕尔斯格雷夫各自教学方式的差异之所在。杜韦斯似乎更强调词汇量和完善的动词知识，而这些知识的获得主要是通过类似下列转换练习来完成的，如"I have, have I? Why have I? I have not, have I not? Why have I not?"，语法规则的教授减少到最低程度。相反，帕尔斯格雷夫则坚信，法语是可以通过学习语法规则和做英法翻译来学习的。

可惜的是，对语言教学历史各个方面的研究中，鲜见能达到兰利研究水平的人，只有这样高水平的研究逐渐积累，才能最终写出全面、翔实的语言教学史。然而，遍览相关文献，或许能找到一定数量探讨不同方面有历史价值的专著、综述类文章或者书中的章节。下面仅举几个例子。

沃森（Watson 1909）对现代英格兰学校语言教学课程设置起源的研究，乃是对兰利研究的补充。该研究所涵盖的历史时期与兰利的研究相同，但是所考察的现代语言中不仅仅包括法语，还有西班牙语、意大利语、德语、荷兰语，同时还对多种语言能力问题进行了探讨。沃森的研究表明，人们对语言学习的兴趣确实相当大；但是语言学习并没有被作为正常课程的组成部分来对待。吉尔伯特（Gilbert 1953，1954，1955）的研究对 19 世纪语言教学改革的著作进行了分

---

① 这一段很费解，其原文是 "...and practical exercises with interlinear translations in the form of 'letters missive in prose and in rime, also diverse communications by way of dialogue, to receive a messenger from the emperor, the French King or any other prince, also other communications of the propriety of meat, of love, of peace, of war, of the exposition of the mass, and what man's soul is, with the division of time and other conceits'."请教过多位相关学者，并综合给出的几种解释，做出上述翻译。——译者注

析，结果表明，语言教学改革运动最早开始于 19 世纪中叶。关于 1940 年到 1960 年间语言学对美国语言教学的影响，莫尔顿（Moulton 1961，1963）曾进行过全面深入的研究。[10] 跟马雷夏尔（Maréchal）对比利时语言教学历史的研究相似，也有人对其他国家的语言教学历史进行过研究：例如，作为 20 年代美国、加拿大现代外语研究的一个部分，有人对美国（Bagster-Collins 1930）和加拿大（Buchanan and MacPhee 1928）语言教学的历史进行过详尽的研究。60 年代，在美国，研究者受委托曾对不同语言的教学发展进行过研究，其中包括法语（Watts 1963）、德语（Zeydel 1964）、意大利语（Fucilla 1967）、葡萄牙语（Ellison 1969）、俄语（Parry 1967）和西班牙语（Leavitt 1969）。还有几种研究，从不同国家的角度，对英语作为第二语言的教学历史进行了探讨（Schroeder 1959；Martin-Gamero 1961；Marckwardt 1967；Kelly 1971；以及 Lee 1971）。语言教学的一些特别方面也有人从历史的角度进行了研究，其中包括：语言实验室的历史（Léon 1962），"二战"时期美国军队语言教学项目（Angiolillo 1947；Lind 1948），强化语言训练问题（Frink 1967），外语教学中的古典传统（Morris 1957），200 年来西班牙教学语法的发展（Jump 1961），口语的首要性（Banathy and Sawyer 1969），以及德国语言教学中的文化问题（Apelt 1967）。还有几个研究对不同类型教育机构中语言教学的历史进行了探讨。因此，安德森（Anderson）的研究表明，儿童语言教学，即美国 50、60 年代的小学外语（Foreign Languages in Elementary School，简称 FLES）运动，乃是美国教育史上儿童语言教学实践的复活（Anderson 1969）。其他一些人则对中学（Rülcker 1969；Maréchal 1972）和大学（例如，Firth 1929；Schroeder 1959；Stern 1964；Rothwell 1968）的语言教学进行了研究。目前，我们发现，尤其缺乏的是语言教学大师的传记以及对其教学与研究工作详细的批判性研究。[11]另外一个被忽略的方面是学习者的认识。弗伦克尔（Fraenkel 1969）的初步研究表明，作者（例如丘吉尔（Churchill））对自己语言学习经历的回忆与反思可以提供极其有意义的启迪，可以对有史学价值的传记或者自传进行系统综述。

第一手资料的研究

读者若有愿望要对语言教学从历史的角度有所把握，就不应该仅仅局限于阅读第二手的历史，直接对第一手资料（如争论性理论文献、以前使用的教学语法、教材和语言学习手册、语言教师专业期刊过刊、政府文件以及与语言问题有关的公共委员会报告）进行考察，对加深我们对当今教学思想的领悟与理解大有裨益。

第一手资料未必是很古老的文件。可供选择的资料中可能就包含一些近现代有影响的语言教师或者理论家的著述，如斯威特（Sweet 1899）、耶斯佩森（Jespersen 1904）、帕尔默（Palmer 1917）、布卢姆菲尔德（Bloomfield 1942）或者弗里斯（Fries 1945）。学习语言教学理论的学生应该了解这些人的教学思想。

有时，作者对当代的语言教学现状进行了调查，同时对一些重要的发展也有探讨。关于现状的研究或者"最新进展"报告，在一定程度上会参考其他人的著述，作为第二手资料，它们促使我们去关注某一时期的一些重大事件、思潮、重要人物和出版物。由于需要对这些资料做出选择和解读，因此它们本身就可看作是第一手资料和理论阐述。这些现状研究可以以书籍或者文章的形式出现，向读者全面介绍语言教育学的一些趋势。[12]

上述提到的第一手资料可以被看作是本书第2、3章所说的第二种意义上的理论（T2），对其可以进行系统的分析，回答下列问题：

1. 文件的主题和观点是什么？
2. 某一文件产生的历史背景是什么？针对哪个读者群？为什么起草这样一份文件？
3. 文件揭示出什么样的语言观和语言学习观？
4. 文件中表达出什么样的语言教学观？具体而言，文件所明确表达出来的或者暗含的目标、原则、（教学）材料、方法或者（教育）机构是什么？
5. 文件在当时有什么重要性？接受程度如何？效果如何？
6. 从现在的观点出发，如何评估文件？

下面我们用一个实例来说明如何将这样一份文件看作一种理论陈述来进行分析。

国际语音学会规定

国际语音学会（The International Phonetic Association，简称 IPA）的六项规定制定于现代早期的 19 世纪 80 年代，乃第二语言教学原则的简明宣言，刊载于国际语音学会评论杂志《语音教师》（*Le Maître Phonétique*）每一期上。原文本为法语，翻译如下：[13]

第一条 外语学习应以日常生活口语为开始，而不是相对古老的文学语言。

第二条 教师的首要目标是让学生完全熟悉外语的语音，最终应能够使用音标，在课程学习初期阶段就能够在不参考常规拼写的条件下注音。

第三条 教师的第二个目标应该是向学生介绍外语的常见句子和

习惯用语。带着这个目的，学生应学习连贯的文本——对话、描写、叙述——而且，文本应该尽量简单、自然，有趣味性。

第四条　学习初期阶段，语法应采用归纳法来教授，辅以阅读中观察到的语言事实，并加以概括与抽象。系统的语法学习应推迟到课程学习的后续阶段。

第五条　教师应尽量将外语表达方式与要表达的思想以及语言中的其他表达方式，而非其母语的表达方式，联系起来。教师还应该不失时机地用实物或图片或者外语解释来代替翻译。

第六条　高级阶段，开始写作教学后，写作任务应按照下列顺序安排：首先，复述非常熟悉的文本；其次，复述教师朗读的记叙文文本；再次，自由作文。外语与母语之间的互译在课程最高级阶段方才适宜。

为了将该文件看作是语言教学的 T2 意义上的"理论"，我们将以下面的话题为线索对这份文件进行分析：（1）文件的总标题和观点；（2）历史背景；（3）文件所表达的语言观与语言教学观；（4）语言教学方式；（5）在当时背景下对文件的评估；（6）当今的意义。

（一）标题

六项规定乃是对语言教学主要原则的简要陈述。乍看上去，令人惊奇的是，这些都是语音学学会的原则。这表明，当时语音学是放在语言教学这个背景下来对待的，本身并非是独立的科学研究。

(二) 历史背景

为了理解文件的历史背景，我们可能必须从文件之外去探寻，从文件的"字里行间"去发掘，以及通过旁证资料来解读文件的社会、政治与语言背景。

规定成文于19世纪最后20年，即语言教学历史上最有成效的一段时间。当时，国际语音学会刚刚成立，在西欧几个国家，语言教学改革的大讨论正如火如荼。19世纪下半叶，曾有研究者数度努力创制可用于记录语音的国际通用符号系统。法国、德国和斯堪的纳维亚的英语教师对这一系统的需求尤其迫切。但是，国际音标的价值还结合速记法和拼写改革进行过讨论。正是在法国语言学家波尔·帕西（Paul Passy）的推动下，国际语音学会采纳了根据斯威特（Sweet）的"罗马字母（Romic）"创制的国际音标，并通过其刊物《语音教师》得到推广（Albright 1958）。

语音学作为语言学习的基础，与音标作为一种基本工具，乃是数位改革家语言教学理论的基石。然而，对其他人而言，更重要的是其他一些不同的问题，例如，语法的作用，会话与连续文本的使用，或者是强调说还是强调语音的正规学习等问题。因此，值得关注的是，在国际语音学会六条规定中——尽管国际语音学会在致力于音标的研究与推广——语音教学和音标的使用并未比其他原则得到更大的重视。需要关注的另一个事实是，规定第二条建议使用某种音标注音，未必是国际语音学会采纳的那种音标。

(三) 语言观与语言教学观

国际语音学会认为，语音是语言很重要的一个方面，过去一直为人所忽视或者没有得到正确的对待，但是其重要性绝对不会超过词汇或者语法。尽管国际语音学会六条规定并未直接阐述其语言与语言学习的哲学,但却暗含了语言乃是由语音、词汇和语法组成的可理解、可学习的系统这一观点。语音最好的描写方式是用语音符号进行转写(第二条);词汇可以分为日常生活语言词汇和文学语言词汇(第一条);语法对文件起草者而言,似乎并不成问题,或者可以通过阅读文本推理,或者通过系统的学习来获得(第四条)。其语言学习观等同于多数语言教学系统中的假设,可以从规定的总体意思中推断出来:只要按照规定中的教学原则去执行,语言可以通过系统的学习过程来获得。[14]

(四) 语言教学方式

语言教学的原则与顺序是国际语音学会规定的核心主题,而对语言教学的目标或者可以达到的水平以及语言教学的机构类型,则只字未提。但是,必须假定,建议所指的是欧洲教育体系中的中学,而且课程持续数年。这一大背景暗含在规定中建议的教学顺序中,但是,从现代读者的观点来看,有些表达方式,如"首先""初期阶段""高级阶段""最高级阶段"等,意义表达有些含混不清。

教学建议本身非常简明扼要。规定的第一条建议,日常口语教学的地位高于文学语言的教学,这一原则也是其他改革者所强调的重点。例如,耶斯佩森曾对学校教材的笨拙、不得体提出过批评,因为"从初级读本开始,那些属于高雅或者诗歌体裁的词汇,同日常词汇混杂在一起,却根本没有提示学生不要去使用它们"(Jespersen 1904: 19)。[15]

第二条要求语言教学应"语音领先",也就是说,语言课程开始阶段,应全力以赴教授语言的声音,而且在这一阶段中,应该使用语音符号而非常规文字来转写语音。斯威特和耶斯佩森两人也持相同的观点。例如，斯威特曾强调指出，语音学"无论是在语言理论的研究中，还是在实际的语言学习中，同样都是必要的"（Sweet 1899/1964: 4）。

第三条主要针对当时盛行的教学方法"梅丹热尔法（Meidingerei）"，即维埃托尔（Viëtor 1882）轻蔑地称为使用脱离有意义语境荒诞孤立的句子和零散的语言片段来教授语言的方法。当时，多数语言教学改革者，包括维埃托尔、斯威特和耶斯佩森，都对这种做法大加鞭挞。他们推荐的方式是采用连贯的对话或者记叙文作为主要的语言学习媒介。

第四条表明，国际语音学会并未将语法教学视为禁区，而是提出了一个两阶段教学方法：初期阶段采用观察"归纳"法，高级阶段采用系统学习法。

第五条对"直接法"的原则进行了阐述，建议只要可能，尽量将词汇或者表达方式跟实物、教具或者熟悉的外语词汇联系起来，用第二语言来解释词汇的意义。翻译乃是不得已才使用的手段。然而，国际语音学会并不主张不惜一切代价地使用直接法。

第六条对第二语言写作教学的程序进行了详细的描述。孤立句子的翻译，作为一种教学技术被彻底抛弃，但是连续段落的母语与外语的互译（母语译成外语与外语译成母语（thème and version）），作为对最高级阶段学习者而言的一种恰当的练习形式，仍保留了下来。规定中推荐的写作技能培养的顺序是，从重复所阅读的文本，到复述教师口头呈现的文本，最后是"自由"作文。

因此，根据国际语音学会有关语言教学的规定，语言教学的进程可以总结为一个四阶段过程：

第一阶段　语音与语音转写
第二阶段　初级阶段的"归纳"性语法教学

第三阶段　继续第二阶段＋作文

第四阶段　继续第三阶段＋系统性语法学习、连续段落的互译、文学文本的学习

六项规定中提出的建议，以极其简明的形式，提供了一个简洁、统一的课程设置，但是从本质上讲，其内容并非新颖，或者有什么独特之处。所提出的教学程序已经在语言教学改革者的课堂上做过尝试，而且在关于改革运动的文献中与会议上有过讨论。规定乃是在许多有争议的问题上巧妙妥协的结果。

（五）文件在当时的意义

若要对某一著作或者文件在当时的影响进行考察，我们当然需要寻找一些当时的证据。至于国际语音学会的规定有多大影响，还很难说。如前所述，规定中简明扼要地阐明的原则，在语言教学改革的文献中随处可见，而且直到 20 世纪，尤其是在西欧，一直是语言教学思想的一个重要流派。例如，小学语言教育中古语的消除（第一条）——这在 19 世纪乃是必要的——发展为 20 世纪更系统的词汇选择。第二条所规定的"语音领先"在无数学校的语言项目中实施。尽管许多一线语言教学工作者对"语音学"极为反感，但是对着小镜子进行强化语音训练、使用发音器官图来学习语音以及用音标转写发音等做法，在当时非常普遍。[16] 根据第三条之规定，用简短的故事或者对话作为小学语言教学的基础，乃是当时广泛流行的做法。这一点可以从 1900 年到 1950 年间出版的教材中轻而易举地看出来。教学中避免采用翻译法和"形式化语法"讲授，是当时的另外一个大趋势（尽管颇有争议）（规定第四、五条）。在有些教育体制中，以往对母语与第二语言互译的重视，完全被文本精读、复述和"自由"作文所取代。[17]

（六）文件在当下的意义

历史文献必须定期进行重新评估。国际语音学会的规定乃是 19 世纪末众多语言教学改革文献之一部分（Breymann and Steinmüller 1895-1909），至今尚未从当今的角度做过充分评估。如同众多语言教学历史文献一样，国际语音学会的规定跟我们当下的教学原则有很大的关系，这使现代多数读者感到惊讶。

国际语音学会规定中的一些方面经受住了时间的检验，其中包括：(1) 重视口头语言；(2) 关注发音；(3) 学习文本，练习语言，以及作为主要或者唯一教学技巧的翻译越来越不受重视；(4) 通过观察文本中使用的语言来教授语法；(5) 重视日常词汇和地道的常用句型。对国际语音学会的支持者来说最重要的原则，即语音学的教学与注音，对许多现代读者而言是最不可取的，尤其是在语言学习初期阶段。这个原则之所以在当时广为接受，是因为 19 世纪语音学的倡导者在论战中大获全胜。这些人特别重视语音的学习，这一原则到 20 世纪则发展成为借助于录音机和语言实验室等电器设备进行听说教学的教学方法。虽然从现代的观点来看，在语言学习早期就教授用音标转写语音似乎太过分，但是，必须记住，当时没有其他任何可供学习者记录语音的手段。而且，词典和课本中基于国际音标的注音方式至今仍然广泛使用。

结论

在本章中，我们提出，应该联系历史去研究语言教学理论。使语言教学理论有历史深度的方法有三种：

1. 采用自传方法对我们学习语言与教授语言的个人背景进行

审视；

    2. 对虽然零散但仍很有研究价值的历史文献进行考察；

    3. 研究国际语音学会规定之类的第一手历史文献。

注释：

1. 关于语言教学的历史学，里弗斯（Rivers 1981：27）有相似略带消极的观点："随着对语言教学方法演变史研究的深入，我们会看到，每一种方法中最有效的成分，后来在教学实践中得到反反复复的应用，因此过去的一些好东西并没有丢掉，而是用于达到当下的目的。"

2. 正如贝西（Besse 1979：23）在其关于基础法语的一篇文章中所指出的，"基础法语的历史有待完善（L'historie du français fondamental reste à faire）……"，同时参见同期发表的另一篇回忆性文章（Rivenc 1979）。

3. 许多作者都提到古安一生中的一个片段（见本书第78、152页），根据他自己的叙述，有一件事对其语言教学思想的形成产生了举足轻重的作用，即同侄子去参观磨坊。数位作者坚持认为陪同参观的是他的儿子，例如蒂通（Titone 1968）、马林森（Mallinson 1953）、克罗塞特（Closset 1949）、达里安（Darian 1972）。

4. 蒙恬曾在其《散文》（*Essais*）（1580—1588）中，对语言教学进行过讨论，本书现有威利（Villey）和索尔尼尔（Saulnier）编辑出版的现代法语版。关于其语言教学思想，可参阅英语版《儿童教育》（*The Education of Children*）。17世纪英国哲学家洛克在其著作《关于教育的一些想法》（*Some Thoughts Concerning Education*）（1693）中也用大约十页的篇幅，阐述了其语言教学观。

5 引自基廷（Keatinge 1910: 206）的《教育的谜团》（*Didactica Magna*）英译本。根据基廷（同上：14）的观点，《教育的谜团》完成于1632年，是用捷克语写的，拉丁语翻译版1657年出版。本书引用的两个原则出现在该书关于语言教学与学习的一章中，是夸美纽斯提出的简化语言学习的八个原则中的两个。这八个原则乃是对夸美纽斯关于语言教学实践与规则观点的总结。简而言之，其观点就是（同上：207）："因此，所有的语言，都可以通过练习……并辅以非常简单的规则，来学得……"库克（Cooke 1974）提请人们注意，许多作者，例如克罗塞特（Closset 1949）、马林森（Mallinson 1953）和蒂通（Titone 1968），割裂了夸美纽斯的观点，省略了其对练习原则的重要修饰语。

6 从广义上讲，这也适用于所提到的其他论述，例如克罗塞特（Closset 1949）、马林森（Mallinson 1953）和达里安（Darian 1972）。迪勒（Diller 1978）对语言教学历史的解读完全不同。他将"经验主义"和"理性主义"两种不同的教学方式做了区分，将里弗斯、麦基和蒂通所做的区分，划分到不同范畴中。经验主义者包括耶斯佩森、帕尔默、拉多和听说法的倡导者。迪勒所支持的理性主义立场则以伯利茨（Berlitz）、古安和索泽（Sauzé）为代表。我们认为，两者都将现代的概念强加给了历史，对其内在的理论过分地简单化了。

7 公平地说，蒂通（Titone 1968: 2）坦诚历史文献记载匮乏："可惜的是，现在还没有一部完整的语言教学法历史的专著。"而且，他在本书最后结论中提出，不应"过分强调（教学的）一个或者几个方面"，而是应采纳"多维度方式"（同上：109）。

8 凯利（Kelly 1969）所谓"批评科学"究竟是什么意思，还很不清楚。他在书中并没有举例说明，在结论中所做的解释（同上：

395）似乎也于事无补："基础学科与实践之间的张力，导致批评科学的产生，可用它来对教学成绩与新的思想进行评判。"

9 转引自兰利（Lambley 1920: 247）从诺埃尔·德巴尔莱芒特（Noël de Barlement 1557）所编著的会话手册中引用的例子，试图为数种现代语言教学提供帮助。

10 关于美国语言教学的发展历史，参见伯克迈耶（Birkmaier 1960），或者参见格里特纳（Grittner 1977）。

11 例外的情况包括盖斯勒（Geissler 1959）对夸美纽斯及其语言观的传记与批评性研究，蒂通（Titone 1968）一书中关于斯威特、耶斯佩森和帕尔默的章节，以及数篇文章，例如，达里安（Darian 1969）关于斯威特、耶斯佩森和帕尔默的文章，雷德曼（Redman 1967）关于帕尔默的文章，以及帕尔默的女儿多萝西·安德森（Dorothée Anderson 1969）关于帕尔默的传记性研究。

12 有几个关于现状的研究在本书第 6 章各节中提到过。

13 帕西与朗博（Passy and Rambeau 1897）在其编选的法语诗文选的导论部分中收入了这六项规定，并对每一条都做了评述。奥尔布赖特（Albright 1958）也在其关于国际音标的历史叙述中，对六项规定进行过简要的讨论。本书作者将六项规定翻译成了英语。

14 请将这一个观点与洛克（Locke 1693）的下述观点做一对照。洛克建议，如果是为了达到实用目的，语言应该在使用中而非通过系统方式来学习。他认为，系统方式更适合于专业作家和语言学家的培养。但是，就绅士的培养而言，"通过记忆学习的语言（如习俗或者用法，H. H. S.①），足以应付一般的生活事务和一

---

① 本书作者"H. H. Stern"的缩写。——译者注

般的贸易往来……而且，为了达到这个目的，一般的通过记忆语言学习的方式，不仅完全能满足要求，而且作为最方便、恰当和自然的方式，应得到青睐。"这一问题再现于当今关于交际语言教学的讨论中。

15 斯威特（Sweet 1899）在标题为"词汇限制"（Limited Vocabulary）一文中表达了相同的观点。他这样写道（同上，1964：172）："那些通过文学的学习来学习语言的人，其词汇面很广，几近本族语者，但是对一些基本的组合、短语、习语却没有牢固的掌握，结果，如前所述，他们就连最简单的机械操作都描述不了①，例如'tie in a knot（系扣子）''turn up the gas（把煤气开得大一点）'。例如，他们如果学习英语，也不知道口语中'finding（找到）'的反义词不是'seeking（寻求）'，而是'looking for（寻找）'。"

16 "到 1920 年，国际语音学学会的地位已经稳固。虽然说法国的波尔·帕西和英国的丹尼尔·琼斯（Daniel Jones）是学会的领导人，但是世界上许多国家的学者都信奉其原则，采纳了其音标和用于描写与生成语音的技术，而数以千计的现代语言教师在不同程度上都将语音学用于其语音教学中"（Strevens 1972:715）。

17 然而，在英国和法国，翻译技巧仍广泛用于中小学和大学的语言教学和测验（例如，Antier 1965）。但是，最近以来，已有人推荐使用另外一些技巧（例如，Otter 1968）。

---

① 这并不足为怪，中国外语教学的情况犹然。因为在中国这种特定的环境中，外语在日常生活和工作中几乎没有任何用武之地，越是平常的词汇，我们反而越不能掌握，而这些对本族语者来说，都是在日常生活中非刻意地学到的。——译者注

第6章

近代与当下的各种思潮：1880—1980

为了能够将语言教育学思想放到历史背景中进行考察，我们将首先对历史上一些重要的日期、思潮、人物和著述做一简单的介绍，所选择的历史时期始于1880年的语言教学改革运动（国际语音学会六条规定即其表现形式之一），到本书写作的时间（1980年）为止。所简要介绍的条目的选择具有一定的主观性，主要目的是，将后面各个学科联系起来放到语言教育学的大背景下进行讨论。

在这大约100年里所发生的历史事件，并非各个国家、地区都相同。欧洲的情形在很多方面都不同于北美的情况，在欧洲甚至是各个国家之间差异也很悬殊。许多研究，例如马雷夏尔（Maréchal 1972）对比利时的研究或者阿佩尔特（Apelt 1967）和吕尔克尔（Rülcker 1969）对德国的研究，加深了我们对欧洲各个国家之间差异性与相似性的理解。此外，必须牢记的是，英语和法语作为第二语言在非洲和亚洲的教学历史，有其独特性，从而使之不同于欧洲和美国教育体制内的外语教学历史。

语言教学理论往往是在单一语言传统中不同的教育背景下发展起来的，这一事实使事情更加复杂化了。20年代和30年代，海外的英籍英语第二语言教师与英国国内学校的法语教学接触相对而言极少；而且，不同类型教育机构，即小学、中学、大学和成人教育,也形成了自己专有的语言教学模式。简而言之,假如我们不想过分简单化地处理历史记载的话,就必须牢记,从历史的观点来看,因国别、语言和教育机构类型的不同,产生了不同的教学思想流派。然而,它们之间是有一些共性的,这是我们要突出强调的重点。这大约100年的历史时期大致可分为四个阶段。本章将对每一阶段的特点做一简要的描述,并附以重要人物、著述或者事件(连同时间)清单,后加简单的评论。其中很多条目将在本书后面的章节中进行详细论述。

第一阶段:1880年到第一次世界大战

在西欧许多国家,19世纪的最后几十年见证了语言教学领域所做出的坚持不懈的努力:(1)根据自身的现实情况,将现代外语设置到中小学和大学的课程中;(2)将现代语言从与古典语言的比较中解放出来①;(3)坚定地对语言教学方法进行改革。正如吉尔伯特(Gilbert 1953,1954,1955)的研究所表明的,这个阶段教学方法的改革,乃是长期以来各种批评、讨论以及在教学改革方面所做出的各种努力积累的最终结果。教学改革运动历史悠久,可追溯到19世纪中期甚至更早,涉及跟语言教学有关的方方面面的人士,其中包括专门从事学术研究的学者(如斯威特、维埃托尔、帕西和耶斯佩森),中学语言教师(如德国的沃尔特(Walter)和科林哈特(Klinghardt),或者英国的威杰里(Widgery)和麦高恩(MacGowan)),[1]倡导将语言教学商业化者(如伯利茨)。运动本身有激进派、温和派和反对派,[2]对学校体制产生了影响,促使教育部采取行政干预行动,导致

---

① 指在传统语法中,用拉丁语的语法框架生搬硬套现代语言。——译者注

一些新的组织机构的建立（如国际语音学会、语言教师联合会）与关于语言教学的激烈辩论（从此以后辩论一直在持续）。下面是我们所选择的一些重要的日期：

1878 年　第一个伯利茨学校在美国罗德岛普罗维登斯市开办。在19世纪改革先驱中，马克西米利安·德尔菲努斯·伯利茨（Maximilian Delphinus Berlitz）（1852—1921）是一个令人着迷但常被人忽视的人物。他出生在德国，一生大部分时间都居住在美国，但常在世界各国旅行，建立自己的语言学校。继1878年在美国建立起第一所语言学校之后，截止到1900年，在美国、法国、英国、德国建立起大约70所学校（Stieglitz 1955）。

1880 年　弗朗索伊斯·古安（François Gouin）出版《语言的教与学的艺术》（*L'art d'enseigner et d'étudier les langues*）。其英文版于1892年出版。

凯利（Kelly 1969: 115）："这种方法几乎没有支持者。"蒂通（Titone 1968: 33）："它风靡英国和美国。"显然，古安的影响需要进一步研究。

1882 年　威廉·维埃托尔（Wilhelm Viëtor），笔名 Quousque tandem①，发表《语言课必须改革：关于超负荷问题的探讨》（*Der Sprachunterricht muss umkehren: ein Beitrag zur Ueberbürdungsfrage*）。维埃托尔是德国英语研究专家。上述以 Quousque tandem 为笔名出版的小册子，被看成是德国"推动改革运动的真正动力"（Gilbert 1954: 9）。作者在书中强烈呼吁，第二语言教学需要彻底重新定向，这样才能解决中学生学业任务繁重的问题。

---

① 意思是"还要多久"。——译者注

1883 年 美国现代语言协会（The Modern Language Association of America）成立。

1886 年 国际语音学会成立，其会刊《语音教师》（*Le Maître Phonétique*）创刊。

1892 年 英国现代语言协会（The Modern Language Association of Great Britain）成立。

1899 年 《现代语言教学中的直接法》（*De la méthode directe dans l'enseignement des langues vivantes*）出版。[3]

1900 年 美国现代语言协会《十二人委员会报告》（*Report of the Committee Twelve*）出版。

在全国教育协会（The National Education Association）的建议下，1896 年委员会成立。上述关于语言教学的文件，是在 1898 年大会上提交现代语言协会的报告，建议采用折中的方法来解决方法上的争议（Modern Language Association 1901）。

1904 年 奥托·耶斯佩森的《如何教授外国语》（*How to Teach a Foreign Language*）出版。

本书是丹麦令人敬仰的国际知名英语研究学者的一部力作，初版用丹麦文出版，后被翻译成英语，是 20 世纪语言教学方面阅读最为广泛的一本书。

第二阶段：第一次世界大战与两战期间的岁月到 1940 年

第一次世界大战的悲剧，促使许多国家为了增进国际理解在战后做出了种种努力，推动了战后世界语言教学的发展。这些趋势都在英国的报告《现代研究》（*Modern Studies*）——关于大中小学中语言教学的全面综述——中体现了出来（1918）。本阶段的一个重要特点是，人们为了解决前一时期遗留下来的教学方法之争，提出了各种现实、实用的教学方法，例如韦斯特（West）和科尔曼（Coleman）报告中共同推荐的阅读法（reading approach），或者英国中学副校长联合会（The Incorporated Association of Assistant Masters in Secondary Schools，简称 IAAM）《备忘录》（Memorandum）中提出的"折中法（Compromise Method）"。从第二次世界大战的角度来看，这一时期的大部分语言教学理论和教学实践都并非无可非议，有时甚至受到布卢姆菲尔德（Bloomfield 1942）和斯特雷文斯（Strevens 1972）等人的强烈责难。例如，布卢姆菲尔德（Bloomfield 1942）这样写道："我们的中小学和大学教师给我们的语言知识少之又少，教的极其有限的一点东西又是错误的。""教材也不够完善，有些教师外语水平达不到要求。学生往往在接受了两年、三年或者四年的语言教学后，不能真正地使用一直都在学习的语言。"从积极的一面来看，正是在这一时期，人们开始采用研究方法来解决语言教学问题，例如词汇的选择问题，或者语言测试问题。[4] 这一阶段一些重要的时间如次：

1917 年　哈罗德·E. 帕尔默的《语言的科学研究与教学》（The Scientific Study and Teaching of Languages）出版。

第二次世界大战前，哈罗德（1877—1949）在比利时的伯利茨学校从事语言教学工作，开始了其职业生涯。1914 年，返回英国后，逐渐形成了自己的语言教学思想，并建立起自己的难民学校。1916 年，加盟伦敦大学学院语音学系（Anderson 1969）。其研究推进了三部主要语言教学著作的写作与出版，包括前面提到的《语言的科学研究与教学》（1917）、《口语法》（The Oral Method）（1921）和《语言学习的原则》（Principles of Language Study）（1922）。帕尔默常常被认为是"英国应用语言学之父"，其教学思想将在本书第 8 章和第 15 章中讨论。

1918 年 《现代研究》,现代语言协会十二人委员会关于现代语言在英国教育体制中的地位的报告出版。

报告是 1916 年第一次世界大战期间英国首相任命的委员会根据其调查撰写的。其突出之处在于对语言教学进行了全面的研究。报告对大学崇古的语言教学方式提出了批评,建议将语言置于文化环境中来进行教学。故名现代"研究"(而非现代"语言")。

1919 年 克利夫兰计划(Cleveland Plan)制订。

在市政府语言督学埃米尔·德索泽(Emile de Sauzé)的倡导与推动下,在美国一个学区的学校里实施持续的语言计划。详情参见德索泽(de Sauzé 1929/1959)、迪勒(Diller 1978)。

1921 年 爱德华·桑代克(Edward Thorndike)的《教师词汇手册》(*The Teacher's Word Book*)出版。

此书为词汇计量研究的里程碑。尽管本书旨在为英语作为母语的阅读课程设置提供基础,但是,作为外语教学领域类似研究的典范,此书产生了巨大的影响。

1921 年 哈罗德·E. 帕尔默的《语言教学口语法》(*The Oral Method of Teaching Languages*)出版。

1922 年 哈罗德·E. 帕尔默的《语言学习的原则》出版。

五年间,帕尔默共写了三部广为引用的语言教学方面的著作,他是早期对基于理论学科的语言教学概念理解最透彻、阐述最清楚的作者之一,尽管如下文所表明,所涉及的语言学和心理学两个学科当时还不够完善。

1924—1928 年 美加现代语言委员会(The American and Canadian Committees on Modern Languages)现代外语研究实施。

在上述研究的支持下,进行了数项具有开拓性的重大研究,其成果分 17 卷出版，其中包括关于语言测试的开拓性研究（Henmon 1929），以及数种语言的词汇和习语计量研究（如 Buchanan 1927；Morgan 1928；Vander Beke 1929；Cheydleur 1929）。整个研究成为语言教育学研究的基础。[5]

1926 年　迈克尔·韦斯特（Michael West）的《双语制》（*Bilingualism*）出版。

1926 年　迈克尔·韦斯特的《外语阅读学习》（*Learning to Read in a Foreign Language*）（West 1926a）出版。

除哈罗德·E. 帕尔默之外，迈克尔·韦斯特（1888—1973），是 20 世纪前半叶英语二语教学领域最重要的作者之一。同科尔曼（见下文）一样，他也倡导阅读法。他最初担任印度一学校副校长，之后升任校长，最后出任督学，而且正是在这个岗位上，他逐渐认识到用另外一种陌生的语言——英语来学习的问题。

1923—1927 年　奥格登（Ogden）与理查德（Richard）完成基础英语（Basic English）。

"BASIC English" 中的 "BASIC" 乃是 "British（英国）/American（美国）/Scientific（科学）/International（国际）/Commercial（商业）" 的缩写，是为了简化语言学习问题使之合理化而做出的尝试。见下文，奥格登（Ogden 1930）。[6]

1929 年　阿尔杰农·科尔曼（Algernon Coleman）的《美国现代外语教学》（*The Teaching of Modern Foreign Languages in the United States*）（即"科尔曼报告"）出版。

根据科尔曼的解释，本报告的研究发现，即现代外国语研究的主要结论是，语言教学的首要目标是熟练的阅读。但是，这一结论并未得到委员会其他所有成员的认可。"科尔曼报告"常被看作是美国语言教学领域令人讨厌的事物，人们将这一阶段语言学习的衰退归因于这个报告。

1929 年　中学副校长联合会的《现代语言教学备忘录》(*Memorandum on the Teaching of Modern Languages*) 问世。

英国这项研究的基础是中学语言教师的经验，建议采用兼收并蓄的"折中法"来解决语言教学方法上的争议。这个报告每10年或者20年重新撰写，记录了课堂教师一些有趣的观点。参见中学副校长联合会 (IAAM 1949, 1956, 1967)，和副校长联合会 (Assistant Masters Association 1979)。

1930 年　奥格登的《基础英语：含规则与语法的一般介绍》(*Basic English: A General Introduction with Rules and Grammar*) 问世。

1933 年　伦纳德·布卢姆菲尔德的《语言》(*Language*) 问世。

这是语言学的经典之作，在语言教学下一阶段的发展史上产生过重大影响。

第三阶段　第二次世界大战与战后时期到 1970 年

第二次世界大战的十年是一个"分水岭"(Strevens 1972)。1941年至1943年间发起的战时语言项目，在这个阶段的语言教学发展中有着举足轻重的作用；这些项目从根本上改变了美国的语言教学方式。(1) 语言学学者在解决（尤其是非通用语种）语言教学问题中起到了主导作用。(2) 军队外语培训项目表明，语言培训未必需要通过正规学校的语言课程来进行（这在前两个阶段被认为是理所当然的）。这些项目使以前各类学校里采用的教学方法几乎显得无用、无效。(3) 这些项目还表明，更多的一般学习者、军人可以用同样的方法，以比以往想象的更快的速度来学习各种语言。(4) 最后，它们还向人们展示，强化语言培训，将重点放到口语上，这种方法有其独到的优势。

在现实中，美国"军队法（Army Method）"是否是彻底、成功的创新，仍受到普遍怀疑，而且在战后引起激烈的争论。但是，它对美国以及其他许多国家战后语言教学影响巨大。斯特雷文斯（Strevens 1972）正确地指出，世界其他地方发生了类似的变化，也产生了类似的结果。美国战时的语言培训经验或许不会像有时所声称的那样产生直接影响。无论如何，很难证明它产生了直接影响。但是，美国的经验乃是一个典范，在其他地方引起了关注，许多习惯做法都以它为参照进行了重新审视。40年代和50年代，美国的语言学和心理学研究以及美国的语言教学思想，是对语言教学界的挑战，这个领域的大腕们越来越清醒地认识到了这个问题。同时，法国和英国当然也有源自本土的一些重要发展。

战后时代，世界上许多国家都对语言学习问题有了清醒的认识，这在前一个世纪几乎是无法预测得到的。在战后的世界上，语言多样性得到极大的加强。数种语言作为世界性语言得到认可，在联合国和联合国教科文组织具有合法地位。其他一些语言则获得国家或者地区性语言的地位。为了保证国家内部和国际交流的畅通无阻，更多的人需要作为第二语言学习更多种类的语言。而且，教育的民主化意味着语言学习已经失去了其精英教育的地位。最后，世界范围的旅行、贸易和科学与文化交流，尤其是移民，在多数情况下使语言学习成为一种必要。

战后的另外一个现象是，知识界越来越清醒地认识到了语言的科学研究问题，并对此产生了浓厚的兴趣。作为一个独立的学科领域，语言学仅仅是这一趋势的一种显示而已。从其他数个领域（包括心理学和社会学）的视角来看，语言的研究也越来越重要，人们做出了各种积极的努力建立学科之间的联系（例如 Osgood and Sebeok 1954）。50 年代，心理语言学作为一个分支学科异军突起，60 年代，社会语言学亦得到认可。

我们发现，在这个大背景下，50 年代和 60 年代，改进第二语言学习这个一直存在但没有解决的问题，又提到议事日程上来了，为此人们做出了不懈的努力。这并不足为怪。这种努力体现在（1）新技术的使用（例如录音机、语言实验室、收音机、电视机、幻灯机、计算机辅助教学等），（2）组织模式（初级教育或者成人教育中的语言、精读课程与"沉浸式教学法"、双语教育、个性化教学等），（3）教学方法的革新（例如"视听法（audiovisual method）""听说法（audiolingual method）"），（4）目标宏大的新教学材料与语言教学项目的开发，（5）教师教育计划，以及（6）如本书第 4 章所描述的，适用于某些革新的新的研究重点。

截止到 1960 年，许多新的发展开始合流，融为一体，似乎语言教学问题非常有前景。经过了如此漫长的时间后，实用的解决方案终于出现了。1960 年前后，语言教学的"革命"引起许多教师和大众无限的幻想；公众对语言教学产生了极大的兴趣；在英国和美国，大批的资金投入到语言项目上。人们热切地希望尝试新的语言教学方法。

这个阶段热切的希望逐渐被蚕食。新的方法并没有产生惊天动地的结果。研究结果远非所期望的那样肯定，有说服力。从理论上看，以前被很有信心地宣扬的语言学和心理学原则是有缺陷的。1965 年至 1970 年间，上述变革再次引起争论，从而引发了下一阶段新一轮对语言教学更恰当基础的探寻。[7]

第三阶段语言教学发展中一些里程碑式的日期包括：

1941 年　密歇根大学英语语言所（The English Language Institute，简

称 ELI）成立，查尔斯·C. 弗里斯（Charles C. Fries）出任第一任所长。

这是在随后的 20 年间所设立的多个语言中心中的第一个。除了教授外国学生英语外，语言中心还开发新的教学材料以及从事语言学研究。弗里斯的学生兼继任者罗伯特·拉多（Robert Lado），在 1941 年至 1950 年间创立了一种新的语言教学方法。这种方法的基础是语言学研究成果，体现了当时盛行的行为主义心理学的语言学习原则。

1941 年　美国学术学会委员会（The American Council of Learned Societies）的强化语言项目启动。

美国语言学会（The Linguistic Society of America）在这个项目中起着重要的作用。这促进了下面两部著作（Bloomfield，以及 Bloch and Trager）的出版，对战时语言项目的开发产生了极其重要的影响。语言学家开始在美国战时语言培训中起积极的作用。

1942 年　伦纳德·布卢姆菲尔德的《外国语言实用研究指南纲要》（*Outline Guide for the Practical Study of Foreign Languages*）出版。

1942 年　伯纳德·布洛克（Bernard Bloch）与乔治·特拉格（George L. Trager）的《语言分析纲要》（*Outline of Linguistic Analysis*）出版。

1943 年　美国军队特别培训项目（Army Specialized Training Program，简称 ASTP）启动。战后，安吉奥利洛（Angiolillo 1947）和林德（Lind 1948）等人对军队特别培训项目的意义进行了探讨。[8]

1946 年　《英语语言教学学报》（*English Language Teaching Journal*）创刊。[9]

1948 年　《语言学习：应用语言学学报》　（*Language Learning*：*A*

Journal of Applied Linguistics）创刊。[10]

1951 年 基础法语委员会在法国圣克卢设立基础法语学习中心（Gougenheim et al. 1964）。

1953 年 联合国教科文组织赞助的主题为关于现代语言教学对居住地球村教育贡献的研讨会，在锡兰（Ceylon）努沃勒埃利耶（Nuwara Eliya）举办（UNESCO 1955）。

研讨会期间，第三世界的语言教学问题第一次被提到议事日程上，跟发达国家的语言教学一并探讨。

1953 年 美国教育委员会委员厄尔·J. 麦格拉斯（Earl J. McGrath）召集召开了主题为"外语在教育中的作用"的全国性会议。

在美国，这是第一次直面美国人外语能力差这一问题。

1953 年 西奥多·安德森（Theodore Anderson）的《小学外语教学》（*The Teaching of Foreign Languages in the Elementary School*）问世。

这部经典之作连同上面提到的全国会议强烈呼吁美国学校应早开设外语课程，以提高外语学习的水平。本书作者西奥多·安德森，法语教授，瑞典人后裔，是童年时期即开始学习第二语言思想的坚定支持者。小学外语（Foreign Languages in Elementary Schools，简称 FLES），作为美国完全不同的一次教育运动，大约始于 1955 年，50 年代末如火如荼。在大约 1965 年至 1970 年间，人们对小学外语的兴趣逐渐衰退。

1954 年 查尔斯·奥斯古德（Charles E. Osgood）与托马斯·谢别奥克（Thomas A. Sebeok）的《心理语言学：理论与研究问题概观》（*Psycholinguistics: A Survey of Theory and Research Problems*）出版。

这部著作是在 50 年代早期几次跨学科会议的基础上撰写出来的，乃是心理语言学发展史上一部开山之作。见本书第 14 章。

1954 年 《基础法语》(*Le Français Elémentaire*) 出版 (France 1954)。

1957 年 罗伯特·拉多的《跨文化语言学：语言教师的应用语言学》(*Linguistics across Cultures: Applied Linguistics for Language Teachers*) 问世。

本书是对比语言学的首次宣言。

1957 年 B. F. 斯金纳 (B. F. Skinner) 的《语言行为》(*Verbal Behavior*) 问世。

1957 年 诺姆·乔姆斯基 (Noam Chomsky) 的《句法结构》(*Syntactic Structures*) 问世。

以上三部著作同一年出版，产生了很大的影响，关于这一点，将在本书第7章、第8章和第15章讨论。

1957 年 爱丁堡大学应用语言学学院 (The School for Applied Linguistics) 设立。

这个中心（后来与语言学系合并）建立后，在英国发起了一系列系统的应用语言学研究，其最终结果是70年代出版的《爱丁堡应用语言学教程》(*Edinburgh Course in Applied Linguistics*) (Allen and Corder 1973-1977)。

1958 年 国防教育法案 (National Defense Education Act，简称 NDEA) 颁布。

这一法案颁布的直接诱因是苏联的人造地球卫星危机。根据该法案，大批的跟语言学、语言和语言教学有关的项目，例如教学材料开发项目、语言测试的编制、语言"学院"的设立和研究等，得到资助。

1958 年 第一个视听语言教程实验在英国一所语法学校进行 (Ingram and Mace 1959)。

1959 年 作为"格拉斯顿伯里教学材料项目"(Glastonbury Materials

Project，后改称"A-LM 材料项目"）的成果，在玛丽·汤姆森（Mary Thomson）的指导下，法语、德语、意大利语、俄语和西班牙语基本听说教学材料制作出来。

50 年代，录音机、语言实验室、幻灯机等被引入新的语言教学项目中，教学中主要依靠的已不再是印刷的教材。

1959 年　应用语言学研究中心在美国华盛顿特区设立，同年，其公报《语言学报道》（*The Linguistic Reporter*）创刊。见本书第 4 章（第 55 页）。

1960 年　纳尔逊·布鲁克斯（Nelson Brooks）的《语言与语言学习》（*Language and Language Learning*）出版。

纳尔逊·布鲁克斯在本书中表达的观点，对新的听说法的定义起了很大的作用。该书非常有说服力地阐述了听说法的理论，多年来，一直备受人们推崇。

1960 年　爱德华·斯塔克（Edward Stack）的《语言实验室与现代语言教学》（*Language Laboratory and Modern Language Teaching*）出版。

本书是又一部颇有影响的力作，旨在指导教师有效地安装、组织和使用语言实验室。

1961 年　谢勒-沃特海默（Scherer-Wertheimer）心理语言学实验在科罗拉多大学进行（Scherer and Wertheimer 1964）。

关于本实验的背景，见本书第 4 章（第 56 页）。

1961 年　第一个语言实验室在英国一家教育机构伊灵技术学院建立。至 1962 年，已建立起 20 个语言实验室，1963 年建立起 116 个实验室，到 1965 年，英国已有 500 个语言实验室投入使用。

1961 年　法语传播研究及学习中心（CREDIF）出版《法国的声音和形象》（*Voix et Images de France*）。见本书第 4 章第 55 页、第 8

章第 161 页。

1962 年 联合国教科文组织教育学院举办主题为"小学教育中的语言"的国际会议(汉堡)(Stern 1963,1967)。

1963 年 英国启动法语试验计划(French Pilot Scheme)和纳菲尔德语言项目(Nuffield Language Project)。

1963 年 基廷报告出台。

基于在美国进行的研究,对语言实验室的有效性提出批评(Keating 1963)。见本书第 4 章注释 11。

1964 年 欧洲文化合作委员会(The Council for Cultural Co-operation of Europe)启动"重点项目——现代语言"。

1964 年 柏林世界现代外语教学大会召开(Müller 1965)。

这次规模宏大的世界大会反映了语言教育学发展的很多新动向。在这次大会上,卡罗尔(Carroll 1966)对当时语言教学理论表示了疑虑,并对听说法的习惯理论和认知语码学习方法做了比较。这一区分无意中助长了后来数年里对两种方式的争议。

1964 年 现代语言研究与发展委员会(Committee on Research and Development in Modern Languages)在英国成立。见本书第 4 章注释 8。

1964 年 M. A. K. 韩礼德(M. A. K. Halliday)、安格斯·麦金托什(Angus McIntosh)和彼得·斯特雷文斯(Peter Strevens)出版《语言科学与语言教学》(*Linguistic Sciences and Language Teaching*)。

此书为帕尔默将语言学与语言教学结合起来后英国第一部重要的语言教学方面的著作。见本书第 8 章第 164—165 页和第 21 章第 482—485 页。

1964 年 维尔加·里弗斯(Wilga Rivers)的《心理学家与外语教

师》（*The Psychologist and the Foreign Language Teacher*）出版。见本书第 15 章第 324—327 页。

这是数十年来对全世界许多语言教师产生了重大影响的语言教育学主要作者的第一部扛鼎之作。

1964 年　世界应用语言学协会（International Association of Applied Linguistics）在法国南锡召开的大会上宣布成立。（第一次研讨会议议程等。）

1965 年　威廉·F. 麦基（William F. Mackey）的《语言教学分析》（*Language Teaching Analysis*）出版。

作者在这部著作中对方法这个概念进行了重新解读，将一种新的分析方法引入语言教育学的研究中。同时参见本书第 8 章第 166 页和第 21 章第 482—485 页。

1965 年　在家长的推动下，第一个法语"沉浸式"学前班在加拿大蒙特利尔郊区的圣朗贝尔一所英语小学开班。

在随后的几年里，试验推广到该小学高年级阶段；大约从 1969 年起，扩展到加拿大其他地区的学校。自 1966 年起，沉浸式教学试验定期得到评估。参见本书第 4 章注释 13。

1966 年　语言教学与研究信息中心（Centre for Information on Language Teaching and Research，简称 CILT）在伦敦设立。

1966 年　TESOL（Teaching of English to Speakers of Other Languages）协会在美国成立。

1966 年　联合国教科文组织教育学院举办主题为"小学教育中的语言"的第二次国际会议（汉堡）（Stern 1969）。

1966 年　乔姆斯基（Chomsky）在东北会议上为语言教师做报告。"坦诚地说，我对从语言学和心理学中获得的启迪和理解对语言教学的价值表示怀疑"（Chomsky 1966: 43）。参见本书第 7 章、

第 14 章和第 15 章。

1967—1970 年 皇家委员会关于双语与双文化的报告出台（加拿大）。

这个由全国委员会起草的报告，旨在通过理性的研究和计划来解决加拿大英语母语者和法语母语者之间的差异。由于本报告的政策导向，第二语言学习和双语教育在大约 1969 年至 1978 年间，成为加拿大一个重要的教育与政策问题。

1968 年 "双语教育法案"（Bilingual Education Act）颁布（美国）。

1968 年 宾夕法尼亚项目报告完成并出版（Smith 1970）。

1968 年 安大略教育研究院现代语言研究中心（Modern Language Centre of the Ontario Institute for Studies in Education）在加拿大多伦多市成立。

1968 年 维尔加·里弗斯的专著《外语技能的教学》出版。见本书第 5 章第 76 页和第 21 章第 477—482 页。

1969 年 "官方语言法案"（Official Languages Act）颁布（加拿大）。

该法案确立了英语和法语在整个加拿大官方语言的地位。

第四阶段　70 年代与 80 年代早期

至 60 年代中期，乔姆斯基的转换—生成语法在语言学和心理语言学领域所引起的骚动已经开始影响到语言教育学。1970 年前后，理论家们深刻地认识到，语言教学已经失去了方向，思想陷入了混乱。"从这里开始，我们将何去何从？"这是里弗斯（Rivers 1972）一次演说的标题。大约同一时间，密歇根大学安阿伯分校英语语言研究所所长沃德豪（Wardhaugh 1969a）对他关于英语作为第二语言教学的观点做了如下总结：

> "……目前（语言教学）的现状可以用一个词来描述：动荡。这种动荡产生于语言教学的支持学科（语言学、心理学和教育学）目前的变幻莫测"（同上：6）。

他用下面的话表达了自己对未来的希望：

> "或许会形成像听说法一样获得人们普遍接受的新方法，但是这种方法究竟是什么样子，目前还没有达成共识……"（同上：20）。[11]

对有些教师来说，外语教学方向的迷失和衰退感在70年代一直存在。[12]然而，也有些人在探索新的方向。70年代的语言教学至少有五种主要发展趋势。

（一）新方法

1970年到1980年这十年间，语言教学的发展可以说是对"方法"这个概念作为第二语言学习核心问题的否定。下面我们将要谈的四种趋势就可以这样来解释。然而，尽管人们对方法持坚决否定的态度，但是仍有几种新方法引起了教师和大众的兴趣。沉默法（The Silent Way）是60年代由加蒂格纳（Gattegno）创立的一种语言教学方法，但是70年代才受到关注。集体（社区）语言学习法（Community Language Learning）也是60年代由柯伦（Curran）创立的，但同样也是在70年代才为人所接受。最后，暗示法（Suggestopaedia），保加利亚精神病学家洛扎诺夫（Lozanov）创立的一种系统，是人们广泛讨论的一种教学方法。许多试验项目，例如加拿大公用事业项目，将广大公众的注意力吸引到了暗示法上来，报纸、杂志为取得轰动效应，以"超级学习"为标题对此进行了大张旗鼓的报道。

人们对这些新方法突然产生了浓厚的兴趣，这有些令人匪夷所思，因为这与这十年来对方法的否定趋势背道而驰。

（二）语言课程设置的新理论

这一时期最强劲的发展趋势之一是，人们从关注教学方法，转移到了对语言教学目标、语言内容与课程设计上来。尤其是在英国，许多应用语言学家，如艾伦（Allen）、坎德林（Candlin）、科德（Corder）、威多森（Widdowson）、威尔金斯（Wilkins）等，对产生于语篇分析、言语行为理论以及语言学与社会语言学前沿研究的各种各样的思想进行了实验研究。70年代，在欧洲委员会下属的文化合作委员会的赞助下，一批国际学者定期召集会议，共商语言教学事宜，创造出一种新颖、有影响力的语言课程设计方式。其最终成果是《临界水平》（*Threshold Level*）教学大纲和其他一些有重大影响的著作的出版。前者包括英语（van Ek 1975）、法语（Coste *et al.* 1976）、西班牙语（Slagter 1979）和德语（Baldegger *et al.* 1981），后者包括威尔金斯（Wilkins 1976）、里克特里奇与钱瑟里尔（Richterich and Chancerel 1978/1980）、特林（Trim 1980）、特里姆等（Trim *et al.* 1980）。另见第4章第66页。

其他一些有前景的课程上的变革也进行过尝试。1965年至1980年间，加拿大法语沉浸法教学试验就是这样一种新方式的例证。尽管最初看起来似乎主要是加拿大对其语言问题的回应，但是到70年代末，其深远的影响越来越为人们所认可（如Stern 1978）。在英国和其他欧洲国家，作为满足专业人士和大学生需求的一种方式，特殊用途英语这个概念越来越流行（Strevens 1977a）。通过个体化学习系列活动、分级考试、区分语言水平的教学目标和需求分析等，在课程设置上语言教师采取了多元化的方式，以更为灵活地满足学生的不同需求。

（三）语言课堂上的人际关系与个体化教学

60年代关于教学法的辩论没有达成任何共识，作为另外一种反应，人们开始越来越关注作为个体的学习者。1968年至1972年间，人们对美国下降的入学率的关注，与西方其他许多国家学生中普遍存在的焦躁不安，引发了个体化教学作为一种语言教学方式的实验。还有一些人对前一时期语言培训中采用的机械、"冰冷"的训练技术做出回应，他们努力提高教师对人类价值与课堂上人际关系的敏感性，帮助教师建立起学生之间以及教师与学生之间互动过程中产生的社会与情感氛围（亦即隐藏的课程）的意识。上述对人际关系的关注，可以解释为什么在这一阶段多多少少有些对教师—学生关系有意识操纵的学习系统，尤其在北美，引起人们对加蒂格纳的沉默法、柯伦的集体语言学习和洛扎诺夫的暗示法如此广泛的兴趣。

（四）语言学习研究

对70年代方法之争的第四种反应在第4章中已经提到过：人们对教学方法之争，与由此引发的研究结果的不确定性已经彻底失望，这促使许多理论家提出，要通过研究来加深对第二语言学习过程本质的理解。尤其是在北美大学的语言中心，人们带着极大的热情和活力投入到对第二语言学习的研究中。[13]

(五)交际语言教学

从70年代中期起,交际和交际能力成为教育语言学和语言教育学中教学实践、理论和研究关注的核心概念。"交际能力"这个术语最早是由海姆斯(Hymes 1972 等)为了有意识地跟乔姆斯基的"语言能力"相区别而提出来的,它所反映的是60年代中期以来人们越来越能够接受的语言的社会观。上述所简要介绍的各种趋势,与交际能力的概念在交际语言教学法的理念中合流,构成80年代早期新思想和新的语言教学方式的核心。[14]

这一阶段的特点反映在下述人物、日期和事件上:

1970年 《东非教育中的语言》(*Language in Education in Eastern Africa*)(Gorman 1970)。

这一阶段在非洲进行的语言调查之一。参见本书第11章注释16。

1971年 斯坦福外语个体化教学大会召开(Altman and Politzer 1971)。

1971年 吕施里贡(Rüschlikon)研讨会召开。

由欧洲委员会组织的会议之一,中心议题是启动灵活的成年学习者课程项目。关于其他几次会议,见下面的1973年的圣沃尔夫冈会议和1977年的(莱茵河畔的)路德维希港会议。

1972年 萨维格农(Savignon)具有创新意义的交际语言教学试验结果发表(Savignon 1972)。

1972年 兰伯特和塔克(Lambert and Tucker 1972)对圣朗贝尔双语教育(沉浸式教学)项目实施前五年的结果进行了综述。

1973年 关于欧洲语言项目的圣沃尔夫冈研讨会(St. Wolfgang Symposium)召开。

1973—1975 年 加拿大沉浸式教学的一个重大项目和关于法语作为第二语言的教学方式的其他项目实施（Stern *et al.* 1976a; Harley 1976）。

1974—1975 年 安大略教育研究院现代语言中心承担优秀学习者研究项目（Naiman *et al.* 1978）。

1974 年 全国教育研究基金会（NFER）长达十年的儿童语言研究完成，报告《前途未卜的小学法语》（*Primary French in the Balance*）引发争议（Burstall *et al.* 1974）。

1975 年 密歇根语言学习研究研讨会召开（Brown 1976）。

1975 年 在国际教育成就评估协会（IEA）的赞助下，国际英语（Lewis and Massad 1975）和法语（Carroll 1975）作为第二语言的对比研究实施。

1975 年 简·范艾克（Jan van Ek）的《临界水平》英语教学大纲出版。

1976 年 戴维·威尔金斯（David A. Wilkins）的《意念教学大纲》（*Notional Syllabuses*）出版。

本书篇幅不大，是关于意念—功能语言学习法方面的一部重要著作。

1976 年 在丹尼尔·科斯特（Daniel Coste）的领导下的法国人团队编制出对应于简·范艾克英语大纲的法语大纲《临界水平》（*Un niveau-seuil*）（Coste *et al.* 1976）。

1977 年 第三次欧洲现代语言项目会议在（莱茵河畔的）路德维希港（Ludwishafen-am-Rhein）召开。本次会议的主题是报告成果，计划下一步的发展。

1978 年 亨利·G. 威多森（Henry G. Widdowson）的《语言教学交际法》（*Teaching Language as Communication*）出版。

1978—1979 年　美国：总统外语与国际研究委员会（President's Commission on Foreign Language and International Studies）设立。委员会是为了应对美国外语和国际研究人才匮乏这一问题而设立的。报告中提出了解决这方面问题的影响广泛的政策性建议。

1980 年　《应用语言学》（*Applied Linguistics*）、《应用心理语言学》（*Applied Psycholinguistics*）和《多语和多文化发展杂志》（*Journal of Multilingual and Multicultural Development*）三家学术期刊创刊，反映了当时语言领域强烈的理论与研究兴趣以及用语言研究支撑政策的意图。

结论

　　前面我们简要勾勒的语言教学历史的发展，可以用下图（图表6.1）来做一总结。图表6.1表明，始于大约100年前而且一直在持续的创新，引发了60年代激烈的理论辩论和实验研究，导致了70年代四种不同流派的产生，其中之一在继续探寻新的教学方法，另外三种思潮则依据麦基的方法分析和方法研究中暗含的对方法的批评去寻找课程设计、人际关系或者学习研究的新重点。1980年前后，交际这个概念成为各个不同流派的聚合点。但是，这并不意味着这个概念是一种真正意义上的综合。无论怎么说，将语言教学理论建立在某一个概念上，绝非明智之举。[15]

　　最后，必须重申，我们有选择性地简要回顾了语言教学的历史，不可避免地具有主观性，其中也必定掺入了我们自己的诠释。但是，上述对语言教学历史的简要回顾，却使我们的理论探讨有了历史的深度与切入点。目前亟须做到的是，上述个人对历史的回顾，应辅以史学研究。这种研究中包括：

阶段	年代	主要特征
I	1880—1920	改革/直接法 语音学
II	1920—1940	折中法　现代外语研究 阅读法（美国、加拿大） 基础英语
III	1940—1950	语言教学的语言学方法 美国军队法　强化语言教学
	1950—1960	听说法（美国）和视听法（法国/英国） 小学外语 语言实验室 心理语言学
	1960—1970	听说习惯理论 vs. 认知符号学习（Carroll 1966） 乔姆斯基的理论影响　社会语言学 方法研究（谢勒-沃特海默实验、宾夕法尼亚项目等） 方法分析（Mackey 1965）
IV	1970—1980	放弃方法概念　　　　　　　　　　　新方法

重视教学大纲设计 言语行为 需求分析 语篇分析 特殊用途语言 沉浸法 语言水平	强调人际关系 个体化教学 自主学习 人本主义技术	强调语言学习研究 第一和第二语言 儿童与成人习得/学习 误差分析 中介语研究	沉默法 集体语言学习 暗示法等

1980　　　　　　　　　　交际法

图表 6.1　语言教学的变化与革新：1880—1980

1. 文献研究，以便对现有的历史研究进行验证与评估；

2. 对欧洲语言传统中某一国家某一阶段的语言教学与学习进行资料翔实的详细研究；

3. 类似的对欧洲传统之外某些国家的研究，其中包括对欧洲教学方法产生影响前的语言学习研究，以及对欧洲传统影响的研究（例如法语或者英语在非洲与亚洲国家的教学）；

4. 对语言教学最近历史上发生的事件与潮流的研究，例如世纪之交的语言教学改革运动、直接法的历史、"二战"期间美国的经验、基础法语的发展、60年代初期的听说法、关于英国小学教育中法语教学的试验计划；

5. 按照凯利的方式，对语言教学的某一个方面的研究；

6. 对语言教学大师和本领域的思想家的个性、思想和影响进行的传记性和批判性研究；

7. 对语言教学文献历史介绍的批判性综述；

8. 按照弗伦克尔（Fraenkel 1969）表达的思想，基于对历史传记和自传的系统综合，对语言学习的历史研究；

9. 最后，基于上述八类研究，写出资料翔实、研究导向、具有批判性的语言学习通史。

总之，我们要提醒自己，历史研究的主要目的是保证将语言教育学的过去与现在——理论、研究与实践——的历史发展，全部纳入研究中，这些就是语言教学理论建构取之不尽的资源和源泉。

注释：

1 关于德国的情况，见吕尔克尔（Rülcker 1969）；关于英格兰的情况，见吉尔伯特（Gilbert 1954）。

2 例如，吕尔克尔（Rülcker 1969）对 1880 年至 1900 年这一阶段的历史进行了研究，书中有一个表格，将 31 位支持改革运动者和 1900 年之后反对派的名字列了出来，将早期和后期的"激进派"和"温和派"区分了开来。

3 吉尔伯特（Gilbert 1955：8）曾在其著作中提到过波尔·帕西（该书作者之一），他这样写道："帕西或许是法国最著名的语音学家。"其著作《法语的语音》（*Les Sons du Français*）1887 年首版，后来被翻译成多种语言，成为经典。1886 年，他创办了月刊《语音教师》，不久以后便成为他同年创立的国际语音学会的会刊。这个机构所支持的原则，跟德国改革者和古安所坚持的原则极其相似，至今仍然印刷在《语音教师》的封底上。帕西在 1886 年《语音教师》的创刊号上说，其目标是进一步推广他所谓的新方法（The New Method），讨论其原则，并提供用由他本人经过与国际语音学会其他成员协商后创立的"国际音标"转写的外国语言样本……帕西在与洛当巴什（Laudenbach）和德罗伯尔（Delobel）合著的《现代语言教学中的直接法》一书他所撰写的章节中，更为详细地阐述了其观点。

4 关于这个时期以及稍后一段时间的状况，尤因（Ewing 1949—1950）对 1928 年至 1948 年美国中学英语语言教学的一个三部分组成的回顾，乃是其中一个非常有价值的研究。

5 关于现代语言研究的综合文献，见法伊夫（Fife 1931，1933）。

6 关于基础英语有趣的综述与评估，见古冈安等（Gougenheim *et al.* 1964）第 2 章 "基础英语的哲学起源"（Les origines philosophiques du Basic English）。

7 在关于这一阶段的现状研究中，莫尔顿（Moulton 1961/1963）对 1940 年至 1969 年这一时期的研究尤其突出。斯特恩（Stern

1966）表达了对 60 年代初英国新发展前景的兴奋之情。霍尔（Hall 1970）对欧洲 19 个国家的语言教学进行了考察。斯特雷文斯（Strevens 1972）也对欧洲的情况进行了研究。关于 60 年代末语言教学理论的危机，见诺里斯（Norris 1971）和沃德豪（Wardhaugh 1969a）。

8   关于美国战时语言培训及其影响，参见莫尔顿（Moulton 1961/1963）。作者在该书提供了主要参考文献。

9   1956 年至 1960 年由英国文化委员会出版，自 1961 年起由牛津大学出版社与英国文化委员会联合出版。

10 关于本刊创刊对教—研合一方式的意义，见本书第 4 章。

11 关于 1960 年到 1970 年间语言教学学术气候的变化，见本书作者在 1972 年世界应用语言学大会（AILA）上题为"语言教学理论与研究的动向"（Directions in Language Teaching Theory and Research）的发言。

12 1978 年《视—听语言杂志》（Audio-Visual Language Journal）上刊登的一篇社论做出如下评论："70 年代，在某些方面，在英国并非是最令人满意的。" 1976 年发表的一项对英国语言教学状况进行的全面研究曾谈到，"英国语言教学中发生了严重而且具有讽刺意味的、不合时宜的危机"（Bearne and James 1976）。

13 这个研究（同时参见本书第 4 章第 57 页）将在本书第五部分中详细解释；尤其参见本书第 15 章。

14 布林和坎德林（Breen and Candlin 1980）从交际的角度，对语言教育学——课程设置、课堂活动、教师培训——进行了全面的诠释。还有几位理论家反对用一个概念来主导语言教育学。提倡折中方法（如 Grittner 1977；Rivers 1981），或者提倡本书所建议的多元理论，就是为了在承认交际法的贡献的前提下抵制这种倾向。

15 关于第四阶段（即 1970—1980 年）状况的研究，建议参见迪勒（Diller 1975）和斯特恩（Stern 1979）。总统外语与国际研究委员会的《背景论文与研究》（*Background Papers and Studies*）中也有数个关于这个阶段有价值的现状研究（U.S.A. 1979a），尤其是沃里纳（Warriner 1979）和本塞勒与舒尔茨（Benseler and Schulz 1979）的论文。同时参见阿拉蒂斯、奥尔特曼与阿拉蒂斯（Alatis, Altman, and Alatis 1981）。关于欧洲委员会的文件，见特里姆等（Trim *et al.* 1980）等。在英国，全国教育语言协会可提供概述，虽然第一次会议后出版的都是关于政策性的东西；然而，如同 1980 年前后英国的情形，它们给人的印象是在描述现状（Perren 1979, 1979a）。当时，英国对语言教学问题的某些关注，在 H.M.I.s 对综合学校现代语言教学的研究中反映出来（H.M.I. Series 1977）。关于语言教学中交际这个概念的讨论，见威多森（Widdowson 1978）、布伦菲特与约翰逊（Brumfit and Johnson 1979）、卡内尔与斯温（Canale and Swain 1980），以及阿拉蒂斯、奥尔特曼与阿拉蒂斯（Alatis, Altman, and Alatis 1981）中的几篇文章。

第三部分

语言的概念

第 7 章

语言学理论的历史发展

我们一旦开始努力去学习一种语言，就不可避免地要面对语言的本质这一最基本的问题。"语言"是什么？我们应该如何去学习语言？如何以最佳方式将语言学习这个宏大的任务切分开来，如何以最佳方式安排语言的不同部分，即语言不同特征的学习？如果不能解开自古以来困扰伟大思想家的语言本质这个谜团，任何人，无论是教授还是学习语言，都不可能长久。即便是小学生有时都可能向老师提出最深奥的问题：完整地学习一门语言需要我们花费多长时间？所有的词都收入词典了吗？为什么有这么多例外？指导教师进行教学的语言"理论"可能并没有系统的阐述，既可能隐含在教学传统与对语言概念的讨论中，也可能隐含在教材的编写方式中，或者是在词典与语法的内容和编排中。但是，没有某种关于语言一般本质的概念就去教授一种语言，这几乎是不可想象的。

语言学乃是可为我们所用的对语言最系统的研究。之所以将语言学的作用与语言教学联系起来考虑，原因很明显，因为两者都跟语言有关。语言教学理论若置语言学中关于语言的观点于不顾，是毫无道理的。至于教师是否接受语言学家对语言的认识，如何处理语言教学与语言学的关系，则另当别论。对该问题的探讨是本章和下两章的任务。在对语言教学的发展趋势进行回顾的过程中，我们发现，语言教学理论受到语言学很大的影响，在某个阶段甚至由于语言学的新发展而陷入混乱。这就是为什么语言学在语言教学中的作用需要澄清。在本章中，语言学是作为独立的研究领域来考察的，而跟语言教学的联系则仅仅提及而已。从回顾中我们可以看出，语言学家的语言观，有时跟语言教师不同，有时则具有相似性。这并不是说我们认为语言学家的语言观是"正确"的，语言教师必须也有必要按照他们的语言观来行事，也不是说语言教师跟语言学家看待事物的方式必须相同，要像小学生一样亦步亦趋地按照语言学家的方式去思考问题。关于语言学与语言教学错综复杂的关系，我们将在本书第 8 章和第 9 章中进行考察。

现代语言学的肇始

语言学，作为一个独立的研究领域，一个具有不同专业方向，不同应用领域，有自己的专业组织、期刊和学术会议的大学里的学科，则是 20 世纪的事情，更具体地说，是"二战"以后的现象。当然，西方世界——更不用说东方了——对语言的研究，并非什么新鲜事儿，其历史可以追溯到古希腊、罗马时代，乃至圣经时代。确实，现在语言教学中使用的许多概念，如"性""数""格"和"人称"等教学中使用的技术术语，都起源于希腊和中世纪语言哲学。但是，在过去的各个时代，语言的本质问题，却是联系哲学、神学、修辞学以及拉丁语、希腊语和希伯来语的教学（这并不出乎意料），作为其他学术活动的一部分来进行研究的。[1]

正是从 18 世纪末起，广义的语言与希腊语、拉丁语和希伯来语之外的各种具体语言才真正成为科学研究的对象。历史语言学和比较语言学试图对语言所发生的历史变化进行描写和解释，以积累经过科学验证的关于语言、方言及其相互间关系演变的知识。学者们对古代语言和现代语言的形式进行比较，描写其变化（如"语音变化"），找出其"规律"，对所发生的变化进行解释。人们最终希望能通过对欧洲和亚洲的各种语言进行比较，重构出原型印欧语，据说现代很多印欧语系的语言都是由它派生而来的。首要的一点是，语言学学者对现代语言演变后的形式有了更清楚的了解。对比语文学——同现代语言学一样——也以现代语言为科学研究的对象，先是形成假设，然后寻找实证证据加以验证，在此过程中收集到大量自然语言的信息。一种新的语言科学显然正在形成的过程中。虽然欧洲大学有志于从事教育事业的学生接受过对比语文学的训练，但是这种新知识几乎跟第二语言学习没有任何直接关系。有些语言教师觉得应该在教学中教授语言的历史（例如词源），或者通过对学习者的母语与目标语进行对比，或者对两种第二语言进行对比，将注意力吸引到语言之间关系的规律性上来。然而，多数语文学研究对现代语言或者古典语言的教学几乎没有任何影响，教师主要依靠的是主流的传统语言研究。

至19世纪末，语音学的产生使语言教师了解了一些特别有意思的东西。首先，语音学确立了语言研究中言语的重要地位。其次，语音学为对语言当代形式的研究提供了一种科学的方式。再次，语音学适用于任何语言的研究，因此为对语言进行整体的实证研究提供了可能性。国际音标乃是开发恰当工具来进行跨语言研究愿望具体而微的体现。最后，从本书第5章国际语音学会六条规定可以看出，许多人认为语音学与第二语言教学直接相关。

大约同一时期，数位语言学家认识到，语言学研究的一个重要飞跃是，超越不同语言与语族进化的知识对语言的本质所做出的抽象概括。[2]1906年，瑞士语言学家费迪南德·索绪尔（Ferdinand de Saussure）受邀在他曾教授过梵语和比较语文学的日内瓦大学开设

"普通语言学"课程。据说，当时接受这项工作后，他本人感到非常震惊，因为他觉得不能胜任。这门课程共开设了三轮，最后一轮是1910年到1911年。1913年，索绪尔逝世，没有留下一部普通语言学著作或者专著。然而，他的两位学生，一位名叫查尔斯·巴利（Charles Bally），另一位叫艾伯特·泽克哈雅（Albert Sechehaye），根据三个年级同学的听课笔记，将课程内容整理了出来，于1916年出版《索绪尔普通语言学教程》（*Cours de Linguistique Générale de Ferdinand de Saussure*）。巴利和泽克哈雅所整理出来的这本书，被当今多数语言学家看作是现代语言学的开山之作。它对语言的本质进行了界说，并制定出了语言研究的大原则。[3]

当代语言学的特征

在前一节中，我们仅仅提到了几个大人物的名字和重要事件，目的是为了对现代语言学发展的学术研究背景有一个大致的了解。从1920年到1970年这个历史时期内，语言学已具备了语言学家常常提请注意的某些特点。在对这些特点进行描写的过程中，同语言教育工作者中非常流行的语言观做一比较，是很有价值的。

语言学通常被定义为"语言的科学"，或者"对语言的系统研究"。作为一门科学，语言学培养的是理性的语言观。语言学家对语言和语言现象客观地进行处理。在这个方面，语言学沿袭了19世纪比较语文学的传统，但是不同于学校里所常常培养的对待语言的方式。教育工作者常常会看清语言"好的"或者"不好的"，"正确的"或者"错误的"方面，指出创造性使用语言的价值。他们对文学作品的语言抱有崇敬的态度，可能还珍视语言使用的治疗与宣泄价值。对语言进行价值判断司空见惯："法语是一种美丽的语言""某某语言真难听"。客观地看待语言却常常受到责难。语法研究常被用"枯燥""乏味"等字眼来描述。语言学家不否认语言使用中有强烈的情感成分，而且可以从美学的角度来做出评价。但是，语言学家却对语言以超然、冷静的方式来进行反思和研究："甲语言就是这样表达意思的""乙语言就是这个样子""这是所有语言所具备的特点，是语言共性"，等等。

语言学是一门理论性科学，其目的是对语言现象做出解释。对多数语言学者而言，语言学的核心目的是建构语言某个方面的理论和普通语言理论。19世纪的语言学家也常常对语言进行一些概括性的阐述，但是这些往往都是用于解释具体语言或者语族现象的规律，而非关涉语言的一般本质。

语言教师跟语言学家有一个明显的区别。语言教育工作者关心的是具体语言的教学，如法语、英语或汉语，或者是语言某个方面的教学，如英语阅读。他所关注的通常并非广义的语言，虽然教授语言是对语言的本质进行观察的大好时机。[4] 事实上，据说，理解语言本质的最佳方式是努力教授（或者学习）一门语言！

同其他学科一样，语言学的理论需要得到验证：对语言的阐述是否能够解释自然语言中所遇到的现象？语言学不仅是一门理论性的科学，而且是一门实证的科学，需要对个体语言进行详尽的观察，才能肯定或者否定所做出的概括。因此，语言学按照本书第一部分中所讨论的实证研究程序的一般原则，对自然语言数据进行观察和分析。可见，语言学不仅是一门理论性的而且是描写性的学科。

上述两种特征绝非对立。恰恰相反，两者相辅相成。但是，是侧重于理论，还是侧重于描写，学者之间有很大分歧。有些人认为描写是语言学的首要任务，对他们而言，语言学总的来说，跟植物学一样，是"分类"的科学，后者关注的是对植物的识别与分类，而前者关注的则是对语言现象的识别与分类。另外一些人则认为，对语言的理论阐述、"普遍性"的发现以及对语言本质的理解，乃是语言学家最重要的任务。从下面的论述中可以看出，理论与描写这两个大的流派对语言教学都很重要。[5]

语言学的描写性，不仅跟理论关注，而且跟很多语言研究者所坚持的规范性形成鲜明的对照。作为科学家，语言学家接受所发现的语言事实，其任务是对语言现象做出观察，并解释其存在的原因。语言学家的作用并非是改进语言，防止语言的退化，亦非通过"良好用法"的培育来预防语言的衰败。"语言学的研究是描写性的而非规定性的科学"（Lyons 1968: 42）。这门学科的介绍中常常强调的这一特点，与从规范的角度对语言进行的科学研究，恰好形成鲜明的对照。后者在语言教学和其他形式的语言教育中有其完全合法的地位，但是绝非作为科学的语言学采取的途径。从语言学家的观点来看，"语言就是说这种语言的人所说的话，而非某个人认为应该是什么"（Bloomfield 1942: 16）。然而，规定性不能完全从语言学中剔除，因为本族语者正确（"符合语法"）或者错误（"不符合语法"）的用法，是指导语言学的标准。本族语者的判断也是指导第二语言教师与第二语言学习者的规范（因此，对他们而言具有规定性）。[6]

共时与历时研究

19 世纪，主导语言科学研究的是历时方式。索绪尔是第一个明确提出了另外一种方式的人，他认为语言可以而且应该从某个时间点上去进行研究，重点在语言各个部分之间的相互联系、相互作用的方式上。因此，他主张语言的"历时"或者进化研究应该辅以对语言某一状态的静止或者"共时"研究。20 世纪语言学研究的特点是共时研究占绝对优势地位。在多数情况下，隐含在第二语言教学背后的是对语言某一状态（多数情况下是当代形式）的研究。

现代语言学的语言观

从原则上讲，语言学研究的是所有的语言和语言的所有方面。语言学家并不对语言做价值判断。一种"地方"土语[7]其本族语者虽然很少，但语言研究者对它的兴趣，可能并不小于甚至可能大于世界性语言。[8]

就某一语言的情况而言，语言学家承认口语和书面语的存在。根据旧式学校的传统，书面语更有价值，因为它更稳定，界定更清晰、规则。读写教育过去（现在仍然）是学校教育的核心；作为文学表达的一种媒介，书面语言得到很多关注。相反，现代语言学突出强调口头语言的首要地位，因为"（口头语言）是展现语言的'自然'或者'原始'媒介，而书面语言是从口头语言转写而成的视觉辅助媒介"（Lyons 1970: 18）。但是，这并不否认书面语言的重要性。尤其是在文明社会中，书面语言拥有独立于口头语言之外的地位。然而，语言学家研究的是他所选择的语言的方面，或者独立地研究口头语言和书面语言，或者将两者联系起来进行研究。近年来，语言跟口头语言和书面语言的复杂关系，也在语言教育中为人们所广泛承认。[9]

语言变体

语言学家还承认而且不加价值判断地接受语言变体（如地域方言、社会方言等）的存在。在这方面，学校的传统——以前确实如此，现今可能有所变化——往往会强调并灌输某一"正确的"标准形式，贬斥其他变体。语言学家承认如下社会事实：某种方言可能被社会成员作为一种标准形式（如标准英国英语、标准北美英语）来看待，或者被看成是更有地位的变体（如"国王英语""牛津口音"），而另外一种方言则被看成是低等或者是被斥责为"乡巴佬""社会下层"或者"粗俗"的变体。但是，语言学家的兴趣既可以聚焦到高雅的变体上，也可以聚焦到低俗的变体上，这既无屈尊，亦无责难。

在这一方面，值得注意的是，最近几十年来，语言学家对儿童和非母语者的语言越来越感兴趣，而严格按照"标准语言"的概念来界定的话，这些人群的语言都不"恰当"。语言学对儿童语言的兴趣，不同于心理学家对婴幼儿语言发展的兴趣。同样，以前欧洲殖民地的各种"混合"语言，即洋泾浜语和克里奥尔语（如基于英语的牙买加克里奥尔语和基于法语的海地克里奥尔语），同标准法语和标准英语一样，同样成为研究的对象（例如 Valdman 1977）。

大约从1970年起，具有自己的规则和特点的一个语言系统的变体得到研究，这个语言变体是第二语言学习者在使用语言表达时在语言学习过程中形成的。相关的研究通常被称为"中介语（interlanguage）"研究，或者叫"学习者语言（learner language）"研究。"中介语"这一概念是由塞林科（Selinker 1972）首先提出来的，其目的是提醒人们注意，学习者语言可以被看作是一个不同的语言变体，或者是具有自己特点和规则的系统。过去，作为教师，我们习惯于把学习者语言仅仅看作是"错误的英语"或者"错误的法语"，认为这样的语言应该彻底消除掉，无须关注其"中介语"特点。将学习者的语言看作一种"语言"正确与否尚有争论，但是，语言学家在这方面所做出的努力，表明了其试图理解各种语言变体的意图（参见 Corder 1981）。

最近一直在进行研究的另外一个相关语言变体，是本族语者跟儿童或者外国人交谈时使用的语言。前者叫"宝贝儿语（baby talk）"，后者叫"外国式语言（foreigner talk）"，其特点是可能具有共性的语言简化现象（例如 Ferguson 1975）。

情景、兴趣、职业或者社会角色等方面的不同，要求使用的语言亦不相同。语言学中，尤其是在将语言与社会联系起来进行研究的一个分支——社会语言学中，使用多个概念来表示这种语言的内部功能变体和选择，其中包括：语体（style）、语域（register）、域（domain）和语码（code）。例如，语体根据正式程度从"高"到"低"五级量表上可区分为：僵化体、正规体、协商体、随意体和亲密体（Joos 1961）。语域指由于社会情景的不同而产生的语言变体，例如广告、礼拜、政治新闻、购物或者学术讨论（Halliday, McIntosh, and Strevens 1964）。语言学家还观察到，话题不同，例如核物理、侦探小说或者毛线编织，语言的使用也不相同；因此，研究者为寻找适合于语场（fields of discourse）、话语域（domains of discourse）的语言做出了很多努力。

当然，本族语者能够得心应手地用各种语体、语域或者域来表达自己的意思。不同的变体统统可以被看作是不同的语码；借用双语的类比，掌握两种以上语码的本族语者可以被合理地描述为"双语码者（bicodal）"或者"多语码者（multicodal）"。根据功能与情境，本族语者本能地会进行语码转换（code-switching）。前文中刚刚提到的"外国式语言"或者"宝贝儿语"用于恰当的情景中，也可称为"语码"。

方言或者其他变体的选择问题在语言教学中经常会出现。英语课堂上应该教授美国英语还是英国英语？应该选择法语、西班牙语或者阿拉伯语的哪一个变体？[10]

由于认识到了相对不同的语言变体的存在，人们在教学中为了选择一种与特定学习者群体密切相关的语言变体做出了很多努力。所谓特殊用途语言（language for special purposes，简称 LSP），如特殊用途英语（English for Special Purposes）、科技英语（English for Science and Technology）、学术用途英语（English for Academic Purposes）等教学方式部分地是这种语言变体观的应用（例如 Strevens 1977a）。

作为系统或者结构的语言

索绪尔所提倡的共时研究方式产生了如下结果：在现代语言学中，语言被看作是一个各种关系的系统，或者被看作是按照等级层次配置相互支持的成分组成的结构。"语言是一个高度一体化的系统"（Langacker 1972: 18）。从这个意义上讲，现代语言学不论是哪个流派，都是"结构的"。语言描写的任务是识别并解释构成语言的单位或者成分，表明它们相互联系、相互作用的方式。因此，仅仅积累与列举对语言的观察是不够的。语言学家旨在揭示语言作为一个统一的系统的机制，而且正是在这一方面，各种不同的思想流派发生了争议。

作为语言教师，我们同样认为语言是一个界定清晰的统一的系统，因为如果我们对语言是什么没有一个清晰的概念框架，就不能做出语言教学的计划。这个概念框架是否能为学习者所理解无关紧要；这是一个方法论层面的问题。但是，语言作为统一的结构观是不可避免的，因此语言学家为提出这样一个概念框架所做的努力，对语言教学是非常重要的。

语言是结构的语言观所产生的结果是，语言学总的来说是靠关系的概念来运作的。其中，对照或者对立原则在语言学理论中尤为重要。这一原则最初是在音系学中提出来的，但是同样适用于语言学的其他领域。例如，借用莱昂斯（Lyons 1968）的例子，在下面的单词中，

bet, pet, pit, bid, bit

将这些形式区分开来的并非是每个语音单位的绝对音质，而是/b/与/p/、/d/与/t/、/b/与/d/、/p/与/t/的对立，以及所有辅音与所有元音以及元音系统中/i/与/e/之间的区别，从而表示出意义上的差异。"在语言中，只有差异（Dans la langue il n'y a que des différences）"（Saussure 1916: 166）。

另一对关系概念，组合关系与聚合关系，在语言学中也具有重要地位。

索绪尔用语素、词和短语的例子对组合关系进行过说明，例如 *re-lire*（重读），*contre tous*（反对一切），*la vie humain*（人类生活），*s'il fait beau temps*（如果天气好），*nous sortirons*（我们就出去）。语言单位合理的结合称为组合关系。

一句话中的某个项目，如"He is coming（他马上就到）"中的"he（他）"是代词（"she（她）""you（你、你们）""they（他们/她们/它们）"等）系统的一个部分，所有的代词构成一个词形变化表（paradigm）。上述句子中的"is"是由"am（单数第一人称现在式）""is（单数第三人称现在式）"和"are（第二人称和第一、第三人称复数现在式）"组成的词形变化表的一个部分。或者，且借用索绪尔所列举的法语例子来加以说明，法语单词 *enseignement*（教（名词））可以是几个词形变化表的一个组成部分，可以跟 *enseigner*（教（动词）），*renseigner*（询问）或者 *armement*（武装）和 *changement*（改变）联系起来，或者跟 *éducation*（教育）和 *apprentissage*（学徒身份）相联系。上述所举例子都是聚合关系，具有联想性质。也就是说，这些表达方式可以在语言使用者的头脑中通过联想回忆出来，而组合关系则是靠视觉或者听觉从言语中直接获取的。索绪尔将两个概念之间的区别比作建筑物的柱子。我们可以研究柱子在建筑结构中的作用，如用柱子支撑起建筑的哪个部分（组合关系），或者柱子在观察者眼中可能引起的联想，如这是一根多利斯柱（a Doric pillar），不是科林斯柱（a Corinthian pillar）（联想或聚合关系）。

语言教师在教学中使用的一些练习方法表明，他们似乎熟悉语言的双层性（duality）。传统教学法，尤其是在语法的教学中，往往强调语言聚合的一面（*je suis*（I am），*tu es*（you are），*il est*（he is））。自40年代以来，练习方法已经将重点转移到组合关系上，句型操练大行其道，到了将词形变化表作为一种合法的教学手段贬得一无是处的程度。

语言（系统）与言语

作为系统或者结构的语言（langue），与作为具体使用中的语言的言语（parole），不仅是现代语言学中而且是语言教学中的一个重要概念区分，与前面讨论的一对概念一样，最早也是由索绪尔提出来的。目前，我们已理所当然地将语言系统作为语言学研究的对象。但是，根据布卢姆菲尔德（Bloomfield 1942）的观点，当我们说语言学研究的是"本族语者所说的话"时，准确地说，语言学究竟研究的是什么？我们所指的是哪些本族语者？任何一部分人，还是所有的人？我们已经注意到，语言学承认语言中的各种变体，如社会方言与地域方言、语域、语体等。假如我们想对某种民族语言（如当代法语）进行研究，所研究的"语料"是否是由所有的本族语者某一天所说的话和所写的东西组成的呢？这种研究绝对不可能，这充分显示出区别语言与言语的价值。

语言学研究的对象主要不是个体所说的话，即言语，而是其背后某一语言作为第一语言的所有说话者，或者某种语言中一个变体的所有说话者所共享的系统,即语言系统。

语言学理论家提出的类似概念有如下几对:

语言	言语
系统	使用
代码(code)	信息①
语言	语言行为
语言能力	语言运用
形式	功能

信息论跟代码这个概念密切相关。所谓代码,即用于传递信息的信递系统(system of communication),如莫尔斯电码、旗语、语码。如下述简化的信递行为模式所示(根据 Osgood and Sebeok 1954/1965:1-3),信息发送者(信源)和信息接受者(目标)首先必须熟悉传递信息的代码,这样所发出的信息才能够在信源被编码,同时为信息接

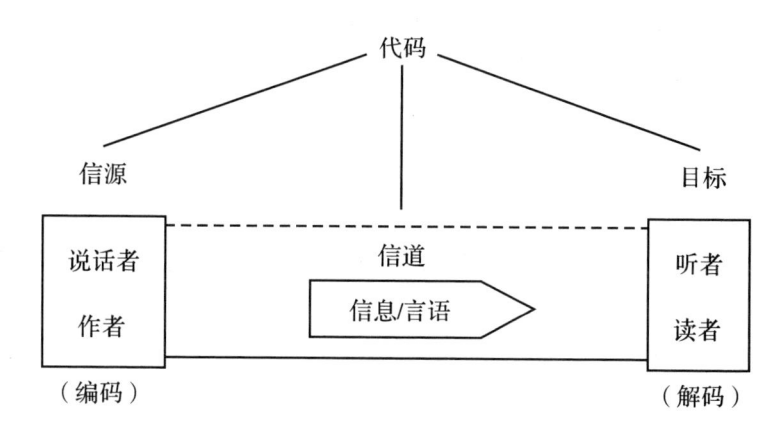

图表7.1 信递行为模型(根据 Osgood and Sebeok)

---

① 英文为"message",也有人译作"消息"。——译者注

受者所解码与理解。语言作为信递系统,起码可以跟一种作为个体的人为达到"信息"传递目的所共享的"代码"相联系。根据上述类比,如果我们接受索绪尔的观点,强调语言作为一个系统的重要性的话,语言学的主要任务是对代码,亦即言语或者信息中体现出来的形式规则系统,进行描写。若将上述类比应用于语言教学,可以说,教学的目的是教授"代码",即第二语言,其目的是使学习者能够用第二语言编码(说/写)和解码(听/读)。

斯金纳(Skinner 1957)向索绪尔的语言—言语两分法提出了挑战,在其关于语言行为的著作中,提出了一种严格的行为主义语言观。他坚持认为,科学研究中唯一观察到的对象是语言行为、话语和文本(即言语)。作为一个系统的语言,根据斯金纳的观点,乃是大脑中非科学的抽象。在其关于语言行为的著作中,他不求助于"内在系统",完全用外在可观察到的事件对语言活动进行了解释。

语言能力与语言运用(competence and performance)这对对立的概念是由乔姆斯基提出来的。"语言运用"指包含不规则性、不一致性和错误的变化无穷的个体语言行为。个体从语言运用行为中抽象并发展出语言系统与秩序的能力叫语言能力。乔姆斯基强调,语言使用者必须本能地、无意识地具备这种从语言的具体表象进行抽象的能力。根据乔姆斯基的观点,语言学的任务是对语言能力,即语言知识,或者"说话者—听者所掌握的语言规则系统",进行研究(Chomsky 1965:4)。

是将重点主要或者完全放在语言上呢,还是给予言语相同的重视,抑或是将重心放到两者之间的关系上,这是语言学中有争议的一个问题。乔姆斯基对语言能力的重视受到质疑:人们一直在问,在多大程度上语言能力跟语言的使用能分离开来?在语言教学理论中,语言系统跟语言使用的问题,也是语言教学方法争论的核心。正如我们在下文中将要看到的，是将语言作为抽象的"形式"看待，还是将使用中的语言作为"功能"或者交际看待，中间的区别乃是问题的关键。[11]

语言研究面面观

语言学的基本问题——同语言教学的基本问题一样——是如何才能掌握我们称之为语言的总体。我们希望可以将它描述为一个"系统"或者"结构"。但是，如何使这个系统或者结构可及、可见、可学，则是另外一件事情。显而易见，科学的方式要求对某些所研究的事件进行系统化和限制。语言的哪些方面需要强化研究？什么构念或者理论模型可以清楚、经济地揭示语言的结构及其组成部分？语言的不同组成部分如何相互联系？语言描写需要哪些概念？语言学家回答上述问题的出发点是语言教师（甚至作为语言使用者的门外汉）所熟悉的简单概念，如"语音""词""句子""意义"和"文本"。上述常识性的东西跟语言学研究的主要领域大致相对应，每一个方面的内容都在相应的一个或者多个语言学分支学科中有所体现：

1. 语音　　　　　　　语音学和音系学
2. 词汇　　　　　　　词汇学、语义学和形态学
3. 句子　　　　　　　句法学
4. 意义　　　　　　　语义学
5. 文本（对话、故事、诗歌）　话语分析

20 世纪期间，语言科学的重心从对语音（语音学和音系学）的研究，逐渐转移到语法（形态学和句法学）上，之后又转移到意义（语义

学）和文本（语篇分析①）上来。当然，语言的所有方面都不能孤立地看待，对这一事实，语言学家始终保持着清醒的意识。但是，哪些方面有必要进行科学的研究，或者对哪些方面进行科学的研究更有裨益，数十年来，对上述问题的回答因研究的侧重点不同而异。但是，语言学的发展是一个累积的过程，所以现今我们可能会发现，总的来说，学者对语言的任何方面都有兴趣。

音系学

在现代语言学发展的早期阶段，语音这一语言最明显的特征，是在必须对语言进行实证研究的新兴科学中，首先得到研究的一个领域。当今，语音学和音系学乃是语言学中地位稳固的两个分支学科，或者被看作是两个独立的学科。语音学与音系学之间的区分，随之逐渐形成。语音学研究的是发音方式和声学现象，前者使语音的生成成为可能，而后者则使语音的知觉得以完成。它给我们提供了一种工具（即一整套描述性术语），可以用它根据任务的需要，来对任何具体的物理声音与发音动作进行详细的描写（Brown 1975: 99）。语音学研究的对象是所有语言系统的声音。它借鉴了多个学科的研究方法和概念，其中包括解剖学、生理学、物理学和心理学。音系学是严格意义上的语言学的一个分支，其研究对象是具体语言的语音系统，目的是推导出适合于所有语言的语音系统的大原则。音系学不十分关注说话者产出的具体语音表现形式（音子）、语言运用或者言语成分，而是关注具有特定语言语音系统特点的有意义的语音单位（音位）产生

---

① "discourse" 可以指口语，也可以指书面语，或者两者兼而有之，因此根据语境"discourse analysis" 可翻译成 "话语分析" 或者 "语篇分析"。在本书中，作者显然在多数情况下没有将书面语和口语区分开来，所以这个术语在多数情况下翻译成 "语篇分析"。——译者注

的系统区别、语言或者语言能力成分。语音学有助于语言发音的教学,因为它为教师提供了一种正确发音的诊断手段。音系学有助于我们对具体语言语音系统构成的理解。[12]

语法

在20世纪很长的一个历史时期,大约是1925年到1965年间,语言学研究的第二个主题——语法——引起研究者越来越多的关注,成为语言分析中成果最多、也最有争议的一个领域。语法,当今略有点歧义的一个术语,被定义为"语言描写的一个分支,用以解释将词汇组合起来形成句子的方式"(Lyons 1971: 63),传统上分为形态学和句法学。形态学研究的是词汇的内部结构,而句法学研究的则是句子的结构。在旧式学校语法中,通常形态学所占篇幅很大,而句法学相对较少。但是,在最近的语言学研究中,两者的地位发生逆转,对形态学的研究少于句法学。[13]几乎没有教师对语法的重要性产生过质疑。大多数语言课程和教材都是按照语法的标准来组织的。多年来,语言教师一直将语法的概念和范畴看成是语言不言而喻单纯的基础,并将它们用于指导教学实践。语法在学校里常常被作为一种权威来对待,学生有时因"不懂语法"而受到讥讽。

在大约四十年间,语言学家对语法有了新的认识,试图从第一原则的角度来重新思考语法分析。纵观现代各种语法理论(如Widdowson 1975),各种系统可谓五花八门。从下文可以看出,范畴、概念、术语、重点和理论方法的变化,给语言教学带来了混乱与困扰。同时,上述所提到的变化给人以语法很复杂的感觉,是对语法不言而喻、简单的观点的反驳。相反,这些变化促使语言教师将第二语言的语法当作一种令人着迷、具有挑战性的现象来看待,这本身就是有意义值得研究的课题。

词汇学

顾名思义，词汇学是对语言词汇的研究，除了形态学中将之看作语素的序列来对待外，是一个相对而言较少得到系统关注的一个领域，起码英语国家的语言学家很少对它进行研究。[14]但是，在德语和法语国家，得到的关注却略多一些。词汇学之所以为人所忽视，原因之一很可能是，词汇学不同于句法学和音系学，很难进行系统的结构分析。另外一个原因可能是，对词汇的形式化分析已被吸收到形态学中，而对词汇意义的研究则是语义学研究的内容。然而，就语言教学、词汇学和其他实际活动而言，对词汇的系统研究仍然非常重要，对词汇的忽略不仅令人觉得奇怪，而且毫无道理。在两次世界大战之间的数十年间，教育学家和心理学家为了满足教材编写和语言课程词汇控制的需要，基本在语言学的框架之外，对英语、法语、德语和西班牙语的词频进行了一些研究。50年代以来，因为按照一定的方式对词汇进行排序对语言教学有重要意义，词汇研究的重要性更加突出来。但是，这些研究既没有像句法学和音系学一样被纳入语言学理论体系中，也没有引起富有想象力的理论探索。[15]

语义学

语义学是对语言意义的研究，作为一个独立的研究领域，已经有一百多年的历史（Ullmann 1971: 77）。但是，最近语言学历史上，对语义学的研究方式趋向于更加谨慎，而且作为语言学框架内的一部分研究，曾经有一段时间几乎完全被排斥。1930年至1955年间，许多（尤其是美国的）语言学家坚持认为，语言学应该局限于对可观察到的语言形式的研究，结果语言学家查尔斯·弗里斯抱怨说，对许多学习语言学的学生来说，意义几乎成为众矢之的（同上：86）。语言学家从来都没有否认意义是语言的本质。问题是，意义是否是适合科学研究的课题。60 年代，人们越来越清楚地认识到，由于语言离开了意义就会失去其功用，因此语言学必须给意义问题以充分的关注。但是，将词汇与句子相互联系以及将两者与"世界上的状态、过程和物体"（Bierwisch 1970: 167）联系起来的意义问题非常复杂，需要独立地进行研究。一旦这一点得到认可后，对语义学以及语义学与语言学其他分支学科关系的兴趣随之高涨起来（Lyons 1977）。有些课程改革，尤其是本书第 6 章提到的 70 年代欧洲倡导的一些改革，如威尔金斯（Wilkins 1976）提出的意念大纲（the notional syllabus①），就是按照语义原则而非语法原则组织第二语言课程的尝试。换言之，威尔金斯提出，课程不能按照名词、冠词、动词时态、形容词的一致性等语法概念，而是应该根据意义的一些基本范畴来进行组织。其课程设计包括时间、空间、数量等概念，以及学习者外语中所需要的交际功能，如询问、告知、请求、打招呼等。[16]

语篇

长期以来，语言学的研究一直一端被语音的概念另一端被句子的概念所束缚。最近句法学和语义学两方面的研究清楚地表明，句子已不再是语言学研究的最终单位。"语言的实现形式并非是词汇的拼凑，或者句子，而是连续的语篇"（Harris 1952: 357）。自大约 1970 年起，语言学转向，开始通过语篇分析对超出句子层面的各个方面进行研究。这在一定程度上仅仅是语言教学从孤立的句子向着文本片

---

① 准确地讲，应该翻译成"概念大纲"，但是现有译法在语言教学领域已经通行起来，故采用之。——译者注

段、对话、描写和叙事迈进的一步。然而，与此同时，如下文所述，语言学家认识到，语言不能脱离语言使用者的交际意图和语言使用的情景来进行研究。我们将在下文中进一步讨论这种语言观，因为语言使用的情景对语言教学和语言学研究一样重要。语篇分析和言语行为理论，即语言交际功能的研究，作为语言学研究的一种新方式开始发展起来，而且在这种情况下，促进语言学向着新的理论方向迈进，总的来说，是语言教学实际工作者的需求。[17]

语言学的发展方向

语言学在沿着两个主要方向发展。一是对不同的专门领域的详细研究，如语音学或者句法学。一是对语言总体的研究，即为了发现语言的不同组成部分相互联系的方式以及更好地掌握作为"由子系统构成的系统"的语言整体所做出的努力。因此，语言学需要面对两方面的问题：在对小至最小语言单位进行精确分析的同时，不失去对语言整体模式的把握，后者使语言学家能够对语言的许多特征进行综合考察。

首先，在第一个方向上，语言学的每一个分支都提出了一些基本的概念和理论。其次，语言学研究对特定语言的一些特征进行了分析，其目的部分是为了增进所研究的语言特征的知识，部分是为了清楚地阐明语言总的本质。再次，语言学家从各自的专业领域出发，试图将各自具体的研究领域与其他领域联系起来，如音系学与句法学，或者句法学与语义学。

最后一种研究兴趣跟语言学的第二个主要发展方向密切相关。这种观念已经暗含于索绪尔的结构主义语言学中：语言整体是一个统一的系统，不同部分各自在其中有其恰当的位置，各个部分之间的关系应该得到恰如其分的解释。理想的普通语言系统理论,应该能够给我们提供适用于对任何自然语言进行完全描写的分析和综合的框架,各个专门领域的研究在其中各就其位。这种理论应该能够指导对任何语言进行全面的研究,并阐明不同成分之间相互作用的方式。总之,关于语言系统的理论,应该能够提供完全令人满意的语言系统的概念框架,而且可以用这个框架来对具体的语言进行描写。

语言学家已经意识到所有这些任务的高度复杂性以及我们现有知识的匮乏。语言学每个领域的理论框架尚在发展之中。对具体语言的描写性分析也还远远不够,在多数情况下仅仅是浅尝辄止。普通语言理论的总体架构一直是争论的焦点。语言学整个领域的属性尚不明确,学者对自己的无知有清醒的意识,这一切都使语言学成为有前景且令人兴奋的研究领域。但是,这绝非是一个可以从中找到现成信条的领域,因此语言学在教学的应用中也困难重重。然而,重要的是不要低估我们已经取得的成就:我们已经收集到关于许多语言大量确凿的信息;发展出来的理论、概念和研究方法,可以说极大地增进了我们对语言本质的理解。

语言学思想流派

从 30 年代至今,多方面知识的扩张促使语言学者开始进行综合,提出了统一的语言理论,以几个知名语言学家(如布卢姆菲尔德、弗思、韩礼德、叶尔姆斯莱夫(Hjelmslev)、乔姆斯基)为核心,产生了几个语言学思想流派(如布拉格学派、日内瓦学派、美国结构主义、伦敦(英国)学派、哥本哈根学派),形成了几个语言学研究中心,提出了一些重要的概念(如结构主义、法位学、级阶与范畴、转换生成语法、生成语义学、言语行为理论)。

本世纪语言学研究中所面临的主要问题可以用图表 7.2 来加以阐述（此乃对图表 7.1 的进一步阐发）。语言使用者在一定的语境中来

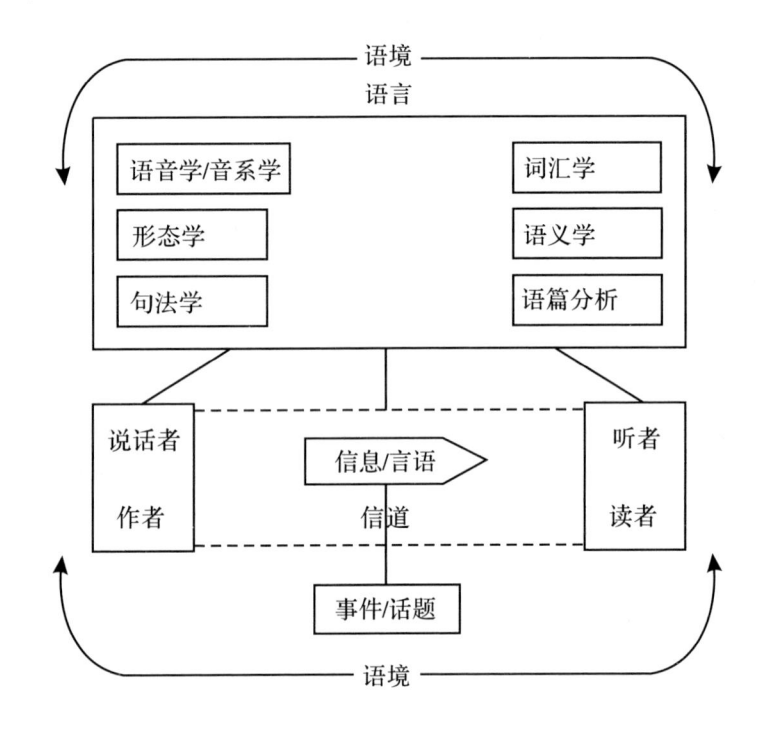

图表 7.2　语言分析的范畴

行事。作为说话者/作者，他跟另外一个人（听者/读者），就所居处地方的事件和话题进行交流。交际行为中语言的使用可分为前面已经描写过的组成部分。语言系统建构者面临的主要问题是：（1）语言在多大程度上可以不考虑语境、话题以及说话者/听话者独立地进行研究？（2）语言的不同方面——音系、句法、语义和词汇——如何相互联系起来？同样，相同的问题在语言教学中以类似的方式出现：（1）第二语言的教学在多大程度上应该以作为形式系统的语言为重

心，或者采纳一种更宏观的视角，将听者和说话者的社会环境与语言使用一并考虑在内？（2）如果对语言进行相对独立的研究，应该主要侧重于哪个方面——语法、词汇、语义或者语音系统？如何以最好的方式将语言不同的方面联系起来，最终与语言使用的真实世界联系起来？

为了清楚地阐述语言学处理上述问题的方式，我们将采用实例，简要地对从 30 年代到 70 年代早期以某种方式对语言教学理论产生过一定影响的三种语言学思想做一素描。

布卢姆菲尔德与美国结构主义

在对语言教学理论产生过显著影响的语言学流派中，美国结构主义可能是最重要的一个，其追随者遍及世界每个角落，自 40 年代以来，其影响可以说几乎是渗透到语言教学的每一个方面。从 60 年代中期起，它受到强烈抵制，而且自 70 年代起，被一些具有不同侧重点的理论所淹没，但是其影响仍然存在。若要掌握语言学后期的发展，首先要理解美国结构主义。

美国结构主义作为一个语言学思想流派，最终产生于现代语言学史上广泛公认的经典之作，1933 年出版的布卢姆菲尔德的《语言》。尽管作者认为这只不过是其教科书《语言研究入门》（*Introduction to the Study of Language*）（Bloomfield 1914）的增订版，但是对当时年轻的语言学家们来说，意义极其深远。1949 年，布卢姆菲尔德去世，其学生之一布洛克（Bloch）著文对其影响做了如下回忆：

"自 1933 年以来，国内分析方法上的每一次重大进步，都直接产生于布卢姆菲尔德的著作对语言学研究的推动，这样说一点都不为过。如果说当今使用的描写分析方法优于他的方法的话，如果说我们对语言结构的某些方面看得比他首次所揭示给我们的更清楚的话，这是因为我们是站在他的肩膀上"（Bloch 1949: 92）。

若要对两次世界大战之间，也就是《语言》一书中所表达的观点开花结果的那个时期的学术氛围有深入的了解，单凭当今语言学的现状，是非常困难的。但是，必须牢记，语言学在当时还没有清楚的界定。当时，布卢姆菲尔德唯一关注的是将语言学建设成真正意义上的语言科学。他所看到的需要完成的任务有两个：（1）联系其他学科界定语言学的研究范围，（2）将语言学的一些原则与概念发展成为平衡统一的理论。

第一，语言无所不在，因此对索绪尔和布卢姆菲尔德等早期的系统建立者而言，最重要的任务之一是界定语言学研究的范围。"作为语言学生，……准确地说，我们关心的是言语事件……，（虽然）就其自身而言，没有任何价值，但却是达到伟大目标的手段"（Bloomfield 1933: 26-27），即图表 7.2 中的"信息"。人们常说，布卢姆菲尔德不承认意义的存在，但事实并非如此。他经过深思熟虑，有意识地将语言学研究的对象限定在语言的形式特征上。"在科学的劳动分工中，语言学家只研究言语信号"（同上：32）。

语言科学研究的数据是构成语料库的言语。语言学家的任务是对言语语料库进行研究以发现其规律性与结构，后者即体现在言语中的语言系统。布卢姆菲尔德在其论文中对语言学研究领域的严格限制，促进了语言学作为自主研究领域地位的确立。随后，总的来说，在布卢姆菲尔德所规定的范围内，进行过大量详细准确的语言学研究。有些研究者（如 Harris 1947）跟布卢姆菲尔德相比有过之而无不及，他们对语言现象的分析，只遵循语言学的形式原则，将语言现象相互联系起来。其他一些人则得出如下结论：严重脱离语言环境的抽象语言分析是不可能持久的，而且在任何情况下都是徒劳无益的。例如，派克（Pike 1960）将"具有布卢姆菲尔德特色的（Bloomfieldian）"形式化语言研究，放到广义的行为理论框架内，将广义的参照系①纳入语言学研究领域内，这虽然得到了布卢姆菲尔德的认可，但是他认为，其范围太宽，无法作为语言科学的一部分进行科学的研究。语言学最近的发展倾向于支持这种将心理和社会因素纳入其中的广义阐释。

第二，布卢姆菲尔德想使语言学成为一门描写性的实证科学。他所倡导的科学哲学可以用下面一段话来做一概述：

> "这种科学研究的只是在时空上所有的观察者都可及的事件（严格的行为主义）……时空协调的事件（机械论）……这种科学仅仅做出导向操作的陈述或者预测（操作论）……使用的术语可以从与物理事件（物理主义）相关的日常术语中派生出来"（引自 Fries 1961: 209）。

《语言》的主要价值在于其对一些基本概念定义的严密性与全面性，因为这些概念有助于语言学家对语言从语音到句子进行分析（Hill 1958）。说其全面，是因为它给予不同层次的分析以同等的重视：音系学、形态学和句法学。然而，却忽略了图表 7.2 中的语义成分。

恪守布卢姆菲尔德传统的语言学家仍然在研究中沿用这些概念，并对它们进一步完善以用于更严格的语言描写。其结果是 40 年代和 50 年代弗里斯、朱斯（Joos）、派克、奈达（Nida）、格利森（Gleason）

---

① 指语境等与语言密切相关的因素。——译者注

和霍基特(Hockett)等人对语言整体或者某个方面客观、详尽、条理和信息丰富的大量研究。在一项关于 50 年代美国结构主义语言学的综述性研究中,列出了超过 450 个研究实例,最后得出如下结论,"语言学已经进入成熟期"(Hamp 1961:180)。这是一个对已经取得的成就充满信心的时代。结构主义对语言教学产生影响也就不足为怪了。[18]

新弗斯理论

60 年代,韩礼德、麦金托什和斯特雷文斯(Halliday, McIntosh, and Strevens 1964)在《语言科学与语言教学》一书中提出,英国语言学家迈克尔·韩礼德(Michael Halliday)提出的级阶与范畴理论(scale-and-category theory)是语言教学的理论基础。作为不同于布卢姆菲尔德语言学的一个语言学思想流派,这一理论是对弗思最初提出的理论概念的发展和系统化。在结构主义在美国突飞猛进发展的这个历史时期内,弗思引领了英国语言学的发展(Robins 1961)。同美国的情形一样,在英国,语言学与人类学有着紧密的联系。作为伦敦大学亚非学院语言学教授,弗思深受人类学家布罗尼斯拉夫·马林诺夫斯基(Bronislaw Malinowski)的影响。关于后者的研究与影响,我们将在本书第 10 章中详细讨论。

马林诺夫斯基在对南太平洋的人类学研究中发现,南太平洋岛民的语言,只有跟对其文化的解读紧密联系起来,才能得到理解。"对我们来说,真实的语言事实就是情景语境中全部的话语"(Malinowski 1935 Vol. II: 11)。上述观点是弗思语言研究观念的基础。在这个问题上,弗思与布卢姆菲尔德的观点针锋相对,后者坚持认为语言学应该局限于对言语信号的研究,而前者则接受马林诺夫斯基的观点,坚持认为,语言必须在情景语境中从各个层面上进行研究,重点是意义。语言学家的任务是，（1）在一定语言环境或者上下文中，联系周围其他语言成分，而且（2）在一定情景语境中，联系人、事物和事件等对言语有影响的非语言成分，对语言进行研究。

韩礼德在弗思上述思想的基础上，对各种概念进行了综合，目的是为了建立起一个理论上强大，同时适用于自然语言描写的综合框架。他认为，语言描写分为三个层次：物质（语音或者文字）、形式和语境。与上述三个层次相对应的语言学研究的三个分支：语音学与音系学考察的是语音物质（字系学研究的是文字）；语法和词汇学研究的是语言形式；语义学研究的是将语言形式与非语言的事件联系起来的语境。从原则上讲，这个理论试图对更广泛意义上的语言现象做出解释，涵盖的范围比布卢姆菲尔德的结构主义要宽。但是，这个理论特别要解决的一个问题是，将适用于特定自然语言描写的概念跟适用于所有语言具有普遍意义的概念区分开来。

整个理论框架由两个基本概念支撑：一是"范畴"，二是"级阶"。根据韩礼德的观点，对任何语言的描写都需要四个基本理论范畴：单位、结构、类（别）和系统。"有了这四个基本范畴……就可能对任何语言的语法进行描写了"（Halliday, McIntosh, and Strevens 1964: 31）。"单位"是具有一定语法模式的言语片段。例如，英语"句子"或者"短语"是语法单位。"结构"是跟其他成分相联系的成分配置，如"主语"和"谓语"。"类（别）"可以用"名词""动词"等聚合关系的概念来说明，而系统则适用于封闭类项目，如"人称代词""时态"或者"体"。如果某种语言中没有"词"或者"句子"之类的语言单位，或者没有"主语—谓语"之类的结构，或者没有"动词"之类的项目类别，或者没有"人称代词"系统，这是可以想象得到的。因此，这些都是适用于特定语言描写的范畴。但是，所有的语言都有某种可识别的单位、结构、类别和系统。

而且，这四种普遍范畴所包含的概念可以按照从低到高的顺序排列，此所谓"级阶"。因此，按照自下而上的顺序，在英语语法中有"语素"、"词"、"短语"（或者"词组"）、"小句"和"句子"；音系级阶有"音位""音节""音步"和"调群"。韩礼德认为，布卢姆菲尔德的分析从"语音"到"句子"，混淆了音系单位和语法单位的区别。因为"语音"（如"音位"）是音系学的单位，而"句子"则是语法单位。音系和语法分析都需要，但两者从不同视角来对语言进行考察。"为了使分析更有价值，我们必须将不同的层次区分开来……但是这种区分永远不会是僵化的，或者是不透明的……我们是在对人类所使用的语言进行描写，人类不会一次只使用语言的一个层次"（Halliday, McIntosh, and Strevens 1964: 47）。

韩礼德雄心勃勃，试图建立起一种具有高度普遍性的理论，但是同时将与自然语言现实紧密联系的概念全部囊括在其理论中，没有丢弃具体的语言系统中任何重要的要素。它提出了一些范畴，促进了对语流与语调以及言语变体（"语域"）的分析，这些在布卢姆菲尔德的分析中都是无能为力的。它对语言各个层次上意义的重视加速了最近语言学的发展。

但是，尽管其分析精密、全面，级阶与范畴理论并没有引起语言学家所期待的反响。至于其原因，我们只能做出推测。其中原因之一可能是，许多概念的界定不够清楚、全面，也没有跟其他理论充分地联系起来，因此很难对各种理论的优势做出比较。另外一个原因可能是，韩礼德对其语言描写理论的阐述，不像布卢姆菲尔德在《语言》一书中对美国结构主义的论述那么清楚明了。而且，几年后，韩礼德就改变了自己的理论立场，作为其理论的核心概念突出强调"系统"，即"可做出选择的某种事物的集合"（Kress 1976: 3）。最后，学者们还没有时间消化、应用级阶与范畴理论，另外一种理论，乔姆斯基的转换生成语法就引起了语言学家的关注。当时，前者本该有的贡献并未得到足够的重视，而且理论本身也不够完善。从语言学理论的角度来看，级阶与范畴理论生动地揭示出任何一种综合性的语言学理论必须要处理分析与综合、普遍与具体等这类问题。关于韩礼德的理论，我们将在本书下一章中结合语言教学来进一步阐述。[19]

转换生成语法

1965 年前后，或许，任何一种语言学理论在语言研究中都没有像转换生成语法（简称 TG 语法）一样，引起如此巨大的轰动。其核心人物是诺姆·乔姆斯基（Noam Chomsky），结构主义语言学家泽利格·哈里斯（Zellig Harris）的学生。在一项关于乔姆斯基的研究中，作者这样写道，他的观点"不仅在当今语言学界独一无二，而且可能在整个语言学的发展历史上前无古人……不管其正确与否，乔姆斯基的语法理论无疑是最有活力、最具影响的；任何语言学家，假如他不想落伍的话，都不能置乔姆斯基的理论观点于不顾。现今任何语言学'流派'的语言学家在一些具体问题上，都倾向于联系乔姆斯基的观点来阐述自己的立场"（Lyons 1977a）。[20]

"乔姆斯基革命"大致分为三个阶段，本章只是简要地介绍其第三阶段的理论。第一个阶段大约始于 1957 年，结束于 60 年代早期，其标志是其第一部重要著作，标题为《句法结构》这本小书的出版，以及乔姆斯基（1959）对以斯金纳的著作《语言行为》（1957）为代表的行为主义语言观的猛烈攻击。第二个阶段始于 60 年代早期，止于大约 1967 年，在这个时期，转换生成语法的范围扩大，其标志是乔姆斯基的重要著作《句法理论面面观》（*Aspects of the Theory of Syntax*）（1965）的出版。第三个阶段始于 1967 年，止于 70 年代早期，在这一时期，新生代语言学家和乔姆斯基以前的学生（其中著名的有莱克夫（Lakoff）、菲尔莫尔（Fillmore）和麦考利（McCawley）等），对转换生成语法进行了批判性的审视，提出了新的发展方向，将重点从句法转移到语义（"生成语义学"）上。

乍看上去，乔姆斯基的第一部重要著作《句法结构》根本就不像革命宣言。因为书中并未提出足以完全推翻25年来结构主义语言学所建立起来的语言学大厦的宏大理论体系。跟其老师泽利格·哈里斯一样，乔姆斯基当时也对语言分析感兴趣，而且同意哈里斯的观点，认为语言分析可以不参考意义来进行。《句法结构》的主要目的是对结构主义在当时几乎没有任何进展的句法领域进行研究。结构主义语言学已经具备了用于音系学和形态学研究的成熟的技术手段，但是对句法的研究还很不成熟。帕尔默（Palmer 1971: 124）这样写道："据报道，50年代，美国一位语言学家曾说过，句法是语言学中人人都希望别人来做的一个部分。"这是一个需要有"崭新面貌"的领域。乔姆斯基对句法的处理方式改变了语言学研究的视角。他不再把"言语事件库（corpus of speech events）"作为前提来进行考察，而是从生成和理解言语的语言使用者的立场出发，以最小的语法单位——句子为研究对象对句法结构进行描写和解释。他所提出的问题是：本族语者必须首先具备什么样的语言"知识"才能够生成和理解句子？根据乔姆斯基的观点，句法研究的对象不应该是"言语"样本，即已经生成的话语集合，因此句法结构的描写也不应该是归纳抽象的结果，而应该是操作指南或者规则的集合，若严格按照这些规则去操作，最终能够生成语言中语法正确的句子。一种适切的语法应能生成上述规则，并将它们明确地揭示出来，展示语言使用背后的工作"机制"。语法的设计必须如此，"遵守其规则和惯例，我们就能够生成语言所有或者任何可能的句子"（同上：150）。

对规则的有效性进行检验，是形成语法描写的一个重要步骤，因为语法中只能包含生成结构上符合本族语者语感的句子——"合乎语法"的句子——的处方。如果根据操作指南生成了不合乎语法的句子，那么这种语法描写就是不完善的。

生成理论为语言学研究开辟了一片新天地。从索绪尔到哈里斯和韩礼德，语言学理论一直将语言作为静态的实体或者成品来处理，可以对它进行客观的审视、分析和描写。而乔姆斯基的理论则反映出结构主义语言学所不予考虑的"语言的创造性"，即语言生成和理解的过程。乔姆斯基本人并没有声称这是一种崭新的理论，他认为，这仅仅是洪堡（Humboldt）"语言是有限手段的无限运用"（Chomsky 1965: v）这一断言的翻版而已。

乔姆斯基从生成的角度，对当今的各种句法分析模式进行了考察，发现它们都有缺陷。但是，结构主义语言学家所使用的"直接成分分析"法，却有一定的价值，它促进了生成规则的形成，奠定了生成语法短语结构基础成分的基础。但是，乔姆斯基在其《句法结构》中却表明，直接成分分析法仅适合于分析最简单的句子，对复杂的句子却无能为力，而且不能经济地处理主动句与被动句的句型转换。乔姆斯基在其理论中加上一个转换成分（transformational component），前述问题迎刃而解。他认为，句法中需要短语结构和转换两套规则。

乔姆斯基新奇的转换生成理论，激起了人们对语言学研究中最乏味、棘手的研究领域之一——句法的兴趣。从实际经验来说，几个世纪以前，语言教师就已经知道，不同的句子结构之间是相互联系的。语言练习中就包含主动句到被动句、直接引语到间接引语、肯定句到否定句、肯定句到疑问句、句子到名物化短语等类型的句型转换。但是，现有的一些语言学理论，在一定程度上能够处理孤立的句子，但无法令人满意地处理句子之间的关系。因此，在转换生成语言学产生之前，语言学家，同语言教师和语言使用者一样，已经注意到了下列三个句子之间的意义关系：

The men built the tool house very slowly. （这些人把工具房慢慢地建造了起来。）

The tool house was built by the men very slowly. （工具房被这些人慢慢地建造了起来。）

Their building of the tool house was very slow. （他们的工具房的建造很缓慢。）① （Fries 1952: 177）

143 但是，从语法上讲，上述三例仅仅是三种不同的句型。同样，结构主义语言学无法揭示下列短语的歧义性：

The shooting of the rebels②

因为其构成成分之间的句法关系，只有与下面两个可能的深层"词汇"序列联系起来，才能展示出来：

或者 X shoot the rebels

或者 The rebels shoot X （Quirk *et al.* : 1972）

一个句子或者一个短语可能被看作是深层词汇序列转换的结果，这一

---

① 对类似例句的翻译应尽量采用直译法，这样可以最大限度地保留原文形式。——译者注

② 这是一个有歧义的短语，如果取下面第一种解读，可翻译成：X 枪击了叛乱者；如果取第二种解读，可以翻译成：叛乱者枪击了 X。——译者注

事实促使乔姆斯基提出了深层结构（deep structure）和表层结构（surface structure）两个概念，它们现已成为现代句法学的重要原则。例如，假如我们看到苗圃公司送货车的侧面写着：

Our business is growing.

凭语感我们会将其表层结构与两个具有不同解读的深层词汇串联系起来：

Our business is flourishing (or expanding).（我们的生意蒸蒸日上（或者"在扩大"）。）
或者 It is our business to grow plants.（我们的业务是种植植物。）

正如乔姆斯基直接指出的，深层结构和表层结构的概念并非是其独创。早在他之前，洪堡、维特根斯坦（Wittgenstein）、哈里斯和霍基特就使用过类似的概念。但是，正是由于乔姆斯基的研究，语法的两个层次通过转换过程动态地交互作用的思想，才成为语言分析的一个虽有争议但很重要的特征。语言使用者在日常语言交际中，本能地频繁使用类似的表达方式，但是之前的理论家对如此重要的区别却几乎没有认识到，直到为乔姆斯基所"重新发现"，这似乎有点奇怪。

这种理论在 1957 年仅仅是一种句法结构的研究，但到 1965 年，已经发展成为囊括所有语言分析的完善的理论架构。例如，1957 年，乔姆斯基同哈里斯极端的结构主义观点，通过对以下两个经常引用的句子的对比，努力向人们表明，语法是独立于语义之外操作的：

Colourless green ideas sleep furiously.
Furiously sleep green colourless.

两者都一样毫无意义,但是"任何说英语的人都会说,前者符合语法"(Chomsky 1957:15)。到 1965 年,生成语法已经变得非常复杂。它由句法、音系和语义三个部分组成。现在,句法中不仅包含深层结构和转换,还包含词库。因此,1957 年的句法可以生成的无意义句,如"Colourless green ideas…",现在在到达表层结构之前,就已通过词汇限制给剔除了。然而,句法和语义仍然被看作两个不同的组成部分,而且句法的首要地位丝毫没有动摇。

在 1967 年到 70 年代生成语言学后期的理论发展中,语义的重要性成为争论的焦点。[21] 所提出的论点是,与其假定有一个跟语义有着复杂关系的两层次组成的句法,深层次句法事实上完全可以跟语义成分等同,然后将它跟表层结构直接联系起来,这样可以简化对语言过程的描写。换言之,对有些学者来说,问题是,在语言分析中,是语义居于首要位置,还是句法居于首要位置。

转换生成语法与结构主义

转换生成语言学所提供的关于语言的崭新视角,引起人们对结构主义及其相关的任何事物的坚决否定。正如我们将在本书下一章中所要看到的,语言学理论的巨变,对人们的语言教学观产生了很大的影响。下面我们对两种语言理论的主要差异做一总结。

(一)转换生成语法承认语言是一个"规则制约的"系统。这些规则"不仅复杂,而且很抽象"(Chomsky 1966:47),可以通过转换生成语法揭示出来。"语言学习是一个内化规则的过程"(Saporta

1966:86)。相反，结构主义语言学并不能引导人们将语言作为一个规则制约的关系系统来看待，而是将语言看成是习惯的集合。因此，在语言教学中，它鼓励对孤立的句型进行模仿、记忆、机械操练和练习。但是，"以某种方式储存了大量的句子，并不能等同于掌握了某种语言"（同上）。结构主义认为，语言行为是一种"习惯""句型"的固定库存，可以通过练习来获得，而且可以被用作进行"类比推理"的基础。上述神话之所以能长期存在，乔姆斯基认为，语言学家有着不可推卸的责任（Chomsky 1966:44）。

（二）结构主义语言学家认为，基于某一语料库来对语言进行描写，是其理论的一种优点。但是，在转换语言学家的眼中，恰恰是因为这一特点，结构主义受到批评（同上：45）："我认为，现在已经很少有语言学家相信，通过系统地应用切分和分类的'分析程序'，就可能获得语言的音系和句法结构。"因此，彻头彻尾的经验主义科学描写理论成为众矢之的。结构主义语言学以本族语者所说的话（"语言运用"或者言语）为基础，采用归纳法对语言进行研究，这一方法因为缺乏区分正常与偶然现象、符合与不符合语法的标准而备受诟病。相反，转换生成语法关注本族语者的语言规范，亦即他认为什么是符合语法的，什么不符合语法，却不关心在多大程度上他遵守了规范，亦即不关心其语言运用（Anisfeld 1966:110）。

（三）结构主义语言学之所以差强人意，还有另外一个原因。它只关注表层结构，而对深层结构分析所揭示的一些重要区别，仍没有认识到。因此，语言教学中的句型练习常常因为具有误导性而受到批评。事实说明，结构主义对深层结构确实是不够关注。由于转换生成语法强调表层结构和深层结构之间的差异，因此人们认为，它与结构主义相比，能更有效地处理结构的相似性、差异性和歧义性，从而更能揭示语言的本质。"基本句法关系和过程的学习，不会通过单纯基于表层结构分析的操练来完成"(Spolsky 1970: 151)。

（四）结构主义因过分强调语言的形式，忽略语言的意义，而受到批评。这种批评也同样可以针对1957年的转换生成语法。但是，60年代中期，人们对转换生成语法提出相同的批评时，它已经发生了变化，将语义成分融入其理论体系中，因此，对结构主义只关注语言纯粹形式特点的指控已不再适用于转换生成语法①。"学习一门语言，必须同时学习其语义系统"（同上）。

（五）因为转换生成语法更关注本族语者的语言能力，而非其语言运用，因此语言的语音表象问题已经不再那么重要。言语的首要地位，结构主义最重要的信条，受到质疑。"口头语言与书面语言之间并没有直接对应关系，语言学家和语言教师只有放弃了后者是前者的直接表征这种观念之后，才能对两者之间错综复杂的关系认真地进行审视"（Valdman 1966a: xvii）。

（六）转换生成语法的一个重要特征是，强调语言的生成或者创造性特点，这是在结构主义和其他当代语言学理论中无足轻重的一个方面。"正常语言行为最明显、突出的一个特点是，它不受刺激影响，具有创造性"（Chomsky 1966: 46）。"可以用似乎很少的语法规则来生成无数个句子。一个人并不需要在大脑中储存大量现成的句子，而是需要生成和理解这些句子的规则"（Diller 1978: 25）。

（七）最后，结构主义语言学因为过分突出了语言之间的差异和各种语言的独特性，而受到责难。相反，转换生成语法所关注的是语言背后的一般要素、普遍性。正如我们在本书第8章将要看到的，结构主义语言学的这种观点显然对对比分析产生了影响。

---

① 关于这一点，作者似乎也有误解，因为乔姆斯基一直在否认其语言学理论中有语义的成分。——译者注

突出语义与社会的语言观

毋庸讳言，即使在经历了这一阶段的动荡之后，语言学也没有停滞不前。布卢姆菲尔德30年代所面临的如何对语言学研究在无扭曲的前提下加以限制这一问题一直存在。语言学系统的建构者所处的两难境地是：要么将语言中起作用的所有因素都包括进来，但要冒使系统庞杂失控的风险；要么做出有意识的选择，对复杂的现象进行抽象概括，但要冒过分限制观察的领域使系统扭曲的风险。

乔姆斯基认为，语言学理论本来就很抽象，"（它）主要研究高度同质的言语社团中掌握完善的语言系统的理想说话者—听话者……这对我而言似乎是现代普通语言学创始人的立场，目前还没有提出有说服力的理由对此进行修正"（Chomsky 1965: 3-4）。

然而，身处此两难境地，许多语言学家并不赞同这种高度抽象的语言研究观。他们越来越坚定地相信，先是由布卢姆菲尔德后来是由乔姆斯基强加给语言研究的限制，是没有根据的。尽管找到恰当的研究方法困难重重，受到各种因素的影响，但是，语言学家仍然坚持将语言的社会与情景语境以及语言使用者的意图和感知纳入其语言研究中。有些人质疑乔姆斯基奉为金科玉律的语言能力与语言运用之区别，有人则提出了以社会为取向的交际能力这个概念（Hymes 1972）。打着各种标签，采用新的研究方法的各种新理论开始出现，试图将语言研究跟外部世界和语言使用者的心理情景联系起来。60年代中期兴起的新的研究领域包括心理语言学、语用学、民族志方法和口语交际的民族志方法学研究。根据图表7.2，所有这些新的研究领域，都将语言的研究跟说话者—听话者、语境和话题联系了起来，关注的焦点是语言与语境、语言与语言使用者之间的关系，而较少关注对方框内语言本体的分析。

对某些语言学家而言,这种宽泛的语言观就成为新的外衣下的语言学。他们坚持认为,语言不能脱离语言使用者和语境来进行研究。对另外一些语言学家来说,语言研究的社会取向促生了介于语言学与人类学和社会学之间的一个新的分支领域,即所谓社会语言学或者语用学。这就是我们所做的事情。这些新的语言理论虽有价值,但是认为 1890 年至 1960 年就已经开始的对图表 7.2 中"语言"框内语言本体的研究已被取代的观点,则未免有误导之嫌。语言的形式化研究——音系学、语法和词汇学——无论是对语言学还是对语言教学,仍然都很重要。然而,如何将形式化研究跟语义学和社会学理论整合起来,这是一个重要的问题,将在本书后面的章节中讨论。参见本书第 10 章。

结论

下面从一个语言教师的角度对前面综述的语言学思潮做一总结:

(1)本世纪一百年间,语言科学的发展,开创了语言教育学的新局面。

(2)语言教学理论不能对共同关注语言的任何学科置之不顾。

(3)语言学和语言教育学所面临的问题有许多共性。

(4)语言学是一个活跃的、日益增长的研究领域,远远没有达到终极状态。各种理论之间相互争战,新概念、新模型与侧重点的变化层出不穷。这种旷日持久的不安与骚动给试图将语言学纳入其中的语言教育学带来一些问题,这不足为怪。

(5)在某些方面,语言学与语言教学看待问题的角度不同。语言学的主要任务是语言理论的建构,另外一个任务是创造概念工具对自然语言进行描写。而语言教育学则有一个实用的目标,即提高语言教学的效果:它所关注的是具体语言的教学。因此,语言学家和语言教育工作者的目的和作用有差异。而且,语言教学作为一种应用活动,其实际需要,跟语言学作为一种科学的理论兴趣,并非总是一致的,这是意料之中的。关于语言学与语言教育学之间的相互关系,我们将在本书下一章中详细讨论。[22]

注释:

1 关于其简要的历史介绍,参见辛普森(Simpson 1979:第 3—5 章)。他(同上:6)写道:"希腊最早的语法家都是哲学家,因为哲学中囊括了所有的学术研究。"关于语言学的历史,参见罗宾斯(Robins 1951,1979),或者丁南(Dinneen 1967:第 4、5 章)。关于 19 世纪历史语言学与对比语言学的详细讨论,见丁南(Dinneen 1967:第 6 章)。关于语言学的总体介绍,见本章注释 22。

2 早期关于语言的几部著作中影响较大的一部是《语言的产生与发展——语言科学纲要》(*The Life and Growth of Language: An Outline of Linguistic Science*),作者耶鲁学院梵语和比较语法学教授惠特尼(Whitney 1875)(Godel 1966)。

3 关于这一基础研究的指南以及对其构成的评价,见戈德尔(Godel 1957,1966)。索绪尔的观点在本章下一节中提到。同时参见丁南(Dinneen 1967:第 7 章)。

4 需要补充的是,近年来,一些语言教育工作者主张语言教学中应该突出语言的一般性问题,这样才能帮助中小学与大学学生建立起语言意识(如 Hawkins 1981)。同时参见本书第 22 章中的课程设置模型（图表22.4）。

5 因此，其中一个语言学流派，美国结构主义，将有助于对各种语言进行准确描写的科学发现程序的开发看作是其主要贡献。相反，另外一个思想流派，诺姆·乔姆斯基的转换生成语法则主要关注理论的建构，认为结构主义者对实证数据的过分关注毫无意义。

6 赫德森（Hudson 1980: 191-192）恰如其分地强调指出，"语言学应该是描写的，而非规范的"这一口号导致以下问题："由于语言学理论的发展历史，跟对标准语言之类具有社会地位语言变体的描写密切相关，规范主义难以避免，这是许多语言学家所没有认识到的"。

7 关于方言问题，参见莱昂斯（Lyons 1981: 25-27, 181-183, 269-271）。他指出，"无论是拉丁语还是英语，最初都是小部落的方言"（第183页）。关于更详细全面的方言学研究，参见钱伯斯与特拉吉尔（Chambers and Trudgill 1980）。

8 《语言分析基础》（*Fundamentals of Linguistic Analysis*）（Langacker 1972）之类的语言学教科书，都作为例子提出了大量语言（除法语、德语、英语、西班牙语和拉丁语之外，还包括帕帕戈语、莫霍克语、泰米尔语、毛利语、斯瓦希里语、爱斯基摩语等）中的问题。

9 受口语至上这个信条的影响，60年代，许多语言教师都在第二语言教学的初级阶段，教条地放弃书面语言的教授。人们对口语至上论提出两种批评：一是现代语言学，尤其是结构主义语言学，夸大了口语的重要性；二是错误地将对口头语言的研究看作是现代语言学的新发展。乔姆斯基认为，普遍主义（即17、18世纪）语法家主要关注的是语音学。

10 例如，加拿大以英语为教学语言的大学里的法语系，不仅因为偏向教授法国的法语,而且因为,借用其中一所大学一位法语语言与文学教授关于魁北克法语的文章中的话来说,变相地"诋毁魁北克习语"(《加拿大环球邮报》(*Globe and Mail*) 1980 年 7 月 26 日),而受到责难。同样,欧洲的英语教师也经常详细地讨论是优先教授英国英语变体,还是教授美国英语变体。

11 最近关于"交际"语言教学的讨论涉及这个问题。参见本书第 6 章,尤其是图表 6.1。同时参见本书第 9 章(尤其是威多森关于语言学范畴与交际范畴之间的区别)和第 11、12 章。

12 关于语音学与音系学的介绍,见布朗(Brown 1975)、辛普森(Simpson 1979:第 7—8 章)、威尔金斯(Wilkins 1972:第 2 章)、莱昂斯(Lyons 1981:第 3 章);同时参阅富奇(Fudge 1970)和亨德森(Henderson 1971)的文章。关于语音学和音系学的详细探讨,分别参见奥康纳(O'Connor 1973)和富奇(Fudge 1973)。

13 关于现代语法思想的介绍,首先参见艾伦与威多森(Allen and Widdowson 1975);其他参考文献包括莱昂斯(Lyons 1971)、克里斯特尔(Crystal 1971:187-231)、威尔金斯(Wilkins 1972:第 3 章)、辛普森(Simpson 1979:第 9—12 章)、莱昂斯(Lyons 1981:第 4 章)。关于通俗易懂的介绍性专著,参阅帕尔默(Palmer 1971)。马修斯(Matthews 1970)对形态学的进展进行过讨论。关于简明的句法介绍,参阅布朗与米勒(Brown and Miller 1980)。

14 "多年来,第二语言词汇习得的研究,一直因受到忽视而萎缩……或许,说'忽视'是缩小其词,而是几乎可以说第二语言词汇习得一直受到歧视"(Levenston 1979:147)。

15 作为对本章词汇学概括介绍的补充,应该指出的是,复杂的词汇知识体现在以"牛津"或者"韦伯斯特"为代表的大词典的编纂上。在语言教师中，正如斯特雷文斯（Strevens 1978）所言，A. S. 霍恩比（A. S. Hornby）或许是实践者中杰出的典范，他编写的《牛津当代英语高级学习者词典》填补了这一空白。关于英语词汇的研究，参见威尔金斯（Wilkins 1972：第 4 章）；关于最近词汇学与教学之间关系的讨论，见考伊（Cowie 1981）。

16 关于威尔金斯（Wilkins）的意念与功能，详细讨论见本书第 9、11 章。关于语义学研究，见厄尔曼（Ullmann 1971）、比尔韦施（Bierwisch 1970）、利奇（Leech 1974）、范布伦（van Buren 1975）、帕尔默（Palmer 1981）、辛普森（Simpson 1979：第 15 章）和莱昂斯（Lyons 1981：第 5 章）。

17 关于话语分析，见库尔撒德（Coulthard 1975，1977）、威多森（Widdowson 1979：第 4 节）和辛克莱（Sinclair 1980）。同时参见本书第 9、11 章。

18 结构主义语言学的经典之作是布卢姆菲尔德的《语言》（1933）。关于该书的详细讨论，见丁南（Dinneen 1967：第 9 章）。弗里斯（Fries 1961）曾对布卢姆菲尔德的贡献做过分析和评价。

19 关于韩礼德语言观的介绍，见艾伦与威多森（Allen and Widdowson 1975）、克雷斯（Kress 1976），以及巴特勒（Butler 1979）对系统语言学整个发展历史的全面回顾。关于以现代语言学为背景对韩礼德语言思想的评价，见格雷戈里（Gregory 1980）。

20 以下几本介绍乔姆斯基及其转换生成语法的著作可供查阅：莱昂斯对乔姆斯基的简要研究（Lyons 1977a），附有介绍性评述与编排合理的选读（Allen and Buren 1971），丁南（Dinneen 1967：第 12 章）对《句法结构》和《面面观》的分析；同时参见格林

（Greene 1972）第一部分。关于纯粹语法问题的简明介绍，见帕尔默（Palmer 1971：第 4 章）、艾伦与威多森（Allen and Widdowson 1975）、辛普森（Simpson 1979）。

21 关于生成语义学所涉及的一些问题的介绍，见斯坦伯格与雅格博维茨（Steinberg and Jacobovits 1971）；尤其是麦克莱（Maclay）对第二部分语言学的概述。同时参见帕尔默（Palmer 1981: 118-154）、利奇（Leech 1974: 325-345）。

22 这里推荐几本优秀的普通语言学书籍。以前没有学过语言学的读者可先阅读艾伦与科德（Allen and Corder 1975）第 2 卷或者威尔金斯（Wilkins 1972），两书的写作均以语言教学为主旨。为初学者写的入门性著作有：莱昂斯（Lyons 1981）、博林格与斯皮尔斯（Bolinger and Spears 1981）、罗宾斯（Robins 1980）、辛普森（Simpson 1979）、兰盖克（Langacker 1973）、沃德豪（Wardhaugh 1977）和克里斯特尔（Crystal 1971）。高深一些的著作有艾克莫坚、德默与哈尼什（Akmajian, Demer, and Harnish 1979），以及莱昂斯（Lyons 1968）和丁南（Dinneen 1967）。

第 8 章

语言学理论与语言教学：两者关系的建立

前景未卜的开端

古安在其著作《语言的教与学的艺术》(*The Art of Teaching and Studying Languages*)（Gouin 1880/1892）一书中，适时地提出了语言教学与语言学关系的问题。同任何严肃地对待语言教学的人一样，古安首先努力去理解语言与语言学习的本质，目的是为了根据自己的理解来获得语言教学的方法。他先是将自己采用"有自己的语法、词典和翻译的古典方法"（1892：35）学习德语的失败，跟儿童学习母语的"自然方法"做了比较，发现前一种方法对他而言仅仅是一种错觉。有一次，他去造访磨坊——他人生中促使他提出了自己的语言学习方法的至关重要一次的经历——的时候观察到，年幼的侄子"表现出一种强烈的愿望，要将自己所看到的一切讲述给所有的人听"（1892：37），这说明这孩子正在试图将涌入大脑的所有的印象组织起来。后来，孩子在游戏和谈话中重构出事件序列。

根据上述观察，古安建构起了自己语言学习的心理学理论和关于语言的语言学理论，后者是我们本章要探讨的主要内容。古安认为，语言表达同关于现实事件的思想紧密相关，孩子将自己的观察和知觉全部转化成了言语。换言之，没有思维，就没有话语表达。思想与对应的话语并非随机或者孤立地存在，两者在同一个目的—手段序列中相续而生。对某一事件的语言表达并非仅仅是一个词，而是一个句子。句子是说出来的，而事件则主要是通过动词表达出来的。至此，古安从个人的观察向教学应用跨出了非同寻常的一大步。因此，他坚持认为，动词比名词重要。他根据上述观点提出的教学方法是用句子来表达有目的性的行动序列，句子中的动词反映事件或者行动的进展，如下例：

	J'ouvre la porte（我打开了门）.
marche	Je marche vers la porte（我走向门）.
m'approche	Je m'approche de la porte（我靠近门）.
arrive	J'arrive à la porte（我到达门）.
m'arrête	Je m'arrête à la porte（我停在门前）.
allonge	J'allonge le bras（我伸出手）.
prends	Je prends la poignée（我抓住门把手）
	等等（Gouin 1892: 171）

但是，用于描写客观事件的语言，即"对我们所感知的外部世界现象的表达"，仅仅是语言的一个方面。人还对事件做出评论，或者表达某种态度："主观语言乃是心灵能力游戏的表达"，例如：

Très bien（太好了）!　　　　　I am glad that...（很高兴……）
Courage（勇敢些）!　　　　　Try to...（努力去……）
That's right（没错，这就对了）. Please pass me the bread（请把面
　　　　　　　　　　　　　　　包递给我）.

除了上述两种类型的语言之外，第三种是比喻性语言，即隐喻与抽象化的语言："纯粹理想的事物的表达，亦即通过从外部世界借用的符号手段对抽象思想的表达"（Gouin 1892: 60）。针对上述三种语言用法，古安都有其相应的"理论组织（theoretical organization①）"和"语言教学的实用艺术"（同上：61）。根据古安的观点，客观、主观和比喻性语言使用是构成"语言总体的三个组成部分"。

古安所做出的一切努力，是对那些希望将语言的本质纳入其理论体系的语言教学理论家所面临问题的诠释。由于没有现成可供借鉴的语言理论，他不得不自己建构理论并应用于语言教学实践。古安绝非头脑简单之辈。同本书第7章谈到的语言学家一样，他清楚地认识到，必须对整个语言现实进行抽象，并对抽象的结果加以诠释，进而创造出某种概念，但是他坚信，其诠释反映了适用于语言教学的语言本质。[1]

正如很多语言教学理论一样，古安的语言理论将人们的注意力导向语言的一些重要方面：他将语言的使用同思想、意义和行动联系了起来。在教学中，其语言材料组织的主要原则是语义。他认为，通过语义手段将需要学习的项目组织起来，这不仅有其理论根据，而且能够促进教学。他还相信，句子可以被看作是语言教学更有价值的单位，而且动词的重要性并不低于以前得到很多关注的名词。但是，上述观察就其自身而言并不足以奠定整个语言教学理论的基础。他试图将语言整体纳入客观语言、主观语言和比喻性语言三个范畴，这是有风险的。知觉的有序语言表达，或者用于表征的典型概念，或者表征教学实用的概念，这一切至少可以说是一种值得质疑的想象。然而，古安为了理解语言的本质，将语言教学方法建立在自己对语言本质的

---

① 意思不明确。——译者注

阐释之上所做出的努力，是可敬可佩的。因为这清楚地表明了将语言理论与语言教学联系起来的困难，因此从某种角度讲，是有教益的。

自19世纪语文学和语音学开始得到系统的研究以来，人们反复尝试将语言科学的研究成果应用于教学实践。因此，牛津大学德语教授布罗伊尔（Breul 1898）在其关于语言教学和语言教师培训的著述中，根据语言教学改革运动的宗旨，建议将语音学应用于语音教学中。他坚持认为，教师当然应该有扎实的语法功底（Breul 1898：26）："进而言之，而且重要的是，他不仅应该能够（给学生）提供'知其然'的知识，而且凡是必要时，提供'知其所以然'的知识。他应该了解一些主要语法现象产生的历史与语音学原因，但是如果在课堂上过多地介绍这种专门知识的话，就大错特错了。"布罗伊尔将语言教师应该具备的语言学背景与学生应该学习的内容，清楚地区分了开来。在德语作为第二语言教师的培训中，布罗伊尔相信，"德语的历史发展与语文学研究是必不可少的"（同上：89），而且强烈呼吁要对教师进行语音学训练，尽管他认为语音学训练不如一般语文学训练重要，"教师没有必要成为语音学专家"（同上：99）。

对欧洲的语言教学发展来说，幸运的是，许多像斯威特、维埃托尔、帕西和耶斯佩森这些顶尖级的学者早就树立起了榜样，将自己对欧洲语言语文学和语音学的兴趣与对语言教学的认真关注，有机地结合了起来。[2] 因此，将语言学成分融入语言教学理论的道路已经铺平。语言教师已经有机会接触欧洲几位语言学家20世纪初30、40年代出版的著作，其中包括法国的巴利（Bally）、梅勒特（Meillet）、布吕诺特（Brunot）、多扎特（Dauzat）和马丁内特（Martinet），德国的格林茨（Glinz）、魏斯格尔贝尔（Weisgerber）和特里尔（Trier），英国的斯威特、琼斯、帕尔默和弗思，以及丹麦的耶斯佩森、叶尔姆斯莱夫和布朗德尔（Brøndal）。上述作者及其著作对语言教师来说并不陌生。

然而，尽管语言学思想之流源源不断，但是直到1940年，即到前一章历史回顾中第二阶段末，欧美国家语言教师的活动与语言教学理论家的著述中，都没有反映出语言教学中有明显的语言学意识。语言教学理论家几乎没有人提出基本的语言学问题：语言的本质是什么？作为甲语言或乙语言教学基础的语言学信息来自哪里？这种信息有多可靠？大学语言教师的培训往往是以文学研究为导向，而语言则是作为一种实用技能来培养的。语言的本质、功能和结构问题由于某种原因，并不在理论家的视野中。例如，《现代语言教学备忘录》(*Memorandum on the Teaching of Modern Languages*)（I. A. A. M. 1929）反映了20年代英格兰语言教师深思熟虑的观点，其中对教学方法与教学组织问题的讨论极其全面，但是对隐含在方法探讨中的语言观却并没有明确地表述出来。语言描写、语言理论或者语言学对语言教学的贡献等问题，在书中根本就没有提及。唯一的例外是支持或者反对语音学的问题，讨论虽然极为详尽，但是仅仅是作为语音教学的辅助来进行讨论的。[3] 为什么语言的某个方面必须借助于语言学来教学，而另外一些方面则不需要，这个奇怪的现象甚至没有提及。[4]

在20世纪初的几十年间，美国的语言教学理论家多诉求于心理学，而非语言学，来建立语言教学的科学基础。因此，汉德辛（Handschin 1923）在其关于现代语言教学方法资料翔实、全面的一本书中，专辟一章对外语教学的科学基础进行了探讨，但是内容只涉及有关记忆和学习的心理学研究。美国和加拿大现代外语研究委员会（The American and Canadian Committees of the Modern Foreign Language Study）资助的一些探索性研究中，根本不包括关于语言学基本问题的研究。应该承认，这个项目资助了具有开拓性的法语、西班牙语和德语词频统计研究，但是这些都是为开发课程而进行的专门统计研究，采用的是当时教育学和教育心理学严格的实证方法，在这方面，桑代克（Thorndike）的《教师词汇手册》乃是其典范。这些研究与语言学理论没有任何关系。因此，词汇学研究的基本问题，例如"词"的概念、统计方式在解决语言问题中的作用、语域问题、取样程序，或者其他语言学问题与词汇控制的关系，都没有进入到讨论中。单纯的词汇统计研究并没有明确的语言学理论基础。帕尔默的研究是其中一个例外。早在 1917 年，帕尔默就对"词"这个通俗的概念的语言学分析产生了兴趣。次年，他通过研究提出了词汇选择的一些理性原则。除了上面提到的词汇统计研究和帕尔默的研究之外，词汇问题引起广泛的关注。但是，理论语言学家似乎一点也没有参与到这一语言学基本问题的研究中来，而且在词汇控制问题上没有提供任何帮助。两次世界大战之间词汇频率研究的发展，体现了那个阶段语言学同语言教学之间的关系。[5]

1949 年，比利时语言教学理论家克罗塞特（Closset）本着严肃的学术研究态度，写出一部语言教学方面的著作，引证了大量参考文献，书中专辟几章讨论语法与词汇问题，但是没有直接指出其教学建议的语言学基础。[6]

除了仅有的几个例外，语言教学中普遍缺乏语言学意识。在高度重视语言学的为数不多的语言教学理论家中，帕尔默（Palmer 1917, 1922）是一个极为突出的例子。他认为，语言学应该是语言教学的科学基础。在其重要著作《语言的科学研究与语言教学》（*The Scientific Study and Teaching of Languages*）一书中，帕尔默用了大约 15 页的篇幅，对语言理论进行了概述，为全面探讨语言教学方法提供了必要的语言学概念和系统。根据帕尔默的理论，语言研究包括语音（语音学）、音位（音系学）、字母（正字法）、词源（派生或者词源学)、意义素(semanticons①)(语义学)、尔格子(ergon②)(句法学或者量子学研究的句法单位)等方面的研究。各自有对应的分析单位的不同分支学科，都可以确定不同的教学技术，用以促进学习者语言不同方面的发展。读者会发现帕尔默关于语言的综合理论与弗思的思想和韩礼德的新弗斯思想有契合之处（见本书第7章第138—140页）。帕尔默提出的语言教学理论，是建立在明确的语言理论基础之上的。当时从事语言教学研究的作者很少甚或没有采用帕尔默精密的理论体系。他们既不接受也不拒绝其理论，而是置之不理，因为语言教学理论家或许并未看到有什么必要将语言教学理论建立在刻意建构起来的语言理论基础上。

总之，除了几个例外之外，直到1940年（在有些情况下甚至更迟一些），语言教学理论根本没有把语言的概念当成一回事；语音学的作用、词汇频率控制或者语法等一些具体的语言学问题，都被当成纯粹的教学经验问题了。而斯威特、维埃托尔和耶斯佩森之后的语言学家，也没有把外语教学当成自己应该关注的问题，或者没有考虑语言教学会对语言学有什么意义。[7]

大胆的应用

美国结构主义的作用

直到"二战"早期，语言学才被看作是语言教学理论中一个重要的，可能甚至是最重要的成分。在这种态度的转变中，美国结构主

---

① 根据上下文，这个词应该是指语义单位。——译者注
② 物理学术语，指能量量子，借用来指某种语言单位，因为在当时语言学尚处于初级阶段，有很多术语尚未定型。——译者注

义语言学的崛起，起了关键作用。[8]1940 年前后，迫在眉睫的战争需要，让美国政府管理者猛醒，看到了美国人（尤其是军队）必须面对的语言问题。一批语言学家在美国语言学会（The Linguistic Society of America）的领导下，承担起将"自己语言描写的经验，转变为对所教授的每一种语言进行分析的任务，然后根据分析结果编写教学材料"（Moulton 1961:84）。几年后，《缅甸语口语》（Spoken Burmese）、《汉语口语》（Spoken Chinese）之类的手册编写了出来。这个时期美国许多重量级语言学家，如布洛克（Bloch）（日语）、霍尔（Hall）（法语）、豪根（Haugen）（挪威语）、霍基特（Hockett）（汉语）、霍奇（Hodge）（塞尔维亚—克罗地亚语）、谢别奥克（Sebeok）（芬兰语、匈牙利语）、霍尼格斯沃德（Hoenigswald）（兴都斯坦语）、莫尔顿（Moulton）（德语），以及老一辈语言学家布卢姆菲尔德（荷兰语、俄语），都投身到了上述教材系列的编写中（同上：86）。布卢姆菲尔德和布洛克与特拉格分别在《外语的实用研究指南纲要》（Outline Guide for the Practical Study of Foreign Languages）和《语言分析纲要》（Outline of Linguistic Analysis）中，提出了语言教材编写的总原则。

40 年代，美国语言学家完全清醒地意识到，他们在语言教学与语言教材编写中的作用，无论是对语言学还是对语言教育学而言，都是一种新的经历。他们都几乎没有疑问，尤其是在"异国"语言的教学中，必须与习惯了的语言教学传统决裂。"请从白板开始吧。"布卢姆菲尔德在《指南纲要》中这样写道（第 1 页）。布卢姆菲尔德对美国各类学校里传统的语言教学方法提出了严厉的批评，这一点我们在历史回顾一章中已经提到（本书第 6 章第 99 页）。借鉴其语言学田野研究的经验，布卢姆菲尔德提出了自己专业化而且几乎是技术性的教学方式。他坚持认为，语言只有从充当提供资料的本族语者那里才能学得，学习者的任务就是认真地观察，并进行模仿。至于说什么，如何说，本族语者越无意识地自然流露，效果越好。相反，越是把自己当成老师，进行理论说教，效果越差。那么，是否教学就没有其位置了呢？确实有。但是，好用的教材、语法和词典极少，而且教师本身对语言的掌握不够。因此，"唯一胜任的教师"是接受过训练的语言学家同学生合作，提示他应该向提供资料的本族语者提出什么样的问题，如何学习语言的形式。布卢姆菲尔德不赞成采用无意识的浸泡法。语言学习不仅需要对本族语者所言所为进行分析，而且要自觉地记录、有意识地模仿、耐心地练习和记忆。通过上述论辩，逐渐形成的教学技巧是：（1）语言的结构分析乃是材料分级的基础；（2）接受过专业训练的语言学家将分析结果呈现给学习者；（3）在本族语者帮助下以小班形式每天进行数小时的操练；（4）作为首要目标，突出口语（Moulton 1961:9）。因此，在上述教学模式中，语言学家起着重要的双重作用，他必须：（1）承担起语言描写的任务；（2）向学生解释语言系统。

上述教学思想并未"融入"到语言教学中，而且语言学家也并没有如《指南纲要》所建议的，以极端的方式取代所有语言教师。但是，产生于结构主义语言学的教学思想成为广泛为人接受的信条，在美国战时语言项目中或多或少被采纳。这些思想集中体现在反映结构主义语言学的五个口号中。[9] 这些口号中所表达出来的有些原则，通过前面关于现代语言学的讨论，我们已经不陌生：

1. 语言是口语，而非书面语。
2. 语言是本族语者所说的话，而非某个人认为他应该说的话。
3. 语言是有差异的。
4. 语言是习惯的集合。

5. 教授的是语言，而非语言知识。

上述第五个口号所表达的，与其说是一个语言学原则，倒不如说是一个语言教学的原则。它强调练习而非对语言进行解释的必要性，提示作为教师的语言学家，不要将自己作为语言科学家对语言作为形式结构的主要兴趣，与学生作为交际工具学习使用语言的主要目标相混淆。上述五项原则在战后的 20 年间成为语言教学的信条，其影响波及教师培训、课堂教学实践和语言教学材料的设计。直到 60 年代中期，受到转换生成语言学的影响，以上述信条为核心的语言学才受到严肃的质疑。

同时，美国一批语言学家证明了语言学在异国语言教学中的价值，另外一批语言学家则结合英语作为第二语言的教学表达了相同的观点。自 1941 年成立以来，密歇根大学英语语言学院在查尔斯·弗里斯的领导下，从结构主义语言学的角度，对英语作为第二语言的教学进行了研究。在学院新教学材料的编写中，编写者努力"按照对教学实用的方式，对现代语言科学的原则进行了解读"，并"将语言科学的研究成果应用"到教材的编写中（Fries 1945: i）。在一项根据学院的经验进行关于英语作为外语的教学研究中，弗里斯（Fries 1945）表明，语音系统、语言结构和极其有实用价值的词汇材料，可以从语言学知识来获得并加以组织，以达到语言教学的目的。弗里斯反复强调指出，语言学对语言教学的基本贡献与其说是对口语的重视、强化练习或者小班授课，倒不如说是"作为语言材料开发基础的描写分析"（Fries 1949）。例如，弗里斯本人曾以 25 万词的会话作为描写语料，对英语的句子结构进行了分析（Fries 1952）。而对于外语教学，弗里斯进一步提出"要对所学习的语言和学生的母语同时进行恰当的描写分析"（Fries 1945: 5）。[10]

根据上述对比语言学的原则，英语语言学院向拉丁美洲学生和中国学生分别设计和推出了一种英语课程。1948 年，学院三位成员以学院的教学工作为基础，写出"本族语在外语学习中的重要性"（The Importance of Native Language in Foreign Language Learning）一文，刊载于《语言学习：一份应用语言学期刊》（*Language Learning, a journal of applied linguistics*）首刊号上。1957 年，拉多继任英语语言学院院长一职，发表对比语言分析方法系统研究的成果，为语言教学材料的编写与测试的设计奠定了基础。

拉多的对比语言学理论

拉多（Lado 1957）所关注的是语言学习困难这个概念。在日常教学中，人们经常会发现，有些语言的特征学习起来很困难，而有些则容易。基于上述观察，拉多提出，语言学习的难度在于学习者本族语与外语之间的差异。由于学习者往往会将母语的某些特征迁移到外语中，对比研究有助于有效地找出两种语言的相似性和差异性，因此使语言学家能够对第二语言学习者感觉困难的方面做出预测。这种语言对比的原则其实并不新鲜，它隐含于很多传统语言实践中。但是，拉多根据弗里斯的理论，率先系统地应用这个原则，并使它成为对两种语言同时进行描写的核心特征。对比分析的目的并非是提出一种新的教学方法，而是对两种语言进行描写的一种形式，因此尤其适用于课程的开发、教学材料的编写与评估、学习问题的诊断以及测试。拉多的研究对以后的研究具有指导意义，规定了在音系、语法、词汇和语言的文化方面等不同层次上进行比较的程序。

许多工作尚待进一步细化、完善。1959 年，华盛顿应用语言学研究中心（The Center for Applied Linguistics）成立后不久，就资助了一系列对比研究。当时，人们认为，这些研究可以为语言教师提供多种语言与英语作为本族语进行比较的重要信息。其中包括德语、西班牙语、意大利语、俄语和法语的语音与语法方面的研究。[11]因此,60年代初期,对比语言学已成为将语言学与语言教学联系起来的重要手段。正如我们在下文中马上要看到的,对比语言学的继续发展,同语言学在语言教学中地位的提升,有密切联系(见本书第168页)。

大约到1960年,结构主义语言学对语言教学的影响,至少在美国,已达到顶峰,同行为主义学习理论一起,奠定了听说理论的主要理论基础,对语言教学材料的编写、教学与测试技术以及教师教育产生了其应有的影响。[12]

1964年,美国语言实验室的支持者斯塔克(Stack 1964: 80–81)曾这样写道:"当今外语教学所取得的成功,是传统教学法所无法企及的。这要归功于结构主义语言学在教学中(尤其体现在教学的恰当顺序、口语语法、归纳语法和运用句型操练方法进行的强化练习等方面)的应用。"

欧洲语言学与语言教学

前一节中所概述的趋势尤其指美国的情形,但是欧洲也有类似的发展(1940—1960)。的确,布卢姆菲尔德是在与欧洲做出比较之后,才对美国的外语教学提出前述批评的。布卢姆菲尔德相信,在欧洲,语言学基础是语言教师应具备的文化和背景的一个组成部分。[13]无疑,正如本章开头所指出的,自20世纪初起,大量的语言学研究已经能够为语言教师所应用,这是美国自叹不如的。因此,在语言教学中注入语言学成分,在美国比在欧洲更为重要。前面提到的语言学的影响,带来了美国语言教学理论的重新定向与更新,而这一切由于受到斯威特、维埃托尔、耶斯佩森和帕西的影响,在欧洲从某种程度上讲已经发生了。正如斯特雷文斯(Strevens 1972)所指出的,人们有时表达出来的那种认为是美国语言教学理论家在40年代"发现"了语言学的观点，是不正确的。

然而，1940年至1960年间，语言学对美国语言教学的影响，不仅逐渐改变了北美而且改变了其他许多国家的意识形态气候，这一趋势对欧洲的语言教育学也产生了显著的影响。若没有美国结构主义的榜样作用，单靠欧洲的语言学本身，是绝对不可能给50、60年代在世界各地越来越为人们所熟知的语言教学理论带来如此重大变化的。

在英国，英语二语教师，为将语言教学建立在语言学基础之上做出了不懈的努力。有几个大学语言中心，尤其是伦敦大学、曼彻斯特大学、利兹大学、爱丁堡大学、班戈大学的语言中心，在这一方面很活跃。但是，在其中某些语言中心中，对待语言学的态度比美国更为谨慎。英国著名应用语言学家斯特雷文斯（Strevens 1963a）认为，美国的观点是，"如果使他们成为优秀的结构主义语言学家，问题就迎刃而解"，而英国观点的特点是，"如果使他们成为优秀的教师，问题就迎刃而解"。斯特雷文斯是英国将语言学介绍给语言教师的杰出理论家之一，他主张应将两种观点综合起来：

> "英语作为第二语言的教学已经成为一种联合行动，一方面包含教育与教学法……，而另一方面则包含完善的语言学思想背景和对当今语言的最新描写……"（同上：19）。

语言学对欧洲语言教学的影响，尤其体现在语言教学材料的编写中，对语言描写与语料真实性的重视上。欧洲在这方面具有开拓性的研究是，1951年法国开始的基础法语研究项目（见本书第4章第55页）。

基础法语乃是为"初学"法语者开发的，其情形与30年代奥格登作为一种自足的国际辅助语规划出来的基础英语完全不同。即使是英语本族语者,若要理解能流利地说基础英语的人说话,都必须重新学习。而基础法语,根据设想,仅仅是法语作为第二语言学习者初级阶段学习的一种语言。其核心思想是,在语言使用的初级阶段,学习者首先需要的是具体语境中的日常生活口语。第二阶段增加了非专业性阅读需要的语言。语言学习的不同阶段对所学习的语言有不同的要求,各个阶段的语言在功能上有区分,这在语言项目的选择上反映了出来。

基础法语项目研究遵循的原则如次:(1)注意力主要集中在词汇频率上。在这方面,本研究所效法的榜样是两次世界大战之间进行的无数词汇频率统计研究,尤其是美国的研究。同这些研究一样,基础法语研究也对特定的语料库进行了分析。(2)美国大部分研究都以书面或者印刷材料语料库为基础,而法国的研究团队则独辟蹊径,对录制的会话进行了分析,目的是为了确定法语口语词汇的频率。研究者在取样时采取了谨慎的态度,275位提供信息的本族语者(其中男138人,女126人,学龄儿童11人)涵盖了不同社会阶层和教育水平的人。(3)这个项目中还包括一个基于"可提取性(availability)"这个新概念的研究,对那些尽管使用频率不是很高,但是本族语者却很容易提取出来的词汇进行了分析。研究者采用两种方式来诱发出这类词汇:一是要求学龄儿童围绕某个题目写出相关的词汇;二是通过自由联想写出与某些兴趣点有关的词汇。(4)最后,研究没有完全依赖机械的统计程序对所收集的项目进行分析。词汇最终选定的依据是"理性的经验"。此外,还进行了并无很清晰界定的语法分析。研究发现于1954年首次发表。1959年,(第一阶段)基础法语词表修订版颁布,收入词汇1475个,其中实词1222个,虚词253个。

在第二个层次中,研究者采用了范德·贝克(Vander Beke

1929）的美国法语词汇频率分析，以及取自报刊、评论和一本公民教育教材的现代书面语言材料的分析。这两个层次构成了词汇的"共核（common core）"部分；人们设想，这个词表之后是根据不同的语域（如文学批评或者科技论文写作）编制的多个专业词表。欧美国家许多语言学家都试图将语言教学材料的开发，建立在精心选择的真实语料样本基础之上，基础法语是其中一个例证。[14]

在随后的几年里，进行过数项有类似目的的研究，其中有的纯粹是描写性的，其他的则兼具描写性与比较性；有的将重点放在词汇上，其他的则放在语法上。但是，所有的研究都有一个共同目的，即为教材编写者和语言教师提供当代语言恰切、实用的语言描写。[15] 1964年，世界外语教学大会在柏林召开，会议报道对60年代初期的普遍观点做了如下总结："纯粹靠某个作者突发的创造灵感设计语言课程的日子，一去不复返了。课程教学材料的编写，必须以对在实际应用中得到研究的……所教授语言的分析为基础。需要对语言进行田野研究和系统分析"（Stern 1965: 49）。

语言学对教学方法的影响

到1960年，语言学除了通过各种描写与对比分析对语言教学产生影响外，或许还有另外一个方面更重要的影响。尽管许多语言学家坚决否认语言学对如何教授语言有什么影响，但是，即使我们撇开语言学习的心理学理论不谈，语言学，无论是直接还是间接地，对语言课程设计与教学内容以及对教学法的影响，还是相当大的。[16]正如我们在前一章中所言，语言学研究的一个基本特点是，对语言整体和语言使用进行抽象，而且，根据研究的目的，研究可侧重于某个特征。因此，在语音学和音系学中，语音是关注的重心，而在句法研究中，组成句子的词汇之间的关系是研究的核心。对语言样本形式特征的操作与细致研究，是描写性语言研究的重要手段。结构主义语言学家给语言教学带来了对具体语言型式进行分离、仔细观察和分析的技巧。结构主义语言学的分析方法尤其在句型练习和语言实验室操练中体现出来。这些练习或者操练所针对的是语言组合关系中的某些特征。1960年前后，语言教师随时准备采纳衍生自语言研究的各种教学技巧。这与60年前的情形极其相似。当时，许多语言教师都非常愿意将语音学家对语音的分析和国际音标应用于语音的训练。语言分析技术——不管对语言学研究多么有价值——是否同样适用于语言教学，当然值得商榷。[17]

语言学在语言测试中的应用

结构主义语言学与对比语言学，连同产生于心理测量学的一些原则，对语言测试也产生了影响。拉多（Lado 1961）具有开创性的研究首次提出，语言测试的内容应该以语言分析为基础；那个时期的语言测试体现了描写语言学的分析程序。

口头语言的首要性

同样，尽管部分地还受到其他方面因素的影响，语言教学中口头语言的首要性在一定程度上可以归结于语言学的影响。从很多方面来讲，这是历史最悠久的语言教学改革趋势之一。撇开现代语言学不谈，19世纪的改革者亦反对片面地强调文学语言的重要性。一个世纪以来，学会用口头语言进行交流（包括说与理解），乃是人们学习语言的一个强烈的实际动机，这就要求语言教学向口语倾斜。现代语言学强调口头语言的至高无上地位，这对上述要求起到推波助澜的作用。对口头语言的描写性研究，使人们能够更清楚地理解口语的语言特点。[18]

影响语言教学的其他语言学思潮

60年代初期，还有两部重要的著作促使语言教学向结构主义语言学重新定向：一是韩礼德、麦金托什和斯特雷文斯（Halliday, McIntosh, and Strevens 1964）的《语言科学与语言教学》，二是麦基（Mackey 1965）的《语言教学分析》。与美国占绝对优势的同语言教学有关的语言学著述不同，韩礼德、麦金托什和斯特雷文斯（Halliday, McIntosh, and Strevens 1964）的著作旨在向读者展示一个源自欧洲、主要是英国语言学传统的更宏大的视角。[19]同美国结构主义语言学家一样，上述三位语言学家找到了一个取代无系统语言教学传统的语言学的途径。他们对已出版的数种英语教程进行了分析，发现教学语法有如下种种问题：范畴界定模糊、标准庞杂、概念应用混乱、价值判断随意、例句失真、语音错误，以及口语与书面语混淆等，并提出了批评。也同弗里斯和其他结构主义者一样，韩礼德、麦金托什和斯特雷文斯认为，恰如其分的语言描写乃是语言学对语言教学的主要贡献。但是，他们认为，结构主义的语言描写，"总的来说，由于忽视了语境意义，而且不能呈现语言的全貌，所以不尽如人意"（同上：149）。同样，尽管他们完全承认转换语法（1957年的理论）是一个强大的理论，但是作为语言教学理论也难逃被拒绝的命运，因为它没有"提出一个涵盖语言各个层次的统一理论"（同上：150）。韩礼德、麦金托什和斯特雷文斯的研究之所以采纳了新弗斯级阶与范畴理论，原因有二：首先，在这个理论中，意义在语言的各个层次上都有恰当的位置："意义与形式是不能分离的"（同上：154）；其次，这种理论具有"多系统性（polysystemic）"，也就是说，这个理论给予语言各个层次以同等重视，如语言的物质基础（语音和文字）、语言的内在结构或者形式（语法和词汇）和环境语境（意义)。这种理论对语言教学的启示在图表 8.1 中表示出来。在图表 8.1 中,语言的不同层次与教学步骤或者"方法体系(methodics)"联系了起来(同上:222)。一旦有了对语言的描写,就必须选择("限制")出需要教授的变体或者语域("制约")和语言项目,接下来的工作就是必须将所选择的项目"分级"为大的步骤("阶段"),然后,将每个阶段再细分为序列。"呈现"是对排序后项目的教学处理,之后是评估("测试")。图表 8.1 表明,在每个教学步骤上,语言的四个层次都要处理好。

方法体系(教学)的程序	语言的层次及其对应的教学方法			
	音系学 "语言的声音"	语　法 "结构" "语法型式"	词汇层 "词汇"	语　境 "情景"
限制　制约 　　　选择				
分级　阶段划分 　　　排序				
呈现　初步教学 　　　重复教学				
测试　正式/非正式 　　　客观/主观 　　　测验/考试				

图表 8.1　方法体系与语言分析(根据 Halliday, McIntosh, and Strevens)

因此,韩礼德、麦金托什和斯特雷文斯对语言学理论及其在教学中的应用进行了全面统一的阐述。尽管本书过去有很多读者,而且现在仍然可以作为研究语言学与语言教育学关系的重要参考文献,但是它并没有带来所期待的语言教育学的重新定向。失败的原因之一在本书第 7 章曾提到过,即级阶与范畴理论可能并不比结构主义有什么高明之处,从而可取而代之。另外一个原因是,语言学理论在教学中的应用,并未得到充分展开,教师还无法判断其价值。在图表 8.1 中,将教学步骤(方法体系)跟语言层次相联系的格子都是空的,而且文字说明部分也没有阐明如何将语言学与教学方法体系联系起来。据笔者所知,作者也没有做出努力将这个方案转化成现实的课程。但是,在许多方面,这个方案反映了语言课程的目的,也就是说,涵盖了不同的语言事实,而且将它们分级呈现。但问题是,语言的层次划分之间究竟是什么关系?如何选择和安排语言的项目,才能反映语言的全貌?

向结构主义发起挑战的另外一部主要著作是《语言教学分析》(Mackey 1965)。跟前述著作不同:它不仅仅关注语言学理论与语言教学之间的关系,其目标是建立起庞大、系统的理论框架,对语言教学进行分析。这个框架由三个相互联系的领域组成:(1)语言,(2)文本或者"方法",(3)教学。第一个领域,语言,跟我们目前的讨论关系密切。根据麦基(Mackey 1965: x)的观点,语言分析由语言理论、语言描写和语言差异,换言之,即理论语言学、描写语言学和对比语言学,三个部分组成。承认上述三个领域跟语言教学的关系,符合结构主义和新弗思观点。但是,不同的是,麦基并没有选择一种可用于语言教学的语言学理论模型。相反,他用对待语言的不同方式,对各种语言理论采取的不同立场,进行了界定:机械的或者心灵的,归纳的或者演绎的,实质或者形式,内容或者表达,状态或者行动。因此,在各种理论中,不同层次的语言描写方式也不相同:语音学、语法、词汇和意义。尽管麦基高度浓缩的行文方式不允许对其各种不同观点的理据做出解释,但是,对各种理论观点和描写观点却进行了言简意赅、客观公允的阐释。其暗含的意思是,语言教学方面的差异,可以跟语言学理论的差异联系起来。尽管该书的分析并没有意图将教师导向任何一种理论或者语言描写，但是却暗含了一种观点，即语言教学可以在许多不同理论中寻找到支持，而且在对语言教学进行分析的过程中，其背后的语言学理论必须清楚地加以阐述。总的来说，在随后许多年间，这种对待语言学理论相对超然的立场，为人所广泛接受。关于这一点，我们将在本书第 9 章中详细讨论。

小结

总之，在 1940 年至 1960 年这个历史时期，语言教学理论中隐含着的语言与语言学理论的观点，以及语言学可以直接贡献于语言教育学的观点，已经越来越广泛地为人所接受。语言学理论的主要影响表现在以下几个方面：（1）语言描写是语言课程和语料选择的基础（如基础法语）；（2）将语言练习分为语音练习和语法练习以及语言项目的分级，反映出对语言形式的重视；（3）对比分析为课程开发的一个原则；（4）口头语言居首要地位；（5）语言型式①是教学和测试的单位（型式练习、型式操练）。

上述语言教学理论的一些特点及其内在的心理学假设，在随后的一个时期，受到严厉的批评。然而，回想起来，重要的是要承认这一阶段语言学的主要贡献。第一个贡献是培养起了一种语言学意识，如前所述，这在以前是没有的。第二个贡献是认识到所教授语言描写数据的重要性。形式结构分析为语言教学提供了全新、简单、实用的处理复杂语言系统的方法。这种对经过验证的第二语言信息的需求，后来却被淹没在了吵吵嚷嚷的理论争论中。第三个贡献是一种新型的练

---

① 英语原文是"linguistic patterns"，多指常用的一些句型，但是不局限于此。——译者注

习，即句型操练。后来，句型操练虽然受到正确的批评，但是，型式练习乃是语言教学技术的一个重要进步，因为这是对相关语言特征简单、系统而且具有潜在灵活性的处理方式。[20]

新理论带来的混乱：1965 年至 1970 年

在结构主义语言学的一些原则被转化成语言教学课堂实践的同时，转换生成语法登上了舞台。它动摇了结构主义的语言学基础，连带着也动摇了教学中听说法的基础。多年以来，乔姆斯基在 1957 年提出的理论，在语言教育学领域一直没有引起关注。大约从 1960 年起，这种理论开始被看作是处理传统句法问题的一种新奇方式，其在母语教学中的应用才得到认可（例如 Roberts 1964）。大约与此同时，转换生成语法得到语言教学理论家的认可，被看成是对结构主义理论的补充和修正，因此跟语言教学联系了起来。但是，如前所述，韩礼德、麦金托什和斯特雷文斯三人尽管由于其自身的原因反对结构主义，但同时也认为，转换生成语法有其很大的局限性，无法提供一个适用于语言教学的普通语言学理论。麦基（Mackey 1965）同样认为，转换生成语法仅仅是对句法型式进行描写的几种方式之一。

但是，大约从 1964 年起，由于对转换生成语法新进展有了更多的了解，有些语言学家开始清醒地认识到，这种语法理论很有可能颠覆当代语言学和新的教学方式的一些主流信条。关于这些问题的三次讨论（Saporta 1966；Anisfeld 1966；Chomsky 1966）拉开了关于转换生成语法对语言教学意义的旷日持久辩论的序幕。人们开始对结构主义和语言教学中的听说理论发起猛烈攻击，其激烈程度堪比结构主义语言学对传统语法的抨击。许多批评都是针对听说法理论中行为主义心理学的。但是，从本书第 7 章的论述可以看出，其语言学原则也受到抨击，而且仅几年前语言教师所采纳的语言观，突然变得不正确了，过时了。

对比分析与转换生成语法

对比分析也受到语言学理论剧烈变化的严重影响。它在描写语言学和结构语言学鼎盛时期开始流行起来，因此随着结构主义命运的式微，也受到抨击。在语言学理论多变的世界上，对比分析的问题与前景，在本章探讨的这个历史时期，反复成为讨论的话题（如 Alatis 1968；Nickel 1971）。的确，转换生成理论家认为对比分析仅仅是表层结构的对比，因此对乔姆斯基时代的语言学家而言，几乎毫无意义，所以难逃被抛弃的命运。但是，迪彼得罗（Di Pietro 1968, 1971）却将转换生成理论应用于其对比分析中，不仅将语言中语义、句法和音系三个成分相互联系了起来，而且将三个成分的深层和表层区分了开来。迪彼得罗非常有创见地提出，若要对不同的语言进行比较，找出其相似性与差异性，所比较的语言必须有共同之处，否则就无法进行。他发现，转换生成语言学关于表层结构与深层结构的区分，作为解读对比语言学分析结果的一种手段，很有用处。多亏有了这种更新的理论，对比分析的语言学理论基础，跟语言学理论的最新发展协调起来，而在拉多（Lado 1957）的著述中，其理论基础就是结构主义语言学。尽管对比分析再也没有恢复其60年代初期在语言教学中的地位，但是其价值得到重新认识，其重要性即使在当今也几乎没有人质疑（如 James 1980；Fisiak 1981）。

转换生成语法对语言教学的影响

结构主义对语言教育学的影响可谓普遍、强大，而且在教材、教法、语言测试以及语言教学法专家的有关著述中都有明确体现（如

Brooks 1960/1964；Lado 1964），而转换生成语法的影响则属于不同的类型。应该承认，"转换"和"规则"开始出现在一些语言教程中，而且某些教材编写者（如 Rutherford 的《现代英语》（*Modern English*）1968）试图将转换生成语法的一些理念融入到其设计的语言课程中。但是，总的来说，转换生成语法乃是对结构主义语言学和听说法疑虑与批评的聚合点，而以前这种疑虑与批评散见于各种著述中，从来没有系统地表述出来。作为一种反动的力量，转换生成语法将语言教学从行为主义心理学和结构主义语言学的桎梏下解放出来。它带来了语言教育学从来没有经历过的思想动荡。20世纪上半叶的语音学与20世纪40年代和50年代的结构主义语言学，可以说对语言教学产生过影响，带来了一些新概念、新信息、新角度和新的教学技术，促进了语言教学的创新。但是，转换生成语法突然改变了语言学的理论，迫使语言教学理论对其整个语言观重新进行审视，其影响不亚于心理学对语言学习的影响。60年代末70年代初，语言教学所发生的新变化几乎全部都产生于转换生成语法的影响。

理性的语言教学理论

体现转换生成概念的"理性主义"或者"认知主义"语言教学理论的产生，使语言教学与语言学习心理的"认知"观联系了起来。这种理论跟语言教学的"经验"理论，即教学法上的听说理论，心理学的行为主义和语言学的结构主义针锋相对。例如，迪勒（Diller 1970，1971，1978）对两种理论进行过对比研究，公开宣称自己对理性主义立场情有独钟。

其他一些理论家的观点并非这么旗帜鲜明，他们认为两种理论互补，适合于不同类型的学习者（如 Chastain 1971，1976），或者代表语言学习过程的不同阶段（如 Rivers 1968）。还有人认为，无论从概念上还是实践上来说，两种理论的区别并非像将经验主义（听说法）和理性主义（认知理论）相提并论一样那么显而易见（如 Carroll 1971；Rivers 1972；Stern 1974a）。以本章的讨论为背景，重要的是应该注意，1970年前后，语言教学理论家就语言的理论进行过激烈的争论，而且语言学理论的选择直接导致语言教学法问题上的对立。我们发现，许多语言教学观察家不满于这种意识形态上的纷争，开始对语言学在语言教育学中的作用产生怀疑，这不足为奇。

注释：

1　"一种方法永远不可能，而且不得重复自然，否则就不是一种方法了……因此，我们首先开诚布公地承认，并大声地宣告：我们的方法不仅不承认，而且拒绝用'自然'来修饰；假如还不是艺术的话，也应该是艺术的雏形"（Gouin 1892: 85）。

2　例如，斯威特（Sweet 1899/1964）认为，良好的语言教学训练"必须基于完善的语言学知识——语音学、音标、各种有代表性的语言的结构以及广义的语言问题"（同上：3）。

3　然而，有意思的是，1929年版的 I. A. A. M.《备忘录》的参考文献中有简短的一节列出了12个语言学题目，其中包括耶斯佩森、巴利和布吕诺特的著作。随后出版的《现代语言教学》（*The Teaching of Modern Languages*）（1949/1956）中有一个很全面的参考文献，其中有一小节标题为"普通语言学"；在针对各种语言的部分中，都有一节专门列举语言学文献，另外有一节是语音学文献。更为令人吃惊的是，这并未促使作者更明确地对语言教学借鉴的语言观进行阐述。

4　帕尔默（Palmer 1922）对科学发展中的这种差距有清醒的认识，

关于语音学，他这样写道（Palmer 1964:36）："这种相比较而言新兴科学的突飞猛进的发展，是进步的最有希望的标志之一和最终完善的保证……而像语法和语义学等姊妹学科的发展，虽然还不很明朗，但是有迹象表明，在不久的将来，这些领域零零星星的研究工作者能够做出二三十年前语音学家所做到的一切……而且，我们将见证一般意义上语言科学的诞生。"

5 语言学（与心理语言学）研究中对词汇的长期忽视，在本书第 7 章中已经提到过。关于词汇控制的历史和原则，参见邦格斯（Bongers 1947），书中作者对帕尔默于 1931 年同这一领域的研究者进行接触的情况进行了描述。帕尔默在美国研究者的纯粹定量研究，与基础英语的创立者奥格登极其主观的理论之间，架起了一座桥梁。关于帕尔默拜访萨丕尔（Sapir）的情况，邦格斯（Bongers 1947:81）这样写道："在（耶鲁大学）人类关系学院（The Institute of Human Relations①），他跟那位语言学天才，即已故的萨丕尔教授②，叙了叙旧，他（指萨丕尔）赞同他对奥格登极端主观主义以及那些完全依赖定量统计的客观主义的态度。" 1934 年和 1935 年，卡耐基公司分别赞助一个词汇控制会议和一个词汇控制方面的研究。尽管词汇控制问题引起了人们极大的兴趣，但是理论语言学家对此贡献甚微。

6 然而，克罗塞特的参考文献中包括语言学著述。

7 然而，布卢姆菲尔德旗帜鲜明地表达了自己的观点，认为完善的语言科学对语言教育总体上具有裨益。在《语言》（1933）一书中，他将外语教学看作语言学的应用领域之一。但是，他并没有

---

① 其实就是心理学院（系）。——译者注
② 萨丕尔生于 1884 年，逝世于 1939 年，所以邦格斯称其为"已故的萨丕尔教授"。——译者注

明确阐明如何将语言学应用于语言教学以解决他已关注的"可怕的费时低效"问题（Bloomfield 1933: 503）。

8　关于 1940 年至 1960 年间美国语言学对语言教学的影响，莫尔顿（Moulton 1961/1963）有全面的论述与分析。

9　莫尔顿（Moulton 1961: 86-90）曾对这五个口号进行过解释。

10　当时，英语语言学院或者同一所大学还有几个语言学家，如派克、奈达、马克沃特（Markwardt）和拉多，以及其他一些教育机构的语言学家，都曾跟弗里斯合作，对描写语言学进行过一些有价值的研究，其中派克关于美国英语语调的研究具有开拓性（Pike 1945）。

11　关于对比结构系列的详细情况，见阿拉蒂斯（Alatis 1968）。以对比语言学为主题的《第十九届圆桌会议报告》（*Report of the 19th Annual Round Table*）（Alatis 1968）乃是在 60 年代中期对比语言学发展的关键时期对对比分析全面深入的综述和评估。

12　关于语言教育学的著述，如布鲁克斯（Brooks 1960）或者拉多（Lado 1964），越来越清楚地对语言的本质进行了阐述，其中借鉴了结构主义语言学。

13　在其《指南纲要》中，布卢姆菲尔德（Bloomfield 1942）推荐了一些背景知识类书籍，如欧洲语言学家或语音学家斯威特、帕尔默、帕西、里普曼、耶斯佩森和诺埃尔-阿姆菲尔德（Noël-Armfield）的著作。

14　关于基础法语的详情，参见古冈安等（Gougenheim *et al.* 1964）。

15　1968 年进行的欧洲口头语言调查中列举出许多类似的描写性研究（CILT 1970）。

16　萨波特（Saporta 1966: 82）甚至说，"40 年代和 50 年代的描写语言学对语言教学的影响，主要在教学语法的形式上，对其内容的影响仅仅是偶然的结果。"

17　从 1965 年至 1966 年的立场来看，瓦尔德曼（Valdman 1966a）对这一发展做出如下描述和批评："语言学方法对教学内容与教学过程的组织，严格按照描写性田野工作的顺序来进行：首先是音位对照；其次是通过型式操练来同化形式；再次，句法组织形式的讲授"；"对操练的重视以及对语言的语义方面的忽视，导致了对语言特征的不加思考的机械操控"（同上：xvii—xix）。

18　例如，见威尔金斯（Wilkins 1972，第 1 章：5—10）。

19　"假如我们代表某种理论———一种产生于英国的观点在其中起着突出作用的理论的话，这并不是因为它是英国的才有任何优点，而是因为这种理论似乎将理论与应用的要求合二为一了，这是其他任何理论都无法比拟的"（Halliday, McIntosh, and Strevens 1964: 307）。

20　充其量，型式操练将语言的特征分离出来，根据难度分级，并通过各种方式来进行练习。在下一个阶段中，这种练习因为缺乏语境支持而受到批评。但是，将难点分离出来，并使之脱离语境，从教学的角度来看，则是一种有效的手段。然而，在许多语言课程中，型式练习几乎成为一种仪式化的日常教学活动。练习设计的数量过多，对提高语言水平的贡献常常不明确。总之，过多的型式操练也可能受到相同的批评，正如一百年前，翻译练习被维埃托尔指责为"梅丹热尔法（Meidingerei）"。

第9章

语言学理论与语言教学：重新评估与现状

对语言学理论与语言教学关系的重新评估

意识形态①的骤变，加上抽象的形式主义和转换生成语法著述的晦涩艰深，又重新开启了关于语言学对语言教学的贡献问题的讨论。60年代末，转换生成理论的发展清楚地表明，乔姆斯基革命并非混乱动荡的终结。由于躁动一直持续不断，因此语言学家，不仅包括乔姆斯基本人（Chomsky 1966），而且包括博林格（Bolinger 1968）、科德（Corder 1973a）等，强烈呼吁语言教师面对语言学理论要有自己独立的立场。"一个职业者应该有自己独立的头脑"（Bolinger 1968: 41）。乔姆斯基（Chomsky 1966: 45）坦诚，自己并不精通语言教学，他在一次重要的会议报告中呼吁教师应主动承担责任，"对一些语言学观点和建议的优缺点进行评估，而非因为无论是真正的还是徒有虚名的权威，就被动地接受"（同上：45；参见本书第6章第108页）。

关于语言学与教学的关系，产生了两种观点：一种观点认为，语言学在教学中被错误地应用，其重要性也被高估。在两次世界大战之

---

① 这里主要是指学术氛围、学术思潮、科学方法论等。——译者注

间这个历史时期，语言学几乎被贬得一无是处，但是后来它对语言教学理论的影响却被夸大了。对语言学的幻灭仅从一些著述的标题上就可以清楚地看出来，如"语言学在语言教学中的失败"（The failure of the discipline of linguistics in language teaching）（Johnson 1969）或者"论转换语法与第二语言教学的无关性"（On the irrelevance of transformational grammar to second language pedagogy）（Lamendella 1969）。上述两篇文章并没有完全否定语言学，而是指出"不加批判地将语言学家做出的解释作为学习策略的基础是有危险的"（Johnson 1969: 243）。拉门德勒（Lamendella）认为（同上：255），"指望转换语法或者任何一种语言描写的理论为……第二语言教学提供理论基础是错误的……语言教学领域需要的不是应用语言学家，而是应用心理学家。"

另外一种观点认为，应该承认语言学的总体贡献，但限制条件是语言教学绝不能拘泥于某一种理论。正如我们在本书第 7 章末所指出的，语言教学的视角不同于语言学的视角。语言学家追求的可能是理论的统一性和有效性，而语言教师判断语言理论优劣的标准，是其在语言教学材料设计、课程开发或者教学中的效用（Valdman 1966a: xxi；Corder 1973a: 15）。不同的语言学理论对待语言的视角可能亦不相同，这些理论都可以被看作是一种资源。不同的语言学理论，适用于不同的语言教学目的，语言教师应根据实际需要选择一种或者几种语言学理论。因此，利文顿（Levenston 1973）的研究表明，对语言项目的描写，如英语的间接宾语结构，理论角度不同，给人的启迪亦不相同。"在对言语现象的描写中，任何一种语言分析流派都不可能垄断全部真理……传统的学校语法、法位理论的矩阵技术（the matrix techniques of tagmemic theory）、转换生成描写的规则排序、级阶与范畴语法的系统选择——所有这一切，甚至更多的理论，都与语言教学有一定的关系"（Levenston 1973: 2）。同样，艾伦（Allen 1973）在其英语作为第二语言的大学高级学习者复习课程中，根据两种语言学理论对练习进行了设计。他认为，不同语法表层结构的分类方式都适合于语言课堂教学实践，但是只有转换生成语法才能够将不同的句型联系起来，"我们曾试图用表层结构分类模式，来解决基本语言结构教授中遇到的这个困境，但是同时我们也在凡是需要的时候，在不过多涉及抽象规则的前提下，采用一些转换的观点"（Allen 1973: 94）。换言之，人们对待语言学的方式在发生变化，由过去的直接"应用"语言学，转变为把语言学看成是一种可用于语言教学的资源，语言教师有自己完全独立的思想。

斯波尔斯基（Spolsky 1970）提出，还应做出另外一种区分。他认为，语言学跟语言教学有"应用和启示"双重关系。也就是说，语言学家对语言所做的描写，可以为教学语法、语言教科书和词典的编写提供资料，从这个意义上讲，语言学可以在教学中得到应用。同时，语言学研究中关于语言本质的讨论可以提供新的真知灼见，这些新见解反过来对语言教学有一定的启示。

因此，乔姆斯基语言具有创造性的观点暗示，迫使学习者自动地做出反应或者机械地重复的教学方法，不如那些有利于创造性语言使用的教学方法（Spolsky 1970: 150）。一些理论家认为，从关于语言本质的真知灼见所获得的启示，乃是语言学对语言教学最有价值的贡献。科德（Corder 1973a: 15）曾对此做出如下总结："如果不参考语言学给予我们的语言知识，语言教学就不可能有系统的进步。"[1]

教学语法的概念

可以这样认为，以前所犯的错误在于试图将语音学、结构主义语言学和转换生成语法的研究成果直接应用于语言教学。人们坚信，如果不经过改造和诠释，语言学研究是不能用于语言教学的。上述信念导致了"教学语法"这个概念的形成。所谓教学语法，就是以本书第 3 章所描述的第二个层次的模式（图表 3.7）为代表的语言学与语言教学之间的中介环节。假如语言学理论和语言描写的结果是对某种语言的具体陈述的话，那么这种陈述就构成了这种语言的"形式的""科学的"或者"语言学的"语法或者其部分语法。教师或者课程设计者所需要的，或者可以呈现给学习者的，并非是科学语法。教师、教材编者或者学生应该对自科学语法中获得的材料有所取舍，并根据语言学习的目的和条件加以改写。"假如我们承认形式语法与课堂之间需要有过滤的话，那么教学语法的作用就是数种形式语法、学习者以及适用于具体语言教学情境的语言教学材料之间的诠释"（Candlin 1973:57）。[2]

撰写教学语法需要考虑哪些因素呢？教学语法中应该包含多少科学语法的成分？如何将教学语法中所包含的信息有效地呈现给学习者？教学语法未必过分拘泥于某种语言理论。而且，教学语法内容的确定除了考虑纯粹语言因素外，尤其应该考虑心理因素和社会语言因素。[3]

例如，诺布里特（Noblitt 1972）认为，应该将教学语法的概念建立在语言学、心理学和教育学的考虑之上，其中包括一个由五个层次组成的分析：教学语法需要语言描写和对比的材料与概念、评估程序，需要根据技能（听、说、读、写）与学习者的水平（初级、中级、高级）将信息进行排序，同时需要牢记教学语法所适用的教学目标和教育环境。"教学语法……是对一种外语语法的规划，其目的是为了促进这种语言的习得；在教学语法中应予以考虑的是，如何让学习者接触应该学习的语言内容"（同上：316）。换言之，诺布里特强调，语言课程不能仅仅建立在语言学的考虑之上，他还具体指出了编写教学语法中应该牢记的一些因素。

科德（Corder 1973:156）从略微不同的角度，提出了理论语言学可能对语言教学的贡献。他认为,语言学可以在三个层次上应用于语言教学(见图表9.1)。

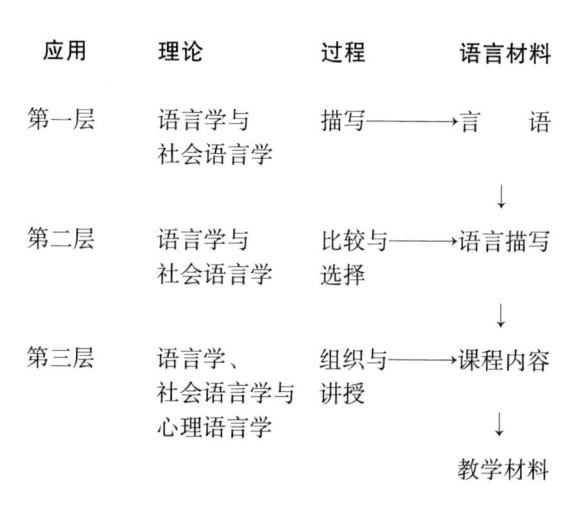

应用	理论	过程	语言材料
第一层	语言学与社会语言学	描写———→	言　　语
第二层	语言学与社会语言学	比较与———→选择	语言描写
第三层	语言学、社会语言学与心理语言学	组织与———→讲授	课程内容
			教学材料

图表9.1　科德关于语言学应用的观点

在第一个层次上,理论语言学的一些概念被应用于对语言材料的分析,其结果是对第二语言的描写。在此基础上,"第二层次的应用"决定语言项目的选择。在选择的过程中,对比分析和误差分析起了辅助作用,最终产生一个语言材料库,教学大纲(相当于我们提出的模式中的第二个层次)的语言内容以及教学材料的内容,在应用的第三个层次(亦即我们的第三个层次)上根据这个材料库来确定。尽管语言学在教学大纲的设计、教学材料的编写和测试这几个层次上仍然有一定贡献,但是语言学成分逐步减少,最终让位给心理语言学和社会语言学。

同诺布里特和科德相同,鲍施(Bausch 1979)也对试图将语言学与语言教学建设性地联系起来所做的各种研究进行了分析,认为语言学应用于语言教学的方式有:直接应用、经过"过滤"后应用、经过简化后应用和折中应用。他得出的主要结论是，语言的教与学的条件在教学语法的编写过程中必须予以考虑。中介语、语言习得和教学条件等方面的研究是确定教学语法内容应该考虑的因素。换言之，诺布里特、科德和鲍施都认为，单凭语言学不能确定什么应该包含在教学语法中。[4]

结论

此阶段对语言学的再评估，对语言教育学所产生的最终结果是：第一，明确了语言学对语言教学的具体贡献，亦即（1）关于语言本质的真知灼见，（2）不同语言的实证数据；第二，认识到语言学理论与教育实践之间应有一个缓冲地带或者"过滤"，其典型例子就是教学语法；第三，建立起语言教学的跨学科意识，也就是说，语言学不能被看作是支撑语言教学实践的唯一一个学科。

教育语言学的解放：1970—1980

在过去的十年间，新一代教育语言学家从上述对语言学的再评估中汲取了经验教训，并活跃起来。这个学者群体已不再被动地等待理论语言学家的宣判，而是根据自己的判断，积极主动地给语言教育学以必要的语言学指导。[5] 他们本身就是语言学家，同时还是语言教学实践者，或者跟语言教学实践有着密切的关系。因此，他们完全能够将图表3.7模式中第一层次的理论跟第三层次的实践联系起来。在有些情况下，侧重于理论的语言学家，跟具有实际教学经验的语言教育工作者可以组成团队，创造合适的条件，进行卓有成效的合作。

结构主义者和转换主义者纷争的尘埃尚未落地，他们就已经发现，两种理论所关注的都是纯粹的语言形式，这未免有些狭隘。他们在不贬低语言形式分析的前提下，欢迎将对语言学理论的兴趣转向语篇分析、语义学、言语行为理论、社会语言学和语用学。

例如，奥勒（Oller 1970）在其对转换生成语法详细、系统（令人联想起转换生成语法对结构主义、结构主义对传统语法的攻击）的批判中，曾对"语言能力""深层结构和表层结构"之类概念的恰当性和用途提出过质疑，提出要用"语用学"来作为"替换"，因为语用学的重点放在使用中的语言上。他希望将深层结构重新诠释为"意义①，即情景（所指对象、行动、事件、抽象概念等）与语言形式之间的关系，而非句子和深层句子之间的关系"（同上：507）。他声称，语用学对语言教学有启迪。例如，根据语用学，"句型操练的设计不应该是对纯粹抽象成分——往往是完全没有关系的用于说明语法点的句子集合——的操纵，相反，学生应该使用语言来应对各种情景……语用学将语言教学的目标定义为，不仅仅诱导学生对无意义的声音序列进行操纵，而且用语言来发送和获取信息"（同上）。[6]

从类似的观点来看，自大约 1970 年起，英国和欧洲许多语言学家率先提出了更具有语义、社会或者交际性的语言观。他们认识到，语言教学交际法的实际需求已经走在了现有理论和研究的前面。因此，威尔金斯（Wilkins）在其意念大纲（notional syllabus）研究中坦承"没有现成的语义（意念）框架"作为这样一个大纲的基础。因此，他积极参与进来，大胆地提出了这种大纲需要的概念分类（Wilkins 1970: 20）。[7] 其语义分析的基础是意义的三联理论：语义—语法范畴、情态意义范畴和交际功能范畴。

同样，参与欧洲委员会现代语言项目的团队也没有现成的理论框

---

① 尽管有许多人（包括语言学家）认为，乔姆斯基所谓的深层结构即某种语义关系，但是乔氏本人始终否认此说。——译者注

架可资借鉴。他们在当时语义学与社会学概念（包括威尔金斯的意念和功能）的基础上，提出了自己的方案，根据学习者角色、环境和话题编制出与实际情景对应的语言材料库（van Ek 1975）。[8]

在英国的一个项目中，坎德林（Candlin）及其同事收集了一家医院急诊病室医疗会谈的社会语言语料，并对录制的语料进行了话语分析，之后在前述社会语言学研究的基础上为海外医生开发了语言课程材料（Candlin, Bruton, and Leather 1976）。艾伦和威多森（Allen and Widdowson 1974）也在科学英语教学材料的编写中应用了话语分析。

威多森（Widdowson 1978）对一些概念进行了界定，将作为形式系统的语言和作为交际事件的语言使用区分了开来。威多森坚持的观点是，两者的区分对语言教学是重要的，而且应该把重点从第二语言作为一个形式系统来教授，转移到作为交际来教授上。这些区分本身就可以被看作是对语言学理论的贡献。以下是其中的一些概念：

语言学范畴	交际范畴
正确性（correctness）	得体性/恰切性（appropriacy）
用法（usage）	使用（use）
符号化（signification）	价值（value）
句子（sentence）	话段（utterance）
命题（proposition）	示意言行（illocutionary act）
衔接（cohesion）	连贯（coherence）
语言技能（linguistic skills）（如 speaking、hearing）	交际能力（communicative abilities）[①]（如 saying, listening, talking）[②]

---

① 这些概念有很多并非严格意义上的语言学术语，有些很难准确地翻译成汉语，所以后面注上了英语原文。——译者注
② 所列举的例子在汉语中根本无法区分，只能在译文中将原文注出来。——译者注

同威尔金斯一样，威多森已认识到，语言教学对前述术语区分的需求，可能走在了语言学理论的前面。但是，他并未因语言学理论发展的滞后而恼火。他认为，实际需求可能促进新的语言学理论的发展，这符合前面讨论理论模型时谈到的理想化的思想双向流动的观点（见本书第3章第46页）。关于实践与理论之间的关系，威多森持类似的观点，他说（Widdowson 1979: 100）："应用语言学家不非得总是等待，而且的确，也不能等待语言学家去提供可供应用的理论。一旦理论家给出某种大的方向上的暗示，他可以按照自己的路径朝着应用方向前进。途中，他甚至可能发现一两个对理论语言学家可能大有裨益的方向。"

理论与实践的合流令人鼓舞。但是，教育语言学家对同时在多个层次上进行操作的风险绝对不可熟视无睹：

第一，以对一些范畴做出界定为目的的理论层（如威尔金斯的意念—功能分类或者威多森的语言学与交际范畴）；

第二，以收集特定语言社会语言学与语用学材料为目的的描写层（现有话语分析研究数量不多，但是将一和二两个层次结合到了一起，如辛克莱与库尔撒德（Sinclair and Coulthard 1975）以及拉博夫与范谢尔（Labov and Fanshel 1977））；

第三，以语言教学材料的选择为目的的课程与大纲层（例如欧洲委员会英语（van Ek 1975）、法语（Coste et al. 1976）、西班牙语（Slagter 1979）和德语（Baldegger et al. 1980）临界水平大纲，则将二和三两个层次结合了起来）；

第四，教学材料编写层（从二到三，再到四的转变并非易事。具体教学材料摘录，见布伦菲特与约翰逊（Brumfit and Johnson 1979））；

第五，教学方法层（在这个层面上，可参阅威多森（Widdowson

1978）的著述；同时参见利特尔伍德（Littlewood 1981））。

如果不允许不同的人在不同的层次上展开工作，从而使交际法在所有的层面上逐渐形成，其危险是显而易见的。然而，教育语言学家所参与活动的范围在扩大，语言学理论与教育实践之间的平衡关系正在确立，这也就是希望之所在。

回顾

总之，本章和前一章的概述表明，语言学跟语言教学关系的发展经历了几个不同的阶段。尽管世纪之交①人们对语音学产生了兴趣，而且对欧洲各种语言的语言学和普通语言学进行了大量的研究，但是截止到两次世界大战之间这个时期，语言教学受到语言学发展的影响仍然很少。同样，由于急于确立语言学作为一个独立学科的地位，语言学家往往忽视了语言教学之类应用行为提供的一些启示和需求。从大约 1940 年起，语言学家对语言教学的认识与语言教师对语言学的认识越来越明确。至 1960 年，语言学对语言教育学的影响已经相当大了。后来语言学理论的剧变，导致人们对这种强大影响的质疑。甚至语言学家也不得不站出来说话，警告不要过分直接或者草率地将语言学"应用"于语言教学。他们主张，语言教师应该有自己独立的立场，把语言学看作是一种资源。但是，践行上述建议并非易事，因为其中有个预设是对语言学和语言教育学都有深刻的领悟，这恰恰是非常少见的。处于这种困境之中，理论语言学与语言教学之间有一个中介的观点引起关注。最近几年来，出现了许多精通语言学和语言教学的教育语言学家，他们能够发挥其中介作用，对语言教育学和理论

---

① 这里指 19 世纪和 20 世纪之交。——译者注

语言学都产生了影响。

语言、语言学和语言教学——结论

既然我们已经对语言学跟语言教学之间关系的发展进行了追溯,那么在本章最后一节中,我们将从语言教学理论的角度,对语言学理论对我们自己语言观的形成所产生的影响做一总结。重要的是,我们

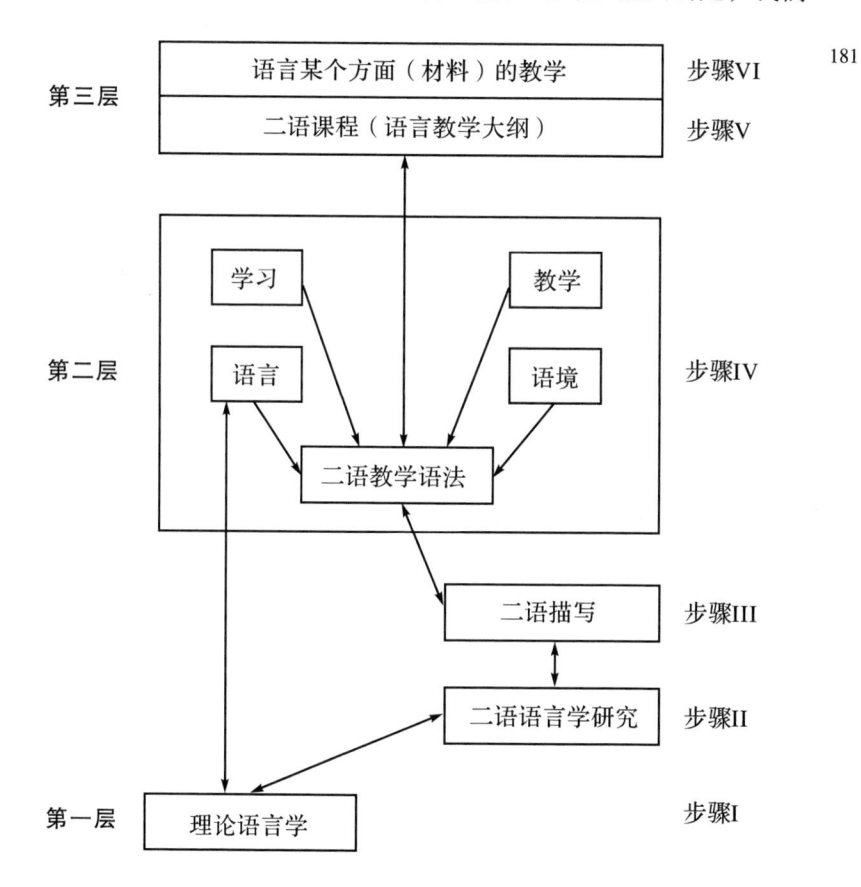

图表9.2 语言学与语言教学之间的互动关系

180　应该记住斯波尔斯基等人对启示与应用所做的区分，同时要认识到两者之间的相互关系。

181　第一，一种语言教学理论中包含一种语言理论——根据我们关于理论的讨论（本书第 2 章），很可能是可操作的理论（T2），或者在有些情况下是一个更严密的科学理论（T1）。在上图中，这种直接关系是用左边的箭头来表示的，将理论语言学与教育语言学和语言教学中的核心概念——语言，联系了起来。

第二，同样重要的是图右边用一系列步骤表示的另外一种关系，通过这些步骤将对特定语言的描写跟语言教学联系了起来。

182　一、语言理论

一种语言教学理论直接回答关于语言本质的问题，或者暗含着关于这个问题的答案。这些问题将理论语言学跟语言教学理论直接联系起来。正如我们在本书第 7 章开头就提醒自己的，语言的教与学的任务几乎无一例外总是促使教师，而且常常促使学习者，对语言的本质进行思考。语言教学理论中的语言观，不仅影响语言教学的内容，而且影响教学的方式，同样也影响学习者学习语言的方式。在前面几章中所描述的语言学理论的发展和争议，有助于我们发现语言教学理论背后的语言观。

（一）语言的分析与非分析方式

首先提出的一个基本问题是，语言教学理论在多大程度上需要采纳语言学的观点，从而以分析的方式来处理语言，或者是否以非分析的方式呈现语言。在这种情况下，教学方式应避免任何有意识的语言学习。相反，它要求学习者作为参与者积极地参与需要使用第二语言才能完成的各种活动，学习者只是在自然或者半自然的（如定居或者"浸入"）环境中，以整体方式来体验语言。在上述情况下，焦点根本不在语言上，因此语言学在此完全派不上用场，但是这种教学方式背后的理据中仍然暗含着一种语言本质观或者语言理论。

然而，假如我们把语言作为一种学习、练习或者以某种方式加以操纵的目标的话，就必须至少在一定程度上对它进行概念化和分析。上述情形适用于多数语言教学的情况，而且在这种情况下，我们必须采纳"语言学"的观点。当然，这并不意味着我们必须亦步亦趋地恪守某一思想流派，如结构主义、转换生成语法或者系统理论。但是，语言学中所考察过和讨论过的一些问题、概念和区分也跟语言教育学相关。从本质上讲，语言学乃是对语言的分析研究。就语言教育学而言，是以分析的方式还是非分析的方式来处理语言，就是一个程度的问题。当然，语言教师或者两者并重，或者强调其中之一，而给另外一种方式留足空间，可能试图以这种方式来保证不偏不倚。但是，语言的研究在很大程度上是分析性的，因此语言学通过其"灼见"（Wilkins 1972）或者"启示"（Spolsky 1970），跟语言教学联系了起来。

（二）语言的复杂性

语言学理论并没有向我们展示出一幅简单、有机统一的语言图画。不同的语言理论和理论探讨揭示出语言教师根据个人经验从直觉上可以知道的东西，即语言本身固有的复杂性。语言学目前所做的一切就是找出语言分析中需要考虑的成分，或者组成部分，或者方面。提出的第二个问题是：语言教学理论中应该包含或者排除语言的哪些方面？在所包含的内容中，应该突出强调哪几个方面？本书第 7 章图表 7.2，或者本章图表 9.3，有助于我们回答上述问题。前者对韩礼德、麦金托什和斯特雷文斯（Halliday，McIntosh，and Strevens 1964，见图表 8.1）提出的理论框架进行了描述，同时也是对语言教学理论中语言理论的地位或者作用的阐释。语言教学理论在多大程度上突出强调语言的某个方面，语音、语法、词汇或者是话语？这是我们应该首先问自己的一个问题。以此为出发点，我们可以进一步思考：语言教学理论是如何处理语言的不同组成部分的？是把语言完全作为形式或者结构来处理呢？或者是将语言作为意义来教授？是否将语言特征置于社会语境中，使之与"现实世界"联系起来？

	从语言学来看，语言如何发挥其作用？	从语义学来看，语言具有什么意义？	从社会语言学来看，如何使用语言？
语音系统			
语法系统			
词汇系统			
话语系统			

图表 9.3 语言分析的范畴

（三）汉普蒂—邓普蒂（*Humpty-Dumpty*①）效应

把语言的不同方面分离出来，并加以分析，是一回事，而将语言的各个方面整合起来则是完全不同的另外一回事。这既是语言教学的一个问题，同时也是语言学的一个问题。

将语言的某些特征跟语言系统割裂开来，在一定程度上就是对语言的歪曲，因为在真实生活中，语言的特征是相互作用，交织在一起

---

① 旧时童谣中的一个人物，身材矮胖，酷似蛋形，从墙上跌下摔得粉碎。——译者注

的。语言学家为了对语言的某个方面更有效地进行研究所提出的一些范畴，可能变成很棘手的障碍。为了克服这些问题，正如我们在本书第 7 章中所谈到的，语言学不仅要对语言进行分析，而且更重要的是，要将语言的不同组成部分综合起来。同样，语言教师也希望将语言作为一个整体来教授，而非仅仅是语音、词汇或者句子。但是，无论是语言学家还是语言教师都发现，语言一旦被拆得支离破碎，就很难再组合起来。如果不进行分析，语言系统又过于庞大，无法进行科学的研究，或者无法学习、应用；如果不进行综合，我们所拥有的只是语言的碎片，无论是对语言理论还是对语言学习，都没有很大用处。语言教学理论应该如何处理这个问题呢？语言教学理论若置语言的分析与综合这个问题于不顾，从语言学的角度来看，是不完善的。

（四）规则性与创造性

语言学家和语言教师所观察到的另外一个固有矛盾是，语言既具有规则制约性，又有创造性，其中包含语序、规则性、规律性、习惯和重复。语言还给人提供机会，在规则和规律的范围内，超越已知，进行创新。跟语言学理论相似，语言教学理论既要考虑语言的规律性（规则、型式、结构、习惯），又要考虑根据实际情境的要求，以不同的新异方式，有时甚至是独一无二的方式，使用规律的可能性（此即语言的创造性一面）。这种两难境地在多大程度上，以何种方式，在语言教学理论中得到反映？

（五）语言理论——一种必要的人为产物

最后一个问题颇为笼统：语言教学理论中的语言观有什么主要特点？它试图在一个综合性的陈述中，将对上述四个问题的回答糅合到一起。假如①我们接受语言从本质上讲是复杂的，而且存在某些先天矛盾这个观点的话，无论是语言学还是语言教学，都必须向这些复杂性和矛盾性妥协。一种语言理论，若对上述复杂性和矛盾性置之不顾、掩盖粉饰，或者对其特征缺乏意识，在一定程度上讲，是幼稚或者不够成熟的，不能够圆满地解决语言问题或者语言教学问题。

这并不意味着说语言理论或者语言教学理论不能够简化、程式化，或者不能够突出强调某些特征。事实上，由于语言本身的复杂性，这样做几乎总是有必要的。但是，为了达到语言研究或者语言教学的目的，或者为了理论建构，可能需要有意识地牺牲某些方面，同时突出强调另外一些方面，这是一回事；而假如语言学理论或者语言教学将其他理论家所忽视的某个方面作为"绝对真实"加以强调的话则是另外一回事。

由于语言教学中不可能对语言的各个方面都做到不偏不倚，因此语言教学理论不可避免地根据其对语言的解读，做出某种选择。所有的语言教学理论都是人为产物，在突出强调语言的某些方面的同时，牺牲另外一些方面。如果我们能够将构成语言教学理论的那些语言的方面找出来，并且知道为什么要将这些方面包括在理论中，那么我们就在语言教学理论中，为如何处理语言问题，奠定了语言学基础。

我们不能指望理论语言学给出确定的阐释，但是可以提供一些关于语言的概念、理论模型和思想，防止我们采用过分简单化的方式来处理语言。语言学有助于语言教学理论家批判、建设地对语言问题进行思考；若没有理论语言学，语言教学理论中的语言观就非常贫乏了。

---

① 原文有误，"it"应为"if"。——译者注

二、语言描写

语言学在语言教学中的第二个主要作用是语言描写。"语言教学需要建立在对所教授语言最完善的描写基础之上,这是毫无疑问的"(Spolsky 1970: 149)。多数语言学家已经认识到了这一点,但是语言学家关注的是理论问题,因此可能没有给予语言描写充分的重视。

至少到60年代,语言教师往往也忽视了将语言教学建立在坚实的语言描写基础之上的必要性。欧洲主要语言都有完备的学术语法和词典,这在一定程度上掩盖了这种需求,但是一旦谈到一些非通用语种的教学,问题就越来越突显出来。首次认识到语言描写的准确性与权威性的重要性,是20年代和30年代的词汇频率研究,该研究通过对选定的文本进行分析获得词汇的使用频率。但是,在40年代和50年代描写语言学提供语言分析的方法和结果之前,对语言全面描写的重要性并没有得到充分的认可。同样,50年代末60年代初对比研究的基础是(对比)语言描写的原则。韩礼德、麦金托什和斯特雷文斯(Halliday, McIntosh, and Strevens 1964)和麦基(Mackey 1965)早就认识到,语言项目的选择中预设对语言的"全面"描写。近年来,对基于语义和语用原则的课程的需求,远远超过了现有描写资源所能够提供的内容。

语言描写所提供的信息和教学需要之间往往存在差距。有时,语言描写过分详细,过分技术化,而且过分理论化,也有时候描写没有跟上实际教学工作者的需要。因此,有人建议,可以用教学语法作为两者之间联系的手段,可以采用以下概念步骤将理论和描写语言学和语言课程开发联系起来。

如图表 9.2 所示，这种描写关系可以分为六个步骤，对应于主模型中的第 1、2 和 3 层次。第一个步骤的理论语言学关注的是，普遍适用于各种具体语言研究的一般范畴和研究策略。第二个步骤可以被看作是对具体语言特征的细致研究。这些研究共同构成了第三个步骤中对特定语言全面描写的数据，有时被称为"形式"语法，"语言学"语法，"描写"语法，或者"科学"语法。上述描写为第四个步骤的"教学"语法的编写奠定基础。根据这个定义，教学语法是为了达到教学目的，不仅根据语言学标准，而且根据心理学和教育学标准，对语言描写进行的阐释和选择。[9] 教学语法中包括语言项目库、教学建议与安排、基本的语言学概念和其他关于语言的相关信息。因此，教学语法乃是一种语言资源，可用于课程设置、教学材料编写、语言教学项目评估。项目评估发生在第五个步骤，在此过程中需要将第四个步骤的不同类型教育机构的特殊教育需求一并考虑在内。

对语言教育学来说，保持语言学与语言教学这种双重关系是很重要的，但是问题很复杂，不容易做到。仅凭语言学家一时兴起对语言教学的兴趣，或者语言教师偶尔对语言学的兴趣，无论是理论方面的联系，还是语言描写方面的联系，都是很难维系的。因此，这就为教育语言学这个中介学科的存在提供了依据，而且应建立能够承担起将语言学理论与语言教学联系起来的机构，即通常所指的语言中心。语言学理论与语言教育学的持续发展，要求对普遍意义上的语言以及各种具体语言进行不断的研究，同时应对语言学理论跟语言教育之间的关系进行审查。

注释：

1　威尔金斯（Wilkins 1972：第 8 章）将这种关系描述为应用、灼见和启示。"应用"指描写性数据①,"灼见",根据威尔金斯的观点,乃是"增进对语言本质理解的语言学概念"(同上:217),换言之,即斯波尔斯基所谓的"启示"。而威尔金斯则称"启示"为产生于语言习得心理学的语言学习观。

2 相关文献中术语使用有些混乱,因为有时课堂上使用的教科书被称为"教学语法(pedagogical grammar)",有时"教学语法",不同于"教学用语法(teaching grammar)"或者"学习者语法(the learner's grammar)",它是课程规划者、教师,或者教材编写者参考的指南。在本书中,我们根据流行的做法,对第一层次的"科学语法",跟第二层次的"教学语法"和第三层次的"教学用语法"(如教科书)做了区分。

3 法语(Rivers 1975)、德语(Rivers, Dell'Orto, and Dell'Orto 1975)、英语(Rivers and Temperly 1978)以及其他语言实用教学指南(参见本书绪论注释3),发挥了教学语法的许多功能。同样,夸克(Quirk)、戈林鲍姆(Greenbaum)、利奇(Leech)与斯瓦特维克(Svartvik)的《当代英语语法》(*A Grammar of Contemporary English*)具备教学语法的某些特征。尽管本书的编写并非为了教学目的,而是供教学参考,但是它在借鉴传统语法和不同的语言学流派的基础上,集中体现了对英语惯用法(usage)和其他科学语法调查的突出成果。

4 鲁莱特(Roulet 1972)在其重要研究中提出了类似的观点。

5 下列作者的著述对这个观点进行了阐述:艾伦(Allen)、鲍施(Bausch)、布伦菲特(Brumfit)、坎德林(Candlin)、科德(Corder)、科斯特(Coste)、奥勒(Oller)、保尔森(Paulson)、

---

① 即语言材料。——译者注

鲁莱特（Roulet）、斯波尔斯基（Spolsky）、特里姆（Trim）、威多森（Widdowson）和威尔金斯（Wilkins）。

6 这些观点在奥勒与理查德（Oller and Richard 1973）以及奥勒（Oller 1979）的研究中得到进一步发展。

7 70年代初，威尔金斯同欧洲委员会项目研讨班一起提出了这些观点（Wilkins 1973），并在1972年世界应用语言学第三次大会上做了报告（Wilkins 1974）。

8 我们在本书第4章中曾作为长期研究的例子，提到过欧洲委员会项目。同时参见本书第6章，在这一章中，作为70年代的一项重要发展，提到过这个项目。

9 正如我们将在本书第12章将要看到的，与此相对应的是社会语言学指南，根据实际需要，可以与教学语法分离，也可以合二为一。如果两者合二为一，则可称为语言教学指南（pedagogical language guide）。

第四部分

社会的概念

第10章

社会、文化和语言

早在社会语言学滥觞之前,语言教师已经开始关注语言、文化和社会之间的关系。的确,对很多人而言,社会语言学的一些问题都似曾相识。语言教师同语言学家一样面临两难境地:如果过分关注语言形式,而忘记使用语言进行日常交流的人的话,就会歪曲语言使用的现实;相反,如果他们过分重视人和国家,而忽视语言形式细节的话,其教学则往往流于表面,没有实用性。这一困境,在应用层次上,反映为理论语言学中"语言学本体"("微观语言学""纯粹语言学")的研究领域,它与社会语境下的语言研究相对。同布卢姆菲尔德在《语言》所反映出来的情形一样,语言教育学中也是语言形式一统天下,因此产生了类似的问题。一个多世纪以来,语言教师反复被吸引到语言形式一端,将语言作为一个纯粹的形式系统来加以教授,然后时刻提醒自己,学生需要与本族语者接触,语言教学中应该向学生介绍目标语国家及其人民。

我们不可能长期进行语言教学而不去直接面对对语言和语言学习有影响的社会环境因素。毫无疑问,无论是在语言教育学中,还是在社会科学中,语言与社会有着千丝万缕的联系。然而,尽管语言教学长期以来一直在跟语言学和心理学互动,但是社会科学跟语言教学之间发生关系,也就是最近一个时期的事情。人们之所以至今才认识到这一点，部分的原因在于这些学科的发展历史，部分的原因在于语言教学理论的发展。我们对这个题目的探讨，将沿着探讨语言学的路径来进行。在本章和下一章中，我们将对社会科学作为独立的学科来进行探讨，而在本书第 12 章和第 13 章中则对其与语言教育学的关系进行考察。

社会科学

许多学科，如历史学、法学、经济学和政治科学等，都与社会的方方面面有关。然而，我们所感兴趣的是对社会生活的一般性研究，其中包括社会学、民族学、人种志、社会与文化人类学，以及社会语言学。上述学科之间的区分并非总是那么泾渭分明，而且从语言教育学的角度来看，也没有必要区分得那么清楚。但是，其历史发展、研究的领域，以及一方面是社会学，另一方面是社会与文化人类学、民族学和人种志所研究的问题、理论和概念，却有某些差异。社会语言学，作为从语言学和关于社会的各门科学中逐渐发展出来的一个新兴社会学科，是本书第 11 章讨论的重点。

社会学

"几千年来，人类一直在对人类社会和社会中的各个群体进行观察和反思。但是，社会学作为一门现代科学，其历史不足一个世纪"（Bottomore 1971: 15）。作为一门科学，社会学略年轻于心理学，几乎与语言学同时代兴起。[1] 或许，跟其他学科的不同之处在于，社会学是对 19 世纪西方工业化国家社会发展的理智解答，是居住在这个工业世界不断变化环境中的人自我审视的结果。同其他人文科学一样，随着其发展，社会学研究的重点和视角发生了变化。从 1850 年到

1900年,即在其发展的初期阶段,由于受到社会学和人类学之"父"孔德(Comte)、斯宾塞(Spencer)和马克思(Marx)的社会哲学影响,社会学研究可谓雄心勃勃,包罗人类社会生活和历史的各个方面。正如达尔文时代人们可能所期待的那样,社会学初创时期所走的是自然科学的路子,具有进化性与科学性。但是,到19世纪末,即在其第二个发展阶段,社会学获得了自身的解放,用自己具有特色的研究方式,来对法律、历史、政治、宗教等进行研究。至19世纪后25年和20世纪前几十年间,一些重要的社会理论和原则,都已经由社会学大师,尤其是法国的涂尔干(Durkheim)(1858—1917)、德国的韦伯(Weber)(1864—1920),提了出来。涂尔干思想中永恒的主题是"社会事实"的现实与权力以及社会力量对个体的影响。无论个体生活如何,社会事实总是存在,但是它们对社会上的每一个人都有一种压制力。涂尔干假定存在一种集体良知(conscience collective),即信念和情感的总和,为同一社会的普通公民所共享。正是由于涂尔干的影响,索绪尔才富有创见地认识到语言(即语言系统)的社会或者超个人本质属性,并将它跟个体的语言使用(言语)进行了对照。[2] 韦伯的社会研究方式则更具有历史性和比较性。他将现代资本主义社会和其他社会制度,如中世纪的封建主义或者东方的伟大文明,进行了对比。

现代社会学以发现更多社会事实为要务的其他一些研究路径,更具有描写性和实证性,由此产生了社会调查和对不同社会团体或者社区的描写。社会调查乃是对亟须政策决策的某些社会状况所开展的客观、科学的研究。这种调查从19世纪已经开始,在英国出现了一些已成为经典的社会学研究,如布思对伦敦贫困现象的调查(Booth 1889/1891),朗特里对约克郡贫困现象的研究(Rowntree 1901,1941),以及1930至1935年间出版的《伦敦生活与劳动力调查》(*A*

Survey of London Life and Labour)。对群体和社区的描写性研究，在美国尤为发达。例如，思拉舍（Thrasher）在其著名研究《帮派》（*The Gang*）中，从心理与环境两个角度，对芝加哥1313个黑帮进行了描写。另外一个经典的社会学个案研究，对波兰农民在波兰以及移居美国后的生活与社会进行了描写和解释（Thomas and Znaniecki 1918-1921）。第三组研究（Lynd and Lynd 1929，1937）则是对美国中西部一个城市社区的描写，被看成是"采用社会人类学的方式，以美国某个社区为样本进行研究"的先驱。[3] 我们最为感兴趣的语言调查，可以看作是社会调查的社会语言学副产品，关于这项研究，后面会提到。然而，有趣的是，我们注意到，上述社会调查和对某些社区的社会学研究中，很少或者根本没有提到语言问题，尽管研究方法肯定涉及语言交流。另外值得一提的是，直到最近几十年来，人们才认识到，这种对社会的描写，在第二语言教育中，有助于对外国的了解。

同心理学和语言学一样，作为一个在大学里设有教授席位、有自己的专业学会和学术期刊的学科，社会学是在两次世界大战之间发展起来的；而且，第二次世界大战后，由于战争期间日益增强的影响和重要性，社会学得到进一步发展与壮大。60年代末，社会学的发展状况可以用以下语言来描述（Mitchell 1968: 232）："从1947年起20年间，社会学已经为大学所广泛接受，而且已意识到在对其本质上多学科性的研究上应加大经费投入，同时，其他学科也越来越清醒地意识到，需要用社会学的研究来弥补本学科领域研究的不足。"

同心理学家和语言学家在各自的领域中所做的一样，社会学家为了确立社会学的独立学科地位所做出的努力，无疑是成功的。但是，1960年前后，有些社会学家向所谓成功的科学社会学发起挑战（如Mills在其《社会学想象力》（*The Sociological Imagination*）中），呼吁社会学放弃现在的发展方向，不应成为其学术规范的牺牲品，而应该更具有想象力地应对当时的重大社会问题。

社会学最近的发展趋势,既反映出人们对科学技术发展信心的缺乏,也反映出人们在简单的人际关系研究中对意义的探寻。其中一组研究尤其引人注目,其主要内容涉及日常谈话、医疗诊断、精神病诊疗以及婚姻中面对面的互动与人际交流中的理解过程(Dreitzel 1970)。这种思潮有时被称为民族方法学(ethnomethodology①)(Garfinkel 1967),它特别关注人类交往中使用的言语。关于这一思潮,我们将在本章关于社会语言学的讨论中进一步探讨,而且,正如我们在本书第12章中将看到的,这一思潮在语言教学最近的发展中至关重要。

从本质上讲,当今的社会学是由一系列理论组成的,其中包含一些用于对社会进行分析的基本概念和分类的方法。社会学家在研究中所使用的概念包括:社会机构、角色、地位、群体、功能、社会结构、文化、社会阶层、亲属群体、官僚机构和社会划分等。社会学有一些基本的研究技术可供使用,用以收集关于现代(尤其是西方国家,如法国、德国、英国或者美国)工业社会的事实性信息。社会学试图对社会生活的方方面面,如工业社会中家庭作用的变化或者劳动的组织等,做出合理的解释,努力发现不同社会现象之间合法的关系,如宗教价值与经济结构之间的关系,或者教育水平与社会阶层之间的关系。社会学家已认识到,社会学主要关注的是社会生活与社会发展中的重大问题,对大小社团既有具有普遍意义的抽象,也有对其具体问题的考察,还要格外关注社会群体的各种具体问题与面对面的交往,因此应该对"宏观社会学"和"微观社会学"做出区分,但

---

① 沈家煊先生译作"人类交往方法论"(戴维·克里斯特尔著《现代语言学词典》,商务印书馆,2002年),而管燕红则译作"民族方式学"(Richards等著《朗文语言教学及应用语言学辞典》,外语教学与研究出版社,2000年)。——译者注

是两种发展趋势都具有合法性，两者是社会学研究相辅相成的两个方向。

关于社会学方式可以用下述引文做一总结，"我们可能声称，社会学的作用充其量是提供一种完全不同的视角，而非任何有具体内容的题材，亦非人类行为的类型：它是考察人类作为社会的成员受到社会制约的行为的一种方式……"（Worsley 1970: 31）。因此，社会学研究为我们从各个方面对所教授语言的国家进行研究提供了一种途径。

人类学

人类学的发展，跟社会学的发展，部分是齐头并进，部分是紧密地交织在一起，难以相互区分开来。从某种意义上讲，人类学研究的范围，比社会学要广。其研究领域被描述为"对人类不同种群相似性和差异性的描写与解释"（Greenberg 1968: 305），或者，如萨丕尔（Sapir 1921: 207）所言，人类学家"习惯于根据种族、语言和文化三个指导原则，对人类进行研究"。人类学包括对人类身体变化的研究，但是不关注作为个体人的机体（这是生理学和心理学研究的范畴），而关注作为种族或者民族群体代表的个体。然而，将人类学跟社会学区分开来的一个主要标记，是所研究的群体类型。如果说社会学研究的是现代工业大社会的方方面面的话，而人类学则传统上将注意力聚焦在工业化前未接受过文化教育的小社会上，这种社会或者目前仍然存在，或者在遥远的史前存在，前者是民族学（ethnology[①]）和人种志（ethnography）研究的范畴，而后者则是考古学（archaeology）研究的内容。[4] 具体而言，人种志指对某个部落或者具体社会的描写。

[①] 亦译"人种学"。——译者注

民族学与人种志的区别极其细微,相当于描写语言学和理论语言学之间的区分。人类学研究兴趣之广泛,可用普通人类学书籍所涵盖的题目来加以说明,如美国伟大的人类学家和语言学家博厄斯(Boas 1938)所主编的一本书即其中一例,该书探讨的题目包括:地质与生物学假设与种族,人类起源、早期人类与史前考古,语言,发明,生存方式,原始人类的经济组织,社会生活,政府,艺术、文学、音乐和舞蹈,以及神话、民俗和宗教。

"社会"人类学与"文化"人类学的区分表明,人类学流派不同,所选择的研究课题和研究方式亦不同。总的来说,由于受到拉德克利夫-布朗(Radcliffe-Brown 例如,1952)等学者的影响,英国人类学家将人类学看成是研究社会结构和功能的一门科学,或者是研究原始社会的社会学,故称社会人类学;相反,受到博厄斯的影响,美国人类学家视对原始文化的描写与解释为己任,因此叫作文化人类学。自然,对那些对"社会"和"文化"不做区分,或者将两者看作互为补充的概念的人类学家而言,"文化"人类学与"社会"人类学之间的区别,也就无足轻重了。[5]

从历史来看,人类学有两个起源。首先,人类学与关于人类的起源、多样性和发展相关的哲学思索密切相关。就此而言,人类学跟社会学和历史学有许多共同之处。其第二个起源存在于欧洲白人征服者、商人、旅行家和传教士带回欧洲关于"原始"和"野蛮"人的人种志报告。从这一方面来讲,人类学跟欧洲势力的扩张与白人对其他大陆(如美洲、非洲、亚洲)的征服紧密联系。因此,早在1776年,戴默尼尔(Demeunier)在其《各个民族的习俗与礼仪》(*The Customs and Manners of Different Peoples*)一书中,就能够在自己关于数十个民族群体报告的基础上,对各个民族习俗的多样性给出了全景式的描写。书中所涉及的民族包括墨西哥人、埃塞俄比亚人、日本人、秘鲁人、中国人等，涉及的主题包括：食物与烹饪、女人、婚姻、生育与幼儿教育、酋长与统治者、地位的区分、贵族、福利、奴役与奴隶制、美的标准、谦逊、身体装饰与身体缺陷、占星术、魔术、社会、家庭举止、刑法典、审判、惩罚、自杀、谋杀、人祭、疾病、医药、死亡、葬礼、鬼魂和丧葬，等等。[6]

总之，人们对不同的习俗与礼仪进行观察，历史由来已久。但是，直到19世纪，关于如此多元化的社会的思想和观察，才成为长期系统研究的课题和独立的学科。自19世纪以来，人类学家的研究方式发生了变化，成为争议的主题。大约一百年前，人类学与社会学几乎没有任何差异，以进化论为其指导思想，对比是其研究方法。"原始"或者"野蛮"社会被看作是人类进化发展的早期典范。通过对处于不同发展阶段的社会进行对比，人类学家试图对制约人类发展的原则、规律或者发展阶段进行阐释。一般认为，技术发明的顺序、家庭的扩大或者宗教信仰与实践的发展等，从一个阶段发展到另外一个阶段，在现代欧洲文明中达到顶峰。因此，摩根（Morgan 1877）将人类的历史分为三个阶段：野蛮期、愚昧期和文明期。

20世纪上半叶，人们向人类学宏大的比较方法及其理论、事实和虚构混淆不清的现象提出挑战，从而导致了人种志描写中对科学约束和准确性的重视。这一发展中的领军人物是博厄斯，其学术影响统治美国人类学长达四十多年。博厄斯强烈建议，每个社会（及其语言）都应该置于其历史环境中，要采用可资应用的实证手段，作为一个独立学科来研究，以此避免对人类的进化做出猜测性的解释。其目的是对文化进行深入的研究，把它放到其历史的大背景下进行理解，对它进行客观的描写和富有同情的阐释。这并不是说，除了描写之外，其他任何理论探讨都应该避免，鉴于人们经常做出大胆而且往往是不负责任的猜测，对博厄斯及其学生而言，当务之急似乎是马上收集那些部落的相关信息,否则它们马上就要在西方"文明"的铁蹄下消亡。博厄斯坚持认为,文化必须按照以下方式来进行研究,即人类学家必须从本族参与者的角度来理解文化。博厄斯的学生之一,著名人类学家米德(Mead)对他在博厄斯手下做学徒的经历做了如下描述:"若要达到他所要求的理解深度,就意味着要将其思想浸入其他人的思想中,意味着要学会按照别人的思路去思考,透过别人的眼睛去看世界。(研究者)必须密切了解受访人的思维过程,而这种了解需要经过长期的强化研究才能获得。重要的概念和奇异的观点必须用其他材料以及数个受访人来核查,辅助信息必须从其他渠道来获取。但是,博厄斯认为,他的主要任务是,在不丧失自己批判能力的前提下,采纳受访人的思维模式。"[7]

在两次世界大战之间这个历史时期,人类学受到心理学发展的深刻影响。事实上,人类学和心理学的某些研究领域,尤其是儿童心理学、社会心理学、人格和临床心理学以及心理分析,相互影响、相互渗透。这一新的研究方向,由于弗洛伊德(Freud)关于人类学和宗教的著述而得到巨大的发展。在其《图腾与禁忌》(*Totem and Taboo*)、《文明与不满》(*Civilization and Its Discontents*)、《摩西与一神教》(*Moses and Monotheism*)(Strachey 1955-1964)三本书中,弗洛伊德将其对人类心理发展阶段的阐释,应用于人类的进化。尽管他关于恋母情结以及人类社会发展的"口腔""肛门"和"阴茎"期的推断,受到以实证为主导的人类学的质疑,但是它们却为人种志研究提供了富有挑战性的假设和新的理论方向。心理学与人类学研究旨趣的融合,在萨丕尔一篇关于人格这个概念在人类学中出现的论文中得到体现,"人越是努力更全面地理解文化,似乎越可能带上人格组织的特点"(Sapir 1934/1970: 201)。

萨丕尔坚持认为,文化是由作为社会成员的个体来承载的,因

198 此,他预测,人类学家更关心的并非异国的亲属模式,而是一般的社会关系,如"父亲在儿子面前是否习惯于扮演宽容的指导者或者严父角色之类的日常事实"(Sapir 1934/1970: 204)。萨丕尔的研究方式体现为以下观点,即语言、个体的人、社会和文化应紧密联系起来进行研究——这种方式可能跟语言教师的旨趣相投。

同年,本尼迪克特(Benedict)在其具有开拓性的《文化的模式》(Patterns of Culture)一书中向人们展示,社会的习俗构成清晰可见的模式,从而赋予某种文化不同于其他文化模式的生活方式。本尼迪克特相信,有三个朴素的社会——新墨西哥的祖尼人、新几内亚的都巴斯人和美国西北部的夸扣特尔人——能够形象地阐明文化的构成乃是统一的行为组织这一思想。[8] 本尼迪克特的《文化的模式》对语言教学中关于文化的现代思想产生了巨大的影响。

同样,米德在《成熟于萨摩亚》(Coming of Age in Samoa)(1928)和《成长于新几内亚》(Growing Up in New Guinea)(1930)两项著名的研究中,将儿童和少年的发展,跟不同的文化培养过程联系起来进行了考察。结果表明,西方关于青春期问题的一些观点,乃是成长过程中文化培养和社会期待共同作用的结果,而非青春期生理发展的必然阶段。在其《三个原始社会的性与性格》(Sex and Temperament in Three Primitive Societies)一书中,米德(Mead 1935)进一步表明,社会所赋予妇女的角色取决于文化,因社会而异。

第二次世界大战期间以及战后一个时期,有数项研究采用本尼迪克特和米德用以分析部落社会的方法对发达国家的文化进行了分析。这些研究声称,在不同的国家中,如日本、俄罗斯①和德国,儿童培养的各个方面与基本人格模式有一定的关系。据说,俄罗斯幼儿襁褓的

---

① 此处指苏联。——译者注

束缚、日本幼儿早期严厉的如厕训练、德国严父慈母的结合，可以解释其性格模式的特点，而性格模式反过来又对这些国家的政治行为产生影响。[9]尽管在具体情况下前述笼统的结论并未得到后来研究的验证，但是总的思路却保留了下来：文化决定对孩子的训练，对孩子的训练影响性格，而性格特征反过来反映主流信仰和价值观（Whiting and Child 1953）。所有这些研究对现代文化的概念和"民族性格"产生了影响，因此对我们理解语言教育学中对文化的处理很重要。[10]

英国的人类学在两次世界大战之间由两位伟大的人物所统治：一是拉德克利夫-布朗，一是马林诺夫斯基。两人研究原始文化的方式迥异。任何人种志学家都不会试图对社会的所有特征进行描写，并做出解释。因此，面临的重要理论问题是，确定哪些特征重要，采用什么样最好的方案才能使观察者获得对不同社会透辟的洞察。拉德克利夫-布朗和马林诺夫斯基两人都认为，文化是一个统一的系统，各个组成部分都有其特定功能，而且两人采用的研究方式都叫作"功能主义"。对拉德克利夫-布朗而言，分析的基础是所研究的社会，而社会就是一个结构或者网络，相当于生物机体的结构。人类学家的任务是，联系整体对各个部分的工作机制和功能进行研究。总之，其研究方法是社会学的，目的是对不同的社会进行比较，最终对社会结构和过程做出科学的概括。根据上述观点，社会人类学可被称为比较社会学，因此可以与不同民族的地理和历史研究联系起来进行研究。他将前者称为民族学，后者称为考古学。

相反，马林诺夫斯基可能为了对社会和文化进行更为全面的研究，在其关于原始人类的研究中，包含了个人的生物、脑力和情感生活。他认为，文化应该满足三类需求：个体的基本需求、社会的工具需求以及个人与社会共同的符号和融合需求，而对上述三类需求所做出的反应构成其文化。人类学研究必须在上述三个层次上展开，而且首要的是，必须包括对个体的研究。由于他强调文化中的个体，马林诺夫斯基特别关注人的心理问题，而且同美国人类学家一样，他对弗洛伊德的理论也产生了兴趣。他认识到，这种理论对研究原始文化的性关系和家庭关系非常有价值，而且有助于发现这种研究是否可以肯定或者否定弗洛伊德的理论。30 年代，拉德克利夫-布朗的结构功能主义跟马林诺夫斯基的功能主义之间的差异，导致英国人类学阵营内有点激烈的派系斗争。现在回想起来，两种研究方式——其中之一更偏向社会学，而另外一种则更侧重于心理学——似乎相辅相成，互为补充，而非相互矛盾。两者联手给我们提供研究方案和概念，对不同的文化与社会进行现代的阐释。

战后，世界社会政治的变革改变了人类学的政治前提。人类学已不再跟殖民帝国和白人统治相联系，而是在向社会学靠拢。人们已越来越清楚地认识到，西方社会可以用社会和文化人类学的方法来进行研究，而且需要用人类学和社会学研究中使用的技术，来对西方文明对第三世界的影响进行研究。

20 世纪前半叶人类学的迅猛发展势头，导致了最近几十年来对新的综合理论的探索，关于社会与文化实证数据的收集方式也越来越严格，田野研究成为主流。作为理论家，人类学家已不再将 19 世纪发展起来的进化论作为过时的东西而置之不理。人们再次对社会变革的宏大设计产生了兴趣，渴望理解技术与经济发展、社会结构、文化与人类跟自然环境相适应的关系。这种理论上的探索，得到人类学和社会学一个世纪以来思想和研究的强化。而且，越来越多的田野研究和改进了的记录保存技术，极大地扩大了比较研究的数据库。因此，1937 年，美国耶鲁大学建立索引人种志信息库。1949 年起，此数据库更名为人类关系领域档案（Human Relations Area Files），为研究提供人类学综合分类信息与记录。这个分类本身由 888 个范畴组成，揭示了文化描写的异常复杂性,而且这使语言教学中的文化教学显得有些棘手。[11]

然而,社会学和人类学中对社会与文化的研究,跟旨在将语言教学与社会文化环境联系起来的语言课程密切相关。但是,从这个角度来看,不幸的是,人类学家虽然对部落社会的社会结构与文化进行了详尽的研究,但其语言却很少有人教授。相反,社会学虽然对复杂的现代大社会进行了研究,而且有很多人在学习其语言,但是"对总的社会结构进行描述和分析却非常困难"(Bottomore 1971: 126)。

语言在人类学与社会学中的地位

语言在社会生活中居于重要地位,社会科学家一向对此有清醒的认识。在一项关于人类社会与其他物种社会的对比研究中,人们注意到,"正是对语言生成的无能为力……才将猿(与人)区分开来。因为文化只有通过编码才能够传承,通过某种形式的语言对经验进行分类和浓缩提炼。因此,一种发达的语言是人类独一无二的区别特质,而且人类社会是一种高水平的行为组织,而非仅仅是本能行为或者动物行为"(Worsley 1970: 25)。同样,根据波特摩尔(Bottomore)的观点,一个社会存在的最低要求是,有(1)交际系统,(2)进行物品生产的经济系统,(3)新一代人社会化的安排(如家庭与教育),(4)权威与权力系统,和(5)维系与强化社会凝聚力和给予人生重要事件(如出生、青春期、恋爱、婚姻和死亡)认可的仪式系统(Bottomore 1971: 115-116)。尽管在以上述两书为代表的社会学文献中都给予语言这个交际系统以认可,但是在这两种入门性书籍中都没有进一步讨论语言及其在社会中的地位。在这一方面,社会学和人类学分道扬镳。

人类学

20世纪,语言在人类学中的重要性得到了广泛的认可。有必要对各个民族集团的语言进行研究,并对语言与文化之间的关系进行考察,这在人类学家中间已成为一种原则。20世纪,作为人文科学的两个分支,语言学和人类学的发展,是紧密地联系在一起的。人类学家已认识到,从一定程度上讲,语言可以作为一个自主的系统来进行研究,需要特殊的专业知识与技能。但是,对语言的研究始终离不开对社会所决定的意义的解读,反之亦然,对文化的不同方面的研究需要理解文化跟语言有关的方方面面。因此,语言学是人类学研究的一个重要工具。两者之间的相互关系,在另外一个更具有广泛意义的领域——有时被称为"语言人类学"(即从人类学的角度,对语言与文化之间关系的系统研究),有时则被称为"人类语言学"(即语言学家所具备的处理人类学研究中的语言问题的专门知识、技能)——中,反映出来。其关系的紧密程度,在欧美一些学者的研究兴趣和研究活动中得到体现。[12]

20世纪前半叶美国人类学领域的一些重要人物,如博厄斯、克罗伯(Kroeber)和萨丕尔,同时也是语言学界的大腕。作为人类学家,他们承认记录并保存正在快速消亡的印第安语言的重要性,并率学生不仅学习了所研究的各个民族群落的语言,而且通过对受访人的频繁采访,记录并分析了大量语言。这些研究发表在博厄斯主编的《美国印第安语言手册》(*Handbook of American Indian Languages*)(1911/1922)中。

由于上述人类学家熟悉千差万别的文化,并且将它们作为不同的生存模式加以接受,他们同时也学会了认识和接受语言之间的差异。博厄斯与其他一些学者在其著述中一直在强调,原始语言的词汇和语法范畴完全不同于印欧语言，而且原始语言的语法必须独立地进行描写，而不应将其看作是我们所熟悉的英语或者拉丁语语法的变异。"目前，尚无人做出努力，对印第安语语法形式跟英语、拉丁语，甚至各种印第安语的语法，进行比较研究；但是，在每一种情况下，心理学的分类完全取决于其语言内部的形式。换言之，对待印第安语的方式似乎是，聪明的印第安人通过对自己言语的形式进行分析，来形成自己独立思想的形式"（Boas 1964: 123）。

同博厄斯一样，克罗伯既对文化感兴趣，也对语言感兴趣，其研究和著述对两者都有贡献。根据海姆斯（同上：689）的观点，克罗伯"可能是美国人类学史上最伟大的普通人类学家。其对语言学、考古学、人种志和民族学任何一个学科的贡献，都足以为他赢得作为学界名流令人艳羡的声望"。[13]

通常被认为是现代语言学鼻祖的萨丕尔，从学科分类的角度，则处于语言学、人类学和心理学的交汇处。他早年在博厄斯的指导下，获得哥伦比亚大学德语硕士学位和人类学博士学位，后在耶鲁大学任人类学和语言学教授，在此职位上终其卓越的学术生涯。其研究涵盖语言、文化、人格和社会等领域，研究成果发表在心理学、语言学和社会学期刊上。他总是联系心理学和社会科学等其他学科来界定语言学的地位。其名字跟语言相对论理论紧密地联系在一起。根据这种理论，语言决定思维和世界观，因此文化和思维都依赖于语言。但是，如果认为萨丕尔将文化和语言之间的关系看作是这么简单的一个公式的话，那就大错特错了。相反，他坚持认为，"种族""文化"和"语言"之类的概念，不能相互混淆或者相互等同。"'种族''文化'和'语言'未必有什么关联。这并不意味着说它们永远不会联系起来"（Sapir 1921: 215）。他甚至还说，"……将某些类型的语言形态，跟文化发展某些阶段联系起来所做出的努力，都是徒劳的。如果理解正确的话，这种联系都是垃圾"（Sapir 1921: 219）。

萨丕尔一向认为，语言与文化之间的关系，乃是人类学、语言学和心理学的一个重大问题。在其晚年的著述中，萨丕尔对两者之间的关系的表述，比上述引文更积极了一些。例如，在其关于语言学对人类学的价值的评估中，他承认，语言乃是对某一文化进行科学研究有价值的向导，因为"某一文明的文化模式网络用表达文明的语言来体现出来"（Sapir 1970: 68）。他说，语言"是社会现实的指南"（同上）和"文化的符号指南"（同上：70）。他关于语言与社会的著述中一个永恒的主题是，"在某些社会学家和人类学家中流行将语言范畴看作是外在文化的直接表达的倾向，这应该受到抵制，因为根本无法用事实来验证"（同上：34）。从下文我们马上将看到，总的来说，正是由于萨丕尔的影响，沃尔夫（Whorf）才对语言、文化和思维之间的关系，进行了严肃认真的研究。

同萨丕尔一样，布卢姆菲尔德尽管仍然将自己更局限于语言学领域内，但是跟民族学也有很深的渊源。他自称是博厄斯的门徒，其研究中包括人类语言学的田野调查。在其早期的研究工作中，他坚持将语言学与民族学紧密联系起来。考虑到 20 世纪 20 年代和 30 年代，人类学强烈的语言学倾向性和语言学家对人类学的浓厚兴趣，美国的语言学——由于受到布卢姆菲尔德于 1933 年所建议的研究方向的影响——在有意识地向着脱离语言的意义和社会文化环境的方向发展，这岂非咄咄怪事。只是到了 60 年代，美国主流语言学思想才重新重视语义和社会文化的关系：人们对语义学再次发生兴趣，社会语言学开始骤然兴盛起来，这才扭转了上述局面。

尽管在 30 年代到 60 年代的 30 年间，美国主流语言学的兴趣局限于语言学理论和对语言形式的描写，但是与早期具有广泛意义问题的联系，却从来没有切断过，而且尽管研究的重心在语言结构上，脱离了社会与文化，但是对社会、文化与语言之间关系的兴趣，或者对语言学与民族学之间关系的兴趣，一直延续了下来。

沃尔夫假说

本杰明·李·沃尔夫（Benjamin Lee Whorf）的语言学著述影响尤其大，从而使将语言与社会、文化和个人联系起来广义的语言概念得以延续。在将语言学跟人类学（和心理学）联系起来的伟大理论中，与沃尔夫的名字相联系的理论是沃尔夫（或者萨丕尔-沃尔夫）假说，有时也称语言相对论，或者语言学中的世界观①问题。语言学习者对下述事实有着非常清晰的意识，即一种新的语言的某些方面，如词汇或者语法特征，常常暗含着自己的母语中没有对应表达方式的概念。对比分析就是建立在这种比较基础之上的。一种语言中有单独的词汇来表达某些概念，而在另外一种语言中则没有任何区分。关于这个事实，博厄斯曾经用实例做出过很精到的说明，后来沃尔夫也在其文章中的一幅图画中非常形象地进行过阐释，即英语中只有一个词来表达"雪"，而爱斯基摩语中却有四个不同的表达方式来表示：地上的雪（aput）、飘落的雪（quana）、飘舞的雪（piqsirpoq）和飘舞的雪团（quiumqsuq）。同样，语法范畴的差异表明，在不同的语言社团中，范畴化的差异同语法形式的差异密切相关。"在有些语言中，时态类型远远多于其他语言。在有些语言中，名词有性……而在其他语言中则没有。有些语言的动词系统中包含过去、现在或者将来的确定性或者不确定性，而其他一些语言的动词系统中则包含名词所指对象的大小、形状和颜色"（Fishman 1972: 156）。

一个多世纪以来，有些学者所关注的一个主要问题是如何理解语

---

① 德语是"Weltanschaung"。——译者注

言的多样性与人类思维和文化的多样性之间的关系。关于其重要意义，哲学家、语言学家、心理学家和人类学家以不同的方式提出了问题。在目前情况下，我们认为，对这种关系的理解尤其对人类学家和语言学家有意义，因为它将语言形式跟文化联系了起来。对这个问题的兴趣起源于德国浪漫主义及其关于国家和种族个性的概念。19世纪德国语言学家冯·洪堡（von Humboldt）指出，语言对现实范畴化的不同方式，将不同的知识组织方式，强加给人的大脑。因此，语言的多样性"并非语音和符号的多样性，而是观察世界角度的多样性"（Weltansichten）。尽管在整个19世纪，人们一直对这一关系问题有清醒的认识，但20世纪，德国语言学家魏斯格尔贝尔（Weisgerber）与特里埃尔（Trier）和美国语言学家博厄斯与萨丕尔，分别在其词汇学研究和关于语言与文化关系的研究中，再次将这个问题提了出来。这一问题在沃尔夫的著述中表达最为形象。

沃尔夫是现代语言学史上极为非同寻常的人物之一。他最初是在麻省理工学院接受化学工程师训练，后供职于一家火险保险公司，从事工业火灾和爆炸事故调查工作，在没有接受过任何语言学或者人类学方面的正规训练的情况下，便开始考古学和美国印第安语言的研究，而且对墨西哥的阿兹特克和玛雅印第安语言尤其情有独钟，相信对这些古老语言进行的研究，最终会揭示出人类言语行为背后的原则。1931年，萨丕尔就职于耶鲁大学后，沃尔夫修学了他的美国印第安语语言学课程。因此，在其短暂但很充实的人生（他1941年去世，享年44岁）的最后十年间，他受到了萨丕尔的影响，结识了一些年轻的语言学家和人类学家。1937年至1938年间，他得到耶鲁大学人类学系兼职职位，讲授美国语言学。其著述分为两类：一是美国语言学论文（霍皮语、肖尼语和玛雅语），一是跟其名字密切相连的理论问题论文，即关于语言、大脑和现实之间关系的语言相对论原则。[14]

语言对人类大脑的控制力,给沃尔夫留下了极其深刻的印象。他借鉴了自己火灾事故原因调查员的职业经验,对此做出了如下解释(Whorf 1956: 135):"……有时候,显而易见,物理情景就其本身而言,并非是火灾的唯一原因,而是情景对人的意义,通过人的行为,有时也成为引起火灾的因素。当这种意义因素为存在于某一情景中通常的名称,或者语言描述的语言意义时,就再明显不过了。因此,在我们所说的装满汽油的'汽油桶'周围,人会表现出特定类型的行为,即格外小心翼翼;相反,在'空汽油桶'周围时,人会表现出完全不同类型的行为,即随心所欲,会无节制地吸烟,或者乱扔烟蒂。然而,'空'汽油桶可能更危险,因为里面有易爆气体。"

萨丕尔认为,"我们看和听,但总的来说按照我们做的方式来体验,因为我们所属的社团的语言习惯使我们倾向于按照某种方式,去做出选择性的阐释。"受到上述观点的影响,沃尔夫认为,语言对经验进行了组织。他对欧洲语言(统称一般标准欧洲语(Standard Average European),简称 SAE)的语法和美国印第安语言(如努特卡语、霍皮语或者肖尼语)的语法进行了对比研究,发现前者对经验的分析方式不同于后者,两者所强调的是完全不同的方面。例如,对时间(过去、现在和将来)的强调以及用空间("前"和"后")来对时间客观化,使说一般标准欧洲语的人对历史、记载、日记、时钟和日历有一种偏爱。这些比较研究使沃尔夫相信,对语言语法范畴的研究可以获得深层次文化方面的灼见,因此对民族学的发展至关重要,而且反过来有助于揭示我们思维中的无意识的倾向性。

沃尔夫的著述,尤其是一些通俗文章,引起人们广泛的兴趣,而且后来就其论点的正确性人们展开了大量的争论和研究。因此,人类学家霍耶尔(Hoijer)根据萨丕尔和沃尔夫的理论,在其对纳瓦霍语言与文化细致的调查中指出,纳瓦霍语强调运动,对运动的说明极为详尽。纳瓦霍文化与上述语义现象有很大的相似性,"纳瓦霍人基本上是一个游牧民族,跟随其牧群迁徙于牧场之间。这在其神话与传说中突出地反映了出来,因为在这种文化中,无论是神祇还是文化英雄,都居无定所,从一个圣地迁徙到另一圣地"(Hoijer 1964: 146)。[15]霍耶尔认为,这种现象"意味着具有社会规范的言语习惯与思维跟其他一些具有社会规范的习惯之间有一种功能上的相互关系"。1956年,卡罗尔对关于沃尔夫假说的观点做出如下总结:"语言相对论原则的正确性迄今尚未得到充分的验证,但是也没有被彻底否定"(Carroll,引自 Whorf 1956: 27)。

近二三十年来,研究者联系不同文化中的非语言因素,如亲属词汇、颜色词、数字、疾病术语或者称呼方式等,对语言的不同方面进行了研究,旨在对沃尔夫假说进行验证。结果相互矛盾。关于这个问题目前一致的看法,可以用以下三个陈述句来加以总结:

(1)"语言主要是反映,而非创造价值与取向上的社会文化规律。"
(2)"世界上的语言所共享的普遍结构,远远多于目前所已认识到的。"
(Fishman 1972: 155)
(3)"假如我们能够将'什么先导致了什么'这个问题搁置到一边的话,留给我们的是持续不断、错综交织的对话与互动这个令人着迷的过程。在这些过程中,语言与社会行为是平等的伙伴,而非其中之一是'老板',给另外一方'发号施令'。"
(同上: 171)

对语言教育学而言，上述研究极其重要，很多人坚信，语言学习者不仅要学习文化语境（语言和文化），而且他们必须清楚地认识语言与文化之间的互动关系（"文化中的语言""语言中的文化"）。[16]

关于人类学与语言学之间的相互关系，30年代英国[17]盛行的观点，在拉德克利夫-布朗的《原始社会的结构与功能》（*Structure and Function in Primitive Society*）一书中清楚地表达了出来。拉德克利夫-布朗认为（Radcliffe-Brown 1952: 196），"社会结构跟语言，是一种一般的意义关系。"除经济机构和礼仪、道德与法律规则之外，语言是构成社会结构的现象之一。但是，他认为，社会结构特征跟语言之间没有直接联系。因此，"语言学……是可以不需要参照社会结构来有效地进行研究的社会人类学的一个分支"（同上）。当然，他已看到，语言跟社会并非完全没有联系，"因此，语言扩散，几个不同的社团团结为一个语言社团，以及同一个语言社团分裂为不同的社团这个相反的过程，是社会结构现象。在那些有社会阶层区分的社会中，不同的阶层，其语言也有差异，这种情况也是社会结构现象"（同上）。

尽管拉德克利夫-布朗对上述社会语言学的一些基本特征已有认识，但是从相隔几行的下文可以看出，他似乎认为联系社会对语言的各个方面进行研究对社会人类学或者语言学并无什么大的益处。语言学跟人类学的分离在其研究兴趣上体现出来，在他的研究中语言几乎完全被束之高阁。[18]

相反，本书第7章简要提到的对语言学家弗思产生过重要影响的马林诺夫斯基，乃是英国人类学思想中一个流派的代表，他认为语言起着非常重要的作用。尽管作为一个语言学家，他常常被看成一个并非很专业的研究者，但是，其观点在某些方面类似于美国的博厄斯、克罗伯和萨丕尔。同博厄斯一样，他坚信，田野工作要求研究者熟悉部落的语言。同时，他还认为，若不与文化联系起来，语言的理解是不可能的。马林诺夫斯基语言与文化观的一个典型例子,可以在 20 世纪初期探索语言、思维和现实之间关系的一部颇有影响的哲学著作,即奥格登和理查德的《意义之意义》(*The Meaning of Meaning*)一书中找到。在上述两位作者的建议下,马林诺夫斯基将自己关于原始语言意义的观点付诸文字,投稿给其生机勃勃的哲学研究副刊。

马林诺夫斯基以特罗布里恩群岛上一位土著关于乘独木舟旅行和谈论其独木舟超级性能的话语为例,对上述问题进行了阐述。他观察到,原始语言中类似的话语若脱离其文化背景,与实际情景失去联系,是完全不能理解的。他非常雄辩地为自己的观点提出辩护:

"语言从根本上来讲,深深根植于其文化、人民的部落生活与习俗现实中。而且……如果不参照言语的大背景,语言就无法得到解释。"(Malinowski 1923: 305)

"话语只有置于其情景语境中才可理解,假如允许我造这样一个术语来表达的话,一方面语境的概念必须扩大,另一方面,言语生成的情景永远不能以跟语言表达无关为由而被忽视。"(同上: 306)

"一个民族其生活条件不同、文化不同,所说的语言亦有差异,因此对这种语言的学习必须同对其文化和生存环境的学习结合起来进行。"(同上)[19]

他否认将语言看作是"虚构和无关"之物的"哲学"方式,因为它孤立地对书面语言来进行考察。相反,民族学家对待语言的方式是"真实和根本性的"。马林诺夫斯基所观察到的一个原始社区的语言有四种用途:首先,他在特罗布里恩群岛垂钓旅行期间言语的使用中,发现了行动言语(the speech of action),"原始形态的语言应该被看成是人类的行动,而且必须在一些具体的事物上作为一种行为模式,以人类的行动为背景,来进行研究"(同上:312)。另外一种则是叙事,"原始社区中"使用的语言,"是一种社会行动,而非仅仅是思维的反映"(同上:313)。第三种用法,用他不易忘记的术语来说,即寒暄交谈(phatic communion),乃是"用言辞的交流来建立融洽联系的言语类型"(同上:315)。总而言之,马林诺夫斯基认为,具有原始功能和初始形式的语言,从本质上讲是实用性的,是"一种行为模式,人类共同行动不可缺少的一个成分"(同上:316)。言辞与行动紧密联系起来的结果是,原始社会语言的第四种用法:语言魔法和咒语中语言的仪式性用途(ritual use of language)。

马林诺夫斯基对原始社会中语言的这四种功能跟脱离直接情景迫切需要的文明语言进行了对比,他发现除了上文所描述的四种功能之外,文明社会的语言中还包括复杂、抽象的活动,如写作或者科学著作的阅读。然而,这些都是高级或者派生出来的语言用途,因此不应被作为语言活动的原型来对待。在其文章具有高度臆断性的结论部分,马林诺夫斯基依据前述语言的功能,对儿童语言发展中语法范畴发生的次序做出了粗略的勾勒,并将它跟原始社会的发展中语言所发挥的功能进行了比较。他认为,原始语言中意义的发展,乃是奥格登和理查德所讨论的哲学语篇中意义应用的史前形式。其论点中所预设的语言观是,原始社会的语言,无论是从功能还是结构上来看,都"远远落后"于发达社会的语言——这种观点跟当代的一些语言学观念大相径庭,也跟与马林诺夫斯基同时代的语言理论迥然有别。然而,马林诺夫斯基对语言应用的四种语用功能的认可,以及对语言使用、情景语境和文化之间关系的认可,促生了当代社会语言学思想。

正如我们在本书第 7 章中所言,马林诺夫斯基所认为的至关重要的情景语境,已成为英国自认从马林诺夫斯基那里受益良多的弗思语言学理论流派中的一个核心概念,"伦敦小组的语言分析技术中有一个核心概念,即情景语境。'情景语境'这个短语最初广泛用于马林诺夫斯基的英语著述中。30年代,他尤其热衷于讨论语言问题,那时,本人有幸同他一起共事"(Firth 1957: 181)。

弗思学派,或称伦敦学派,将社会语境纳入其语言分析中,一直以来,至少是从理论上讲,一向从一个更广阔的角度来看待语言,这是美国同行所无法比拟的。根据弗思的观点,描写语言学乃是"一个自足的相关学科群——如语音学、音系学、语法、词汇学、语义学,以及所谓'语言社会学(sociology of language)'"(Firth 1957: 177)。对弗思而言,语言学的基本单位是语言事件(the language event),情景语境将之与下列因素联系起来:

(1) 参与者的相关特征:不同类型的人、性格
  (i) 参与者的言语交流,
  (ii) 参与者的非言语交流;
(2) 相关的事物;
(3) 言语行为的结果。(同上:182)

总而言之,20年代马林诺夫斯基提出的,至少是30年代以来弗思所阐发的关于语言的社会功能观,60年代和70年代在社会语言学中重新得到重视。[20]

社会学与社会心理学

人类学家对语言表现出极大的兴趣,而社会学尽管也承认语言与交际在社会中的重要性,但在20世纪上半叶,在语言现象与社会现象的关系问题上,却出奇地沉寂。因此,1953年,卡罗尔在其语言

研究综述中指出，语言学对社会问题的启示"几乎完全没有得到探索"（同上：118）。其中为数不多的例外之一是美国社会心理学家米德的著作《大脑、自我与社会》（*Mind, Self, and Society*）（1934），作者在书中提出了以下理论：一个人的大脑及其对自我的知觉，乃是由个人与其所处环境的社会关系形成的，个人的角色是用语言符号来界定的。米德的理论对美国许多社会心理学家和精神病学家都产生过很大的影响，他们认识到，语言"标签"以及人际关系中语言的使用，对个体的自我形象有着深远的影响。[21]

许多语言学家从各自的角度出发，对语言的社会方面进行了阐释，但是就弗思显而易见的社会学角度而言，真正的"社会语言学（sociological linguistics）"没有像弗思本人所预料的那样由此发展起来，这确实是咄咄怪事。因此，"二战"后不久，英国一位对儿童语言尤其感兴趣的名叫刘易斯（Lewis 1947）的教育学家和心理学家，主要由于受到战时语言使用和误用经验的启发，在一个有点受到冷落的研究中就语言的社会功能提出了一些最基本的问题。刘易斯认为，由于图书、报纸、电话和收音机的发明，西方社会已经经历了一次"语言革命（linguistic revolution）"，结果导致了人们对大众读写能力和大众教育的重视。这些发展产生了什么结果呢？刘易斯借鉴心理学、人类学和哲学，对语言对人作为个体的功能，做出了如下定义：人的内心生活是跟语言紧紧地捆绑在一起的，因为"思维是以符号为中介的行为"，而且社会同样也不能脱离符号而存在。但是，不同的社会以不同的方式使用语言。因此，同西方大社会相比，原始小社会中仪式性语言的使用，多于用语言来管理群体活动。从广义的语言表达来看，西方社会的工业和政治活动已高度组织化，整合成为更强大有凝聚力的单位；但是，与此同时，由于对语言符号的依赖，它们可能使用（而且由此误用）语言来解决社会或者种族冲突，发动战争。因此，语言学革命既蕴含着巨大的潜力，同时也孕育着巨大的危险。"追求语言交际利益最大化的社会必须警惕、促进和引导其发展。如何才能做到这一点呢？……社会怎样才能不把语言交际当作战争的武器，而是当成思想、感情和行动统一的主要手段，来实施建设而非破坏呢？怎样？"（Lewis 1947: 230）。若要理解语言，他坚持认为，"我们就必须研究其在社会中的工作机制"（同上：239）。[22]

语言问题既可以从语言学的角度来考虑，也可以从心理学或者社会学的角度来考虑，三者相辅相成，殊途同归。此乃 50 年代初一项具有开拓意义的研究《语言接触》（Language in Contact）（Weinreich 1953）所发出的信息。以语言接触这个概念为核心，温赖克（Weinreich）首先从语言学的角度，对语言接触、语际干扰（亦即一种语言、方言或者语言变体，对另外一种语言、方言或者变体的音系、语法和词汇的影响）进行了考量。接着，他又从处于语言接触情景中的个体的角度，亦即从双语者心理的角度，对同一问题进行了审视。最后，他对语言接触作为社区的一个社会问题进行了研究。研究的对象是"语言干扰的机制及其结构原因和心理与社会文化决定因素"（同上：111）。温赖克的研究将语言与文化的证据综合起来加以考虑，以一种富于同情的新方式，对许许多多的语言接触问题进行了处理。这些问题在随后的几十年里成为社会语言学关注的焦点之一。[23]

温赖克关于语言接触的著作出版同一年（1953），豪根（Haugen）关于双语制的著作《美国的挪威语言》（*The Norwegian Language in America*）——对语言社会学的产生具有同样影响的又一项研究——出版。这项关于双语行为的个案研究，包括挪威移民从语言上适应美国生活的社会历史和对由此产生的挪威语美国方言的语言学研究。豪根本人是美国挪威移民的后代，毕其一生都在结合语言的社会环境对双语现象和语言问题进行研究。这一领域就是他所说的"语言生态学（ecology of language）"，即对语言与其环境交互作用的研究。他认为，这种研究"历史悠久，只是名称不同罢了，如心理语言学、民族语言学、语言人类学、社会语言学和语言社会学"（Haugen 1972: 325，327）。[24]

50年代末，在英国，人们开始联系社会阶层与教育对语言的功能进行社会学研究，从而使人们对社会中的语言因素有了新的认识。"二战"后，英国在教育机会均等方面做出了巨大的努力，任何人无论其社会出身如何，都有接受教育的权利。能力，而非社会背景，是教育选择的决定性原则。然而，大学与其他类型学校①学生的社会背景分布统计清楚地表明，尽管教育决策者的意愿是良好的，在语法学校和高等教育机构中接受教育的劳动阶层的子女仍然占少数。

英国社会学家伯恩斯坦（Bernstein）曾对上述问题进行过研究。他最初供职于伦敦城市日间学院，给每周一日脱产班的邮政总局邮递员授课，其主要职责是教授一个大班学生英语、算术和公民学，这些学生的学业成绩"是对教育体制最有力的控诉"（Bernstein 1971: 4）。伯恩斯坦的社会学训练，教授这些学生英语的试验，以及阅读萨丕尔、沃尔夫、维果茨基（Vigotsky）、卢里亚（Luria）的著作和卡西雷尔（Cassirer）的《符号形式的哲学》（*Philosophy of Symbolic Forms*）的经验，都对他50年代末60年代初关于社会因素与语言关系思想的初步形成起了促进作用。

伯恩斯坦坚持认为，社会阶层同语言之间存在一种系统的关系。中产阶层多使用他所谓的正式码或者精制码（a *formal* or *elaborated code*），而劳动阶层则多使用共享码或者限制码（a *public* or *restricted*

---

① 主要是指语法学校等教育质量比较高的一些教育机构。——译者注

code)。"语码"可定义为"语言使用的形式（form of usage）"，因此可以说是语言的一个变体。但是，伯恩斯坦认为下述观点是错误的：语码只是简单的标准和不标准方言或者"社会方言"，每一种方言都通过某些言语特征将某一个社会阶层标识出来。共享码与正式码的区别，大致相当于一成不变或者无个性的语言使用，与灵活多变，具有个性，而且往往是抽象、客观的语言使用之间的差别：前者如谈论天气的语言或者"鸡尾酒会开场白"（Bernstein 1964: 252），后者如说话者通过语言交流来解决问题时所使用的语言。限制码（的理解）需要有共享或者内隐意义的亲密语境（亦即限制码具有"语境依赖性"），而精制码则表意更透明，或者更加"不依赖语境"。[25]任何说话者，无论来自哪个社会阶层，都可能根据语言表达需要的实际情景，使用其中一种语码。进而言之，语言交流中使用哪一种语码，只是一个程度的问题，并非绝对。然而，根据伯恩斯坦的观点，劳动阶层的居家与工作生活使他们习惯于使用限制码，而中产阶层则倾向于使用精制码。学校教育，反过来讲，传授的是中产阶层的文化，偏爱精制码。因此，中产阶层的子女在家庭生活中接受的是精制码熏陶，同劳动阶层的子女相比较而言，在学校里就占据上风。所以，伯恩斯坦的理论所探讨的是社会阶层、语言使用和教育之间的关系。60年代，伯恩斯坦对社会各个阶层的特征、家庭对子女的控制与规矩、家庭中各种交流形式的特点以及家庭控制与交流对儿童认知发展的影响的兴趣越来越浓厚。

英国教育家已经认识到了伯恩斯坦的思想对教育的潜在价值。1964年，在伯恩斯坦的指导下，社会学研究小组（Sociological Research Unit）在伦敦教育学院（London Institute of Education）成立。伯恩斯坦及其同事与学生进行了大量的研究，旨在探索与揭示各种因素之间的关系。同时，由于坚信语言在维系阶层之间隔阂中起着举足轻重的作用，人们试图通过积极的语言教育，来消除因语言而产生的社会不公正现象。[26]

伯恩斯坦的论点成为争议的主题，因为它是语言"缺陷论"（deficit theory）的一个典型例子[27]。也就是说，伯恩斯坦理论的基础是下列假设：精制码优于限制码，使用限制码的劳动阶层子女，在一定程度上讲，"是有语言缺陷的（linguistically deficient）"，而非仅仅是有差异。批评者对此提出质疑，认为学校固然没有充分利用劳动阶层的语言资源，但是同时支持伯恩斯坦论点的研究也没有对这些资源进行恰当的探讨。初期，伯恩斯坦的研究毫无疑问缺乏令人信服的语言学研究的严密性和科学性。其出发点是消除社会不公正现象，但是纵观其历史，具有讽刺意味的是，因为所传达出的信息是劳动阶层子女语言劣等，因此受到挞伐。面对上述批评，无论怎样辩护，都无关紧要。重要的是，这整个领域的研究向人们昭示，在对语言使用和教育机会等问题的研究中，语言学与各种社会文化因素关系密切。同时，它还揭示出联系社会对语言进行研究的过程中所面临的理论与技术上的困难。无疑，这种研究需要格外注意一些细节，而且在有些情况下，研究应该更具有科学性，这一切可能是以前所未认识到的。正是在这样一个关于语言和社会的大的思想背景下，社会语言学开始作为一个独立的学科发展起来。

注释：

1　关于社会学的一般性介绍，可参阅波特摩尔（Bottomore 1962/1971）具有可读性的问题与文献指南，或者米切尔（Mitchell 1968）的社会学的历史描述。社会学的问题在曼彻斯特大学社会学家（Worsley 1970/1977）介绍性著作中有生动的描述。

2 关于涂尔干（Durkheim）的介绍，其生平与贡献、主要著述及其批评等，参阅比尔斯特德（Bierstedt 1966）。

3 引自克拉克·威斯勒（Clark Wissler）（Lynd and Lynd 1929）所著《米德尔敦》（*Middletown*①）。

4 如本书后面所述，当今的人类学已不再局限于对"原始民族"的研究（见本书第198页）。

5 关于对"社会"人类学的偏爱，汉纳兹（Hannerz 1973）做出了如下解释，"有两个主概念同这个宽泛的观点相辅相成：'文化'和'社会'。在这一点上，社会人类学独有的特点开始显现，因为人类学家要么钟情于这个概念，要么钟情于那个概念。有些自称为文化人类学家的人强调信念、价值观和行为表达的统一，但是对它们在社会中的分布和组织，却并不那么关注。如果假定社会没有文化的同质性，那么至少可能相对忽视多样性的运作方式。所产生的可能是极其简单的'一个社会——一种文化'形象，这可比作目前在语言学领域为众矢之的的统一的言语社团这个概念（参见 Gumperz 1968）。作者在本书中要借鉴的社会人类学并未忽视文化维度，相反却将它跟社会关系结构联系了起来：人作为个体在社会的关系中形成了自己的信念、价值观和行为方式，而且也正是在社会关系前述各项中得到运用"（同上：236—237）。

6 哈里斯（Harris）在其人类学历史中提到范根纳普（van Gennep 1910）所做过的一个研究，后者在巴黎一个码头上的旧书店发现了戴默尼尔的著作。

7 米德的"跟着博厄斯做学徒"，载戈尔德施密特（Goldschmidt 1959: 29-45）；引自哈里斯（Harris 1968: 316-317）。这种方式

---

① 美国城镇名，其中五个州有此地名，此处究竟指哪一个，尚不清楚。——译者注

乃是文化同理心这个概念（the notion of empathy with a culture）的前奏。关于这个概念，我们将在本尼迪克特关于文化模式的著作中（见本章注释8）以及最近关于语言教学中文化教学的著作见到。这个概念主要来源于19世纪德国哲学家狄尔泰（Dilthey）。

8 本尼迪克特对文化的分析受到德国哲学与心理学的影响：从狄尔泰那里借用了世界观类型（*Weltanschauungstypen*）这个概念和不同文明中主导生活方式的观念，两者最初由尼采（Nietzsche）提出，后来在历史哲学家施本格勒（Spengler）颇具影响力的著作《西方的衰败》（*The Decline of the West*）一书中得到进一步发展。施本格勒对东西方复杂的大文明社会进行了分析，而本尼迪克特却认为，她在其《文化的模式》一书中所研究的三个朴素的社会，才是统一的行为与文化组织这种思想的生动阐释。

9 类似（往往是带有主观臆断色彩且有争议的）研究例子有很多，一是本尼迪克特（Benedict 1946）关于日本文化的研究，二是戈勒（Gorer 1948）关于美国民族性格的研究，三是戈勒与里克曼（Gorer and Rickman 1949）关于俄罗斯人心理的研究。同样，迪克斯（Dicks 1950）在其对德国战俘的研究中，对德国纳粹心理的根源进行了探讨，阿多诺及同事（Adorno *et al.* 1950）在其里程碑式的研究《独裁性人格》（*The Authoritarian Personality*）中，对排犹主义和种族歧视进行了解释。

10 关于40年代和50年代初期对民族性格、基本人格和文化的研究综述，可参阅《社会心理学手册》（*Handbook of Social Psychology*）（Inkeles and Levinson，引自Lindzey and Aronson 1969）。关于文化的概念，克罗伯与克拉克洪（Kroeber and Kluckhohn 1952）在其生动、耐人寻味的著作中有全面的批判性述评，书中引证了164种关于文化的定义和无数描述，并进行了讨论。

11. 根据最初的设计，《文化资料纲要》（*Outline of Cultural Materials*）这个分类系统，是1937年为耶鲁大学人类关系学院（The Institute of Human Relations at Yale University）启动大型跨文化调查项目提供服务的。本次调查收集了世界各个民族样本的信息，并进行了分类。1949年，得到23所大学的赞助，跨文化调查（The Cross-Cultural Survey）成为一个独立的机构，更名为人类关系领域档案股份有限公司（Human Relations Area Files, Inc.）。自1937年首版以来，《纲要》已经过四次修订，"成为人类学家、地理学家、社会学家、历史学家和非职业文化资料记录者对资料进行组织所共同使用的方法"（Murdock *et al.* 1964）。

12. 人类学中关于语言的思潮与研究趋势的指南，首推《文化与社会中的语言》（*Language in Culture and Society*）（Hymes 1964）。奥姆斯特德（Olmsted 1950）在其早期的一篇文章中，对语言学与人类学领域里顶尖级权威关于文化人类学（ethnology①）跟语言学的关系的观点进行了梳理，做出如下总结：（1）语言学的研究发现应用于文化人类学中；（2）文化人类学的研究发现应用于语言学中；（3）对两者的研究方法进行比较；（4）运用语言学与文化人类学的技术对一些问题进行研究；（5）文化人类语言学作为社会科学的一种整合的方式发展起来。

13. 克罗伯在海姆斯的著作《文化与社会中的语言》的前言中，是这样做的开场白，"作为一个人类学家，我是通过学习如何分析博厄斯的《奇努克语文本》（*Chinook Text*）的语法逐渐登上人类

---

① 亦译"民族学"。——译者注

学殿堂的,我记忆中的第一次学术乐趣,是作为十岁的男孩向人们展示了英语强变化动词①的模式,在此很荣幸能就海姆斯教授的读者说几句话"(Hymes 1964: xvii)。

14 沃尔夫的论文由卡罗尔收集、编辑出版,并且卡罗尔以传记的形式对沃尔夫的著述进行了介绍和评析。本书根据卡罗尔的研究对沃尔夫进行了介绍(Whorf 1956)。

15 霍耶尔的研究是40年代做的。引文基于1950年的一篇文章,刊载于海姆斯(Hymes 1964)综合探讨"世界观与语法范畴"的著作第三部分中,其标题是"纳瓦霍语言范畴的文化意义"(Cultural implications of some navaho linguistic categories)。

16 主张教授文化的理论家经常提到语言与文化之间的关系。参见本书第12章。

17 若要对英国语言学与人类学的关系有全面的了解,请参阅阿德纳(Ardener 1971)。

18 这在拉德克利夫-布朗非常活跃的一个研究领域中尤其突出。这个领域是关于玩笑关系的研究,有很强的语言学倾向。人类学家发现,在有些社会中,拿某些人寻开心或开他们的玩笑是合乎礼节的,例如一个人开他的妻子的兄弟姐妹的玩笑,而在跟其他人的关系中,这种行为则是完全要避免的。当今,此类研究应归类于交际的文化人类学,可被看作是对交际能力的阐释。拉德克利夫-布朗对这个主题的研究,所探讨的完全都是玩笑相对于对其他人的尊敬关系的原则与意义。但是,他对尊敬关系的语言体现却极少提及。

19 无疑,这些观点对当今课程设计者而言都是可以接受的。

---

① strong verbs,即改变元音进行屈折变化的动词。——译者注

20 马林诺夫斯基和弗思提出并阐发了"情景语境"这个概念,关于这一点,罗宾斯(Robins 1971)另有专论。

21 例如,在精神病学中,卡梅伦(Cameron 1947)曾经用米德的理论来解释人格(personality①)的形成与发展以及人格问题,从而赋予语言以精神病源上的重要意义。多拉德和米勒(Dollard and Miller 1950)在当时一部颇有影响力的名著中表达了类似的观点。上述观点将沃尔夫语言影响认知的主张扩展为语言影响情感与人格。参见本书第 14 章第 292 页。

22 因此,刘易斯关于语言的社会功能观,源自马林诺夫斯基关于语言在原始社会和发达社会中功能的区别。同时,他似乎预示社会需要对语言进行有意识的规划。

23 应该指出的是,语言学,至少自索绪尔以来,乃是建立在语言是统一的自足系统这个概念的基础之上的。这种语言观不可能轻易容纳双语制、双言制(diglossia②)、对比语言学等将两种或者两种以上语言相互联系的概念。温赖克的著作首次弥补了现代语言学中的这一意识形态方面的缺陷。参见本书第 11 章第 230—231 页关于"单语假象(monolingual illusion)"的论述。

24 豪根 50 年代和 60 年代出版的重要著作包括:《美洲的双语制:文献索引与研究指南》(*Bilingualism in the Americas: A Bibliography and Research Guide*)(Haugen 1956)和《语言冲突和语言规划:以现代挪威语为例》(*Language Conflict and Language Planning: The Case of Modern Norwegian*)(Haugen 1966)。

---

① 其实,这术语严格说来应该译作"性格",但是心理学文献中一直以来译作"人格",虽容易产生误解,此处仍沿用定译。——译者注

② 亦译"双重语体"(参见戴维·克里斯特尔著(沈家煊译)《现代语言学词典》,商务印书馆,2002 年)。——译者注

25 伯恩斯坦举了下述例子（Bernstein 1971: 13）："母亲瞥见其孩子意图不轨，突然大喊：'住手！再做坏事，定不饶你！'假如我们从录音机上听到这个命令和威胁，很难推断出究竟是什么事促使说话者发出上述命令，假如孩子置之不理，又会发生什么事情。"——因此，此乃（依赖于语境的）限制码的例释。

26 伯恩斯坦50年代和60年代的著述结集分两卷出版（Bernstein 1971，1973）。若对其研究综述感兴趣，可参阅劳顿（Lawton 1968）或者鲁宾逊（Robinson 1972）。读者若要对伯恩斯坦的思想发展历程有所了解，可阅读关于伯恩斯坦的介绍（Bernstein 1971），其中以其生平为背景，对其思想进行了追溯。他对当时发生的一些变革和矛盾冲突有着清醒的认识，"……指导思想一直在变化中"（Bernstein 1971: 1）。在1973年撰写的另一篇论文中，他对其关于社会语言语码的思想做了解释（Lee 1973）。若对后期关于伯恩斯坦研究的评价感兴趣，参阅赫德森（Hudson 1980）。

27 若被指控为支持"语言缺陷论"，则等同于被指控为种族歧视或者性别歧视。

第11章

社会语言学面面观

　　人类学、社会学、社会心理学和语言学数个学科领域所做出的努力，都在社会语言学中汇集到一起，系统地将语言与社会、文化联系了起来。正如我们在本书第7章中所言，过去，语言学一直单一地聚焦于语言形式的各个方面，将语言作为一个统一、自足、自主的系统来对待。语言学主要关注的，再次引用乔姆斯基（Chomsky 1965: 3）的名言来说，是"完全同质的言语社团中理想的说话者"。这种对理想的语言系统（langue）形式特征的集中阐释，在对语言的分析中，作用极其强大，但是却不能解释非同质的言语社团与非理想的说话者的语言现实。在本书第7章结尾处，我们已经注意到，语言使用的混乱现实迫切要求对此予以关注。而且，正如我们在本书第10章所看到的，关于语言、社会与文化之间的关系，人们反反复复提出了许多问题。50年代，社会语言学这个概念就已试探性地提出。早在30年代，弗思就提出应进行"社会学语言学"研究。然而，可能是由于40年代和50年代结构主义描写语言学的成功，以及60年代转换生成语法和心理语言学占据了支配地位，直到60年代，社会语言学才作为一个独立的研究领域发展起来。大约自1963年起，一些语言学家开始义无反顾地投入到对社会中语言应用这一复杂问题的研究，并且社会科学家和语言学家开始更加紧密地联起手来，解决一些具有普遍性的社会语言学问题。关于社会使用中的语言的研究，收集在专题论文集和选读中出版发行（如 Hymes 1964；Bright 1966；Fishman 1968，1971），一些新的有针对性的社会语言学研究启动。[1]

社会语言学作为一个不同的学科的发展具有以下三个主要方向。一是普通语言学或者理论语言学重新定向，进入到社会中语言的研究。二是扩展了母语者语言能力的概念，变成交际能力的概念，语言学研究由抽象的语言研究，变成具体的语言使用行为的研究：言语的人种志研究（ethnography of speaking）。第三个方向更明显地产生于社会学，通常被称为"语言社会学（sociology of language）"，即对言语社团的研究。上述三个方向不可能泾渭分明，截然区分开来，但是提供了可用于描写社会语言学主要方向特点的标题，而且，从本书第 12 章和第 13 章可以看出，三者都跟语言教学有关。

社会语境中语言的研究

同本书第 7 章所描述的那种语言学最接近的是第一个趋势，即借用主要倡导者之一威廉·拉波夫（William Labov 1971，1972）的话来说，社会语境中语言的研究。根据拉波夫以及很多其他社会语言学家的观点，对言语社团语境中语言的研究就是语言学。语言学分析的一些普通课题，即音系学、形态学、句法学、话语分析、语义学仍然是需要继续研究的领域；但是，如果同自索绪尔到乔姆斯基以来的语言学家一样，以"纯粹""抽象"的方式来对上述领域进行研究，则将语言使用中最有意义的无数语言变体排除在语言学的研究之外了。在语言系统（langue）和言语（parole），或者语言能力（competence）和语言运用（performance）之间，索绪尔选择了语言系统，而乔姆斯基则选择了语言能力，来作为语言学研究的主题。社会语言学家做出了恰恰相反的选择。对他们而言，恰恰是言语或者语言运用的变异性，才是语言学研究的材料，"任何形式的普通语言学研究的材料，是母语者日常生活交流中所使用的语言，这似乎是再自然不过的事情了"（Labov 1971: 153）。

　　社会语境中语言的研究，起源于以下假设：在不同的社会情景中，言语会产生变异，而且在同一言语社团中，存在不同的言语变体。语言学的任务就是对这些变异进行解释，将语言变异作为一种正常的语言使用现象来研究其规则。例如，拉波夫本人曾对纽约英语中的一些具体的音系特征进行过研究，如/r/或者"thing"或"thick"中的清齿擦音/θ/的各种变体，他发现这个音位的"威望形式（prestige form①）"有时以低级的形式出现，发作塞擦音或者爆破音（"fing"或者"ting"）。拉波夫的研究结果表明，纽约人并非总是排他性地使用/θ/的其中一个变体，而是根据情境的正式程度变化其言语习惯。因此，他们在不同风格的言语中，如随意的日常言语、谨慎言语中，或者在连续朗读风格或者朗读词表时，所使用的是/θ/的不同变体。换言之，存在一种风格递差（stylistic gradient②）。但是，各个阶层之间也存在差异。上等阶层和中产阶层说话者之间的风格差异，小于劳动阶层或者下层说话者之间风格的差异。根据拉波夫的观点，社会语言变量是跟非语言社会背景特征（如说话者、听话者、听众或者场景）具有系统联系的语言特征。因此，某些特征，如纽约英语中的/θ/，根据语言使用的正式程度和说话者所属的社会阶层，系统地产生变异。[2]

　　显然，若将语言使用的众多社会与地域变异都加以考虑的话，语

---

① 即社会上层，尤其是中产阶层，所使用的一种形式。——译者注
② 即按照异同程度将所描述的两个范畴联系起来的一种级差。——译者注

言描写的任务就复杂得多了。语言教师也面临类似的问题,他们经常自问:是否应该教授人们实际说的语言,或者是否应该将语言教学局限于教授某一种理想化的"标准"语言。如果选择后者,事情就简单了,但是学生可能会发现,他们所学的并非是母语者所说的语言:学生对不同群体说话者之间的差异以及这些差异的社会意义缺乏敏感性。社会语境中的语言更接近生活现实,但是变异却使教与学的任务更加复杂。

社会语言学这一发展趋势所产生的影响是从社会维度对语言更加分化的描写:社会中不同的社会团体和不同情境中个人语言使用上的区别都在音系学、形态学、句法学和词汇学中体现出来。

交际的人种志

社会语言学的第二个主要方向是对个体在具体社会情景中交际活动的研究,被称之为"说话的人种志",或者更广泛为人所接受的"交际的人种志"(Sherzer 1977)。上述社会语言学的研究方式突破了传统对言语形式特征的研究,将语言学的研究领域拓展到对交际行为的社会语境和参与者的研究。此处可再次以本书第7章描述的言语行为的模型(见图表 7.1 和 7.2)为起点来展开讨论。但是,这一次重点不在信息的形式特征(具体而言,即语言学)上,亦非在语言使用的心理过程(心理语言学)上,而是将重心放在言语行为的人际功能和语言形式与社会意义之间关系上了。

这种对言语社会功能的关注表明,语言分析模型的重心从孤立的言语和对言语得以存在的"语境"的研究转向作为主要事件的人际社会行为,而言语形式则降至次要地位。因此,交际行为基本上已不再被看成是语言信息的交流,而是一个有社会意义的事件

(episode)，只要人们已经就社会规则和功能达成一致，并且为言语交流参与者所知晓，那么语言的使用仅仅在其中起某种作用。因此，在特定情景中，恰恰是人际事件的序列为信息的传达搭起舞台（或者提供语境）。研究已表明，假如一个人违反了社会行为规则，说了意料之外的话，他可能在某个言语事件中给参与谈话者造成混乱，或者带来烦恼。为了验证这一点，加芬克尔（Garfinkel 1967: 38-44）曾做过一个实验，实验可用下例来加以阐述：

"受害者欢快地挥挥手。
S'你好？'
E'我好，哪方面？我的健康，经济条件，学业，心灵的平静，……？'
S（脸红了，突然失控。）
'这是啥话！我只是客套客套而已。说实话，你好不好关我屁事。'"

语言使用的特征更多地被看作是社会关系的标记，或者是个人对事件理解的标记，而非句法结构的例证。

早期交际的人种志的一项任务是，提出一种可用于对社会情景中言语事件进行分析的概念框架。假如我们对语言学家雅各布森（Jakobson）、社会心理学家罗宾逊（Robinson）和语言学家兼人类学家海姆斯各自提出的理论模型做一比较的话，就会发现它们有很多相似之处（图表 11.1）。

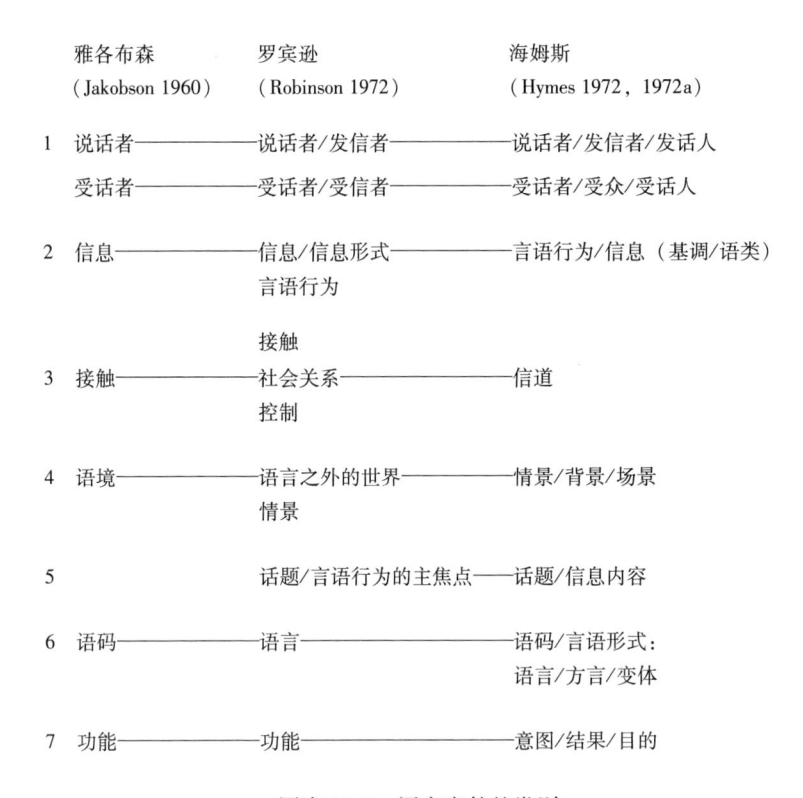

	雅各布森 (Jakobson 1960)	罗宾逊 (Robinson 1972)	海姆斯 (Hymes 1972, 1972a)
1	说话者—————— 受话者——————	说话者/发信者—————— 受话者/受信者——————	说话者/发信者/发话人 受话者/受众/受话人
2	信息——————	信息/信息形式—————— 言语行为	言语行为/信息（基调/语类）
3	接触——————	接触 社会关系—————— 控制	信道
4	语境——————	语言之外的世界—————— 情景	情景/背景/场景
5		话题/言语行为的主焦点——	话题/信息内容
6	语码——————	语言——————	语码/言语形式： 语言/方言/变体
7	功能——————	功能——————	意图/结果/目的

图表 11.1 语言事件的类别

（一）所有的理论模型都将言语行为中的参与者标示出来，这是一组最基本的概念：说话者与听话者，作者与读者，或者用意义较宽泛的术语来说，说话者与受话者，或者发信者与受信者。正如海姆斯所正确地指出的，有些言语行为并非是二分的，也就是说，有些言语行为，如独白、有声思维，或者祷告，并不需要有受话者。相反，在有些情况下，参与者之间的关系却是三分的，其中涉及第三个参与者，即受众。另外一种三分关系是话源（source）、说话者（发言人、翻译、"影子作者"）和受话者。

（二）另外一个重要概念是信息，在多数情况下就是所说的话，但有时则是非言语交际行为本身，或者伴随的非言语交际行为。言语的最小单位通常是言语行为。社会所认可的更大的单位是会话、讨论、讲座等，这些构成了语言情景中发生的言语事件（见本章下文第四点）。海姆斯用语类（genre①）这个文学术语来描述不同的言语事件，如"诗歌、神话、故事、格言、谜语、诅咒、祷告、演说、讲座、商业广告、表格、信函、社论"（Hymes 1972a: 65）。言语行为与言语事件也可以根据其语气或者风格，或者用海姆斯的术语来说，根据其基调，区分为不同的类别，例如，严肃、庄重、讽刺、戏剧性、正式或者非正式。

人们将话语看作是言语行为，在很大程度上应归功于语言哲学家40 年代和 50 年代对日常语言非常有见地的研究。其源动力来自于奥斯汀（Austin），他在《关于如何以言行事的哈佛系列讲座》（*Harvard Lectures on How to Do Things with Words*）（1962）中向人们展示，有些话语本身就是某种行为，而非关于某事的陈述，例如，"我敢打赌""我许诺"和"我宣布你们两人成为夫妻"等，就属于前者。奥斯汀先是将类似上述的言语行为（施行句，performative②），跟可真可假的其他类型言语（陈叙语，constative）区分开来。但是，他并未受上述观点的制约，坚持认为任何话语都可看作是言语行为。因此，假如我说"这里很冷哦"，这可能仅仅是一个陈述或者命题（发话【言行】，locutionary act），但是同时也可能是要求某人关闭窗户的请求（用奥斯汀的术语说，即示意【言行】，illocutionary act），因此具有言语行为的功能，也就是说，就此情况而言，其功能是请

---

① 亦可译作"体裁"，目前语言学界通行"语类"。——译者注
② 此处采纳的是沈家煊先生的译法（戴维·克里斯特尔著《现代语言学词典》，商务印书馆，2002 年），也译作"述行语"或者"述行成分"（见陆谷孙主编《英汉大词典》（第二版），上海译文出版社，2007 年）。——译者注

求。换言之，言语可以同时承担多种功能。[3]

（三）言语行为是通过媒体或者信道（空气、纸张，或者电线）来传送的，借助于它们建立起参与者之间的物理关系。但是，这种关系从心理的角度，也可被看作是参与者之间的某种社会接触或者角色关系。谈话反映了个体之间社会角色的差异：因此，儿童对父母、朋友或者老师说话的方式不同。

（四）言语事件是在一定的背景或者场景（即言语情景（speech situation））中发生的。参与者所解读的情景可以决定话题、语言行为和参与者的期待。因此，典型的语言使用和语言行为，同课堂教学、委员会会议、葬礼、晚会，或者马林诺夫斯基所栩栩如生地描写的垂钓远足（Malinowski 1923），相互协调一致。如前所述，很久以前，马林诺夫斯基就强调语言理解中"情景语境"的重要性，"情景语境"这个概念为弗思和许多语言学家所接受并采纳。

（五）信息根据其话题或者内容可进一步做区分，话题或者内容经常但是并非总是跟非语言外部现实、情景或者言语事件发生的语境产生联系。

（六）在特定的情境中，参与者选择某一种言语变体（variety of speech）、方言、语言、语码或者语域，至于做出何种选择，取决于情景、参与者之间的关系或者话题。如前所述，根据索绪尔的观点，社会语言学跟语言学的差异在于，前者重视言语的不同变体和说话者之间或者同一说话者在不同情景中系统的言语变异。社会角色、情景或者功能以可预测的方式控制着不同的言语变体的使用，因此对这些因素的研究对社会语言学的发展起着举足轻重的作用。

（七）根据这些概念体系，不同的言语行为具有不同的意图或者功能。研究者为了穷尽式地对言语的功能做出界定，做出了许多努力。图表 11.2 乃是其中五种。

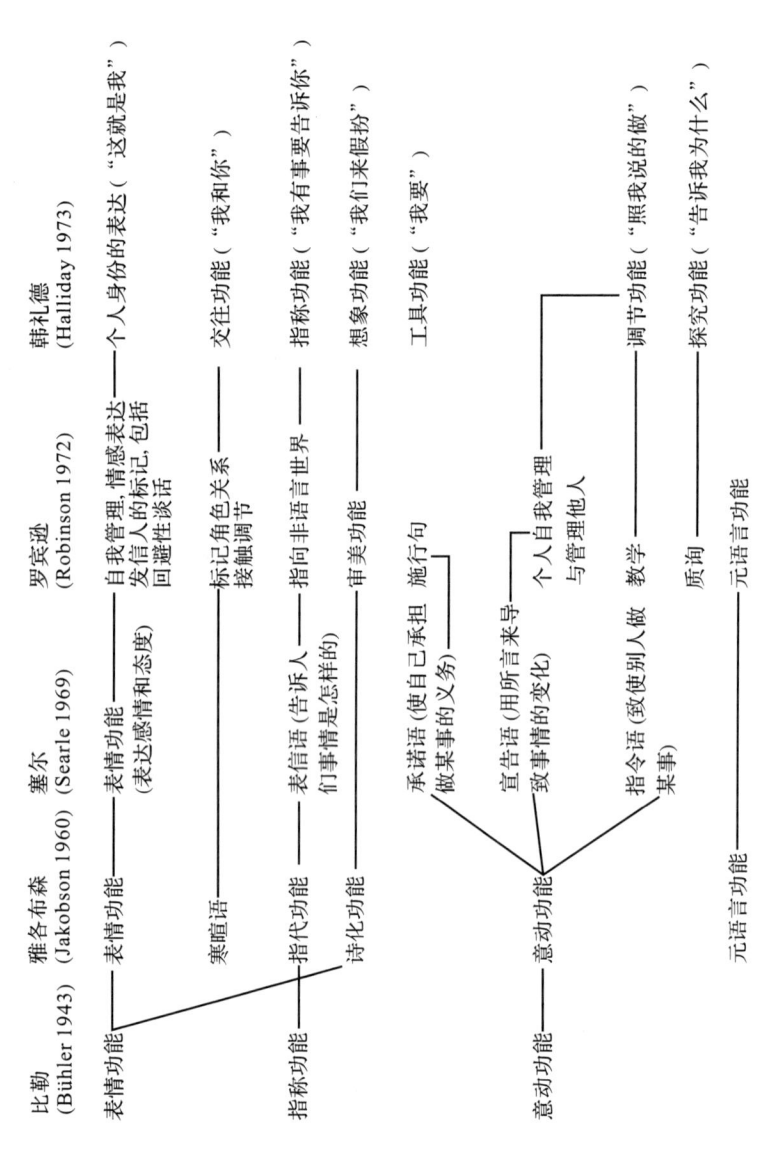

图表11.2 言语行为的功能类别（线条表示大致对等的概念）

比勒 (Bühler 1943)	雅各布森 (Jakobson 1960)	塞尔 (Searle 1969)	罗宾逊 (Robinson 1972)	韩礼德 (Halliday 1973)
表情功能	表情功能	表信语（表达感情和态度）	自我管理、情感表达，发信人的标记，包括回避性谈话	个人身份的表达（"这就是我"）
	寒暄语		标记角色关系 接触调节	交往功能（"我和你"）
指称功能	指代功能	表信语（告诉人们事情是怎样的）	指向非言语世界	指称功能（"我有事要告诉你"）
	诗化功能		审美功能	想象功能（"我们来假扮"）
		承诺语（使自己承担做某事的义务）		工具功能（"我要"）
		宣告语（用所言导致事情的变化）	个人自我管理 与管理他人	
意动功能	意动功能	指令语（致使别人做某事）	教学	调节功能（"照我说的做"）
			质询	探究功能（"告诉我为什么"）
	元语言功能		元语言功能	

其中最古老、最简明的分类是比勒（Bühler）的言语功能三分法：表情功能（expressive）、指称功能（representational）和意动功能（conative）。塞尔（Searle 1969）在其对语言功能的分析中区分出五种不同的功能。雅各布森（Jakobson 1960）在其关于文体或者诗化功能（stylistic or poetic function）的一篇论文中，将语言的功能分为六类。韩礼德（Halliday 1973）在其关于语言功能的一本专著中将语言功能分为七类。罗宾逊（Robinson 1972）的理论或许是最详尽、烦琐的，将语言的功能区分为十四类。[4]威尔金斯（Wilkins 1976）给出了类似的分类。其分类虽未包含在表11.2中，但是将在下文中会提到。如前所述，任何一句话都可以同时发挥多种功能。那么，究竟可以找出哪些功能呢？

（1）多数理论中所共有的一个类别是，言语行为可用于表达说话者的心理状态或者态度，例如孩子的哭泣、感叹（ooch!）、呻吟或者叹息。拉波夫的一些研究中精心设计的言语行为证据表明，说话者对自己在社会结构中的身份，甚至对情景的期待和评估（或者更随意一些，或者更正式一些），都有认知。根据罗宾逊的分析，言语行为可用以标记说话者的情感状态、性格和社会身份。威尔金斯认为，个人（积极与消极）的情感是一种功能类别。

（2）言语行为的另外一个功能是使参与者相互接触或者建立关系。韩礼德（Halliday 1973: 17）称此功能为交往功能（interactional），或者是"我和你"功能。这一功能的一个重要方面是建立与维系社会接触（罗宾逊），即马林诺夫斯基所谓的"寒暄交谈"（见本书第20章第208页），这个概念后来为雅各布森所采纳。或许，威尔金斯的情感关系范畴（如招呼、同情、感恩、奉承和敌意）即属于此类功能。

（3）言语的指代或者指称功能（塞尔所谓的表信语

（representative））在所有的理论中都居于重要的地位。甚至儿童都直觉地知道，而且能够表达"具体指代周围现实世界的过程、人物、物体、抽象概念、特质、状态和关系的信息"（Halliday 1973: 16）。指代功能将言语行为与具体语境（雅各布森），或者非语言世界（罗宾逊），联系了起来。威尔金斯将此项功能部分纳入论据（Argument，即"信息（information）"）之下，部分纳入理性质询（Rational Inquiry）和阐述（Exposition）之下①。

（4）语言往往被用来致使语言接收者做某事（工具性语言使用（instrumental use）），例如请求、命令、敦促，或者以其他方式约束人的行为（约束性语言使用，即塞尔所谓的指令语（directives））。教学也可以被看成是一种旨在让听话者做某事（即学习）的交际行为。威尔金斯的分类中还有一个宽泛的类别，称为"劝说（Suasion）"，其中包括劝告和建议。

（5）罗宾逊（Robinson 1972）接受了奥斯汀（Austin 1962）的理论，认为施行句（performatives）可以用以实施下列言语行为：劝告、警告、祝贺、咒骂或者许诺等。这些语言功能在塞尔的理论中被归类为宣告语（declarations）和承诺语（commissives）。

（6）韩礼德和罗宾逊将语言的询问或者质询功能单独划为一个功能类别。韩礼德称之为探究（heuristic）功能，等同于威尔金斯的"理性质询和阐述"。

（7）为使用语言而使用语言，即以使用语言为乐趣，亦即语言的想象与审美功能，也在某些理论中得到认可。例如，在比勒的理论

---

① 此处威尔金斯所使用的大都不是标准的语言学术语。——译者注

中,这种功能归于表情类中。

(8) 最后,雅各布森和罗宾逊将用语言来谈论语言归于另外一个不同的类别(元语言功能(metalingual function)),即对言语行为的解释与评论(例如,"我重复""我必须强调""这个词是什么意思"等)。

在海姆斯(Hymes 1972a)理论中,言语行为的"构成成分"在第一种理论中指各种类别(范畴),在第二种理论中则是功能,它们相互联系,相辅相成。雅各布森(Jakobson 1960)将语言的六种功能和六个成分以下述精致、巧妙的方式调和了起来[5]。

语　境
指称功能

说话者　　　信　息　　　受话者
表情功能　　诗化功能　　意动功能

接　触
寒暄功能

语　码
元语言功能

图表11.3　雅各布森对言语行为和言语功能的分析

罗宾逊(Robinson 1972)拓展了雅各布森的理论模式,将语言功能分为14类,每一类都跟特定概念或者言语行为的焦点相联系。下述跟罗宾逊的理论相对应的图表需要略做说明(见图表11.4)。

300　语言教学的基本概念

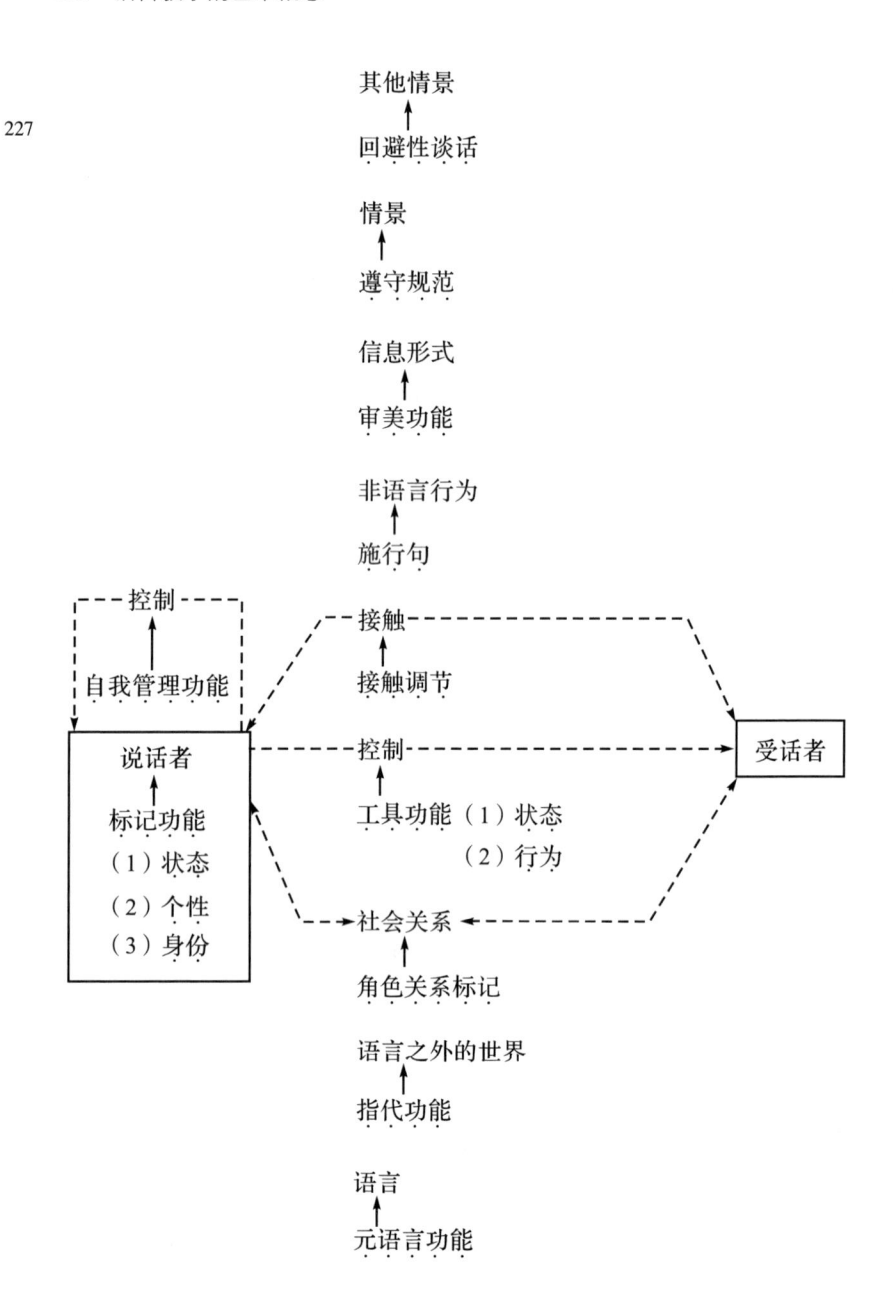

```
                              其他情景
                                ↑
                             回避性谈话

                               情景
                                ↑
                             遵守规范

                             信息形式
                                ↑
                             审美功能

                             非语言行为
                                ↑
                              施行句

    ┌ - 控制 - ┐           接触
    │    ↑    │             ↑
    │自我管理功能│          接触调节
    └────┼────┘
    ┌────┴────┐          控制                    ┌──────┐
    │  说话者 │- - - - - - - - - - - - - - - - ->│ 受话者│
    │         │         工具功能（1）状态        └──────┘
    │  标记功能│                （2）行为
    │ （1）状态│
    │ （2）个性│→  社会关系  ←
    │ （3）身份│
    └─────────┘         角色关系标记

                           语言之外的世界
                                ↑
                             指代功能

                               语言
                                ↑
                             元语言功能
```

图表 11.4　语言的功能（正常字体标记焦点，着重号表示功能）（Robinson 1972）

罗宾逊（Robinson 1972）在其书中对这个分类做了进一步说明。它将特定的语言功能，跟一个人所处的社会情景、其社会角色、社会阶层和个性特征联系了起来：接触调节（如招呼、道别）、施行句（如许诺、打赌、命名）、自我管理（如自言自语、祈祷）、管理他人、情感表达、指代非语言世界、命令（指示）、质询和元语言用途。

塞尔用下述语言，言简意赅地将言语的多种功能做了总结：

"……我们（通过言语）告诉别人事物是怎样的，努力让别人做事，自己承担做事的义务，表达自己的感情，同时我们用言语来使世界发生变化。我们往往用同样的言语来同时做几件事"（Searle 1976: 23）。

威尔金斯关于意念大纲的研究（如 Wilkins 1976）和欧洲委员会的言语功能问卷开发计划（如 van Ek 1975；Coste et al. 1976）对语言的功能做出了详细的分类，并应用于语言课程的开发。但是，必须牢记的是，这些功能范畴仍然是探索性的，尚缺乏实证研究证据的支持。

上述各种概念框架均承认，在特定文化中，这些功能类别所代表的各种成分，是按照一定的规则相互联系起来的，因此，可以说，有适合于特定情景中参与者的交往规范（norms of interaction），或者解读规范（norms of interpretation）。会话的人种志研究旨在发现这些规则，从而拓展关于语言使用的系统知识。美国语言学家欧文-特里普（Ervin-Tripp 1971）尤其擅长综合各种研究概括出社会语言学规则。例如，说话者可以使用的各种称谓形式，是名还是姓，法语的"tu（你）"还是"vous（您）"称谓形式，取决于个人明确的选择（"交替"规则（alternation rules），亦即选择规则（selection rules））。同样，特定情景（如打电话，见下文）中言语行为的次序，或者特定情景中标志风格的成分的共现，受制于明确的次序规则（rules of sequence）或者共现规则（rules of co-occurrence）。加芬克尔（Garfinkel）所举的例子（见本书第221页）清楚地说明，如果不遵守顺序规则，会产生什么影响。

关于人种志研究的例子，以日常生活交际为重心的一组研究即是。研究者为了写出所谓交际的社会句法（a social syntax of communication），换言之，即发现海姆斯理论中的"交往规范（norms of interaction）"，做出了努力。上述研究尤其富有启发性，因为它们从社会学和语言学两个不同的理论视角，对日常经验的一个新的领域进行了探索。语言学家过去一直将自己局限于对句子的形式分析，现在则转向交际规则的发现。社会学家过去仅仅关心社会结构和社会阶层这些大的问题，现在却越来越密切关注面对面交往的一些根本问题。例如，在一项研究中，研究者（Schegloff 1968）对对话开场白的顺序进行了探讨。以前，传统的语言科学完全忽视了类似语言交流的规则。谢格罗夫（Schegloff）分析的单位是会话，尤其是话轮交替的双方会话。他用美国某城市警察局所接收和打出的电话录音为语料，对会话的开场白进行了详尽的研究。基于对会话开始序列的仔细分析，谢格罗夫归纳出揭示电话会话参与者预设和期待的规则。因此，电话铃声起着"传唤"的作用。正常情况下，被传唤者首先表明自己的身份，也就是说，答话者先发话。传唤—应答序列就这样持续下去，保证了会话的顺利进行。这样建立起来的规则就是交际的规则，这些规则构成制约言语行为、广义的交际行为以及其他形式交往的社会规则网络的一个组成部分。违背了这些规则，就像听到电话铃声不做应答，立刻会引起传唤者的猜疑，如谢格罗夫所举的例子：

传唤者：你生我的气了？

被传唤者：为什么这样想？

传唤者：我给你打电话，你却没有接。

被传唤者：哦，不是，我没听到。(Schegloff 1972: 367)

近十年来，研究者对特定语境中语言的使用，或者某一种言语行为，做过数项深入、透辟的研究，研究的方面包括：课堂话语（Sinclair and Coulthard 1975）、医疗诊断（Candlin, Bruton, and Leather 1976）、精神病治疗谈话（Labov and Fashel 1977）以及对解释这种言语行为的分析（Weinstock 1980）。上述研究揭示了日常语言使用的高度复杂性，因为人所说的话语可以同时发挥多种功能。从这些研究来看，认为"日常普通的会话"是语言教学单纯、适中的目标这一观点，在今天看来，必须加以修正，因为所谓普通的日常会话乃是一种非常微妙、具有复杂形式的语言行为。

交际能力

母语者的语言水平包含按照前面概述的各种语言功能中所试图涵盖的多种方式来说话和听别人说话的能力。母语者对本族语的掌握应达到完全自动化的程度，这样就可以根据海姆斯（Hymes 1972）所提出的社会语境在交际的过程中恰如其分地使用和解读语言，此即海姆斯与其他人所谓的"交际能力"，这是近年来语言教学中广泛接受的一个概念。在海姆斯广为引用的理论中，这是懂得"什么时候说话，什么时候不说话，同谁、什么时候、什么地点、以何种方式谈论什么"的能力（Hymes 1972: 277）。

这个概念是对乔姆斯基提出的"语言能力"的直接挑战，因为后者仅仅局限于对内化的句法规则和语言使用的社会规则进行抽象。

无疑，交际能力中包含语言能力，但是其侧重点是对社会、文化规则和话语所表达意义的直觉把握。[6] 这个概念进一步表明，语言教学中不应忽视语言的社会、人际和文化维度，而是应该像语法或者语音一样得到足够的重视。

而从另一方面来讲，由于整个规则系统极其复杂，除了母语者之外，任何人都不可能习得交际能力。从上述论断自然可推导出如下结论：第二语言学习者的交际能力，跟母语者的交际能力有一定的差异，从而进一步表明，显然二语使用者除了有局限性的语法能力和社会语言能力之外，还具有第三种能力，即第二语言使用者需要的一种附加技能：懂得作为社会文化能力和语法能力有局限性的二语使用者如何行为举止，也就是说，如何做好"外国人"。卡内尔和斯温将这种技能称为"策略能力"。[7] 自然，随着二语使用者其他两方面交际能力的提高，第三种能力的重要性越来越小。

语言教育学无论能从复杂的社会语言分析中得出什么结论，上述分类与言语的人种志研究很可能在第二语言课程设置中起着越来越重要的作用。如果教学不成为空中楼阁，不仅仅在抽象的概念层操作，就需要在本领域进行理论和描写性研究。

语言社会学

可以说，社会语言学的第一个和第二个研究方向所针对的是语言使用和语言行为的"微观"层面，而语言社会学所关注的则是其"宏观"层面（Fishman 1972）。这个研究方向侧重于言语社团和作为社会制度的语言。社会语言学从这个视角来看国家、地区、城市等，并将社会结构与社会团体跟这个社会中所使用的语言与语言变体联系起来。这种研究方式跟传统社会学很接近，融入历史与政治科学当中。

我们的语言观和语言社会观在多大程度上决定于为数不多的几种欧洲语言的地位,对此人们并无充分的认识。自文艺复兴以来,这些语言成为欧洲一些发展中单一民族国家的标准语。印刷与教育的发展、文化①水平的提高、单一民族国家这个概念的形成与强化,以及标准语作为交际媒介在全国的普及,所有这一切都促进了一种被看成是正确、正常的语言使用的统一。语言标准化和单语制乃是西方世界的主要特点,这种语言观直到"二战"结束在欧洲一直居于支配地位。

对民族语言大一统的某种偏离也是可以容忍的,尤其是地方或者区域方言。多数单语国家都有少数族裔移民,或者其他语言大一统的例外。两国边境地区,如捷克斯洛伐克和德国之间的苏台德地区、德国与法国之间的阿尔萨斯地区,情况尤其如此。方言并不构成政治上的挑战。然而,社会和教育中的多语制则往往被看作是过去遗留下来的令人不快的东西,经常被看成是一种退化的地方主义,或者是有政治危险性的民族统一主义或者分裂主义。有时,不同语言集团为突出自己或者获得认可而展开的争斗导致了暴乱和内乱。这种单一语言社会观所产生的后果是,双语制或者多语制被看成一种"问题",对社会或者个人是有害的,而非事物的常态和优势。

大学及各类学校里语言与文学的研究,甚至最近的语言学研究,在很大程度上讲,都是建立在其语言在欧洲主要民族国家所取得地位(即整个社会中语言统一、语言使用标准化、同质化)基础之上的。这种社会政治语言观在意识形态中的反映是,孤立的语言被看成是完整、独立的实体,它为自索绪尔到乔姆斯基绝大部分语言学研究提供了一个参照系。现代许多语言学思想流派倾向于将语言看作是具有内部一致性的对比与关系的系统。这些流派无法直接跨越语言之间的界

---

① 此处英语为"literacy",指读写能力。——译者注

线将一种语言跟另外一种语言联系起来，或者并不关注多语制。[8]

学校的体制也反映了这种语言观。但是，它们不仅仅是上述语言观的反映，恰恰是这种学校体制通过教育制造出了单语制。单一语言、单一民族国家的单一媒介教育，借助于其文学和民俗来传播文化价值，进而使那种语言作为教育唯一合法语言的地位得以确立，这种思想，总的来说，适应法国、德国和英国的发展，并从这些国家传播到欧洲其他国家乃至全世界。[9]

"二战"以来，世界社会、政治方面的深刻变革使人们认识到，单一语言、单一民族国家总是适用单一语言媒介学习这一简单的模子不能强加于语言现实。全世界所有的语言、种族、文化和宗教的少数派都在努力争取自己的语言权利，保持自己文化的独立性。非洲和亚洲一些国家语言和方言的情况非常复杂，欧洲 19 世纪单一的语言模式如不加以改造，难以适应其现实。语言和方言的多样性在多数社会中已被作为一种生活现实来接受，以多元化方式处理语言问题，乃是当今世界许多国家政策的特点。

语言社会学是对语言社会作用的新解读所做出的理智反应。当然，自 19 世纪以来，语言学家一直在研究言语社团内部的区域差异；方言学一向是语言学的一个重要分支，而且多年来，学者们一直在对某些社会团体的专门语言，如窃贼和士兵的俚语、行话和黑话等，进行研究。但是，方言和俚语从语言学来讲往往被看作是对语言规范有趣的偏离，而非具有重要社会意义的正常的语言多样性。

语言学家在前几十年所感兴趣的不同团体的方言和语言，如今则被看作正常的社会现象：社会语言学中不同的归类。温赖克关于瑞士语言接触的研究，豪根关于美国挪威语的研究，以及伯恩斯坦对 50 年代英国不同社会阶层社会语言语码的研究，现在被看成是社会中正常语言多元化一种新观点的肇始（同时参见本书第 7 章第 124—

126 页）。

形形色色的语言情景

1960 年前后，关于语言在社会中作用的新观点，引起语言学家、人类学家和社会学家的关注。在一项关于第二语言在亚洲、非洲和拉丁美洲作用的研究中（Rice 1962），弗格森（Ferguson）指出（同上：3），"尚没有人提出一种分类方法，可以从社会语言的观点来反映某种语言或者其情景的特点。"

60 年代，社会语言学家和语言学家开始着手对语言社会学中的一些基本概念进行界定和重新界定。其中一个核心术语是言语社团（speech community）。过去，这个概念可能被定义为分享同一语言的社区（社团）。[10] 但是，在语言社会学中，言语社团这个概念被重新界定为经常交流的一群人（面对面交流的人群、团伙、民族）（Gumperz 1968）。因此，根据上述定义，言语社团的规模可大可小，交流使用的媒介可以是某种语言或者方言，或者数种方言、语码，或者语言。就其语言总存（verbal repertoire①）而言，言语社团可能是统一的，也可能是异质的，或者多元化的。另外还有一套概念用于描写言语社团中使用的各种变体。方言（dialect）指以地域来界定的变体，同理，语言的社会变异则通常被称为社会方言（social dialect，或者 sociolect）。在许多言语社团中，同一种语言的不同方言具有功能上的区分。因此，一种方言可用于文学创作、官方文件的起草或者教育等目的，而另外一种方言则可用于日常交流或者非正式交谈。同一语言可以有高层（H）和低层（L）两种变体，这促使弗格森采用双重语体（diglossia，源于法语词 diglossie）这个术语来对这种特殊

---

① 指可供使用的各种语言或者语言变体等。——译者注

的语言多元化现象进行描写。双重语体的例子有埃及的古典阿拉伯语和埃及阿拉伯语,或者瑞士的标准德语和瑞士德语。[11]

在同一言语社团中,两种或者数种语言(双语制或者多语制)可能同时并用。为了对语言的多元化进行分析,研究者努力对语言的类型进行了定义。在一个广为应用的分类中(Stewart 1962,1968),语言,包括其方言,可以用四种社会历史特征加以区分:

历史性(I),即语言是否是通过使用发展的结果。跟某些国家或者民族传统的某些联系,赋予语言以明显的历史性。

标准化(II),即语言是否有一整套为语言使用者所正式接受和学习的编辑成典的语法和词汇规范……

生命(活)力(III),即语言现在是否拥有本族语者社团。

同质性(IV),即语言的基本词汇和语法结构是否产生于同一语言的古老形式。[12]

借助于上述四种特征,斯图尔特将语言区分为七种类型,如下所示:

特征				语言类型	符号
I	II	III	IV		
+	+	+	+	标准语言	S
			-		
+	+	-	+	古典语言	C
+	-	+	+	土语	V
+	-	+	-	克里奥尔语	K
+	-	-	-	洋泾浜语	P
-	+		+	人造语言	A
			-		
-	-		+	边缘语言	M
			-		

图表 11.5 斯图尔特语言类型划分

标准语言（standard language，减缩为 S），如受过教育的本族语者使用的英语或者法语，具备上述四种特征。古典语言（classical language，减缩为 C），如拉丁语或者古典阿拉伯语，具备上述三种特征，但不具有"生命力"。土语（vernacular，减缩为 V），如美洲或者非洲的部落语言，也具备上述三种特征，但缺少语法与词汇的形式标准化。广义的土语包括方言。克里奥尔语（creoles）和洋泾浜语（pidgin）乃是"在（语言）……接触情景中，用于广泛交流的辅助语言发展的结果，来自不同语言的语法、词汇在这种语言中掺杂到一起"（Stewart 1962: 19-20）。洋泾浜语只是一种辅助语言，其唯一的定义特征是历史性，一旦成为一种本族语，即变成克里奥尔语。世界语是一种人造语言（artificial language，减缩为 A）。边缘语言（marginal language，减缩为 M）用以描写那些在小的团体内形成的家庭语言或者语码。

除上述语言类型（标记以大写字母）之外，斯图尔特提出的理论中还包括七种不同的社会功能（用小写字母来标记），可用以对语言做出区分：

官方语言（official，减缩为 o）：法律认可的语言，如教育机构和政府使用的语言。

团体语言（group，减缩为 g）：种族或者文化团体成员使用的语言。

广泛交流语言（wider communication，减缩为 w）：用来完成跨越语言边界交流的语言。此类用于广泛交流的语言亦称通用语（lingua franca①）（Samarin 1962）。

---

① 也有人译作"法通语"（见戴维·克里斯特尔著（沈家煊译）《现代语言学词典》，商务印书馆，2002 年），指用于操不同语言的人进行交流的一种辅助语言，如英语和法语。——译者注

教育语言（educational，减缩为 e）：用来达到教育目的的语言。
文学语言（literary，减缩为 l）：用来进行文学或者学术创作的语言。
宗教语言（religious，减缩为 r）：用来从事宗教活动的语言。
技术语言（technical，减缩为 t）：用来进行科技交流的语言。

借助于上述概念和符号，可以简明扼要地将多语言国家中某种语言的地位表示出来。

近几十年来，语言社会学的研究试图找出不同社会团体使用语言总存的方式——不管这一语言总存是由多种语言还是多种方言构成的。这些研究，有的对个体及其在不同的情景中的语言选择进行了探讨，有的则对不同社会团体对语言多样性的态度进行了考察，还有的则对一些大的区域或者国家进行了语言调查（参见本书第 236 页）。60 年代，人们越来越清楚地认识到，某一言语社团中若干种语言或者语言变体的存在，应该被当作社会生活的一种正常特征加以接受，而非语言统一背后的例外情形。

数个国家的学者都对多语言语社团中语言使用的复杂模式以及双语制与社会因素的关系进行过研究。其中一项最基本的任务是创造一些概念，并对各色各样的情景进行描写与分析。另外一项任务是对在语言统一压力下语言保持（language maintenance）和语言忠诚（loyalty）现象做出解释，或者对从一种语言为主导到另一种语言为主导的语言转换（language shift）现象做出解释。

菲什曼（Fishman）是研究多语社会中语言使用模式的先驱者，他拓展了弗格森（Ferguson 1959）提出的双重语体这个概念，提出了自己对形形色色语言情景的分类方法。他用双语制（bilingualism）这个术语来指人对两种语言的掌握，而用双重语体（diglossia）这个术语来描写"不同语言或者语言变体社会功能的分派"（Fishman 1972:

102）。因此，语言的使用呈现出四种可能的模式：（1）双语制与双重语体并存；（2）无双重语体的双语制；（3）无双语制的双重语体；（4）既无双重语体亦无双语制。

第一种类型，即双语制与双重语体并存，可用巴拉圭的情形加以说明。根据鲁宾（Rubin 1968）所做的一项著名研究，那里绝大多数人口都是西班牙语与当地土著语瓜拉尼语双语者，西班牙语是其官方语言（o）和教育语言（e），但是瓜拉尼语广泛应用于非正式交流，在农村地区和未受过很多教育者中间（g）情形犹然。因此，它具有土语（V）的地位，但是，尽管瓜拉尼语常常被看成是一种粗鲁、没文化的语言，它仍然顽强地生存了下来，甚至产生了自己的文学。

> "巴拉圭农村绝大多数人的第一语言是瓜拉尼语，首次接触到西班牙语则是在学校课堂上。如今，从来不说西班牙语也能在农村生活，但是不懂瓜拉尼语则寸步难行。尽管大城市的情形恰好相反，但不懂瓜拉尼语则会孤立于日常交流之外——例如，即使在非常正式的宴会上，宴会后的笑话通常是用瓜拉尼语来说的"（同上：477）。

第二种类型，即无双重语体的双语制，是指所使用的语言无明确功能区分的情形，多发生于第二代移民身上。新到来的第一代移民在家中或者邻里之间多使用自己的母语，而第二语言则用于与政府机构人员接触、接受教育，或者用于同社会其他成员进行交流。然而，第二代移民通过接受教育和同社会广泛的接触，常常将在学校使用的语言带回家来。两种语言的功能没有明显的区别，但是少数族裔的语言顽强地保留了下来。这种过渡情景就是无双重语体的双语制。

第三种类型，即无双语制的双重语体，其典型的例子是殖民时代印度英语的地位。侨居国外的英国官员作为通例，以英语为媒介而非印度当地的语言来开展行政工作。因此，在这个双重语体的国度里，侨居海外的英国人是操单语者，其统治下的多数印度人亦为单语者，说的是印度当地语言之一。在加拿大法语占主导地位的魁北克省，可以遇到完全不懂法语的英语母语者，亦有完全不懂英语的法语母语者，此即所谓无双语制的双重语体。

最后一种类型，即既无双重语体亦无双语制，乃是19世纪单语国家一种理想的状态，其主导理念是，一种标准语应该成为各个层次上所有交际的手段。

第一种到第三种类型，即双语制与双重语体的不同组合模式，可能保持稳定，也可能不稳定。语言的变化与稳定问题可进一步分类为语言保持、语言转换和语言冲突（language conflict）。本书第10章中提到的豪根关于美国挪威语的研究，阐述了少数族裔移民双语现象的变迁。菲什曼等（Fishman et al. 1966）收集了大量描写美国少数族裔和宗教集团非英语母语保持的研究。尽管20世纪上半叶以来，人们面临失去自己不适合在新大陆上生存的民族身份和有意识地同说英语的绝大多数人融合的巨大压力，各种语言团体仍然顽强地维系了下来：的确，近年来，在整个北美地区，民族生活和民族语言得到相当程度的复兴与发展。[13]

语言转换主要表现在以下几个方面：（1）政府、技术、教育和文化活动土语化，（2）南美/北美人口英国化/西班牙化，（3）在世界许多地方，尤其是非洲和亚洲，英语和法语成为精英阶层广泛交流使用的语言，（4）苏联人口俄罗斯化，以及最近（5）越来越多的用于广泛交流的舶来语为其他语言所替代，以及非洲和亚洲许多地方政府、技术、教育和文化活动越来越多地使用本地语言（Fishman 1972: 107）。语言少数族裔、流动工人及其家庭的存在，世界人口作为难民或者移民的流动，这一切都导致了世界范围内语言问题以及教育语言问题的产生。[14]

印度是一个多语言、多方言的国家，而且相对应的地区、宗教和社会区别也相当复杂，因此所面临的语言情景也尤其困难，这不足为怪（Das Gupta 1970）。政策制定者和社会语言学家都对社会中语言使用的复杂性有清醒的意识，他们提出应该对社会中语言的使用进行综合考察，并在此基础上做出政策规划。因此，近几十年来，人们开始将社会语言学的一些概念应用于研究和社会现实中做了一些语言调查，从而促进了语言社会学中语言规划（language planning）这个新的分支领域的发展。

亚洲、非洲和南美洲一些发展中国家的语言问题，引起了研究者特别关注（如 Fishman, Ferguson, and Das Gupta 1968; Das Gupta 1970; Spolsky 1978）。例如，加拿大和东非一些国家的语言调查提供了不同情境中语言使用的一些基本信息，其中包括家庭、学校、城镇与乡村、政府、无线广播与电视、企业、政府和司法等不同情境中语言的使用。[15]不同年龄、性别、社会团体、城乡人口以及不同教育水平的人，其语言使用均有差异，这表明，尽管斯图尔特（Stewart 1962，1968）提出的分类法提供了有价值的基础，一个国家的语言概貌，不可能借助于几个基本的类型与功能范畴就轻而易举地勾画出来。[16]

言语社团的社会学与社会心理学

言语社团复杂社会学的一个重要方面是，社会成员对存在于社会环境中的语言和语言变体的理智反应与情感反应。将自己的母语跟其他所有语言区分开来的能力，以及识别语言变体的能力，乃是母语者交际能力的一个组成部分。语言及其语言变体不仅是一体的，而且往往与根深蒂固的情感反应相联系。在这些反应中，与人类、社会团体、种族团体、宗教团体以及政治实体有关的思想、情感、刻板印象和偏见，都与不同的语言或者某种语言的不同变体紧密地联系了起来。人们跟语言有关的情绪可能高涨，而且假如语言或者某一语言的各种变体成为语言政策或者教育政策中的一个问题的话，可能导致语言冲突。

几十年来，社会心理学家对人们对语言与言语社团（包括对自己的语言和言语社团）的社会态度和言语社团成员的语言知觉进行了研究。其中最具有开拓性的，是以加拿大蒙特利尔市麦吉尔大学的兰伯特，以及安大略省伦敦市西安大略大学的加德纳（例如，Gardner 1979）为核心的研究团队所做的研究。其研究对文化和语言刻板印象进行了探讨，这是 40 年代以《独裁性人格》（Adorno *et al.* 1950）为巅峰的偏见和人格研究的延续（在本书第 10 章注释 9 中提到过）。70 年代，布里斯托尔大学以贾尔斯（Giles）为核心的一个由社会心理学家组成的研究团队，拓展了关于语言偏见的研究。[17]所有这些研究事实胜于雄辩地表明，人们对自己的语言或者语言变体有着强烈的感情，并且从认知上和情感上将其跟其他语言或者语言变体联系了起来。例如，当勒让与塔克（d'Anglejan and Tucker 1973）对来自魁北克省三个地区的法裔加拿大学生、教师和工人对魁北克法语言语变异的反应进行了研究。这些被试认为，相对于欧洲更标准的法语而言，魁北克的言语形式是有缺陷的。上述研究反映了加拿大法语的特别状况和法语母语者对自己的方言的态度。但是，其他一些研究则表明，对说话方式的社会和情感判断，在任何言语社团中，都是语言情景的一部分（Hudson 1980：第 6 章）。

舒曼（Schumann）提出了一个理论，称为"文化适应"模型，来解释准备学习第二语言的不同团体与个人同那些不愿意或者没有能力学习第二语言者之间社会知觉方面的差异。根据舒曼的观点，一切都取决于不同的群体如何看待对方及其语言。因此，社会地位高的群体，往往不会去学习地位低的群体的语言。例如，在大英帝国时代，居住在印度或者非洲的英国人不愿意学习印度与非洲当地的语言。换言之，一个人的社会地位可能影响其学习第二语言的意愿。少数族裔语言群体自认为自己居于从属地位，倾向于采用三种同化策略中的一个：第一，假如像某些移民群体一样放弃自己的生活风格和价值体系的话，这个群体就可能学好另外一种语言（"同化（assimilation）"）；第二，如果某一群体拒绝具有统治支配地位群体的文化的话，语言学习就不可能发生（"拒绝（rejection）"）；第三，如果某群体对自己的文化和目标语群体都持积极态度的话，第二语言习得可能会因人而异（"顺应（adaptation）"）。一项以在魁北克学习英语的法裔大学生为对象的研究结果表明，语言水平的主要预测指标是与英语社区接触的程度和学生察觉到的对群体身份的威胁或者对同化的恐惧。

从语言教育学的观点来看，对某个言语社团语言情景的调查和分析在以下两方面具有重要意义。首先，这些调查和分析为教师提供关于语言情景的信息，教师的教学活动就是在这些情景中开展的，而且通过在某个方面拓展交际能力贡献于语言情景。第二，教师可以以那种言语社团的语言情景为背景，来观察作为另外一个语言社团语言的目标语。假如教师采纳这种社会语言观的话，就能够更有效地理解和解读他们所教授的语言和进行教学活动的社会语言情景。[18]

语言规划

语言规划乃是为了找到解决社会上存在的语言问题的途径，而做出的有组织的努力（Fishman 1972: 186；依照 Jernudd and Das Gupta 1971），亦即社会语言学概念和信息在跟语言有关的政策决策中的应用。同社会、经济或者教育规划一样，语言规划是一个"基于所发现的事实和对各种行动方案加以考量，并做出与执行决策"的过程（Haugen 1966a: 52），例如，为那些没有文字的语言创制文字系统、推行拼写改革、一种语言的复活（如希伯来语或者爱尔兰语）、作为广泛交流媒介或者教学语言的选择与推介、语言用法的标准化、为适应现代化的需求而进行的词汇的扩展。[19]

采用社会手段来影响和控制语言使用的观点本身并不新鲜。从历史上来看，许多欧洲国家的语言都经历过不同形式的语言规划，其中政府机构或者知识界名流作者发挥着计划者和政策制定者的作用。教育机构、书刊、报纸和其他媒体则是语言使用的标准或者规范的执行者。设立于17世纪的法兰西学院（Académie française）乃是此类机构之突出例子，通过类似的机构做出了一系列语言决策。在英语国家中，一些大型词典，如英国的牛津词典和美国的韦氏词典，亦产生过类似的影响。

现代语言学公开拒绝决策者的作用：语言学家，正如本书第7章所指出的，应客观地看待语言，而非为语言的使用立法。语言规划意味着语言学家再次充当裁判和规范制定者的角色吗？并非如此。因为，正如豪根所指出的，语言规划者的作用并非是在有争议的重大问题上坚持某种先验的立场。因此，他既不能促进也不能阻碍语言的变化，不主张不同群体语言的统一或者多样性；既不会抗拒也不会鼓励语言上的互借，既不支持"（语言）纯净"，也不支持"（语言）杂交"。语言规划"绝非以牺牲（语言的）美感（BEAUTY）为代价，来求得（交流的）效率（EFFICIENCY）；它可能既追求达意（EXPRESSIVENESS），同时兼顾准确性（ACCURACY）。语言规划甚至不刻意追求所规划语言的保持（MAINTENANCE）：但它可能促进向另外一种语言的转换（SHIFT）"（Haugen 1966a: 52）。

语言规划乃是使社会语言决策更系统科学的一种手段，起码包括两种类型的活动：首先，规划者协助做出一些基本的政策性决策，回答哪一种语言应该用于广泛的交流，哪一种语言应该用于教学之类的问题——简言之，即关于语言选择、语言重点和语言宽容的基本决策。上述决策对新建立的民族国家尤其重要，因为这些国家正处于社会现代化的进程中，必须选择一种可用于广泛交流的语言。但是，在那些相对古老的国家里，也需要做出类似的基本决策：在加拿大，法语在多大程度上应加以强化？采用什么手段？威尔士语在英国应该具有什么地位？少数族裔语言在美国应该具有什么地位？[20]

从另外一个视角来看，语言规划乃是纯粹语言学问题。假定语言选择问题已经解决，第二种意义上的语言规划更突出强调的则是语言本身的发展或者完善：语言的标准化、发音规范的制定、正字法的确立或者改革、词汇的扩展等——简言之，即语言作为有效交际手段的塑造与完善。在这种类型的语言规划中，语言学家所具备的技能开始发挥其作用。但是，跟语言学不同，这个阶段的语言规划在一定程度上是"规定性的"或者"规范性的"。在这个层面上，从语言规划者自身的角度来讲，规定性究竟应该有多大，尚见仁见智，存在意见分歧。总的来说，当今的语言规划者非常珍视自己的职责，小心谨慎地开展工作，而且，最好能将语言决策的标准公之于众，并且要及时修正。

无论语言规划被看成是语言的选择与确定，还是被理解为使用中某种语言的某些方面的发展或者完善，其规划过程都必须经历以下各个阶段（Rubin 1971，1973）：

（1）事实的发现。语言规划必须以语言现状的调查和评估为依据。从这个角度来讲，加拿大的《双语制与双文化制报告》（*Report on Bilingualism and Biculturalism*）或者东非的语言调查，应被看作是语言规划的组成部分。

（2）选择阶段。在这一阶段，规划者应试图确定对目标社会或者政策制定者公开的语言目标和各种选择，并提出实现上述目标的策略。在这一阶段，应该在下列问题上提出一些最基本的决策建议：哪一种语言应该是广泛交流的媒介？哪一种语言适用于教育？不同语言和方言在社会中具有什么作用？在许多国家，上述问题根本就不存在，因为语言选择的基本决策早已做出，而且不需要进行修正。然而，在有些情况下，即使上述问题似乎已经解决，但是仍需要对现状做出改变。因此，在许多执行单语政策的国家，政策正在向双语制或者多语制转变。例如，在加拿大，1969 年颁布的《官方语言法案》（Official Language Act）提高了法语在生活方方面面的地位。在以法语为主的魁北克省，为了法语的保持与发展以及在以英语占统治地位的大陆上保护法语免受英语的侵蚀，采取了涉及规划、政策和立法的无数措施。美国 1968 年颁布的《双语教育法案》（Bilingual Education Act），使学校采用英语之外的其他语言进行教学成为一种可能。

（3）发展阶段。这一阶段采用的是传统的语言规划形式：当下使用的语言或者先前选择的语言的发展与完善。以发展为核心的语言规划侧重于正字法的确立、发音指南的制定、技术词汇的确定，等等。

（4）实施阶段。仅仅选定语言还是远远不够的，而且确定正字法、编制词汇表、编写发音词典或者制定发音指南，仍然是不够的。规划决策最终必须成为言语社区语言行为的组成部分。确定采取的步骤——信息、传播、教学——构成规划过程的第四个阶段。

（5）最后是反馈与评估阶段。这一方面的语言规划既是前面几个阶段的结果，同时也与前面各个阶段相适应。评估将规划的各个阶段与目标和语言政策的效果联系了起来，它也是规划实施的后续部分。规划是否能达到预期目标？规划的目标、方法或者处置方式需要做什么修正？换言之，语言规划成为活动周期的一个部分，可用下述方式加以表征：

旨在发现事实的调查——语言选择——发展与完善——实施——评估——规划的修正，等等。[21]

结论

从本章和前一章对社会学、人类学和社会语言学的概述可以明显看出语言在社会中的作用以及语言与社会、文化之间的关系，无论是从人类学和社会学的角度，还是从社会语言学或者社会心理学的角度来入手，这些都已成为研究的中心课题。学者们正在努力将其语言观和社会观越来越紧密地整合到一起。也就是说，他们不仅仅在努力探寻语言与社会之间的对应关系或者两者之间的因果关系，而且要提出一些概念，将语言跟社会紧密地联系起来，而非将语言与社会割裂开来，或者无视语言交际的实际存在来看社会。

在我们对跟语言教学相关的社会概念进行探索的过程中，可以说，社会科学有三重贡献：

第一，社会学和人类学为对社会和文化进行系统的研究提供工具，而社会和文化则为语言研究提供必要的语境。

第二，社会语言学提供概念、机制和系统的信息，将语言置于社会、文化和人际的矩阵里来进行研究。可以说，上述两种贡献均对课程目标和课程内容有影响。

第三，语言社会学告诉人们如何用社会学的方式来看语言和语言教学，从而使人们将第二语言的教与学看成是跨语言与跨种族群体接触的一种社会方式。

在后面两章中，我们将探讨语言教育学中语言的社会与文化方面的实际处理方式，以及社会科学，尤其是社会语言学，在语言教育中已发挥或者可能发挥的作用。

注释：

1. 关于社会语言学的介绍，可参见菲什曼（Fishman 1972）、特拉吉尔（Trudgill 1974）和赫德森（Hudson 1980），以及勒佩奇（Le Page 1975）涉及面非常广泛的文献综述。关于最近人类学关于语言的各种理论论述，见萨维尔-特洛伊克（Saville-Troike 1977）。
2. 关于拉波夫的研究以及其他类似研究中的可读性的详细介绍，见赫德森（Hudson 1980：第5章）。
3. 奥斯汀将言语行为分为三个方面：发话【言行】，即外在的言说行为，及其表层意思；示意【言行】，即说话者的潜在意图；取效【言行】，即言语行为对接收者的影响①。
4. 然而，罗宾逊的理论方案（见图表11.4）中包含一些依我们看不能被看作是"功能"的范畴，因此在图表11.2中被删除了。
5. 雅各布森的模型是在联系语言学对诗学进行讨论这个语境中提出来的。作者认为，这是对交际行为和交际功能的"经典"阐述。
6. 参见本书第6章，第111页，尤其是图表6.1；关于交际能力的进一步解释，同时参见本书第16章第342页。关于对教学启示的讨论，见本书第12章第258—262页。关于"交际能力"这个概念的发展，可同时参见卡内尔与斯温（Canale and Swain 1980）。

---

① 言语行为的这三个方面对应的英语分别是"locutionary act""illoucutionary act"和"perloncutionary act"，亦有人分别译为"言内行为""言外行为"和"言后行为"。——译者注

7 卡内尔与斯温（Canale and Swain 1980）将"策略能力（strategic competence）"定义为关于"交际策略（communicative strategies）"的知识，亦即第二语言学习者在对目标语没有很好掌握的情况下为了表达意思所采用的策略，如释义、规避困难、简化、应对技巧，等等。

8 同样的情况适用于对文学的处理，在语言教学中常常通过学习言语社团的文学名著来提高民族的自我形象。

9 学校的第二语言学习是与教育的单语制相适应的。现代将语言作为一门课程来教授的方式，总的来说，是从单语教育体制发展出来的：其他语言的作用可大可小，但是根据单语教育哲学，它们在学校课程设置中始终居于次要地位。

10 例如，布卢姆菲尔德（Bloomfield 1933）（将言语社团定义为）："使用同一言语信号系统的一群人。""言语社团"的其他一些定义在赫德森（Hudson 1980: 25-30）中有详细讨论。

11 弗格森（Ferguson 1971: 16）将双重语体定义为："双重语体是一种相对稳定的语言情景，在这种情景中，除了该语言的主要方言（其中可能包括标准方言，或者区域标准方言）之外，还存在一种非常不同、有完备的规范系统①（而且往往是语法更复杂）叠加的变体，是早期或者另外一个言语社团大量的高雅书面文献的媒介，多通过正规教育来学习，用于很多书面和正式口语交际目的，但社团的任何成员都不用它来进行日常谈话。"关于双重语体的进一步讨论，见本书第234—236页。

12 引自斯图尔特（Stewart 1962: 17-18），并做了压缩与适度的

---

① "codify"一词，沈家煊先生将它翻译成"编辑成典"（戴维·克里斯特尔著（沈家煊译）《现代语言学词典》，商务印书馆，2002年），其成果包括正字法、正音法、语法、词典、语体手册和用法指南等。——译者注

改编。

13　为了阻止民族语言的衰退所做出的各种努力，在斯波尔斯基（Spolsky）对阿萨巴斯卡语言保持的研究和对双语制的研究中体现出来。见卡里与斯波尔斯基（Kari and Spolsky 1973）的一项研究，同时参见斯波尔斯基（Spolsky 1978: 43）。

14　加利福尼亚说西班牙语的墨西哥流动工人、柏林和瑞典的土耳其流动工人、美国或者加拿大语言少数族裔（如美国的纳瓦霍人、阿尔伯塔的乌克兰人）、芬兰的瑞典人、瑞典的芬兰人等，就是其中典型的例子。例如，斯波尔斯基（Spolsky 1972）、保尔森（Paulson 1975/1976）、兹库特纳布-坎加兹与图孔马（Skutnabb-Kangas and Tukoomaa 1976）和斯波尔斯基（Spolsky 1978）等，都对上述情景进行过探讨。

15　达斯·居普塔（Das Gupta 1970：第 1 章）联系欧洲、亚洲和非洲新建立的多语国家的民族发展，对语言问题和冲突进行过简要但有价值的论述。

16　关于语言调查最近的综述和讨论，可参见库珀（Cooper 1980）。加拿大的《双语制与双文化制报告》（Canada 1966-1970），包含在乌干达、肯尼亚、埃塞俄比亚、坦桑尼亚和赞比亚所做研究（Gorman 1970; Ladefoged *et al.* 1972; Whiteley 1974; Bender *et al.* 1976; Polomé and Hill 1981）的《东非语言使用和语言教学调查》（*Survey of Language Use and Language Teaching in Eastern Africa*），乃是语言调查的突出例子。奥汉尼辛、弗格森和波洛梅（Ohannessian, Ferguson, and Polomé 1975）对发展中国家的语言调查曾进行过综述。其他一些研究也对某一国家的语言概况进行过描写，其中包括弗格森（Ferguson 1966）以及克洛斯（Kloss 1966）对各种变量的分析。怀特利（Whiteley 1973）对在东非应用斯图尔特（Stewart）的范畴时遇到的各种困惑做了描述。最近对非洲语言状况的（小规模）实证调查均未发表，如阿弗里卡（Africa 1980）对赞比亚的研究，伊图恩（Ituen 1980）对尼日利亚和象牙海岸的研究，以及塞舍德里（Seshadri 1978）对印度的研究。

17 赫德森（Hudson 1980: 195-207）曾对其中数项研究进行过综述，尽管他主要探讨的是社会态度，而非人类语言态度。关于后者，见本书第 17 章第 378 页。同时参见舒曼（Schumann 1978）、布朗（Brown 1980：第 6 章）、贾尔斯（Giles 1977），以及贾尔斯与圣克莱尔（Giles and St Clair 1979）。

18 斯波尔斯基（Spolsky 1978）曾对如何解读语言教学的社会语境进行过一般性的介绍。

19 关于语言规划的一般性介绍，见鲁宾与杰纳德（Rubin and Jernudd 1971）、鲁宾与夏伊（Rubin and Shuy 1973）。另外，鲁宾（Rubin 1979）对这一问题进行过虽简明扼要但信息量很大的总结。鲁宾与杰纳德（Rubin and Jernudd 1979）还编写过一本编排合理、具有很高价值的注释本参考文献索引。1980 年，得克萨斯大学出版社从荷兰海牙穆顿出版社（Mouton）接手唯一一家关于语言规划的学术期刊《语言问题与语言规划》（*Language Problems and Language Planning*）。后者出版了该期刊的前三卷。火奴鲁鲁夏威夷大学的东西方研究中心东西方文化学习研究所出版了《语言学习通讯》（*Language Learning Newsletter*）。

20 例如，在挪威，围绕两种形式的挪威语，即较通俗大众化的尼诺斯克语（Nynorsk①）和更文雅的博克马尔语（Bokmaal②），展开

---

① 也称"Landsmaal（兰茨莫尔语）"。——译者注
② 也称"Riksmaal（瑞克斯莫尔语）"。——译者注

了一场旷日持久的斗争（Haugen 1966）。

21 语言规划的基本思想包含在前引豪根（Haugen 1966a）的一篇关于语言规划的文章和以挪威语为个案的《语言冲突和语言规划》（*Language Conflict and Language Planning*）（1966）一书中。这些概念在许多后续的研究中，尤其是在鲁宾与杰纳德（Rubin and Jernudd 1971），菲什曼、弗格森与达斯·居普塔（Fishman, Ferguson, and Das Gupta 1968），以及鲁宾与夏伊（Rubin and Shuy 1973）等人对形成中的第三世界国家的研究中，从理论上得到发展、拓展和应用。此处所提出的语言规划的步骤，其基础是鲁宾与夏伊（Rubin and Shuy 1973）关于语言规划理论模型的讨论，尤其是鲁宾（Rubin 1973, 1973a）的绪论和其中的一篇文章，以及同一书中杰纳德（Jernudd 1973）的一篇文章，还有鲁宾与杰纳德（Rubin and Jernudd 1971）合编的一本书中鲁宾（Rubin 1971）关于规划评估的一篇文章。

第12章

社会科学与第二语言课程设置

社会科学与语言教学之间关系的发展,不同于语言教育跟语言学之间的关系。两者之间关系的建立,从语言教育学的历史来看比较晚,而且两者之间的互动也远非那么密集。两者之间关系的发展并未遇到戏剧性的起伏与波折。50年代到60年代,跟文化与社会密切相关的一种人类学与社会学的语言观,开始在有限的程度上对语言教学理论产生影响。早期关于语言与社会的思想归入历史研究或者哲学中。作为语言科学中的后来者,社会语言学同语言教学结合到一起,只是最近的事情。概而言之,可以说,当今的语言教学理论,正在快速地增加一种社会语言学的成分,但是仍然缺少明确界定的社会文化重点。因此,本章和下一章内容在某些方面具有纲领性质,而非对已有事实的描写。在这两章中,我们将对语言教学与社会科学已经产生互动或者可能产生成效的四个方面进行描述:

(1)社会与文化研究;
(2)社会语境中语言的研究;
(3)语言教学交际法;
(4)语言的教与学的社会学。

前三个方面因为对语言课程设置有影响，所以将在本章中加以考察，而第四个方面因为涉及第二语言教学的规划与组织，因此将在第13章中集中探讨。

社会与文化研究

19世纪的现代语言教学，同之前的古典语言教学一样，语言同社会的联系问题，从来没有提到紧迫的议事日程上来。语言教学乃是为研究文学做准备，因此学习的重点是正规语言，尤其是书面语言。即使19世纪末发生的注意力向口头语言的转移，也并没有带来一种全新的社会语言的教学方式。课堂上的语言学习仍然被看作是一种训练，而非"真实的"交际，或者仅仅是一种对外国社会的介绍。这种对语言形式学习、心理联结建立和抽象言语习惯获得的强调，或者用现代的术语来说，对脱离社会交际的技能获得的强调，直到最近一直占据上风，而且在许多方面至今仍然居于统治地位。这种理论得到（1890年以来）语音学以及40年代以来的结构主义语言学和其他现代语言学理论中包含的语言观的极大强化。语言学和心理学为相对脱离社会与文化语境的语言教学方式提供了科学上的支撑。[1]

然而，自上世纪①的改革运动甚至更早些时间起，语言教学理论家们反复指出，语言学习的一个重要目的是了解目标语国家及其人民。[2] 语言教学理论家的相关著述和政府报告表明，人们对此有清醒的认识。例如，第一次世界大战期间，由英国一个全国性委员会提供的报告《现代研究》（*Modern Studies*），甚至单纯从其标题，就可以看出其对文化方面的重视程度："现代研究"，而非"现代语

---

① 指19世纪。——译者注

言"——换言之，即对某个国家及其文化和文学的研究，而非仅仅是语言学习。同一时期一部广为阅读的专著建议，"对说目标语言人民的历史的一定程度的了解"应成为语言课程的一个必不可少的组成部分（Atkins and Hutton 1920）。同样，在法国，对文明（civilisation）的学习与研究通常也是语言课程的补充。

德国语言教学中的文化

在德国的语言教学理论中，文化（Kulturkunde³）教学作为语言课程的一个组成部分，在第一次世界大战后得到迅猛发展。假如我们对当今文化教学的各种方式进行考察的话，这一具有极大吸引力的运动对我们既有教益，也有警示。自洪堡那个时代以来，德国的学术传统已经习惯于将语言与民族联系起来看待。而且，有些德国历史学家的民族文化观，同现代人类学的文化概念（Kroeber and Kluckhohn 1952），有很多共通之处。20世纪末，德国哲学家狄尔泰主张应该用"结构（structure）""模式（pattern）"，或者"潜在原则（underlying principles）"等概念，来代替人文和社会科学中的一些基本概念，这样一来，可以用这些概念来解读发生在个体、家庭、社会、国家、时代或者历史运动等各个层次上的历史与社会事件。数十年后，上述早期结构或者格式塔（Gestalt）原则被本尼迪克特所采纳，应用于其"文化的模式（patterns of culture）"这个概念中（见本书第10章第198页）。然而，在德国，文化的概念沾染上了过多的极端民族主义色彩。甚至在第一次世界大战之前，文化（Kulturkunde①）越来越多地被理解为对德意志民族身份的肯定，两次世界大战之间的这个历史

---

① 作者之所以用德语的"Kulturkunde"，而非英语的"culture"，原因在于两者的含义有很大不同。——译者注

时期尤其如此。德国教育家主张，文化在母语教育中是一种统一原则，将各个"德语科目"的教学组织成为一个统一体，其中包括德语语言、德国文学、德国历史和德国地理。

在两次世界大战之间的这段时间里，文化在德国被引入外语教学中时产生了数个方向，这说明对文化这个概念进行解读的复杂性和矛盾性。对有些语言教育家来说，它指德语文化在外语中的对应概念，即联系外国文学、历史和地理来恰如其分地处理语言，因此扩大了语言教学的范围。另外一种解读比较有前景，主张文化即另外一个国家的思想史。例如，在英语作为外语的教学过程中，不是孤立地脱离语境来阅读某个英国作家的作品，而是鼓励教师以某个时代为侧重来展开研究，如对伊丽莎白时代进行研究，将莎士比亚戏剧作为一种新形式的文艺复兴戏剧的典范，或者将弥尔顿作为清教徒理想主义诗人，来进行研究。"'文化'即思想史"（"Kulturkunde as Geistesgeschichte"）这个口号所表达的融文史哲于一体的高级教学方式，时至今日，在德国仍然具有旺盛的生命力。

另外一个思潮跟文化模式、基本人格或者文化"主题"等后来为文化人类学家接受、发展的概念有千丝万缕的联系，其目的是发现另一个民族内在的"结构"或者"精神（mind①）"（"Geist"或者"Seele"），并且根据这个内在的原则来对历史事件、当前的社会事实和文学艺术作品进行审视。尽管本尼迪克特的实证研究和敏锐的批判使这种方式富有成效，而且令人振奋，但是，在30年代德国教育中纳粹意识形态盛行这种大气候下，对民族精神的探寻，会导致对"法国精神"或者"英国现实主义"公然的歧视与

---

① 这是一个多义词，这里指人类跟肉体相对应的那一部分，因此译作"精神"。——译者注

偏见。[4]

两次世界大战之间这个时期关于文化的一个极端观点所反映的是彻头彻尾的希特勒时代的精神。它视外语课堂上的文化为一种衬托,透过它来更好地欣赏德意志文化。[5] 外国文化教学的意义在于,帮助学生建立起"自己的德意志意识与价值观"(Schön 1925: 1)[6]。从世界观来看,上述观点乃是公开的民族中心主义。

尽管两次世界大战之间这个时期德国的文化乃是那个时代历史与意识形态环境的产物,但是它却预示文化教学中的许多一般性问题,这些问题在"二战"后将人类学的文化观引入语言教学时会再次遇到。其中问题之一是:语言教学的范围扩大,但是与此伴随的是如何做出选择与取舍以及如何组织的问题。进而言之,文化教学必然涉及教学材料与教学方法的选择。接下来的问题是,面对外来文化,应培养学习者什么样的态度。

其他国家的文化教学

同一时期,在其他一些国家,文化教学虽非闻所未闻,但相对于德国而言,不仅不够发达,而且没有清晰的界定。人类学和社会学在文化教学中尚无一席之地。文化常常从两种意义上来解读:(1)个人通过语言学习培养其文明思维,即"推理能力""智力""想象力"和"艺术创造力"的培养(IAAM 1929);(2)"对其理想与价值标准中表达出来的外国人民历史、制度及其心理的了解,以及对其对人类文明贡献的了解"(Fife 1931)。上述两种文化教学目标并无矛盾冲突:语言教学理所当然应该"通过对另外一个民族生活和历史的介绍,扩大(学习者的)眼界……"(IAAM 1929: 21)。因此,英国和美国的文化教学侧重于历史、制度、习俗,以及目标语国家对人类文明的独特贡献。此种意义上的文化教学被看作一种对传统语言与文学学习的有教育价值的补充，但是人们已经认识到，它在实践中却处于从属地位。根据20年代一项民意调查（调查结果是美国《现代外语研究》（*Modern Foreign Language Study*）的一个组成部分），所调查的大学现代语言系中有半数表示，应该开设一门特殊的文化课程，但只有五分之一的系开设了类似的课程（Fife 1931: 61）。[7]

而且，同一时期，欧洲的学校加大了力度，通过境外学生游学、师生交换和交笔友等手段建立个人同国外的联系，以此来支持课堂语言教学。[8] 在大学的语言学习中，学生要在目标语国家居住少则几个月多则一年，这已成为一种越来越为人们所接受的惯例。尽管其主要目的是帮助学生熟练地掌握所学语言，但国外定居的倡导者也已清醒地认识到，在目标语国家定居为学生提供了体验异域文化和社会的机会。同时，应该指出的是，关于这种实际体验，尚没有明确的理论构架来指导这些国外的接触与交往。[9]

人类学的影响

直到第二次世界大战，语言教学理论家才开始意识到，人类学和社会学可能为关于文化与社会的教学提供理论框架。人种志所展现出来的关于不同土著文化令人兴奋的多种视角，从1940年前后开始应用于对西方工业社会的研究，所有这一切以及社会学与社会心理学的研究发现渐渐地为人们所接受，并跟语言教育学联系起来。然而，同一时期，即40年代和50年代，由于受到语言学和语言实验室新技术的影响，语言教学的重点放在了语言的形式和口头表达技能上，而把对社会和文化背景的主要兴趣掩蔽掉了。

然而，美国战时语言课程的理论承认人类学在语言教学中的重要性，认为它是（除语言学之外）语言学习的另外一个科学基础。同一时期，美国数所大学将"区域研究（area studies①）"引入其课程体系中。所谓"区域研究"乃是对某个国家或者地区（如远东、东南亚、近东、欧洲、非洲和拉丁美洲等）进行的跨学科综合研究，语言学习是其中的一个组成部分，但是其重点是对这个地区政治、历史、地理和社会文化的考察。[10]

因此，"二战"之后，语言学习必须同文化与社会的学习相结合的思想，对多数理论家来说，是再熟悉不过的了。上述观点在战后有关语言教育学的论著中多有反映。最近几十年来，关于语言教学的重要论著（如拉多，布鲁克斯，里弗斯和查斯顿）都发出一个强有力的声音：对文化的理解和跨文化比较是语言教育学的一个必不可少的组成部分。

上述理论家所提出的一些大的原则，总的来说，反映了一种普遍趋于一致的观点。首先，他们都几乎同等重视语言教学中所有的文化成分。有一种普遍的错误观念认为，50年代和60年代的语言教学理论所强调的仅仅是纯粹语言的一面。但是，理论认为，文化教学必须跟语言训练紧密结合起来。其次，人类学文化观无可置疑地得到高度重视。[11]那种认为文化——即通常用大写字母"C"开头的文化——是"智慧的精华（intellectual refinement）"和"艺术创造（artistic endeavour）"的观点并未被抛弃（Brooks 1960/1964: 83）。但是，人类学意义上的文化——以小写字母"c"开头的文化（亦即某个社会的生存方式）受到青睐，一来是因为它对那些受到人文训练的教师而言尚比较陌生，需要更全面的解释，二来是因为它内涵更丰富，包括文学、视觉艺术、音乐等，可被称为"生存方式"的组成部分。

基于人类学的研究，当今的语言教学理论家对文化的统一性、模

---

① 在有些情况下，也可以翻译成"国别研究"。——译者注

式或者主题进行了解释。文化是独立的存在，具体的行为乃是功能整体的一个组成部分。文化不同，文化价值的相对性经常会得到突出强调。

理论家由于受到萨丕尔和沃尔夫思想的深刻影响，都承认语言与文化之间关系密切："语言跟文化是不可分割的"（Brooks 1960/1964: 85）；"语言深深内嵌于文化之中，因此两者之间是不可能完全分离的"（Rivers 1981: 315）。1960 年，美国一个语言与文化委员会从三个方面对语言与文化之间的关系进行了描述。"（1）语言是文化的组成部分，因此对待语言的态度应该同文化整体一样。（2）语言表达文化，因此语言教师同时理应是文化教师。（3）语言本身要受到受文化制约的态度和信念的影响，这是语言课堂上所不容忽视的"（Bishop 1960: 29）。西利（Seelye 1974）认为，理解语言跟社会变量之间的关系，能够体会词语的文化内涵，乃是语言学习的重要目标之一。而从另一方面来看，人们对待沃尔夫假说采取的审慎态度还是有道理的（例如 Rivers 1981: 340-342；Seelye 1968: 49-51），而且有些作者警告，不要简单地从语言模式中概括出文化特征（Nostrand 1966: 15；Seelye 1974: 18-20）。[12]

语言教学理论家所建议的文化教学目标，也受到人类学思想和社会学思想的强烈影响。通过各种课堂活动或者直接体验，学生可以学习到一些人类学家在田野调查中或者采访提供资料的本族语者中所开发出来的一些研究技巧和对文化的深刻领悟。例如，诺斯特兰（Nostrand 1974）和西利（Seelye 1974）曾经非常有说服力地提出，应采用各种方式和手段来加强语言教学中的文化成分，同时，他们还就语言教学的目标、技巧、题目和重点，以及文化知识测试的方法，提出了一些颇有创意的实际建议。

尽管文化教学已经取得了很大的进展，但是人类学的文化概念难

以在语言教学中得到贯彻,这是多数作者尚未认识到的。许多问题仍然存在:

(一)第一个是人类学文化概念本身的综合性问题。假如文化包括"生活的各个方面"(Seelye 1974: 2)的话,所有的一切均为文化,文化因而变得无法掌控。因此,赋予社会生活以秩序系统,并对文化的某些方面加以取舍,是非常有必要的。理论家将自己的理论建立在各种社会学和人类学的系统基础之上,如耶鲁大学的《文化资料纲要》(Murdock et al. 1964;见本书第 10 章第 200 页和注释 11),或者塔尔科特·帕森(Talcott Parson)关于文化与社会的定义(Nostrand 1966)。但是,耶鲁大学的《纲要》总共有 888 个类目,涉及面很广,技术性很强,塔尔科特·帕森的模型则过于抽象。尽管人们坚信,文化有一定"模式",是一个统一的整体,但是所呈现出来的远非是一个整合的范畴综合体。布鲁克斯(Brooks 1960)列出了 50 多个关于文化的题目,但没有声称这就是文化的全部:其中有些题目是社会语言学性质的(如言语的水平、礼貌的模式,以及语言禁忌等);有些指的是习俗与仪式(如节假日);还有的则是对物质文化的描述(电话、宠物、鲜花、花园等);最后一类题目则是卫生、食品、个人关系、娱乐和体育等。目前,尚无人做出努力对上述类目分出层次,控制各类目抽象的程度,建议选择的原则,或者避免数个范畴明显的北美味道。

诺斯特兰一向对将人类学和社会学的概念转化成可操控系统的困难性有着非常清醒的认识,他根据塔尔科特·帕森对社会文化系统的分析,提出了其自己的"层创模型(emergent model)"。它可分为四个子系统:文化、社会、生态环境和个体。具体定义如次:

(1)文化:包括主流的价值观、思维习惯和假设(即文化的"语义矩阵(semantic matrix)"或者"意义背景"(ground of meaning)),其可验证的知识、艺术形式、语言、副语言和体态语言等。

(2) 社会：包括社会制度、人际与群体关系规则，如家庭、宗教、经济—职业组织、政治与司法体系、教育、知识—审美和娱乐习俗、沟通交流；社会规范、社会阶层划分；矛盾冲突以及矛盾冲突的解决。

(3) 生态：包括"人类与低于人类的环境的关系"，如对自然的态度与开发利用，对自然产物的使用，技术、定居点与地域组织，交通与旅游等。

(4) 个体："某个人用共有的模式做了什么：从众、逆反、利用、还是创新。"（人自身以及人际）人格的整合、和年龄与性别相关的地位（根据 Nostrand 1974:276 与 Seelye 1968:58）。

据说，根据这个理论模型，可能找出文化的主要主题（themes），即"推动或者强烈影响文化承载者各种情景中行为的情感关注"（Nostrand 1974:277）。显然，这个模型在诺斯特兰本人的大学教学和研究中，在尼克尔（Nickel）的对比研究中，以及米勒（Mueller）的文学课堂教学中，应用都很成功。然而，尽管这一体系有种种优点，但是适合于综合性人类学研究的宽泛的范畴是否总是跟语言教学密切相关，是否可控，以及是否适用于语言教学，颇值得怀疑。[13]

(二) 第二个是相关文献中所轻视的语言与文化之间的互动问题。尽管人们普遍认为语言与文化是不可割裂的，但是，事实上，文献中经常提出的文化跟语言整合的证据，仅仅局限于为数不多的观察。对语言教学的描写，总体来说，仍然跟社会文化语境没有联系。社会语言学的研究成果尚未得到转化，还未将语言的方方面面跟同现的社会文化因素紧密地统合起来。然而，目前以及未来的社会语言学研究可能会改变这一切（见图表 12.1；本书第 256—258 页）[14]。

（三）第三个是社会学家（如 Bottomore 1971）所提出的一个问题：发达工业社会的语言虽然被广泛教授，但是其人种志却没有得到恰当的发展。可跟对部落社会研究相媲美的关于西方社会的研究不多，甚至根本就没有。[15]因此，语言教师缺乏必要的文献记录，或者甚至缺乏恰当的研究方法，寻找不到恰当的社会、文化和社会语言资料，或者没有恰当的寻找这些资料的途径。出路是，文化理论家建议，语言教师和学生采用一些技巧，建立起对社会文化与社会语言材料的敏感性。就目前的情况而言，这是一条理智的途径。但是，认为教师和学生沿着这条道路能走得很远的想法，就如同认为教师或者学生能够编写出自己的语法和词典的观点一样幼稚可笑。当然，在有些情况下，教师或者学生必须这样做，但是，这是一项非常困难的任务；对某个社会与文化进行描写，编写社会行为的"语法"，是一项同样复杂的工程。这种状况的结果是，没有接受过全面社会科学训练的语言教师，必须以自己的经验、背景知识和机构为基础来开展文化教学。因此，这种教学方式所存在的巨大危险在于，可能跟 20 年代和 30 年代德国的文化教学产生相同的效果：刻板印象与偏见。

（四）最后，理论家并非总是能够将文化教学的不同方面讲得很清晰：文化的概念以及用于对文化进行观察和客观描写的相对应的系统；观察者对外国文化的态度；文化教学的目标；文化作为激发语言学习的因素；文学作为导入文化的一种方式；文化背景作为理解文学的一种手段等。

理论家，如 50 年代末以来的诺斯特兰，或者 60 年代末以来的西利，对推动语言教学的社会文化观起到了巨大的作用。但是，用"科学"方式对待文化所造成的困难，必须减少到最低程度。

为了将文化和社会的教学置于更坚实的基础之上，语言教学需要人种志的指导，这与本书第 9 章中所描写的教学语法或者相互补充，或者交织在一起。[16]关于建立这种指导的理论步骤，可用同语言学中的教学语法相兼容的一张图阐述清楚（图表9.2），这个模型也可被看作是对部分基本模型的拓展（图表3.7）。

自下而上来看这张图（见图表12.1），社会科学为第一个层次，为语言教学提供基本的概念和研究（步骤Ⅰ），促进一般理论的建构，提供收集特定文化和社会信息的工具（步骤Ⅱ）。基于上述两个阶段的研究，就有可能在下一个阶段建立起关于某个国家或者地区的人种志（步骤Ⅲ）。如前所述，这种关于西方国家的系统的人种志目前尚不具备（尽管这些国家的语言在世界各地普遍教授）。然而，假如类似的人种志研究存在，或者可以编辑出来的话，那么可以在下一个步骤（步骤Ⅳ）中派生出其教学指南，以合适的形式向语言教师提供关于目标语国家的信息（其基础是更基础层次上已有的描写和理论概念）。指南中包括将人种志融入语言课程的方式、技巧。然后，指南作为一种资源，在课程设置阶段为语言教师所用（步骤Ⅴ）。因此，法语或者英语教师手边应常备关于法国或者英国言语社团的指南，正如西班牙语教师应能够参阅关于西班牙和说西班牙语的拉丁美洲国家的指南。最后一个步骤（步骤Ⅵ）乃是语言的教/学活动和教学材料中文化成分的应用。

同语言学的模型一样（图表9.2），我们可以看到一个从社会科学理论到基本模型的中间层次（第二层）的通路。社会科学为我们所坚持的第二语言的社会语境观提供概念、分析系统和理论。

强调语境的语言教学所面临的主要问题是，缺乏对不同语言社团系统的社会学与人类学研究和文字记录。语言教学实践层面对这个问题的更清醒的认识，或许会激发起对更基本层次上研究的兴趣。

正如诺斯特兰和西利所正确地认识到的，面对完备文字记录的匮乏，课程开发者、教师和学习者没有理由不亲自去做人种志的研究，

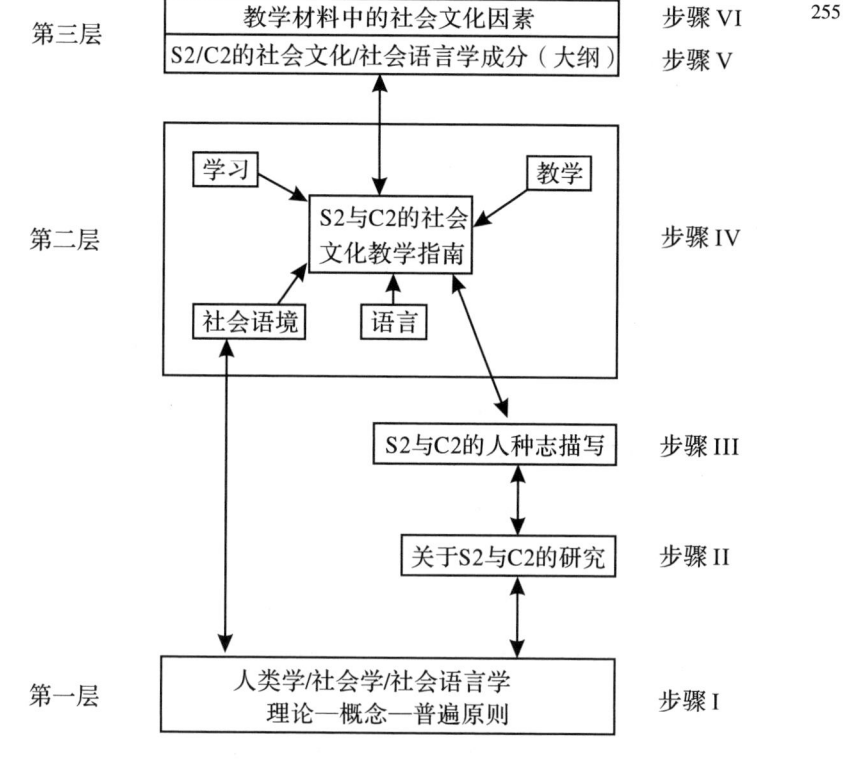

```
第三层  ┌─────────────────────────────────┐  步骤 VI
        │  教学材料中的社会文化因素        │
        │  S2/C2的社会文化/社会语言学成分（大纲）│  步骤 V
        └─────────────────────────────────┘

                    ↕

第二层   ┌──────────────────────────────┐
        │  学习        教学             │
        │      S2与C2的社会             │   步骤 IV
        │      文化教学指南             │
        │  社会语境    语言             │
        └──────────────────────────────┘

                    ↕

        ┌──────────────────┐
        │ S2与C2的人种志描写│              步骤 III
        └──────────────────┘

                    ↕

        ┌──────────────────┐
        │ 关于S2与C2的研究  │              步骤 II
        └──────────────────┘

第一层  ┌──────────────────────────┐
        │ 人类学/社会学/社会语言学  │       步骤 I
        │ 理论—概念—普遍原则        │
        └──────────────────────────┘
```

S2=二语社会　C2=二语文化

图表 12.1　社会科学同语言教学之间的互动关系

对社会现象进行观察，同时通过亲身参与，将语言置于其所赖以存在的社会与文化情景中。假如我们能够时刻不忘这种个人相对临时性研究方式的局限性和偏差的话，个人的研究跟系统研究之间严格的区分——正如在所有的研究中（见本书第4章）——也就消除了。但是，对教师进行的人类学理论背景和田野工作方面的培训，可能使其对社会文化情景的处理更加精密。[17]

社会语境中语言的研究

我们认为,总的来说,语言课程中对文化的处理,应以社会生活的非语言特征为重心。但是,如前所述,理论家还将语言与文化之间的互动包括在文化教学的方方面面,而且从语言教育学的角度来看,重要的是,在语言教学的任何一个阶段,都不应该刻板地将语言跟社会与文化割裂开来。在实践中,语言跟社会文化情景的整合并非易事。作为语言教育学基础的语言描写,总的来说,是"漠视社会"和"文化中性"的。直到最近,语言形式的社会意义或者社会事实的语言学价值,仍然在教材中没有得到充分体现,而且在教师教育中也无足轻重,因此也就无法在教学中得到恰当的应用。在以社会为重心的语言科学发展的现阶段,我们已认识到,教师正在对语言学的社会导向意义以及社会语言学的产生与发展的价值变得敏感。

(一)语言教育学对待言语社团中语言变体(varieties of language)、方言和社会方言的存在,采取的是比过去更积极的观点。过去,外语教学中标准或者规范的选择往往都非常绝对,因为选择的基础是某种没有质疑的传统,而且常常带有推崇或者贬斥某些变体的偏见。在欧洲许多国家,英语二语教师坚持教授他们常常是幼稚地称为"牛津英语"或者"标准英语"的英语变体,而对美国英语以"不够纯洁"为理由加以排斥,这种现象司空见惯。在加拿大,学生家长敦促法语教师教授"巴黎法语",不能教授加拿大法语(见本书第 7 章第 125—126 页)。语言学和社会语言学从学术研究的角度,为二语教学中标准或者规范的选择提供了更为灵活和理性的准则。显然,对语言学习者而言,对语言变体的全部潜势(韩礼德语)都始终保持清醒的意识是非常困难的。对所教授语言规范的定义可能必须基于以下数种准则：（1）所学习的语言变体必须为本族语者所能接受，同时必须适合非本族语者使用；（2）它必须能够促进本族语者跟学习者之间的交流；（3）它必须能够满足学习者对语言的各种可能用途的需求；（4）它还必须在不歪曲所学语言的前提下，简化初期的语言学习任务；（5）随着学习者学习的进步，不同语言变体或者语言的一些具体特征的社会意义，应该在语言教学中占有越来越重要的地位。类似拉波夫所研究的纽约英语中不同社会情境中语言使用的一些细微区分，对英语作为第二语言的初学者而言，可能过于微妙，无法把握。然而，无论处于语言学习的哪个阶段，语言学习者都可能发现语言使用变异的社会意义。

（二）同时，还应逐渐地使学习者意识到，语言使用的变异（variations in language use）是由说话者之间的角色关系、情景、话题或者交流的方式（口语还是书面语）决定的。在有些语言中，说话者之间的角色关系，例如说话者的地位（是上下级关系还是平等关系），或者说话者或受话者的性别，都在语言形式上有所体现。有些语言的具体应用，正如伯恩斯坦所正确地指出的，对语境具有更大的依赖性。例如，所谓的日常会话乃是社会接触的一个组成部分，而其他一些形式的交流则没有很多情景支持（即"对语境没有很强的依赖性"），因此需要说得更明白一些。许多语言教师对上述各种交流情景的区别虽然有一定的直觉理解，但是社会语言学研究却将这些区别系统化了。

（三）前面（一）和（二）中所描述的不同社会意义，以不同的语言形式表现出来（linguistic manifestations），通常通过词汇的选择来表达，但有时用音系特征表达出来，有时则体现为语法差异，还有时则用整个话语某些一般的文体特征来表达。语言学习中包含对上述某些或者许多差异的学习，但是一切都取决于学习者的能力，即取决于在多大程度上他能够掌握这些区别。

（四）从教学处理（实践）（pedagogical treatment）的角度来看，可按照下列两种方式之一开始，将语言置于社会情景中：一是从语言特征（如法语中"tu（你）"和"vous（您）"的区别，或者英语/θ/的各种变体之类的音系特征）出发，对不同的社会意义做出区分。因此，在语言课堂上学习某个戏剧或者叙事语篇时，教师可以将表示社会意义的语言特征特别指出来，以引起学习者的关注。[18] 另外一种可能的方式是，从社会制度、社会结构、角色关系或者从文化来说重要的事件出发，考察其在语言使用上的实现形式。然而，第二种方式非常难以操控，因为社会事实的语言实现形式，尚没有非常系统的文字记录。[19]

奥尔良项目（The Orléans Project）

为了弥补社会语言学资料不足的缺陷，一些教师率先启动了奥尔良项目，对奥尔良市法语口语从社会语言学的角度进行了研究，所建立的社会语言数据库乃是这个领域具有开拓意义的成果（Blanc and Biggs 1971）。60年代末，一批英国的大学法语教师发出倡议，启动了奥尔良项目。其初衷是对不同年龄段的人、不同地域与社会群体，以及不同的语言用途与情景中自发性的口头语言进行记录。其成果是一整套精心灌制的录音磁带和文字转写资料，为语言教学与研究提供(1) 语言学与社会语言学分析的素材，(2) 教授法语口语的材料，以及 (3) 社会文化信息。录音包括对具有代表性的奥尔良居民的采访、对这个法国城市各行各业领袖人物的采访、正式讨论（如劳动委员会会议），以及非正式的餐桌交谈、电话会话、咨询访谈，其中还包括商店、市场和行业里使用的语言。因此，这个研究所收集的资料乃是对1970年前后一个法国小镇栩栩如生的描绘。这些语言素材中不仅富含文化信息，同时也是法语口语、法语本族语者不同群体社会语言一个丰富的资料库，还是反映不同社会情境中法语使用差异的信息宝库。这种类型的录音资料收藏可用作语言学、社会语言学和社会文化研究的素材，也可直接用作大中学校高级阶段的语言教学材料。[20]

语言教学的交际教学法

借助于"交际"或者"功能"语言教学，或者"作为语言教学目标的交际能力"等概念，理论家试图将从言语行为理论、话语分析和交际的人种志中获得的灼见应用到语言教学中。作为教育语言学的一个发展，这一新趋势已在本书第9章中有过描述。本节中我们只想对其对教学的某些影响做一阐述。

翻阅近十年来关于语言教育学的研究文献就会发现，这些年来常被引用的作者有奥斯汀、塞尔、海姆斯和韩礼德（如 Brumfit and Johnson 1979；Canale and Swain 1980）。在德国，哈贝马斯（Habermas）的著作常被用来作为额外的对语言教学进行讨论的理论基点。对社会语言学的重视，可通过对比"交际"或者"功能"教学法和"语言""语法""结构"或者"形式"教学法来加以阐述。威多森关于语言学与交际范畴的区分，有助于更清楚地阐述两种语言教学方式的差异（见本书第9章第178—179页）。

两者之间的主要区别在于，形式或者结构语言教学的各种理论脱离了语言使用的语境来看语言，而交际理论则将第二语言放到了更具体的社会语境和情景中。但是，应该指出的是，结构方式的倡导者并非对语言使用的情景完全熟视无睹。但是，结构主义者的情景往往都是开放的，相对而言，缺乏明确的界定。理论家们大谈特谈作为一般技能的听与说。假如把重点放在"话语的首要地位"上，同时有技能练习的机会的话，这就足够使语言教学具有现实性，因而跟语言的使用联系起来。[21]

理论家将自己的理论建立在言语行为理论和话语分析上，把社会语言学的视角全盘引入语言教学中，并且，自70年代以来，为了更加接近语言使用的实际做出了努力。因此，语言的使用在社会大背景下得到更准确的界定，其目的是，使语言教学跟语言学习者宣告的或者推定的需求紧密地联系起来。理论家通过新的课程设计、新的材料与教学技术，以及以交际为导向的测试，将上述社会语言视角纳入课程设置之中。自大约70年代以来，数位理论家和语言教师都积极投身于语言教学这一方向的形成与发展中。[22]

很多思想都被融入了基于交际原则的课程设计中（例如 Munby 1978；Shaw 1977）。前面几章中提到的欧洲委员会现代语言项目是这方面具有开拓性的创举。这个项目和其他类似项目的内在理据是，语言教学中语言功能确定的出发点是学习者的语言需求（language needs）。对语言需求的定义与识别是使语言教学具有交际性过程的第一个阶段，也是非常重要的阶段（Richterich 1980；Richterich and Chancerel 1977/1980；Savard 1977；Munby 1978）。第二个阶段是对所教授的语言范畴从语义学和社会语言学的角度进行定义，并附以恰当的语言项目的例子。尽管这些程序引起一线教师的极大兴趣，但是"教学大纲"中所包含语言项目总目，与用于将教学大纲付诸实施的教学材料、教学技术和测试程序之间的差距是难以弥合的（Johnson 1977），甚至时至今日，这些困难仍然未得到克服。

基于社会语言学原则的教学材料和教学技术，通常都要确定学习者在语言使用中的角色，如游客，或者大学生，或者流动工人。通常，交际双方的角色需要确定：商店店员—顾客、外国游客—警察、外科医生—患者，等等。语言使用的情景是通过某个详细的脚本来表示的，而且有时是通过这种脚本来描述的，如参观某个城市、到达某个宾馆、阅读学术论文、参加研讨班讨论、请邻居帮忙、观摩医生手术。其次，对通常发生在某个情景中的言语行为进行分析：自我介绍、询问、收集信息、请求允许、请求帮助、辩解或者解释，等等。最后，将某种或者多种言语行为的语言表达，以文本、对话、流程图、表格等形式呈现给学习者，并附以详细解释或者报纸文章选段等。通常，要求学习者间接地参与到情景中，这样一来，他们就成为目标情景中的参与者。因此，语言学习任务中常常涉及问题解决、模拟、或者角色扮演。可能也有操练类型的常规练习，但是与结构练习不同的是，所练习的语言形式在社会语言语境中具有重要作用，而且这种社会语言语境被作为一种具体、实际的情景呈现给学习者，他们不仅要熟悉这些情景，而且在这些情景中也需要了解所学习的语言项目。理想的状态是，练习永远都不是完全重复性或者模仿性的，而是提供可供使用的自然语言形式，复制自发交际中使用的各种语言选择。

类似的原则亦适用于测试。虽然，作为一种思想，交际测试多年来一直对语言教师有极大的吸引力（如 Levenston 1975），但是，事实证明，出题却非常麻烦。因为测试的目标不仅是形式的正确性，而且是特定语境中的社会适切性。测试项目通常是对某个情景的界定，如拥挤的公交车，两个或者多个对话者的角色（如拥挤的公交车上的旅客），以及需要某种言语行为来解决的问题（如恰当、礼貌的请求："你要靠近下车的车门，怎么说？"）。测试项目是期待学习者做出的回答，可以是多项选择，也可以是开放式的项目。[23]

在这种语言教学交际法的发展过程中，有些交际事件（communicative event）的方案（见本书第11章）很有用，但是由于缺乏通过实际调查建立起来的描写性人种志信息库，语言教学面临同前述文化信息匮乏所造成的困难相类似的困难。然而，社会语言取向为语言教学打开了新的视角，但是直到最近才对语言教育学产生影响。理论家和一线教师目前已达成共识：语言教学中的社会语言成分是对"结构"或者"语法"教法的补充与修正，但不会取而代之。引起几位语言学家关注的问题是，如何将结构方式与社会语言方式最有效地结合起来，服务于语言教学。[24]

有些语言教学理论家从前面刚描述的宽泛的社会语言观中得出不同的结论。他们除了看到结构主义语言学和转换生成语法提供的证据之外，还进一步从中发现一些证据，表明语言这东西太复杂，无法主要用分析（无论是结构，还是社会语言学）方法来教授。他们建议采用一些可以使语言"习得"（即没有正规教学的自然语言学习）过程系统化并加以补充的教学方式。尽管上述各种考虑在教学中最好作为心理问题或者方法问题加以考察，但是，需要指出的是，这些观点得到了社会语言学语言观的强化，因为社会语言学将语言和语言学习放到了社会交往这个大的语境中，而且非分析性的语言学习方式是建立在以下原则基础之上的，即有效的语言学习的条件是，学习者必须成为真实语言使用语境中的参与者（participant）。[25]

最近，为了在多层次的课程设置中将分析方式和非分析方式综合起来，研究者做出了多种努力，如下述艾伦（Allen 1980）的方案：

第一层	第二层	第三层
结构	**功能**	**经验**
重心在语言上	重心在语言上	重心在语言的使用上
（形式特征）	（话语特征）	
（1）结构控制	（1）话语控制	（1）情景或话题控制
（2）材料的结构简化	（2）材料的功能简化	（2）真实的语言
（3）主要是结构练习	（3）主要是话语练习	（3）自由练习

图表 12.2 艾伦第二语言教育的三层次交际能力（经改写）

上述模型所表达的观点是，语言课程的设置同传统的语言课程方案一样，必须有一个结构层，但仅仅有这种结构成分是不够的。话语分析和言语行为理论为课程设置的第二个层次奠定了基础。然而，这两个层次必须在第三个层次上整合为一个统一体，在这个层次上，语言作为一种工具被应用于真实生活的各种活动中。根据上述概念，语言课程必须包含所有的三种成分。虽然课程各个层次的重心不同，从第一个层次到第二个层次，再到第三个层次，会发生转移，但是，根据艾伦的观点，课程设置中应该始终包含三种成分。换言之，课程设置应该建立在形式与功能的分析基础之上，同时提供亲身参与从本质上讲非分析性的真实交际的机会。

假如我们承认，正如我们在本章中已经做到的，语言课程的设置必须同时具备一个社会文化成分的话，那么我们可以对艾伦的方案做出修正，建议用四层次课程框架取而代之，如下所示：

结构方面	功能方面	社会文化方面	经验方面
主要是分析性的 （包含语言学习与练习）			主要是非分析性的 （包含真实情景中语言的使用）

图表 12.3　第二语言教学的四层次框架

换言之，我们所表达的意思是，语言教学能够也应该通过结构、功能和社会文化诸方面的学习和练习，以客观和分析的方式，解决语言学习问题，同时还应提供机会，让学习者通过直接语言使用跟目标语言社团接触，将语言作为一种个人经验来体验（同时参见本书第22章第504页；图表22.4和注释7）。

我们在探索交际法对实际语言教学意义的同时，必须提醒自己，从目前来看，总的来说，其中许多思想还只是纲领性的，相对而言尚未经过尝试。这些思想在教学实践中的实施仅仅处于起步阶段，而且，除了"沉浸法"之外，尚没有得到系统的实证研究验证。这些思想的提出，可能仅仅是一种试探或者探索，暗示语言教学的社会语言学取向。就其本身而论，交际教学思想似乎很有前景，需要冷静的探索，也需要试验验证。

结论

总之，本章所探讨的三个方面，即（1）文化信息，（2）社会语言学发现，以及（3）语言教学交际法，构成了语言课程设置的社会文化和社会语言学成分。这一成分是构成人种志指南的内容，与本书第9章所提到的教学语法相得益彰。图表12.1和图表9.2中分别呈现的指南和语法，不应该被机械地看成是相互割裂的。随着语言学和社会语言学的合流，可以预期，指南和语法之间的关系会变得越来越紧密。两者结合可以成为课程开发与在社会文化与社会语言语境中实施教学的真实、可及的资料库。

注释：

1 斯威特的《实用学习》（*Practical Study*）（1899）一书虽然涵盖范围很广，但是却只字未提可能称为语言教学的"文化"方面的内容。

2 支持将语言与文化联系起来的论据往往以下述形式呈现出来，"不懂某个民族的语言，我们就永远不能理解其思想、感情和性格类型"（John Stuart Mill，引自 Hall 1947: 14）。关于现代文化教学的思想，参见西利（Seelye 1974），拉斐特（Lafayette 1978）和里弗斯（Rivers 1981：第 11 章）；同时参见本章注释 11。

3 此处关于文化（*Kulturkunde*）的概述其依据是吕尔克尔（Rülcker 1969：47-70）关于这个主题信息丰富的讨论，文中作者对文化运动的历史和在当今的意义进行了综述。关于文化在语言教学中作用的讨论，弗莱希格（Flechsig 1965）重印本（用德语）中 20 年代所做的几个研究可以说明。关于德国对文化这个概念的解释，还可参见克罗伯与克拉克洪（Kroeber and Kluckhohn 1952）。

4 第二次世界大战期间，英国和美国也采取了类似的方式，形成对德国人、日本人和俄罗斯人（Russians①）的"民族性格"刻板印象。参见本书第 10 章第 198 页，以及注释 8 和注释 9。

5 "作为我们自身的民族特性的衬托（Als Folie für unser eigenes Vokstum）"（Hübner 1925）。

6 "根据德国人的看法，在历史之外，（学习）外语可以促进其作为德国人的自觉性与自豪感的生成"②（Schön 1925，引自 Flechsig 1965：192）。

7 美国《现代外语研究》中包含了对外语教学资料中的文化信息的探讨，对阅读材料从所提到的文化项目方面进行了考察，其中包括"现实事物，如桥梁与运河、重量单位、度量衡；机构，如教会、医院、监狱、铁路、剧院，以及风俗习惯与行政管理；日常生活，如服饰、生活费用、饮食、饭店；一般的民族文化，如教育、金融、文学和迷信，以及地理、历史和政治生活"（Fife 1931：177）。上述所列文化的方方面面揭示出"（其）对外国及其

---

① 此处指苏联人。——译者注
② 原文为德语 "Seine deutsche Bewusstheit, sein deutsches Wertgefühl zu bilden, sind *nach* dem Deutschen, neben der Geschichte die fremden Sprachen berufen"。

文明极少显性的物质影响";"它们亦对了解法国或者西班牙的生活很少有帮助……这不免令人惊奇"（Coleman 1929: 101）。

8 有趣的是，有些德国语言教学改革者早在第一次世界大战和文化运动之前，就已经发起国外游学和学生之间的信函交流，其目的是通过语言学习来深化国际间的相互理解（参见 Flechsig 1965: 20）。

9 此处所呈现出来的文化教学的状况，可以用英国中学副校长联合会（IAAM/AMA）的《现代语言教学备忘录》（*Memorandum on the Teaching of Modern Languages*）来加以说明。正如我们在本书第 6 章第 101 页所做出的解释，这部著作首版于 1929 年，在随后的几十年间曾四次修订（1949，1956，1967，1979），反映了英国几代经验丰富的语言教师语言教学思想的发展历程。对五个不同的版本所做的对比研究揭示出如下关于文化教学的发展趋势：在 1929 年版的《备忘录》中，现代人文学科的目标不仅与"文化"密切相关，而且很有用处（见该书第 249 页）。1949 年版（IAAM 1949）中将"文化"作为语言选择的一个准则包括了进来。此处所谓的文化包括文学、艺术、建筑和音乐。语言教学的具体贡献是文学文化。然而，语言专家的资格中包括"熟悉（目标语）国家的文明"（同上：43）。在这一阶段，中学最后两年学习的重点放在"对民族和国家的研究"上。历史学、社会学和地理学在语言教学中都得到认可，但是由于资料匮乏，而且教师自身不具备这方面的专长，文化教学困难重重。关于社会学，1949 年的报告本身就表示疑惑，"一般的社会学家，同一般的小说家一样，都不能将某个民族的生活综合概括出来，而且凡是试图完成这项任务的著作可能要么枯燥空洞，要么引人误入歧途"（同上：175）。但是，1949 年版《备忘录》建议，应建立个人之间的接触和学校之间的联系，聘用以目标语为本族语的助教，教学中应采用需要个人探索的项目、外国报纸、关于外国的参考书，以及"田野工作"。本书的参考文献中包括数部关于法国、德国和其他国家的著作。

1956年版《备忘录》跟1949年版基本相同。在1967年版《备忘录》（IAAM 1967）中，作为高雅教养的文化得到肯定，"一个国家的文明往往在其文学中得到最好的展示"（同上：46）。但是，该书同时鼓励教师"通过各种著作和亲身接触"，来了解"以他所教授的语言为母语的人、目标语国家、其人民的生活方式以及其精神最好的体现"（同上）。这个版本对许多新型的语言课程、新技术进行了介绍，并提供了很多关于学校集体旅行和聘用国外助教的信息。但是，对待文化的方式没有变化。1979年版《备忘录》再次简明地宣称，"儿童学习某种语言的同时，也在发现其生活和文化的某些东西……培养起超越民族偏见的容忍能力"（同上：6）。本书中还专辟一章，对与外国的接触进行了描述。

从根本上讲，近半个世纪以来，该书将重点放在了语言练习上，同时承认文学、个人体验的机会和直接接触的重要性，但是人类学或者社会学思想的影响，即使存在的话，也只是很间接的或者是微乎其微的，而且尚很少对文化内容给予实质性的思考。

霍尔（Hall 1970: 41）60年代对欧洲国家进行了调查，得出如下结论："在教学实践中，多数欧洲国家并未系统地教授外国文化。"

10　"第二次世界大战并没有催生区域研究。"霍尔（Hall 1947: 12）在赞扬美国大学里兴起的区域研究时这样写道。1950年前后，美国对区域研究进行的一项调查显示，区域研究中学科分布很不平衡（Bennett 1951）：在俄罗斯①、欧洲、近东和东南亚，人类学在区域研究中几乎没有任何体现，而社会学也仅仅局限于对西方文明的研究。文学的研究比较繁荣，而艺术方面只有对远东的研究比较深入。而从另一方面来看，区域研究，总的来说，在法学、地理学、心理学、政治科学和教育学诸领域没有进展。截止到大约1950年，区域研究的理论、实践与存在的问题，都在斯图尔特（Stewart 1950）一个小册子里有全面、深刻的论述。

70年代，区域研究作为语言教学的一种方式，以"欧洲研究"和"法国研究"为名，在英国许多学校得到广泛应用（例如，Centre for Contemporary European Studies 1972）。1979年总统委员会建议的国际研究（U.S.A. 1979）之所以有需求，是因为人们似乎对此有类似的期待。

11 人类学的文化观和社会观自40年代开始就一直存在于关于语言教学理论的著述中，但是可能自50年代末（Lado 1957）和60年代以来，表达得更清楚而已（Bishop 1960；Brooks 1960；Lado 1964；Rivers 1964，1968，1981；Nostrand 1966，1973，1974；Seelye 1968，1974；Chastain 1976）。

12 诺斯特兰（Nostrand）举了一个误用沃尔夫假说的例子。他这样写道（Nostrand 1966: 15-16）："有一次，在国外，他听到一个英语教师说，'英语中有一个表达方式 Why! That man must be worth half a million dollars, or must be worth a million dollars!（嗨！那个人值50万美元，或者值100万美元!)'，这足以说明美国人是多么物质主义。首先，需要说明的一个事实是，这种表达方式已经过时，其次一个人不能单凭考察一些已经死亡了的隐喻，

---

① 此处指苏联。——译者注

就能发现一个民族是否物质主义以及在什么意义上物质主义。"

13 查斯顿（Chastain 1976）列举出 40 多个范畴，但是关于如何获得相关信息，却只字未提。

14 西利（Seelye 1974）认为，文化教学的目标中应包括语言—文化关系意识的培养："语言与社会变量之间的互动"（同上：40）以及"词汇、短语的文化内涵"（同上：42）。所给出的例子无疑有助于语言与文化关系意识的培养，但是他既没有指出实现这个目标所面临的困难，也没有将读者引导到可以参考的社会语言学文献上来。

15 1972 年的东北会议报告（Dodge 1972）乃是为加强人类学和社会语言学的文化教学方式而做出的一种努力。书中专辟数章对法国、加拿大法语区、德国、意大利、日本、苏联、西班牙和拉丁美洲的文化进行了讨论，并提供了参考文献。本书引言部分对美国文化的特征进行了概述。但是，只有关于法国文化一章确确实实应用了社会学研究的成果。而对其他国家文化的描述则参考了人类学或者社会学。西利（Seelye 1974: 28-32）提醒读者关注康马杰（Commager 1970）、斯图尔特（Stewart 1971）和许（Hsu 1969）等人从人类学的角度对美国文化所做的研究。

16 无疑，正是这个类似的观点促使威多森这样写道（Widdowson 1979b: 68）："我现在想到的是一种可以作为语言使用规则指南的教学修辞学，其作用等同于可作为语法规则指南的教学语法。"从严格意义上讲，威多森所谓的教学修辞学可能比此处所建议的指南具有更多社会语言学的成分，因为人们认为，后者从广义上讲具有人类学、社会学和社会语言学的特征。

17 尽管诺斯特兰和西利并非刻意地建议采用这样一种自助方式，但是，本人认为，两位作者足够清楚地表明，语言教学尚缺乏恰当的理论和描写性资源。

18 例如，亚当（Adam 1959）曾指出，斐济的英语教学材料中有一篇题为《故作大方》（*Beau Geste*）的阅读材料，其中有很多词汇项目因为跟陌生的地理与社会事实相关，需要做出解释：

气候	one autumn evening（一个秋日傍晚）
服饰	dressing gown（晨衣）
	bedroom slippers（卧室拖鞋）
动植物	bull-dog tenacity（像斗牛犬一样固执）
	as proud as a peacock（骄傲得像孔雀）
住房	paraffin（煤油）
	the great drawing room（大客厅，大起居室）
	deep leather armchairs（宽大的皮制扶手椅）
宗教	boulders as big as cathedrals（如大教堂一般大的巨砾）
	in a circle like spiritualists（像巫师一样围成一圈）
社会习俗	preparatory school（预备学校）
	honorary degree（荣誉学位）
	Eton and Oxford（伊顿公学和牛津）
	police-court reporters（刑事案专访记者）
	be my banker in this matter（在这件事情上你借给我钱）
海军或者军事术语	field glasses（双筒望远镜）

	fatigue party（杂役队，劳动队）
	garrison duty（守备职责）
文学或者历史	like Gulliver at Lilliput
	（像身处小人国的格列佛）
	a Viking's funeral（海盗式葬礼，海葬）
	a drawbridge leading over a moat
	（护城河上的活动吊桥）

19 至此，读者或许愿意回过头来重温图表9.3。它不仅令人要问：在多大程度上，语言的不同方面——音系、语法、词汇和语篇——可以从社会语言学的角度来加以处理？本章表明，这种社会语言学视角应贯穿于对语言所有方面的处理。但是，我们应该着重强调的是，由于缺乏必要的文字记录材料，这样一个视角的引入不可能不遇到一定的困难。从另一方面来讲，它给教师和课程开发者提供的是一种取向，未必非得等待研究有确定的结果。

20 关于这个本该产生其应有的影响的项目，参见布朗与比格斯（Blanc and Biggs 1971）以及罗斯（Ross 1974）。有些教学材料是根据这个项目的结果编写的（Biggs and Dalwood 1976），而且在英国科尔切斯特的埃塞克斯大学语言与语言学系保存的奥尔良档案中有录音材料细目（Orléans Archives 1974）。

21 语境绝非被忽视。例如，在法语传播研究及学习中心（CREDIF）的课程（如《法国声音与形象》（*Voix et Images de France*））中，视觉形象提供的是语境或者情景，但是语境的性质以及跟语境相适应的言语行为，却远不如对话呈现出的结构重要。背景和言语行为都是随意选择出来的，并没有建立在类似十年后决定欧洲委员现代语言项目《临界水平》总藏的语言分析的基础之上。

22 同时参见本书第 6 章第 111—113 页及以下，以及本书第 9 章第 177—180 页。在 1979 年到 1981 年这个时间段，以下人物和语言中心促进了语言教学理论的发展：英国爱丁堡大学语言学系应用语言学家艾伦、科德、威多森；伦敦语言教学与研究信息中心的特里姆；雷丁大学的威尔金斯、约翰逊和莫罗（Morrow）；兰开斯特大学的坎德林和布林；伦敦教育学院的威多森和布伦菲特；瑞士的里克特里奇；法国的科斯特；德国吉森大学的皮福（Piepho）；卡塞尔联合大学（The Gesamthochschule Kassel）的纽纳（Neuner）；美国的萨威格农（Savignon）、布拉特-保尔森（Bratt-Paulson）、布鲁德和帕尔默；加拿大的安大略教育研究院（OISE）现代语言中心、魁北克省教育厅、联邦政府语言培训项目，以及部分大学（如卡尔逊、渥太华）。例如，参见威多森（Widdowson 1978, 1979）、布伦菲特与约翰逊（Brumfit and Johnson 1979）、卡内尔与斯温（Canale and Swain 1980）、缪勒（Müller 1980）、阿拉蒂斯、奥尔特曼与阿拉蒂斯（Alatis, Altman, and Alatis 1981）、利特尔伍德（Littlewood 1981）以及约尔登（Yalden 1981）。

23 莫罗（Morrow 1979）、奥勒（Oller 1979）、卡罗尔（Carroll 1980）以及韦施（Wesche 1981）曾对交际测试进行过描述和讨论。

24 关于这个问题，约翰逊（Johnson 1977）、布伦菲特（Brumfit 1980）、冈特曼与菲利普斯（Guntermann and Phillips 1981），以及威多森与布伦菲特（Widdowson and Brumfit 1981）等都有论述。

25 这就是本书第 4 章所提到的加拿大"沉浸式"项目所创设的条件。这些项目早在 1965 年就已开始试验，目前在加拿大已作为教育的一种替代形式普遍推行，并通过无数研究进行过评估。作为第二语言学习的"真实生活"参与方式的典范，这些项目很有教益。关于参考文献，可参阅本书第4章注释13和注释28。

第13章

语言的教学与学习的社会学

在前一章中,我们对影响语言课程设置的三个领域进行了探讨。第四个领域要求我们转变视角,从"微观的"社会语言学,转移到"宏观的"语言社会学上:[1] 现在,我们将各种可以想象到的形式的第二语言教学作为一系列社会活动来进行考察。这些活动旨在借助于教育手段来影响人的语言行为。语言社会学,如前所述(见本书第11章第230页及以下诸页),对言语社团中语言与方言的分布以及语言接触进行描写,将语言情景跟其他社会因素联系起来,对语言保持、语言转换和语言冲突等现象做出解释,而且,借助于语言规划提出社会行动,以对语言问题进行处理。但是,迄今,对于社会有意识地通过教育政策来培养第二语言能力和促进双语制所作的努力,语言社会学所给予的直接关注相对太少。[2]

社会学视角在以下几个方面尤为重要:(1)语言教学的社会语境分析;(2)第二语言规划。

语言教学的社会语境分析

语言的社会语境可以被看成是对语言学习产生强大影响的一系列因素,因此在对特定语言教学的情景进行分析时,必须对此类语境因素给予关注。

多年来，人们普遍一直对这些环境因素有清醒的意识，而且有数项研究对其中某些关系进行了考察。在一项关于语言教学的研究计划中，卡罗尔（Carroll 1967，1969）找出许多背景变量，在语言教学研究中必须予以考虑，其中包括语言因素，如跟母语相比较所学习的新语言的特征。关于这一点，斯图尔特（Stewart 1962/1968）提出的分析方法很有用处（见本书第 11 章第 232—234 页）。对语言学习动机产生影响的社会文化因素（如第一语言和第二语言的相对社会地位、第二语言的工具价值、第二语言的文化价值）和各种政治因素，必须一并加以考虑。因为根据舒曼提出的文化适应理论（见本书第 11 章第 238 页），这些因素决定人们对第一和第二语言相对地位的重新解读。需要牢记的其他一些方面包括与第二语言接触的社会机会和学校提供的语言学习的机会。

环境因素有时显而易见，有时则难以识别。例如，英国的一项调查研究《悬而未决的小学法语》（*Primary French in the Balance*）（Burstall *et al.* 1974）发现，法语成绩与父母的社会—经济地位有很高的相关性，"对两类小学男女学生来说，听力、阅读和写作的高平均分数，跟父母社会地位高的职业密切相关；相反，低平均分数则跟父母社会地位低的职业相关"（同上：24）。根据本研究，上述结果肯定了英国一般社会成就模式。作者做出的解释是，家庭对语言学习动机产生影响，进而间接地影响语言学习成绩，"其父母的职业社会地位高的儿童，跟其父母的职业社会地位低的儿童相比，在经历新的学习体验的时候，从父母那里获得更多的支持"（同上：31）。这种结果模式随着学生接受教育的增多，越来越突显出来。上述研究中注意到的另外一种有趣的环境影响是从下述事实中推论出来的：靠近法国的英格兰南部的儿童，比距法国遥远的英格兰北部的儿童，对待法语学习的态度更为积极（Burstall *et al.* 1974: 133-134；160）。

但是，同一研究中的另一个例子却表明，应非常谨慎地对环境因素与语言教学之间的关系进行解读。直觉可能使人做出假设，现代化大都市氛围中的语言教学比老式的农村小学的语言教学会更成功。然而，英国的研究非常一致且非常令人惊奇的发现之一是，农村小学学生的法语成绩高于另一城市学校的学生。若要对上述出乎意料的发现做出解释，就需要对两个学校的环境做一比较。作者发现，农村小学校的老师比城市大学校的老师平均年龄大，经验丰富，而且大多都居住在所供职的乡村。学校的课堂氛围往往比城市大学校更"鼓励合作行为，而且没有竞争性课堂不利于学习的消极特征"（同上：32）。

社会环境与学校语言学习之间关系的问题，在最近关于双语教育的研究中尤其尖锐。研究结果相互矛盾，令人疑惑。加拿大的双语教育似乎是非常成功，而在爱尔兰或者美国等其他国家，教育的失败有时却被归咎于双语教育。因此，斯波尔斯基等人（Spolsky *et al.* 1974: 2）提出质问："我们如何理解蒙特利尔英国后裔儿童家庭—学校语言转换的成功，与保留地上纳瓦霍儿童语言转换的失败呢？"同样，波尔斯顿（Paulston 1975）也曾尝试对"矛盾的数据"做出解释，他坚持认为，"只有把双语教育作为某些社会因素产生的结果来看待，我们才能够开始理解双语教育的问题与疑惑……"（同上：4）。[3]

为了对环境影响进行深入研究，双语教育研究者对学校里的语言与社会环境之间的关系进行了更为缜密的审视，提出了两套方案，目的是为了在一定的语境中对双语教育进行分析。麦基（Mackey 1970）提出的双语教育分类法表明，假如我们将学校教育中使用的语言跟家庭、地区或者国家联系起来，就会发现，双语教育的类型极其复杂（图表13.1）。

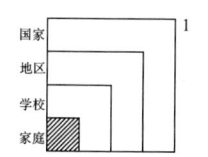

1. 学校所在地使用的语言无论是当地的语言还是国家的通用语言，均非家庭中使用的语言

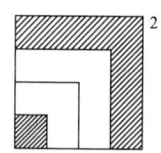

2. 学校所在地家庭中使用的语言是国家通用语言，但并非本地区的语言。

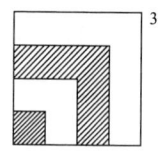

3. 相反，本地区的语言是家庭中使用的语言，但国家的通用语言并非家庭中使用的语言。

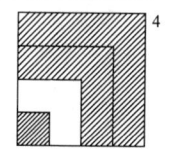

4. 本地区的语言和国家通用语言都是家庭中使用的语言。

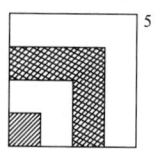

5. 国家通用语言可能并非家庭中使用的语言，但是这可能是个双语区，家庭语言和国家通用语言并用。

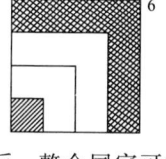

6. 相反，整个国家可能是双语，而这个地区则为单语。

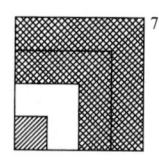

7. 这个地区和整个国家都为双语。

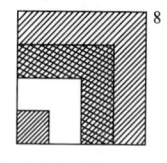

8. 这个地区可能是双语，而且国家通用语可能是家庭中使用的语言。

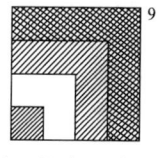

9. 最后，整个国家可能是双语，本地区的语言即家庭中使用的语言。

图表 13.1　麦基的双语教育分类

271 麦基找出了九种不同的学校语言课程设置的方式，产生不少于90种不同的家庭、学校、地区和国家之间交互模式。方案的细节虽然跟本章的讨论没有很紧密的关系，但是假如我们将麦基的范畴应用于所有类型的语言教学的话，其方案就可以简明地表明各种社会变量如何同语言的教与学互动。

斯波尔斯基等人（Spolsky et al. 1974）提出的另外一个方案则试图在同一个范式内，将影响双语教育的所有可能因素都呈现出来。斯波尔斯基及其同事将教育置于核心位置，并对对其产生影响的六种因素进行了考察，包括语言因素、社会因素、政治因素、经济因素、文化/宗教因素和心理因素（图表13.2）。他们向我们表明：首先，如何将这个模型应用于对双语教育的情景进行分析；其次，模型一旦建

273

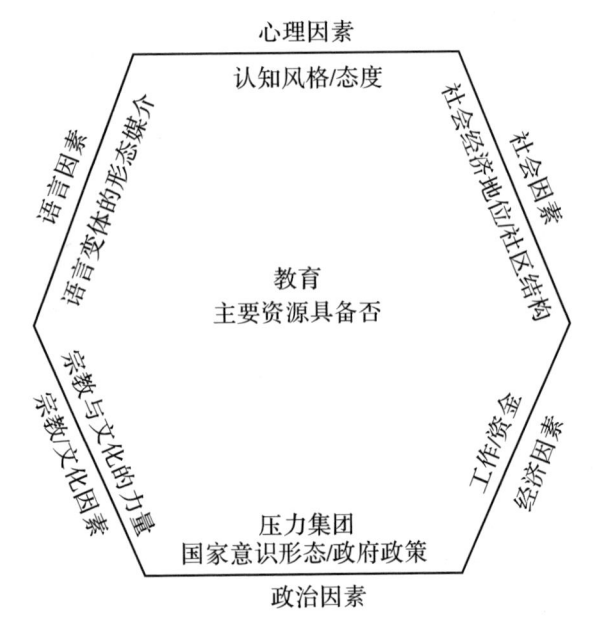

```
                    心理因素
                 认知风格/态度
    语言因素                        社会因素
    语言变体的形态媒介        社会经济地位/社区结构

                      教育
                   主要资源具备否

    宗教与文化的力量              工作资金
    宗教/文化因素                 经济因素

                  压力集团
               国家意识形态/政府政策
                    政治因素
```

图表13.2　斯波尔斯基等人（Spolsky et al. 1974）关于双语教育语境的图示。（类似的图形将课程设置和评估跟社会语境联系了起来。）

立起来，如何帮助一线教师在操作层面上进行课程设置；最后，如何使用这个模式来对双语教育的结果进行评估。

上述适用于对双语教育语境进行分析的两种模型经过适当的改造，也适用于一般的语言教学情境，它们是对语境因素进行分析的有效方案。对麦基的模型加以改造，就可以有效地展示不同的社会力量（different social agencies）之间的互动，有些跟语言教学的情景关系紧密，有些则比较疏远（图表13.3）。

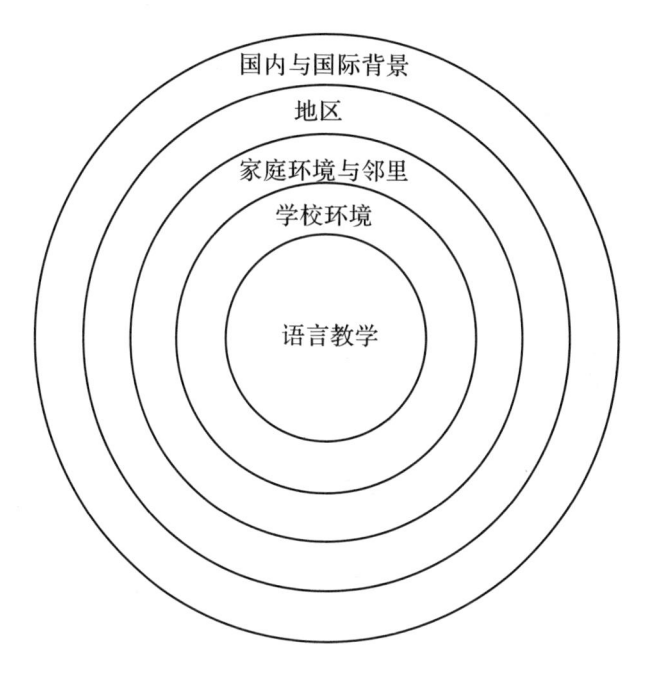

图表13.3　对麦基语境分析方案适用于语言教学的改造

斯波尔斯基的模型经过改造后，可应用于对影响语言教学的各种社会因素进行分析（图13.4）。由于两种模式相辅相成，互为补充，因此可以将两者合二为一（图表13.5）。

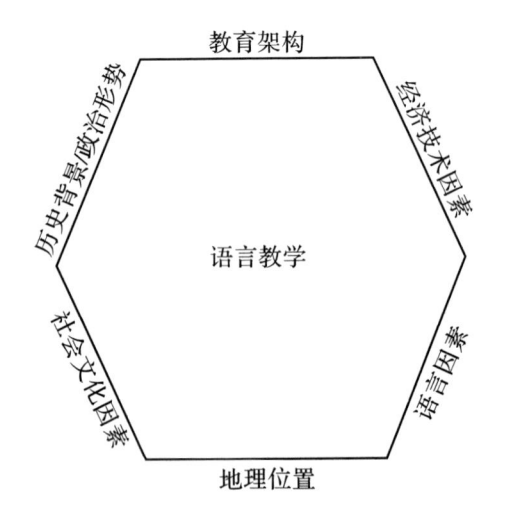

图表 13.4　对斯波尔斯基方案适用于对语言教学中各种社会变量进行分析的改造

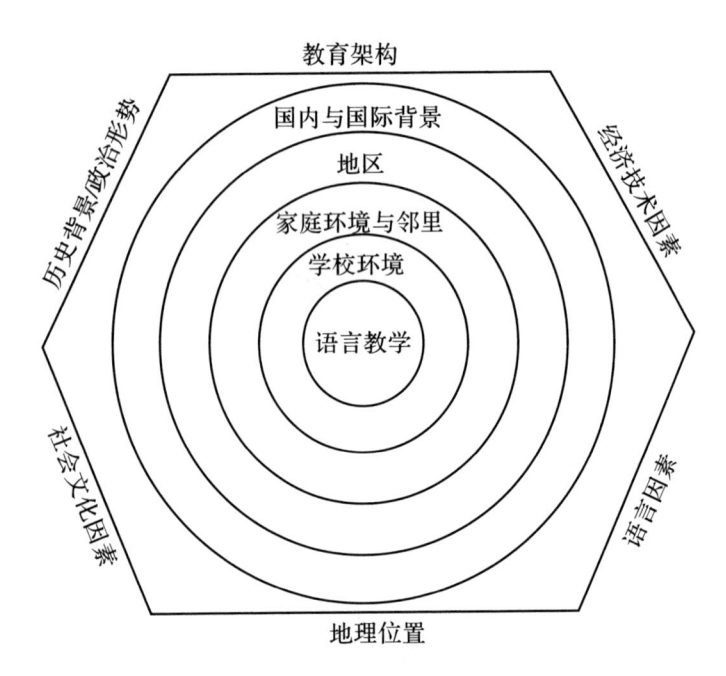

图表 13.5　麦基的模式与斯波尔斯基的模式合并构成语言教学的语境因素总目

图中央为所考察的具体语言教学情境，如成年移民英语班、英国某综合学校的法语、德国某小学的英语、美国一中学的西班牙语等。这种具体的语言教学情境，通常发生于教育系统内一小学或中学、学院或者大学的系之类的学校环境中。学校或者教育体系提供语言教学的直接环境。因此，在对这一情境进行分析的过程中，需要提出的第一个问题是：语言教学如何跟特定的教育环境相适应？反过来说，学校或者学校系统处于社区中，后者为学生提供特色鲜明的家庭环境。无论语言性的，还是文化性的，抑或是社会经济性的，社区的影响是语言教学发生的大背景。正如英国关于小学法语教学的研究所表明的（Burstall *et al.* 1974；参见本书第270页），可以假定，在有些情况下，其影响可能非常强大。因此，这种影响必须加以考察。所居住的社区本身处于更大的环境中（如城市、地区或者国家的一个部分），后者或许跟社区相似，也可能不同。麦基在图中所表示的恰好是学校、社区和地区之间的相似与差异之处。在地区之外，我们还可以联系国际社会，想象整个国家的语言或者多种语言的情形，因为前者会对语言态度和语言政策产生影响，因此直接或者间接地影响教育机构层的语言教育。

我们可以对直接或者大的社会语境进行分析，找出影响语言教学的各种因素。如图表13.4和图表13.5所示，这些因素（对斯波尔斯基的范畴略加修正后）可以进一步分类为：语言因素、社会文化因素、历史背景、政治形势、地理环境、经济/技术因素，以及教育架构。

上述因素对语言教学的影响并非显而易见。某个因素在特定的语境中可能会产生作用，也可能不产生作用。所列出的各种因素乃是一个各个方面组成的方便查看的总目，这些因素有时会制约语言教学，有时则会促进语言教学。若要对语言教学背景进行分析，就必须做个案研究，从教师自身来讲，从对影响语言课堂各种因素的短暂的、几乎是直觉的领悟，到对某个社区或者整个国家语言教学状况系统、详尽的分析（如加拿大皇家双语制与双文化制委员会六卷本报告中的研究（Canada 1967-1970）），类型不一。

语言因素

对语言教学进行审视需要考虑的最显而易见的语境因素是语言情景。从语言上来看，有些国家或者地区相对比较统一，如德国、法国、英国、阿根廷、泰国等。在这些国家，语言学习发生于相当统一的语言背景下，而且学生会遇到很多有共性的语言学习问题。而从另一方面来讲，统一的语言环境在学生中造成单语具有普遍性的假象，从而导致其对第二语言学习的抵抗。

其他一些语言情景则要复杂得多。例如，在西印度群岛，在学校里学习的是标准英语（或法语），而其语言背景则是基于英语或者法语的不同程度的克里奥尔语。[4] 假如在这个大背景下，再去学习另外一门外语，如西班牙语，情况就进一步复杂化了。在印度，第二语言（如英语），或者在菲律宾，其国语菲律宾语，是在多语言和方言这个大的语言背景下学习的。这一情形的优势在于，学生是在其他不同语言体验和接触环境中不同语言的基础上来学习另外一种语言的，但是，这种语言背景的多样性可能会使课堂语言教学复杂化。

需要记住的语言的另一方面是目标语跟学习者母语的关系。早期的对比分析观认为，语言之间的差异可以预测学习困难的大小，这种观点现在已不再有人机械地尊奉。但是，第一语言和第二语言之间语言与文化上的距离，可能会造成一定的学习问题。正如沃尔夫在其标准一般欧洲语（Standard Average）的概念中所承认的，多数大的欧洲语种（如英语、法语、德语、俄语、意大利语和西班牙语）具有共同的语言和文化假设,这些都在其词汇和语法中反映出来。同样,印度的很多语言,如印地语或者古吉拉特语,也有很多共性。相反,欧洲人学习东方语言,如汉语、日语、泰语或者印地语,必须接受许多陌生的语言和文化特征。同理,以印地语或者日语为母语者,作为第二语言学习英语时,也面临类似的问题。

语言的相似性并不能保证第二语言可以轻而易举地学得。国际教育成就评估协会(IEA)的研究之一(Carroll 1975)发现,语言之间的亲属关系跟法语作为第二语言的成绩几乎没有任何关系[5]。如果语言上的亲属关系能保证语言学习成功的话,我们就可以期望,例如,以罗曼语支语言(如西班牙语或者罗马尼亚语)为母语者,会发现法语很容易学,而以英语为母语者学习法语要困难得多。确实,在国际教育成就评估协会的这项研究中,罗马尼亚学生的法语水平达到了很高的程度,但是假如我们由此得出结论说这是因为罗马尼亚语跟法语有相似性的话,那么这一论断对智利人亦应如此。因为西班牙语跟法语的关系,比跟罗马尼亚语更近。然而,智利学生的法语成绩远远低于罗马尼亚学生。其他一些因素可能比语言间的相似性更重要。由此可以得出如下结论:由于所研究的是欧洲语言(荷兰语、英语、罗马尼亚语、西班牙语和瑞典语),因此语言之间的差异不像东方语言和欧洲语言之间的差异那么大。

社会与文化因素

跟语言情景密切相关的是学习环境中的社会语言与社会文化因素。这些因素是构成社会不同社区和集团的社会组织形式,其中包括社会阶层和职业、种族、文化和宗教团体。麦基提出的模型将人们的注意力吸引到了各个社会团体之间的语言差异上。我们还必须充分认识到,社会经济和社会文化差异,可能表现为对所有或者特定语言、社会或者地域方言、双语制，以及对第二语言学习态度上的差异，反言之，这些态度上的差异固化为语言之间社会地位上的差异。语言由于与之相联系的政治、经济或者文化价值的作用，有时受到人们的敬仰，有时则受到蔑视。有时，这些语言观反映了关于某种语言的优点的理性论断（其依据是对不同语言在某个社区中价值的符合现实的评估），而有时则表达对目标语言的普遍偏见。因此，学生常常是带着从所居住社会获得的积极或者消极的态度开始语言学习的，而这些态度反过来会影响其第二语言学习动机。[6]

然而，社会经济因素或者社会文化因素跟语言学习之间的关系，不能被视为显而易见或者理所当然。研究有时发现它们之间的关系明确，但是有时也发现关系并非如此明显。因此，国际教育成就评估协会（IEA）的法语教学研究非常直截了当地断言，"学生的社会经济地位本身并非是其外语成就的一个相关因素"（Carroll 1975: 213）。相反，如前所述，英国所做的研究，即《悬而未决的小学法语》，则发现社会经济地位跟法语成绩之间关系紧密，"高平均分数跟父母社会地位高的职业密切相关，相反，低平均分数则跟父母社会地位低的职业相关"（Burstall 1975: 392）。这种相关关系反映了英国不同社会阶层对法语学习的社会态度的差异，这种社会态度的差异反过来间接地影响了学生的成就（同时参见本书第 19 章第 424—426 页）。

历史背景与国内或者国际政治形势

课程设置中具体语言的选择、对不同语言的相对重视程度，以及普遍的对语言学习的重视程度，总的来说，是由直接环境之外的因素所决定的。其中之一是对大社会或者整个国家历史与政治力量几乎是隐蔽的解读。战时，或者政治动荡或社会动乱时期，这些历史与政治影响就更加突显出来。例如，在西方国家，德语作为外语的教学，从第一次世界大战前和魏玛共和国时期的红极一时,到第二次世界大战期间的完全销声匿迹,经历了许多波折。这些变迁反映了对另一国家态度的变化。法语、英语、德语、西班牙语、葡萄牙语、俄语或者荷兰语作为第二语言重点的转移,反映了这些国家政治与经济实力以及地位的升降起伏。如下所述,语言规划这个概念理应扩大其内涵,将关于第二语言选择的决策建立在更理性的分析和对国内与国际形势更全面、长期的考量的坚实基础之上,而不像惯常的做法一样随意。对新任职的教师而言,面临在某一学校教授某一语言的任务,对这些历史与政治因素的清醒认识对其工作大有裨益,赋予其教学活动以更重要的意义。

地理位置

假如我们说语言教学在一定程度上是促进两个语言社团语言接触的一种方式的话,两个社团之间的地理距离可能也会对语言学习产生一定的影响。在澳大利亚和新西兰,学习法语可能会受到学生更多的质疑,而在英国、荷兰,或者德国,学习法语则更容易为学习者所接受。对法语学习的需求在加拿大的安大略省、魁北克附近以及其他一些说法语的地区,可能表现得更强烈一些,而在遥远的英属哥伦比亚,则未必尽然。即使在安大略省,英语占绝对统治地位地区的教师,会强调由于远离本省法语区所造成的语言学习的困难。法国东北与德国接壤,东南同意大利毗邻,南接西班牙,西北与英国为邻,地理位置的差异反映在学校里对开设的不同语言的重视程度上。德语在西北部,意大利语在东南部,西班牙语在南部,英语在西部和北部,分别占据支配地位。如前所述,英国的试点计划(Burstall *et al.* 1974)发现,英格兰南北部之间的距离在语言成绩的差异上反映出来。

然而，对地理位置的解释不应该太机械、教条。交流的便利在一定程度上克服了地理距离的障碍。但是，尽管如此，第二语言在学习的直接或者在相近的环境中能否得到运用，或者存在于离使用环境很远的地方，这是有很大区别的。我们经常所说的"第二语言"与"外语"之间的区别，其实主要是语言使用的地理环境之间的区别；环境不同，对语言教学的社会语言和社会文化方面的影响亦不同。进而言之，在"第二语言"情景中，所学习的语言可直接应用于语言学习的环境，无论是教师还是学习者，都有机会经常直接接触所学习的语言。也就是说，第二语言得到社会环境的支撑。在"外语"情景中，环境支撑缺乏，因此需要采用一些特别的教学措施予以补偿。[7]

总之，或许对语言学习影响更大的并非是地理距离本身，而是教师和学习者如何认知所学习的语言。这种认知通常更多地受到语言学习环境中流行的文化与社会假设的影响，而非单纯的地理因素。简而言之，在对语言教学情境进行评估时，重要的是要问第二语言在学习环境中是否存在，或者，假如不存在，距离学习环境有多远，而且应该对地理距离可能对学习者和教师的认知产生什么影响做出评估。

经济与技术发展

经济和技术因素在对环境进行分析时的重要性，体现在以下两个方面。[8] 首先，经济的发展需要学习语言。技术技能的获得可能依赖于世界主要语言的知识，借助于后者可以获得前者。因此，在第三世界国家中，英语作为第二语言常常是科学或者技术训练的前提条件。

其次，反过来说，语言学习本身需要经济投入，而且社会可能需要对语言学习的重要性相对于其他教育需求的重要性做出正确的估计。

发达工业社会语言教学的特点是，教学材料丰富，电子视听设备使用广泛。许多发展中国家，尤其是第三世界国家，教学资料与教学设备严重匮乏，购置不起。这些国家甚至没有熟练的技术人员安装和维护这些设备①。因此，对语言教学情境进行分析，重要的是应将经济实力和技术能力一并加以考察，这样才能更好地确定教学材料，建议采用的技巧或者技术。除了欧洲或者北美一些高度发达的地区之外，多数国家对简单的第二语言学习技术更感兴趣，而对那些复杂的装置并不热衷，部分原因是经济，部分原因是缺乏维护设备的技术。

教育架构

对语言教学情境进行分析需要考虑的最后一个方面是，教学正常展开的教育架构。对教育情境进行解读所需要的概念，将在本书第六部分中讨论。此处通过例子来说明语言教学展开的情景有多么复杂、多样，就足够了。这可以从国际教育成就评估协会（IEA）的研究《十个国家英语作为第二语言的教学》（*The Teaching of English as a Second Language in Ten Countries*）（Lewis and Massad 1975；同时参见本书第 19 章第 432—434 页）中清楚地看出来。在研究所涵盖的十个国家中，义务教育开始的年龄从五岁到八岁，义务教育的时间泰国最短，为四年，比利时、德国、芬兰、以色列和瑞典最长，为九年。这些国家学校组织以及小学和中学的区分方式也有差别。瑞典是唯一一个一直到 16 岁不对小学和中学做出区分的国家。在意大利，十岁就

---

① 本节中所谈到的情况，在很多地方已经过时，但是在 80 年代初本书出版时，这确实是事实。——译者注

结束小学阶段，进入中学阶段，而在智利、匈牙利和泰国，这个年龄则推迟到了14岁。在有些国家，在小学教育和中学教育之间有一个过渡或者"观察"期。许多国家在中学阶段对学术（经典、人文和科学）项目与职业（技术、商业或者农业）项目做出了区分。各个国家中学教育中教学总学时数也大相径庭，学术型学校的教学课时智利最少，每年为960学时，以色列最多，为1544学时；职业型学校教学课时智利亦最少，为832学时，而芬兰最多，为1740学时。因此，有些国家可用于语言学习的时间多于其他国家。上述从英语作为外语的十国研究中所引用的例子，仅仅表明对总体教育背景的理解，作为语言教学环境分析的一个部分的重要性。

第二语言规划

通过教育来创造双语制导致很多问题的产生，向语言规划提出了下述疑问：某一社会中应该学习哪一种或者几种第二语言？哪一（几）种语言应给予优先考虑？根据什么标准来选择学习第二语言？目标达到什么水平？是否所有人或者其中某些人学习甲种语言或者乙种语言？这些语言在整个教育体制中应处于什么位置？实施社会所制定的语言政策需要提供什么样的条件？

在有些多语并存的语言社团中，第二语言的学习尤其重要，因为第二语言是相互交流的重要媒介，或者是教育使用的语言，如英语在尼日利亚或者赞比亚。在这些国家或者地区，语言决策可能是国家发展的核心问题。许多第三世界国家需要用第二语言作为标准语，或者广泛交流的语言，这样的第二语言规划已经开始。但是，即使在那些社会生活的结构并不依赖（作为教学和内部交际媒介的）第二语言的国家，第二语言或者外语的开设，仍然是教育语言规划的一项复杂的任务，需要做出重大的政策决策，随后就是教师的教育与选聘，语法、词典、文化与社会语言指南的编写，教学大纲的编制，以及课程材料的准备。

第二语言规划形成的步骤，类似于本书第11章所提纲挈领描写的一般语言规划的步骤（见本书第240—241页）。（1）通过调查，对所涉及的言语社团的语言使用状况进行调查，确定目前所提供的语言的情况，并对社会的语言需求进行解读。（2）在上述以发现事实为重心的调查结果的基础上，形成一个"语言规划"或者"多个备选语言规划"，亦即根据需要的迫切程度理智地选择语言，并安排中小学、大学、语言中心和研究机构开设所选择的语言。一种或者两种语言可能被选定，在大中小学或者成人教育机构里普遍开设。而其他一些语言根据规划，则仅仅局限于在高等教育机构或者成人教育机构里开设。有许多语言仅仅在大学的语言项目里开设，有一些可能就是专门研究机构里的一个科目。[9]（3）语言规划一旦成为一种政策，就要做出第二语言更具体的语言规划：选择一种或者多种语言的规范，制定第二语言水平标准，确定编写教学语法、词汇表以及社会文化与社会语言指南的依据。（4）规划的另一阶段是实施，提出在学校里开展语言教学的步骤，达到规划要求的水平：课程的设置、教学材料的编写、教师培养的规划，以及必要的基础研究。（5）一般语言规划的评估阶段，同样适用于第二语言的规划。在这一阶段，应采取一些步骤，对规划的执行进行评估，其指标是目标人群的第二语言水平是否都达到要求。因此，在多数情况下，测试工具的开发乃是整个规划的一个组成部分。从大的方面来讲，规划中应包括经常性的审核程序，对规划的执行进行监控，回答以下问题：规划是否仍然有效？提出的措施是否有成效？评估的目的是对规划进行修订，这样一来，规划一旦进入实施阶段，就可以定期进行核查与修正，从而形成了一个核查、重新规划、实施、评估、修正等持续不断、循环往复的过程。

据我所知，目前尚没有任何地方系统地将上述语言规划模型应用于第二语言的教学，虽然已有研究对部分规划过程或者第二语言规划的某些方面进行过阐述。关于语言教学的大部头历史报告可以说是对第二语言教学的调查，同时也是语言教学发展的规划。其中突出的例子——而且可能是最接近第二语言规划模型中（1）和（2）两阶段预测的例子——是加拿大的《双语制与双文化制报告》（Canada 1967-1970）。此研究是以60年代加拿大的语言情景为大背景，对作为第二语言的英语和法语的教学进行的调查。研究对不同省份和不同层次的语言教学进行了全面深入的考察，其中包括对学生和教师的调查。研究提出了改进语言教学的政策性建议，其总体目标之一是，在加拿大培育双语制和双文化制。

除了前述对两次世界大战之间语言教学产生过重大影响的政府报告《现代研究》之外，此处还可再引述数个英国的例子。安南报告（The Annan Report 1962）对俄语和其他斯拉夫诸语言教学的缺失做了记述，并提出了克服这一缺憾的政策建议。同样，海特报告（The Hayter Report 1961）则对东方语言和非洲语言研究的缺陷进行了分析，并提出了完善的意见。

1969年，英国一个全国语言委员会建议对国家对现代语言的需求进行研究。启动类似大规模研究的困难重重，但却引发了两个小规模的项目，两者恰好都是第二语言规划所需要的调查。其中之一是对国家教育体系中现代语言的课程设置和语言水平的调查。在研究中，根据一个统一的方案，作者对中小学和高等教育机构中法语、德语、意大利语和西班牙语数百种语言教学大纲进行了分析。研究结果是一张关于英国语言教学状况的地图（James and Rouve 1973）。第二个研究则对全国外语人员需求情况进行了调查。研究由两个问卷调查组成，一个问卷针对"高级"攻读学位者，另一个问卷则针对工商企业和雇主，后者的目的是探明实业界对语言的需求。在该研究的第三部分中，作者对全国性报纸的广告栏目进行了分析，其目的是探明所登载的职位有多少个要求应聘者具备某些语言的技能，进而发现哪些职位对语言有要求，需要哪些语言，以及具体哪些语言技能更有需求（Emmans *et al*. 1974）。1976 年，一个永久性机构，全国教育语言大会（The National Congress on Languages in Education，简称 NCLE）成立，这标志着教育语言问题的解决又向着有规划的方向迈进了一步。[10] 最后，欧洲委员会 1971—1981 年间的现代语言项目（The Modern Languages Project）是为制定欧洲统一的语言水平标准所做出的努力，也可以被看作是外语规划的先驱。[11]

上述研究、调查和项目仅仅是第二语言规划的开始。但是，它们足以表明，以前的那种随意、无计划的方式，将逐渐为决定语言教学问题的更有计划的过程所取代。

回顾与结论

从语言的教学与学习的角度来看，社会语境这个概念具有重要意义。首先，如前所述，语言本身必须在一定的社会语境中来对待。此外，就语言教学而言，重要的是，应将语言跟社会联系起来，因为教授和学习语言的目的是跨越语言的界限，建立联系，进行交流。因此，社会与文化不仅仅是语言的背景，甚至不仅仅是语境。毕竟，社会与文化所代表的是语言学习者最终必须接触、联系的人，而这需要用到语言，此即语言学习的价值。最后，语言教学可被看成是对人类语言关系的一种有意识的干预，这种干预可以有效地予以规划，进而以这种方式促进社会双语制的发展。

从前面三章对社会科学和语言教学的回顾显然可以看出，社会语言学和社会科学其他学科在第二语言教育学中起着重要的作用，对语言项目的质量和某一言语社团中语言的教学有着深远的影响。

在本部分的研究结束时，再对社会科学跟语言教学的关系进行反思，颇耐人寻味。社会科学跟语言教育学之间关系的发展，不同于语言学跟语言教育学之间关系的发展。社会科学家不同于语言学家，他们一向对语言教学有点漠不关心，而且几乎没有认识到社会与文化的理论与描写对语言教学的重要性。相反，有些教育语言学家和为数不多的语言教师已经意识到这方面的需求，并且大胆地投身到社会科学领域的研究。这些发展目前仍相对较新，尚不成气候。但是，从长远来看，未来的希望在于社会科学家、语言教育学家和语言教师之间的合作。

注释：

1 克里珀和威多森（Criper and Widdowson 1975: 158）在其关于"社会语言学与语言教学"颇有见地的文章中正确地指出："这两种看待社会的方式，一曰'俯瞰'，二曰'仰观'，两者并非相互矛盾，而是相辅相成，互为补充。"

2 60年代初，华盛顿应用语言学研究中心出版了两本虽然篇幅不大，但很有分量的出版物，率先以整个世界为视角，从社会学的角度，对第二语言学习进行了审视，探讨了语言学习在第三世界国家发展中的作用（Center for Applied Linguistics 1961；Rice 1962）。

3 参见本书第2章注释13。这一差异在这里被看成一种需要进一步解释的"矛盾冲突"。

4 克里奥尔语形式多样，从最纯粹形式的低势语（basilect），中间经过各种程度的中势语（mesolect），过渡到接近标准英语或者标准法语的一种形式，称高势语（acrolect）①（Hudson 1980: 67）。参见本书第 7 章第 124 页。同时参见瓦尔德曼（Valdman 1977）。

5. 本书第 5 章（第 56 页）曾简要地提到过国际教育成就评估协会（IEA）的研究，而且将在本书第 19 章第 432—434 页中以比较教育为背景，对其进行详细描述。

6. 根据最近的研究，种族间关系对种族语言态度和语言学习的影响非常重要。关于这个问题的总结和参考文献，参见斯特恩与卡明斯（Stern and Cummins 1981: 209-212）。关于言语社团的社会学与社会心理学的讨论，参阅本书第 11 章第 237—238 页；关于语言学习情感方面的详细讨论，参阅本书第 17 章第 375—379 页。

7. 关于这一区别，参见本书第 1 章第 15—17 页和第 18 章第 391—393 页。国内与国际之间的另外一个区别也部分地跟地理位置有关。正如我们在本书第 1 章第 17 页中所看到的，"国内"指的是某个国家内部用于广泛交际的语言，如印度或者尼日利亚的英语，而"国际"则并非指任何具体的地理位置（国家或者地区）。关于这一点，参见史密斯（Smith 1981）。

8. 关于这一问题，参见本书第 19 章，第 5 节为经济学，第 10 节为教育技术。

9. 目前，类似的语言选择可能遵循的原则尚不清楚。大约 40 年前，皮尔斯（Peers 1945）曾试图对英国中小学和大学里各种语言的地位做出合理的解释。最近，全国教育语言大会（Perren 1979，1979a）为了解决这个问题，已开始着手从语言教育的视角，对

---

① 亦可分别译作"低层语""中层语"和"高层语"（参见 Richards 等著（管燕红译）《朗文语言教学及应用语言学辞典》（*Longman Dictionary of Language Teaching & Applied Linguistics*），北京：外语教学与研究出版社，2000 年）。——译者注

学校里的外语教学进行考察。

10　全国教育语言大会（NCLE）乃是一个独立机构，行政上挂靠在语言教学与研究信息中心。1978 年，第一次在达勒姆"集会"。这次会议提交的部分论文对教育中的母语和外语进行了探讨，结集后以《全国教育语言大会论文与报告》（*NCLE Papers and Reports*）为标题，由语言教学与研究信息中心出版（Perren 1979，1979a）。

11　参见特里姆（Trim 1980）和特里姆等（Trim *et al.* 1980）；欧洲委员会（Council of Europe 1981）。美国关于外语和国际研究的总统委员会报告（U.S.A. 1979），或者加拿大安大略省教育厅关于法语教学的文件（Ontario 1974），是对这一方向的进一步阐述，即区域层和国家层第二语言教学规划。

第五部分

语言学习的概念

第14章

语言与语言学习的心理学研究

构建语言学习理论的第四个视角是个体语言学习者及语言学习过程。与之相关的学科则非心理学莫属。

要探讨这一领域，我们不妨从内省（introspection）、反省（retrospection）、观察（observation）开始，想一想我们自己学习语言的情形，再思考一下我们的学生学习语言的情形。请回想一下自己的亲身经历，我们是如何应对语言学习的？语言学习是难还是易？难在哪里，又易在哪里？我们的语言学习是否成功？随着语言学习的进展，我们的语言学习观是否有所改变？如果我们学过多种语言，不同语言的学习方法是否不同？如何解释自身的语言经验？从中又领悟到了什么？[1]

还可以用同样的方法来对我们的学生的语言学习进行观察，思考一下，为什么有些学生学习很成功，而有些学生却在无助地挣扎，或者思考一下，我们的教学中暗含着什么样的学习观。

若要回答上述问题，就不得不用到心理学的概念，因为我们有关学习的思考不可避免地要受到心理知识的影响。心理知识是我们在本族文化中对人类行为通常的理解。毫无疑问，一些心理学术语，如"记忆（remembering）""遗忘（forgetting）""技能（skill）""动机

(motivation)""挫折（frustration）""抑制（inhibitions）"等，会出现在我们的分析中。如今，心理学与心理语言学对于语言教学理论的重要性，已经毋庸置疑。近几年在语言教学理论方面引起轰动、争论最多的议题都与第二语言学习的心理学有关。所以说，无论是习惯与认知的作用之争，还是关于第一语言习得与第二语言习得关系的讨论，其基础都是对语言学习心理学的不同诠释以及心理学的论证与反驳。

同前面所探讨的其他几个学科一样，心理学作为一个独立的研究领域，已有上百年的历史。20世纪上半叶，心理学急剧扩张。这一发展过程发生在世界多个国家，侧重点也不完全相同。[2] 图表14.1表明，当今心理学覆盖的活动面极其广泛，其中包括各种不同的兴趣和专业领域、应用范围，以及思想流派。像语言学领域一样，其中有的是因其某个倡导者而著称（如弗洛伊德、华生（Watson）、斯金纳），有的则是因其主导概念而闻名（如行为主义、格式塔）[3]。由于当代思想中充斥着心理学的理念与心理学术语，因此不难想象，在语言教学理论及实践中会充满源于心理学各种分支、不同流派的思想。

就本书的目的而言，没有必要面面俱到地对心理学与语言教学之间的联系进行分析。那是专门研究的任务。本章将从普通心理学的视角，探讨语言教学理论的两个核心概念：语言与学习，并以此为基础，在接下来的几章里（第15—18章），我们将从心理学的视角深入探讨第二语言学习。随着讨论的深入，心理学与语言教学的关系将会变得显而易见。

主要研究领域	应用领域	研究方法	思想流派	
			主要倡导者	学派名称或主导概念
哲学心理学 普通心理学： 　知觉 　学习 　记忆 　思维 　动机 　情绪 生理心理学 人格 发展心理学： 　婴儿、青少年 　青春期、成年 　衰老 社会心理学 行为心理学 艺术 音乐 ⎫心理学 语言 ⎭	应用心理学 （与"纯粹的心理学""普通心理学"或"理论心理学"相对照） 教育心理学 工业心理学 医学心理学： 　临床心理学 　心理治疗 　咨询心理学	内省 实验 临床 统计 心理测量	冯特、铁钦纳、布伦塔诺、斯顿夫、屈尔佩	结构主义 1870—1900
			詹姆斯、杜威、霍尔、伍德沃斯	功能主义 1890—1940
			桑代克	联想主义 1900—1930
			巴甫洛夫	条件反射 1905—1928
			华生、斯金纳	行为主义 1910—1965
			考夫卡、苛勒、沃特海默	格式塔心理学 1912—1935
			勒温	场论 1935—1945
			皮亚杰、布鲁纳	认知发展心理学 1920—1980
			弗洛伊德 荣格 阿德勒	精神分析 分析心理学 个体心理学 1900—1940
			奥尔波特、马斯洛、罗杰斯	人本主义心理学 1955—1980

图表 14.1　心理学综观（所给出的是主要发展期的大致年代）

心理学中的语言

第一次世界大战之前

在心理学的发展史上，语言一直在起着一定的作用，但五六十年代以前，语言过程并未受到很多关注。心理学研究的对象是人类的活动、行为、举止与心理过程，因此可以将其定义为心理生活以及个体行为的科学。[4] 语言是人类明显区别于其他物种的特征之一，因此它在人类生活中的作用成为心理学研究中不可或缺的一部分。然而，从图表 14.1 可以看出，语言不过是心理学家所探索的人类行为诸多方面之一。心理学作为一个科学研究领域，在其发展的上百年里，对言语或者语言一直没有给予足够的关注。在 19 世纪的最后几十年间，它主要关注的是感官的知觉。大约从 1900 年开始，有关学习、记忆、思维以及智力（即高级心理过程）的问题成为研究的主要课题。两次世界大战之间，有关情绪、人格、儿童心理发展、个体差异测量等方面的研究才开始突显出来。甚至于今天，仍然会有心理学家怀疑语言心理学是一个有着丰硕成果的研究领域。[5]

尽管如此，人们从来都没有忽视从心理学的角度对语言进行审视。现代科学心理学创始人冯特（Wundt），在其经典著作《民族心理学》（*Völkerpsychologie*）(1877) 第一卷中，就有一个关于语言的研究。1870 年到 1900 年间，早期对儿童心理的研究，多数都对婴幼儿言语发展有非常敏锐的观察和缜密的理论探讨。[6] 现代对第一语言习得的兴趣，实为该领域早期研究的复兴。1900 年前后所做的许多心理学实验，特别是有关记忆与心理联想的研究，都涉及语言的使用问题。比如，记忆实验便经常测试对词表的记忆和保持。

实验表明，在识记过程中，受试倾向于把要学习的语言材料组成可识别的模式。由高尔顿（Galton 1883）首先开展的词语联想实验，表明受试能够自发地以一种可预测的方式将刺激词与反应词区分开来。[7]这类实验不仅加深了心理学家对人类大脑的理解，同时也发现了支配第一语言总存的一些原则。因此，这些也属于语言行为研究。

世纪之交，在有关语言行为情感动力学（emotional dynamics）的研究中，弗洛伊德对口误、笔误的处理方法，引人入胜，耐人寻味，这表明语言使用错误有其内在情感"逻辑"，正如梦的象征实为压力与内心矛盾冲突的线索。[8]由于这一原因，荣格（Jung）能够仿效弗洛伊德，用语言联想为诊断工具，发现各种感情上的"情结"。这些通过特定的词语来激发出来的联想虽然不能完全预测，但却具有一定的规律性。这表明，一个言语社团中的词汇构成了一个共享的联想模型网络（network of common associative patterns），对此，索绪尔已有阐述。根据荣格的理论，情感上有问题的人，会明显在普通言语联想方面偏离其所在的言语社团。正是这一观察促使荣格（Jung 1918）将异常的词汇联想视作是情感特征与压力的表现。因此，心理分析与相关思想流派都注意到，语言不仅与思维相关，而且还与人的情感生活相关。情感生活作为语言的一个方面，一直到今天，在第二语言教学中都没有得到足够的认识。

两次世界大战之间的时代

20世纪初，在美国发展起来的行为主义心理学作为一个心理学流派之所以重视"语言行为"，是因为言语能使行为主义理论摆脱许多心理概念的约束，如解释为"无声的言语表达（subvocal verbalization）"的"思维"（Watson 1919）。[9]行为主义把语言过程描写为语言"行为",或声音的刺激与反应,或者"习惯"或"技能",将用于对人类或动物的其他行为模型进行描述的原则,应用到了人类语言上。行为主义认为,婴儿语言的习得与其他习惯的习得,受到同一学习机制的支配。

在两次世界大战之间,儿童心理学家,无论是否属于行为主义学派,都在进行个体发展研究的同时,收集了大量婴幼儿语言发展的真实信息(如 McCarthy 1946)。

在这些儿童心理发展的研究中,他们尤其感兴趣的是如何解释个体发展的差异这个问题。"是先天还是后天培养(nature or nurture)"成为最为热议的话题之一。在对心理发展进行的解释上,心理学家出现了分歧,有的倾向于认为心理发展主要是成熟(即成长发育)的结果(生物说、天赋论),而有的则倾向于"社会说"或"环境论",认为心理发展主要或完全是通过学习来完成。至 40 年代,天赋论与环境论的长期争执最终达成妥协,提出"生物社会论(biosocial)",至此两种观点之间的对峙不再那么尖锐。虽然问题并没有得到彻底解决,但却变成了:人类机能有多大成分或者哪些方面能最有说服力地用生物成长、遗传、天性、成熟来解释,又有多少成分或哪些方面可解释为环境影响与学习的结果更令人信服。当时,智力被视作是一个典型的例子,用以说明生物部分的作用或许超过社会方面的作用;另一方面,在语言发展问题上,社会影响和学习要比生物因素更重要。毕竟,孩子学习的语言来自于其周围的社会环境。不过,即使是认为语言发展完全是由环境决定的看法,也免不了要以神经发展为前提。

遗传因素与环境影响之间的互动问题,仍然是一个热议的问题。后面我们将看到(本书第 302 页),60 年代又开始了新一轮的论战,起因是乔姆斯基、莱尼伯格(Lenneberg)等提出语言发展是由生物决定，而非社会学习的结果。[10]

另一个让心理学界思考了几十年的有关语言的重大问题是，语言与人类心理学其他方面的关系。在20世纪前几十年开展的智力测验中，儿童语言的发展被看作是智力发展的首要标志。早期的智力测验多沿袭1904年比奈（Binet）的做法，以第一语言词汇知识和语言关系的理解作为测量的指标，词汇量的测验（即定义词汇的意义）被认为是测量个人智力发展状态的最有效的方法之一。

如何理解语言与思维之间的关系？用词汇测验来衡量智力，是以语言发展依赖于智力发展这一假设为基础的。瑞士心理学家皮亚杰在其关于语言与思维的首部重要著作中阐述了儿童语言与思维两者之间的关系（Piaget 1923），提出儿童语言的发展与功能性使用反映出其智力发展水平。然而，由于受到沃尔夫假说（参见本书第10章第203—206页）的影响，人们认为语言对感知与认知具有构成性的影响。最终，大约在1950年前后（如Cameron 1947）形成了一种理论，即个人的世界观及其整个认知系统，是在学习母语的过程中，由社会赋予我们的语言符号所决定的。由于我们对社会关系的理解几乎完全依赖于言语标签，语言对社会角色与个体对自我角色的感知至关重要。此外，情感状态与个人经验的语言标签，对情感发展及心理健康也有着重要的作用。

总的来说，至20世纪中期，许多心理学家都认为，语言是决定个人认知和情感状态的核心因素。通过言语表达，语言间接地对人的思维、感觉、个人生活的调整产生重要影响。当然，也不是所有的心理学家都持这种语言中心观。有些人就不完全认可语言对个人心理构成有直接影响这一观点。他们认为，语言发展与心理发展之间，总的来说，存在某种直接关系，但绝非等同关系。另外还有一些人的观点恰恰相反，他们认为，语言与思维之间存在因果关系，但语言依赖于认知，并且是认知发展的一部分。

1968 年，乔姆斯基在他论述语言与心智的书中旧话重提，他指出，应该承认语言过程对人类心智组织的基本方式的反映。可见，对于乔姆斯基而言，认知之于言语，并非单纯是"影响"的问题，而是语言的普遍特征反映心智的活动方式。简言之，语言的作用与其他心理机能的关系，仍然是一个未解之谜。为此，还请语言教师不要相信这种关系能够被轻易地揭示出来，另外，也请记住关于语言与思维的一本简明小册子用来结尾的一句话所表达的观点，"如果说要给你留下点神秘感的话，这一本书也就达到目的了"（Greene 1975: 133）。

多数关于语言心理学的研究和讨论都默认个体只熟悉一种语言，在静态、单语的环境下运作。[11]除个别时候，习得一种以上的语言与双语现象，都被看作像语言功能疾病一样（如失语症、口吃等），是非同寻常、相对少见的现象。而研究双语现象的目的则在于，要弄清楚双语对操双语的孩子智力发展的破坏性有多大。这种消极对待双语现象的方法长期盛行，甚至于今天也并非罕见。改变这一观点的是皮尔与兰伯特（Peal and Lambert 1962）的一项研究，该研究表明双语现象并不一定是缺点，实际则可能是对个体有利的。

"二战"之后：心理语言的发展

"二战"及战后时代，交叉学科迅速发展，心理学家开始越来越清楚地意识到，此前他们在研究中所使用的语言学概念不过是一些受过教育的人的语言常识。他们清楚，同时期发展起来的语言学对语言较为科学系统的思考，自己并没有充分予以考虑。语言学家，从自身的研究出发，也希望自己的研究与心理学家的研究协调起来。这些想法促使双方几次接触，旨在为探讨语言问题建立共同的基础，从而发

第 14 章 语言与语言学习的心理学研究

展出一套共同的理论，携手研究一些问题。50 年代初发生在美国的几次思想交换，促进了一次影响深远的"心理语言学"调查的展开，这个新兴的交叉学科领域也由此得名（Osgood and Sebeok 1954）。这次调查汇总了当时的许多思潮和研究问题。奥斯古德与谢别奥克从香农（Shannon）的交际行为模型（Shannon and Weaver 1949；亦见本书前文第 7 章第 128 页）出发，提出了一个理论模型，用以解释心理语言学在相关学科中的地位（Osgood and Sebeok 1954/1965: 3），如下：

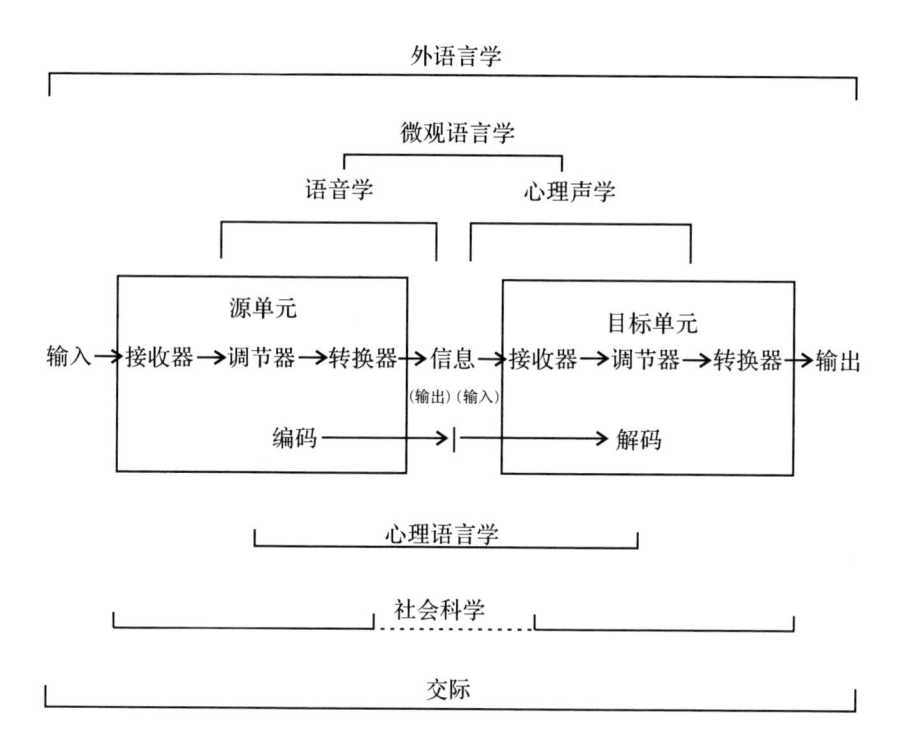

```
                          外语言学
                    ┌──────────────────┐
                         微观语言学
                      ┌──────────┐
                    语音学      心理声学
                   ┌─────┐   ┌──────────┐
              源单元              目标单元
     ┌──────────────────┐   ┌──────────────────┐
输入→接收器→调节器→转换器→信息→接收器→调节器→转换器→输出
                        (输出)(输入)
        编码 ─────────→│├─────────→解码
     └──────────────────┘   └──────────────────┘
                    └──────────────┘
                       心理语言学
                    └──────────────┘
                         社会科学
                    └ ─ ─ ─ ─ ─ ─ ┘
     └──────────────────────────────────────┘
                          交际
```

图表 14.2　奥斯古德与谢别奥克对心理语言学在社会科学和语言科学中地位的图示

根据图表 14.2，整个语言研究领域是"外语言学（exolinguistics）"（最近常称"宏观语言学（macrolinguistics）"）。而狭义的语言学（"微观语言学（microlinguistics）"）则要比布卢姆菲尔德所设想的语言学（见本书第 7 章）大得多。心理语言学的地位可以界定如下：

> "心理语言学作为一个新兴学科，……从广义上讲，关注信息与人类个体特征之间的关系，后者对前者做出选择与诠释；从狭义上讲，心理语言学研究说话者的意图（如何）转化为在某种文化中可以接受的符号，这些符号（如何）转化为听者的阐释过程。换言之，心理语言学直接研究连接信息状态与交际者状态的编码与解码过程"（Osgood and Sebeok 1954：4）。

另一个图（同上：5）旨在展示心理语言学的重要部分（图表 14.3），它清楚地表明，模型上半部分中的心理学把人作为交际者进行分析，而下半部分中的语言学研究的则是交际和信息。心理语言学处于两者之间的接口处。语言学分析不仅包括狭义的语言学，还包括辅语言特征，如面部表情与身体动作（两者统称"身势学（kinesics）"）、语境。综合来看，对于交际者的心理分析指向认知、动机、期待与倾向定势（anticipational and dispositional sets）、感觉—运动技能（sensori-motor skills）。该模型将索绪尔共时语言学与历时语言学的区分扩展到心理学与心理语言学。"历时"用在心理学上，是指对于个体不同发展、学习阶段的研究。因此，历时心理语言学研究的是个体或者社会"两个或多个语言发展阶段的比较"（同上：126），包括第一语言学习、第二语言学习、双语现象，以及语言变化现象。因此，第二语言学习及双语现象在心理语言学这一

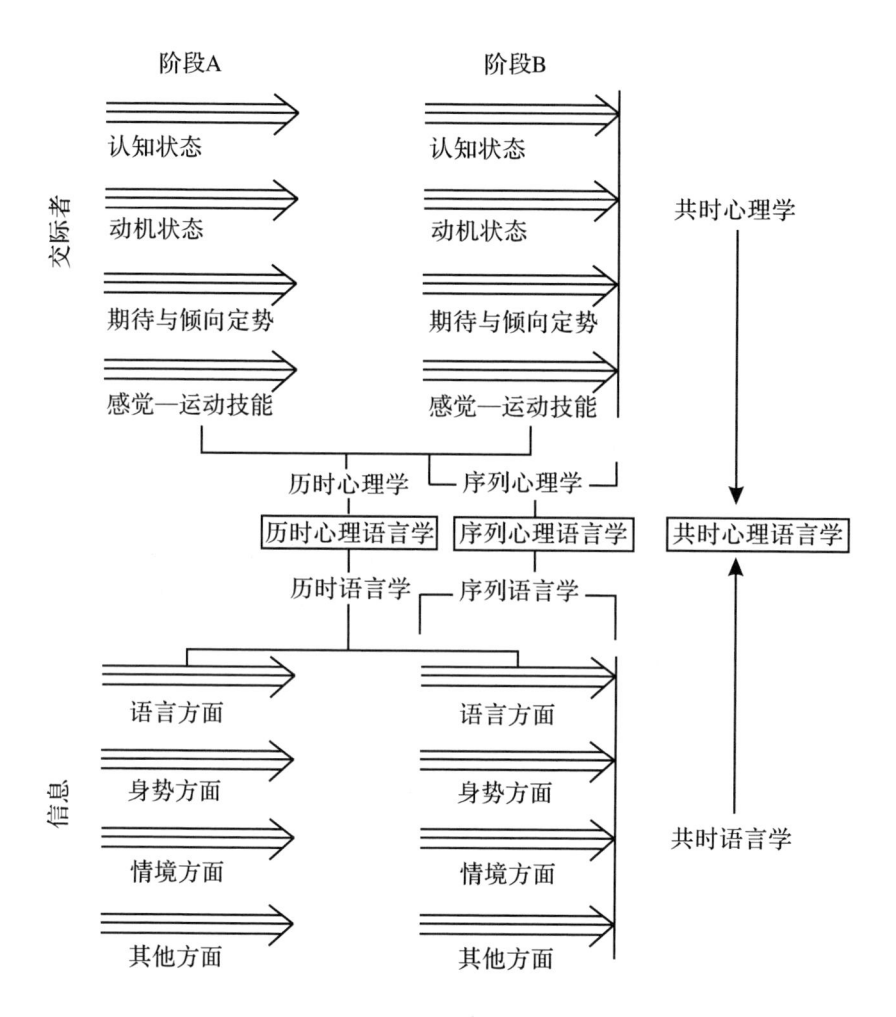

```
                阶段A                    阶段B
交         ═══════════▶         ═══════════▶
际           认知状态               认知状态
者         ═══════════▶         ═══════════▶         共时心理学
             动机状态               动机状态
           ═══════════▶         ═══════════▶
           期待与倾向定势         期待与倾向定势
           ═══════════▶         ═══════════▶
           感觉—运动技能         感觉—运动技能
                    └─历时心理学─┘─序列心理学─┘
                    ┌─────────┐ ┌─────────┐       ┌─────────┐
                    │历时心理语言学│ │序列心理语言学│       │共时心理语言学│
                    └─────────┘ └─────────┘       └─────────┘
                      └─历时语言学─┘─序列语言学─┘
           ═══════════▶         ═══════════▶
             语言方面               语言方面
信         ═══════════▶         ═══════════▶         共时语言学
息           身势方面               身势方面
           ═══════════▶         ═══════════▶
             情境方面               情境方面
           ═══════════▶         ═══════════▶
             其他方面               其他方面
```

图表 14.3 奥斯古德与谢别奥克对心理语言学内容组织的图示

系统中获得了明确的地位。在我们看来，最为有趣的是：第一，在心理语言学的最初规划里，第二语言学习与双语现象被看作是相互关联的现象；第二，两者并没有被分别对待，而是被直接（尽管草草地）加入到了心理语言学的理论框架之中。

欧文与奥斯古德（Ervin and Osgood 1954/1965）对第二语言学习及双语现象的草草处理带来了一个问题：一个使用两种语言的人（双语者或者是第二语言学习者）是如何储存与运用两种语码的？以往曾提出过两种设想：一是有时两种语言单独存在，独立运作。这种机制被称作并列双语现象（co-ordinate bilingualism），根据欧文与奥斯古德的观点，"真正的"双语者符合以下典型描述："他们从父母那里学习了一种语言，在学校或者工作中又学会了另一种语言"（同上：140）。另外一种情况是两种语言相互联系，一种语言的意思以另一种语言的意思为媒介来传达，此所谓复合双语现象（compound bilingualism）。复合双语能力是在同一社会环境下，或者在外语课堂通过翻译法学习两种语言的结果，例如通过词汇表将第二语言的词汇与第一语言中对应的翻译联系起来。操两种语言者并非都是非此即彼，但他们很可能在两种语言并列的程度上有所不同。在随后的数年间，"并列"双语现象与"复合"双语现象的差异引起了不小的争议，因为它对语言教学方法有影响，即在第二语言学习中是否应该使用第一语言。例如，布鲁克斯（Brooks 1960/1964: 49-52）便呼吁在语言课堂中以"并列"方式来处理语言。

遗憾的是，当时的心理学家似乎重并列双语而轻复合双语，认为前者优于后者，这一偏见降低了两者区分的理论价值。有关研究的结论大相径庭（Macnamara 1967），最终导致研究者放弃了对两者进行区分（McLaughlin 1978: 8），语言学习中整个"一语—二语联系（L1-L2 connection）"的问题也成为没有答案的开放性问题，在当今关于语言教学的讨论中，这一议题再次得到关注，容后再谈。[12]

斯金纳与乔姆斯基

显然，50年代，语言成为心理学不可忽视的话题。尤其在斯金纳的《语言行为》出版以及乔姆斯基发表其对该书的评论之后，语言问题更是受到了极大的关注。斯金纳一书的主旨是，在继承华生行为主义的基础上，公开提出了其激进的臆断，即通常所言的"语言"通通可以描述为"语言行为"。他甚至提出，无论是在诗歌创作中还是哲学著述中，语言的使用都不需要新的原则来解释，也不需要新的基本概念。斯金纳认为，实验笼中的大白鼠学会按压杠杆以获取作为"奖赏（reward）"的食物球，与人类作为"操作行为（operant）"学会使用声音信号来满足需求，两者之间并没有根本性区别。斯金纳的思想来自于行为主义哲学，它为当时的心理语言学提供了一个普遍可以接受的基本规则；然而，这种观点之所以过于极端，是因为它试图排除一切心理概念，特别是"意义"这个概念。

乔姆斯基（Chomsky 1959）在《语言》上发表了其针对《言语行为》的著名长篇评论，不仅从根本上向斯金纳《语言行为》一书的主旨和概念发起了攻击，还对当时整个心理学及心理语言学领域的行为主义立场进行了批判。虽然多年来许多心理学家，通常称新行为主义者，都不像斯金纳那样反对心智主义，但多数——当然是北美和英国的——心理学家，特别是在对待语言的问题上，都完全接受行为主义的基本原则。卡罗尔（Carroll 1953）下面的观点在50年代为心理学家所广泛接受：

"我的立场首先是，主观事件可以视作行为，它们在许多行为序列中起着重要作用……主观事件有其可观察到的指标（indices[①]）（其中部分属于言语行为），而且，可以假定，它应与神经、运动、腺体反应之类可观察的事件一样，遵从同一法

[①] 指可观察到的外在行为表现或者生理反应等。——译者注

则"（Carroll 1953：72）。

因此，像乔姆斯基在书评中这样向整个行为主义的基础发起攻击，是需要勇气和坚定的信念的。更为难能可贵的是，乔姆斯基是从语言领域发起攻击的，因为毕竟从这一领域发起攻击，不如从心理学的其他领域，如人格或思维，那么容易。由于乔姆斯基的强烈抨击，斯金纳的思想中的一些宝贵的东西并没有得到足够的认识，今天亟须对其进行重新评价①。[13]

乔姆斯基对《语言行为》进行评论的目的是要表明，行为主义语言理论的一些主要概念完全不适合对语言行为进行解释。例如，塑造（shaping）和强化（reinforcement）是斯金纳从动物条件反射实验转用于人类语言的两个概念，在乔姆斯基看来，这完全是在引人误入歧途。"没有任何证据能够支持斯金纳等人的学说，即必须通过分化强化（differential reinforcement）来慢慢地、小心翼翼地塑造语言行为"（Chomsky 1959: 158）。乔姆斯基认为，"泛化（generalization）"这个概念同样也不足以解释语言使用的创造性特征，"说到'刺激泛化'……不过是换了个新的名称，神秘性依旧存在"（同上：158）。他认为，心理学家不能企图用生物体较为简单的行为模型来解释语言，而是最好使用语言证据来重新分析人类大脑特有的工作原理。几年之后，乔姆斯基（Chomsky 1966）将其对行为主义的批评总结如下：

"语言并非一种'习惯结构'。"（同上：44）
"鲜有重复固定短语的现象。"（同上：46）

---

① 此言非常中肯，值得深思。——译者注

"语言行为由'刺激''反应'构成的观念，与语言为习惯与泛化使然的观点一样，不可捉摸。"（同上）

"普通语言行为的特点在于创新，以及根据极其抽象与错综复杂的规则构造新的句子、句式。"（同上：44）

"已知的联想或强化的原则与'泛化'的感觉，无一能解释普通语言使用中的创新特点。"（同上）

乔姆斯基直接从心理学的角度提出自己的主张，并非总是为自己的语言学理论来服务。恰恰相反，他经常强调生成语法和本族语者的语言"能力"是解释特定语言语法特点的概念。这些概念不能被看作是本族语者产出或解释话语的模型，但很显然，语言能力、语言的创造性这两个概念以及乔姆斯基对行为主义的攻击，终究会促使心理学家对心理语言学的理论基础重新加以审视。另外，在60年代，乔姆斯基也越来越坚定地相信，语言研究可以"为研究人类的心理过程提供一个非常有利的视角"（Chomsky 1968：84），乃至于后来将语言学视作"心理学的一个子领域"（同上：24）。至60年代初，乔姆斯基的著作不仅引发了语言学界的革命，在心理学以及心理语言学界也引起了巨大变革。

语言理解以及语言产出的研究

大约在1960年，心理语言学作为一个心理学与语言学之间的边缘学科已经牢固地建立起来。初创时期，它并没有立即沿着乔姆斯基指引的方向发展，而是在一定程度上走的是奥斯古德和谢别奥克于1954年进行理论与研究调查时所采用的路子。[14]然而，它的主要兴趣开始转向探究转换生成语法的心理学启示。[15]有两个大的研究领域备受关注。一个是在普通语言使用者那里寻找转换生成语法与心理学的联系。语言能力、语法转换的心理现实是什么？语言学中深层结构与表层结构的差异，是否与语言使用者构造和理解句子的方式相对应？随后的心理语言学实验则表明，语言结构与心理过程之间绝非简单的"一一对应"关系。恰恰是此次寻找其间关联的"失败使人们看到，许多影响来自于一些意想不到的因素"（Greene 1972: 196）。[16]

用心理学方法来研究语言行为，其直接影响是使人们认识到了语言行为的复杂性。虽然这些研究对于母语使用者如何产出与理解话语所做出的解释无一令人满意，但它们却清楚地表明，当前语言教师，特别是采用听说理论（audiolingual theory）的第二语言教师，对语言能力所持的相当朴素的观点并不恰当。这一批评虽然在某些方面值得肯定，但也带来了思想上的混乱，1970前后许多语言教师对此颇有切肤之痛。[17]

需要指出的是，寻找语言分析与心理学之间关系的尝试，逐渐使人们对语言产生和语言理解有了更深入的解释。随着时间的流逝，这些解释不再是仅仅以转换生成语法为基础，而是将语义学、言语行为、语篇分析也考虑了进来。而克拉克与克拉克（Clark and Clark 1977）等对语言产出与理解的阐述，又被用来解释意识过程以及语言使用中的隐性策略。虽然克拉克与克拉克（Clark and Clark 1977）等的心理语言学研究结果对第二语言教学的启示尚未得到开发运用，但却对进一步深入分析第二语言的使用开辟了美好的前景，这对第二语言教学也将大有裨益。[18]

童年时期的语言习得

如上所述，虽然自19世纪70年代已经开始通过婴儿成长日记对儿童语言开展研究，然而20年代到50年代，多数研究都是有关儿童牙牙学语和词汇量与句子长度增加的记录与解释。从语言学的视角来看，这些研究相对而言并不高明，其主要兴趣在于表明语言发展具有一种复杂化的倾向，可与认知发展及社会发展做比较。对语言发展的解释也未免简单化。多数观察者都认为，语言发展不过是模仿、练习与形成习惯的过程；恪守行为主义传统的心理学家则坚持用条件反射（conditioning）作为主要机制，来对语言的发展进行解释。

刘易斯（Lewis 1936）的研究标志着一种更加具有洞察力的方法的开始。他是最早运用语言学（具体说，该研究实际使用的是语音学）来分析儿童语言的学者之一。然而，该项研究稍嫌例外。[19]

直到60年代，第一语言习得的研究借助于转换生成语法的推动，呈现迅猛发展的势头。转换生成语法表明，语言使用的规则系统极其复杂，如此一来，一个未成熟的孩子如何能够（潜意识地）抽象出这些规则，就变得扑朔迷离。乔姆斯基等人，特别是神经心理学家莱尼伯格（Lenneberg 1967）坚信，语言发展无法像行为主义心理学那样通过学习理论来解释。为此，他们假设人生而具有一种处理语言数据的倾向，即语言官能（faculté de langage）或语言习得装置（LAD），如此一来，关于"天赋说"以及语言发展中生物因素和环境因素的相对重要性的辩论重新开始。此外，转换生成语法的语言创造性原则也表明，必须要对语言发展的惯常解释——模仿、练习以及习惯形成，重新做出批判性的审视。[20]最后，强调句法的观点则表明，在对儿童语言进行分析时，对语法模型自觉地加以选择或许有用。由于以上诸种原因，60年代对儿童语言与语言习得的研究受到了前所未有的重视，包括音系、句法、（而且从70年代起）语义学和语篇分析在内的各种语言学手段，都被用于儿童语言的研究，产生很多真知灼见，令人耳目一新。

虽然60年代学界已对语言发展有过深入的研究，对儿童语言也从各种全新的视角进行了考察，但是，70年代初对于语言发展的理解远未有定论，环境影响以及生物成长之间孰重孰轻，仍不明确。为避开理性主义（以乔姆斯基为代表）和经验主义（以斯金纳为代表）之间的争执，正如麦克劳克林（McLaughlin 1978）所指出的，研究儿童语言的学者转而开始观察婴儿的语言加工。随着年龄的增长，婴儿要面临某些语言任务，而近年来的研究已系统地对语言发展中需要面对的音系、句法、语义以及交流任务进行了描述。麦克劳克林（McLaughlin 1978: 46）在其针对第一语言习得研究的综述中指出："在各种对语言习得过程进行理论探讨的方法中，最令人满意的做法是兼顾语言知识和儿童行为。"其次，他认为儿童语言习得是一个动态过程，能反映儿童在语言以及非语言环境中经验的变化。再次，这一过程是渐进的，反映出儿童认知的发展。最后，这一过程并非仅仅是语言的，除了音系和句法之外，还包括在社会环境中通过互动习得的交际技能。总而言之，儿童语言发展已被越来越多地从婴幼儿心理以及社会成长的角度从整体上来进行审视。

回顾

上述对心理学的语言研究有选择的简要回顾表明，50年代和60年代发展起来的心理语言学，作为一个独立的研究领域，从广义上来讲，要回答两个主要问题：（1）何谓懂一种语言？（2）儿童如何习得语言？虽然多数研究都通过研究母语者来回答这两个问题，但是人们在70年代就已经认识到，研究发现与第二语言学习密切相关。回答了第一个问题，也就明白了何谓懂一门语言，从而为第二语言教学中语言水平或者语言能力确立了标准或者范型。因此，教师可以以这个概念为指导，对语言教学目标进行定义。既然心理语言学提供了关于语言水平、语言知识以及语言使用的概念和理论，语言教学理论也必然要将这些一并考虑进来。虽然第二语言学习的目标并非是达到母语水平，但是在确定其学习目标时却不免要参照对母语能力的诠释（参见本书第16章第341页及以下）。

上述情况也适合第二个问题。我们不能想当然地认为第一语言习得和第二语言学习完全相同或相似（当然两者有可能相同或相似）。但是，即使两者差别非常大，第二语言习得也要以第一语言习得为参照来加以考察。母语的发展为第二语言学习提供了标准，通过这一标准可以对第二语言学习进行理论概括。

在心理语言学的发展史上，60年代，学者的兴趣几乎全部集中在第一语言的习得与应用上。相比较而言，双语以及第二语言学习，虽有奥斯古德与谢别奥克（Osgood and Sebeok 1954）已走在了前列，但是，却远远没有得到足够的重视。因此，心理学的情形与语言学颇为相似：语言学的对比研究、跨语言研究以及语言接触研究基本上是从某一种语言的角度强加于某一学科。当然，在本书第15章中我们将会看到，第二语言学习和双语现象并没有完全被忽视，然而，对第二语言学习系统的理论与实证研究，直到60年代末方才开始发展起来，并且一直持续到整个70年代。即使到了今天，第二语言学习及双语现象的研究仍没有很好地与心理学、心理语言学紧密地结合起来。[21]

学习心理学

与语言教学理论相关的另一个特别有趣的心理学研究领域，是从本世纪初以来备受关注的学习心理学。人们对学习这一现象的兴趣，在很大程度上，产生于心理学家展示新兴学科应用价值的期望。对于学习的研究显然与教育有关，而对于学习的分析则是教育心理学的中心课题。但是，第二语言学习在学习心理学的研究中，即使有那么一点点地位，也未真正走到前台。

从广义上来讲，学习在普通心理学和理论心理学中也很重要，因为心理学家极其关注人类的稳定状态与变化之间的相互影响，而且学习实际上是一个一般性的概念，指机体为适应环境而做出的改变。我们在第一章中已经提到，心理学中学习的内涵更丰富，远远超出了日常语言术语所表达的含义。学习既适用于人类，也适用于动物，可以理解为：个体受到环境因素（包括教学）的影响，通过经验或者实践，向着积极的方向做出改变的过程。它通常是与生物学上表达变化的概念，如"成长""成熟""发展"等，形成对照。

研究学习的方式主要有两种：（1）理论研究与实验研究（见下文）；（2）教育情境中的实证研究（见本书第308—309页）。两者结合，构成学习心理学。

一、学习的理论研究和实验研究

20世纪上半叶，有关学习的理论研究和应用研究发展起来，并由此产生了一系列的理论。相关实验主要是以动物（狗、大白鼠、猫、鸽子）为被试展开的。这些研究的成果是所谓的"学习理论"，即各派心理学家所提出的用以对重要的学习现象做出经济、综合解释的理论体系（T2和T3①）。同许多语言学流派或者心理学流派一样，学习理论也是因其倡导者（如华生、桑代克、赫尔（Hull））或某个突出概念特征（如格式塔、联通主义）而得名。[22]

大致说来，学习理论可以分为两大派。一是产生于英国联想主义哲学的一个流派（霍布斯（Hobbes）、洛克（Locke）、伯克利（Berkeley）、休姆（Hume）），它在很大程度上采纳了环境论的观点。

---

① 参见本书第3章作者关于语言教学理论的有关论述。——译者注

这一流派现代发展史上的里程碑是巴甫洛夫的条件反射（conditioning）、华生的行为主义理论、桑代克的联通主义理论以及斯金纳的操作条件反射（operant conditioning）。如前一节所述，这一流派的理论，即所谓的刺激—反应理论（S-R theory），其特点是强调外部可以观察到的对特定刺激（S）做出的反应（R），研究方法以实证、实验为主导，以避免"心智观"概念的主观性。这一思想流派的一个共同特点是，努力做到不对学习者个体内部发生的任何事情做任何假设。根据上述观点，学习心理学研究的对象是学习现象，而对学习者的学习意图、思维、有意识的计划等内部过程，则置若罔闻。如此一来，这类研究倾向于通过动物实验来验证其理论的有效性。通常，实验室实验所采用的学习任务，要比课堂学习或者语言学习任务等简单得多。这一流派的有些代表人物，如斯金纳，是非常激进的心智主义反对派；他们持这种观点，并非是因为缺乏敏感，而是因为对解释的经济性更情有独钟而已。"新行为主义者"，如伍德沃斯、奥斯古德等心理学家，尤其是参与 1954 年的心理语言学调查（Osgood and Sebeok 1954）的心理学家，他们都很愿意将内部心理过程一并加以研究，但却又在实际研究中努力用行为主义的术语来做出描述。但是，恰恰是斯金纳的一般学习观对教育工作者产生了深远的影响。

斯金纳的操作条件反射与教学机。50 年代，在哈佛大学心理学系工作的斯金纳，将其鸽子实验研究的发现应用到人类学习上。其构想在霍兰与斯金纳（Holland and Skinner 1961）一书和斯金纳（Skinner 1954，1958，1961）有关学习、教学、教学机的系列论文中进行了阐述，在语言教育中产生了深远的影响。斯金纳认为，既然通过对环境的巧妙控制，连反应迟钝的鸽子都能训练出来，那么假如对环境更加巧妙地加以控制，人类的学习效果理应更好。他是这样描述自己的"动物教学机"的：

> "……以透明材料隔出一狭小封闭空间，放入饥饿的鸽子，允许其自由活动；外壁上放置一个用磁铁控制的食物仓，如果按动与之相连的手柄，食物就会送到鸽子面前。"
> 有了这些实验设置，加上"恰当的实验方法，我们采用奖赏，或者所称的强化，来塑造动物复杂精细的行为，通过这种方式，我们对动物的行为方式有了深入的了解"。
>
> (Skinner 1961: 4)

实验者用食物作为奖赏，来强化鸽子的恰当反应。如，可以训练鸽子"连续顺时针快速旋转一周"，或者去啄较亮的光点。

斯金纳认为，将"塑造"和"操作条件反射"[23]技术应用于人类，可以构建起一种学习环境，也就是上文所说的教学机。同传统的课堂教学相比，这种机器按照一定的方式编程后，可以使学生能够用更少的时间，更省力地学习更多的知识。当然，在这一省力装置中，起作用的不是机器本身，而是程序设计，通过该程序可以比传统课堂教学更加有效地塑造学生的反应行为。斯金纳把这一理念应用于教学中，并同霍兰合作设计出了行为教学机器程序，用以辅助课堂讲授。这一程序设计的初衷在于，"通过严谨设计的精细步骤，以有序的方式，向学生呈现概念"，以帮助他们掌握大量的概念（同上：10）。斯金纳认为，这些原则完全适用于任何一个学科的学习，如地理、历史、阅读，或者音乐。因此，斯金纳虽然并没有专门提到第二语言学习，但不难看出，上述做法对第二语言学习也应该同样适用。

20年代，早在斯金纳之前，俄亥俄州立大学的心理学家普雷西（Pressey）已经对建造学习机的可能性有所认识。普雷西开发出了一种机器，可用于自动测试学生成绩，其方式是：机器将多选项选择题呈现给学习者，按下正确选项按钮，自动进入下一测试项目。当时，普雷西期望能将它作为教学机应用于教学实践，但是，20 年代和 30 年代教育界对此的反应，并不像 20 年后对于斯金纳的反应那么热情。

当时，斯金纳并不是唯一一个确切地提出教学机和程序化教学理念的人。例如，克劳德（Crowder）开发出了步骤更大的教学程序；他所关心的并不是如何让学习者避免犯错误，而是提出了一种分支型程序，来替代斯金纳的直线型程序，从而使具有不同能力的学习者可根据实际确定学习的速度，可慢可快。[24]

50 年代末，程序化语言教学开展起来。然而，除了直接应用其理念之外，斯金纳将学习视作一系列刺激与反应，并用直接肯定正确反应的方式来加以强化，这种方式为语言课堂练习与语言实验室的操作提供了一种程式。这就是 60 年代听说法的基本理念。学界对斯金纳行为主义的批评，发端于乔姆斯基（Chomsky 1959）对斯金纳（Skinner 1957）《语言行为》的评论，批评得到了语言教学理论家的认可，他们认为符合基于斯金纳思想的语言教学的状况。大约 60 年代中期，人们最终开始对这一方法提出质疑。

认知学习理论。另外一个有关学习的思想流派，是格式塔心理学。这个流派，早在乔姆斯基对行为主义提出批评之前，数十年来，先是反对联想主义，后又向行为主义发起进攻。这一学派强调人类先天组织原则（如格式塔、模型、完型），在知觉、认知、感觉—运动技能、学习，甚至在社会行为举止中的重要性。格式塔理论认为，重复或练习、机械的"铭刻（stamping in）"，或者桑代克的学习法则，以及斯金纳的"塑造"，所有这一切皆非人类学习的特点。根据格式塔理论，若不采用人类主观经验方面的概念，如恍然大悟或者"顿悟（insight）"，就无法描述人类的学习。格式塔心理学运用"整体与部分（part and whole）""整合与分化（integration and differentiation)""图形与背景（figure and ground）""场（field）""结构（structure）"以及"组织（organization）"等概念，来描写与展示学习者的主观认知经验，从而加深了人们对知觉与认知学习的理解。

有些心理学家部分地借鉴了格式塔学派的思想，提出了一种新的认知学习理论。他们强调"有意义的学习（meaningful learning）"。此处对意义的理解并非是行为反应，而是"可以明确表达并精细区分的意识经验，（这种意识经验）产生于具有潜在意义的指号（signs①）、符号（symbols）、概念或者命题与人已有的认知结构相联系并融为一体时……"（Ausubel 1967: 10）。有些"认知派"学者（如奥苏贝尔（Ausubel））完全排斥行为主义思想，而另一部分学者（如布鲁纳（Bruner）、加涅（Gagné））则不是那么极端。他们认为，有些学习可以用行为主义的刺激—反应理论来加以恰切地解释，但概念学习（conceptual learning）与原理的学习（the learning of principle）则需要认知理论。

布鲁纳提出的学校学习方法具有强烈的认知色彩，对60年代的课程开发具有很大的影响，尤其是在自然科学、社会科学以及数学等学科的教学中（Bruner 1960/1977，1966）。然而，这一方法在语言教学方面的用处，却很晚才为人所认识到。[25]加涅将学习分为多个种类。在他最新的著述中（Gagné 1977），将学习区分为五种：（1）思维技能、概念与规则学习；（2）问题解决策略或者认知策略学习；（3）语言信息学习；（4）运动技能学习；（5）态度的学习。在对各种不同类型的学习进行分析的过程中，他既采用了行为主义理论（刺激—反应）的一些概念，也采用了认知理论的一些概念。实际

---

① 这个术语的翻译颇为困难，在关于意义的哲学中，将指号（sign）、符号（symbol）、征号（symtom）和信号（signal）进行了区分，而在符号学中，"sign"泛指一切符号。但是，在本书中，作者并未说明在哪一种意义上使用这个术语。——译者注

上，任何一种具体的学习任务，如学习一门外语，都可能会涉及多种甚至各种类型的学习。[26]

二、教育情境中对学习的实证研究

心理学还从应用的角度，对真实学习情景中的学习问题进行了研究，其中包括：学校各个科目（特别是阅读和数学）的学习，在教育或情感方面有困难的孩子所遇到的学习问题，企业岗位培训问题，残疾人的康复与再教育问题，以及"程序教学"的理论与实践问题。心理学不仅为这些研究提供了理论、概念、实验研究结果，还提供了科学的研究方法与关于人类行为的系统知识。

除此之外，在实际教育情景中，由于研究、培训的实际需要（例如，学习迁移、记忆、保持与遗忘、长期学习任务中练习的间隔与方法等），针对一些具体的学习问题，也进行过相当数量的实验研究。

批评者慨叹，在"课堂学习理论"和学习理论研究与实验室研究之间，存在一条巨大的鸿沟。有人坚持认为，只有开展教学研究（Gage 1963），才能解决学习理论与教育实践脱节的问题。另一些人主张搁置对学习心理学和教学过程的讨论与争论，还有一些人则认为，正是由于对学习理论不加批判的接受，一直阻碍着健全有用的学习心理学的发展。

"我们已经有太多的不仅幼稚且异想天开的证据与理论，这些都是从机械记忆学习、运动学习、动物学习、短期学习、刺激—反应学习推论出来的。我仍然坚持下述（基本上是认知理论的）观点，即人类知识的获得有心理过程的参与，而对教师和课程开发者而言，格外重要的是，要对这些心理过程的本质有所了解。摆在我们面前的任务，并非是对学习过程跟知识的传授与获取所涉及的活动的关系置之不顾，而是要建构出关于学校与类似学习环境中有意义的概念学习的理论，并加以验证"（Ausubel 1967:5）。

教育心理学中学习的概念

通常，教育心理学教科书中所谓的学习心理学，乃是对学习宽泛的且在一定程度上直觉的阐释，其来源有两个：一是对学习的理论研究与实验研究，二是针对具体学习问题的应用性研究。普遍适用于正规教育活动的一些学习心理学范畴包括：（1）学习者的特点与个体差异（能力、人格、态度、动机），（2）不同类型的学习，（3）学习过程，以及（4）学习的结果。[27]

（一）学习者的特点，以往文献中经常提到的有：（1）年龄和成熟对心理发展与学习的影响；（2）遗传和环境因素对个人能力发展与成就的影响；（3）适合于特殊学习任务的天分，如音乐天分、动手能力，当然还有语言学习能力；（4）家庭、社区环境对学习动机、态度的影响，这些影响促使学习者专注于某个学习任务，且持之以恒。

例如，在语言教学领域，语言学习的最佳年龄一直是很有争议的一个问题。这对教育体系中整个语言学习的组织有影响。一般能力（智力）的重要性，或者特殊语言学习能力的重要性，也是颇有争议的问题。近三十年间，一些学者（如卡罗尔与平斯柳（Pimsleur）），曾数次尝试将语言学习能力分离出来，并将其与学习者的其他特点联系起来。初始动机（initial motivation）与态度影响语言学习的成功与否，这一观点得到了广泛的认可。为了对此加以验证，一些学者，尤其是兰伯特、加德纳及其同事、学生,做了很多独具匠心的研究,目的是为了发现那些显著影响学习者成功与否的动机。参见本书第17章。

(二)学习的内容经常体现为三个主要心理学范畴。概念学习与语言学习包括信息、知识、观念、概念及思想体系的学习。技能学习指:(1)感觉—运动能力的获得(如缝纫、绘画、书写、弹奏乐器),或者一种新的动作组合(如打网球)的学习;(2)惯常动作(如打招呼、告别之类的社会习惯,或者剃须、使用餐具等)的形成;以及(3)其他对人有用的能力(如学会学习、问题解决)的学习。情感学习与社会学习指情感行为与情感表达、兴趣、社会态度、价值观的获得。

以上三类心理学范畴曾被用来对教育目标进行定义。在任何具体的学习行为中,尤其是在学校开设科目或者学科的学习这样复杂的任务中,认知、技能、情感这三个范畴可能会在不同程度上体现出来。上述情形同样适用于语言学习。[28]

例如,在教授发音时,教师通常关注的是,如何让学生学会发正确的音。换言之,教师关注的是某种感知—运动技能(sensorimotor skill)或者部分技能的教授,却忽视了如何从概念上理解对这个音发音方式的描述。然而,如果要告诉学生外语中某个音,与第一语言中近似的音有何不同,教师就要从音系学的角度做出解释,此时学习任务就上升到了概念层。技能的学习通常要以概念知识为基础,而概念学习则必须掌握一定的分析技巧,这种技巧,用加涅的术语来说,就是思维技能或者认知策略。听说习惯理论(audiolingual habit theory)与认知语码理论(cognitive code theory)之争,很大程度上可归结为将第二语言学习理解为概念学习和理解为技能学习哪一种理解对二语学习更有效这一问题。

另外，情感成分在第二语言学习中必不可少。学生总是带着一定的情感倾向来学习语言；实际语言学习与情感反应，如影随形，整个学习经历可能会促使学习者对所学习的整个语言或者其中某些特征、对所有的语言、对说所学语言的人等，产生许多固化了的好与恶。[29]

（三）为了理解学习过程，即如何（how）学习，学界做出了多种区别，且都与语言学习相关。一个是学习的时间级差（time-scale）：婴幼儿（"早期"）的学习与成人（"晚期"）的学习之间存在发展上的差异。与此相关的是"初始学习（first learning）"（例如，第一语言学习）和"继发学习（second learning）"（例如，第二语言学习）之间的差异，后者涉及再学习（relearning）或者"去学习（unlearning）"过程，即在已学习内容的基础上增加某些新内容，或者将已学习的内容剔除。学习过程还会因学习者的意识程度或意志支配程度的差异而不同：有些学习或多或少是不受意识控制的，即学习者部分甚至完全没有意识；这又经常被区分为"无知觉（blind）""潜伏（latent）"或"伴随（incidental）"学习。克拉申（Krashen 1978）对"学习（learning）"和"习得（acquisition）"的区分①指的是学习者对学习过程的意识程度（参见本书第15章第331页及第18章第391—405页）。教育情景中发生的大部分学习都是有意图或者有意识的学习，至少在一定程度上是受学习者意志支配的学习。"死记硬背"或者"机械"学习与有意义的顿悟学习或者认知学习之间的差异，在于学习者对学习任务概念理解的程度。而突然重组（sudden structuring）、单次尝试学习（single trial learning）、一劳永逸的学习（once-and-for-all learning），与循序渐进的学习（gruadual

---

① 其实这两个词在日常英语中并无很大差异，只是理论家硬性做出了这样的规定而已。——译者注

learning)（练习、重复、记忆、塑造、铭刻）之间的差异所表明的，不仅仅是一个速度上的差异，而且还有心理过程的不同。自主学习（self-directed learning）（自学、发现学习、尝试—错误学习），与他人指导的学习（教师传授、接受性学习、仿效学习、模仿或暗示学习）也有所不同。

在本书第 18 章我们将会看到，在对语言学习的各种诠释中，争论极其激烈的焦点是什么样的学习过程能最恰如其分地体现语言学习的特点，以及用什么样的支撑理论来对学习过程进行解释。

另外，练习的条件已有研究，回答的问题包括：在多大程度上练习有助于学习？需要多少练习，又该如何安排？哪一种练习效果最好？学习的一个重要方面是，如何将课堂上所学到的东西应用或者迁移到实际生活中（如 Cronbach 1977）。在语言教学中，赋予"操练"或者其他实践练习形式的重要性、练习任务的性质、练习的强度，以及有助于将课堂学习内容迁移到真实交流中的技巧，所有这一切都受到格外关注。但在关于第二语言学习的讨论中，人们却极少关注教育心理学如何处理最基本的学习过程。

（四）最后，出于对学习结果进行评估的需要，学业成绩测试（test of achievement）和水平测试（test of proficiency）得以发展。见本书第 16 章。教育心理学从心理测量学借用的测量与评估技术，显然也适用于语言学习的评估。心理测量在语言测试中的适用性，早在 20 年代教育心理学发展的早期就已得到认可（见第 15 章第 320—321 页）。从那时起至今，语言测试一直明显受到心理测量的直接影响。然而，直到 60 年代，人们才意识到，语言测试不仅需要心理测量的补给，还需要语言学的支撑。[30]

结论

本章重点介绍了语言心理学和学习心理学两个心理学分支。此外，心理学的其他研究领域，特别是儿童心理学、社会心理学、生理心理学，甚至是心理病理学和临床心理学，也都对语言教学有直接影响。例如，研究大脑与神经系统中心理过程与生理相关性的生理心理学，在关于第二语言学习的最佳年龄这个问题的辩论中有一定的作用：早期大脑功能的成熟与功能单侧化（lateralization）是否会对语言学习能力产生影响？有些语言教学理论是建立在临床心理学和团体疗法的认知基础之上的。医学心理语言学所研究的语言疾病，从口吃到失语症，能够提供一些有趣的（虽然是被忽略的）对应现象，可与第二语言学习进行比较，这是因为由于种种原因有语言障碍的人与外语学习者都会遇到交际困难。心理学的作用无处不在，乃至语言教学任何一个方面都与心理学有联系。语言的描述性研究、教学语法的编写、课程的开发、教学目标的表述、教学的程序，以及在教育体系中对语言教学的组织，所有这一切都离不开心理学。

同语言学或社会科学与语言教学理论之间的关系一样，心理学与语言教学理论之间的互动也存在一些问题。在普通心理学、教育心理学以及语言心理学中，都未以外语学习为例来揭示语言心理学或学习心理学的普遍问题。这在很多方面都令人诧异，因为第二语言学习毕竟已成为普通心理学、教育心理学、语言心理学中最为有趣的问题之一。在下一章中，我们将对为发展第二语言习得或学习心理学所做出的尝试进行探讨，并进一步讨论双语的掌握水平问题。

注释：

1 有些心理学家（如 Moore 1977）及语言教师（如 Rivers 1979）发表了一些有关语言教学的心理学内省，颇为有趣。如要进一步了解相关信息，可参阅本书第 18 章第 400—401 页。最近还有一些研究，尝试对语言学习者的反思进行解读（例如 Naiman *et al.* 1978）。科恩与霍森费尔德（Cohen and Hosenfeld 1981）倡议内省与反省相结合，并结合例子进行了详细的讨论。见本书第 18 章注释 15。

2 有关"全世界"心理学研究的回顾，见塞克斯顿与密西埃克（Sexton and Misiak 1976）。

3 关于现代心理学及其范围与影响的导论性著作（虽然我们的兴趣在于它与语言教学的关系），见林赛、霍尔与汤普森（Lindzey, Hall, and Thompson 1975）装帧设计精良、通俗易懂的著作。另外，"心理学精要"系列包括 30 小卷，也能够提供有用的背景信息，如莱格（Legge 1975）对该系列的介绍，以及格林（Greene）对思维与语言关系的探讨（1975）。

4 心理学是"对行为的科学研究"（Lindzey, Hall, and Thompson 1975：4）。米勒与巴克霍特（Miller and Buckhout 1973：10）则采用了威廉·詹姆斯（William James）在《心理学原理》（*The Principles of Psychology*）中给出的定义："心理学是关于心理生活的科学。"

5 关于心理学的历史，可见波林（Boring 1929）、弗拉格尔与韦斯特（Flugel and West 1964）、汤姆森（Thomson 1968），或者舒尔茨（Schultz 1975）。

6. 例如，达尔文对自己孩子的观察（Darwin 1877）。此外还有普赖尔（Preyer 1882）、克拉拉与威廉·斯特恩有关儿童语言的专著（Clara and Stern 1907）。
7. 高尔顿堪称英国实验心理学之"父"。他在《人类能力及其发展探究》（*Inquiries into Human Faculty and Its Development*）（1883）一书中，描述了自己的文字联想实验。
8. 弗洛伊德在其著作中对口、笔误以及遗忘的动力学（dynamics①）问题，反复进行过探讨。其《日常生活的心理学》（*Psychology of Everyday Life*）德文版 1904 出版，英译本 1914 年出版。
9. 华生在《心理学评论》（*Psychological Review*）上发表题为"行为主义者如是看心理学"（Psychology as the Behaviorist views it）一文（Watson 1913），使行为主义成为心理学的一个汇集点。他首先在其《行为：比较心理学导论》（*Behavior: An Introduction to Comparative Psychology*）（1914）一书中，阐明了自己革命性的立场，后来又在其第二部著作《行为主义心理学》（*Psychology from the Standpoint of a Behaviorist*）（1919）中，进行了更加明确的解释。当时，华生并非唯一一位提倡应以客观方法研究心理学的心理学家。如，布卢姆菲尔德就深受到另一个行为主义者韦斯（Weiss）的影响。另外有其他许多心理学家，尤其是在美国，都认为心理学不再是对"意识"或者"心理生活"的研究，而是对"行为"的研究；其研究方法也不再是内省，而代之以心理学研究中通用的动物实验。
10. 参见莱尼伯格（Lenneberg 1967）。克拉克与克拉克（Clark and

---

① 指人潜意识的内驱力，在弗洛伊德看来就是"性欲"，但是这种泛性论观点受到许多心理学家（包括其弟子荣格、阿德勒，甚至其女儿安娜·弗洛伊德）的反对。——译者注

Clark 1977: 298）对这次论战做了如下公正的评价:"关于这一问题，天赋论与经验论之间相互对立，仿佛它是一个非此即彼、水火不容的关系。事实上，这只是一个程度的问题而已。"

11 例如，克拉克与克拉克（Clark and Clark 1977）在其最新语言心理学著作中，并没有提到第二语言学习和双语现象。

12 见本书第 18 章第 402—403 页。有关复合双语现象与并列双语现象的区分，同时参见赫尔曼（Hörmann 1979: 177-178）。

13 乔姆斯基对《语言行为》的评论先是发表在《语言》杂志上，之后又在不同的出版物中全文或部分重印，本书所引的页码指雅格博维茨与迈伦（Jakobovits and Miron 1967: 142-171）一书中重印的页码。乔姆斯基在这个版本中增加了一些评论。

14 1960 年前后的心理语言学研究，收集在萨波特（Saporta 1961）选编的一本心理语言学选读中。一种资料翔实的心理语言学"学术史"，见于由印第安纳大学出版社重版的奥斯古德与谢别奥克（Osgood and Sebeok 1965），书中对奥斯古德与谢别奥克（Osgood and Sebeok 1954）的专著出版后十年间的研究进行了描述（Diebold 1965）。

15 米勒、加兰特与普利布兰（Miller, Galanter, and Pribram 1960）率先向心理学家介绍了转换生成语法，其在心理学中的重要性才引起关注。

16 格林（Greene 1972）对 1960 年到 1970 年间做的许多实验进行了描述，目的是要发现心理学与转换生成语法之间的联系。

17 关于这一点，参见本书第 6 章第 108—109 页与第 15 章第 328—329 页。

18 例如，奥勒（Oller 1979）"期望语法（expectancy grammar）"的概念有助于将心理语言学对第一语言研究的方向加以改造，以应用于第二语言学习。

19 然而，需要指出的是，关于儿童语言，另外还有一些相当复杂的研究，例如皮亚杰（Piaget 1923）。利奥波德（Leopold）从第二语言学习的角度开展的儿童早期双语现象的经典研究也值得特别注意（Leopold 1939，1947，1949，1949a）。关于刘易斯对社会语言学的贡献，见于本书第10章。

20 例如，参见麦克尼尔（McNeill 1966a）题为"儿童的语言创造（The Creation of Language by Children）"这篇引人注目的论文，以及弗雷泽与唐纳森（Fraser and Donaldson）关于该文的讨论（收录于莱昂斯与威尔士（Lyons and Wales 1966））。关于人类天生的语言官能以及"语言习得装置"的构建，乔姆斯基（Chomsky 1965: 30–37）、卡茨（Katz 1966: 246），以及麦克尼尔（McNeill 1966: 38–39）于1965年到1967年间曾有过热烈的讨论。相关背景知识可见史密斯与米勒（Smith and Miller 1966：导言部分）。关于更多最新非激进的"天赋论"观点，见克拉克与克拉克（Clark and Clark 1977）、麦克劳克林（McLaughlin 1978）。同时参阅斯特恩（Stern 1968–1969）。

21 关于现代对心理语言学的描述，读者可参阅斯洛宾（Slobin 1979）、克拉克与克拉克（Clark and Clark 1977）、泰勒（Taylor 1976），或者赫尔曼（Hörmann 1979）。

22 关于学习心理学的全面综述，参阅希尔加德与鲍尔（Hilgard and Bower 1975）、希尔（Hill 1977）。关于学习的几个被广泛接受的观点，见加涅（Gagné 1975，1977）。

23 操作条件反射的定义：操作性行为是一种行为方式，有机体的这种行为导向一种奖励刺激，如笼子里的鸽子、食物球。只有正确的操作行为才会得到奖赏。

24 希尔加德与鲍尔（Hilgard and Bower 1975: 627-630）对程序学习做了简要说明，并附有重要参考文献。

25 然而，事实上，甚至那些以"认知"方法研究语言教学的人，也都还没有进行持久的尝试，没有将布鲁纳的思想应用于语言教学。

26 英格拉姆（Ingram 1975）根据加涅所提出的概念，对第二语言学习进行了诠释。

27 教育心理学的文献中对学习进行探讨的最新成果有：奥苏贝尔、诺瓦克与哈尼西安（Ausubel, Novak, and Hanesian 1978）、特拉弗斯（Travers 1979）、克龙巴赫（Cronbach 1977）、盖奇与伯利纳（Gage and Berliner 1979）。这些研究都做得相当出色，但主要是针对接受师范教育学生的教学导论与教育心理学，极少甚至根本没有提及第二语言学习。

28 在第 19 章我们将会看到，布鲁姆（Bloom）及其同事以这三种心理学区分为基础，对教育目标进行了分类。经过修订后，这三个目标先后被瓦莱特（Valette 1971 等）、斯特恩等人（Stern et al. 1980）用于对语言教学目标的界定。在第 22 章我们将会看到，这些心理学目标修订后，被用于语言教学目标的确定。

29 我们在本书第 292 页中指出，第二语言学习中的情感因素并没有得到恰切的理解。关于语言学习者情感特点的详细介绍，参见本书第 15 章第 321 页和第 17 章第 375—386 页。

30 拉多（Lado 1961）是最早承认语言测试具有语言学及心理测量学双重因素的学者之一。之后，语言测试者对概念的变化认识越来越清楚，并能够公正地加以对待，如奥勒（Oller 1979）。

第15章

语言教学心理学的发展：选评

早期联想主义

如果没有关于语言学习者与语言学习过程的心理学理论为指导，要教授一门语言，几乎是无法想象的；因此，多数语言教学理论家在其著述中，都会从心理学的角度，对语言教学进行反思，而且经常参考当代心理学思想，这并不足为奇。例如，斯威特（Sweet 1899/1964）就用他所处时代的联想主义，对语言教学进行了诠释：

"对语言进行实际学习的心理学基础是伟大的联想法则，关于这一点，我们已多次提及。

整个语言学习过程是一个形成联想的过程，我们学习自己的语言时，把词汇、句子与思想、观点、动作、事件联想到一起"（同上：102）。"语法的功能是……对我们所有人理解和说出我们的母语以及任何所学外语所依赖的联想加以概括"（同上：103）。

根据上述观点，斯威特推演出几条联想学习的普遍原则：（1）"首先呈现（present①）最为常用、必需的要素"；（2）"相似的内容一起呈现"；（3）"对不相似的内容进行对比，直到泾渭分明，无中间过渡"；（4）"各种联想应尽可能明确"；（5）"各种联想应直接、具体，而不是间接、抽象"；（6）"避免冲突联想"。斯威特强调重复与记忆的必要性——但要做到经济、合理，无华而不实的表面噱头。简言之，虽然斯威特的主要兴趣在于语言教学的语言方面，但他并没有忽视学习者与语言学习的心理。[1]

同斯威特相比，哈罗德·帕尔默对语言教学理论中的心理学成分有更强烈的意识。他对学习者因素与学习过程等同加以考虑。在对学习者进行分析时，他会对学习者的年龄、性格、学习动机、学术背景（如之前的语言学习经验与教育水平，更令人难以置信的是，甚至要考虑其国籍）各自的重要性加以估量。因此，帕尔默最终对语言学习能力的定义是各种成分的综合：

> "……性情平和的学生、专业作家、模仿艺术家、语言学家、教育学家、记忆学家，他们在以往的学习中未受挫折，具有强烈的动机，往往能够成功地学习一门外语"（Palmer 1917/1968: 33）。

帕尔默认为，语言学习过程要以人"习得语言的自然学习能力（spontaneous capacities）"为其自然基础（Palmer 1922/1964）。然而，

---

① 也可以译作"教授"或者"讲授"。——译者注

自然学习能力，必须与"非自然学习能力（studial① capacities）"（即刻意的合作与认知学习能力）相结合才能奏效。帕尔默坚信，最适合语言学习的是能促进习惯的形成，并且有助于"自动"、无意识语言应用的学习过程，而不是那些促进概念形成和系统思想的学习过程。《语言学习的原则》（*The Principles of Language Study*）（1922/1964）中"习惯形成与习惯适应（Habit-forming and Habit-adapting）"一章可能是迄今对上述观点最有说服力的陈述：

> "语言学习，"帕尔默写道，"就像其他门类艺术一样，是一个习惯形成的过程，这一点与科学形成鲜明的对照。对语言结构的理解要达到熟练水平，可以像科学的学习一样，通过理论学习来达到；但是，若要在语言的使用上做到熟练，则需要日积月累，形成完美的习惯。对任何外语词汇、形式及组合，只有能够随心所欲地使用，无须有意识的分析就将其意义与形式相结合，无须迟疑和有意识的综合就能脱口而出，才称得上'懂得'或'掌握'"（Palmer 1964: 54）。

有人可能对自动习惯理论提出异议，他做出如下反驳：

> "记忆学习单调乏味，而且每次记忆学习都要耗费大量的时间，这使学生会因害怕记忆而编造各种理由逃避记忆。有人会

---

① "studial"这个词从其著作中的解释来看，恰好跟前文的"spontaneous"互为反义词，而跟"unnatural"为同义词。"studial process"等同于"unnatural process"，"studial method"即适合于阅读与写作教学的需要刻意有意识注意的方法。因此，"spontaneous capacities"和"studial capacities"分别译作"自然能力"和"非自然能力"，前者适合于一般日常口头语言的学习，而后者则适合于书面语的学习。——译者注

说,'鹦鹉学舌'不是教育,现代教育家对'死记硬背'大加挞伐,盲目重复的时代已经过去,为理解性学习的时代取而代之;接下来他会大谈发现法、兴趣因素,并引用'自然法则'来为自己的观点辩护。但我们知道,事实上,这些只不过是他不情愿让习惯形成的众多借口,而这些习惯能促使他形成无意识的自主行为,从而保证其稳固而持久的进步"(同上:56—57)。

在《语言学习这回事》(*This Language-Learning Business*)(Palmer and Redman 1932/1969)一书的第二部分中,帕尔默与雷德曼在虚构的致语言学习者、教师、家长、校长函中,以戏剧化的方式将语言学习者对教学目标的不同认识与对教学方法的偏好呈现出来。其虚构的"回复"则提出了语言学习的各种目的、学习方式观,帕尔默和雷德曼从中挑选出最为恰当者,全力予以支持:它将语言学习的基本过程描述为"语言符号及其所象征事物的融合"。他们认为,任何一种手段,只要有助于快速、经济的融合、结合或联想,都是恰当的。换言之,如同斯威特一样,帕尔默在第二语言学习问题上,认同联想主义心理学。

教育心理学登场

在两次世界大战之间这个历史时期,随着心理学(特别是教育心理学)的发展,一些研究尝试把新的心理学应用到第二语言教学中。期间,同语言学概念的应用相比,心理学思想与研究技术的应用发展的步伐更快。在其第一部外语教学心理学重要著作中,休斯(Huse 1931)根据教育心理学理论,对语言学习进行了狭义的定义,认为语言学习任务"从本质上讲,是记忆问题;学习的目的是对固定的表达单位进行识别和回忆。这一任务就像背诵乘法表一样精确,其功效也可能一样"(Huse 1931: 164-165)。休斯呼吁,应采用实验性更强的方法,来对外语学习问题进行研究。在他看来,教育心理学家无法找到"一个更有前景的实验与教育测量领域了"(同上:7)。

30年代,当时新创刊的《英国教育心理学学报》(*British Journal of Educational Psychology*)刊载芬德利(Findlay 1932)一篇引人注目的文章,对当时心理学在英国语言教学中的地位进行了阐述。文中芬德利提出了自己的一套第二语言教学理论,将心理学的一些真知灼见跟语言学教学观察融为一体。跟同时代乃至之后的多数学者相比,芬德利更清楚地看到了学习者对放弃第一语言参照系的情感抵抗,他们直接拒绝"以外国人的思维方式来把握其思想"(同上:319)。根据芬德利的观点,语言学习从心理学上来讲是一种模仿性任务,在此过程中,学习者"必须通过有意识的注意,来仿照母语使用者的行为一遍遍练习,最终形成大量新习惯。所有这些习惯都与自己的母语习惯有差异"(同上:321)。芬德利并不反对记忆,因为记忆对学习者建立起"无意识储备"尤其重要。因为习惯其实就是"无意识的记忆"(同上:329)。芬德利认为,新的习惯系统,最好是能够"脱离我们的土语(vernacular①)"而建立起来。因此,他主张采用一种有助于确立并列双语形式的语言教学方法(见本书第14章第298页):"近半个世纪以来,心理学家和生理学家所做的所有研究都证实,建立起每一种新语言独立的功能中心,是学习者当下必须达到的目标"(同上:322)。语言是有生命的存在,因此语言不应用语言学的方法来进行分析,而是应以戏剧化的形式,在其使用的情境中栩栩如生地呈现出来:"因此,在最初的几个月里,我愿意让学习者享受一些特

---

① 此处指学习者日常使用的语言。——译者注

别设计的场景再现,目的是给他们一些有真实感的东西"(同上:325)。学习者的第一语言并没有被排除,因为它总是在显示自己的存在(always assert itself①)。但是,为了取得学习者的配合,芬德利想方设法,引导学习者逐渐丢弃第一语言,接受第二语言,其方式就跟学习一种新的竞技技能一模一样。对语言学习目标的诠释,既没有参考格式塔心理学,也没有采用联想主义术语,而是更多地用教学的术语:"学习者关注型式或者结构"(同上:327),所形成的完型既是语言性的,也是社会文化性的:"其核心问题是要实现我们的眼前目标,即结构(的掌握),这种结构不仅是语言性的,而且还与德国人的文化、历史、地理、艺术、娱乐、理想等紧密地结合在一起;这恰恰是'学习德语'的意义所在"(同上)。²对《英国教育心理学学报》这样一份具有科学抱负的新期刊而言,在本学科发展的这个阶段,编辑们必然热切地渴望能将心理学与教育实践的各个领域联系起来。因此,芬德利的第二语言学习心理学理论只不过是个开始而已。作者在文章中虽然阐述了自己对语言学习的直觉领悟,但是没有具体说明哪些方面是心理性的而非教学性的,也没有将他的个人心理分析同当前心理理论与研究联系起来。因此,若干年后在同一期刊上另一位作者做出了这样的评价:"谈及一些学科(现代语言即其中一例),人们不禁要问,当代心理学究竟能提供什么呢"(Archer 1941:133),这毫不令人惊讶。

然而,在两次世界大战之间这个历史时期,心理学在第二语言学习中有几次成功的应用值得关注。在美国,心理测试运动促进了几种"客观"语言测试的开发与应用。其中一些被"现代外语研究"(本

---

① 直译是"维护自己的权益",但是此处指在第二语言或者外语的学习过程中学习者母语对学习过程的干扰作用。——译者注

书第 6 章第 101 页）用于语言成就的调查。第一语言学习能力测试，或者预断测试，也是在同一时期开发的。[3] 英国著名心理学家斯皮尔曼（Spearman）手下的一名研究人员（Simmins 1930），将当时流行于"学习迁移"研究的对照实验应用到外语教学中，对外语学习的心理过程进行了研究。西敏斯（Simmins）对一女子小学四个班级的表现进行了比较。四个班级各有八节德语课，采用的教学方法各不相同。甲组使用"直接法"，不给任何解释；乙组对语法项目进行演示并做出解释，同时提醒注意避免错误；丙组的教学方法同乙组一样，但有更多的机会进行积极的回忆，并改正所犯错误；丁组教学方法与丙组相似，但突出强调语言的迁移，有机会将学习的知识运用于新的场景。结果发现，丁组的教学效果最好。在这项设计相当复杂的研究中，实验控制虽然尚有商榷的余地，但是实验背后的理据却颇为耐人寻味：从甲组到丁组，学习者投入的积极性和认知因素越来越多。西敏斯从此类心理学实验得出如下普遍结论：

> "……可见，现代语言教学的技巧，可以在心理分析和实验调查的基础上加以修正，其目的是使语言学习省时省力"（同上：43）。

在心理分析文献及其他相关文献中，有一些作者在其著述中将第二语言学习与学习者个体的生活方式、性格、情感心理联系了起来，这股思潮虽弥足珍贵，但至 70 年代归于沉寂。布拉什菲尔德（Brachfeld 1936）根据阿德勒的个体心理学（Adlerian Individual Psychology）恰如其分地指出："学习一种语言时……既不是我的'语言学习能力'也不是我的'智力'更不是推理在学习：而是我本人，整个人在学习"（同上：82）。布拉什菲尔德建议，学习语言应该与"个体心理学的思想"联系起来（同上），因为这样一来，学习者就会意识到语言学习与学习者的"生活方式"之间存在某种心理关系。[4] 基于内省的信息，布拉什菲尔德提出了另外一个有趣的观点：语言学习中有个"转折点"，即在第二语言的发展过程中有一个时刻，语言会"跳跃发展（klick）"。经过一番挣扎之后，忽然"奇迹出现了：一夜之间，学生们像说自己的母语一样轻松'自然'地说外语——当然，可能并不是那么正确。然而，重要的不是每个细节都要正确，首要的是对这门外语的'形式'，即'结构''灵魂'有感觉"（同上：81）。[5]

同样，定居英国避难的心理分析家施滕格尔，对成人在外国学习外语时的情感抵制、"惧怕出洋相"（Stengel 1939：477）、第二语言习语使用引起的不安，以及由疾病引起的语言缺陷之间的相似性（如失语症、癫痫与外语学习困难）等，进行过观察。

战后：转向心理学求解

第二次世界大战后，斯科特（Stott 1946）在其关于语言教学的小册子中，试图将英国的心理学思想与语言学习系统地联系起来。书中，他对阿彻（Archer 1941；见本书第 320 页）认为心理学与语言教学无关的消极观点提出质疑，其研究试图表明，心理学理论"有助于实践水平的提高"（Stott 1946：24）。斯科特提出的语言教学理论有选择性地借鉴了英国的教育心理学，否定了休斯（Huse 1931）所推崇的纯粹机械方法。总的来说，斯科特提出的认知、积极的方法：（1）鼓励学习者独立地对语言进行思考；（2）指导学习者进行语言观察；（3）给学习者机会，积极参与语言游戏。同芬德利一样，斯科特也认为，语言学习需要记忆和习惯的形成，但他从学习心理学中推出了几条学会学习的原则。斯科特还试探性地对语言与思维的关系和第一语言习得进行了观察。然而，心理学仍然只是起辅助作用。作为语言教师的一种资源，心理学可以提供概念、思想和参照系；然而，在这一阶段，尚没有尝试在第二语言学习者经验的基础上，建立起独立的语言学习心理学体系。

同英国的情形一样，40年代和50年代，美国的语言教学虽然与结构主义语言学建立起了联系，但是跟任何心理学流派都没有明确的关系，在各种"语言学习理论"中做出不同选择亦非什么有争议的问题。然而，如本书第7章所述，美国结构主义经由布卢姆菲尔德与行为主义建立起了紧密的联系。结构主义语言学中隐藏着某些行为主义的信念，而这些信念在语言教学中则变成了心理学信条。如卡罗尔（Carroll 1953）所言，如语言学家能"认识到语言是一个学得扎实的习惯性反应系统，堪称心理学家"（同上：191）。有些学者并不认为这是一个有争议的观点，他们把第二语言学习诠释为模仿、重复、练习、习惯形成的过程，或者称为"强化（re-inforcement）"和"泛化（generalization）"作用下的条件反射形成过程。有意识学习的主要技术通常被称作模仿与记忆（mimicry and memorization），简称模—记（mim-mem）。

50年代，第二语言学习的最佳年龄问题成为热议的焦点，从心理学的角度展开了一场大讨论。心理学家（如 Tomb 1925）在其著述中，时常会提到年幼的孩子"轻松"习得语言的能力。但是，50年代，正是蒙特利尔麦吉尔大学的心理学家彭菲尔德（Penfield）的观点，引起学界对这一问题的广泛注意。部分基于其在神经外科方面的科学研究，部分基于其个人的信念，彭菲尔德提出，青春发育之前是一个生物学上有利于第二语言学习的时期。因此，他建议应该充分利用青少年时期强化语言训练。[6] 这一观点得到越来越多的教师、专家、公众的支持，这在多个国家关于早期教育中语言教学的介绍中体现出来（Stern 1963/1967）。此后，关于这一问题的争议不断，虽经过实验、研究和无休止的理论探讨，甚至在彭菲尔德的挑战引发这场辩论30年后，最佳年龄问题仍然悬而未决（参见本书第17章）。

50年代，卡罗尔已经充分地认识到，语言教学需要更多系统的心理学研究，他（Carroll 1953: 187）清楚地将其观点表达了出来："我们对语言学习的心理学几乎一无所知。"卡罗尔相信，通过实验研究，教育心理学或许能够有效地解决语言教学的一些具体问题。例如（同上：188—189）："声音与意义是同时呈现还是先后呈现更好呢？""通过图画与实物传达意义能否跟用语言进行定义一样有效？""如何促进听说向阅读的转换？""在什么样的条件下，母语的使用会阻碍或促进学习？""语言解释在什么时候会促进学习？""应该以什么样的速度教授新材料？"卡罗尔及其几个学生对其中一些问题展开了研究。这一时期，最为引人注目的成果是卡罗尔本人与一名西班牙语教授萨彭（Sapon）合作开发的一种新的语言能力测试（Carroll and Sapon 1959）。几乎同一时期，在蒙特利尔麦吉尔大学，兰伯特及其学生开始了对语言学习与双语现象的社会心理学研究。大约从1960年开始，随着心理语言学作为一个学科的兴起，人们对第二语言学习心理学研究的兴趣一直在不断强化。[7]

尽管对第二语言学习心理学的兴趣和研究不断增加，心理学家并没有公开质疑，更不用说否认当前语言教学界过分单纯化地对待语言教学心理学的现象，他们也没有尝试提出一套更为复杂的替代理论。权威人士，如兰伯特、卡罗尔等，则恰恰相反，认为行为主义或者新行为主义对语言学习的解释，为理解语言学习提供了一个更合理的基础。

例如，1962年兰伯特（Lambert 1963, 1963a）在其面向外语教师的一篇全面综述中强调，各种语言的心理学理论中，只有条件反射理论对语言学习的解释最有价值。他提出这一观点时，全然没有顾及外界可能会对其观点提出的批评，也没有考虑他对外语学习过程的解释有过于局限的危险。同样，1964 年，卡罗尔指出，第二语言教育学中通行的语言教学心理学可能是过于简单化了，"由于大量的新习惯必须达到高度自动化，因此第二语言学习若要成功，就需要有大量的时间投入，其中大部分耗费在重复的练习上"（Carroll 1964: 43）。他建议，唯一可以改善的办法是语言教师"不要忽视根据学习原理引导学生操练的重要性"（同上）。[8]

60 年代：心理学假设受到质疑

然而，同年，在柏林外语教学大会的发言中，卡罗尔对语言教学提出了批评，[9]认为语言教学理论没有充分考虑言语学习的研究发现，对此他深表担心，并要求"联系现代心理学和心理语言学理论的不断发展，对当前的外语教学理论重新进行深入思考"（Carroll 1966: 105）。

里弗斯有关心理学和语言教学的研究

同年，在语言教学心理学的发展历史上，一位经验丰富的教师、学者（Rivers 1964）发表了她针对一种语言教学理论——听说法的心理学基础所进行的批判性分析。里弗斯的著作一出版就很快得到认可，被认为是更好理解心理学与语言教学之间关系的重要著作。常常有人把这部著作错误地看作是反对听说法的论著。事实上，这并不是其初衷[10]，而是出于好奇。当时，听说法的倡导者频频宣称该方法的基础是心理学理论。于是，里弗斯借助 13 种学习理论和研究发现，检验了听说法的一些假设。在研究的过程中，她始终没有忘记经验丰富的一线教学工作者对听说法的批评。里弗斯的研究表明，听说法的倡导者们对心理学发现的诠释过于狭隘。她认为，一线教学工作者关于学习理论的普遍认识是，对听说法的心理假设加以修正，最终根据课堂教师的批评来改变听说法的原则。里弗斯逐一检验了听说法四个基本的心理学假设与第一个假设的三个推论：

"假设一：外语学习基本上是一个习惯形成的机械过程。
　　推论一：习惯通过强化来巩固。
　　推论二：形成外语习惯的最有效的办法是做出正确的反应，而不是犯错误。
　　推论三：语言是'行为'……行为只有通过诱导学生'行动'才能学会。

　　假设二：如果外语项目的呈现顺序是先口语形式，后书面形式，语言技能学习效果会更好。

　　假设三：相对于分析，类推为外语学习奠定了更坚实的基础。

　　假设四：语言中母语者能领会到的词汇意义，只有与讲该语言人群的文化密切联系起来，才能学会"（1964: vii–viii）。

在对第一个假设进行讨论时，里弗斯并未对语言学习是一个习惯形成的过程这个观点提出质疑，但是她也没有采用斯金纳的术语来对这一过程进行解释，而是坚持认为，用奥斯古德和莫勒（Mowrer）的新行为主义解释更为恰当，因为新行为主义更多地关注学习者的思维与感受，而不是其外在行为。推论一中的强化概念符合里弗斯所探讨的学习理论，但是"不考虑学生对外语技能目标的认识，而机械地应用某些标准的强化，就无法自动强化"（Rivers 1964: 55）。推论二强调正确的反应，这恰恰与许多学习理论相协调；但是如果对它的诠释过于狭隘，就会导致反应固化老套，从而降低学生从各种选项中做出选择的能力（同上：67）。推论三强调的是"诱发"行为，换言之，即强调语言学习的动机和情感。里弗斯从心理学理论与研究中找到了充分的证据，阐述了强调动机与情感的道理所在，而听说教学实践可以说在这一点上做得不够。

假设二极力主张口语形式先于书面形式，但是里弗斯在心理学研究中并没有找到很多证据支持。上述观点对教学实践的启示是，视书写符号为禁忌的观点与做法颇值得质疑。关于假设三所谓类推比分析学习效果更好的观点，里弗斯在学习理论中也没有找到很多支持证据。里弗斯在格式塔心理学与认知学习研究的基础上，得出如下结论：听说教学中延迟解释与草率地对待意义与理解的做法，乃是被误导的结果。"通过分析来促进对结构的理解，通过类推来练习对语言结构的操控，（学习者）能够掌握一门外语，学会正确地遣词造句，组织与表达复杂的思想"（同上：130）。里弗斯发现，第四个假设，即文化语境下的意义学习，相对于心理语言学研究而言，更符合人类语言学的研究结果；但是听说理论和实践往往过分重视通过操练来学习语言形式，却牺牲了语言在社会文化语境下的功能，"语言交流涉及人与人之间的关系，而不仅仅是短语的记忆与重复以及结构练习那么简单"（同上：163）。从里弗斯的分析中可以获得以下切实可行的建议：应该比正统的听说法更多地考虑学习者的认识、动机与情绪，而且把重点应从语言形式转向社会文化环境下的交际。

里弗斯在其1968年的第二部主要著作中坚持并发展了前面的观点，他提出，从根本上来说，第二语言学习过程应分两个阶段：一是早期学习的低级操纵阶段，可用行为主义学习心理学恰当地加以解释；一是需要对语言做出选择，对语言使用者可掌控的语言资源有意识地理解的高级表达阶段，在更大的程度上可以用"认知"学习心理学来进行解释。

里弗斯在其 1964 年的研究中，运用学习心理学资源，去发现学习心理学家的观点和概念，并将这些概念和思维方向与当时的语言教育理论和实践联系了起来。概而言之，里弗斯对心理学与外语教学之间关系的诠释表明：（1）听说理论的确过度简化了第二语言学习背后的心理学，以致损害了教学方法。（2）对学习心理学更加敏锐、广泛的阅读，有助于概念的进一步区分，从而弥补了当前斯金纳方法之不足，并且也为修正听说理论，使之更为灵活、可行提供支持。（3）在里弗斯所考察的 13 种学习理论中，没有任何一种理论独自便足以提供所需的概念。可以选择性地借鉴不同的理论，特别是奥斯古德和莫勒的新行为主义及格式塔心理学，建立起一种比当时广泛应用的斯金纳法更为恰当的语言教学的心理学基础。以心理学为资源建立更完善的语言教学理论的观点，虽仍有人质疑，但前景颇为乐观，60 年代中期很受欢迎，但这并不意味着这场论战的终结。

对听说法心理学基础的攻击

在第 8 章中我们已经看到，转换生成语法对语言学的攻击，对听说法的语言观产生了深远的影响。但是，对当时流行的心理学及其关于语言学习的大胆假设，其影响更加彻底。继撰写了对斯金纳的《语言行为》提出批评的评论之后，1966 年，乔姆斯基（Chomsky 1966）在东北会议上的著名讲话中再次向行为主义发起攻击。在此次讲话中，他毫不留情地拒斥在语言教师间盛行的语言学习心理学，认为那些被广泛接受的联想原则、强化、格式塔心理学以及概念形成等"不仅不恰当,而且可能会造成误解"(Chomsky 1966: 43)。因此,在质疑语言教学背后的心理学解释方面,乔姆斯基比里弗斯和卡罗尔有过之而无不及。[11]一些学者因受到转换生成语法的影响较大,此时胆子也大了起来,他们得出结论,认为里弗斯(Rivers 1964)所提出的拓宽语言教学的心理学基础还远远不够。安尼斯菲尔德(Anisfeld 1966)在此问题上态度非常谨慎,他经过深思熟虑,试图将新的语言使用观和语言习得观与行为主义心理学调和起来(亦见本书第8章第167页及以下诸页)。根据他所提出的理论,语言可以分两个部分:特定习惯(如词汇意义的习得)和普遍规则。就前者而言,行为主义的学习原则虽然不充分,却也恰当;而语言原则的习得需要一个不同的、更为认知性的信息处理模型,学习者不是被动地等待感觉材料的输入,然后做出解释,"而是积极对特定的刺激范畴形成假设,并寻找线索予以证实或抛弃"(Anisfeld 1966: 117)。

一些更为激进的声音开始出现,要求建立新的第二语言学习心理学(如 Jakobovits 1968,1970;Cook 1969;Cooper 1970;Stern 1968-1969,1970)。这种思想变化不过是几年之间的事情,如果把兰伯特(Lambert)1963年关于语言的心理学理论的分析(见本书第324页),与其学生雅格博维茨(Jakobovits 1968)五年后为英语二语教师撰写的一篇文章做一比较,这一变化便一目了然了。兰伯特的文章,毋庸置疑,完全秉承了斯金纳、奥斯古德与新行为主义传统,而雅格博维茨的文章则是建立在乔姆斯基、莱尼伯格、麦克尼尔、米勒的理论基础之上的。为建立这样一种第二语言学习心理学,新一代理论家尝试弄清楚(1)乔姆斯基提出的一些概念的含义,如语言能力与语言运用、语言的规则制约性与创造性、深层结构与表层结构之间的差异,以及(2)新的第一语言习得观的启示。雅格博维茨对新旧两种观点进行了对比,对旧理论做出如下评述:

"孩子不过是被动的生物体,对环境动因(agency①)所创设的强化条件做出反应……而新理论……的特点是……现在习得的负担加在了孩子身上,而环境强化动因所受到的重视则相对较小"(Jakobovits 1970: 2)。[12]

其新观点的隐含义可以总结如下:

"孩子们所发现的规则更为重要,其重要性要超过实践。与通过死记硬背和重复建立起来的反应强度相比,概念的获取与假设的检验,是语言发展过程中更可能的范式(paradigms)②"(同上:15)。

像安尼斯菲尔德一样,雅格博维茨承认,语言学习牵涉到一定程度的习惯的形成和自动化,但是这只不过是双因素理论中的一个次要因素。首要因素是"通过归纳、演绎的方法,发现语言中潜藏的结构"(同上:25)。发现与实践发生在能够使学习者从一开始就全面接触语言的语境中。应该允许学习者自由产出句子、准句子(semisentences③),不论其正确与否,给他们提供机会在交际情景中进行练习;对错误的修正应该采用母亲用于帮助孩子交流的"拓展"形式。

这种"关于语言习得的激进心理语言学理论"(同上:24)引起

---

① 指任何一种产生某种作用的事物,可以是人、化学物质、某种力量等。——译者注
② 这个词近几十年来在英语中的使用几乎到了泛滥的程度,其意思比较模糊,多指表现某种事物工作机制的模型或者范例。——译者注
③ 指不是非常完整或者不完全正确的句子。——译者注

了激烈的论战，甚至引起了对听说法及其背后心理学理论极其强烈的谴责。论战的结果是，70年代初，一些心理学家，尤其是卡罗尔（Carroll 1971）、里弗斯（Rivers 1972），强烈地感觉到有必要指出新的"正统"理论的不实之处与浅薄，从而重新建立起更为客观全面的理论。如卡罗尔指出，乔姆斯基所严厉谴责的"习惯"这个概念，"在心理学中，与（乔姆斯基反复强调的）规则这一概念相比，更为基础性"（Carroll 1971: 103-104）。[13] "这一切的发生似乎是因为乔姆斯基对某种行为主义心理学的攻击，而公众又对其观点不加批判地接受，这导致了语言学家与语言教师将他的结论过度泛化至整个心理学及其概念"（同上: 105）。

总之，1964年到1970年间的心理语言学研究提高了语言教学理论家的心理学意识——这是一个受欢迎的结果。但是，这些研究同时给学界带来了思想上的冲突与迷茫。基于简单化的心理学概念的语言教学理论中所存在的老问题，并没有因为新思想的涌入而被彻底摒弃。阅读60年代末的一些研究文献，不由得会想到，那不过是旧思想流派的教条主义为新思想流派的教条主义所代替而已。

70年代：全新的理论建构与实证研究

70年代初，发生了一次更为根本性的变革。关于语言教学方法的论战毫无结果，关于语言教学的各种心理学理论的争论如火如荼，对所有这一切的幻灭逐渐使北美以及欧洲许多语言中心或者研究中心的一些研究者坚信，当务之急是直接对第二语言学习展开实证研究，而不是简单地从第一语言习得或者一般学习理论来逆推。例如，里弗斯（Rivers 1972）指出，"作为教师，我们需要尽可能多地了解学生的学习方法以及学习语言的方法"（同上: 73）。在此大背景下，本书作者也曾建议，语言教师"应积极推进对第二语言学习心理学的直接研究"（Stern 1972: xi）。

一些应用语言学家和心理语言学家"发现"，作为一个心理学研究问题，第二语言学习是一个重要的未知领域。大约在1972年到1978年间，第二语言学习心理学的研究迅猛发展，新的理论层出不穷。那些意识到此前第二语言学习研究缺乏理论的人对此感到诧异。

连续多年，借着参加TESOL年会或者在波士顿、洛杉矶、安阿伯召开的其他会议的机会，北美已着手从心理语言学的角度对第二语言学习开展研究的许多研究者定期见面；另外，许多学者，包括英国、德国、荷兰、斯堪的纳维亚的一些欧洲国家与地区的学者也展开合作研究，取得了丰硕成果。

在1975年于密歇根大学召开的应用语言学会议上，学者们对语言学习研究问题首次进行了大盘点，会议论文在《语言学习》（*Language Learning*）（Brown 1976）特刊上刊出，对许多困扰了研究者十年的问题，如语言学习过程的本质、学习的规律性、"中介语"概念、第一语言与第二语言的关系等，进行了探讨。1973年，由多伦多安大略教育研究院（OISE）现代语言中心的斯温发起出版的《双语现象研究工作论文》（*Working Papers on Bilingualism*）共发表19篇论文，为70年代有关第二语言学习具有开创性的研究提供了一个交流的平台（Swain and Harley 1979）。《TESOL季刊》（*TESOL Quarterly*）与TESOL年会论文集（如Burt and Dulay 1975），表达了协会在语言学习的心理语言学研究方面兴趣在不断增强。《语言学习》与其他一些老牌的专业期刊以及一些新的评论，也反映了这一兴趣的增长以及第二语言习得、中介语、双语现象等方面研究的加强。[14]

在这一成果丰硕期所讨论的各种新理论、新概念中,有一些格外突出,关于这一切,我们将在进行历史回顾时简要加以介绍。其中第一个概念是中介语,前面在讨论语言变体时已经提到过(见本书第 7 章第 125 页),作为评判语言学习过程与结果的方式之一,后面还会提到(见本书第 16 章和第 17 章)。中介语是引起研究者丰富想象的数个概念之一,它为第二语言学习的研究指明了方向,促进了"中介语研究"的快速发展,也推动了一种专门期刊的创刊。[15]

另一组研究始于 70 年代初,主要针对的是第二语言学习过程的本质。数位美国研究者,特别是杜雷与伯特的团队,向对比语言学中第一语言与第二语言的差异是第二语言学习困难产生的主要原因这个广为传播的观点发起挑战。这些研究者反对当时流行的干扰假设或者迁移假设,他们试图表明,第二语言学习就像第一语言得一样,是一个受规律制约的创造过程。他们声称,第二语言学习的步骤与顺序具有普遍性,其规律性与第一语言习得相同。这一"创造性构建假说(creative construction hypothesis)"引发了大量针对以下基本问题的思考、讨论及研究:第二语言学习是否与第一语言学习有相似性?第二语言学习中是否像第一语言学习一样,存在一个"先天机制(innate mechanism)"(Dulay and Burt 1977: 97)?这是否是一个独立于学习者母语的普遍过程?语言学习的合法顺序又是什么?[16]

70 年代另一个引起广泛兴趣的理论是克拉申构想的所谓"监察理论模型(The Monitor Model)"。克拉申将有意识的语言学习过程,和较少有意识参与,但同样甚至更为重要的语言习得过程,区分了开来。这在本书第 1 章(第 20 页)和第 14 章(第 311 页)中都简要地提到过。克拉申假定存在一个监察机制,在语言学习过程中,或者在写作或阅读时,行使编辑、控制功能。通过自己对学习、习得与监察理论的研究以及相关著述，克拉申把注意力转向了语言学习中一个长期存在的问题：语言学习在多大程度上需要受到意识的控制？是否直觉多一点、思考少一些的学习方法更为有效？[17]

舒曼将注意力集中在第二语言学习的情感和社会文化问题上，由此开辟了一个新的研究领域，受其启发，一些人投入到这一领域的研究中并取得了丰硕成果。正如本书第 11 章（第 238 页）所指出的（另见第 13 章第 277 页），舒曼试图对许多移民在学习东道国语言失败的原因进行解释。例如，许多讲西班牙语的人住在美国，却学不会英语。舒曼承认，多种不同的因素，如性格、态度、认知等，都会对语言学习产生影响。但是，他认为，学习者语言熟练程度的差异，可以用社会文化和情感因素来进行解释。舒曼在对第二语言学习的解释中使用的一个核心概念是"文化适应（acculturation①）"。文化适应指"学习者与目标语言团体的社会与心理整合"（Schumann 1978: 29）。在各种社会因素中，他尤其强调学习者团体同目标语团体之间的联系，而在各种心理因素中，他认为学习者对目标语团体的语言、文化的情感反应最为重要。舒曼并没有断言文化适应在外语学习和第二语言学习中起同样的作用。但是，他认为，在移民的第二语言学习中，文化适应成分在语言学习中所起的作用，大于任何形式的教学。[18]

1973 年到 1979 年间出版的几本相关著作，记录下了那个时代的思想发展和研究趋势，它们表明，当时研究的焦点显然是学习者（例如，Oller and Richards 1973）。这些研究极其关注整个第二语言习得与外语学习的心理学（如 Gingras 1978；Hatch 1978；McLaughlin 1978；Naiman *et al.* 1978；以及 Richards 1978）；或者最关注语言学习

---

① 亦可译作"文化移入"。——译者注

的某个特定方面，如误差分析（error analysis①）（Richards 1974；Corder 1981）。[19]

总而言之，70 年代是对第二语言学习进行严肃持久研究的时期，期间，数位心理语言学家和应用语言学家采用理论探讨和实证研究两种方法，对第二语言学习的心理语言学和双语熟练水平直接进行了研究，创立了各种理论模型，开辟了新的研究领域，找出了一些核心概念，增进了对语言学习者以及语言学习心理学的认识；从此以后，不再仰仗其他领域的心理学家来告诉教师如何理解语言学习。80 年代，虽然世界上只有很少的几个研究中心对这一领域继续进行系统的研究，但是学者们对第二语言学习心理学的兴趣仍然没有减弱。

结论：心理学在语言教学理论中的作用

语言教学理论先是与心理学交汇，最近又与心理语言学接触，其研究历史已经有相当长一段时间，因此可以从这些经验中得出下述结论：同语言学和社会科学一样，心理学和心理语言学是两个正在成长的研究领域；带着能一劳永逸从中读出一种定型的第二语言学习理论的期待去读心理学和心理语言学的想法是错误的。

心理学在语言教学理论中的一般作用已经不容置疑，语言学与社会语言学的分工也已明晰。语言学和社会语言学所研究的分别是语言系统与社会中使用的语言，采用科学的方法对具体的语言与言语社团来进行研究，而心理学却将我们的注意力引向个体的人：（1）作为

---

① 这个术语也有人译作"错误分析"，单纯从这个术语本身来看，并无不可。但是，因为在第二语言习得研究中，一般将"error"和"mistake"区分开来使用，前者指学习者没有掌握目标语规则前的语言变异形式，而后者指学习者已掌握了目标语的规则，但由于疲劳、分心等原因所导致的语言变异。——译者注

语言使用者；（2）作为语言学习者。由于语言教学所关注的是个体对两种语言的掌握，其理论必须通过语言使用和语言学习的心理概念来建构，对这些话题的心理学思考构成任何一种语言教学理论的核心部分。

　　直至最近，第二语言教育学与心理学的关系几乎都完全被看成是信息的接收与使用，从对其他相关情况的研究那里获得方向，并将其研究发现推衍至第二语言的学习与教学。然而，我们的任务从来都不仅仅是简单的应用，而且最近人们已经认识到，有必要对第二语言学习直接进行心理学研究。结果，心理学与语言教育学之间形成了一种互动的关系。

　　这就意味着，将来人们可能会继续多年前已开始的工作，遍览心理学与心理语言学领域的相关文献，熟悉相关理论、概念、研究及发现，由此推衍出其对语言教学理论的意义。另一种方法始于十年前，其目的是构建有针对性的第二语言学习心理学，即针对第二语言学习、语言教学、第二语言使用以及双语行为开展直接的实证、实验研究。这两种方式从来都不是截然分开的，而是相辅相成：若要遍览心理学整个领域寻找相关信息，就必须弄清楚语言学习中究竟存在哪些心理学问题；而要对第二语言学习直接进行心理学研究，就必须事先知道要提出哪些心理学问题，研究中应采纳哪些适宜心理学研究的概念和研究方式。

　　虽然近几年的研究与理论构建没有给我们提供明确的答案，解除第二语言学习中的所有疑惑，但却使人们对一些问题有了更深入细化的理解，不再那么教条地对待语言学习问题。在接下来的三章里，我们将对当前的一些问题、发现、解释进行回顾，并对已积累的知识和观点对语言教学理论的贡献进行思考。

注释：

1 关于这几点，斯威特在其《语言的实用研究》（*The Practical Study of Languages*）（1899/1964）一书第 10 章有专门论述。古安也提出了自己的心理学理论。他希望把自己的语言教学理论建立在第一语言习得的自然过程基础之上（Gouin 1880/1892）。

2 因此，芬德利本能预期的是，欧文与奥斯古德（Ervin and Osgood 1954）所描述的并列双语现象，亦即布鲁克斯（Brooks 1960/1964）所极力倡导的那种协调双语现象。参见本书第 14 章第 298 页。他还预见了当前交际教学和交际能力中流行的一些观点。

3 亨芒（Henmon 1929）根据 20 年代流行的团体心理测验，编制出客观语言成绩测试；外语预测测试是由卢里亚与奥林斯（Luria and Orleans 1928）以及西蒙斯（Symonds 1930）编制的。客观外语测试尚未得到广泛运用前，客观的多项选择形式与心理测验的几个概念，如效度、信度等，对语言教师与测试者而言已不陌生，并且已影响到其测试与考查方法。

4 对帮助学习者洞察其语言学习中的情感困难以及将对待语言的态度理解为个人性格的一个组成部分这类思想的研究十分罕见，仅有的一个是奈达（Nida 1957）的一篇文章，另一个则是 20 年后奈曼等（Naiman *et al.* 1978）的一项研究。亦见布朗（Brown 1980：第 6 章）。

5 我个人认为，布拉什菲尔德所描述的经验是一个"转折点"，并没有得到足够的关注和研究。见本书第 18 章第 400 页。

6 彭菲尔德的观点于 1953 年首次在提交给美国艺术与科学院（American Academy of Arts and Sciences）的一篇论文中表达出来，

后来，在与人合著的有关言语与大脑机制的著作最后一章中，强有力地重申了其观点（Penfield and Roberts 1959）；亦见彭菲尔德（Penfield 1965）。他主张应该充分利用年轻大脑的"可塑性"来实施教育。

7 例如，1959 年，关于"与第二语言学习有关的心理学实验"会议在加利福尼亚大学洛杉矶分校召开，杰出的教师、心理学家、语言学家齐集一堂，旨在表达其共同的旨趣，探讨第二语言学习心理学所需要的研究（Pimsleur 1960）。会后不久即开展的著名的谢勒-沃特海默（Scherer-Wertheimer）研究（1964；见本书第 4 章第 56 页与第 6 章第 106 页），是在这个会议上作为所需研究讨论的第一个例子。亦见兰伯特（Lambert 1963，1963a），他对语言学习研究的心理学方法的评论，用心理学术语对第二语言学习的方方面面进行了诠释。

8 耐人寻味的是，在乔姆斯基向斯金纳发起攻击四五年后，有些权威人士，如卡罗尔（Carroll 1964）、兰伯特（Lambert 1963，1963a）等，都对其批评对语言学习心理学的意义漠不关心。例如，卡罗尔（Carroll 1964）详细地阐述了斯金纳的语言观，但对乔姆斯基对斯金纳的看法却只字未提。

9 关于 1964 年柏林会议与卡罗尔的重要讲话，见本书第 6 章第 107 页。卡罗尔 1964 年 9 月 5 日所宣读的论文，发表在会议论文集里（Müller 1965: 365-381），还见于《现代语言学报》（*Modern Language Journal*）（Carroll 1965）以及《语言教学的趋势》（*Trends in Language Teaching*）（Valdman 1966: 93-106）。

10 里弗斯（Rivers 1968）在其第二本著作（亦见本书第 326—327 页）对听说法推崇备至，但是同时指出了其优点与缺点。关于里弗斯对于教学法的最新观点，见里弗斯（Rivers 1981：第 2

章）。

11 乔姆斯基在东北会议上富有挑战性的演讲，已在本书第 6 章第 108 页和第 7 章第 144—146 页中提到过。特沃德尔（Twaddell）在对会议的回应中，对乔氏拒斥习惯概念时表现出来的"无理性的教条主义"提出批评。乔姆斯基的文章载于会议报告（Mead 1966: 43-49），后加上解释性评论，重印于《乔姆斯基著作选读》（*Chomsky: Selected Readings*）（Allen and van Buren 1971: 152-159）。另外，斯特恩（Stern 1970: 62）也对该文进行了简要讨论。

12 1968 年 3 月，在德克萨斯州圣安东尼奥召开的 TESOL 会议上，雅格博维茨第一次介绍了其语言习得的新观点及其对二语教学的启示。该文先是发表在《语言学习》上，后又作为第 1 章编入其 1970 年出版的《外语学习》（*Foreign Language Learning*）一书。引文引自该书。

13 卡罗尔（Carroll 1971）正确地指出，根据语言学合法的语言"规则"，用心理学术语则同样可以合理地被描述为"习惯"；"产生于'习惯'的语言行为与'规则制约'的语言行为，两者之间并不存在根本的对立"（同上：103）。关于这一点，参见本书第 2 章注释 4。

14 例如，《第二语言习得笔记与话题》（*Second Language Acquisition Notes and Topics*，SLANT）（由美国加利福尼亚州旧金山州立大学英语系出版），《英语作为二语教学工作论文》（*Workpapers in TESL*）（美国加利福尼亚大学洛杉矶分校），《中介语研究学报》（*Interlanguage Studies Bulletin*）（荷兰乌德勒支大学），《第二语言习得研究》（*Studies in Second Language Acquisition*）（美国布卢明顿印第安纳大学），以及 1980 年在英国创刊的三份新期刊表明，人们在这方面以及相关领域兴趣不减，学术研究不断——《应用语言学》(Applied Linguistics)（英国牛津大学出版社）、《应用心理语言学》(Applied Psycholinguistics)（英国剑桥大学出版社）、《多语言与多文化发展学报》(The Journal of Multilingual and Multicultural Development)（英国克利夫登蒂托有限公司(Tieto Ltd., Clevedon, U.K.)）。

15 理查兹（Richards 1974）对早期的研究做了很好的整理，其中包括科德（Corder 1967）与塞林科（Selinker 1972）的两篇"经典"论文。关于后来出版（发表）的中介语著述，可参阅塞林科、斯温与杜马（Selinker, Swain, and Dumas 1975），塔容、弗劳恩费尔德与塞林科（Tarone, Frauenfelder, and Selinker 1976），哈奇（Hatch 1978），理查兹（Richards 1978），塔容（Tarone 1979），以及科德（Corder 1981）。鲍施与卡斯珀（Bausch and Kasper 1979）对此也进行过全面的介绍。同时参见本书第16章第354—355页与第18章第399页。

16 关于"同一性假设（Identity hypothesis）"（即L2 = L1），见鲍施与卡斯珀（Bausch and Kasper 1979）简明扼要的述评。杜雷与伯特作为这一观点的主倡者，曾引用一系列的研究（如Dulay and Burt 1974, 1975, 1976, 1977）来支持自己的观点。科德关于"内嵌"课程大纲与把语言学习看作是一个积极的认知过程的建议，可谓殊途同归（Corder 1967）。同一性假设曾受到肯尼迪与霍姆斯（Kennedy and Holmes 1976）等人的挑战。

17 监察理论大约肇始于1975年，后经过了若干年的发展逐渐完善（如Krashen and Seliger 1975；Krashen 1978）。其他学者曾结合早期的研究及相关研究，对这一研究做了全面描述，见克拉申（Krashen 1981）。关于对克拉申观点的深入探讨，见本书第18

章第 391—393 页与第 403—404 页。

18 关于舒曼理论的发展，可参见其 1975 年到 1978 年间的系列论文，尤其是舒曼（Schumann 1975，1976，1976a）与舒曼（Schumann 1978）对文化适应模型的详细论述。舒曼的观点在本书第 11 章第 238 页中已有提及。

19 尽管关于第二语言学习的研究比较多，但是适合于一般读者的"外语教学心理学"并不多见。继里弗斯关于心理学家与外语教师的研究之后（Rivers 1964），最突出的心理学研究无疑是雅格博维茨（Jakobovits 1970）。除了书中收录的论文（如英格拉姆（Ingram 1975）、卡罗尔（Carroll 1974）、斯特恩与卡明斯（Stern and Cummins 1981））与论文集（如平斯柳与奎因（Pimsleur and Quinn 1971）、奥勒与理查兹（Oller and Richards 1973）、理查兹（Richards 1974，1978））之外，只有布朗有关语言教学与学习的著作（Brown 1980）堪称语言教学心理学。最后，还有麦克多诺（McDonough 1981）的一部外语教学心理学著作。

第16章

第二语言学习的模型与语言水平

本章与后面两章的目标是，对外语教学与学习的背景进行详细的描述，并对第二语言学习者的心理与学习过程加以概述，从而使我们的语言教学理论中包含心理学的视角。所以，我们无意对第二语言学习进行综合性研究，那超出了目标，因为这要求做出更为细致的研究。

首先，再次提醒读者，在多数问题上我们当前所具备的知识并非确凿无疑。这就意味着，虽然以前已有较多的研究，但是期望获得研究证据指导的语言教学工作者仍然要小心谨慎，接受其中的某种不确定成分。我们在对语言教学进行探讨的过程中所采纳的理论具有临时性，研究证据有时无定论、有疑问或者完全缺失，面对这一事实，语言教学工作者经常会发现自己处于下述境地：在课堂上或在教育体制内需要做出某种心理学上的判断。[1]

一、第二语言学习的理论模型

各种理论模型综观

最近，关于第二语言学习者与学习的众多研究的结果之一是，研究者提出了第二语言学习的各种"理论模型"，用本书的术语来说，即 T1（见本书第 2 章），亦即他们提供了一个理论框架或核心因素的列表,用以对第二语言学习进行解释。这些"理论模型"对我们的研究很有帮助,它们可以使我们高屋建瓴,对语言教学加以综观。借助于这些理论,我们可以识别出语言教学的基本因素或者变量,提出不同类型变量集合之间可能的互动方式。

如果不纠缠于各种模型之间的差异的话,图表 16.1 可以被看作是各种理论无可争议的综合,它体现出不同研究者对一些在语言学习中起作用的主要因素的一致意见。[2]

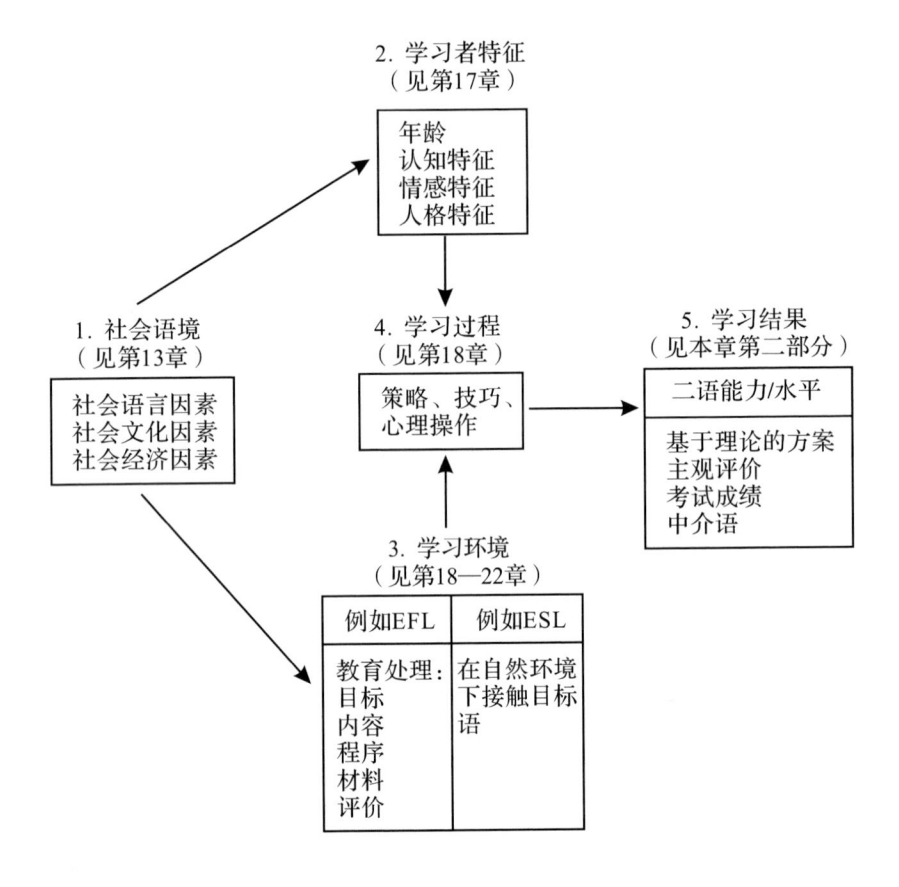

```
                    2. 学习者特征
                     (见第17章)
                    ┌──────────┐
                    │ 年龄      │
                    │ 认知特征  │
                    │ 情感特征  │
                    │ 人格特征  │
                    └──────────┘
                          │
                          ▼
1. 社会语境        4. 学习过程          5. 学习结果
 (见第13章)        (见第18章)       (见本章第二部分)
┌──────────┐      ┌──────────┐       ┌──────────────┐
│社会语言因素│ ──▶ │策略、技巧、│ ────▶ │二语能力/水平 │
│社会文化因素│      │心理操作   │       ├──────────────┤
│社会经济因素│      └──────────┘       │基于理论的方案│
└──────────┘           ▲               │主观评价      │
      │                │               │考试成绩      │
      │          3. 学习环境           │中介语        │
      │          (见第18—22章)         └──────────────┘
      │         ┌─────────┬─────────┐
      └──────▶ │例如EFL  │例如ESL  │
                ├─────────┼─────────┤
                │教育处理:│在自然环境│
                │目标     │下接触目标│
                │内容     │语        │
                │程序     │         │
                │材料     │         │
                │评价     │         │
                └─────────┴─────────┘
```

图表 16.1 考察第二语言学习的理论框架

图中对五组变量做了区分：(1) 社会语境，(2) 学习者的特点，(3) 学习环境，(4) 学习过程，以及 (5) 学习结果。其中，前三组变量决定学习过程 (4)，并通过学习过程 (4) 获得学习结果 (5)。其基本问题是：为什么有些学习者群体或者学习者个体能够成功，而另外一些却不成功呢？模型中哪些因素或者因素组合促成了某些人的成功而其他人的失败？

语言教学工作者、理论家、研究者之间在观点上之所以出现差异，是因为赋予不同因素重要程度的不同。基本的研究问题是要找出其关键因素，并探索之间的相互影响。语言学习的实证研究困难重重，所使用的一些基本概念，如"语言水平""动机""能力""语言学习的环境"等，意义模糊，难以描述和测量。学习过程本身难以捉摸；不同因素，如语言学习能力和动机之间的关系，或者个体特征、社会语境，以及教学效果的具体贡献，也难以分离出来。

下面我们来仔细观察一下关于第一语言学习的理论模型。若要理解学习者特征对学习和学习结果的影响（见图表 16.1 方框 2），仿佛不先验地限制我们的视野是合理的。事实上，就目前对语言学习的了解而言，许多学习者变量都与语言学习有关：年龄与性别，认知变量（例如一般学习能力、语言学习能力、以往语言学习的经验、认知学习风格），情感因素（态度与动机），以及性格（见本书第 17 章）。

从外在来看，学习过程（图表 16.1 方框 4）包括学习者所使用的策略与技术，而从内在来看，包括有意识和无意识的心理操作。问题是采用什么方式对这些因素进行研究最好。第一种方法是对实际语言学习行为直接进行考察：在课堂上或者在自由的学习情境中，学习者是如何学习语言的？另一种方法应该是对学习者自己的洞见进行考察，对其学习目标、策略、技巧及其关于语言学习的思想、情感、对掌握语言所必需的步骤和阶段的认识等进行探究（见第 14 章注释1）。另一种方法可能是对涉及语言学习的认知过程进行实验、观察、内省研究，如：注意、辨别、模仿、记忆、排练、探测、匹配、猜测、比较、推断、形成假想、概括、核实、规划。通过观察、实验或内省等方法来探索伴随学习过程的动机和情感（如坚持、欢欣、挫败、抵制、幽默等），也很有价值。上述各种方法均可在一定阶段内重复使用，这样可以对语言学习发展进行跟踪描述。还有可能对同一情境下不同的学习者或者不同情境下的同一组学习者进行比较，从而发现学习者个体或者群体之间在不同学习条件下的差异。目前，我们仍然处在对第二语言学习行为直接研究的初期阶段。到目前为止，用来研究学习过程的最常用的方法被称作产品法（the study of products），即从学习结果来推理出学习过程（见本书第 18 章）。

对学习条件进行考察时，如图表 16.1 方框 3 所示，需要做出的一个基本的区分是，第二语言是在有助于语言学习的目标语环境中，通过直接接触所学习的语言来学习的呢，还是在不利于语言学习的环境中通过课堂教学来学习？前者即狭义的"第二语言学习"，如英语二语教学（TESL）；后者即"外语学习"，如英语外语教学（TEFL）（见本书第 1 章第 15—17 页）。如果第二语言是在有助于语言学习的环境中学习的，课堂教学可能仅仅是影响语言学习的因素之一，其他影响来自在自然环境中与目标语的接触。例如，欧洲有数以百万计的流动工人，如在德国的土耳其籍、西班牙籍和意大利籍流动工人，他们没有接受过任何正规的语言教学，完全在自然环境中通过频繁的语言接触习得洋泾浜德语（Heidelberger Forschungsprojekt 1979）。但是，如果第二语言是在不利于语言学习的环境中，作为一门外语来学习，那么正规课堂教学可能是主要的，甚至是唯一的目标语输入源。第二语言学习环境的差异会导致产生"有指导型"学习和"无指导型"（"自然型"）学习的区分，这一区分对于学习过程的研究非常重要

（见本书第18章）。

根据这一理论模型，学习条件与学习者特点受社会语境的影响（方框1）。这组因素主要作为社会问题与社会语言学问题，已在本书第13章中进行过分析。相对于对社会语境的分析，本章更关注学习者对社会语境的认识。个体学习者如何体验与诠释社会语境？社会语境对学习者的态度与动机有什么影响？反过来说，学习者的态度与动机又在多大程度上对语言学习与学习环境产生影响？

学习结果（方框5）。如果语言教学的最终目标是有效的语言学习的话，那么，我们最关心的应该是学习结果。凡是对第二语言学习感兴趣的人，经常是在第二语言环境中学习和居住了很多年后，仍然会面临自己语言知识不足和学习经常失败的问题。第二语言学习的成功并非惯例，而且语言学习的失败，往往与孤独或疏远感、不满、无能为力等意识形影不离，有时会导致对老师和学校心生怨恨。这些感觉进而可能会导致对第二语言、说目标语言的人以及语言学习的消极态度。

教学与学习的目标是图表16.1中所谓的"语言能力"或者"语言水平"。但是，语言教学工作者和研究者都要面对语言水平的定义与评估这个问题。然而，任何实证研究要求对"语言水平"这个概念做出明确无误的定义。第二语言学习结果差异的定义方式，可谓五花八门，从关于语言水平的概念框架，到对语言水平的主观印象式评价与对掌握水平的描述，再到测试成绩与对中介语的分析，不一而足。

由于无法详细探讨模型中所有成分，我们将在本章的第二部分和后面两章中，重点对第二语言学习理论模型的几个方面进行分析。

二、语言水平

导言

从图表 16.1 最右端开始,我们首先把语言水平看成是学习结果,教师、管理者、课程开发者、测试者、研究者、父母,当然还包括学生自己,都对语言水平情有独钟。语言水平可以看作是学习的目标,因此可以用教学目标或者标准来加以定义。教学目标或者标准,反过来可以成为对语言水平作为经验事实(即学习者个体或者团体的实际表现)进行评估的标准。语言水平一旦达到了某种的程度,就可以跟理论模型中的其他变量联系起来,包括语境、学习者特征、学习条件和学习过程。因此,对语言水平进行概念化和描述是第二语言学习研究的一个重要步骤。

近似母语语言水平

学习者所处的学习阶段不同,其第二语言的能力或水平亦不相同,从零水平到近似母语水平不等。此处零水平并非一个绝对的概念,因为第二语言学习者至少都懂一门语言——自己的母语,对语言的本质与功能已有一定的了解。完全的语言能力,无论如何定义,第二语言学习者几乎都无法达到。语言教学工作者与理论家普遍承认,在多数情况下,试图达到这一目标不仅是徒劳的,甚至有可能并非理想的。然而,这却是一个追求的目标。母语者的"能力""语言水平"与"语言知识",是语言教学理论中采用的第二语言水平必要的参照。

本族语者所具备的第一语言能力要素中,第二语言学习者希望发展哪些？这一问题的答案，取决于前面几个章节中所探讨的语言学、社会语言学、心理语言学的全部研究。本族语者的语言能力这个概念，最初由乔姆斯基提出，后又为海姆斯等社会语言学家所重新加以解释，对回答上述问题非常有帮助。如乔姆斯基所言，语言能力是"内在的不可言表的知识……是实际语言运用的基础"（Chomsky 1965: 140）。但是，语言能力概念因为排他地关注语言形式要素而受到批评。话语分析与社会语言学，为其增加了一个必不可少的语用与社会文化维度，因为本族语者不仅仅具备语言能力，还具备前面几章所探讨的意义上的社会语言交际能力（见本书第11章第229—230页与注释6）。

语言能力与交际能力的构成成分，必须以某种方式在语言使用者的心理中得到表征，这已毋庸置疑；其中包括音系、词汇、句法、语义，以及社会文化、语篇和情境特征等。但是，在最近二十多年里，不同方面的相对重要性及其作为心理过程的内部互动，已成为心理语言学探索的对象（如 Clark and Clark 1977）。

下面的概述从对"语言知识"的特征描述中，选取了一些对第二语言教学理论极其重要的特征。最近对语言水平的阐释表明，只是把语言知识或语言水平理解为"习惯结构"或"一组技能"的陈旧观点，大大降低了语言水平这个概念的复杂性。[3]

（一）语言使用者懂得制约母语的规则，而且能够无意识地运用这些规则。作为母语者，我们能够区分典型、正确、符合语法的形式，以及非典型、不正确、异常、不符合语法的形式。我们具有语感（Sprachgefühl），即具有判断母语使用正误的能力。作为母语者，我们具有语言规范的知识，并且能够以这些规范为标准，对听到或者产出的话语做出判断。我们也可以像理解正常的话语一样，理解异常的话语。例如，在电话中，虽然有"噪音"，我们仍然能够理解信息。

如外国人或者孩子产出有语法或者发音错误的话语，我们能够对其进行调整，似乎所听到的是一个正确的形式。

从这种意义上讲，这些规则的知识是一种直觉的把握；亦即这并不意味着懂得语言的所以然，即对语言作为一个规则与关系的系统没有一种概念层的元语言理解。在语言领域，这种第一语言的直觉知识，类似于人类知觉与社会行为研究的"参照系"或者"规范"。它为母语者提供了一个交际常项（a communicative constant）或者永久性定向系统（a permanent system of orientation）。在正常生活中，它被视为理所当然。第一语言使用者通常不会对其进行思考，这种知识始终保持其内隐性。然而，在特定的情况下，它可能变成显性知识，例如，遇到交际障碍或者产生误解时，罹患交际疾病时，或者是有时发生"舌尖"现象，话到嘴边急于寻找一个词表达自己时。缺乏专业知识的本族语者虽然并没有掌握（或需要）自己母语的概念，但是却能够发现需要特别注意的音系、语法或者词汇特征。因此，他能够对外国口音评头论足；甚至连孩子都能够发现语法偏差或语序错误，并予以纠正。一个人听用母语讲笑话时，能察觉到里面的词汇、语义、句法或音系的荒谬或歧义。

这种对语言形式的直觉性掌握，在特定情况下，可以是有意识的。这是第一语言水平的一个特点，而第二语言初学者严重欠缺的恰好是这一点，只有不断学习才能够逐渐地习得。

（二）本族语者能够直觉地掌握语言形式所表达的语言、认知、情感、社会文化等意义。作为母语者，我们能够将不同的句型与相应的深层意思联系起来，能理解两个或者多个句子之间的对等语义。换言之，我们能够在深层意思不变的前提下，改变句子的表层结构，能够理解词汇或句法歧义（如笑话或者双关语），能够把两个"不同的深层意思"指派给同一个（或者类似的）表层结构。

形式与意义的融合在第一语言中不言自明，而在新的语言中则是缺失的。对于第二语言学习者来说，第二语言形式是没有意义的，初看上去是任意的，有时甚至怪异、不自然。

（三）前述（一）与（二）两个方面合起来统称为语言能力，即针对所学语言的主要形式与语义特征的能力。

（四）本族语者为达到交际目的自发地使用语言，并且对所使用语言的社会语言学功能有直觉的理解。[4]请考虑一些交际中语言的各种用途：打招呼、道别、闲谈、询问、教学、学习、写信、读诗、听从指令、许诺、劝说、打赌、请求、祈祷、命令、开玩笑、宣告、辩解、起誓、找借口、道歉，等等——所有这些功能在第一语言中都是第二天性，但在一种新的语言中，则一般无法做到；如果能做到，则是一种让人羡慕的艺术。在第一语言中，我们还自然而然地知道哪一种语言的使用、"语域"或语体等适用于某一具体的社会情景，或者与某一特定社会情景是否相协调。另外，我们能够辨识（并且经常使用）语言的多个变体，比如社会方言或者地域方言。我们能够判断出一个人是否讲我们的方言，并将其同讲其他社会方言或者地域方言的人区别开来。对第二语言学习者而言，这些社会语言变体与语体最难习得，有时甚至永远无法学会。同语言构成成分一样，第一语言交际的构成成分是一种内隐知识，但是在特定的语境下，可以转化为显性知识。根据海姆斯的观点，这种有关社会、功能与语境特点的直觉知识，被称作是交际能力。[5]

（五）语言能力与交际能力通过听、说在语言接受和产出行为中体现出来。另外，经过训练，也会在文字层面上通过阅读、写作表现出来。

（六）母语者能够"创造性地"使用第一语言。也就是说，语言能力是积极、动态的，而不是机械或者静止的。作为语言使用者，我们不仅拥有短语和句子的库藏。乔姆斯基反复指出，我们拥有一个库藏，但我们能够根据第一语言的规则，创造出无限数量的新句子，也能理解属于第一语言，但之前从来没听过的话语。我们还能创造出新的词语与表达形式，虽然新颖，但仍然符合第一语言的规则。[6]

进一步讲，创造性是指，作为语言使用者，我们不仅仅是简单地服从已有的系统，而且还积极地将秩序与规则强加给语言数据，有了秩序与规则，我们就能够直面自己的语言系统，从而创造语言系统。因此，创造性这一概念，既可用于已有规则的创造性使用，又可以用于新规则的创立。

人们根据语言能力的创造性，对语言教学理论提出诸多批评，因为它狭隘地把第二语言学习看成是一个单纯的接受过程，而忽略了第二语言习得中产出、积极、"创造"的一面。不论我们喜欢与否，作为第二语言学习者，我们创造自己的规则，并把自己的解释强加于第二语言；以我们第一语言的经验和不完善的第二语言知识为基础，努力去应对第二语言的交际功能。[7] 亦见下文（十）。

（七）儿童也具备语言能力和交际能力，即具备一套形式规则与社会规则系统，而且能够创造性地、几乎是无意识地应用规则。随着语言的发展，孩子从简单相对没有区分的语言能力开始，经过多个不断分化的阶段，向着成人的语言水平不断逼近，最终达到所生活的环境中的成人水平。语言习得的研究，乃是对第一语言的语言能力与交际能力发展的描写与解释。

（八）虽然具有语言能力和交际能力是母语者的一个普遍特征，但是说第一语言的人因人而异，其语言能力有程度上的差异。因此，凡是说第一语言的人都能够"创造性地"使用其第一语言，但其创造性，也就是自由支配语言潜势的能力，却有程度上的不同。同样，虽然所有的母语者具有第一语言的交际能力，但是在社会语言的敏感性方面却有程度的差异。另外，在交际"应用"方面，其语言使用有时会不得体与"失言"。

（九）为在使用语言时做到上述（第一至第八）各条，我们假设母语者具有一个"内在系统""机制""结构""网络"或"图式"，即第一语言的能力或语言水平，通过它对语言项目进行加工，从而使个体能够通过话语传达意义或将意义指派给所接收的话语。

同样，我们也可以把第二语言能力或者语言水平看作是一个内部系统、结构、网络或图式。它最初具有相对灵活性，简单、无组织、无效率，在语言学习过程中，逐渐变得更加有组织、更有区分性、更复杂，且更有效。

是否可以设想，第二语言学习能力与第一语言能力从心理的角度来看是不同的呢，抑或是，语言能力是单一的整体，在第一语言与第二语言中体现出来呢？在提出这一问题的同时，我们回想起50年代所做的并列双语现象与复合双语现象的区分（见本书第14章第298页）。作者认为，所有的语言都有许多相似之处和许多相似的意义。然而，不同语言的某些部分并不相同。或许，两种语言的水平最好用卡明斯（Cummins 1980a）所巧妙命名的"双冰山"现象来加以解释。下图表明，既有语言共有的深层的部分，也有语言特有的成分（图表16.2）。

（十）每一个人都有自己的语言能力，即内化的第一语言系统，系统中多数特征是与其他第一语言使用者共享的，但或多或少带有一些个体的特点。同样，第二语言能力极有可能与以目标语为第一语言的使用者所共享，但同时也可能有一些特征与其他第二语言学习者共享，另外还有一部分学习者个人具有的特点。始于70年代的中介语研究，实际上，一直在尝试对语言学习者语言水平的特点进行理解。

（十一）最后，在上述第三至十条中所解释的语言水平概念，作

```
         一语表层特征              二语表层特征
```

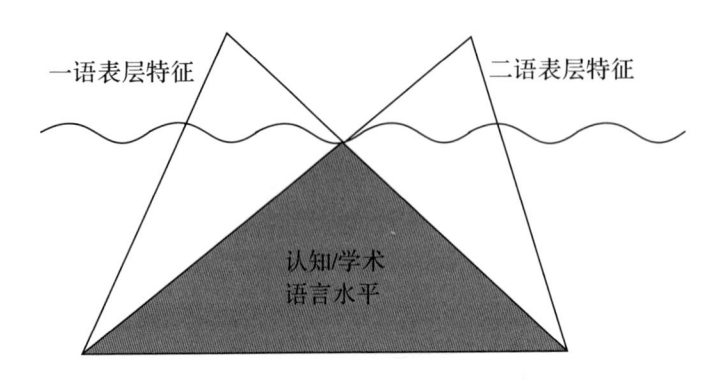

                    认知/学术
                    语言水平

图表 16.2　双语水平的"双冰山"图示

为一个构念，只有通过对个体语言行为（即听、说、读、写方面的"表现"）推理才能获得。从下文可以看出，为了理解第二语言能力的本质，已经通过各种方式做出了许多不同的尝试。

总之，可以把"懂一门语言"，"第一语言或第二语言的能力"以及"对第一语言或第二语言的熟练程度"三个概念做如下总结：

（1）对语言形式的本能掌握，

（2）对语言形式所表达的语言、认知、情感以及社会文化意义的本能掌握，

（3）极大关注交际、极小关注语言形式的语言使用能力，

（4）创造性的语言使用。

下面，我们来看一下对第二语言水平概念的各种理论界定与描写。

对第二语言水平进行描述与测量的各种方式

自 60 年代以来，人们越来越清楚地认识到，简单地将语言水平

划分为听、说、读、写四种"技能"是不够恰当的，对课程开发和测试来说，尤其如此。近二十多年来，对语言水平问题所做的大量研究，为教师、测试人员、研究者从理论上讲提供了更加清晰的界定和更加细化的区分、描述；而从实践上讲，则提供了更加适于应用的指南；经过各种努力，形成了一些有趣的概念。但是，不幸的是，这些概念并非总是相容的。因此，不难发现，关于语言水平的讨论多使用行为目标或者成绩目标（behavioural or performance objectives）、语言能力或者交际能力，以及过渡能力（transitional competence）、中介语（interlanguage）、学习者语言（learner language）、近似系统（approximative systems）① 等概念，其中很多混淆不清，有时会给语言教学工作者造成混乱。

关于语言水平这一现象，有四种方式来描述与测量，反映了近十年或者二十年研究的特点。这四种方式包括：理论概念、评定量表、标准化测试以及中介语研究。上述四种方式从理论到应用，形成一个连续体。

语言水平的理论概念

（一）其中有一组概念将语言水平定义为语言内容。大约在1970年之前，语音、词汇、语法占据统治地位，而最近对语言水平的定义则包括语义、语篇与社会语言学特征。因此，对语言水平的分析，除语法正确性之外，还应包括言语行为规则（speech act rules）、语言功能以及语言变体（Richards 1978a）。当今，评定语言水平的主要标准是交际，而非语言（即语法）。但是，在对语言水平的语言学方面

---

① 这四个术语目前基本上已统一为"interlanguage（中介语）"，但是仍然有人会使用另外几个术语。——译者注

454 语言教学的基本概念

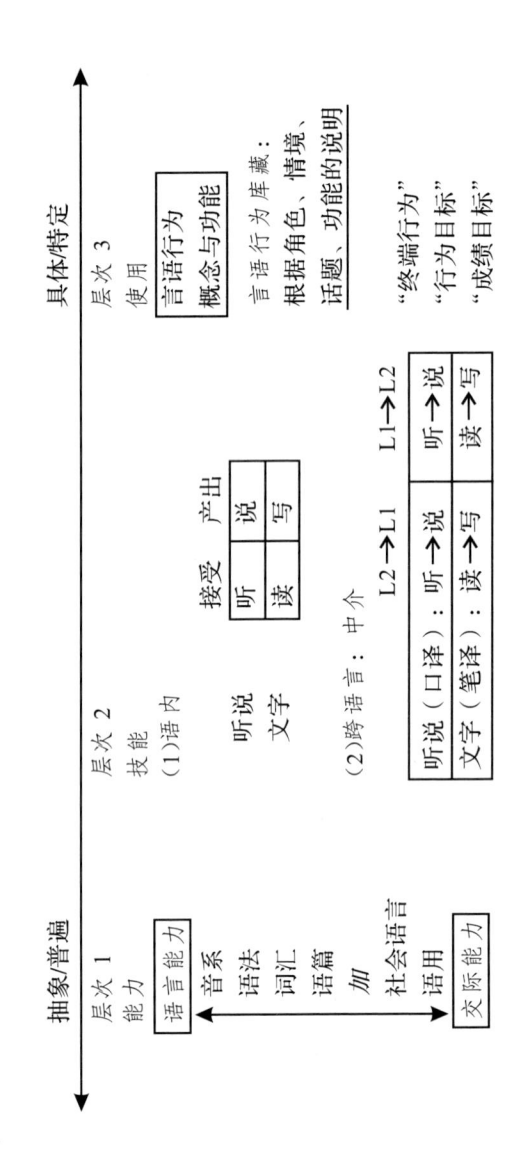

抽象普遍

层次 1
能力

语言能力
音系
语法
词汇
语篇
加
社会语言
语用
交际能力

层次 2
技能
(1) 语内

	接受	产出
听说	听	说
文字	读	写

(2) 跨语言：中介

	L2→L1	L1→L2
听说（口译）:	听→说	听→说
文字（笔译）:	读→写	读→写

具体特定

层次 3
使用

言语行为
概念与功能

言语行为库藏：
根据角色、情境、
话题、功能的说明

"终端行为"
"行为目标"
"成绩目标"

图表16.3 第二语言语言水平面面观：抽象层次

进行定性时，近年来的作者（如 Canale and Swain 1980）都着重强调，交际并不意味着可以忽视语言水平的语法成分。

（二）第二组概念更具有心理与行为特性（图表 16.3）。在这个维度上对语言水平进行的描述，在抽象的一端，包括一些相对抽象的概念：作为一种（语言或交际）能力的语言水平，或者用"技能"这个熟悉的术语具体描述的语言活动，即听、说、读、写四种"语内"技能，或者用大家不太熟悉的术语来说，则为口译、笔译这样的"跨语言"或"中介（mediating）"技能。而在具体的一端，对语言水平是通过语言项目、情境、说话者的心理角色、话语功能、恰当的语义范畴、话题等的详细库藏来进行描述的。语言水平的行为说明越抽象，其应用范围就越广；越细化、具体，其应用就越受限制。

在上文中，我们对语言能力的诠释可以被认为是一种抽象的理论。在最近提出的另一种作为测试基础的理论构想中（Canale and Swain 1980），语言水平被诠释为抽象的交际能力，并进一步分析为（1）语法能力，（2）社会语言能力，（3）策略能力（即第二语言学习者在交际中补偿损失的能力）。

在卡内尔-斯温（Canale-Swain）体系中，语法能力类似于我们对形式与意义的掌握；社会语言能力类似于交际能力；策略能力类似于创造力所包含的方方面面。

欧洲委员会对英语作为第二语言的临界水平（Threshold Level）方案（van Ek 1975）与法语作为第二语言的临界标准（*niveau-seuil*）（Coste *et al.* 1976），为英语和法语的学习目标提供了详细说明。两者是用对特定学习者（如临时需要接触目标语言社区的旅行者）群体实用的课程大纲的具体语言项目，来对语言水平进行具体定义。

（三）第三类将行为内容范畴和语言内容范畴结合了起来。因此，

		语音与正字法	词汇			语法	
			语素、词、习语	词汇的语义	语法、语义成分	形态和句法	语义成分
						识别 | 理解	
口语	接受技能（听）	音位识别与区分；区别只存在一个音位或区别性特征差异的词或短语的能力［列出需要区别的音位对］	识别属于目标语的词汇成分［列出词汇］	识别词项的语义和语法（即词类指派）		形态与相关的语音特征	
	产出技能（说）	音位产出；能以词短语的形式产出音位和语音层面都正确的音位变体［列出语言的音位变体］	产出符合语义和语法要求的词汇的能力			产出能力　在恰当语境中运用给定的语法特征	
书面语	接受技能（读）	识别语言的文字符号，能恰当命名，给出其意义［列出字符］	除以上各项，外加对书写形式的意义和发音的识别（包括特别的书写符号、缩写等）［予以列出］			除以上各项，外加识别书面语法相关的惯例，如标点、大小写、特定拼写变化等［列出此类惯例］	
	产出技能（写）	书写（手写或利用其他手段）语言文字的能力，说出其通常顺序［列出以上不能覆盖的任何细节］	拼写			如接受性技能，外加在恰当语境产出书面惯例的能力	

图表16.4　卡罗尔的语言能力图表

	语音	词汇	形态和句法	整合的语言运用
反应速度	清晰表达能力（速度和语音的准确性）	命名能力（快速呈现事物时的命名反应速度）	表达流利性（能快速组织符合语法要求的句子）	口语流利性 听力理解 阅读理解（与速度） 写作能力
反应多样性	"词汇流利性"（根据给定语音—形符回忆起符合给定语义特征的名称或观念）	概念流利性（能回忆起符合给定语义特征的名称或观念）		
信息处理的复杂性	对语音或语音序列的听觉记忆	抽象推理能力	能处理复杂语言编码的信息	
语言能力意识	（无相关证据）	词汇结构意识；能给出反义词、上义词等	语法敏感度（能发现句子中对应的语法成分）	

图表 16.5 卡罗尔的语言应用能力图表（全部基于深层能力）

60年代，卡罗尔提出了数个版本的语言水平方案，将语言技能（如听力理解、口语表达、阅读与写作），与语言的各方面（语音/正字法、形态、句法、词汇），用交叉列表的方式描述出来。在其最为复杂的版本中，卡罗尔的方案（Carroll 1968: 54-55）包括两个图表（图表16.4、16.5），其中之一对"语言能力"进行了详尽的描述，另一个则是相应的"语言应用能力"（同上:57）。根据这个方案，语言应用能力是可以测验的，因此为具体的语言能力提供了实际证据。

根据我们到目前为止所考察的各种体系，语言水平是由许多心理成分和语言成分组成的，然而，奥勒（Oller 1976）却提出，语言水平应视作一元化的，其本质特征是其所谓基于语法的期待（grammar-based expectancies）或者是一种期待语法（expectancy grammar）。奥勒的出发点是假设语言接受是一个积极的过程，在这一过程中，听者或读者首先对信息进行预测，然后再将实际接收到的信息与预测信息做对比。这种预测能力是语言水平的一个标志。同样，说和写方面产出性的语言使用，涉及一个信息规划的相应过程。两个过程一起构成了所必需的期待。这一理论从两个方面向以往的观点提出了挑战。第一，一元语言水平的观点，与主张语言能力是由多种成分构成、不同的个体有不同的成分组合的理论，形成鲜明的对照。假定一元语言水平理论正确的话，那么第二个挑战就是，期待就是其核心概念。有数位研究者曾对奥勒的观点提出反驳。如卡明斯（Cummins 1979, 1980）曾指出，奥勒的一元语言水平理论的基础是对语言测试数据的解释。但是，语言测试具有其特有的学术特点和认知特点。事实上，他们所测试的是"一种认知/学术语言水平"（a cognitive/academic language proficiency，简称CALP），因此，它们相互之间具有高度相关性，它们与智力测验具有高度相关性，也就不足为怪了，毕竟其学术特点都是一样的。这些测试未能抓住语言使用的另一个特点，卡明斯称之为"基本人际交流技能"（basic interpersonal and communicative skills，简称 BICS），大致相当于我们所谓的交际能力与创造性。所以，卡明斯认为，语言水平至少应包括两种成分：认知/学术语言水平与基本人际交流技能。卡明斯的上述区分将我们的注意力吸引到了下述事实上：在学校的大背景下，语言水平通常被理解为对语言特征有意识或者是明示的掌握，而语言测试的设计就是为了测试语言水平的这些方面。另一方面，此前在对语言水平进行分析时，我们把它解释为母语者或者第二语言使用者使用语言的方式，这一方面的语言水平，可能一般的测试都不适用。[8]

我们到目前为止所描述的各种体系（包括我们自己的体系）表明，对语言水平的定义要么主要是基于理论思考，要么是基于所期望得到的结果。然而，需要强调的是，这些理论从实践上来看，尚未达到其目的，而且在多数情况下，也没有得到实证研究的验证。人们还用一个更具有实证性的方法，开发出语言水平的描述性评定量表。

评定量表对语言水平的描述

假定第二语言水平从零到完全的双语语言水平有很大的区别，那么，根据不同阶段学习者所具备的实际知识，就可以给适合于不同目的的语言学习阶段或者语言水平做出定义了。此类评定量表中最有名的是美国外事学院（U. S. Foreign Service Institute）与国防语言学院（The Defense Language Institute）开发的 FSI 语言水平量表。它将语言水平分为五类：（1）初级语言水平；（2）有限工作语言水平①；（3）最低职业语言水平；（4）完全职业语言水平；（5）母语或双语

---

① 指可以满足有限的工作需要的语言水平，如理工医类学者阅读外文资料的能力。——译者注

语言水平。

对上述五个等级水平的描述，都是参考语言标准联系交际角色做出的。例如，初级语言水平（S-1）的交际标准，可以概括为能满足普通的旅游需要与最低礼节要求。最低职业语言水平（S-3）则要求能够"有效地参与有关实际、社会、专业话题的正式或非正式谈话"。欧洲委员会的学者多年来曾一直在执行上述标准，英语的临界水平或法语的初级水平便是其中之一。他们曾提出一个七步骤方案，从"生存水平""预备级水平""临界水平"到"精通双语水平"（Trim 1978）。

评定量表通常分为听、说、读、写四种交际技能，而且通常具有双重功能。一方面，它们表明达到特定目标所期望的标准。例如，某些政府的职位（如外交服务），其说、读、写的标准可以参照评定量表来确定。这是 FSI 评定量表必须承担的作用。从更为实际的观点来看，评定量表可用以描述或分析第二语言学习者所达到的水平，也可用以第二语言学习者的自我评估（Naiman et al. 1978；Oskarsson 1978）。[9]

评定量表提供了关于典型阶段以及从低级到高级的语言水平发展的有效的主观描述，通常可以说其基础是不同语言应用水平的实际经验。[10]

标准化测试测度的语言水平

语言测试，如现代语言学会（MLA）的合作测试（Cooperative Tests）或国际教育成就评估协会（IEA）的法语测试（French Tests）（Carroll 1975）与英语测试（English Tests）（Lewis and Massad 1975），都隐含着一种具有特定实用基础的语言水平理念，它们都反映了对大中小学学生应达到的语言水平的期待。但是，语言测试所测量的却是课堂上所教授的内容，而且语言水平中所包含的内容远不只这些，语言测试中仅能涵盖其中的部分内容。这就是语言测试的局限性。关于这一点，卡明斯（Cummins 1979，1980）在其关于认知/学术语言水平与基本人际交流技能的区分中已提请我们注意（见上文第 352 页）。根据这一观点，语言测试只能测量语言水平中可以作为学术技能教授的一些内容，例如某种语言的语法、词汇等。而其他方面，即语言水平中交际和创造的部分（BICS），可能无法通过这种方式来进行适当的评价。换言之，当前设计的语言水平测试似乎能够捕捉到第二语言语言水平的特定方面，即语言使用中可分析或者明示的部分，但是，直觉的语言掌握与语言交际或创造方面，虽然同样是语言水平的一部分，所使用的语言测试却未将这些内容涵盖其中。[11]

中介语研究

对语言水平进行阐释的第四种方式乃是一个完整的心理语言学研究领域：中介语研究。70 年代以来，这一领域的研究蓬勃发展。[12] 研究人员近距离地观察语言学习者在使用第二语言时的表现。这是第二语言语言水平研究理论上最成熟、最为广泛采用的实证方式。

1967 年，爱丁堡大学的科德率先提出，若要更好地理解语言学习，必须通过语言学习者"内在学习大纲"的发现，更加系统地研究学习者的差误。事实上，此后十年的研究都在试图找到第二语言学习的自然顺序。在本书第 15 章中，我们已经提到，这些研究中的一个核心概念，是由美国语言学家塞林科 60 年代末在爱丁堡大学学习时提出的"中介语"。塞林科认为，发展中的学习者语言自成系统，不能孤立地研究误差（亦见本书第 7 章第 125 页）。根据中介语假说，"第二语言口头语言极少按照以目标语为母语的人的说话的方式进行，中介语并非母语准确的翻译，它与目标语存在系统差异，第二语言学习者所产出的话语形式也并不是随意的。中介语假设认为,第二语言学习理论的相关数据必须来自于用第二语言进行的意义表达"(Selinker, Swain, and Dumas 1975: 140)。

许多研究者已经对中介语的性质、规律性与变化进行了理论探讨。学习者语言发展的一些具体方面也有记录与分析。逐渐形成中的语言系统动态变化性质,可用不同的方式加以描述,如"过渡能力""近似系统""特异方言",或者简单地描写为"学习者语言"(Corder 1981)。

在60年代的语言教学理论中,误差被看作是教学评分更好的标志,70年代则越来越被看作是第二语言水平发展中不可避免的部分,是学习很有价值的方面,"不犯错,学习就不会进步"(Dulay and Burt 1974: 95)。另外,误差也是对学习者语言进行研究所必不可少的数据库。在许多调查中,研究人员对一些具体的语法特征(如语素、问句形式、助动词的使用)的出现及其随后在学习者语言库藏中的发展进行了详细的研究;他们还利用这些发现回答了有关第二语言学习的本质与语言的本质的一些普遍性问题(见第本书第18章)。

哈奇(Hatch 1978a)在其对这类研究颇有见地的综述中,曾尝试回答下述问题:这类研究究竟在多大程度上真正回答了中介语研究试图回答的问题?哈奇对十个有关中介语研究的问题进行了探讨,并通过对最重要的句法研究进行综述,尝试对当前的知识状态做出估计。哈奇一部分问题和答案所针对的是可以从中介语研究推导出来的学习过程。这些都将在本书第18章中讨论。这里,我们只引用其中两个能够反映第二语言学习者所达水平高低的中介语相关的问题,并对其观点总结如下:

问题	回答
1 "中介语是真实（有系统性）的，还是表示随机变化的一个通用的术语……？"（同上：35）	"关于系统性的程度问题，尽管有大量的争论……"，从初学阶段到流利水平的发展，并不是随机的。（同上：60）
2 如果中介语是有系统的，这一系统是什么？其变异性有多大？	每个学习者的中介语都可能有系统的发展，这一系统并不是一成不变的。

哈奇所综述的大部分研究，一直在探讨的仍然是第二语言发展中的语言学细节。人们一直期望对学习者的中介语全貌、中介语发展的连续阶段，以及不同年龄阶段学习者在不同的学习条件下从假设的最低级到高级阶段中介语的发展，有全面深入的理解，但是这一愿望远未实现。

从中介语的研究中形成了以下坚定的信念：学习者语言水平的高低，可以被合理地看作是学习者为自己建立起来的"系统"。[13] 这一系统虽然并非是一成不变的，但是可能存在某些相对固定的缺陷，即塞林科（Selinker 1972）所谓的"石化"现象。从研究的角度来看，变异性与系统性的相互作用以及中介语特征出现的原因是需要研究的主要问题。从语言教学的角度来看，问题的关键是中介语在很多情况下过于石化，过于具有个人特点，而且并非朝着越来越靠近目标语标准的方向发展。

结论

总而言之，第二语言语言水平作为一个概念，并没有令人完全满意地表达清楚。我们只能承认，它可通过多种方式来加以解释，总结如下：

A. 语言水平

最低语言水平 ←――――――――――――→ 最高语言水平

评定量表
语言测试
中介语研究

B. 语言水平的构成成分

相对抽象 ←――――――――――――→ 相对具体

单一概念	双重概念	三重概念	四重概念	多范畴
例子	例子	例子	例子	例子
期待语法 （奥勒） 语言能力 （中介语研究/ 误差分析）	语言能力 交际能力 认知/学术语言水平 基本人际交际技能 （卡明斯）	语法能力 社会语言能力 策略能力 （卡内尔与斯温）	听 说 读 写* 形式掌握 语义掌握 交际能力 创造性 （斯特恩）	根据以下加以说明： 角色 场景 话题 功能 概念 （欧洲委员会） 语音/正字法 词库 与听说读写相关的语法 （卡罗尔）*

*（评定量表、语言测试）

图表 16.6　对语言水平各种诠释的总结

同语言水平相关的一组选项（图表16.6A）表明实际或要求掌握的第二语言的不同程度，或者是从基本掌握水平到接近本族语水平渐进。这与评定量表的设想、语言测试指标与中介语研究的实证研究的结果相吻合。

第二组选项是用来定义语言水平的核心特征或者语言水平构成成分的一些范畴（图表16.6B）。语言水平构成成分可以用相对综合或者抽象的术语来表述，或者从抽象到具体逐一列出。因此，奥勒（Oller 1976）选择了用单一概念来表达语言水平：期待语法。多数误差分析研究和中介语研究也都假定存在单一的深层语言能力，它通过语音、形态、句法或语篇特征表现出来。卡明斯（Cummins 1979）赞同两分法，将语言水平分为学术性和交际性两部分。同样，那些认可两分法的学者认为，语言水平至少包括语言能力与交际能力两个部分。卡内尔与斯温（Canale and Swain 1980）将语言水平分为三个组成部分，即语言能力、社会语言能力以及策略能力。我们所提出的11条建议（见本书第342—346页）可合并为四个方面。四重诠释也隐含于传统的听、说、读、写四分法中。欧洲委员会的清单所代表的是语言水平的多因素诠释，它兼顾了角色、背景、话题、功能、概念，而卡罗尔（Carroll 1968）对语言水平的分析，则把四种行为范畴与三种或三种以上的语言范畴联系了起来。多数语言测试与评定量表都暗含着语言水平的四重概念或多重概念。

由于语言的复杂性，我们有理由假定，无论是哪一种语言，其语言水平都体现在多个方面，若要对其有更好的把握，最好能识别出两个或更多的成分，而不是期望通过单一的概念予以表达。

在将来有关语言水平的研究中，本章所概括描述的四种方法——理论概念、评定量表、形式语言水平测试、中介语研究——无疑会相辅相成，互为补充，共同服务于更为明确的第二语言学习者语言水平理论的构建。概念体系能够提供用于描述可能结果的假设。评定量表可用于对不同的语言水平进行印象式的宏观描述。虽然测试只能评估第二语言语言水平有限的几个方面，但在学校学习的环境中用处很大。另外，还可以通过中介语的研究，来获取语言水平发展的具体语料。如果能够将不同方法相互联系起来，那么一张有关语言水平本质的更清晰的图画，就可能呼之欲出。

注释：

1. 其中一个例子是"最佳年龄"问题。无疑，这对做出何时开始在学校里开设第二语言课程的决策至关重要。但是，这一问题至今没有得到令人完全满意的答案，这给教育管理者出了很多难题。然而，在这一问题上的知识局限性，有利于我们做出更为负责的决定，而不是单凭一己之"信"，就错误地做出有关最佳年龄的论断。关于这一问题，参见本书第 17 章第 361—367 页。

2. 此类模型还包括加德纳（Gardner 1975，1979）、舒曼（Schumann 1976）、斯温（Swain 1977）、比亚里斯托克（Bialystok 1978）、奈曼等（Naiman et al. 1978）。关于比亚里斯托克的模型，可参见本书第 18 章第 408 页。

3. 然而，"习惯"与"技能"这两个概念仍然可以有效地用于对语言学习的特定方面进行描述。

4. 关于用于对语言水平这一方面进行概念化和分析的言语行为分析，见本书第 11 章，尤其是图表 11.1—11.4。

5. 需要注意的是，有些权威人士（如 Canale and Swain 1980）认为，交际能力包括语言能力和社会语言能力，而另外一些人则认为语言能力与社会语言能力截然相对，"交际"能力仅指其他人所谓的社会语言能力。

6 克拉克与克拉克（Clark and Clark 1977: 447）用以下例子来说明词汇使用的创造性："The mountain is jeepable."（这座山可以开吉普上去。）"The player had to be stretchered off the field."（这名队员只能被抬离场地。）"The rocket faulted at lift-off."（火箭在发射之际出了问题。）"Margaret 747'd to San Francisco."（玛格丽特乘波音747到达旧金山。）"Ned houdini'd his way out of the closet."（内德神不知鬼不觉地从壁橱里走了出来。）"This music is very Beethoveny."（这支音乐颇有贝多芬的风格。）①

7 "中介语"（"近似系统"等）概念抓住了学习者语言的动态性特征。关于中介语更为完整的讨论，参见本书第354—355页或第15章第330页及注释15。

8 两名德国研究人员，桑（Sang）与沃尔默（Vollmer），对一般语言水平进行过研究，并对一些简化的观点提出了警告。见桑与沃尔默（Sang and Vollmer 1978）、沃尔默（Vollmer 1979）、沃尔默与桑（Vollmer and Sang 1980）、沃尔默与桑（Vollmer and Sang, no date）。关于卡明斯对其语言水平观的解释，见卡明斯（Cummins 1979, 1980, 1980a, 1981）。

9 关于FSI语言水平的进一步解释，见怀尔兹（Wilds 1975）。除了美国与欧洲委员会语言水平之外，卡罗尔（Carroll 1980）也对其

---

① 这些例子都涉及英语词汇的创造性运用问题，第一个例子中的"jeep"本来是名词，此处用作动词；第二个例子中的"stretcher"也是名词，意思是"担架"，用作动词，意思是"用担架抬走"；第三个例子中的"fault"也是名词用作动词，意思是"犯错"；第四个例子中的"747"用作名词指波音747，用作动词的意思是"乘坐波音747"；第五个例子中的"houndini"原意是"一种功能强大的特效软件（称电影特效魔术师）"，在好莱坞大片的制作中常用，这里的意思是"神不知鬼不觉地做某事"；最后一个例子中的"Beethoven"用作形容词，意思是"具有贝多芬音乐的风格特色"。——译者注

他基于英国经验的例子做了说明。马雷夏尔（Maréschal 1977）基于建立加拿大公共服务语言标准的大量经验，对编制完善的评定量表的困难进行了透辟的分析。马雷夏尔指出，有些语言水平评定量表，将根据社会功能做的描述（例如"能够接待游客并为之导游"）与语言标准混为一谈（例如"对时态系统有很好的掌握"）。

10 特里姆（Trim 1978）所关注的评定量表问题，恰恰产生于这类量表经常起到的双重作用：用于语言应用水平的描述和语言水平目标。如此一来，发音水平在语言水平五级量表上就可以合理地表示为一组对特定学习者口音的描述，如下：

一级水平	经常无法理解
二级水平	通常有外国口音，但极少有无法理解之处
三级和四级水平	有时有外国口音，但总是可以理解
五级水平	本族语者的发音

然而，这样的量表几乎无法对发音教学目标做出定义。例如，如果处于一级水平，教师不会一开始就把教学目标定为要使自己的学生发音"经常无法理解"。语言水平一定要用肯定句表达出来，即期望学习者做到什么，才能够将期待的结果或者目标清楚地表述出来。

11 关于近来拓展其范围将交际内容包括在语言测试中所做出的各种尝试，见本书第 12 章注释 23。

12 关于中介语的其他文献，见上文注释 7。

13 中介语的系统性和动态性，与我们对语言水平的特征描述中的（6）、（8）、（9）、（10）特点一致（见本书第 344—346 页）。

第17章

学习者因素

请翻到图表16.1顶端方框（2）中的学习者因素，语言学习者或许应该成为任何一种语言教学理论的中心人物，尽管这可能不言而喻，但绝对有必要在此明确地提出来。从第14章和第15章的内容，我们可以清楚地看到，心理学和心理语言学在"语言学习者"这一概念的解读中起着关键的作用。然而，尽管心理学和语言教学理论渊源很深，学习者因素却很难融入语言教育学中。奇怪的是，在某些方面，对语言学习者的研究仍然是"非心理学的"。一般而言，语言教师总是先验地假定学习者应该如何对某种课程或者某种教学方式做出反应，而且总是带着这种假设来看待语言学习者，学习者的反应若不同于其假设，他们就会反复感到诧异，乃至震惊。尽管教育心理学几十年来一直认可、强调并且研究学习者的个体差异，但是语言教学方法和教材中仍然不允许个体差异的存在。[1]

然而，在其他一些方面，某些学习者因素长期以来一直在影响着语言教学理论，其中最有争议的问题，是那些影响语言教学的组织与对不同教育水平学生的选拔和分班的因素：语言学习的最佳年龄是多大？特殊的语言学习能力能够识别出来吗？如果能识别出来，应该怎样描述和评定？教学中需要考虑的学习风格或认知风格个体之间有差异吗？动机和态度在语言学习中起什么作用？是否有些个性特征可以促进或阻碍第二语言学习进程？语言教学工作者和管理者，都乐于通过解答这样的问题来组织语言教学。例如，他们倾向于在合适的心理年龄在学校里开设外语课，或者他们已经做好准备，在备课时或者在教学方式上充分考虑学习者的学习能力和个性。事实上，他们期望心理学能在这些复杂问题上给予明确的指导。

从本章中我们将看到，对我们来说，关于学习者心理的一些重大问题迄今仍然扑朔迷离；因此，就目前而言，我们在构建语言教学理论的过程中，对学习者因素的概念描述仍然是试探性的。带着这种谨慎，现在我们再来考察一下一些重要的学习者因素——（1）年龄问题；（2）语言学习能力和其他认知特点，（3）情感和个性因素——看一看，这些备受争议的问题是怎样得以慢慢解答的。

最佳年龄问题

在各种各样的学习者因素中，年龄和第二语言学习的关系是语言教学理论中最有争议的问题。[2] 不管给出什么样的答案，都会对学校语言教学的组织产生深远的影响。在这一辩论中，道听途说的观点、实践经验、理论争议和调查研究，都交织在一起，即便是历经三十多年的严谨讨论和科学研究之后，年龄和第二语言学习的关系问题依然没有定论。

最佳年龄争议的简要历史

据说，几世纪以来人们已经观察到，年幼的孩童学习第二语言要比成年人"更容易"；由于上述原因，前溯几个世纪的教育家，如伊拉斯谟（Erasmus）、蒙恬和洛克，都支持早开始第二语言学习。[3] 在此问题上，近几个世纪的教育实践模棱两可，令人无所适从。语言的学习要么是权宜之计，要么是由社会因素来决定，而非出于教学或心理方面的考虑。自19世纪以来，西方公立教育体制中的早期教育，倾向于强调母语的教学。第二语言教学属于一种高级中等教育；因此，外语在10岁至14岁之间的任何年龄段，都会出现在中学课程中。学校教育开始得晚，相对而言就不那么成功，这就要求在课程设置当中早开始语言教学（Stern 1967）。

然而，在世界的很多地方，教育的需要决定了学校早期教育中第二语言的教学，要么因为第二语言是教学的媒介，要么是因为在有些需要第二语言技能的社会中，绝大多数儿童直到少年期后尚未上学。自相矛盾的是，在某些教育体系中，例如在英国声望比较高的一些"预备"学校和"公学（public school①）"中，较早进行外语教育已是惯例。早期语言学习的经历，并不被认为是证明早开设第二语言有优势的证据。相反，大约在1950年前后，这种经历反而导致人们强烈要求早开始母语教育（UNESCO 1953）。

大约在同一时期，在第二语言学习的最佳年龄问题上，同时存在着几种不同的观点。其中之一认为，年幼的儿童置身于另一种语言环境中，似乎能够迅速、轻松地掌握这门语言。50年代和60年代，这种"最佳期"和"关键期"的观点得到了广泛的认可。我们在第15章（第323页）中已谈到，神经心理学家彭菲尔德的著述对上述观点的推广起到推波助澜的作用。[4] 青春期之前的数年对学习至关重要，他通过观察儿童和成人大脑损伤对语言的影响得出了上述观点。但是，上述观点的基础并非早期语言学习效果更好的直接证据。简而言之，彭菲尔德发现，青春期前的儿童，若大脑皮质区的语言区域由于

---

① 在英国，尤其是英格兰，指收费昂贵的私立贵族学校，实行寄宿制，多为大学的预科。——译者注

意外、脑瘤或者手术受到损伤的话，其语言能力要比青少年和成年人恢复得好。从儿童大脑这种补偿语言功能的能力，彭菲尔德做出如下推断：儿童的大脑要比成人的大脑对语言机制的发展更具有敏感性。上述信念促使他产生了以下观点：儿童置身于不同的语言环境中，大量接触语言，乃是与其生物时间表相吻合的；与此同时，这也会产生巨大社会效益。在他所居住的蒙特利尔这个大环境中，他已经敏锐地意识到，自己作为一个成年人学习外语力不从心，而其入托的孩子学习其他语言却能得心应手。

60 年代以来，乔姆斯基、莱尼伯格、麦克尼尔（McNeil）等学者在其著述中极力提倡的第一语言习得的"先天"论，给了早期语言学习进一步的理论支持。[5]同彭菲尔德一样，莱尼伯格（Lenneberg 1967）认为，从生理学的角度来讲，青春期之前的几年是语言发展的积极期。在这个时期，人对语言敏感性很强，因为，在少年期之前，大脑皮层两个半球尚未完成功能上的偏侧化或细化。因此，青春期前的第二语言学习具有大脑神经的支持。

随后，这种青春期前语言学习优势的神经学解释遭到了质疑。因为有证据表明，大脑皮层的偏侧化发生的时间更早，大约在五岁之前就已完成（Krashen，1973），并且偏侧化并不意味着任何能力的丧失（Krashen 1981）。如果是这样，那么我们所假定的青春期之前学习语言相对容易而之后相对困难的说法，就无法用神经变化来解释了。

为了寻求对这一问题更有力的解释，舒曼（Shumann 1975）提出了情感理论（affective theory），认为在早期生活中，语言的影响对人具有更大的社会、情感渗透力，而这种渗透力在青春期、成年期会减弱（见本书第381页）。其他研究者借鉴了皮亚杰智力发展阶段理论，给出了更倾向于认知的解释（Rosansky 1975；Krashen 1981）。根据这一观点，语言发展的关键期是具体运算阶段，也就是说，是在早期的"感觉运算阶段"之后,青春期的"形式运算阶段"之前。

上述所有理论观点的基础都基于以下假设:相对于青少年和成人来说,儿童实际上能更好地学习语言。但是这些理论既不能证明事实确实如此,也没有提供确切的证据表明早开始第二语言学习的特点,以及早、晚开始第二语言学习的差距。

针对关于儿童对第二语言学习有独特优势的各种观点,一些学者提出了一种相反的论点,认为学习者年龄越大,认知越成熟,其学习经验也就越丰富,这是更有价值的财富。通过对儿童和成人的语言学习进行理论比较,奥苏贝尔(Ausubel 1964)坚决支持成年人的英语学习,并做出如下结论:

> "关于儿童和成人相对的学习能力,客观研究证据很少,但这极少的研究几乎没有给持儿童优越论者什么安慰。尽管儿童在掌握一门新语言的口音上可能比成年人更有优势,桑代克早在许多年前就已经发现,如果学习的总时间相同,儿童在语言学习的其他方面的进步,反而不如成人快"(Ausubel 1964: 421)。

实证研究发现

第二次世界大战后的一二十年间,美国小学外语(foreign languages in the elementary schools,简称 FLES)与英国小学法语的开设,以及其他国家一些相似教育举措的推行,都是在充分考虑儿童期语言发展的时间表基础上,对提高语言教育效果途径的广泛探寻。这一时期也进行了一些早期的语言教学实验,但是研究中几乎并未采取措施对实验进行系统的规划和周密的评估。由联合国教科文组织赞助的两次国际会议,分别于 1962 年和 1966 年在汉堡召开,会议的主题是推进对早开始语言教学及其对教学效果影响的研究（Stern 1967，1969；Stern and Weinrib，1977）。两次会议交流了一些早开始语言教学的观察和经验，颇为鼓舞人心。这些观察和经验验证了学校系统中早开设第二语言的可行性，表明儿童对第二语言教学反应积极，但是早开始第二语言教学相对于晚开始语言教学的优越性，并未得到确证。但是，近几年来，加拿大实验性项目"早期沉浸式教学"的成功实施，更进一步证实了早开始语言教学的优势（Lambert and Tucker 1972；Stern 1978a；Swain 1978）。这些实验表明，在特定的条件下，早开始是有优势的：儿童似乎在"沉浸式教学"所提供的语言使用的"自然"环境中，对语言教育的回应更为积极。

但是，即便如此，支持小龄学习者的论据也并没有绝对权威性。最近，通过"早"和"晚"沉浸式教学的比较发现，在加拿大的学校里，仅仅在七、八年级接受过两年沉浸式教学的儿童，其九年级时的第二语言成绩，与从幼儿园开始"沉浸"八至九年的儿童不分伯仲。[6]

1964年到1974年间，在英国开展的小学法语项目（Burstall et al. 1974，见本书第4章第56页）对早、晚开始第二语言学习进行了纵向研究。其目的在于找出8岁开始第二语言学习在英国学校环境中是否切实可行，以及8岁比11岁开始学习第二语言，有哪些特殊的优势，11岁通常是小学教育和中学教育的分水岭。这项长达十年的调查由国家教育研究基金会（The National Foundation for Educational Research，简称 NFER）主持，将近1.7万名8岁的儿童被分成三组，在5年到8年内定期接受了系统的评定。研究对实验组和两个控制组做了比较，其中一个控制组的受试儿童和实验组的儿童年龄一致，但是在通常的11岁时开始接触法语，比实验组受试者晚三年；另一个控制组的儿童接受测试时年龄比实验组大，但是两组儿童学习法语的总时间相同。

调查结果首先表明，外语教学在小学是可行的，并且对学校的其他学科成绩不会造成消极影响；其次，对于 8 岁开始学习外语到底有没有优势，研究结果并不十分明确。对比结果显示，起点早的儿童跟起点晚的儿童学习相比，成绩并无显著差异。两年后，起点早的学习者仅仅在听、说两方面有一定优势，但是随着时间的推移逐渐下降，四年之后，优势就只表现在听上。那些起点较晚因而学习时间较少的学习者，在其他指标上，尤其是在阅读和写作测试结果上，和起点早的学习者持平，甚至更优。研究者从研究结果中获得的证据表明，早开始第二语言学习是否有优势，至今是个"未解之谜"。他们坚持认为，如果说早开始第二语言学习还有什么优势的话，那也仅仅是延长了第二语言学习的时间而已。在年龄问题上，他们声称，年龄越大，学习效率越高，因为他们具有更丰富的学习经验和更加成熟的认知。最重要的是，研究发现与研究者对这些发现的解释都受到了质疑（例如，Buckby 1976；Nuffield Foundation 1977；Spicer 1980）。关于早、晚开始第二语言学习的相对优势的争论，仍然在继续，没有丝毫减弱（Stern and Winrib, 1977；Stern 1982）。

国际教育成就评估协会（IEA）的八国法语作为第二语言的教学研究所提供的证据表明，是否有充足的时间去学习比年龄本身更应该受到重视（Carroll 1975；同时参见本书第 4 章第 56—57 页）。这次调查对不同教学模式与不同年龄段开始学习第二语言的学习效果进行了对比。以下是关于年龄问题的调查结果：

> "本研究的数据表明，熟练掌握法语（假设任何外语）的首要因素是教学时间的多少。研究并没有提供明确的证据，表明早开始学习外语有任何的特别优势，而是表明了学习者在一定的年

龄会有更充足的时间学习，从而达到期望的语言水平。事实上，数据表明，学生较晚开始学习外语，要比较早开始学习外语进步得快。由此产生如下建议：语言教学开始的时间，应能保证学生有充足的学习时间，来达到某一教育阶段期望的能力水平。如有必要，而且有集中强化教学时，学习起始的时间可比正常情况延后"（Carroll 1975：226-227）。

最近，有些研究者尝试更直接地对第二语言学习的年龄差异进行研究，或者对有关年龄问题的科学证据进行批判性的审视与详尽的评述。例如，斯诺与赫夫纳格尔-赫莱（Snow and Hoefnagel-Höhle 1978）在对荷兰学习者进行的一项研究中，对最近移居到荷兰正在学习荷兰语的英语本族语者的语言学习情况进行了观察。通过对成人和儿童进行比较，两位研究者发现：（1）所有年龄段的学习者语言水平都有所提高；（2）年长者比年幼者在形态和词汇方面学得更好；（3）年长者比年幼者词汇学习进步更快，青少年在这一方面进步最快；（4）在语音方面，各个年龄段差距很小。

克拉申等人（Krashen et al. 1979）对关于年龄问题的大量研究进行了总结和综述，从中可以发现，这一问题仍然令人费解，非常复杂。其综述精要可用下面的陈述表达出来：

"一般而言，成年人和年龄大的儿童，要比年幼的儿童，初始第二语言习得速度要快（在习得速度上，年长为佳）。但是，就最终成就而言，儿童的第二语言习得要优于成年人（长远来看，年幼为佳）"（同上：574）。

关于年龄问题的结论

关于年龄在第二语言学习中所起作用的讨论主要集中在最佳年龄这个问题上，换句话说，集中在年龄和学习结果的关系上（例如，Ervin-Tripp 1974）。几乎所有的研究（当然也有个别例外，如 Snow and Hoefnagel-Höhle 1978）都基本上没有能够探究出在不同成熟水平上第二语言学习过程的特点。

然而，只有明确了第二语言学习过程的年龄特征之后，才可以提出最佳年龄这个见仁见智的问题。关于年龄问题的讨论，其本身的问题在于，由于实际的原因，最佳年龄问题被过早地提了出来，也就是说，早在第二语言学习不同阶段的发展特点定性之前，就已提了出来。因此，产生了大量无谓的争辩、成人与儿童间肤浅的对比，在学校课程设置的哪一个阶段开始第二语言教学，这在教育体制中是一个一直悬而未决的问题。

问题的最终解决尚需要从研究中获得更多有说服力的证据，以下是我们关于年龄问题的极其贫乏知识的总结：

（一）从幼年到成年，语言学习发生于人生不同的成熟阶段。没有哪一个年龄或者阶段，对第二语言学习的所有方面都是最佳或最关键的。

（二）在某些方面，所有年龄段的学习者都以相似的方式来面对第二语言学习，因此成年人和儿童很有可能有一些共同的学习策略，并且要经历相似的语言学习阶段。这些阶段与第一语言习得有很多相近之处。

（三）语言学习——比如学习水平（见本书第 16 章第 357 页）——并非铁板一块（Snow and Hoefnagel-Höhle 1978: 333）。语言不同方面（音系、词汇、句法等）的习得，存在年龄差异。

（四）在某些方面，在进行第二语言学习时，学龄前儿童、年幼的小学生、年龄稍微大一些的儿童、青少年和成人存在心理上的差异。这些不同发展阶段上的差异究竟是什么，现阶段依然不得而知。但是，幼童似乎在社会和交流的情境中对语言"习得"的反应更积极、更偏向直觉，相反，年龄大的学习者则是通过认知和学术的方式来更好地学习语言。[7]

（五）在第二语言学习中，每个发展阶段都可能有一定的优势与劣势。

（六）语言学习不同年龄段的特点，可以通过观察、实验、教育的尝试—错误和认真的评估来逐步揭示出来。

（七）关于语言学习最佳年龄的决策，不能单凭一个基于心理学研究的发展平衡表来做出。基于教育、政治、哲学等方面的理由，即使从心理上来看并非最佳年龄，也有必要给低龄儿童开设第二语言。在回顾了很多现有研究证据之后，斯特恩和温里伯（Stern and Weinrib 1977: 20；1978: 167）得出了以下指导性原则："要承认一门语言可以从任何年龄段开始教授。一旦这一理论被接受，那么就有三个原则制约外语学习应该在哪个阶段开设：（1）对大多数学生在学校教育某一阶段达到预期水平大概所需时间的估计；（2）在课程设置的不同阶段外语学习的教育价值；（3）开发和维护符合教育规律且成功的外语课程所需要的人力、物力资源。"

语言学习能力和其他认知因素

语言学习能力[8]这一概念源自于日常经验，有些语言学习者似乎具有其他人没有的"语言天赋"，这对语言教学的计划显然有启示。语言应该教授给所有的人，还是只教授给有足够语言学习能力的人？

具有不同学习能力的学生是否应该被"分流"？语言学习能力能够训练出来吗？教学是否能适应不同的学习能力？

作为很多涉及语言学习能力的学习活动之一，第二语言学习与母语学习活动、"特殊语言"、语码（编码）以及数学与其他学科领域符号系统的习得之间有很多共通之处。[9] 因此，那些在一般性正规学校教育尤其是在语言材料的学习中起作用的心理素质，可能也对第二语言学习有影响。人们预期，第一语言的语言智力、语言推理、词汇知识或语言流利度测验的测量结果，与第二语言成就的测量结果呈正相关。这一点已经为一系列研究所验证（例如，Vernon 1960: 179; Genesee, 1976）。[10] 因此，本族语的智力测验和成就测试成绩可以预测第二语言学习能力。但是它们之间的对应与匹配并不完美。智力测验在某些方面对第二语言学习能力的预测能力较差，因为智力测验中包含一些同第二语言学习不相干的因素，同时也缺乏第二语言中必不可少的因素。因此，第二语言或外语学习能力这一概念集中于第二语言学习所必需的学习者认知特质。

正如本书第 14 章第 309 页所述，教育心理学在对音乐能力、操作能力、数学能力进行研究的过程中，所采纳的是常识中超越学术能力或者推理能力（智商，简称 IQ）的特殊才能或者天分的概念。从一方面来看，外语或第二语言学习能力这一概念不过是平常人所谓语言天赋的提炼而已。而从另一方面来看，这是对特殊能力这个心理概念的应用。这种能力已经借助于自 20 年代以来就在教育心理学和工业心理学中广泛应用的测量技术得到描述和评估。尽管近几十年来取得了很大的进展，但是语言学习能力的分离仍然是个难题，迄今没有得到解决（Carroll 1981；Wesche 1981a）。

第二语言学习能力的定义和测量，取决于潜在的语言教学理论以及对学习者的特征与语言学习过程的阐释。因此，早在 1930 年开发出来语言学习能力测试，西莫兹外语预测测试（Symonds Foreign Language Prognosis Test）（见本书第15章注释3），突出强调处理语法概念的能力和翻译能力，它是当时语言教学理论的反映。最近的一些语言学习能力测试，如卡罗尔和萨彭的现代语言学习能力测试（Modern Language Aptitude Test，简称 MLAT）（Carroll and Sapon 1959，见本书第4章注释4）及其小学现代语言学习能力测试（Elementary Modern Language Test，简称 EMLAT）（Carroll and Sapon 1967）以及平斯柳（Pimsleur 1966）的平斯柳语言学习能力测试（Language Aptitude Battery，简称 PLAB），不仅代表着一种测试构建的先进方式，而且反映了50年代和60年代听说教学理论的原则。上述各种语言能力测试主要测量语音听辨、语音—符号联系能力、句子结构敏感性、归纳语言学习能力等——所有这一切都是听说教学理论的特点。

同智力测验等心理测验手段一样，语言学习能力测试已经作为"预测"和"诊断"的实际工具开发了出来，其意图是在进行语言培训之前对学习者进行分班（组）。测试的价值在于能尽可能精准地做出预测。测试结果可被谨慎地应用于对学生进行分类，编入同质的班（组），其背后的假设是这些班（组）是按照测试的内在原则来教授的。测试结果还可用于从一般学生当中挑选出较有前途的学生。测试结果的第三项用途是对学习者学习困难做出诊断，找出其优势与弱点。此类测试的确是以上述各种方式——包括在语言教学研究中——在教学中得到运用的（例如 Carroll 1975a，1981；Wesche 1981a）。

除了其实际价值，这种测试也有助于人们对作为一种学习者变量的语言学习能力本质的理论理解。这恰恰是引起我们兴趣的一个方面。测试的开发者并未声言语言学习能力是天生的。[11]然而，不管以何种方式获得，语言学习能力大都被当作一组相对稳定而且应该被认为是司空见惯的学习者特点——亦即被看作是应予以考虑的学习者因素。有效的语言学习能力特点是否可以通过特殊的训练,甚至单纯通过语言接触来获得,至今尚无定论——但是这些在某种程度上可能得到完善。[12]

目前流行的语言学习能力观的另一个方面是,语言学习能力并不是一个人要么有要么没有的东西(我擅长语言,我不擅长语言)。语言能力测试所反映出来的观点是,语言学习能力并非一个单一的存在,而是在第二语言学习中起作用的不同特点的综合体。这种观点与认为语言水平是综合体、语言学习并非"铁板一块"的理论,是一脉相承的(见本书第367页)。语言学习能力是由学习者在不同程度上所具备的几种因素组成的。备受争议的问题有(1)第二语言学习能力测试的主要组成部分能否将这一综合体的组成部分识别出来,(2)组成部分是否可以穷尽。

两个主要的第二语言学习能力测试,即现代语言学习能力测试/小学现代语言学习能力测试(MLAT/EMLAT)和平斯柳语言学习能力测试(PLAB)的各种组成部分,以列表的形式做出了总结(见图表17.1)。

两项测试虽然有一些共同的特征,但在其他方面是有区别的。现代语言学习能力测试/小学现代语言学习能力测试仅仅限定于编制者卡罗尔和萨彭所认为的第二语言学习能力中的几个重要的特点。由平斯柳编制的语言学习能力测试试图提供一组便捷的测试指标。这些指标即便不是语言学习能力的成分,严格说来,并非"纯粹"第二语言学习能力指标的组合,但是可以有效地应用于语言学习的诊断。因此,平斯柳语言学习能力测试中包含(1)对第二语言兴趣的评估,此乃动机的组成要素;(2)对第一语言词汇的评估;(3)对一般学校成绩的评估。如果我们接受情感状态能够为认知技能的操作提供必

测试任务描述	MLAT/EMLAT 测试名称	能力测试	PLAB 测试名称	测试任务描述
学习人造语言中的数字词。	数字学习		语音辨别	学习语音区别并在不同语境下加以识别。
听音与学习语音符号。	音标		语音—符号联系	把语音与书面符号联系起来。
辨认按读音拼写的英语单词、辨认同义词。	拼写线索		押韵	尽可能多地列出押韵的单词。
	辨别、记忆、解释以及产出其他语言语音材料的能力。听觉灵敏度。将语音与书面形式相联系的能力。			
识别句子中词与短语的句法功能。	句子中的词		语言分析	借助于翻译判断未知语言的意义与规则。
	注意语言的形态、句法、语义特征的能力,把各种语言形式相互联系的能力,从语言材料中发现型式、规律、规则的能力:语言(语法—语义)敏感度与归纳学习的能力。			
学习和回忆人造语言中的词	数字学习 匹配联想			
	记忆能力:记忆与回忆新语言词汇的能力。机械记忆。仅限于MLAT/EMLAT,PLAB中无此项能力。			
			词汇	识别不同词汇的意义。
	词汇知识,即一语中的词汇能力,只通过PLAB测试。			
			学术领域的平均级点 外语学习的兴趣	测试员收集的信息。简短的调查问卷。
	PLAB含有一般学业成绩与动机成分,但MLAT/EMLAT并不把它看作是学习能力概念的一部分。			

图表 17.1 第二语言学习能力的构成

要的动力（Schumann 1976）这种观点的话，那么在语言学习能力的测试中，对兴趣或情感因素进行测评，也就合乎情理了。第一语言词汇知识和一般学术能力，虽然并非专门针对语言学习，但是对课堂第二语言学习却很有帮助。[13]

如果把关注点放在两种测试都认为是语言学习所具备的特点上的话，现代语言学习能力测试/小学现代语言学习能力测试和平斯柳语言学习能力测试都具备以下三个特点：（1）关注和区分语音的能力，如"语音编码能力"；（2）将语音与字母表征形式相联系的能力，换言之，构建声音—符号关系的能力；（3）关注语言形式特征的能力，即语法敏感性。现代语言学习能力测试/小学现代语言学习能力测试中还包括第四个特征：语言的机械记忆能力，这是平斯柳语言学习能力测试中所没有的。下面逐项做一评论：

（一）听觉能力，语音辨别、重要语音的识记，是我们通常很注重的能力。其重要性显而易见，是听说语言训练的必备条件。

（二）语音—符号关系。课堂第二语言学习中经常要将语音与书写形式相联系，例如，做笔记、朗读和听写。从实际经验来看，有些学生可以不借助于书写形式来加工信息，而其他一些学生则对书写形式的视觉表征有很明显的偏爱。语言能力测验并没有探究不同感官偏好之间的差异。它们假定，学习者必须（1）有处理语音的能力；（2）能够将语音与书写形式联系起来。

（三）语法能力。两项测验的第三个主要特点是，两者都认为，把语言形式抽离出来的能力是一种基本的能力。换句话说，学习者应具有"语法敏感性"和从语言数据中去推断语言规则的能力。这一属性中并不包含语法术语或者元语言知识。它指的是解读语法关系以及以笼统的方式从特定语境中抽离语言形式的直觉能力。[14]

（四）词汇记忆。现代语言学习能力测试/小学现代语言学习能力测试都承认记忆能力的重要性,即通过机械记忆或简单联想记忆与回忆第二语言材料的能力。平斯柳语言学习能力测试中不包含记忆因素。

语言学习能力测试的批评者(如 Neufeld 1973,1975)曾对语言学习能力测试构成成分的理论合理性提出过质疑。[15]我们在第 16 章中对一些语言学习的理论模型进行过探讨,其基础是以下假设:第二语言学习过程是一般的认知技能;因此,这些理论模型隐性地否定了特殊语言学习能力这一概念的价值。再者,在最近关于语言学习的讨论中,掌握语言和编码的能力已经被当作人类一种普遍的认知特点。如果采纳了这一观点,那么特殊语言学习能力的价值问题就突显出来。然而,这一争论并未完全否定语言学习能力。这就如同不同的个体,尽管他们具有相同的习得语言的生物特点,但其第一语言能力还是有差别的,而且也有理由假设,适应和发展其他音系、词汇、语法与语义系统的能力与语码转化的能力也有差别。如果适应新语言系统和语码转化是第二语言学习特有的必要特点的话,那么特殊的语言学习能力这一概念也就具有了合理性。根据上述阐释,我们有理由假设,第二语言学习需要(1)一般的认知和学习技能,与(2)语言学习能力测验确定的特殊技能。

但是,应该牢记,不管现代语言能力测试/小学现代语言能力测试还是平斯柳语言学习能力测试,像这样的语言学习能力测验所探究的语言学习中认知、学术或者分析的方面,并不能反映本书第 16 章(第 341 页及以下诸页)中提到的直觉、非分析的方面,也不能反映语言学习的交际和社会特点,而这些作为第二语言水平的特征,在第二语言学习中不可或缺(另见本书第 18 章第 400 页及以下诸页)。

对认知风格的探索

在对第二语言学习能力进行探索的同时,也有人在试图寻找出与第二语言学习相关的一般认知和学习特征:个体的"认知风格"。[16]

所谓认知风格是,"个体在知觉和智力活动中展示出来的一贯的功能模式的特点"(Witkin et al. 1971:3)。我们已经识别出对第二语言学习可能具有影响的一些认知风格特征。

其中之一是场依存/场独立(field dependence/independence)。在场依存的测试中,受试者必须打破给定视域的限制,从中分离出某个部分。典型的测试要求受试者从设计中挑选出暗含的一个图形。"场独立型"的受试者,要比"场依存型"的受试者,能更成功地完成任务。在语言学习中,在一定语境中理解语言项目的能力往往是必需的,同时,将某个项目从其语境中剥离并以聚合的方式加以分类的能力也是必要的。例如,学习者应该能够理解语境或"场"中嵌入的短语、小句或声音序列;然而,将这些语言项目从原语境中剥离出来应用到其他语境中的能力,其实也是很必要的。遇到歧义句时,场独立者能够明白其多重含义,相比之下,场依存者这方面的能力则稍逊一筹。很有可能,场依存/独立是一般的认知能力,而这种认知能力在语言能力测试中体现为语法敏感性。

对第二语言学习者而言,另外一个问题是,如何抑制已经根深蒂固、不恰当的第一语言习惯的强大影响。换言之,学习者必须能够抵制不相关的或者矛盾的感觉刺激。有些人要比其他人更易于受到外部的干扰(即 IP 型人,interference-prone)。斯特鲁普颜色词测验(Stroop Colour-Word Test)乃是对上述现象的最好说明。测试者展示给受试者一张卡片,上面用红色的墨水写上一种颜色名称,比如绿色。这样一来,词本身所指的颜色(绿色),就和词呈现出来的颜色

（红色）不一致。不易受外界干扰者，能够解除这种矛盾刺激的歧义；相反，易于受外界左右者，则很难做到这一点。这一特点在现代语言能力测验中，是通过拼写线索来测试的。在这项测试中，尽管有不同寻常和分散注意力的拼写形式的干扰，词汇的意思仍必须推断出来。例如：

kataklzm =（1） mountain lion（山中的狮子）
　　　　　（2） disaster（灾难）
　　　　　（3） sheep（羊）
　　　　　（4） chemical reagent（化学反应物）
　　　　　（5） population（人口）

第三种认知风格将宽泛与狭窄分类者区分了开来。有些人将有限的语言规则应用于很宽泛的一个大的范畴，如将法语的非完成时态标记（-ais）应用于所有动词形式，是过于宽泛范畴化的一种表现。这种过于宽泛的范畴化经常发生于第二语言学习过程中。狭窄分类则是指把规则限定于其所出现的特定的语境中。这种心理特点可用佩蒂格鲁（Pettigrew）的"范畴广度量表（Category-Width Scale）"来测量。这一量表要求受试者必须做出或者过于狭窄或者过于宽泛的判断。在不同的语言学习情境中，两种操作方式都需要：优秀的语言学习者可能是"中庸"者（Naiman *et al.* 1978: 31），这种人在规则的应用上很谨慎，但又不乏冒险精神，去探索规则应用的极限。假如我们把语言学习看作是一种形成假设、验证假设、获得反馈、修订假设的过程的话，那么，语言学习者就要一直参与到规则制定与规则改变的行动中，这就需要做出"佩蒂格鲁范畴广度量表"所探究的范畴应用判断。

结语

如果我们对个体语言学习中必备的认知特征的阐释做一回顾的话,就会发现,研究者已经从学校学习中找出了几个基本特点,比如词汇知识、语言智力、推理和学校学业成绩。随后,他们将焦点集中到一种初级第二语言课堂所需要的几个认知特点上,如(1)处理语音系统与书写表征的能力;(2)掌握语法规则系统的能力;(3)语言记忆技能。近来又有研究试图确定学习策略背后暗含的基本认知特点,如场依存/场独立、迁移/干扰、宽泛与狭窄的分类等。

所有这些分析都有一定的表面效度,但只有同语言教学与学习的经验相联系时才有意义。然而,这些分析中都有一个共同的弱点:第二语言学习的认知过程到底包含哪些内容,为什么是这些而非其他技能被抽离出来,并认为这些就是第二语言学习所需要的特点,对这些问题的回答并没有以理论概念或者坚实的实证研究基础为出发点。为了更好地判断我们对语言学习能力和其他认知因素的解释是否正确,需要对第二语言学习过程本身进行更为有目的性的分析。在着手解决这一问题之前(本书第18章),我们首先要对学习者因素研究的另外一个方向的研究(即对情感因素的分析)做一回顾。

情感和人格因素

在对学习者和学习进行阐释的过程中,学习者在完成学习任务过程中所使用的认知技能得到了极大的重视,而情感因素和人格因素却很少受到关注。但是,所有的语言教师——就此而言,所有的学习者——都能够证明,语言学习涉及强烈的积极或者消极情绪。另外,语言学习者在选择来上课或离开课堂时,用"脚"表明了其感受和意愿。没有什么能比上课出席率的降低与退出语言项目更能说明学习者动机的重要性了。语言教师通常都把动机的重要性看作是不言而喻的事情。

态度与动机研究

早在 50 年代初，对语言学习中情感因素和性格因素的一项系统研究就引起了研究者的兴趣。[17]这项研究历经 25 载，起初由加德纳和兰伯特（Gardner and Lambert 1972）合作，在加拿大麦吉尔大学进行，后来由加德纳及其同事在安大略省伦敦市西安大略大学进行（例如，Gardner 1979；Gardner and Smythe 1981）。这些研究侧重于学习者的社会态度、价值、动机，及其与其他学习者因素与学习结果的关系。加德纳和兰伯特的理论框架是社会心理学；总的来说，这个社会心理学框架源自战后对民族、宗教和语言团体偏见与社会态度的研究。研究最初是在大都市但基本上是蒙特利尔法—英双语环境中进行的，后来扩展到对美国不同的语言团体的研究，尤其是对缅因州和路易斯安那州美籍法国人的研究，再后来则扩展到对菲律宾语言问题的研究。在加德纳语言研究团队最近的研究中，这些分析已经应用于以英语为母语的中学生在加拿大英语环境中学习第二语言法语的态度和动机。

其他一些对学校儿童语言学习态度的主要研究，是由英国国家教育研究基金会（The National Foundation for Educational Research，简称 NFER）的研究团队在伯斯塔尔（Burstall）的指导下完成的（Burstall et al. 1974）。[18]加德纳和兰伯特主要关注的是学生对语言课堂的态度，而伯斯塔尔和国家教育研究基金会团队除了上述之外，还对（1）教师和校长对语言学习的态度以及（2）语言学习数年后态度的纵向发展进行了研究。

两组研究采用的方法相似,所使用的研究工具主要由态度测验组成,包含类似下面的项目:

我喜欢学习法语。
学法语是在浪费时间。
我认为英语是最好的语言。

测验要求被试对以上陈述做出同意或者不同意的回答。

其他方法包括开放性的观点表达,例如国家教育基金会的研究要求被试回答下述问题:

> 假设在你学习生涯中的某个阶段不得不做出是否放弃法语学习的选择,是什么让你决定坚持学习法语呢?(Burstall *et al.* 1974: 256)

所采用的另一种技术是"语义区分法"。例如,在加德纳的一项研究中,要求被试在量表上指出其对"来自法国的法国人"和"我的法语老师"的印象,其中包括类似下列项目:

1　有趣　　　-:-:-:-:-:-:-　无聊①
2　有偏见　　-:-:-:-:-:-:-　无偏见
3　勇敢　　　-:-:-:-:-:-:-　怯懦
4　英俊　　　-:-:-:-:-:-:-　丑陋

---

① 量表中使用的有些多义词汇,很难准确地翻译成汉语。这是对国外量表汉化的过程中所遇到的一个很棘手的问题。——译者注

5	五颜六色	-:-:-:-:-:-:-	色彩单一
6	友好	-:-:-:-:-:-:-	不友好
7	诚实	-:-:-:-:-:-:-	不诚实
8	聪明	-:-:-:-:-:-:-	愚笨
9	善良	-:-:-:-:-:-:-	残忍
10	愉悦	-:-:-:-:-:-:-	不愉悦[19]

两组研究所调查的主要态度和动机相似：

（1）对目标语社区和目标语使用者的态度，或者用加德纳的术语来说，即"所针对群体的态度"，例如：

我想去法国。
我想要认识一些法国人。
法国人的生活方式与我们相比，似乎是粗鲁的。

（2）对学习相关语言的态度，例如：

学习法语是浪费时间。
我对法国人了解越多，就越想学习他们的语言。

（3）对语言和语言学习的一般态度，例如：

我要说很多种语言。
我对学习外语没有兴趣。

两组研究都对激发学习者学习的主要动机进行了探讨。加德纳尤其强调"工具型"和"融合（趋合）型"动机的差异。前者反映了语言学习的使用优势，而后者则反映了"个人对（说目标语的）人或者（目标）文化真诚的兴趣"（Gardner and Lambert 1972: 132）。两种主要动机类型间的差异可表述为：

我学习法语是因为
（1）我认为有一天找工作的时候法语会有用（工具型）。
（2）我认为法语能帮助我更好地理解法国人及其生活方式（融合型）。

这些研究不仅调查了开始学习语言之前激发学习的态度和动机，同时还对产生于学习过程的态度与语言学习过程中动机的保持进行了研究。下面的项目是"与课程相关的态度"的例子：

我发现学习法语
（1）非常有趣
（2）不如大多数科目有趣
（3）一点意思也没有（同上：154）

现在，请完成下面这两句话：
关于法语学习，我喜欢的是……
关于法语学习，我不喜欢的是……（Burstal et al. 1974: 255）

加德纳-兰伯特的研究与伯斯塔尔的研究结果，在很多方面都是一致的。两者都承认，所测量的学习结果和对说目标语的群体与目标语的态度之间存在正相关。加德纳起初认为，除了某些例外，成功的语言学习者需要具有融合型动机。然而，实证研究表明，在某些环境中，成功的学习与工具型倾向关系密切。为了消除这种明显的矛盾，加德纳提出了一种理论模型，假定社会环境决定学习者的态度模式。

在试图将社会环境与学习者动机倾向相联系的过程中，加德纳（Gardner 1979）提出，"递加型（additive）"语言学习情景可能会导致对语言学习的融合型动机取向，相反，工具型动机取向更有可能产生于"递减型（subtractive）"学习情景。在前一种情景中，社会地位高的语言群体，在原有语言技能储备的基础上增加了第二语言，而第一语言水平却没有降低（Lambert 1975）；相反，在后一种情景中，少数族裔语言群体往往倾向于用更有社会地位的第二语言来替代其第一语言。

加德纳借助于社会环境对个体学习者的态度和动机做出了合理的解释，这在某种程度上是完全正确的。但是，正如他本人所指出的（Gardner 1979），两者之间的关系，要比递加型情景与递减型情景之间的区别复杂得多。同第一语言、民族语言群体关系、政治与经济因素相关的第二语言的社会地位，很可能会影响第二语言学习的动机（见本书第13章）。因此，假如某个群体的社会语言地位比目标语群体的地位低（例如，当目标语群体占主导地位时），工具型动机很可能突显出来，因为目标语的获得很可能就是经济地位提升的先决条件。但是，其他动机力量也可能发挥作用。例如，学习者可能会受到融合动机的驱动，心甘情愿地接受占主导地位群体的同化。然而，事情并非总是如此。学习目标语的工具型动机可能会伴随消极动机取向，并以"同化恐惧"的形式表现出来（Clément 1979；Taylor et al. 1977）。在这种情况下，学习者个体很有可能突出强调"心理的区别性（psychological distinctiveness）"（Giles et al. 1977）。只有在满足了工具需求的前提下，第二语言学习才会进步。简而言之，学习者个体因素以微妙的方式受到社会环境的影响。关于这一点，我们在对学习者行为进行阐释时，要谨记于心。

由于不同的原因，伯斯塔尔等（Burstall et al. 1974: 45）也对融合型动机和工具型动机之间的区别提出了质疑。伯斯塔尔及其同事在完成国家教育研究基金会项目的过程中发现，不可能将两种类型的动机截然区分开来。国家教育研究基金会的研究发现，与北美研究的不同之处在于，两者对因果关系的解读有别。加德纳认为，学习成功与否，主要取决于态度和动机。而另一方面，伯斯塔尔基于其纵深研究发现得出结论，早期学习的成功经验不仅能有助于后期学习的成功，而且能够激发出更积极的学习态度。

尽管语言学习中情感因素的重要性无可置疑，但是，仍然有研究者不仅对用态度测验来对情感因素进行评估的做法，而且对隐藏在态度测验背后的概念，提出了不同意见（例如 Oller 1981）。虽然对情感因素的研究已经取得了很大进展，但是仍然存在一些严重的问题，其证据来自于一项关于魁北克省以法语为母语的学生，与安大略省以英语为母语的学生之间双语交换项目影响的研究。研究要求学生在交换项目开始时和结束后分别填写（与加德纳及其同事所编制的问卷相似的）态度问卷，并在交换项目结束后接受了访谈。尽管态度测验的指标略微有些积极的变化，而且访谈结果表明，学生并未自发产生态度测验中包含的刻板印象，但是，他们却对直接体验产生了情感反应，而且公开拒绝对法语母语者和英语母语者的特点进行归纳、概括（Hanna et al. 1980）。

人格因素①

关于人格、偏见和儿童训练的研究表明，对国家、民族团体与语

---

① 英语"personality"一词虽然基本等同于日常语言中的"性格"，但是心理学界已经有固定译法，故从之（见本书第4章相关注释）。——译者注

言的态度，喜欢与厌恶语言学习的动机，应该以根深蒂固的一般态度或者人格因素为背景，而非仅仅作为对直接经验的反映来加以考虑。课堂观察支持如下观点：有些性格特征有利于语言学习的成功，有些则不利于学习的成功。有时候，人们认为，外向、有表演才能的学生，要比内敛、羞怯的学生外语学习更成功。上述说法可能只是刻板印象，充其量是真假难辨的陈述，但却是刺激进行更加系统的研究的动力[20]。

继 50 年代对独裁性人格、种族中心主义和教条主义的开创性研究之后（例如，Adorno et al. 1950；Rokeach 1960；见本书第 11 章第 237 页），加德纳与兰伯特在其问卷中将专制主义、偏见、刻板印象以及"失范（anomie①）"和"马基雅弗利主义（Machiavellianism②）"之类的一般社会态度也包括了进来。种族中心主义是一种认为自己的种族优于其他群体的倾向。独裁性人格具有种族中心性，对权威人物惟命是从、循规蹈矩、传统守旧，并且容易产生偏见。马基雅弗利主义乃是个人操纵、控制他人的一种倾向。"失范"这个概念源自涂尔干（Durkheim）对个体在社会中地位的分析（见本书第 10 章第 192—193 页），指下意识地接受社会现实能力的缺失。现在，这一概念的内涵扩大，用以表达个人对自己在社会中角色的不满。加德纳和兰伯特的研究发现，除了失范，所有这些特点都跟融合动机与语言学习的成功呈负相关。"失范"者由于对自己所处社会持批评态度，对另外一种语言和文化有迫切需求，因此，反而可以很好地预测语言学习成绩。换言之，学习一种新的语言需要灵活性和对待新的语言规范和社

---

① 指个人精神颓废、迷茫、焦虑、规范缺失等状态。——译者注
② 指一种行为模式，如统治者为了提高权势、加强控制，不择手段地使用各种阴谋诡计，背信弃义、玩弄权术，以达到驾驭别人的目的。这个术语因 16 世纪意大利宫廷顾问 N. 马基雅弗利而得名。——译者注

会行为规范的开放态度。加德纳及其同事的研究表明,基本的社会态度,为第二语言学习提供了积极或消极的预设条件。

语言学习需要其他一些个性的特点。最近的研究试图将这些特点找出来,并用临床心理学和个体心理学来进行阐释。对所有学习者而言,一个显而易见的问题是,达到理想的语言水平,需要投入多少时间、精力和努力。优秀的语言学习者,未必是那些认为语言学习轻而易举的人,而是那些持之以恒、历经挫折、经过无数尝试—错误后取得满意成就的人(Naiman et al. 1978)。积极的任务定向、自我投入、成就需求、远大的抱负、明确的目标和坚韧不拔的毅力等,也许是决定语言学习成败的一组变量。

另外还有一组个性特征,与语言的社会性和交际性密切相关。当第二语言学习者进入一个新的语言、文化、社会环境时,某些社会和情感倾向会成为其语言学习的助跑器或者绊脚石,促进或者阻碍其有效地应对语言学习的社会与交际的一面,以及对满足新语言强加于语言学习者的情感需求的实现。

最初由荣格(Jung)提出,后来由艾森克(Eysenck 1970)设计出问卷进行测量的内向和外向这对概念,一方面指逃避社会交往、沉溺于自己的思维和情感的倾向(内向),另一方面指直率爽快与易于被外部环境的人或事吸引的倾向(外向)。如果我们强调语言学习的人际交际的一面的话,外向就是一种财富,但是内向有利于系统的外语学习。喜社交和外向不仅仅是优秀的语言学习者广为接受的模式化形象,而且有一定的研究证据支持(例如,Pritchard 1952;Pimsleur et al. 1966)。外向和不受约束也通常被当作一种合适的策略推荐给学习者,用于提高交际技能(例如 Rubin 1975;Stern 1975;Naiman et al. 1978)。

"同理心（empathy①）"——与他人认同的意愿和能力——已经被应用于临床和个性心理分析，现在则被用以指第二语言学习者与目标语使用者交际行为认同的能力。在一系列的研究中（Guiora 1972；Guiora et al. 1972），研究者试图将同理心与以本族语使用者的方式发音的能力联系起来。但是，如前所述，感同身受的能力被认为是"掌握第二语言整体能力的一个必要成分，而非仅仅是掌握正确发音能力的一个必要因素"（Shumann 1915: 226）。作为一种人格变量，同理心与融合动机关系紧密，而且它与之前提到的种族中心主义和独裁主义呈负相关。一个具有同理心的人，却具有强烈的民族中心意识，这简直是不可想象的（Naiman et al. 1978）。

为了对同理心这个概念在第二语言学习中的应用做出解释，吉奥拉（Guiora）提议，自我发展的心理分析阐释可以应用于语言发展。"语言自我"这一概念将语言学习比作人格其他方面的习得，其中包括躯体意象（观念）（body image②）、自我边界（ego boundaries③）与自我灵活性（ego flexibility）。正如儿童"身体意象"的习得，个体也会习得语言自我。儿童早期的语言自我是流体的，无严格的边界。这从心理分析的角度解释了为什么儿童比年长者在学习一门新语言、一种新口音或一种新方言方面更容易。随着个体的成长，语言自我灵活性降低，失去其渗透性。然而，仍然可以设想，成人的人格亦有差异：有些人的语言自我要比其他个体更具渗透性，同样，有些人易感性更强，更容易受到催眠，或者说，更容易受到所处社会环境的影

---

① 这个译法源自我国台湾王文秀等人翻译杰勒德·伊根（Gerard Egan）的《有效的咨询师》（*The Skilled Helper*），颇为贴切，故采用之。——译者注
② 指个人对其自身躯体的主观意象，尤其指个人如何被他人知觉与适应这些知觉的良好程度。——译者注
③ 指正常自我发展过程中将自己与其他人区分开来的边界。假如某个人轻易失去自己的身份，而与他人认同，那么他就缺乏自我边界。——译者注

响。因此，愿意学习一门语言或者拒绝学习另一门语言，这些都可以借助于普通心理特征来进行解释。

语言学习要求学习者情感的投入，数位研究者已经在尝试对此做出解释，并从理论上加以概念化。目前，人们普遍认为，语言学习是"一个巨大的学习问题"（Stern 1975: 307）。其中一种解释（Larson and Smalley 1972）突出强调在国外体验过"文化休克（cultural shock）"和"文化焦虑（cultural stress）"创伤的语言学习者的迷茫与苦闷。文化休克是学习者面对一种全新陌生的文化时产生的焦虑状态。文化焦虑是产生于自我形象和新的文化期待之间不一致时的一种长期的不适感。为了更好地应对这些创伤性体验，拉森和斯莫利建议，学习者应该寻找到一个富有同情心的"家庭"，并且成为这个家庭中的"孩子"，在这个家庭的帮助下进入一门新语言，进而了解新的文化，"他需要一个家庭来帮助他成长"（Larson and Smalley 1972: 46）。

其他解释也把重点放在语言学习者的迷惘无助感及其身份地位的缺失上。学习者完全依赖于周围的其他人，如语言课堂教师，或者是第二语言学习环境中的朋友。这种学习者不得不接受的"婴儿化"或成人地位的缺失，可以被看作是人格发展的一个阶段。美国心理学家奥苏贝尔等（例如，Ausubel, Sullivan, and Ives 1980）称儿童的这种状况为附庸化（satellization），其他学者则称之为从属化（affiliation）。在个体的成长过程中，逐步解放或者"去附庸化"乃是人们所期待的。同样，语言学习者也会努力逐渐掌握自己内部的语言标准，提高能力，从而变得相对独立。但是，为了达到这一目标，学习者必须首先接受这种婴儿的地位，并且没有被排斥的恐惧，准备好"把自己当成一个傻瓜"。因此，那些有自我批评意识与幽默感、比较成熟、心理比较健康、超然的个体，比呆板或者社会地位意识强、缺乏自我意识或幽默感、在第二语言学习的早期阶段有被剥夺体验的学习者，能更好地应对语言学习的要求。

这种困惑与迷茫状态的另一个特点是，第二语言学习者通常处于被描述为模棱两可，甚至无法理解、令人困惑的情景中。因此，**模糊容忍度**（tolerance of ambiguity）也被认为是优秀的第二语言学习者的一个特征。第二语言学习者面对模糊的情景，不可避免要受到挫败，那些能够以宽容和耐心的态度面对这种情景的学习者，要比面临歧义情境沮丧、急躁的学生，从情感方面来讲，能更好地用解决问题的心态来应对一切。根据关于模糊容忍度的研究（Budner 1962），歧义情境具有新奇性、复杂性和不可溶解性等特点；模糊容忍度可定义为能够接受歧义情境的倾向性。模糊容忍度的缺失，多伴随着高度的教条性与专制性。70年代对第二语言学习的研究发现，模糊容忍度是语言学习成功的一个很好的指标（Naiman et al. 1978: 100）。

关于情感与人格因素的总结

那么，目前情感方面研究的总体情况是怎样的呢？研究主要围绕三个概念对此进行了描述：态度、动机、人格。加德纳（Gandner 1975: 58）从动机特点的模型出发，对我们讨论过的大多数组成要素进行了总结（见图表 17.2）。尽管这种模型的提出是以法语作为第二语言为参照的，但其分类不仅仅局限于一种特定的语言：它们一般都可以应用于学校环境下的第二语言学习者。加德纳对四个主要范畴进行了区分：

1　具有群体特点的态度，
2　与课程相关的特点，
3　动机标志，
4　一般性态度。

```
                        动机特征
        ┌───────────┬──────────┼──────────┬───────────┐
        ▼           ▼          ▼          ▼
具有群体特点的态度  与课程相关的特点  动机标志    一般性态度

对以法语为母语的   对法语学习的态度   融合取向    对外语学习
加拿大人的态度                               的兴趣

对欧洲法语的态度   对法语课程的态度   动机强度

                  对法语教师的态度   法语学习
                                    的欲望
                  父母对法语学习的
                  鼓励
                        ⋮                      ⋮
                  法语课堂焦虑                种族中心主义
                                              专制主义
                                              失范
                                              马基雅弗利主义
                                              成就需求
```

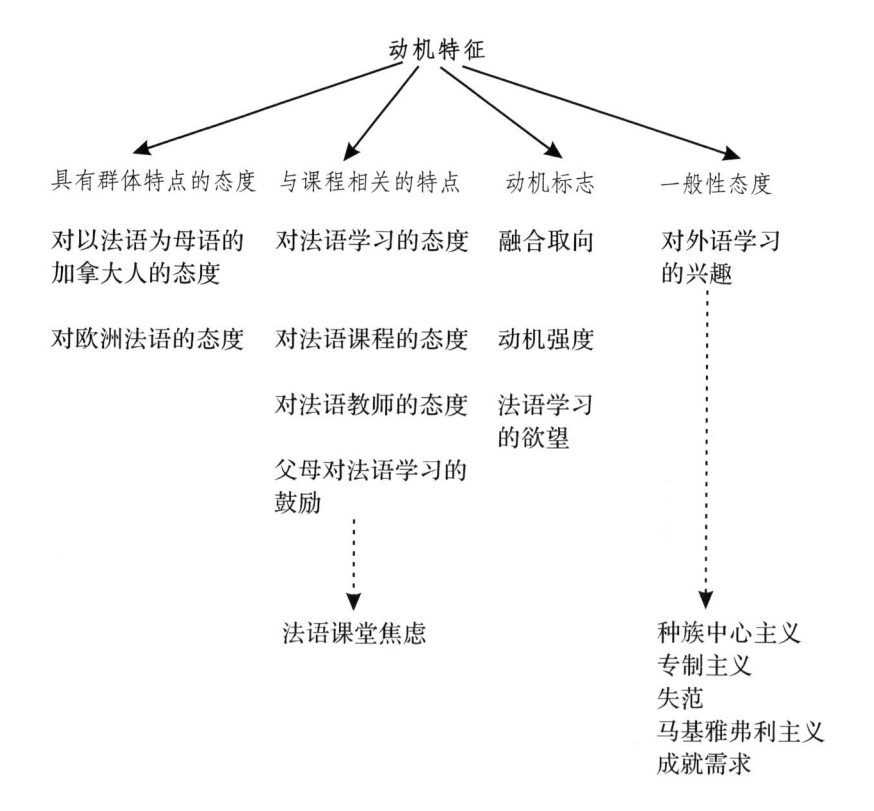

图表 17.2 加德纳对法语学习动机几个方面的阐释

第一个要素是对目标语社区及目标语使用者的态度。

第二个要素由对学习情景本身的态度组成：个体对通过某一课程和某一教师学习语言是如何感受的，以及他对父母对语言学习的态度是如何解释的。其中还包括对语言课堂学习焦虑的评估。学生在语言课堂上越是放松与自信，其语言水平就越高，相反若很焦虑，则语言水平较低。学习者在置身于学习情境中之前，就已经具备了第一种类型的态度，而第二种类型则是在学习过程中产生的态度。

第三种类型指学习者学习某种语言的动机、追求的目标，以及投入努力的程度。值得注意的是，在这一模型中，加德纳放弃了工具型取向，因为在他看来，融合性动机更为重要。这种类型包括学习前因素以及在学习过程中才得以突显的因素。

加德纳理论中的第四组变量是一般性态度，其中包括对外语学习的一般兴趣和特定的人格特点：种族中心主义、专制主义、失范、马基雅弗利主义和成就需求。

简而言之，加德纳的理论中包括对第二语言学习有积极或者消极影响的一般人格特征；与第二语言和学习第二语言的过程中接触的第二语言群体有关的态度；课堂语言学习过程中生发的态度；对第二语言学习目标的知觉与动机。上述分析反映了产生于语言教学经验和社会心理学（尤其是偏见）研究趋势的各种阐释，发现了一些情感要素，但既没有将决定学习的前提因素与伴随或者产生于学习经历的情感因素从概念上区分开来，也没有将持久的人格特征与对语言学习即刻的情感反应清楚地加以区别。

加德纳的理论模型明确地表达出以下观点：恰如语言学习能力不能被看作是语言学习者单一的特点，其情感方面也不仅仅是"学习语言的意愿"（Gardner 1975: 71），而是各种成分合力的结果，它们共同构成了"不仅是对说法语的社区，而且是对法语课堂与一般的他人团体"的态度倾向（同上）。

对关于情感方面的分析加以总结，可以做出以下区别：

（一）学习者个体基本前提倾向，与可能对语言学习产生影响的相对普遍的人格特征（如模糊容忍度、成就需求）。

（二）与第二语言学习相关的更具体的态度，如对语言、语言学习以及笼统的民族语言社区的态度，对特定的语言和以目标语为母语的团体的态度，如语言学习者对法语语言、法国和其他讲法语的社区的态度，或者对英语语言和英国与美国以及其他讲英语的社区的态度，等等。

（三）启动与维系学习过程的学习者动机，或者导致回避或拒绝学习的学习者动机；陈明的原因与目标知觉，以及激发与维系学习努力或者导致抑制或者拒绝学习的无意识驱力和需求。

迄今为止，总的来说，分析中所忽略的是语言学习本身及语言使用的情感伴生结果，也就是说，学习者对第一语言和第二语言整体或具体语言项目的情感反应，以及由于作为外国人使用语言而产生的情感伴随结果，与跟本族语者交流而产生的伴随结果，在分析中被忽略了。

有些区分需要做出，但是，相关文献中并未清楚地做出，其中包括：

（1）学习者开始第二语言学习之前的情感条件；
（2）由学习经历所引发的情感条件；
（3）最后，最终产生于学习经历和学习结果的情感条件。

例如，加德纳语言研究团队的大部分研究都是针对语言学习初期的情感问题。相反，国家教育研究基金会关于小学法语教学的研究（Burstall *et al*. 1974）则报告了儿童对学习经验本身的反应。前面所讨论过的一些理论概念，如产生于语言学习的创伤、"婴儿化"、学习的"去附庸化"等，以及加德纳所谓"与课程相关的态度"，都指学习过程中产生的情感变化。对学习过程中情感的兴趣，也同样反映在最近一些试验性教学法中。这些教学方式旨在降低学习者面对新的语言而产生的负面情感和对语言学习的抑制。[21] 最后，研究者对作为学习目标或者学习结果的情感学习，几乎只字未提。见本书第 22 章。

研究者感兴趣的主要问题，是学习者开始语言学习的情感状态和所达到的语言水平之间的关系。在这方面，研究结果似乎清楚明了：对语言和民族语言社团的积极态度与语言水平密切相关。学习者态度越积极，学到的越多，与此同时，学得越好，态度就会变得更加积极。再者，最近的研究表明，迄今所研究的态度因素，对初学者影响更大。在已得到研究的这些情感变量中，基本人格变量与语言学习之间的关系，比语言学习与其他同语言和学习经验密切相关的变量之间的关系更难确立。

认知在第二语言学习中并不是唯一起作用的因素，这一信念极大地激发了对情感因素的研究。不管什么样的研究发现还会出现，可以得出这样的总结，即情感因素对语言学习的贡献起码等同于而且往往大于语言学习能力评估所体现出来的认知技能。舒曼甚至声称，情感和人格状态乃是认知技能发挥其作用的动力。根据他的观点，同理心、语言自我灵活性和可穿透性，是保证语言学习能力和其他认知技能充分发挥作用所必备的因素。

从某种程度上讲，关于情感的研究中使用的很多概念，都是常识、心理学的理论探讨和实证研究发现的一种主观臆断性的混合物。学习者学习过程中的情感和动机状态，迄今为止仍很少有观察和记录。然而，近年来的理论、研究和实验促使人们越来越坚定地相信，情感成分在语言学习中具有极其重要的作用。

总结

尽管我们对学习者因素的理解目前尚不够深入、全面，但对关于其中一些因素的研究有选择的回顾表明，近年来，人们对影响语言学习方式并且最终影响语言学习结果的心理特征已经有了越来越清楚的认识。如果我们不以选拔学生或者教学为目的给学生打上标签的话，便可以以谨慎的方式，使教学适应对学生个体差异的诊断。我们对学习风格和人格因素的认识既不全面，也不够精确，还不够安全，无法以此为基础制定教育管理决策。然而，对学习者特点和个体差异的认识，能够让教师在教学过程中对学生反应的差异和学习策略的差异更加敏感。因此，学习者特点这一概念应该在语言教学理论中有一席之地，而且认知和情感因素都应该包括在内。教育背景、以前的语言学习经验、语言学习能力测验的组成要素，以及学习风格，都可以体现出学习者应对语言学习的学术方面的认知要求。对情感和个性特点的分析可以表明个体怎样应对语言学习中情感、动机和人际要求。

我们将在下一章中探讨语言学习发生的条件，最后再来考察语言学习过程本身。

注释：

1 70年代初，美国外语教学界郑重推出了个性化教学（Altman and Politzer 1971），可以说，这是一次在语言学习中允许个体差异存在的系统尝试。虽然说这次运动直击语言教学的软肋，但是几年后，它便如其他的语言教学改革一样失去了其动力，这或许是因为其倡导者低估了因材施教任务的艰巨性。有关后来的重新评价，见《现代语言杂志》的专题讨论（Individualizing, etc. 1975）以及《系统》（*System*）的一期特刊（Altman 1977），同时参见罗杰斯（Rodgers 1978）。对学习者个体差异的承认导致了美国语言教师开始了对个性化教学的探讨，在英国还引发了一场有关（根据学生能力所做的）能力分班（组）或者混合能力班级优缺点的辩论（例如 CILT 1972）。类似讨论可见斯特恩（Stern 1979），更多文献见本书第19章注释10。

2 关于最佳年龄问题的回顾与讨论以及更多文献，见斯特恩（Stern 1967，1969）、史密斯、斯滕内特和加德纳（Smythe, Stennet, and Gardner 1975）、斯特恩与温里伯（Stern and Weinrib 1977）、麦克劳克林（McLaughlin 1978：第3章）、斯特恩、韦施与哈利（Stern, Wesche, and Harley 1978）、丘恩（Chun 1979）、克拉申、朗与斯卡塞勒（Krashen, Long, and Scarcella 1979）、布朗（Brown 1980：第3章）、斯特恩与卡明斯（Stern and Cummins 1981）。关于1975年到1981年间早期语言教学的综述，见斯特恩（Stern 1982）。

3 例如，蒙恬在其关于儿童教育的论著中以赞成的口气记述了自己的语言教育经历，"孩提时代，在我开始说话之前，他（蒙恬的父亲）把我委托给一个德国人照顾……他根本不懂法语，但拉丁语语言水平却很高。父亲找到这个人，付给他一大笔酬劳，让他一直带着我。（蒙恬描述了父亲坚持要求他周围的每个人，都要跟他说拉丁语。）没有经过任何艺术、书籍、语法或规诫、鞭笞，没有流过一滴眼泪，我就学会了像自己的老师一样说纯正的拉丁语"（Montaigne 1580-1588/1899: 77-78）。

4 关于彭菲尔德的研究，见本书第15章注释6。

5 关于先天论与环境论对语言习得的解释及讨论，见本书第14章第293—294页以及注释20。

6 需要指出的是，经过"早期沉浸教学"的孩子在教育的后期阶段，即经过两三年的完全沉浸后，通常会继续双语课程。双语课程是一种教学形式，其中只有大约40%的教学时间花费在目标语环境中。关于沉浸式教学的研究文献，见本书第4章注释13。

7 用奥苏贝尔的术语（见本书第382页，以及第18章第398—399页）来说，儿童是"附庸者"，即他们在认知、情感、社会方面会依赖父母角色。因此，与成人相比，他们会更愿意对自己周围环境所提供的社会和语言规范做出回应。这一倾向可能使儿童比成人更适合在自然场景中进行第二语言的社会学习（"习得"）；换言之，正如舒曼所指出的（见本书第 363 页），儿童的语言自我渗透性更强。学习者年龄越大，学校教育的经验就越丰富，因而他们比儿童在学术学习与完成认知性语言任务方面效率更高。这就是为什么总体而言在语言作为学校的一门功课学习时，年龄大的学习者比年幼的学习者学得更好。基于类似的理由，卡明斯（见 Stern and Cummins 1981）提出，人际交际技能（BICS）更可能在童年期发展起来，而认知和学术技能（CALP）则要到青少年期才能得到发展。克拉申（Krashen 1981）接受了类似的观点，坚持"'习得'语言的能力到青春期都不会消失"（同上：77）。

8 最近有关第二语言学习能力和其他认知因素的讨论，见卡罗尔（Carroll 1981）。斯特恩、韦施与哈利（Stern, Wesche, and Harley 1978）以及斯特恩与卡明斯（Stern and Cummins 1981）都做过简要论述。韦施（Wesche 1981a）对语言学习能力进行了详细的分析，并对如何成功地将语言能力测验应用于具体的成人教育情境进行了阐述。相关的全面评述见沃尔默与桑格（Vollmer and Sang 1980）。关于对语言学习能力测验的批评，见诺伊费尔德（Neufeld 1973）。

9 近几年来，英国极为强调"跨课程语言（language across the curriculum①）"的原则，如布洛克报告（Bullock Report 1975）。但是，需要指出的是，布洛克报告虽然突出了语言的地位，但是

---

① 即根据"全语言（whole language）"理论，将语言教学贯穿于各门课程的教学中的一种理念。——译者注

其中并不包括第二语言活动。它只关注作为一个学科的英语语言成分以及其他学科中的英语。

10 如前所述（本书第 16 章第 352 页），卡明斯（Cummins 1980）在最近的讨论中指出，课堂语言学习涉及一般的认知能力和学术能力。关于这些关系早期的观点，亦见本书第 14 章第 294 页。在一项研究中，卡罗尔（Carroll 1975a: 16）表达了自己对通过普通言语智力来预测语言学习能力的做法的怀疑："我的结论是，语言能力测验对预测各类人语言学习能力和速度方面，作用非常有限。"

11 卡罗尔（Carroll 1975a）对语言的先天性问题进行过讨论，在同一卷中，诺伊费尔德（Neufeld 1975）也对这一问题进行了探讨。

12 在一项有趣的研究中，波利策和韦斯（Politzer and Weiss 1969）设计了一项针对语言能力测验中所包含的技能的训练程序：语音听辨、声音—符号关系、语法敏感性，以及归纳性语言学习。他们采用这一程序对实验组进行了训练，并将结果与未接受训练的控制组做了比较，结果出乎意料。在第一阶段，控制组的语言学习能力的提高比实验组大，而且实验组无论是在成绩方面还是在学习能力方面，一直没有明显的优势。波利策和韦斯提出了三种可能的解释：（1）训练的力度和强度不够；（2）学生将学习能力训练理解为与语言课程无关的额外负担，从而对其产生抵触情绪；（3）语言学习能力事实上只能在有限的范围内受到影响。尽管这一实验失败了，但却有迹象表明，语言学习的技巧是可以提高的（Naiman et al. 1978）。

13 现代语言学习能力测验中并没有特别把第一语言的词汇知识作为单独一个部分列入其中，原因如卡罗尔（Carroll 1975a）所言（见注释 10），有一个称为拼写线索（Spelling Clues）的子测验中预设了对英语词汇的熟悉度存在差别。

14 卡罗尔（Carroll 1975a）将"归纳性学习能力"和"语法敏感性"做了区分。我们认为，"语法敏感性"需要以"归纳性学习能力"为基础。这一能力与使语言形式显性化的能力和从语境中抽取语言形式的能力相一致（见本书第 18 章第 411 页）。上述语言学习能力的特征，与下文称之为"场依赖性/场独立性"（见本书第 373—374 页）的认知风格特征颇有相似之处。

15 诺伊费尔德（Neufeld 1973）将两种测试拆开加以使用，认为两者均可用于预测传统语言课堂是否能成功，但是在"定义和测量语言学习能力"方面则有较大的缺陷（同上：152）。

16 关于认知风格及其同语言学习者关系更为详细的讨论，见奈曼等（Naiman et al. 1978: 29-31），在该文中可以找到关于各种认知风格测验的文献。亦见布朗（Brown 1980：第 5 章）或者麦克多诺（McDonough 1981: 130-133）。

17 加德纳与兰伯特（Gardner and Lambert 1972）有关态度和动机的研究是情感方面研究的经典。关于态度研究的另一种方式，见伯斯塔尔（Burstall 1975a）以及伯斯塔尔等（Burstall et al. 1974）。奥勒（Oller 1981）对态度方面的研究，从批评的角度进行了综述。早期对情感因素的研究方式不同，见本书第 15 章第 321—322 页所提及的布拉奇菲尔德（Brachfeld 1936）与斯滕格尔（Stengel 1939）的文章。70 年代，这一传统在劳森与斯莫利（Lawson and Smalley 1972）的研究中，尤其是布朗（Brown 1973）与舒曼（Schumann 1975）的研究中得以延续。根据杜雷和伯特的理论，克拉申（Krashen 1981a: 101-102）提出了"情感过滤假说"。亦见布朗（Brown 1980：第 6 章，1981）、斯特恩与卡明斯（Stern and Cummins 1981），以及麦克多诺（McDonough

1981：第 9 章和第 10 章）。

18 对法语学习态度的调查，是英国小学法语大型研究的一部分，在关于年龄一节中对态度问题有简要的描述（见本书第 364—365 页）。亦见本书第 4 章第 56 页和第 6 章第 106、111 页。

19 语义区分技术，最早由奥斯古德、苏西和坦嫩鲍姆（Osgood, Suci, and Tannenbaum 1957）为测量概念而开发，如今已被广泛用以对态度的评定。例子取自加德纳与兰伯特（Gardner and Lambert 1972: 157）。

20 关于这一几乎未探索领域的最初研究，见奈曼（Naiman *et al.* 1978）、布朗（Brown 1980：第 6 章），以及麦克多诺（McDonough 1981：第 9 章）。

21 例如，柯伦的社区语言学习法便是应对在学习过程中情感状态变化的一种尝试。更多文献，见柯伦（Curran 1976）或者布朗（Brown 1980: 116-120）。

第18章

学习的条件与学习过程

学习的条件：两种背景

第16章所描述的第二语言学习模型（图表16.1）表明，学习过程由学习者特点（第17章）、社会语境（第13章）以及学习的条件决定。需要考察的两种主要条件是，语言学习是在目标语的环境下进行，还是主要在远离目标语的语言课堂内进行（图表16.1方框3）。1970年以前，语言教学理论都假定理论要关注的或者说应该关注的主要是课堂学习。然而，70年代的语言教学研究开始了一股逆就教学研究教学而动，反对就不同教学方法的优缺点进行激烈辩论的潮流。研究者们抛开了那些令人沮丧的关于课堂教学的激烈辩论，他们相信首先应该研究在目标语环境中进行的语言学习，亦即在课堂外"自然"条件下，未受正规教学"污染"，"非正规""自由""无人指导""自然"的语言学习。[1]

为什么两种学习条件的区别如此重要？克拉申所提出的两个技术术语，语言"习得"与语言"学习"，对回答这个问题很有帮助（见本书第15章第331页及注释17；亦见本书第403—404页）。在目标语环境中，新的语言作为一种活生生的交际工具，每天都需要面对，学习者有机会不断地以各种方式使用所学习的语言，这就为他们提供了像婴儿习得第一语言一样吸收或"习得"语言的机会。通常，在课堂上，第二语言的处理得更为着意，更多分析，因此，这就是克拉申狭义的语言"学习"，即在教师的指导下系统的学习和有意识的练习。[2]

当然，需要补充的是，教育处理（educational treatment[①]）主要是为学习提供机会，而支持性的目标语背景则为习得提供机会。虽然如此，学习也可以在目标语情景中发生，习得也可能发生在课堂之内（图表18.1）。

	语言课堂	目标语环境
"学习"	可能性大	可能性小
"习得"	可能性小	可能性大

图表18.1 相对于学习环境的学习/习得区别

学习者所处的语言环境（语境或背景），从心理学上来讲，即从学习者的视角看，并不是绝对的。海德尔伯格（Heidelberg）关于德语洋泾浜语的课题（Heidelberger Forschungsprojekt 'Pidgin Deutsch' 1979）所研究的西班牙、意大利客籍工人，是在目标语环境中客观地学习德语的，因为他们在说德语的城市里说德语的行业工作。同样，莉莉·王·菲尔莫尔（Fillmore 1979）数月里所研究的五个在美国学校里学习英语的讲西班牙语的孩子，也沉浸到了目标语环境中。然而，流动工人或者移民的子女所体验的语言环境并不完全相同，他们对环境的反应也各不相同。有些移民集中居住与生活在民族区域

---

① 虽然不是什么专业术语，但是作者在本书中似乎在一种特殊意义上使用了这个表达方式，指注重方式、方法的教学环节。——译者注

内，他很少或者刻意地避免与目标语接触。语言背景支持是否有助于学习者的语言学习，部分地取决于具体的社会环境，部分地取决于个体对环境的反应。

我们不应该假定"自然"目标语情景中的语言学习总是完全"自然"或者"无人指导"。许多国家为移民或流动工人提供了正规的语言课程，例如，英国、美国、澳大利亚、加拿大等国家提供英语课程，法国和加拿大的魁北克省提供法语课程，东德、西德以及奥地利提供德语课程，以及瑞典提供瑞典语课程。换句话说，即使是在习得的语境中，语言课堂也能为学习提供额外的（克拉申意义上的）语言输入。如果在目标语环境中没有正式的课堂授课，学习者或多或少仍然会从亲戚、朋友、同事那里接受非正式的授课，或者他自己可以借助于书本或其他辅助手段，来学习语言。在"教育社会"中，教学并不局限于正规学校。教育处理可以被看作是有意创设的语言学习条件。它可以像得到朋友帮助一样简单、随便，也可能像课堂教学一样系统而精细，有完整的教学大纲。[3]

通过在目标语环境下接触第二语言来学习语言，与在教师指导下学习语言（亦即教育处理）之间，并非泾渭分明。两者可以被看作是一个连续统一体：在一个极端，我们看到，学习者生活在第二语言环境中，不借助任何外来帮助和指导，全凭接触进行第二语言的学习；而在另一个极端，学习者则完全是在语言教学情景中来进行学习的。但是，总的来说，我们会发现，第二语言学习者都不同程度地通过接触目标语言或者通过语言教学接受语言输入。同时，我们必须牢记，两种条件下的"输入"并非是按照同一方式为不同学习者感知和处理的。[4]

虽然对两种语言学习条件做了区分，但是我们的语言教学理论必须避免先验地厚此薄彼。[5] 当然最理想的状态是，自然语言学习条件与教育处理互为补充。然而，在教学实践中，语言学习的条件通常远离理想状态。通常，移民进入一个新的国家后既得不到教育帮助，也没有学习的机会。相反，许多外语学习者离目标语环境太远，出了课堂，便没有任何机会使用新的语言，因此也就很少有机会启动习得过程。

就对语言习得过程的诠释而言，重要的是将语言学习发生的具体条件列入应予以考虑的因素。各种影响语言学习的因素——社会语境、学习者特点、语言场景、教育处理——之中，教育处理最容易根据社会环境、语言环境和学习者个体因素得到修正和调整。这就赋予教育处理以特别的重要性，我们将在研究的最后一部分（第六部分）中来再谈这一问题。

对语言学习的诠释

语言教学理论中有一个异常现象，即关系到教学成败的语言学习过程本身，直到最近几乎完全为研究者所忽略。语言教学理论，无论是暗含在其中还是明确表达出来，都必须对学习本身做出诠释，否则就是无法想象的。因此，在语言学习理论模型中，学习过程被具有象征意义地置于核心位置（见图表 16.1 方框 4）。教学方法，如下所述（本书第 400—405 页和第 20 章），大致清晰地对假设的学习过程进行了描述。

在前面几章中我们已经看到，心理学和心理语言学的应用带来了许多用心理学术语来解释语言学习过程的尝试。由于过度简单化，这些尝试受到许多非议（例如 Rivers 1964；Carroll 1966）。另外，学者们数度尝试解决不同观点之间的不一致现象（例如 Anisfeld 1966）。还有一些学者曾为增进我们对语言过程的理解做出过努力。近二十年来，卡罗尔和里弗斯一直在致力于这项任务（如 Rivers 1964，1968/1981，1972/1976；Carroll 1966，1971，1974，1981a）。还有人用加涅的多维学习模型来诠释语言学习过程（如 Ingram 1975）。总之，在借鉴普通心理学理论、观察以及实验的基础上，有人提出了一些有关语言学习的猜想。假如我们要将语言学习在概念层面上与其他形式的学习联系起来的话（也理应如此），那么这的确是理论建构中必不可少的一个组成部分。但是，这并不是唯一的出路。大约从 1970 年起，学者们已经普遍认识到，必须对第二语言学习直接进行研究，而不是简单地根据一般学习理论或者第一语言习得理论来进行推断。

关于这一研究在 70 年代的发展历史，本书第 15 章中已有描述。在本章中，我们将根据近十年的理论和实证研究提出的建议，对语言学习过程本身做出诠释。我们首先探讨语言学习过程的发展本质；其次，考察长久被证明为语言学习研究核心的三个问题；再次，我们将讨论语言学习策略的概念；最后，我们将对自己语言学习观的基本特征简明扼要地做一描述，并结束本章的讨论。

语言学习是一个发展过程

实际问题

第二语言学习，作为一个发展过程，一直被理想化地看作是一个连续的过程，从零水平到百分之一百、完全或类似母语语言水平，而且可划分成不同的发展阶段。现实的问题却是，几乎从来没有人达到过理想的终点，而且发展过程也并不规则，学习者的进步通常在将要到达理想终点时就停滞不前，而且经常会倒退，语言学习的阶段并不容易做出明确的划分。

所有的语言课程都可能隐性地对第二语言发展过程做出假设。例如，麦基（Mackey 1965），韩礼德、麦金托什与斯特雷文斯（Halliday, McIntosh, and Strevens 1964）坚持对语言输入进行分级与排序，其假设是审慎分级、逐步提升的安排与自然学习顺序相符。最近，特里姆在为成人语言学习课程的欧洲委员会单元/学分体系（Unit/Credit Scheme）（Trim 1978）做辩护时，提出了其学习者语言发展概念，与上述语言发展的观点针锋相对。他写道：

"语言呈直线发展的观点无法通过严格的检验，并非所有的人都是以不同的速度，沿着同一条道路，朝着同一个目标前进"（Trim 1978: 7）。

"我们放弃了带领学习者沿着一条道路一步步从起点走到终点的目标。相反，我们着手寻找出许多相互联系但有局限性的与学习者的交际需要相关的目标"（同上：9）。

当然，问题是，与特里姆严厉谴责的线性发展相比，对于这一新语言的发展所做出的富于挑战的非线性诠释，事实上是否更符合学习者的实际呢？对于这一问题，关于语言发展顺序的研究并不能给出一个明确的答案。但对这一议题已经有人开始研究。

研究问题

对于语言学习过程的顺序、次序和规则性的研究，主要围绕以下几个问题展开。研究者感兴趣的第一个问题是，第二语言学习是否支持对比分析假说。拉多的《跨文化语言学》（*Linguistics Across Cultures*）（1957）出版后，很多学者信心十足地采纳了这个假说：第二语言学习在多大程度上能够为第一语言或者以往语言经验迁移或干扰提供证据？另一个问题是，无论学习者的第一语言是什么，以及以前学过什么语言，语言学习是否都遵循同一个普遍法则？根据上述两种假说，研究中占主导的另一个主要问题是，第二语言学习阶段与第一语言习得阶段的相似性与差异性。这些研究试图验证的假设是，第二语言学习，像第一语言学习一样，遵循语言习得的法定次序或"内建学习大纲（built-in syllabus）"（Corder 1967），并且，总体说来，同样的顺序适用于第一语言和第二语言的学习。这些问题用本书第 2 章的术语来说可以表述为两种理论（T3）。一种理论认为，第二语言学习者通过对第一语言的重构过程来发展其第二语言（重构假说（the Restructuring Hypothesis））；另一种理论认为，第二语言的发展独立于第一语言，其发展方式颇似孩子"创造"第一语言（创造性建构假说（the Creative Construction Hypothesis））。

这一问题的主要研究方式是研究学习者的语言产物，即其错误类型，或者，更为全面地对其语言输出或中介语进行研究，根据某一段时间的语料特点做出推论，或者与第一语言习得规律性的研究进行对比，并推断出第二语言习得过程。个案观察研究和实验研究都已得到应用。有些研究以同时习得两种语言的儿童为对象，另外一些研究则对第一语言确立后增加第二语言的过程进行了考察。学习者无论年龄大小，包括成人，都已被观察过，收集到大量音系、形态、句法或语篇特征发展的例证。[6]

上述研究结果相互矛盾、冲突，既有第一语言发展与第二语言发展相同的例子，也有两者不同的例子。同样，既有迁移和干扰的例子，也有第二语言发展具有内在法则的例子。

哈奇（Hatch 1978a）基于中介语语法研究的综述，对当前的知识状态进行了评估，这项研究在本书第 16 章第 355 页已提到过。她有关发展顺序的问题与回答可总结如下：

"如果有一个先后顺序，那么是否无论学习者的母语是何种语言，这一顺序都一样？"（同上：35）	对这一问题的回答并不确定：关于母语的迁移和干扰，众说纷纭。（同上：61）
"这一学习顺序对儿童和成人是否一样？"（同上：35）	答案是肯定的。学习者，无论是儿童还是成人，其语言都具有同样的系统性和变化性。（同上：61）
"第二语言习得中是否有先后顺序，是否同第一语言习得的顺序一样？"（同上：35）	答案仍不明确。有人肯定，有人反对。"相似性是有的，差异也同样存在"，认知成熟以及第一语言对第二语言的影响，都可以对此做出解释。（同上：61）
"如果存在先后顺序，而且这一顺序在学习者之间是相似的，我们该如何做出解释？"（同上：35）	许多变量——与其他变量互动，个人因素，授课等——都很重要。但我们知道的太少，无法给出明确的解释。（同上：62—66）

基于上述综述，哈奇并没有找到令人信服的证据，明确支持重构假说或者创造性建构假说。[7]总的来说，这条研究路线令人失望，因为并没

有满足人们更清楚地理解第二语言学习发展过程的期望。

第二语言学习发展概述

假如我们暂时抛开实证与理论之争的细枝末节，或许可以按照下面的方式，将第二语言学习的心理发展解释为认知、情感、社会过程。

学习过程的开始

学习一门新语言之初，学习者的语言能力没有或者几乎没有前述第一语言使用者的语言能力或水平的任何特点。第二语言能力在各方面都是零，或者几乎是零。然而，第二语言学习者，却并非处在婴儿学习第一语言的情景之中。如前所述，第二语言学习者懂得语言，但不是任何一种语言（Cook 1977:2）："学习者已经懂得语言的潜势，能直奔主题，发现将潜势实现为第二语言的方式。"[8] 第二语言学习者的这一状况会产生情感、认知和社会结果。

从情感上来讲，第二语言学习者要忍受交际中断的挫折。缺乏语言接触和表达手段，没有安全的参照系，这一切造成了学习者最初的理性和情感上的休克。这一点，如前所述，早就为理论学家所注意。舒曼（Schumann 1975）根据拉森与斯莫利（Larson and Smalley 1972）的观点，将文化休克、语言休克、文化应激做了区分。我们认为，承认和区分语言和文化休克（shock）以及语言和文化应激（stress），是有道理的。休克发生在接触目标语言早期阶段，特别是当学习者突然沉浸入第二语言环境中时。但是，假如学习者处于语言课堂上或者其他过渡环境中，这一现象就会有所缓和。年龄、语言学习能力、以往的学习经验、个性以及其他学习者因素都会影响学习者的反应。语言和文化应激与学习体验相生相伴。

从认知的角度来讲，学习者从一开始便在第二语言的语言、语义、社会语言各个方面都感到迷茫。作为一个安全可靠、熟悉的参照系，第一语言系统具有强制性，且完全自动发挥其作用。相反，第二语言系统首先是模糊、随意、费解、几乎完全是无意义的，而且经常是生造，甚至是"错误的"，有时是荒谬的，而且，在很多情况下令人困惑。

学习者的任务首先是克服接触新语言早期阶段的迷惑和限制，在认知和情感上建立起一套新的参照系与意义系统，培养语言使用的正误感、熟悉感和秩序感，最终习得"创造性地"使用语言的能力，即能自发对交际情境做出恰当回应，并且能够用第二语言进行思维。这一过程——同在第一语言习得中一样——被称为"内化（internalization）""内在化（interiorization）""吸纳（incorporation）"。这些术语表明，这个过程不仅与第一语言习得相似，而且与儿童发展过程中的社会学习或者良知的形成相似。

从社会的角度来看，儿童在情感上依赖于父母式人物，从他们那里获得社会规范，并且无意识地将其化为己有。同理，就第二语言的规范而言，第二语言学习者依赖于教师、目标语母语者或者第二语言环境所提供的典范，而且也将其化为己有。对第二语言学习者来说，这是一个刻意的仿效或者模仿的社会策略。与第一语言习得的不同之处在于，第二语言学习者对这些社会策略的使用意识性更强。教师或学习者的朋友最初是学习者的外部语言"良知"或者能力，换言之，即父母式人物；学习任务的一个重要组成部分是语言规范的内化，即摆脱对教师或者父母式人物的依赖，习得内在、直觉的对与错的标准。舒曼（Schumann 1975）又一次根据拉森与斯莫利（Larson and Smalley 1972），将人们的注意力吸引到第二语言学习者的婴儿地位上，即对支持性的父母式人物、教师或朋友的依赖。这种语言与社会语言方面的依赖乃是语言习得早期的一个必要阶段，即"附庸（satellization）"期。[9]

语言学习的发展模式

第二语言学习中，从零能力到无论学习者期望达到的任何语言水平，都要经过几个阶段。中等能力水平，又称"过渡能力"（Corder 1967），或者"中介语"（Selinker 1972），理论上来说，是逐渐逼近（Nemser 1971）母语使用者或者教师所确定的第二语言标准。每一种中介语都代表一种包括相对于第二语言标准而言正确或错误成分的能力水平，是学习者对第二语言的最佳诠释。研究者已做出各种尝试，意欲将第二语言学习者的进展，与儿童第一语言能力的发展水平联系起来，这并不足为怪。与儿童不同，第二语言学习者并不能以一种可靠的方式达到类似母语的水平。语言教学的问题是如何帮助语言学习者达到学习者认为能够有效使用的语言水平，而不是停留在无用的低水平上。

如本书第16章所述，语言能力或语言水平有四个特点：形式掌握、语义掌握、交际能力和创造性。经常有人假设，这四个特点提供一种自然的教学大纲或者第二语言学习顺序：首先是学会第二语言的形式，然后将意义附加于形式之上，发展交际能力，最终从容自如、创造性地使用第二语言。例如，70年代初，里弗斯（Rivers 1972）提出语言教学操作可以大致分为两个阶段："技能获得阶段"和"技能应用阶段"。瓦莱特与迪西科（Valette and Disick 1972）则把语言教学目标分为四个阶段，大致与形式的习得相对应（例如，音系练习、形态练习、句法练习），之后是意义的习得，然后是有意识习得的系统自动化，最后将它们应用于真实的生活情境。无论是里弗斯，还是瓦莱特与迪西科，都没有想象过要对这些阶段做出严格的划分。

我们认为，最好假定语言水平的四个特点从一开始就同时发展，在整个学习过程中互为补充。一开始，其水平极其低下，随着学习的进步，几种系统变得越来越分化。然而，它们并没有像一些语言教学课程的做法一样完全分离开来。

由于语言教学过程要持续很长时间，学习者（以及相应的教学课程）可能在初学阶段突出强调语言水平四个方面中的一个或几个方面，随着时间的推移，所强调的重点会有所改变。从一定程度上讲，将技能获取阶段与技能应用阶段区分开来还是有意义的。依照这种区分，可以将第二语言发展模式分为两个较宽泛的阶段。

在第一阶段，学习者完全专注于语言系统（形式和意义）。在这一阶段，交流极其艰难，而且很有局限性。学习者无论是在语言系统的学习中，还是用语言来进行交际，都要依靠外来帮助。学习者一旦能够足够自信地使用语言来达到自己的目标时，不管是听、说，还是读、写，也不管其语言多么有缺陷，这一依赖阶段或者附庸阶段随即宣告结束。

一旦达到这一主观经验的自由交际阶段，学习者就进入了去附庸化阶段。成功的学习者有时会回忆起一种"豁然开朗"的感觉，此时，真正意义上的交流才在实践中成为可能。现在，学习者发展出自己内在的正确标准，不再那么依赖于教师或者母语使用者外在的语言"良知"。在达到"临界水平"或"转折点"之前，对语言应激的感觉非常明显，一旦突破这一点，就变得轻松了许多。[10]

必须牢记，前面对语言发展模式的解释是一个工作理论（T2），因此具有臆断性。虽然其基础是来自多个方面的解释，但是，却不是证据充分的实证研究的结果。这种理论可以成为实证研究的基础。但是，在我们对发展过程更加有把握之前，语言教学理论必须以对语言发展貌似合理的假设为依据。这些假设应进一步接受实证研究的验证，并根据研究结果加以修正或者否定。

语言教学的三个核心问题

第二语言学习的困难，是一个得到人们普遍承认的常识性事实。误差分析和中介语研究被用以辨识某些困难的特点。还有人对有经验的学习者做过一些有价值的内省研究，充分说明语言学习任务之艰巨。

丹麦阿胡斯大学临床心理学系主任、英国心理学家特伦斯·莫尔（Terence Moore 1977），曾对在目标语环境中学习丹麦语的经验和困难进行过颇有见地的分析。他对一些因交际中感觉受限而引起的挫败进行了阐释，如用丹麦语听课、参加小组会议、面对面交谈，以及与同事用第二语言闲聊。作为临床心理学家，其经历促使他对深受语言障碍折磨的患者充满了同情与感同身受的理解。

著名的语言教育专家维尔加·里弗斯（Rivers 1979）在拉丁美洲旅行时，曾以日记的形式记述了其学习西班牙语的经历。尽管她具备非常丰富的关于语言教学和语言学习的理论知识，但也遭受了跟没有经验的学习者一样的挫折。例如，她报告说，在她努力使用西班牙语时，以前学过的不很熟练的其他语言总出来捣乱，如：

> "当我说一个西班牙句子时，常常会用德语思考（"ich ... aber"），德语是我的第四门语言，并不流利……"（同上：69）

"我发现自己说 Buon giorno，而不是 Buenos días。怎么变成了意大利语了？"（同上：73）

"德语仍会突然出现在我的脑海中，一个早上我都不得不全神贯注于我要使用的语言上……难道用我最差的语言能够使得我感觉自己'说外语'，从而显得更为恰当？"（同上：75）

任何语言教学理论都必须正视顽固的语言学习困难，并找出应对的方式。一些关于语言教学的臆断与争议反映了许多学习者所遇到的核心问题；不同的教学方式、课程和教学策略，乃是为了克服困难所做出的种种努力。语言学习研究的一些概念，在很多情况下，都是对有经验的语言教师长期以来思考与解释的问题的心理学阐释。

1900 年到 1980 年间的语言教育研究与 1950 年到 1980 年间的语言学习研究，都曾尝试解决前面描述的语言发展过程中反复出现的三个主要的语言学习问题：(1) 第一个问题是，在学习者的大脑中，第一语言与此前学过的其他语言的必然优势与学习者新语言知识的不充分性之间巨大的反差。我们称这一问题为一语—二语联系（L1–L2 connection）。(2) 第二个问题是，第二语言学习是选用刻意、有意识的，相对认知成分更大的方法，还是选用更为下意识、自动的，更为直觉的方法。我们可以称这个问题为显性—隐性选择（the explicit-implicit option）。(3) 第三个问题事关学习者如何应对以下两难境地：个体既要注意语言形式、语码，同时还要用语码来进行交流。事实表明，即便可能，这也极其困难。这一问题姑且称为语码—交际困境（the code-communication dilemma）。

由于上述是语言学习过程中的三个主要问题，因此，可以说，语言教学方法、关于语言学习的争议，以及后来的实证研究，都是围绕这三个问题来展开的。因此，以真实反映学习过程为目标的语言教学理论，也必须将三者一并考虑在内。关键不是要找出每个问题的几个明显的答案，而是要把它们当作第二语言学习所反映出来的内在问题来理解。

一语—二语联系

外语教学中"传统"教学法或"语法—翻译"法与"直接"法之间长达一个世纪的论战，其焦点是学习者第一语言和目标语知识之间的差异。是鼓励学习者充分利用自己的第一语言知识，并借助于第一语言"跨语言地"学习新语言，还是独立地学习第二语言，完全通过第二语言"语内地"学习目标语？作为一种关于第二语言学习的心理语言学理论，这一冲突再次出现在欧文与奥斯古德对并列（语内）双语现象与复合（跨语言）双语现象的区分中（Ervin and Osgood 1954）。1960年，对比分析再次肯定了第一语言在第二语言学习中的重要性。大约1970年，对比假说被一些研究者抛弃（例如，Dulay and Burt 1974），表明了第二语言学习从跨语言向语内解释的一次转换。另一方面，同一个时代，舒曼的文化适应理论（Schumann 1978）再次关注学习者在解决从第一语言参照系统转向目标语新参照系统这一问题上所做出的努力。

塞林科（Selinker 1972）提出的中介语概念与其他类似的概念都承认，学习者语言具有系统性，假定学习者在一定程度上在第一语言的基础上发展起自己的第二语言系统。如上所述，仍具争议的问题是，中介语是按照重组假说，完全在第一语言基础上对第二语言的重构呢，还是像创造性建构假说的拥护者所宣称的那样，中介语不受第一语言影响，是由学习者"创造"出来的？创造性建构假说的拥护者在寻找第二语言发展的固有原则，以及童年早期的第一语言学习与第二语言学习的对应关系。因此，重构假说认为，学习者的第一语言是第二语言掌握的基础；从这个意义上来讲，这是一个第二语言学习的跨语言理论。相反，创造建构理论则对第二语言从语内进行了解释。科德所坚持的中介语连续统一体"介于重构假说与创造性建构假说之间"（Corder 1978:90），这种语言学习过程观类似于语内教学法（如直接法）和跨语言教学策略（如翻译法）之间的妥协。到目前为止，无论是在第二语言学习研究中（如哈奇的观点），还是在外语教学中，这一问题都没有得到解决，有待进一步的探索。

显性—隐性选择

语言学习的第二个问题是，学习者是应该理性与系统地作为一个心理问题对待语言学习任务呢，还是对所学习的语言不加思考，直觉地予以吸收呢？作为教学方法的一种选择，这一问题在 1965 年到 1970 年间有关认知法与听说法优缺点的辩论中形成，并成为众多研究与讨论的主题。里弗斯（Rivers 1964: 115-130）针对有关听说教学假设之一，从批评的角度进行了详细的讨论，"同分析相比，类比为外语教学提供了更坚实的基础"（见本书第 15 章第 326 页）。由瑞典的一支研究团队 GUME 项目组（如 Levin 1969）进行的一系列调查对隐性—显性选择问题进行了专门研究。大约同一时间，卡顿（Carton 1971:57）提出了推理这个概念："一种使用推理的教学法，可以将语言学习从只谈技能的领域转移到另一个与复杂智力过程领域更为相似的领域。"简言之，卡顿倾向于采用明示教学策略，而不是隐性教学策略。

在最近的语言学习研究中，这一问题作为克拉申的监察理论再次出现（见本书第 391—393 页；有关文献见本书第 15 章注释 17）。在克拉申对语言学习（显性）与语言习得（隐性）的区分中，语言学习被看作是一个有意识的过程，而习得则被看作是更为潜意识的过程。若要有意识地学习一种语言，学习者必须懂得该语言的规则。在此前提条件下，他就能"监察"自己的语言输出。克拉申提出"监察"这个概念，认为"监察"充当某种编辑的角色，尤其是在第二语言阅读与写作中发挥其作用，因为在这种情况下，有时间回顾、检查语言输出。在口头交际中，监察往往会干扰流利的输出。有些语言学习者过度使用监察，从而变得拘谨，另外一些人则因过于自信，没有充分利用其监察机制。克拉申认为，对于第二语言水平的发展，习得比学习更重要。换句话说，语言水平的发展更多是通过在交际中自然使用语言，而不是通过有意识的学习与监察从而缓慢地掌握语言。[11]

我们认为，有关学习与习得的讨论并没有充分联系学习心理学。如我们在本书第 14 章第 311 页所述，几十年来，人们一直将自觉的学习、有意识的学习，与社会学习（social learning）、潜伏学习（latent learning）、无意识的学习（blind learning）等概念做了区分，而没有考虑到这些区别实为人为的二元对立。著名心理学家希尔加德（Hilgard）很早之前就注意到有理解的学习和无理解的学习之间存在同样的区别，在其《学习理论》（*Theories of Learning*）（1948）中写道：

> "理解与顿悟处在哪个位置上？如果我们知道自己在干什么，有些东西可以学得更快。旅行时，如果我们能理解时间表或路线图，境况就会更好些。面对微分方程，如果不懂得那些符号及其运作的规则，我们就会觉得无助。但是，我们可以满意地发出元音，却无须知道舌头该放在哪里；我们可以阅读，而无须

意识到自己眼睛的动作。有些东西我们无意识、自动地习得；有些东西我们努力挣扎着去理解，最后只有理解了才能掌握。"（Hilgard 1948：8）

希尔加德并不主张在学习与习得之间做出严格的区分，他这样写道（同上：343）："由于所有的学习在某种程度上都是受认知控制的，无意识的学习与理解性学习之间的区分不过是程度不同而已。"

如何在第二语言学习中将有意识的学习与缺乏意识的（自动）学习联系起来，依然是一个第二语言教学与学习研究中另一个悬而未决的问题。最近，卡罗尔（Carroll 1981a）倡议，应该结合普通心理学对这个问题进行研究。如下所述（本书第 407 页），有些实验研究，如比亚里斯托克（Bialystok 1979, 1980），对监察与推理在第二语言学习中的作用进行了探讨。

语码—交际困境

第三个问题，语码—交际困境，是最近几年的兴趣焦点所在。课堂语言教学主要关注语码，因此是"形式的"，或曰"分析的"。也就是说，语言是学术学习与练习的对象。在自然环境中，语言使用是"交际的"，即非分析性的或"体验性的"。学习者是真实交际的参与者。事实上，形式教学、交际教学与学习策略虽早已为人所知，但在过去，人们想当然地认为，语言是在课堂中通过学习和练习学会的。有意识地作为教学策略来使用交际，则相对来说是最近的事情（例如，见 Allwright 1976；Stern 1981）。有些教学实验研究（如加拿大的沉浸式教学（Stern 1978）、威尔士的双语项目（Beaudoin et al. 1981））表明，即使在准外语情境中，交际策略也可以成为有效的语言教学手段。通过交际，它在学校场景中创造了语言学习的"实地"

条件。[12]

语言作为语码的形式学习,与通过交际使用的语言学习之间的互动,在 70 年代末引起了广泛的注意,但形式策略与交际策略对语言学习效果的作用,却是另一个总的来说仍然没有解决的问题。

学习策略研究

学习者如何应对语言学习的困难,研究者为了找到这个问题的答案,曾做出过诸多尝试,对第二语言学习者的策略与技巧进行了研究。学习策略这个术语,在对这个问题进行研究的过程中逐渐流行起来,但是其含义却因研究者而异。我们认为,最好是用策略这个术语来对大致的趋势,或者语言学习者所使用的学习方式的总体特征进行描述,而用学习技巧来专指学习者或多或少有意识可观察到的学习行为。适合语言学习不同方面的学习习惯或详细过程,如查阅词典,即为学习技巧。

调查研究所得出的学习策略细目虽然不尽相同(如 Rubin 1975; Stern 1975; Fröhlich 1976; Naiman et al. 1978),而且分类的方式亦有差异,但是大致范畴却极为相似。70 年代初,美国著名的社会语言学家鲁宾(Rubin 1979)开始对成功的语言学习者所使用的策略进行研究,并用这种方式开始了其对语言学习的探索。她直接或者通过观看录像来对语言课堂进行观察,听学生讨论学习策略的录音磁带,在语言学习的实际情境下进行自我观察,以及从第二语言教师那里获取他们对语言学习的观察的信息。在上述基础上,她暂时列出了七种学习策略。[13]她给策略下的定义是,第二语言学习者用来获得第二语言知识的技巧或手段。

加拿大多伦多的安大略教育研究院(OISE)现代语言中心也对

语言学习策略及学习过程进行了研究。其第一次尝试与鲁宾的研究非常相似，就是以本书作者（Stern 1975）所提出的十种策略为基准，对优秀学习者的学习策略进行了考察。[14]

在安大略教育研究院现代语言中心优秀语言学习者项目中的一项研究中，研究者（Fröhlich 1976；Naiman et al. 1978）通过深度回顾性访谈，对大约 30 名杰出成人语言学习者的学习策略进行了调查。研究要求学习者回忆自己学习经历中发生的一些波折，结果发现他们所采用的有些策略极为一致：通过自学来学习语言形式，同时尝试将自己融入交际情景中。研究发现，"……优秀的语言学习者善于充分利用可资利用的学习情境，而且必要时会创造这种情景。他们会根据个人的需要，采取不同的学习技巧与策略"（Naiman et al. 1978：25）。[15]

相反，同一项目中针对中学层次的课堂观察研究，并没有揭示有关学习策略任何有价值的东西，这也许是因为传统课堂中高度结构化场景没有为学生提供足够的机会展现可观察的策略。但是，对同一个中学学生的访谈却给人以较多启发：各种各样关于课堂语言学习的观点表明，学生对不同的课堂活动爱憎分明，而且研究支持个性化教学的理念。根据这一研究，"若要引导学生对学习的情境进行反思，找出他们对特定学习任务或活动产生正面或负面反应的原因"，所提出的批评就"会得到更加有建设性的运用"（同上：81）。

霍森费尔德（Hosenfeld 1975）开发出来的一种方法，可行之有效地用于对语言学习过程进行研究。简单地说就是，研究者请学生单独完成语言教材里典型的练习，同时进行有声思维。通过学习者的内省，霍森费尔德发现了一些学生完成学习任务时的生动细节。其中研究之一（Hosenfeld 1979）检验了保尔森与塞莱克曼（Paulston and Selekman 1976）提出的有名的练习顺序分类：机械练习、有意义的练习、交际练习。在前述研究中，霍森费尔德成功地表明，在个性化课程中，学生绕开了课本所提供的所有操练，直接将相当高级的语法解释用于自己的生活体验。换句话说，她从语法解释直接转移到了想象的交际情境。上述观察支持本书第 399 页上所讨论的语言学习观，即语言水平的不同方面（形式、意义、交际能力与创造性）不能严格划分为连续的阶段，而几个方面几乎在同时运作。霍森费尔德简单的访谈法能够揭示出学生的学习策略，而且表明，教师或教科书编写者关于学习过程的假设，未必与学习者所实际采用的程序相一致。[16]

近年来，为了更好地理解与把握语言学习的过程，比亚里斯托克（Bialystok 1978）提出了由一个理论框架内的几个具体实验任务组成的第三种方式（图表 18.2）。比亚里斯托克以本书第 16 章所描述的模型为基础，提出了自己的语言学习模型，其中融入了克拉申监察机制的某些方面，并对形式策略与交际策略，以及上面提到的显性与隐性教学，进行了区分。比亚里斯托克模型的优点是，其设计充分考虑了所有的语言输出、理解以及产出，既包括正式（课堂）学习情景，也包括非正式或自然学习情景。

模型进一步分为三个层次，标记为输入、知识和输出。在输入层，我们置身于学习者之外关注学习的条件：语言接触或者课堂。在知识层，可以说，我们处在"黑匣子"内，比亚里斯托克假定黑匣子有三种存储：一是"其他知识"，存储学习者的第一语言及其所收集的关于语言与整个世界的所有信息。第二种和第三种存储中包含目标语知识。这种有意识存储的知识包括语法规则、词汇知识等，是一个"显性第二语言知识库"。"隐性知识库"则包括新语言中靠直觉获得的语言项目。激活三个知识库，系统便开始运作。学习者可能使用少量策略，将输入层、知识层、输出层相互联系起来：形式或功能（交际）练习、监察和推理。系统输出包括两类：第一类是直接、自

530 语言教学的基本概念

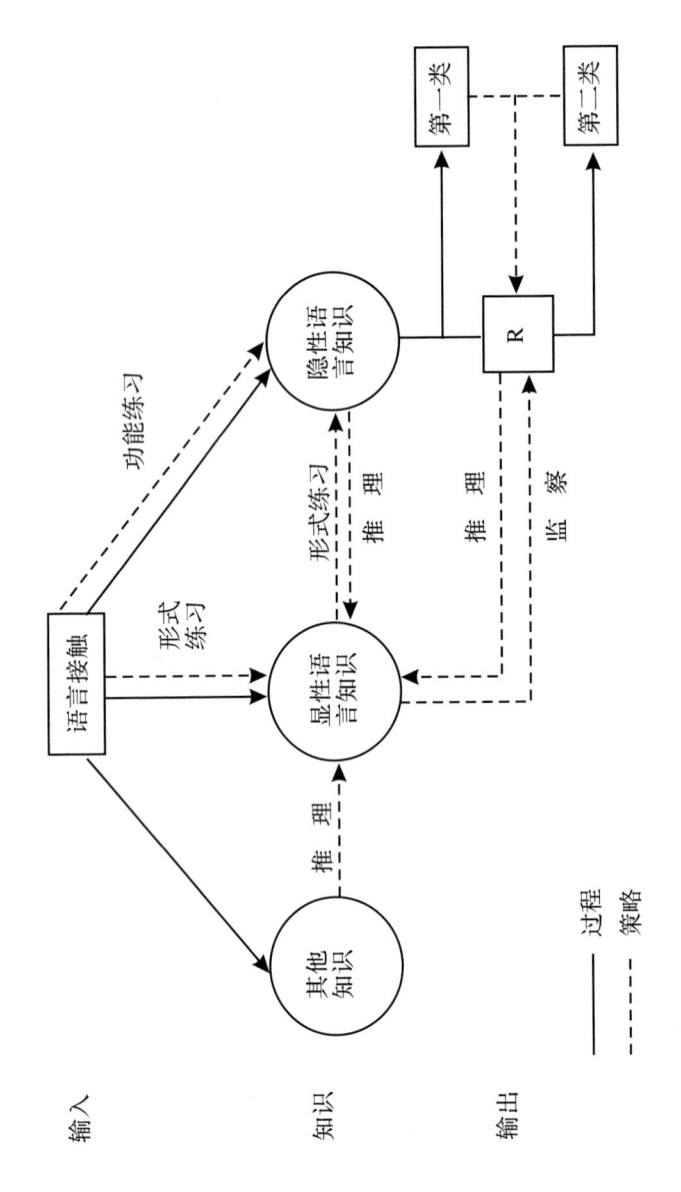

图表18.2 比亚里斯托克的第二语言学习模型

然性输出，例如，与人谈话或听收音机广播。第二类输出缓慢、慎重，如做强调规则的书面课堂练习、笔试，或阅读课文——这些任务都有可能需要对自己的语言输出进行回顾，并予以核查与纠正。在第二类输出中监察机制发挥其作用。

在上述框架内，比亚里斯托克设计了一些精巧的实验，对输入有意识地做了修改，以便对不同的策略进行研究。因此，在一组实验中，比亚里斯托克（Bialystok 1980）通过检验阅读外语段落时不同线索对推理策略的效果进行了研究：如果我们提供图片、段落大意或者段落的疑难词汇表（词典），效果有什么不同？或者不提供这些帮助，只是简明地讲解一下如何推理，效果又有什么不同？研究结果表明，有意提供不同语境帮助（图片、词典、讲解），对学习者有不同的帮助：主题图片有助于整体理解，词汇表提供整体性帮助，并在具体词汇层对读者有帮助。在本例中，推理讲解的效果，不如图片和词典。

另一个实验（Bialystok 1979）要求10至12年级的中学生与学习法语的成年人听正确的和错误的法语句子，如：

> Maman a donné un petit pain à Paul et il a mangé le.① （妈妈给了保罗一个馒头，保罗把它吃了。）
>
> Il s'est dépêché mais l'autobus était déjà parti. （尽管他紧赶慢赶，但公交车已经离开了。）

在其中一个实验中，受试只是听每个句子，并指出这个句子是正确的还是有语法错误。在第二个实验中，受试需要指出哪种词性出了问

---

① "et il a mangé le" 应该改成 "et it l'a mange"。——译者注

题。在第三个实验中,给出九条规则(如"代词宾语直接出现在动词之前"),被试的任务是确定句子违反了哪条规则。这一研究被用来检验内隐直觉语言知识与显性知识之间的区别。结果,根据研究发现,比亚里斯托克得出以下适用于教学的结论,"必须鼓励学习者培养其语感(隐性知识储存),查阅显性知识的有效策略也必须得到培训……只关注语言的形式方面与规则形成,不仅会妨碍语言重要方面的学习,同时还忽视了学习者巨大的直觉来源"(Bialystok 1979: 101)。我们再一次找到了支持本书第 399—400 页中所描述的理论,即语言水平的不同方面须同时发展的证据。

结论:语言学习观

语言学习的概念是语言教学理论的核心部分。语言教师能够更好地观察语言学习的模式,对优秀的学习者和失败的学习者的特点做出直觉的判断,推测为什么有些学生不断进步,而另外一些学生却困难重重。实证研究与理论探讨有助于语言学习概念的发展,确定学习结果与学习过程、学习者特点、学习条件以及学习所发生的社会与语言环境之间的关系。

我们有关语言学习的知识仍然不够完善,只有采用各种不同的方法进行研究,才能对此有更深入的、全面的理解,这些方法包括:根据语言产出做出的推断(即中介语分析)、对学习者行为的观察、学习者学习经历的主观报告、心理语言学实验,等等。

同时,尽管我们关于语言学习的知识不够完善,但有些问题已经越来越明朗化了,对语言学习过程的解释方向逐渐明确。首先,语言学习是一个发展过程,以累积的方式缓慢地按照步骤向学习者提供语言是不能完全控制这一过程的。得到一些研究支持的一个有价值的假设是，成功的学习者语言水平的不同组成部分，即形式与语义知识、交际能力、创造性，会同时得到发展。发展过程的阶段性目前尚未得到完全理解，我们仍未弄清楚为什么许多学习者的中介语会在某个水平上停滞不前，为什么某些错误型式会石化。学习过程的后期或者高级阶段，是否与早期或初级阶段有所不同？转折点或者临界水平这一概念是否可行？是否可以说转折点之后，或者一旦超越临界水平，第二语言就会变成一个更易学、易用的结构呢？学习者到达转折点后是否能够获得自由，从此不再那么依赖于母语使用者或者教师的帮助？

除了语言发展的本质与阶段问题，语言学习过程中还有三个主要问题，分别被称为（1）一语—二语联系，（2）显性—隐性选择，和（3）语码—交际困境。我们认为，在这三个问题上，所有的语言学习者和语言教师都必须达成妥协。若要做到这一点，最好从三层意义上来理解学习过程，分别在（1）智力/认知方面、（2）社会方面以及（3）情感方面涉及学习者。

基于以上所有考虑以及对以往学习研究的回顾，我们可以推导出四组基本的策略，而且假定优秀的学习者很有可能会使用这些策略，而低效率的学习者则运用策略不够得力，不能持续协调使用策略，或者不能发展策略。

（一）优秀的语言学习者在学习中能够使用积极的计划策略。鉴于语言学习任务繁重，优秀的学习者能够设定好学习的目标、子目标，确定发展的阶段与发展次序，积极地参与学习过程。

（二）优秀的语言学习者较多使用"学术"（显性）学习策略。在某种程度上讲，语言学习是一种知觉与认知任务，优秀的学习者做好了学习和练习的准备。也就是说，他们能够直面作为形式系统的语言，即具有规则和形式与意义之间有规律的关系的系统。他们关注这些特点，可能独立地，也可能通过与第一语言的比较，作为一个有意识感知的系统从而发展其第二语言，并在随后的学习中不断加以修正，直到学习过程结束。他们对语言进行分析，形成了自己的练习技巧和记忆技巧。他们对自己的语言应用进行监察，并加以修正，从而向更高的第二语言水平发展。他们学会了逐渐排除第一语言的影响，直到获得语言合法性与恰当性的内部标准。他们能够将语言视作要习得的知识和技能。语言学习能力研究所发现的这些特点，在这一策略的应用中无疑起着积极的作用。

（三）优秀的语言学习者善于使用社会学习策略。他们承认，自己在早期学习中不可避免地有一种依赖性，从而接受了其幼儿或附庸地位。随着学习的进步，他们逐渐得到解放，完成其去附庸化过程。优秀的学习者努力寻求机会，与目标语使用者或目标语社团接触从而进行交际，其形式多种多样，可以是面对面或者间接地通过写作、媒体来交流，也可以通过角色扮演或浸入等方式来交流。虽然有其局限性，但是优秀的学习者往往会形成并使用"交际策略"（即在用不十分完善的第二语言交际时应对困难的技巧）。优秀的学习者能够在真实的语境中，积极地使用真实的语言进行交流。无论是语言学习能力测验，还是语言水平测验，都无法测量这些同样能促使语言水平发展的社会技能背后的特征。

（四）优秀的语言学习者善于使用情感策略。也就是说，他们能够有效地应对语言学习中的情感和动机问题。无论是课堂学习，还是在目标语环境中的沉浸式学习，都会产生特定的情感问题，即前述语言休克与语言应激，以及文化休克与文化应激。尽管存在这些困难，优秀的语言学习者能够以一种积极的心态去应对学习任务，蓄积能量克服挫折，坚持不懈。他们能够培养起作为语言学习者积极的自我态度，并以积极的姿态来对待语言和语言学习，以及目标语及其社会、文化。显而易见，特定的人格特点与态度能够有利于学习者恰当使用情感策略。

我们认为，上述所探讨的是有效的语言学习的基本策略。毋庸讳言，并不是所有的学习者所有时候都会均衡地运用这四种策略。学习者学习的语言不同，教育与文化背景不同，年龄与成熟水平不同，在语言学习过程中会强调不同的策略，策略运用的娴熟程度也会有所差异。对于聪明、理性的成年人来说，策略（一）和（二）更为重要，而对于年幼的儿童来说，则更侧重于策略（三）和（四），策略（一）和（二）使用很少。在语言学习的过程中，有一段时间策略的使用可能至关重要，此时，学习的失败可以合理地归因于策略运用的失败。

学习研究的进一步的目标是增进我们对不同社会语境与学习背景、不同年龄与成熟水平、不同熟练程度情况下的第二语言学习的理解。对于这样的研究，本章所做出的阐释只能提供暂时的理论，即如第 2 章所谓 T2 与 T3。

然而，对于当前的语言教学理论，我们不能坐等研究提供明确的答案。我们必须准备好对语言学习做出一定的假设，同时，准备好利用我们实践和研究中的新证据予以修正。

注释：

1   如本书第 1 章所述，从狭义上讲，第二语言学习指在该语言被用作正规交流媒介的环境中的对第二语言的学习。
2   我们在本书第 14 章第 311 页已经指出，学习心理学也对不同种类的学习做了区分，但是，与克拉申的用法不同，学习这个概念并不局限于刻意、有意识的学习。在教育语言学之外，学习与习得的区分并不很普遍。见本书第 403—404 页，亦可见本书第 1 章第 19—20 页。

3. 关于教学的广义定义，参阅本书第 1 章。关于教育处理的更为系统的分析，参阅本书第六部分：语言教学的概念。

4. 这就是为什么许多学者坚持区分学习者接受的"输入"与学习者的"摄入"的原因，"在可用的数据中，哪些成分实际会得到处理，取决于学习者中介语语法当时的状态允许他接纳什么"（Corder 1978: 81-82）。

5. 有趣的是，70 年代中期以来，研究中所采纳的主要理论概念表达出否认语言教学的贡献，支持自然语言学习的偏见。例如，根据舒曼的观点（Schumann 1978），"语言学习不是一个方法的问题，而是一个文化适应的过程，如果文化适应无法发生……那我们就不能期望取得比现在的外语课程所取得的更大的成就"（同上：47）。关于克拉申的监察模型，据说，"许多传统的课堂活动，直接涉及语言学习（与语言习得相区别），而监察模型则宣称第二语言口语水平无法通过明示的语言学习来获得"（Gingras 1978a: 90）。由于语言教学中对语言学习的研究缺乏兴趣，70 年代的语言教学，除了个别例外，是在缺乏研究支持的情况下继续变革与发展的。这一事实促使一些观察者（例如，Bausch and Kasper 1979；Stern and Cummins 1981）提出要对课堂语言教学和课堂学习进行研究，这样才能与 70 年代无数对自由语言学习的研究相匹配。

6. 麦克劳克林（McLaughlin 1978）、哈奇（Hatch 1978）对这些研究进行过全面详尽的综述。亦见库克（Cook 1978）简明全面的综述及参考文献。关于儿童时代学习两种语言的经典研究，见利奥波德（Leopold 1939-1949）。亦见布朗（Brown 1980：第 3 章）。

7　科德（Corder 1978：74-78）对这两种假设进行了深入的讨论，并偏爱"一种调和两个极端的假说"（同上：78）。

8　科德在讨论第二语言学习的起点时也提出了同样的观点："认为第二语言学习者从零开始，而且实际上是重新学习语言的观点，是跟直觉背道而驰的。难道他早已掌握一种语言且为语言使用者这一事实毫无价值吗？"因此，科德坚持认为，第二语言学习者的起点并不是零（Corder 1978：76）。

9　如本书第17章所言，将这些第二语言学习的社会因素，与奥苏贝尔（Ausubel）的自我发展阶段联系起来是有益的。自我发展包括附庸化和去附庸化两个阶段（见本书第17章第382页）。关于人格发展中对这些概念的解释，见奥苏贝尔、沙利文与艾夫斯（Ausubel，Sullivan，and Ives 1980）。

10　在本书第15章第321—322页中所提到的一篇文章中，布拉什菲尔德（Brachfeld 1936）提出了语言学习过程中的"转折点"这个概念。

11　麦克劳克林（McLaughlin 1978a）曾对监察理论，尤其是有意识"学习"与下意识"习得"的区分，提出过质疑，"我相信，一个更为成功的理论模型，就要避免对意识和下意识经验的依赖，应与人类信息处理和语言发展联系起来"（同上：330）。

12　关于早期对这一问题的讨论，见本书第12章有关交际语言教学部分，特别是第258—262页以及图表12.2与12.3。多德森（Dodson 1978）将"媒介取向"的语言学习与"信息取向"的语言学习做了类似的区分。有关这一问题的进一步讨论，亦见当勒让（d'Anglejan 1978）、斯特恩（Stern 1981，1981a）。

13　因其语言规划方面的研究而享有盛誉（见本书第11章）的鲁宾，将策略定义为学习者用来习得第二语言知识的技巧或手段。她认为，优秀的学习者应该（1）愿意猜测并能准确猜测，（2）具有强烈的交际动力，（3）对自己第二语言的弱点不加掩饰，甘愿冒犯错误的风险，（4）关注语言形式，（5）不断练习，（6）能够对自己的言语进行监察，同时与地道的语言标准进行比较，（7）关注社会语境中的意义。

14 斯特恩（Stern 1975）发现的十种策略为：

（1）计划策略：个人学习风格或者积极的学习策略。

（2）积极主动策略：以主动的方式来完成学习任务。

（3）同理心策略：以容忍、开放的态度来对待目标语及其使用者。

（4）形式策略：处理语言的技术诀窍。

（5）实验策略：有条不紊但又灵活的方式，将新语言发展成为一个有序的系统，并不断加以完善。

（6）语义策略：不断寻找意义。

（7）练习策略：乐于练习。

（8）交际策略：乐于在真正的交际中使用语言。

（9）监察策略：自我监察，并且对语言使用具有敏感性。

（10）内化策略：将第二语言发展为一种独立的参照系，并学会用它来思维。

15 在另一项研究中（Wesche 1979），研究者对加拿大公务员学习法语的课堂录了像，并进行了分析，找出了成功语言学习者特征的行为线索。同时，还对学习者进行了访谈。观测数据表明，"真实交际中语言的使用、关于语言的讨论（也许是反映了语言学习的分析成分与兴趣成分）、不同类型的学习活动的数量，以及坚持不懈等，是那些在强化训练情境下，能够快速提高第二语言流利程度的学生所具有的特点"（同上：422）。通过访谈，发掘出了各种各样的练习活动、真知灼见，以及对学习和记忆方式的兴趣以及个人参与形式。

16 科恩与霍森费尔德（Cohen and Hosenfeld 1981）强烈推荐使用"内省"和"反省"作为语言学习研究的重要技术手段（见本书第14章注释1）。他们正确地指出，内省不仅对研究具有价值，对学生自身以及教师培训也有帮助。

第六部分

语言教学的概念

第19章

教育研究及其同语言教学的关系

在本书已经谈到过的各个学科中,教育研究(教育科学、教育理论)可能跟语言教育学关系最为紧密,然而,也可能是最不为人所认可、最为人所忽视的一个学科。最普遍形式的语言教学发生在教育背景下:中小学、大学、学院、成人班,等等。通常,语言教学是所有学校课程设置的一个组成部分,旨在给整个课程以教育贡献。教育的一些概念,可应用于课程设置中的其他科目,理所当然也可应用于语言教学。语言教师几乎必然要对教学是什么、语言教学如何适应教育事业等有清晰的概念,才能胜任教学工作,因为语言教学通常是教育的一个组成部分。因此,非常奇怪的是,对语言教学与教育研究之间的关系,竟几乎没有人考虑过。

由于对教育缺乏思考,而且也可能由于学术上的势利,教育在语言教学理论中并没有像其他学科一样得到应有的重视。从教育研究同语言教育学之间关系的"历史"来看,几乎没有任何信息可供报告。然而,由于教育研究的对象乃是所有的教育实践,因此教育同语言学、社会科学、心理学或者前面所考察的任何一个学科一样,对语言教育具有重要意义。

作为一个职业研究领域,教育同医学或者法律一样,需要借鉴其他学科的研究,如哲学、心理学,或者社会学。然而,就语言教学理论而言，教育本身可以被看作是多学科的源学科。这样来看待教育，语言教学中一些跟教育有关的假设就可以被揭示出来，而且联系其他教育活动，可以将语言教学看得更清楚。

作为一个学科领域，教育一般分为数个子领域：（1）教育哲学，（2）教育史，（3）教育心理学，（4）教育社会学，（5）教育经济学，（6）教育管理与组织，（7）教育规划，（8）比较教育学，（9）课程设置，以及（10）教育技术。

考虑到教育学的地位，在本书的最后一部分，我们必须采用不同于前面各个章节处理其他学科的方式来进行考察。我们仍然将从教育"本体"开始展开讨论，但是，不同的是，我们将紧密联系语言教学，来对教育学的各个分支研究领域进行介绍。在本章中，我们首先对教育学的各个分支学科（1—8）简明扼要地进行考察，然后对最后两个分支（9—10）近距离地进行考量，因为后两者在语言教学中举足轻重。本章的综述之后，我们将在第 20 章和第 21 章中回答下列问题：教学的概念在语言教育学中事实上是如何形成与发展的？最后，在第 22 章中，我们将给出我们自己的解读。

1 教育哲学

最具有综合性的一般教育观点，都是由教育哲学提供的，但是教育哲学家却以不同的方式来解释自己的贡献。从传统上来看，教育哲学家认为，其职责是在一些重大的教育问题上提供理智的指导。最近，上述观点被彻底抛弃。有些教育哲学家认为其任务是逻辑分析和概念澄清（O'Connor 1957：4）；也有人认为其角色就是普遍信念和假设的评论家和质询人。当今一种比较宽容的观点认为，教育哲学家不仅应该承担上述所有的职责，而且不应该以一个旁观者、观察员和评论家的身份来行使上述职责。相反，他应该充分应用其哲学知识储存，对教育的一些实际问题直接施加影响，并参与解决这些问题（如 Beck 1974）。根据上述观点，教育哲学的任务应该是：

(1) 对教育问题进行分析；
(2) 概念/术语的界定（或者"理智治疗"）；
(3) 解决抽象的教育问题；
(4) 寻求关于教育的普遍观点；
(5) 制定并实施适合教育研究的思考策略；
(6) 处理教育的"高层次"问题；
(7) 解决教育研究中产生的一些"学术难题"；
(8) 探索与教育相关的概念的本质；
(9) 对教育语言进行研究；
(10) 对教育其他子领域进行分析，提出批评；
(11) 促进教育其他子领域的研究。（Beck 1974: 16）

根据上述广义的理解，教育哲学对教育研究和教育实践各个方面都有影响，语言教育亦非例外。[1]

语言教学虽然复杂，但是因为其任务相对而言比较具体，因此跟其他许多教育活动相比较，成功或者失败的标准界定更清楚，所以，语言教师可能不会像其他教育工作者一样，带着一些哲学问题或者从广义的教育的角度去考虑其活动。然而，若能从哲学的角度来审视语言教育的所有方面，则可能有百益而无一弊。就语言教育而言，概念分析和价值观与价值取向的讨论尤为重要。

概念分析

假如教育哲学的研究方式之一是概念分析和术语的界定的话，这恰恰是我们本书的任务。因此，我们的所作所为符合教育哲学的这种观点。语言教学理论同其他教育活动共用一些术语，如"理论""实践（练习）""教育""训练""操练""教学""课程设置""目的与手段"，等等。正如我们在本书前面的章节已经看到的，这些术语如不加审视就滥用的话，可能会引起混乱，甚至误入歧途。因此，对这些术语进行分析，不仅对其他教育活动是必要的，而且对语言教学理论也是必不可少的。[2]

语言教学的开展，自觉或者不自觉地，是在一定的课程设置（教学大纲、项目，或者方法）指导下进行的，而且，近年来，试图将语言教学的目的（教学目标①）和实现教学目的所需要的程序（方式、方法或者策略）区分开来。因此，语言教学理论已经接受目标/手段论，而且这种课程观常常被看作是不言自明的真理，而非有其用途但是存在某些局限的理论模型。但是，重要的是，必须认识到，这种目的/手段论已经受到一些教育哲学家的质疑。例如，彼得斯认为，"在做事或者创造的不同方式背后"都"隐藏着一定的原则"，但是不能将这些原则区分为教育目的和作为手段的教育活动（Peters 1963: 87）。[3] 贝克（Beck）虽然接受了目的/手段论的实际效用，但是对这一理论的其他方面提出了质疑：其隐含的意思是，教育者有权力提供教育产品，并对最终产品（即教育成就）进行定义、计划和评估，而学习者本身则置身其外，没有参与。近年来，暗含在

---

① 英语中有三个同义词"goals""aims"和"objectives"来表示同样的意思。——译者注

这种理论中的语言教师和语言学习者之间的关系，也受到人们严肃的质疑。因此，教育哲学有助于澄清这些未言明的假设。同样，教育哲学可以加深对那些常常被轻率地使用的核心概念（如发现学习、个性化教学、兴趣、动机、教学、技能和评估）的理解。

价值问题

母语之外其他语言的学习究竟有多么重要？这是教育哲学的第二个领域所探讨的问题，即教育的价值问题，语言教育中也存在这个问题。本书所考察的各个学科都有自己的哲学假设。例如，语言学被看作是对语言客观、"无价值判断"的研究。但是，语言学中暗含着价值判断，如语言本身的积极价值、客观的语言学研究的价值，以及对语言学研究值得与否的认识等。这些隐藏在语言学背后的价值判断，并不能帮助我们做出应该学习哪些语言的决策，也没有告诉我们学习某一语言对一个学生的教育有什么贡献。但是，当我们必须对语言学习作为课程设置的一个组成部分在整个教育计划中的重要性进行评估时，这种判断就是必不可少的。因此，关于教育价值的研究将对关于语言学习价值的讨论产生直接影响。

进而言之，从第一语言到第二语言的语言学习行为，正如我们在关于社会语境的讨论中所看到的，可能促使学习者对不同社会的文化价值进行比较。如何看待与接触第二语言社会的成员，乃是种族价值判断的表达。甚至学生期待获得的双语能力水平，归根结底，也是一个价值问题。例如，假如将第二语言看作交际手段的话，那么流利地说这种语言就是值得的，而且同另外一个种族群体的交流，是需要联系所设置的其他课程的价值进行评估的一种价值。

教师对待学习者和学习过程的方式，也表明某些哲学价值。学习者是否是教与学过程的参与者，或者他们是否是提前预制好的机械活动的被动接受者？教育工作者如能够正确地看待语言教学，就应像他们质询其他教学活动一样扪心自问：隐藏在第二语言学习背后的教育哲学是什么？这种哲学跟其他教育活动背后的哲学有何联系？

上述论述足以说明从哲学的角度来看语言教育的优点所在（参见本书第436—437页）。

2 教育史

关于从历史的角度来看语言教学的理论的重要意义，我们已经在本书第 5 章和第 6 章中强调过，因此此处不需赘述。需要补充的是，应该牢记，语言教育的历史就是教育史的一个组成部分，它是语言教学的大语境，而且，尽管语言教学受到某些影响，在某些方面将它跟教育总的历史发展区分开来，但是，在多数方面，语言教学的历史需要放到教育史这个大框架内，才能得到更好的理解。[4] 语言教育是教育史的一个部分，但是不完全等同于教育史，这可以用几个例子来加以阐述。

19 世纪末和 20 世纪上半叶，"现代"语言的重要性日益增长，而古典语言的地位则在逐渐衰落，这构成了学校课程设置进行拓展、现代化和多元化大的历史趋势的一个部分。19 世纪下半叶，现代语言同历史和自然科学等现代学科取代了古典语言。同样，20 世纪上半叶，人们认为，语言乃是中等教育课程设置的组成部分，因为根据课程设置的传统，小学是本地语教育，外语在其中无一席之地。直到近三十年来，小学课程设置才变得足够灵活多样，开始容许或者鼓励第二语言学习。当时，对其他学科而且确实对整个课程体系（心理学、测试、教育研究和教育改革运动）产生影响的教育思想同样也对语言教学发生了影响。语言教学理论家只有承认对教育产生影响的这些大思潮，才能对一些普遍的教育假设有更好的理解。

但是，在其他方面，各种语言则在自行其道。首先，语言教学受到语音学和语言学的影响，这是课程设置中其他任何科目中所没有的（参见本书第 5 章）。其次，历史、地理和科学等"内容（content）"科目对智力的要求，不同于掌握现代语言对智力的要求。[5] 再次，作为人，语言教师同其他学科的教师是两个不同的群体，因为语言教师中有所开设外语的本族语者，他们带来了不同的教学传统和另类的文化预设，而且他们并非总是能够跟其工作的文化环境相适应，也不一定能同所在学校的风尚合拍。

上世纪 60 年代，教育思想突出强调创造、批判思维的训练和学习者个体差异，强烈拒斥机械、专制的教学方式，而语言教学则对自己的语言学和心理学理论亦步亦趋，强调操练、习惯形成、条件作用和自动反应的必要性。60 年代的语言课堂要求课堂环境更拘谨、专断，这跟当时在其他学科教育中推行的有效方式大相径庭。

语言教育的历史，最好可以被看作是一般的教育史和语言教学所受到的特殊影响相互作用的结果。语言教育史家所要面对的问题是，对语言教学跟教育的大趋势共通之处与差异做出解释，而且重要的是，不要脱离一般的教育史来探讨语言教学理论的发展。[6]

3　教育心理学

在构成教育学的分支学科领域中，教育心理学可能是最发达的一个。由于它涵盖教育的所有跟心理学有关的方面，教育心理学乃是教育理论的核心。因为教育心理学中跟语言教学相关的各个方面已在本书第 14 到 18 章中进行过探讨，所以此处不再赘述，请读者参阅相关章节。

4 教育社会学

作为社会学的一个分支,教育社会学将教育作为一种活动和制度,置于社会大背景下来进行研究。它承认学校和其他教育机构在社会中的能动作用。学校可以被看成是社会的组成部分,同时是对现存社会结构的反映。因此,学校教育的社会目的之一是维系现有的社会秩序。有些人对教育的这一功能表示欢迎,但是也有人对此提出批评,因为他们认为,这样一来,教育就成为使社会差别和社会不公永久化的工具。教育社会学的文献表明,在很多社会中,学校学生的构成不可避免地反映了社会的差别,而且学校体制也根据所在社会的主要社会层次名正言顺地进行了区分。语言在教育的这种社会划分中起了推波助澜的作用。直至今日,外语学习仍然被看成是"精英"教育的标记,而且在有些学校里,教授语言并非为了语言自身的益处,而是因为语言赋予学习者以社会声誉。

同时,教育社会学还认识到,学校的设立乃是为了促进社会变革,因为通过学校,社会可以有意识地努力去改变其内部结构。教育在某些社会中被视作消除社会阶层之间隔阂的手段,并以此来促进机会均等,增强社会的流动性。语言有时作为迈向民主教育的一个步骤被引入小学和非学术型的中学,以抵消前述第二语言的特权地位。

同时,教育社会学家已经向人们表明,通过教育干预来改变社会结构是非常困难的。本书第 10 章中所描述的伯恩斯坦的研究表明,社会阶层和家庭中占统治地位的语言的使用之间关系紧密,它阻碍了通过教育来实现社会流动性目的的实现。同样,在非洲国家,社会力量非常强大,单纯将农业训练引入学校,并不能遏制住城市化的趋势。只有在教育超越学校的界限,成为大社会运动的组成部分时,才能通过教育来实施社会变革。[7]

通过教育来改变一个社会语言特点的努力能否成功,取决于来自于大社会的支持。联系社会对学校进行社会学分析,对语言教学理论有很大的价值,因为它为对社会架构进行阐释提供了一系列概念,进而通过这个社会架构可以对所教授的语言在学校体系中的作用进行审视。从社会学的角度来看,语言教学就是改变人口语言总存的一种干预。可以说,学校可能相对而言使人成功地掌握"两种语码",即具备阅读与写作的能力。通过学校系统来教授第二语言所做出的努力,乃是为了使人们掌握"双语"。[8]

有人或许会问,为什么通过学校教育来培养阅读与写作能力所做出的努力取得了如此之大的成功,而第二语言的教学却远远不如前者那样成功呢?原因之一可能是,就阅读与写作能力而言,由于社会普遍认为阅读与写作很重要,学校的努力通常持续数年。原因之二是,我们日常生活的许多交往活动都需要阅读与写作。读写技能一旦获得,无论是在学校内还是离开学校,都始终在使用中。相反,第二语言学习一般来说速度比较缓慢,而且也没有读写运动那样的强度和迫切性。进而言之,学校所教授的第二语言在语言课堂之外通常没有什么用途。凡是因为第二语言是教学语言,或者因为它是环境中所使用的语言,才教授第二语言的地方,如法语或者英语在有些国家的情形,第二语言的学习往往更为成功。第二语言在社会中的应用对语言学习产生了影响。因此,同样重要的是,超越学校的局限去看第二语言学习,才能理解为什么学校里的语言学习不成功,并且提出下列问题:社会赋予第二语言什么样的重要性?答案主要不在于宣称第二语言学习有多大的价值,而在于第二语言的运用程度。通过双语教育来促进双语制的发展所做出的努力,如加拿大的沉浸式强化训练课程

(the immersion programme），可能比把外语作为一门课程来教授要成功得多，因为所教授的语言是学校教学的媒介，而非仅仅是一门课程。[9]但是，即使在这种情况下，假如语言学习不辅助以社区中的双语接触和交流，成功可能是短暂的。因此，语言教学的成功取决于主要社会力量，如语言在社会中的作用或者对语言的认识。

除宏观社会学因素之外，教育还提供了"微观社会学"研究的机会。我们可以近距离地对学校或者班级及其成员（教师、学生以及其他参与者）进行审视，观察他们之间的互动。若将学校或者班级看作是具体而微的社会，教育过程就跟社会群体的研究联系了起来，而且采用这种方式可以发现它们之间一些共同的成分与独有的特点。在学校里，一个班级就是一个"正式"的群体，近年来，教育工作者试验采用各种方式来分组，其依据是小组的规模、成员组成以及内部的组织结构可能对学习产生影响。从传统上来看，班级由一位教师加若干规定数量的学生组成。现代关于教育的社会架构的思想引发了对小组教学模式与个性化教学模式的试验。因此，教师在学校环境中的角色并非绝对固定的。过去，教师的角色总是具有绝对权力的导演，指导学生所有的活动，而学生则按照整齐划一的方式跟着教师的指挥棒行事，这就是人们所接受的正确的、正常的师生关系。如今，则常常要求教师努力创设一种更具有流动性和弹性的课堂组织，不要总是把自己定位在教师角色上。正如我们在关于教育史一节所谈到的（参见本书第423—424页），语言教师可能由于坚信语言学习不适合采用结构更松散、更民主和机动灵活的社会小组组织，从而对社会组织的变革反应迟钝，不会很快就将之应用于语言课堂教学。然而，当今人们对语言课堂的社会结构和"社会氛围"的意识越来越强。个性化教学和班级构成方面的试验表明，语言学习小组机动灵活的结构可能促进语言教学。总之，班级构成、规模、社会氛围和小组活动构成教育小组的微观社会学，是教育社会学的组成部分，这方面的问题对我们理解语言课堂有启发意义。[10]

5　教育经济学

这是相对而言比较新的教育研究的一个分支领域，它从两个角度将经济学应用于教育中。其第一个主要关注点是教育的经济效益。这一方式对发展中国家决定有限资源的分配尤其重要。难以回答的一个问题是：建立或者扩展一个教育体系会产生什么经济效益？更难回答的一个问题是：在学校体系中开设某个学科，如外语，会产生什么经济效益？

第二种方式通过跟其他措施的比较，来对某一种教育措施的成本和收益进行评估，从而为教育选择和决策提供必要的成本核算。但是，评估不能完全根据经济学原则，需要具备大量的知识和对某项教育活动优点进行评估。计算第二语言教学的成本时，必须考虑的因素包括：（1）教师培训与配备的成本，（2）导师和非专业辅助人员（如本族语者助教、语言实验室技师等）的成本，（3）资料费，（4）语言课规模，（5）场地和必需的设备，如特殊的语言教室与设备费用。因此，学校体系中语言课从20分钟增加到40分钟，教学人员人数就要加倍，结果导致每个学生平均费用的增加。语言课规模的缩小，产生类似的结果。昂贵的设备（如语言实验室）不仅初期投资很大，维护费用也很高，因此投资前应结合学生从专门教室所能获得的好处以及教学时间的节省来加以考虑。同样的教育收益能否通过其他低成本途径来获得？在小学初期阶段开设某一种语言更经济，还是在学校教育后期阶段强化教学更经济？教育经济学目前尚不够完善，没有提供现成的回答类似问题的技术。但是，随着这一日益兴盛的分支学科研究方法的不断完善，语言教学无疑也可以从这一视角更清楚地加以考虑。[11]

6 教育管理与组织

既然语言教学是在教育体系这个框架内进行的，那么它跟其他教育活动一样，需要依赖于教育体系的结构和体系内部具体机构的结构，如中小学、学院或者大学的结构。管理任务多种多样：管理者为整个体系和每个机构的正常运行提供保证。他们负责任何教育机构依照相关法律来运行。教育管理进一步分为财务管理、资产与服务管理、招生、人员招聘、对课程设置或者开发的监督、对考试的组织、学生成绩评估以及教师认证等。管理人员必须收集统计其他类型信息、保存记录、谈判、面试、解决冲突、发起改革、提出目标建议、组织、决策、监督以及评估等。[12]

多数教育体制有一个三层管理结构：（1）中央（国家、州，或者省），如教育部、教育与科学部（英国）；（2）大的区域或者地方，如地方教育局（英国）、学校委员会、教育委员会（北美）；（3）机构，如中小学、学院等。

在正常情况下，教育是由地方和区域民主选举的团体掌控的，因此教育的管理通常是向所选举的团体（学校委员会、学校托管委员会，或者教育委员会）汇报。一般来说，整个教育体系由教育部管理，向全国或者地区议会汇报。

在不同的教育体制中，权力和责任以不同的方式在上述三个层次上进行分配。在教育体系发展的早期，教育通常由中央教育机构统一掌控，但是近年来伴随着教育的发展，管理体制也发生了变化，地方和学校拥有更大的自主权，同时也承担了更多的责任。

在每个教育机构内部，权力和责任在学生、教职员工（教师、教练、教授）和负责人（主任、系主任、校长、（主持日常工作的）副校长等）之间，按照多种方式来分配。在有些体制中，大的社会或者教师或家长组织在学校或者地方教育决策中起一定的作用，而在其他一些体制中，教师和家长很少或者根本没有机会去对学校的工作产生影响。

多数教育体制分为三个大的阶段组织起来：（1）小学教育，即从义务教育开始到青春期儿童的教育；（2）中学教育，即从少年到义务教育结束以及之后的教育；（3）高等或者中学后教育，即高等教育或者职业教育和成人教育（教师教育即属于此类）。小学教育之前往往是学前（幼儿园）教育。

在有些体制中，上述划分的差别导致三个阶段不同的安排。然而，其基本普遍原则是根据大致的年龄和发展阶段来组织教学。在惯常情况下，上述宽泛的阶段以年为单位进一步分为"年级（form①）""班级（class）""水平（standard）"或者"年级（grade）"等。过去，对升级的处理是非常严格的。如果达到一定的最低成绩，学生按照年份就从一个年级升入高一年级。如果达不到起码要求，就必须"留级"。第二次世界大战前，英国广泛流行"能力分组"制，据此，同一年龄段的学生被分为几个班，每个班代表一定的成绩水平。然而，近年来基于社会和心理方面的考虑，学生的升级和分班根据其年级或者能力更加机动灵活。在北美，学校里年级的界限越来越淡化，而在英国，则按照能力来分组的做法越来越淡化。近二三十年来，中等学校为了扩大中等教育实行了改革，但是与此同时，允许课程设置的多元化。

---

① 英国中等学校、美国私立学校的年级。——译者注

学校行政的不同分支与层级以及学校系统的配置构成了整个教育的架构，其中语言教学作为教育活动，有其应有的位置。如此一来，语言通常并不会造成特别的教育管理或者组织问题。但是，在一定体制内工作的语言教师当然应该熟悉体制的结构与运作。

但是，在那些语言是政治、教育或者社会敏感问题的国家，尤其是在双语或者多语国家，确实会产生一些特殊问题。例如，公众可能会施加压力，强化语言教学；相反，也可能由于财政或者教育原因，语言教学受到抵制。可能由于政治的原因，语言教学需要改革，但是由于同样的原因，语言教学的改革可能引起政治的对立。因此，教育管理者可能发现自己处于湍急的政治漩涡中。从前面一些章节的论述可以看出，语言跟内部与外部社会关系紧密地联系在一起，而在这种社会关系中民族或者集团的刻板印象和偏见可能影响判断与决策。在这种情况下，种族和语言问题在教育管理中起着关键的作用。这对教育管理者来说不足为怪，因为教育管理在当今被宽泛地看作是一种涉及人类关系管理的社会过程（Getzels *et al.* 1968）。

关于语言教学的决策有时候要求对教育管理或者组织结构做出改变。例如，如前所述，第二语言教学过去一般在中等学校进行。因此，战后小学开设第二语言就改变了小学和中学已接受的课程分配模式。"沉浸式"强化训练课程或者双语课程甚至要求做出更激烈的变革，因为在这些项目中第二语言是教学语言。在这种情况之下，第二语言教学影响了学校教职员工的构成、整个学校项目的组织和课程设置，而且，假如以前的教育立法规定了统一的教学语言的话，甚至会产生法律影响。语言教学需要特殊组织安排的另一个例子是，针对移民或者少数语言族裔的用于广泛交流的语言教学，以及民族混居社会中少数族裔语言的教学。对语言少数族裔的广泛承认，在许多国家体现为学校教学语言的多样性。

总之，语言始终对教育的总体规划产生影响。为了提高教学效果，语言的教学必须在教育体系中有清楚界定的位置，因为后者乃是前者广义的背景。若对教育体制整体和教育机构缺乏理解，语言教师就不能够建设性地发挥其作用。这并不意味着语言教师应该总是适应现存体制；语言教育可能要求改变教育体制，以适应语言教学。[13]

7 教育规划

正如在前一节所看到的，教育体系是一个庞大的复杂组织，需要许多组成部分（如人事、学生、家长、课程设置、学习材料、建筑、设备、财务，等等）协调起来以实现共同的目标。它在数个层面上运作：中央或者国家及/或地区层、地方层和机构层。体系所涉及的因素都是动态的。需要教育的适龄儿童人口可能会有增减，关于教育目标或者课程设置的观念会产生变化，而且可用于教育的资金也可能会有增减，建筑也会报废。中央、地区和学校各个层面上责任的分配受到政治和意识形态变化的影响。新技术给教育发展带来无法预测的可能性。由于教育体系庞大、复杂，而且受到很多变革的影响，从经济规划和社会规划派生出来的规划这个概念，可以应用于教育。显而易见的例子之一是，根据需要接受教育人口的数量，对教育投入、办学场所和教师配备等的规划。但是，人口预测仅仅是规划过程的一个组成部分。现在需要的是，可以定期根据新出现的情况加以修订的中央教育规划。时至今日，人们已经认识到，在发达的教育体系中，规划使理性、经济的教育发展成为可能。

规划并非意味着僵硬教条的中央控制。规划过程本身需要经常更新与修正。规划跟责任的分配也是相辅相成的，这样一来，规划的一部分为中央控制，部分由地区控制，而且某些方面——尤其是课程规划——可能由学校来负责做出。[14]

在语言教育中,语言规划和教育规划两个概念合二为一,成为一个整体。教育体系中的语言教学依赖于长期的组织。基础的语言学研究或者社会语言学研究、课程与教学材料的准备、语言教师的教育等——所有这一切都不是一蹴而就的。因此,语言规划跟教育规划必须紧密结合起来,才能恰如其分地应用于语言教育。[15]

8 比较教育学

对语言教师而言,因为语言教育本身所具有的国际属性,如同比较教育学所做的,从国际和比较的角度来研究教育尤为重要。对语言教师来说,国外工作经验司空见惯,他们要么在接受职业教育时作为学生在国外学习过,要么在职业培训结束后在国外丰富其经验。因此,懂得如何去面对另外一种教育体系,对语言教师更好地工作是非常珍贵的。进一步讲,因为外语教学不可避免要涉及目标国家的生活与文化,因此也就无一例外要接触这个国家的教育。从语言教学理论的角度来看,最后一个而且是最重要的原因可能是,语言教育的思想受到国外语言的教学与学习的信念的深刻影响。尽管在很多情况下,这些信念并无准确的信息基础,而且事实上可能会引人误入歧途,但是它们对理论的发展和语言教学政策有影响。1957年的人造卫星危机之后,1958年美国通过了《国防教育法案》(The National Defense Education Act),美国的外语教育开始扩张,因为当时有一种观点认为,苏联科学技术之所以发达,是因为其外语教育占优势。上述对苏联外语教学影响的解读或许是一种夸张,甚至可能是虚假的,但毕竟对美国的语言教学产生了深刻的影响。对其他国家外语学习信息的掌握越准确、现实,无论是哪里,对外语教学就越有利。

比较教育从两个角度对教育机构和教育过程来进行研究。首先，它对某个国家或者地区的教育，以那个国家或者地区的文化、社会和经济为背景，来展开研究。这些"区域研究"（Bereday 1964）所采用的是政治科学、社会学、人类学和历史学的方法，但重心是教育。其次，它对某一教育现象，如课程设置、考试、家庭与学校的关系、教师角色、中央或者地方教育管理等，进行跨文化比较，亦即"比较研究"（同上）。

作为教育研究的一种方式，多年来比较教育的价值已经得到认可。在西方世界，几乎自正规教育肇始以来，教育工作者就已经跨越国家的界线对教育机构进行对比研究。政府教育委员会常常将其他国家的经验一并纳入审议。[16]

作为一个专门的研究领域，比较教育从20世纪初起开始发展起来。20年代，国际教育署（The International Bureau of Education）的设立对其发展起了推动作用。第二次世界大战后，联合国教科文组织（The United Nations Educational, Scientific, and Cultural Organization，简称UNESCO）设立，其中就包含国际和比较教育研究。1954年在汉堡成立的联合国教科文组织教育学院（The UNESCO Institute for Education），几乎完全致力于重大教育事务与问题的比较研究。大学也开始作为一种特殊的研究开设比较教育，而且教育文献也因为比较研究的贡献而得到极大的丰富。[17]但是，很少有研究从国际和比较的角度对语言教学进行探讨。[18]

比较教育研究因为过于主观和不成体系而受到诟病。为了将教育研究中某些实证研究的严密性注入比较教育研究中，60年代初，一批国际教育研究者首倡发起一个大的比较教育研究项目。这批研究者为了达到上述目的，成立了一个专门委员会，此即后来的国际教育成就评估协会（The International Association for the Evaluation of

Educational Achievement,简称 IEA)。国际教育成就评估协会团队提出的论据是,在课程论研究中,很难进行"试验",但是不同国家的课程设置和教育供应方面的差异本身就是尚未探索过的教育研究"实验室"。

1961 年到 1973 年间,这个团队首先对 12 个国家的数学教学进行了探索(Husén 1967)。60 年代中期后,对课程设置中其他学科的国际比较研究紧随其后,其中包括社会、阅读、文学教学、自然科学和公民教育(Walker 1976;Purves and Levine 1975)。与此同时,一项十国英语作为外语和八国法语作为外语的国际教育成就评估协会研究启动。上述各项研究采用了相同的模式。对课程设置中不同学科的成绩,采用特别设计的适合不同教育阶段的国际成就测试在不同的国家间进行了测量。研究对四个年龄段的学生进行了测试,但是具体到某个研究,四个阶段未必都进行了测试:第一组为 10 岁儿童,即小学较高年级的学生;第二组为 14 岁少年,即中等教育初期或者中期的学生;第三组为大约 16 岁离开学校的学生。最后,最高级的测试用于对即将进入大学的学生进行测验(即第四组)。除上述测试外,还采用由参与国专家组成的国际专家组设计的几个问卷进行了问卷调查。在每个参与研究的国家,一个全国认可的教育研究所,如英国的英格兰与威尔士全国教育研究基金会(The National Foundation for Educational Research in England and Wales)或者苏格兰教育研究委员会(The Scottish Council for Research in Education),负责所在国家全国的数据收集。将各国收集的信息加以综合的任务由国际委员会承担,每个委员会负责一个学科领域。最后,由学科领域一名国际专家或者专家组负责最终国际研究报告的撰写。

分别以英语和法语作为外语为对象进行的两个研究,收集了 15 个国家语言学习的信息(Carroll 1975;Lewis and Massad 1975),分别是：

英语	法语
比利时	智利
智利	英格兰
联邦德国	新西兰
芬兰	荷兰
匈牙利	罗马尼亚
以色列	苏格兰
意大利	瑞典
荷兰	美国
瑞典	
泰国	

两项研究均表明，进行这样的跨国家研究非常困难，但是同时也非常富有成效，因为不同国家的外语教学既有相似之处，也有差异，只有通过这种比较研究，才能将之揭示出来。这种研究的目的绝非是举行"语言教学的奥林匹克运动会"，而是利用不同教育体系的体验，来确定哪些是有助于提高全民族第二语言水平的重要因素。因此，首先，这些研究要确定在不同国家和地区精心选择的学生样本的英语和法语成就水平。其次，研究旨在将语言水平上的差异，跟不同教育体系下各种各样的因素联系起来，并用这些因素来对语言水平的差异做出解释。这些具有里程碑意义的研究结果于1975年发表，乃是非常有价值的国际语言教学数据库。最近，这些数据被用于对尼日利亚的法语和印度、赞比亚与象牙海岸的英语的研究。[19]

前面（见本书第420页）已经说过，由于教育跟语言教学关系密切，它的两个分支需要近距离加以考察，它们是：课程教学论和教育技术。

9 课程教学论（Curriculum①）

作为教育研究的一个领域，课程教学论是一个比较新的学科[20]。从本章下面的讨论和本书第 22 章的内容可以看出，课程教学论对语言教学理论的发展尤为重要。"curriculum"这个术语通用的有两个相互联系的意思。一是指某个教育机构或者教育体系的教学计划内容。因此，我们可以说中小学的课程设置、大学的课程设置、法国学校的课程设置，或者苏联教育的课程设置。从狭义上讲，这个术语指学习的一门课程，或者某一学科的内容，如数学课程或者历史课程。所以，在英国大中小学校里，这个术语跟某个学科或者课程的"教学大纲（syllabus）"有时是同义语。然而，近年来，"curriculum"这个术语不仅用于指学科内容，而且指整个教学过程，包括教学材料、设备、考试和教师培训，总之，指跟学校教育相关的所有教育措施，或者课程内容。换言之，课程教学论所关注的是"将什么内容在什么时候以何种方式教给什么样的人"（Eisner and Vallance 1974: 2）。[21]

在最近的教育发展史上，即使在课程教学论被认定为教育研究的一个独立的研究领域之前，课程设置问题反反复复被提出，在英国，有几个颇有影响的政府委员会定期对学校系统所提供的教育进行审核。其审核报告——尤其是跟中等教育相关的报告，如哈多报告（The Hadow Report）（1926）、斯彭斯报告（The Spens Report）

---

① 也有人把这个术语简单地翻译成"课程"，但是由于此处这个术语的意思远比一般意义上的"课程"要广泛，而且这样翻译容易引起混淆，所以这里选择教育学界通用的一个译法，译作"课程教学论"。但是，在其他地方则根据需要经常译作"课程设置"或者"课程"。——译者注

（1938）和诺伍德报告（The Norwood Report）（1943）——是英国中等教育史上的里程碑。在加拿大，题为《生存与学习》（*Living and Learning*）的霍尔—丹尼斯报告（The Hall-Dennis Report）（1968）乃是最近几十年来课程改革的一个典范。

在美国，自50年代初以来，学校的课程设置一直受到核查，而且现代世界范围内对课程设置改革和课程开发的重视，多半受到美国50年代和60年代课程教学论研究的影响。对教育内容与方法的质疑引发了政府和私人基金会（如福特基金会）的行动。50年代和60年代开展的许多课程项目导致一些报告的问世、教科书的改变以及数学、自然科学、社会科学和人文学科新材料的编写与出版。[22]地区性"实验室"作为课程改革中心建立了起来。类似的考虑带来了新的外语教学方式的产生。例如，国防教育法案（1958）资助开发的军队语言材料（ALM材料）在60年代初为新型课程提供了素材，这种新型课程多年来一直是语言课程的典范。[23]

同一时期，在英国，纳菲尔德基金会（The Nuffield Foundation）和教育部（即后来的教育与科学部）是课程改革的领头羊。这里，课程改革的重心也放在组织课程工作人员修订教材和编写新材料上了。英国教育与科学部传统上极少直接影响学校课程的设置，但是在1965课程与考试学校委员会（The Schools Council for Curriculum and Examination）的设立中起了很大的推动作用。这一机构领导了最近展开的课程改革运动。[24]因此，课程改革乃是英国新的语言教学方式和新的教学材料编写的大背景，其中纳菲尔德基金会/学校委员会组织编写，大约1965年开始出版的法语、西班牙语、俄语、德语和拉丁语课程，是其中突出的例子。[25]

课程理论

25 年的课程改革，不仅促进了系统的课程开发与革新路径的逐渐形成，而且促进了课程设置基本原则的形成。简而言之，它促进了"课程理论"的发展。[26]

课程理论所关注的是：（一）课程背后的意识形态和哲学假设（即课程哲学）；（二）对课程三个主要组成部分的界定：(1) 目的与内容，(2) 教学，(3) 评估；（三）课程设置过程：(1) 系统的课程开发，(2) 教育机构里课程设置的实施，(3) 课程评估。

（一）**课程哲学**。关于学校课程设置的讨论揭示出课程背后的不同哲学取向，这种取向对教育的目标、内容、方法和材料产生影响。例如，艾斯纳和瓦兰斯（Eisner and Vallance 1974）区分出五种主要的课程哲学取向：

第一种取向是，学校的课程设置应该促进认知过程的发展。学校的主要功能并非传授固定的内容，而是培养孩子的探索技能，发展其认知能力，帮助他们学会学习。如果我们接受这一概念，可能会认为，语言教学的目标并非是获得完美无缺的第二语言，而是对大脑进行训练或者学会如何学习语言。[27]

第二种取向是自我实现或者作为完美体验的课程。根据这一观点，教育此时此地必须给孩子提供某种给养，学校"必须"借助于课程"完全进入孩子的生活中"（同上：9）。课程应该对处于特定发展阶段的孩子有意义，而不是仅仅提供某种只有到了成年后才有价值的体验。假如将上述原则应用于第二语言学习的话，在很多情况下，语言在课程设置中的地位就值得怀疑了。假如作为外语在学校里学习一门语言的话，所学习的语言常常主要是将来有用。现在的问题不是孩子此时此地能够使用语言来做什么，而是将来可能使用语言做什么。然而，在有些第二语言学习情境中，例如教授移民某一门语言，显而易见，语言跟阅读一样，直接与其生活紧密相关。如果所学习的语言不具备这种直接相关性，语言教师应牢记这一课程设置取向，对所产生的问题加以考虑。他们在整个教育过程中，试图将有直接相关性的活动和体验引入课堂教学，如项目、学校集体旅游，或者学生交流。

这一取向对语言教学的最佳年龄问题有直接影响。虽然无法证明某个年龄段学习语言效果更好（见本书第 17 章），但是教授儿童另外一种语言，可以给他们提供许多教育家所谓的其一生特定阶段有价值的人生体验。因为，其进一步论证是，在其教育的任何阶段，都不应该让学生认为其母语是唯一一种有效的语言。为了扭转这一趋势，第二语言应该是其教育任何阶段的一个组成部分，而且不管学习第二语言有何经济利益，这就是从教育的角度对早开始语言学习的辩护。

第三个取向，即社会重构/相关性，将重点放在社会需求上，这种社会需求应通过教育和课程设置来满足。这一立场可以以加拿大旨在培养以英语为母语的儿童双语能力的"沉浸式课程"为例来加以说明。[28]在这种情况下，双语制虽然对个人也很有价值，但主要是以社会利益为出发点，才通过学校教育来培养的：作为克服语言隔阂的一种社会凝聚力量，双语制非常重要。

艾斯纳和瓦兰斯的第四个取向，即学术理性主义，重视古典学术研究的遗产和"一般读写能力"，以两者为课程设置的核心与主要内容。这一传统为广大语言教师所熟悉，因为自 19 世纪以来，语言由于为学习与研究其他民族的伟大文学提供了一条途径，而一直为人们所称道。[29]

第五个取向是作为技术的课程。根据这种方式，价值观受不到质疑，也根本没有有意识地建立起来。相反，重点放在目标与手段的高效识别上。这是一种纯粹的"技术"途径。但是，由于这种方式视价值为已定，主张"远离价值判断"，而且恰恰是因为这一取向没有认识到自身程序背后的价值判断，因而受到艾斯纳和瓦兰斯的批评。尽管60年代人们对技术热情高涨，但是近年来，课程设置中的技术途径以及所有教育技术已成为众矢之的（见下文第445页）。然而，假如我们能认识到，价值决策做出后，"作为技术的课程"确实是有用的，任何人都没有理由对这种课程设置中的工具方式横加指责。

前述五种取向，根据艾斯纳和瓦兰斯的观点，每一种都代表一定的哲学立场，可用于阐明关于课程的一些主要决策。当然，五种取向并非相互排斥。艾斯纳和瓦兰斯认为，排他地依赖某几种取向可能产生三种"课程设置谬误"：强调学会学习可能导致对所学习内容的忽视，而只关注内容，如学术理性主义取向的做法，同样可能以偏概全。第三种谬误是，相信存在一个具有普适性、正确的课程设置，它可以不考虑与其相关的历史、政治或者社会环境等因素。[30]

(二) 课程的基本组成。虽然对课程进行讨论时使用的术语不尽统一，但是在基本概念上还是有广泛共识的。通常作以下三个方面的区分，三者对语言教学均具有直接影响。

(1) 目的与内容。第一组重要概念是教学"目的"（目标或者宗旨）与教学"内容"（材料或者题材）。通常，课程中包含这两组概念。如果从这个意义上去理解课程，可以回答以下问题：需要学习的是什么？课程计划要取得什么结果？因此，定义之一声明，课程指"一系列意欲取得的学习结果"（Johnson 1967: 130）。无论课程这个术语中是否包含更多内容，无疑，现代课程理论将重点放在教学目标的界定和对教学内容的描述上。

最能代表这一趋势的是50年代由美国教育学家布鲁姆（Bloom）发起，旨在确立系统的教育目标分类体系的联合研究项目。布鲁姆教育目标分类系统的影响迄今犹在。促进这一合作研究项目的原动力，最初来自于对开发更适应教育目标的测试的需要，本身乃是为了澄清对课程设置和测试的开发都非常重要，但是一直以来令人不满的一些模糊概念而所做出的努力。分类工作和后续课程评估研究是由参加1948年美国心理学协会（The American Psychological Association）大会的大学本科督学在一次会议上首倡发起的。后来，美国大学本科督学又召开了数次会议，结果是出了著名的两卷本教育目标分类手册。同传统习惯做法不同的是，在前述两书以及后来的著述中，不同学科领域的教育目标没有区分开来进行定义，而是用三个大的心理范畴进行了概括：认知、情感和心理运动技能。但是，只有前两者有详细的目标分类，一是认知领域（Bloom 1956），另一个是情感领域（Krathwohl et al. 1964）。

为了使教育目标更加精准，在60年代部分教育理论家强烈呼吁，要求对教育目标从操作或者行为的角度进行更为准确的定义，这样一来，就可以精确地确定课程的最理想结果：课程开始时学习者不能做的事情，课程结束后能否做到？体现为具体行动或者知识的教育目标，被称为"行为""表现"或者"教学"目标。同一时期，表现目标的定义和拟定，尤其是在北美的教育中受到特别关注。需要补充的是，数位教育家立刻做出反应，向对教育目标详尽、明确的定义甚至详细列举行为目标的做法的积极作用提出了质疑。他们不接受教育始终必须生产出固定可预测的产品这种思想。然而，确定教育目标所做出的努力，在60年代是对课程理论的重大贡献。语言教学在此过程中也受到了影响。[31]

（2）教学。第二组重要概念的核心是达到上述教育目标的教与学的过程。因此，教育中的如何教——教学方法、时间分配、教学内容的选择与安排、讲授的方式、课堂、所使用的媒介等——也可以被看作是课程的一部分。³²课程的狭义定义仅仅指（1）中"课程"的各个方面和（2）中"教学"的各个方面，而其广义的定义则包括（1）和（2）所有的内容。但是，狭义和广义的课程定义之间没有理论上的差异，因为两者都从概念上将目的和手段区分了开来。如前所述（见上文第421页），有些哲学家对教育中目的与手段的区分提出了质疑。无疑，课程中包含教学，要比将两者从概念上区分开来，更容易调和其观点。

在这个标题下探讨的关于课程一个更古老的方面，是对教学内容合乎理性的顺序安排。关于制约这种安排的原则的讨论，导致作为教程的"课程"概念的产生。对教学内容的系统组织，可追溯到德国教育家赫巴特（Herbart）；多数学校系统和多数课程设置中的科目都有一种将教学内容排序的根深蒂固的习惯，这种习惯由于传统的作用被神化了。然而，各个学科之间的区分和传统的教学材料排序反复受到批评。人们已日益清醒地认识到，由于儿童发展的阶段性和学习者个体差异，将唯一"正确"的教学顺序强加于所有的课程是不现实的（参见本书第18章第394—395页和第399—400页）。

当今的教育中有许多课程模式，从传统固定的教程，到灵活的教学计划，再到完全自由、独立的自学（废除传统的学校）的思想，多种多样。程序化教学、计算机辅助教学、个性化（个体化）学习或者精熟学习策略等，反映了指导课程组织的各种不同原则。

从本书后面的讨论可以看出，在语言教学中，既定的课程模式和讲授语言的传统方式也已经受到挑战。

（3）评估。课程的第三个方面，即评估，指对教学是否达到其目标的评估。这个概念所表达的思想是，在任何教育计划中，仅仅清楚地知道自己的意图，并且按照计划去组织学习经历，还是远远不够的。教育工作者还必须保证自己所设定的目标已经达到。评估就是对学习某一课程的学生在学习上的进步和成绩做出判断，其中包括非正式的评估，如点头或者对正确或错误的表情，也包括学生对自己学习的直觉自我评估。比较正规的评估方式包括用于对教学结果进行测量的由教师设计的课堂测验、标准化测试、内/外部考试，或者其他一些手段（如访谈和观察），等等。正如我们在前面一些章节中所述（如第 16 章），在语言教学中，评估问题也非常重要。

（三）**课程过程**。新课程的开发、在学校里的实施和定期评估是必须精心计划、协调的活动。否则，所作出的代价昂贵的努力可能在课程的实施过程中付诸东流或者被歪曲。课程理论已经将这些"课程过程"发展成为一个可应用于第二语言课程的专门领域。

（1）**课程开发**。假如我们将课程的组成部分看作是既定的话，接下来的问题就是应该采取哪些步骤来开发新的课程，并付诸实施。对这个问题的回答涉及学校里课程建构与实施的效率。正如我们已经注意到的，近三十年来，已经积累了大量的课程设计和教学材料编写规划方面的经验。正是因为采用了规划、设计、实施和运作这种系统的方式，用目标、内容、教学和评估来描述的课程才得以成功。

新课程的开发与实施对教师直接产生影响，但是其影响要超出课堂本身。这些都是整个学校或者是整个学校系统的事情。课程开发和课程改革的原动力来自何方？这种动力产生于各个层次。在过去的很多教育体系中，中央政府、教育部独自承担起了课程设置的职责，而且通过对学校的核查，来保证其指令得到贯彻执行。但是，随着教育权力的逐渐下放，教育越来越民主，课程开发以更灵活的方式通过不同途径发起，如中小学校、教师与家长组织、大学、企业或者工会、特别委员会，或者考试委员会。近年来，许多国家发现有必要建立课程中心，由课程专家、学科专家、管理者和教师携手共同致力于课程的开发，甚至一起设计跟课程配套的教学材料。

(2) **课程的实施与课程改革的管理**。课程开发出来之后，假如相匹配的教学材料已编写出来，剩下的问题就是实施新课程了。如果对相关教师是否理解新课程中的变化不管不顾，就将它强加给他们，即使再好再先进的课程思想，也都是徒然。教师心甘情愿的参与是新课程成功实施的一个基本要求。这同样意味着应该将新课程内在的原则融入新教师培训中，同时应为经验丰富的一线教师提供机会，让他们通过各种形式的在职培训，熟悉课程改革的新动向。

(3) **课程评估**。课程评估，从基本概念上讲，不同于前面简明扼要探讨的学生评估（见本书第439—440页）。它是对课程的质量控制，回答下述两个问题：首先，课程目标、内容是否明确、完备，且有教育学依据？回答这个问题需要对课程目标及内容进行哲学阐释；此乃对课程有效性和价值的评估。其次，假定某一课程有明确的目标和预设，教学是否有助于课程所针对的学生获得成功？因此，这种意义上的评估是对课程在何种程度上达到课程目标的测量。运用精心设计的测试对所选择的群体进行测验，课堂观察，以及对教师、学生和家长进行访谈等，所有这一切都在此类评估中起着一定的作用。[33]

斯克里文（Scriven 1967）提出，应将**形成性评估**和**总结性评估**区别开来。这种区分很有价值。前者是在开发过程中对课程的评估，发生于开发过程的各个阶段（故称形成性评估），而后者则是课程结束后进行的评估（故称总结性评估）。

应该补充的是，布鲁姆及其同事（Bloom, Hastings, and Madaus 1971）已将上述区分应用于学生评估。他们所谓的形成性评估是对学习过程中学习进步的评估，而总结性评估则是课程学习结束后对学生所取得成绩的评估，回答学生是否达到课程要求的某种精熟水平。

课程理论与第二语言的关系

正如我们将在本书后面的章节（见本书第 22 章）所看到的，前述关于课程的各种概念跟语言教育学关系密切。然而，只是最近，语言教师才开始关注课程理论的一些思想。以前，语言课程完全是按照自己的路子在发展（见本书第 21 章）。普通课程理论的发展跟语言教学课程理论的发展有某些相似之处，但是两者的思想几乎没有交集。在语言教育中，课程的多数方面——内容的选择、对内容的顺序安排和教学程序——是理论研究的主题，其中有质疑，也有试验尝试。麦基（Mackey 1965）和韩礼德等（Halliday et al. 1964）所阐述的方案，可能是在语言课程设计方面所做的极其精心的尝试。正如本书后边的章节（见本书第 21 章）所述，麦基的方案是对语言教程固定传统的形式化与提炼。

由于受到语言科学的影响，而非对关于课程的教育思想的反映，按照语法来对语言教程进行排序的做法已经受到质疑。这已不再被当作唯一甚或是最佳安排原则。60 年代末以来，已经对其他一些排序标准——情景、语义或者社会语言——作为可能的选择，进行了考虑。有些方案甚至更为极端，抛弃了所有的形式排序，只是让学习者直接体验语言的使用，其假设是，语言只有在有意义的交际语境中才能够学会。[34] 无论上述方案有何优点，关于语言课程的讨论一直在不参考普通课程理论的条件下继续进行。

关于语言和语言学习思想的变化，以及教育政策的变化，始终在不断地给语言教育学施加影响，语言课程的改革也经常性地发生。然而，可惜的是，语言教育学仍然没有充分运用体现在课程理论中的集体智慧，来以经济和有效的方式处理好课程的决策。[35]

10 教育技术

作为一个完全不同的教育研究领域，当今的教育技术产生于两个主要趋势的合流：（1）技术手段，即"技术设备"，在教育中的应用；（2）教育"技术"的发展。

技术设备

"视听教具"或者"媒体"的使用，对语言教师而言是再熟悉不过的了。在过去的25年间，录音机、电影放映机和语言实验室在语言教学的改革中起到至关重要的作用。而关于技术设备在教学中的优势，在语言教师之间展开了极其激烈的争论。50年代，随着录音机的工业化生产、语言实验室产业的滥觞以及视听教程与听说教程的发端，技术似乎宣告了语言教学大有作为的新时代的到来。1960年前后，语言课堂的技术革命达到顶峰。投资还是不投资语言实验室，是摆在全世界许多中小学和大学面前的一个问题。为了推进视听设备在语言教学中的运用，还成立了相关的协会，同时开办了旨在推进媒体在语言教学中应用的专门期刊。[36] 语言实验室和新的"听说"或者"视听"教学法似乎相辅相成，相得益彰。但是，几年后，人们开始对这些新方法背后的理论提出质疑，同时对语言实验室的优点也产生了怀疑。美国有两项研究，具体而言，即基廷报告（The Keating Report）（1963）和宾夕法尼亚研究（The Pennsylvania Study）（Smith 1970），对语言实验室作为一种语言教学辅助手段的效率提出了质疑。这两项研究引起"新手段（New Key）"方法支持者和反对者之间激烈的辩论。由于人们对技术发展已经不像60年代那么自信，对教育成本的意识也更加清楚，在70年代，对技术辅助手段对语言教学的价值的信念，几乎没有任何加强。[37]

然而，假如有人把语言教学技术作为一种昙花一现的时尚而加以抛弃的话，则未免太肤浅了。许多方面的技术现在已经成为语言教师装备不可或缺的组成部分，而且媒体变化中的地位及其主要功能值得深入研究。在本章这个大背景下，重要的是应该强调，语言教学技术乃是教育大趋势的一个组成部分。技术革命已经对语言教学产生了巨大的影响，同时也对教育的其他方面产生了广泛的影响。

关于教育技术的更全面的一个观点，将现代媒体跟代表早期技术的老设备联系了起来。文字的发明、印刷技术的发展，或者石板、纸张、钢笔尖、墨水或者铅笔等的使用，所有这一切都提醒我们，教育始终依赖于技术发展的状况。现代教育史跟过去教育发展各个阶段的分野，并非是技术本身的影响，而是可用于教育的媒体的范围与规模。有一个清单"吹嘘教学辅助手段，从'鱼缸和饲养箱'到'练习册'，共有91个大类，另加138个子类"（Gillette 1973: 34）！由于教学手段花样百出，令人眼花缭乱，教育工作者试图将媒体的使用系统化，并将视听媒体融入广义的教学技术的概念中。

教学技术的发展

目前，教育技术已不再被简单地看作是机械或者电子手段在教育中的应用。媒体和其他一些设备理所当然是教育技术的重要组成部分。但是一般来说，"教育技术"含义更广泛。英国全国教育技术委员会（The National Council for Educational Technology）给出的定义是，"用于改善人类学习过程的系统、技术和辅助手段的开发、应用和评估"（引自 Leedham 1973: 7）。而在其他地方，教育技术则被更广义地定义为"设计、应用和评估教与学整个过程的系统方式"（Gillett 1973: 2）。还有一个同样广义的定义认为，教育技术是"应用最佳策略,将教与学两种资源融合起来,以达到教育目的的现代组织理论方式"(Davies and Hartley 1972: 11)。因此,重心已经从语言实验室和视听设备等不同媒体的使用,转移到了对教与学整个过程的科学阐释上。

学习心理学、程序化教学和"系统论"促进了现代教育技术概念的形成。其心理学基础并非任何具体的学习理论,但是斯金纳和加涅关于学习的研究影响尤其大。程序化教学的原则提供了一些概念和技术,可用以对教学目标进行具体描述,并且根据经验选择达到教学目标的程序。系统论产生于工程和实业,它认为,教师、学习者、教学材料和媒体是有目的的整体或者"系统"的组成部分。

因此,教育技术有两个研究和实践领域:(1)教育技术的广义目的是在实业界、军队、行政部门或者学校里建立起教与学的系统;(2)第二个功能是媒体和其他设备的开发与在教学过程中的应用。

下面所列是最常用的媒体,在这些媒体的应用上,近二十年来已积累了一些经验,同时展开过一些研究。这些媒体是:电影、幻灯片;收音机、电视、闭路电视;教学机器(teaching machines[①])与程序化教学;投影仪;录音机;计算机辅助教学(CAI);模拟与游戏。

研究主要针对由于使用某种设备而引发的学习。因此,电影或者幻灯片提供视觉刺激,而录音机则提供听觉刺激。视觉刺激可以是一个词,或者一幅画面。两者哪一个更有效,词汇还是画面?听觉呈现的刺激如何跟视觉刺激进行比较,听觉刺激和视觉刺激如何跟视听刺激进行比较呢?类似的问题对语言教学有一定的意义,可以通过关于媒体的研究来探讨。[38]

[①] 指装有计算机系统配合学生学习进度的教学设备。——译者注

通过最近二十年来对教育技术定义的方式，已经将组织技能、效率、规则以及工业生产与销售经济的成分加入到教育思想和教育实践中。这有其明显的优势，因为教育不应该以随意的方式大规模地来提供。系统论为可靠的发展提供了一定的保障。同样，媒体的使用在总体教学设计中有一定的位置，因为它有助于教育效率的提高。但是，教育技术中也有其明显的危险，这是今天已为人们所认识到的。由于它强调组织的形式步骤以及媒体高效、经济的使用，教育技术的核心是手段，而非本质或者目的。当然，教育技术工作者必须明确教育的内容与目标。但是，其功能并非是对教育的内容与目标提出质疑。因此，由此产生的对技术、系统以及设备的重视，往往有利于常规的传统教学方式。技术的先进未必与内容或者目标的先进相匹配。在美国，广义的教育技术应用非常广泛，但是也受到了最严厉的批评：

> "这种针对所谓自主个体发展的教育，肯定完全不同于由联邦赞助的新教育技术所正在发展的教育。的确，新的教育技术似乎在向着相反的方向发展。这跟工厂里机器对人的控制没有区别"（Travers 1973a: 990）。

从近期关于教育技术的研究文献可以清楚地看出，除了对教育过程的科学态度以及工程辅助手段的认可之外，对教育对机器的过度依赖的批评与警告不绝于耳（如 Travers 1973a），而其他一些人则在"澄清"这个问题（Gillett 1973），呼吁要多方位地来看待技术（Richmond 1970）。

从上面对教育技术的综述可以得出如下结论：语言教育学领域之外与教育技术有关的经验、研究、理论和讨论，乃是对技术在语言教学中的应用进行理解的前提条件。[39]

结论

前面对教育研究领域的综述表明，语言教育学中忽视教育学是没有道理的。教育是一个复杂多元化的研究领域，对语言教学的许多方面都有直接影响。两者之间有几个接触点，而且这些接触点正在扩展。教育理论为语言教育学提供宏观框架和一些基本的概念。不同的分支学科提供有价值的资源。如果缺少教育这个组成部分，语言教学理论就脱离了其他各种相关的教育活动，而且极有可能成为囫囵吞枣加以接受的、没有经过检验的教育观念的牺牲品。因此，我们应该主动地对教育思想定期进行审查，对其对语言教育的意义加以考察，而且以这种方式建立两者之间的双向关系。这应该就是语言教学理论与其所有的源学科关系的特点。在本书后面两章中我们将看到，语言教育学在其教学概念的发展过程中遇到了很大的麻烦。从教育的角度来审视语言教学，可能有助于克服其中的某些困难。

注释：

1 在当今的这些作者中，在对教育的一些概念进行哲学分析方面，伦敦大学教育学院教育哲学教授彼得斯远远地走在了前列。例如，彼得斯这部著作中（Peters 1973）包含的加注释的教育哲学参考文献很有用处（见本书第 271—273 页）。同时参见里德（Reid 1962），斯科菲尔德（Schofield 1972），贝克（Beck 1974）或者威尔逊（Wilson 1977）。

2 例如，本书第 2 章对"理论"这个概念的处理，就可被看作是通过讨论来澄清概念的一种努力。
3. 贝克（Beck 1974: 34–37）曾对彼得斯关于目的/手段问题的观点进行过深入的批判性讨论。
4. 例如，本书第 5 章第 86 页所提到的沃森的研究（Watson 1909）以现代学校课程的开发为背景，对法语和其他语言的作用进行了探讨。
5. 也就是说，在 19 世纪，人们往往认为，跟古典语言研究的精密相比较而言，现代语言的研究成就小得多。现代语言常常跟适合于有闲的大家闺秀的业余教育联系在一起。现代语言教师为了改变这一形象奋起抗争。20 世纪中叶，现代语言不同于古典语言、从理性来看比古典语言低劣的观点，由于不同的理由复活了。当时，人们认为语言学习主要是句型操练、条件作用和自动化问题，这未免授人口实，让那些反对语言教学的人说，语言教师几乎没有为理智的教育做出任何贡献。因此，在大学里，听说法的倡导者所主张采用的句型操练教学方法招致了对语言教学的责难，人们认为语言不可能真正成为学术型的科目，因此不适合于大学教育。
6. 关于教育史的综述，建议读者参阅博伊德（Boyd）的经典著作《西方教育史》（*History of Western Education*）。该书 1921 年首版，后来由金（King）进行了修订（Boyd and King 1972）。此外，其他一些可读性强、易于找到的介绍性著作包括瑟特（Thut 1957）或者劳伦斯（Lawrence 1970）。关于教育历史的研究，参阅布里克曼（Brickman 1973）。
7. 关于教育社会学的介绍，请参阅班克斯（Banks 1976）、马斯格雷夫（Musgrave 1979）和布科克（Boocock 1980）。前两者均以英国为背景，后者则基于美国的经验，其中专辟一章从跨文化的角度对教育进行了探讨。关于教育社会学的选读，应与本书第三部分的研究，即社会的概念，联系起来。

8　语言教育中社会语境的重要性在本书前面的章节中已经反复强调过。尤其参阅本书第 13 章和本书第 16 章到第 18 章。第 13 章对语言的教与学的社会语境进行了探讨，而第 16 章到第 18 章则从学习者心理的角度，提请我们注意语言在社会中的地位，及其对学习者与学习过程的影响。

9　请参阅本书第 4 章注释 13。

10　关于教育中的分组问题，请参阅耶茨（Yates 1966）。关于课堂社会交往，参阅阿米登与霍夫（Amidon and Hough 1967）。自 70 年代初以来，个性化教学和小组活动在语言教学中一直很受推崇。例如，参见奥尔特曼与波利策（Altman and Politzer 1971）、奥尔特曼（Altman 1972）、索尔特（Salter 1972）、迪西科（Disick 1975）。关于对语言教学中个性化教育的简要评述，同时参见本书第 17 章注释 1。巴克-伦恩（Barker-Lunn 1970）、戴维斯（Davis 1975）、杰克逊（Jackson 1964）、凯利（Kelly 1975）和罗森鲍姆（Rosenbaum 1976）曾对学校总体的能力分组与分级问题进行过全面的讨论，而 CILT（1972）、费林（Fearing 1969）、MLA（1977）、帕廷顿（Partington 1969）、韦施（Wesche 1981a）和特威尔格（Terwilger 1970）则对语言课的能力分组与分级问题进行了探讨。关于班级规模问题，参阅瑞安与格林菲尔德（Ryan and Greenfield 1975）。

11　已发表的关于语言教学的经济学的系统研究目前还很少。关于教育经济学的一般性著作，可参阅维西（Vaizey 1962）、布劳格（Blaug 1970），或者本森（Benson 1978）。

12　所列管理活动部分是根据《教育管理摘要》（*Educational Administration Abstracts*）的标题。

13 若要对学校的体制/体系有所了解，就必须去学校走访，跟老师、家长和学生交谈。书籍可能有帮助，但是单靠书籍是不够的。可以通过书籍来获取多数国家学校体制/体系的描述，或者其历史沿革的阐述，例如关于英格兰和威尔士的情况，可参阅登特（Dent 1977），或者贝尔与格兰特（Bell and Grant 1977）。关于对学校组织与管理问题更专业的讨论，可参阅下列著作：巴伦与泰勒（Baron and Taylor 1969），巴伦、库珀与沃克（Baron, Cooper, and Walker 1969），刘易斯与洛夫里奇（Lewis and Loveridge 1965），或者纽厄尔（Newell 1978）。关于关注教育背景的重要性，本书第 13 章中已有强调。

14 世界各地教育规划的思想，在联合国教科文组织下属的巴黎国际教育规划院（The International Institute for Educational Planning，简称 IIEP）这个机构中体现出来。若对介绍性读物有兴趣，参阅以下著述：联合国教科文组织（UNESCO 1970）从历史的角度对教育规划问题进行了探讨，伯利（Birley 1972）从英国的角度对教育规划进行了介绍，格林（Green 1971）是一系列很有价值的论文，或者韦勒（Weiler 1980）从最新的角度对这个问题进行了探索。

15 关于语言规划在第二语言教学中的应用，参阅本书第 13 章。

16 例如，"比较教育的先驱"（Hans 1958: 2）马修·阿诺德（Mathew Arnold）1859 年访问欧洲大陆，加入纽卡斯尔委员会（The Newcastle Commission），1865 年加入汤顿委员会（The Taunton Commission），1886 年加入克罗斯委员会（The Cross Commission）。关于这一点，同时参阅贝雷迪（Bereday 1964: 8）。

17 读者若对比较教育入门著作有兴趣，可参阅：金（King 1973）、马林森（Mallinson 1975），或者特雷休伊（Trethewy 1976）。自

1979 年起，联合国教科文组织恢复了 1969 年（第 31 卷）停刊的《国际教育年鉴》（*International Yearbook of Education*）。1979 年，伦敦教育学院的霍姆斯以各个国家教育体制/体系国际指南为开始，出版发行新的系列（Holmes 1979）。1980 年，新的《国际年鉴》从第 32 卷开始正式发行（Holmes 1980）。70 年代，经济合作与发展组织（Organization for Economic Co-operation and Development，简称 OECD）也出版了一个教育体系分类与简要描述系列丛书，共九薄卷，每个成员国各一卷，另加一个总结卷（OECD 1972-1975）。

18 例外包括一项关于苏联外语教学的研究（Lewis 1962），两项国际性儿童语言研究（Stern 1967，1969）和一项关于欧洲学校语言教学状况的调查（Halls 1970）。

19 本书作者的学生以这些国家的语言教育为主题撰写过博士论文，而且曾经使用国际教育成就评估协会的测试和问卷来收集相关国家的数据，并与国际教育成就评估协会的研究进行了比较：瑟沙德利（Seshadri 1978）、阿弗里克（Africa 1980）和伊图恩（Ituen 1980）。同时参见本书第 11 章注释 16。

20 对课程研究新手来说，在纷繁的课程研究文献中找到出路并非易事。泰勒与理查兹（Taylor and Richards 1979）的小册子是对整个领域简明扼要、客观公允的介绍和综述，书中还附有很有价值的参考文献。泰勒（Tyler 1949）的著作是关于课程与教学基本原则的经典之作，影响课程研究达数十年之久。

21 里士满（Richmond 1970a）和比彻姆（Beauchamp 1975: 6-8）曾对课程的各种定义进行过探讨，将其区分为作为"学习计划（a plan of studies）"的"某种课程（a curriculum）"，作为"课程决策组织框架（the organized framework within which curriculum

decisions are made)"的"某个课程体系（a curriculum system）"，和作为一个研究领域的"课程论（curriculum）"①。同时参见泰勒与理查兹（Taylor and Richards 1979: 11）的"何谓课程？（What is the curriculum?）"

22 古德拉德等人（Goodlad et al. 1966）曾对美国60年代的主要课程项目做过总结。

23 参见本书第6章第106页历史纵观中格拉斯顿伯里教学材料项目。

24 欧文（Owen 1973）曾考虑以英国的教育为背景进行课程问题的自我意识研究。

25 关于60年代纳菲尔德语言项目（The Nuffield Language Project）所做的工作，参见斯派塞（Spicer 1969）。

26 参阅本书第8章关于课程理论和研究的内容，引自泰勒与理查兹（Taylor and Richards 1979）。

27 参阅本书第22章的相关讨论，我们关于第二语言课程的观点接受了这一取向，尽管这仅仅是多个组成部分之一。

28 参考本书第4章注释13。

29 通过对经典的学习来培育民众的一般读写能力，这一点在本族语语言文学教育中起着重要的作用。对一个民族名著共享的知识，就是这个民族文化的一部分。在一定的文化语境中教授语言的第二语言课程应包括目标语社会的名著。按照古典传统，在过去这常常是外语学习的主要或者唯一的合理理由。

30 泰勒和理查兹（Taylor and Richards 1979）在关于概念和意识形

---

① 此处牵涉一些细微的差异，因为没有固定的汉语翻译，故将原文一并给出。——译者注

态一章中，也将重点放在课程的哲学取向上面。

31　瓦莱特在其60年代以来的多种著述中，将布鲁姆的分类法应用于语言教学，在类似的语言教学理论家中，当属佼佼者（例如，Valette 1969，1971）。欧洲委员会的临界水平项目（Threshold Level Project）也是用准确的操作术语对语言学习目标进行具体描述的一种努力（例如，van Ek 1975）。1980年，加拿大安大略省教育厅公布了一个法语"核心课程（core programme）"，它用一个精心设计的目标和子目标清单来表述法语课程，其中每个目标和子目标都用一系列范例活动加以描写。

32　泰勒与理查兹（Taylor and Richards 1979）将此称为"实施中的课程（the curriculum in operation）"，"正是在学校里和课堂上，选择某一课程的学生必须理解课程是什么，而且在这个过程中，开始真正领会实现课程设定的目标和宗旨（和理解教育）的任务是多么复杂"（1979: 17）。

33　关于目前流行的课程开发和评估思想和研究的总体介绍，参见刘易（Lewy 1977）。泰勒与理查兹（Taylor and Richards 1979）也对课程评估的各种不同方式进行过讨论。

34　其他一些课程开发的原则发端于大约1970年，如纽马克（Newmark 1971）、利贝尔（Reibel 1971）、欧洲委员会（Council of Europe 1971）、斯特恩（Stern 1973）。

35　50年代和60年代基础法语的经验，乃是对语言教学中课程改革不同阶段之间的互动富有启发意义（但却没有参考课程理论）的阐释（同时参见本书第8章第161—162页）。50年代初，基础法语委员会（The Commission for Elementary French）（后改称CREDIF，即法语传播研究及学习中心）在其位于距离巴黎不远的圣克卢中心进行了其基础性研究，当时参与研究的学者唯一关注的是用于基础法语语言教程编写资源的词汇和语法项目的选择。但是，这个中心所确定的词汇表和语法规则表并没有对教材和教材编者产生很大的影响。1960年前后，圣克卢中心通过自己所开发的教程，如《法国声音与形象》或者《早安，莉娜!》，来示范如何使用其研究成果编写新的教学材料，直到这时，基础法语作为课程开发的资源库才得到应有的认可。但是，《法国声音与形象》和《早安，莉娜!》并非仅仅是一套教学资料。若要将它们应用于课堂教学，教师需要掌握新的教学技巧。圣克卢中心坚持，教师需要接受所"认可"的方法经过培训后方才允许使用这个课程。上述规定似乎太教条，完全没有必要。然而，法语传播研究及学习中心研究和课程开发的范例，足以说明关于教学内容、教材编写的研究和课程的实施之间的互动中所存在的问题。换言之，语言教学中课程问题的解决需要课程理论。

36 《视听语言学报（应用语言学与语言教学技术学报)》（*The Audio-Visual Language Journal*（*Journal of Applied Linguistics and Language Teaching Technology*)），即《视听语言学会会刊》（*The Journal of the Audio-Visual Language Association*），60年代初正式创刊。70年代，这家期刊更名为《英国语言教学学报》（*British Journal of Language Teaching*），学会则更名为英国语言教学学会（The British Association for Language Teaching）。另一家专门的教育技术刊物是《系统》（*System*）（从1980年起，由培格曼出版公司（Pergamon Press）出版发行）。

37 关于语言教学技术的文献可谓汗牛充栋。读者首先可以通过阅读《爱丁堡应用语言学教程》（第三卷）（*Edinburgh Course in Applied Linguistics*）登载的关于语言实验室、程序化教学和视听材料的论文来熟悉这个领域的范围（Allen and Corder 1974）。莱翁（Léon 1962）曾对语言实验室的发展历史进行过描述。同时参见本章注释39。

38 本书第18章第407—409页所描述的比亚里斯托克所做的试验是语言教学技术研究一种可能范式的例释，这种范式可用于对这种语言教学技术进行研究。同时参见卡罗尔50年代所提出的研究问题（见本书第15章第323页）。

39 里士满（Richmond 1970）用精心选择的丰富引文，为对教育技术这个概念进行讨论奠定了坚实的基础。利德汉姆（Leedham 1973）对（媒体意义上的）教育技术做了简明扼要的介绍，认为教育技术不仅包括建筑和资源系统，还包括广播、闭路电视、电影、程序化教学和多媒体系统。斯金纳、加涅、普雷西和马杰（Mager）等人的经典论文以及对教育技术的批评可以在以下著作中找到：戴维斯与哈特利（Davis and Hartley 1972）以及普拉与戈夫（Pula and Goff 1972）。萨特勒（Saettler 1968）曾经（主要从美国的角度）撰写过一部详尽、资料翔实的教学技术史。吉勒特（Gillett）为了揭开教育技术的神秘面纱所做出的努力是对待设备装置的一种"人本主义态度"（Gillett 1973）。关于媒体的研究，应参阅利维与迪基（Levie and Dickie 1973）在《第二部教学研究手册》（*Second Handbook of Research on Teaching*）（Travers 1973）中发表的文章。关于语言教学，除了本章注释37之外，同时参阅豪厄特（Howatt 1969）关于程序化教学的著述，戴金（Dakin 1973）或者格林（Green 1975）关于语言实验室的论述，以及赖特（Wright 1976）关于教具的论述。关于计算机以及其他语言教学技术的最新发展，参阅奥尔森（Olsen 1980）、菲茨帕特里克（Fitzpatrick 1981）、希尔（Hill 1981），以及霍尔姆斯与基德（Holmes and Kidd 1982）。

第20章

语言教学理论与教学方法的理论

语言教学的概念经历了一个漫长而富有魅力,但非常蜿蜒曲折的历史。一个多世纪以来,为了解决语言教学问题,语言教育工作者将注意力几乎全部都倾注在教学方法上。尽管关于教学方法的辩论历史甚至更长——用凯利(Kelly 1969)的话来说,已经有两千五百多年的历史了——但是,语言教学理论,作为关于教学方法的辩论,其发展也就是最近一百年的事情。这场辩论为最近对语言教学的阐释提供了主要的基础。虽然许多教学方法的名称是我们再熟悉不过的了,但是这些方法本身并不容易掌握,因为这些名称的使用并不一致,而且有歧义。某一方法的构成要素并非总是清楚的。教师可以说他使用的是"直接法(the direct method)"或者是"视听法(the audiovisual method)"。直接法的概念,或者视听法的概念,是否具有清楚、确定的对应特征呢?采用直接法的教师,是否和同样声称采用直接法的另一教师采用相同的方法上课呢?公正的观察者是否能够识别出教师所声称采用的方法?甚至"方法"这个多义术语意思并非清清楚楚。[1]

然而,尽管有很多不确定性,一个不争的事实是,从19世纪末起数十年以来,语言教学理论的发展主要体现为用教学方法的术语来对教学进行概念化。关于方法的辩论突显了语言的教与学的一些重大问题,[2]而且近年来,辩论向教师和研究者提出要求,对语言教学既要进行实证研究，同时又要进行理论上的澄清。因此，目前的任何语言教学理论，首先都必须努力去理解各种方法的本质以及方法对目前流行的教学思想的贡献。各种方法的名称（如语法翻译法、直接法、听说法），往往同各种理论的名称一样，都指向某一突出的特点，但是"方法"名称背后所包含的内容，远远超过作为命名依据的特征所包含的内容。某种方法，无论其定义多么模糊不清，远非某个单一的策略或者是某一具体的技巧；恰恰是 T2 意义上的（见本书第 2 章）语言教学"理论"，才引发了在特定历史环境中实践和理论的讨论。这种理论中通常暗含着，而且有时明确地表达出某些目标和某种语言观，对语言学习者做出某种假设，而隐藏在其背后的则是关于语言学习过程本质的信念。这种理论还通过突出对语言学习成功至关重要的教学的某些方面，来表达某种语言教学观。

下述基本按照历史顺序对一些有名称的教学方法的简要描述，将揭示其（1）突出特征，（2）主要渊源，（3）教学方法的发展史，（4）教学目标，（5）教学技巧，（6）理论假设，（7）对方法的评价。这些简要的描述不可避免是尝试性的。正如我们将反复看到的，语言教学方法并无很详细的文字描述。[3]

语法翻译法或者传统法

主要特征

顾名思义，语法翻译法强调第二语言语法的教学，其主要练习技巧是目标语与另外一种语言①之间的互译。

---

① 多数情况下是学习者的母语。——译者注

渊源与发展历史

目前,尚无语法翻译法的完整、详细文字记载的历史。有证据表明,语法和翻译的教学在语言教学中由来已久(Escher 1928;Kelly 1969),但是作为一种主要的练习技巧,语法规则与从另一语言到目标语翻译的结合直到19世纪末才流行起来。类似教学语法中最有名的是梅丹热尔(Meidinger)的《实用法语语法》(*Praktische Französische Grammatik*)(1783)。作为一种独特的教学策略,对语法点简要的讲解与大量翻译练习的结合,在奥伦多尔夫(Ollendorff)大约1840年前后被广泛采用的语言教程中也得到过应用。奥伦多尔夫在其课堂上采用的顺序安排后来"变成一种标准程序:规则讲解,后续词汇表和翻译练习。教程结束时,进行连贯文章段落的翻译"(Kelly 1969: 52)。奥伦多尔夫的方法受到同时代人的推崇,认为这是一种积极、简单和有效的方法,因为某一规则一旦讲解完毕,紧接着应用于简短句子的翻译。其他一些教材编者,如赛登斯图克尔(Seidenstücker)和阿恩(Ahn),则在每一本教材、章节或者"课"中,都将规则、词汇、课文和需要翻译的句子组合到一起,这是典型的语法翻译法模式。19世纪中叶,德国的普洛茨(Ploetz)将赛登斯图克尔法语教材改编后用于学校的法语教学中,因此语法翻译法成为学校里教授现代语言的主要方法。在其基础语法中(1848),普罗茨将重点放在了动词的形态变化练习上,而在高级教程《法语教学语法》(*Schulgrammatik der Französischen Sprache*)(1849)中,语法系统则是本教程的主题。19世纪最后几十年间,语法翻译法受到攻击,人们认为它是一种冷冰冰、无生气的语言教学方法,同时将外语教学的失败归咎于它。19世纪末期和20世纪上叶的语言教学改革运动,在绝大多数情况下是在反对语法翻译法中发展起来的。

尽管受到诸多攻击，语法翻译法在当今仍然广泛应用，但是是作为一种补充策略同其他一些策略结合起来使用的。只要翻看一下目前在使用中的许多教材，尤其是非通用语种的教材，就会发现，语法翻译法仍然很有市场。[4] 在英语国家大学的语言课程中，课文的英语—外语互译仍然是标准的教学程序。60 年代初，多德森（Dodson 1967）再次肯定了基于语法翻译策略的教学技巧，将其命名为"双语法（bilingual method）"。本章后面章节将要讨论的认知—语码学习理论（the cognitive code-learning theory）汲取了语法翻译法的某些特征（见第 461 页及以下诸页）。

教学目标

19 世纪，语法翻译被一线教师看作是进行文学作品学习的前提条件，而且即使达不到上述目标，语法翻译本身仍然可以被看作是从教育上来讲有效的心理学科。语法翻译很少或者根本不强调第二语言的听、说；它主要是一种以书本为核心的语言语法系统的学习方法。然而，我们必须认识到，普罗茨将其《教学语法》的教学目标定义为"在不片面地关注理论（即语法理论）的前提下，对语法的彻底掌握，最终达到熟练地理解法语著作，并独立地在口语和写作中使用语言"。[5]

教学技巧

需要教授的语言分成几个简短的语法章节或者单元，每一个单元包括几个语法点或者语法规则，讲授完毕后，用例子加以说明或者阐释。教材中教师强调的语法重点并没有隐藏起来，而且也不避讳使用专业语法术语要求学习、记住某个语法规则和例子，如某个动词的形态变化或者一个介词词表。对第二语言词汇或者其他任何方面，通常不以任何系统的教学方式来教授。练习中包括第一语言的词汇、短语和句子，要求学习者借助于双语词汇表翻译成目标语，用这种方式来练习所学过的项目或者一系列项目。梅丹热尔所推行的语法翻译法的特点之一是，练习使用的句子所涉及的语法规则越来越多，用一句话来同时说明多个规则，以这种方式来增加学习任务的复杂性。这种教学方式往往使语言学习从表面看来是在解决问题（见本书第5章第91页）。其他练习则是从目标语翻译成第一语言。随着学习的进步，学习者可以从孤立的句子翻译，过渡到第一语言和第二语言之间连贯文本的互译。

理论假设

目标语主要被理解为文本和句子中必须遵守的、同第一语言规则与意义相联系的规则系统。语言学习被默认为一种理性活动，它涉及规则的学习，要通过大量翻译练习记忆与第一语言意义相联系的规则和语言事实。作为参照系统，第一语言在第二语言的学习过程中保存了下来。语法翻译法的理论基础是机能心理学，因此作为一种心理训练，这种现代语言的学习方法同拉丁语和希腊语的学习一样是有充分依据的。

评价

尽管受到改革者猛烈的轰击，但是语法翻译法或传统法仍然极其顽强地生存了下来。[6] 首先，正如在我们关于语言学习的研究中所注意到的（本书第18章第402页），第一语言作为一种参照系统，对第二语言学习者确实非常重要。因此，各种形式的翻译或者其他一些跨语言技巧，在语言学习中起着一定的作用。其次，有些学习者力图对第二语言的语法系统有系统的理解。因此，语法教学对他们而言，也有一定的重要性。再次，对第二语言的形式特征进行思考以及作为一种练习手段的翻译，将学习者置于积极主动的问题解决情景中。用已经讨论过的基本策略术语来说（见本书第 18 章第 411 页），语法翻译法是"学术性"（明示）学习策略的一个部分。最后，语法翻译法似乎在教学中相对易于应用。语法翻译法的主要缺陷，不仅在于过分重视语言的大量规则（和例外），而且在于其练习技巧的一些局限性，不能将学习者从第一语言的桎梏下解放出来。此外，需要记忆的内容数量巨大，加之给学习者所讲授的语言事实缺乏连贯性，从而使人们在 19 世纪所认为的这种方法是进入第二语言的一种安全、简便和实际途径的观点变成一句空话。

直接法

主要特征

直接法的特点，首要的一点是，目标语作为教学和语言课堂交流手段在教学中广泛使用，避免使用第一语言和翻译技巧。

渊源

语言教育中的这一重要进展缺乏全面的文字记载，这是我们已经注意到的。凯利（Kelly 1969）再次成为其历史解释的一个重要来源，虽然他关于直接法的论述散见于其著作中。吕尔克尔（Rülcker 1969）曾系统地对直接法在德国的起源和发展进行过追溯。[7]

发展历史

从历史的角度来看，尤其是在欧洲，1850 年到 1900 年的语言教学改革，试图通过彻底变革语法翻译法来提高语言教学效果。在这个历史时期，各种语言教学方法纷呈，反映了人们当时对主流理论和实践的广泛不满。古安的《语言教学的艺术》（*L'art d'enseigner les langues*）（1880）是理论方面根本改革的一个范例。斯威特的《语言的实用研究》（*The Practical Study of Languages*）一书的前言和绪论对针对当时改革运动的批评以及改革的冒进性进行了阐释：

> "……重要的是应该看到，学术界虽然仍然很保守——这体现为对过时教材的恋恋不舍和对语音学的偏见等方面——但是，有许多迹象表明人们对这些方法不满。
>
> 这种不满的突出表现为对新'方法'——特别是那些哗众取宠且有幸为某个通俗期刊编辑吹捧的方法——趋之若鹜。
>
> 但是，这些方法无一例外都好景不长——对它们的兴趣很快消失殆尽。理论家你唱罢我登场，走马灯似地轮替；奥伦多尔夫、阿恩、普伦德加斯特（Prendergast）、古安——仅举数例——所有的人都曾红极一时。它们都没能永久抓住大众，因为都没有兑现其许诺：他们都吹嘘自己的方法无所不能，但是结果却表明，总的来说，一点都不优于旧的方法"（Sweet 1899/1964: 2-3）。

所提出的改革名目繁多，如"改革方法""自然方法""心理方法""语音方法"等，但是，用于描写语言教学新方式各种特征经久不衰的术语是"直接法"。本书第 5 章中所提到的国际语音协会的六项规定中，有关于直接法各个稳健方向的清楚描述。

直接法背后的推动力部分地可归功于那些实际且不墨守成规的教学改革者，他们对新的实业界和国际贸易与旅游对更有效的语言学习的需求做出了回应（如伯利茨（Berlitz）和古安）。这种方法也是语言学研究、语言学理论、语文学和语音学推动的结果。从历史上来看，直接法的发展跟语言教育中语音学的引入有密切关系。语音学和直接法两者都强调口头语言的使用。然而，从概念的角度来讲，两者之间未必有联系。

正如我们在第6章（第98页）所看到的，直接法的推广在19世纪和20世纪之交，当时在语言教师中也引起很大的争议，但是在很多国家（如普鲁士和法国）这种改革在教育部指南中得到认可，而且在当时的教科书中也可明显地看出来。

虽然在随后的几十年间直接法并未得到整体应用，但它对理论和实践的影响广泛而且深远。例如，美国的德索兹（de Sauzé 1929；参见本书第6章第100页）作为俄亥俄州克利夫兰外语部主任于1919年在公立学校实施"克利夫兰计划（Cleveland Plan）"。该计划主要由一个精心设计的持续数年的中小学法语和其他语言分级教学方案组成。计划的一个基本特征是，第二语言是语言课堂的媒介，避免将翻译作为一种教学技巧来运用。克利夫兰计划可以被看作是直接法在20世纪的继续应用。根据德索兹的观点，克利夫兰计划成功地激发了学生的兴趣，提高了克利夫兰中小学第二语言学习的水准。但是，德索兹的直接法政策在美国只是一个例外。

在英国，直接法也留下了印记，向教师提出了挑战。但是，两次世界大战之间这个时期推行的政策乃是一种折中，亦即采纳了直接法对口头语言的重视和某些教学技巧，但是并没有禁止翻译或者用第一语言对语法进行解释（如 IAAM 1929）。直接法，无论是否有"语音介绍"，其在欧洲的影响主要在早期阶段的法语或者英语学习上，而高级语言教学仍然主要依赖传统方法。两者之间的混合在英国被称为"折中法"或者"口语法"。英国具有影响力的督学柯林斯倡导这种混合方法，他是两次世界大战之间被广泛采用的其中一本法语教程的编者，他创造了一个口号叫作"尽量有法语味地（as Frenchly as possible）"教授法语（Collins 1934）。但是，这种方法实际上往往更接近语法翻译法，而不是直接法。

尽管直接法作为一个整体及其配套的语音法在两次世界大战之间实际上已经退出学校语言课堂，但是某些教学技巧却保留了下来，如第二语言叙事故事的使用、问答技巧以及其他一些直接法练习。在欧洲数个教育体系中，文本的翻译完全被对口头与书面文本的直接学习、复述以及根据图画或者教师讲述的故事片段作文等教学技巧所取代。最为重要的是，由于受到直接法的影响，许多教师直到今日，尽管在实践中难以达到，一直将在外语课堂上完全避免将翻译作为一种教学技巧来使用和完全避免使用第一语言来进行语法解释和交流，看作是一种理想的语言教学方式。因此，围绕直接法展开的争论，已经造成了语言教学理论中的裂痕：语言教师在语言课上的实际做法跟他们认为应该有的做法之间产生了断裂。

近年来，美国有些语言教育工作者（如 Hester 1970；Diller 1975，1978）重新肯定了直接法作为语言教学的一种有效方式的价值。根据他们的诠释，直接法是一种突出强调语言课堂上第二语言的使用、排斥翻译的"认知"或者理性的教学方法。这一版本的直接法并不排斥语法解释和形式练习，但是更强调在真实的交际行为中语言的使用（见本章注释 14），而不像听说法那样将重点放在语言操练上（见本章后面的论述）。

教学目标

直接法代表早期阶段语言教学目标从文学语言向日常口语的转移。这是语法翻译法中所完全没有的一个目标。语法翻译法所谓的大脑训练目标并非是直接法的核心。而在其他方面，直接法所代表的与其说是语言教学目的的变化，倒不如说是教学手段的改变。而且，可以说，直接法并未表达出一种完全不同于其前面教学法关于语言教学主要目标的观点。

教学技巧

直接法的标准教学程序涉及教师对"课文"的讲解。课文通常是课本中经过特殊改写的简短外语叙事故事。课文中困难的表达方式以变换措辞（paraphrase）、同义词、示范或者提供语境等手段，用目标语加以解释。为了更清楚地解释课文的意义，教师就其内容提问，而学生则通过朗读课文来进行练习。语法例句来自于课文，教师鼓励学生自己去发现所牵涉到的语法原则。很多时间都花费在课文内容的问答上，或者在关于挂画的谈话上。练习包括句型转换（transpositions）、替换（substitutions）、听写、叙事和自由作文。由于直接法课上口语用得多，所以重点被放在了正确发音上。这就是为什么在直接法早期的历史上，语音学——特别是用音标注音——被看作是方法的一个重要组成部分。

理论假设

从语言学的角度来讲，语言教学应该建立在语音学和科学地确立的系统语法的基础之上（Viëtor 1882）。语言的学习等同于第一语言的习得，而且所牵涉的学习过程常常可以用联想主义心理学来做出解释。因此，学习的重点在语音与简单的句子上，放在语言和附近环境（如教室、家庭、花园、街道）中的物体、人物之间的直接联想上（Rülcker 1969: 19-20）。

评价

　　直接法产生与发展的动力来自两个方面：一是少数一线教师的创造性；二是少数语言学学者（如斯威特与维埃托尔）关于语言和语言学习本质的批判性理论思想。在这个方面直接法是同类方法中的先驱。直接法同时还是使学习的情景成为语言使用的情景，培养学习者放弃第一语言参照所做出的首次努力。它要求教师在教学中要有创造性，并且由此产生了一系列不同于翻译法的语言教学技巧。课文作为语言学习的基础在教学中使用，图画和实物展示，重视问答、口头叙事、听写、模仿，以及大量的新型语法练习，所有这一切都产生于直接法。20世纪的语言教育，如20年代的帕尔默和50年代与60年代的听说法和视听法，都采纳了由采用直接法的教师发明的教学技巧。关于一语与二语关系问题，直接法走向一个极端，将一语完全排斥在二语学习之外。

　　有两个主要问题一直困扰着直接法语言教学。第一个问题是，如何不经过翻译来表达意义，以及如何在不参照一语的条件下保证不产生误解。第二个问题是，如何在语言学习的初级阶段之后应用直接法。同其他新方法一样，直接法扩大了语言教学初级阶段的资源，但是相对而言，对高级阶段的教学却几乎没有什么贡献。从某种意义上来讲，尤其是由于坚持在课堂交流中只使用第二语言，直接法可以合情合理地被看作是现代"沉浸式"教学的前身。

阅读法

主要特征

　　这一方法有意识地将语言教学的目标局限于阅读理解能力的

训练。

渊源

韦斯特（West 1962a）、邦德（Bond 1953）在其有关著述中和科尔曼（Coleman 1929）在现代外语研究系列的一卷中为这一教学方式提供了论据。然而，对这种方法尚没有引起我们的关注的文字记载。

历史发展

作为20世纪20年代的一种创新，这种理论为英美教育家所推崇。当时在印度教授英语的韦斯特（West 1926）坚持认为，学会流利地阅读，对学习英语的印度人来说，远远要比说英语更重要。韦斯特之所以突出阅读，不仅仅是因为他将阅读看作是需要获得的最有用处的外语技能，而且是因为阅读最容易是一种在语言学习初期阶段对学生而言回报率最高的技能。基于桑代克《教师词汇手册》(*Teacher's Word Book*)（1921），他为读者构建了一个控制词汇表和经常重复的新词汇表。由于类似的理由，科尔曼（Coleman 1929）从现代外语研究中得出下述结论：美国中学唯一一种现实的语言教学形式就是以阅读技能为核心的教学。同样，1920年到1940年间，邦德提出了一种教授芝加哥大学语言课程的阅读法理论。在其对芝加哥大学阅读法演进的描述中，邦德（Bond 1953）对上述方法在1920年到1921年间的起源做了如下说明：

"……一个人已经看清了语言学习的积极阶段和消极阶段的区分，以阅读理解为最终目的的分析性语法学习方式、对精读与泛读经验积累的重视、口语与写作训练的推迟、对口语词汇的持续注意和对学习者个体的关注，必定成为阅读法的标志"（同上：29—30）。

学生在教学过程中得到很多详细的阅读策略方面的指导（例如，同上：130—131）。这个经数十年开发出来的课程为学生提供了分级阅读材料和系统的学习阅读的方法。口语虽然没有完全被忽视，但是重中之重是阅读。

无论是在美国大行其道的当时，还是追溯到第二次世界大战期间，"讲"语言成为美国全国的当务之急之时，阅读法都受到猛烈抨击。然而，自二战起，特殊用途语言教学（如阅读科学文献）重新被加以关注。

教学目标

作为一种语言教学的理论，阅读法有意识地将语言教学的目标限制在一种实际可达到的用途上。

教学技巧

阅读法的教学技巧跟前述教学法的技巧并无天壤之别。同语法翻译法一样，其语言教学中并不完全排斥第一语言的使用。跟直接法相似，第二语言的教学以口语为重点，因为发音和"内部言语（inner speech）"能力被看作是阅读理解的重要助益。有几种技巧是从母语阅读教学中借鉴来的。重要的是，阅读文本中词汇的控制被认为是至关重要的，而且同等重要的是，必须将以细研为目的的精读同以一般理解为目的的对分级"读物"的快速泛读区别开来。

理论假设

阅读法具有很坚实的实用基础。其教育假设跟20年代美国学校课程中通行的假设相似，即教育活动要同某一具体终极用途相啮合。

评价

阅读法产生于实际的教育考虑，而非语言学理论或者心理学理论变迁的结果。它符合美国 20 年代的教育理论。这种方法将一些新的重要成分引入到语言教学中：（1）设计出跟特定目的相啮合的教学技巧（就这种情况而言，阅读目标）的可能性；（2）作为一种更好的分级文本的手段，词汇控制在第二语言文本中的应用；（3）分级"读物"的创作；（4）词汇控制促成的快速阅读技巧在外语课堂上的应用。

听说法

主要特征

60 年代盛行的这种方法具有数个独一无二的特点：（1）听说读写各种技能的分离与听说（而非读写）技能至上；（2）对话用作呈现语言的主要手段；（3）对模仿、记忆和句型操练等技巧的重视；（4）语言实验室的使用；（5）确立语言学理论和心理学理论为教学方法的基础。

渊源

听说法在大约 1960 年之后出版的有影响的书中都有介绍，如布鲁克斯（Brooks 1960/1964）、斯塔克（Stack 1960/1966/1971）、拉多（Lado 1964）、里弗斯（Rivers 1964，1968）、查斯顿（Chastain 1971，1976）等。莫尔顿（Moulton 1961/1963）曾对其早期语言学

原则的发展进行过追溯。但是，同前面所介绍的各种教学方法一样，从当下的视角对听说法的起源、发展和影响所做的详细的分析性和批评性研究，则非常匮乏。

历史发展

20世纪上半叶主要的教学方法，如语法翻译法、直接法，总的来说，都产生于欧洲的学校体系，而听说法则主要起源于美国。但是，它在世界各地，甚至在那些对它从一开始就持怀疑和批评态度的国家和地区（如英国或者德国），却产生了相当大的影响。

直到50年代后期，听说法才初具形态，并以各种名目出现。50年代，常常被称为听力—口语法。"听说法"这个术语作为更易于发音的一个替代，是由布鲁克斯（Brooks 1964: 263）提出来的。他本人还提出并推广了另外一个术语"新手段（New Key）"，用它来指称同一教学方法。"新手段"这个术语取自兰格的著作《新手段中的哲学》（*Philosophy in a New Key*）一书。[8] 卡罗尔（Carroll 1966）称之为"听说习惯理论（audiolingual habit theory）"，而宾夕法尼亚研究项目（Smith 1970）则称之为"功能性技能策略（functional skills strategy）"。

无论名称为何，听说法作为一种独一无二的语言教学理论有明确界定和产生最大影响的时期非常短暂，大约始于1959年，终于1966年。从这个时期最初开始，尤其在1964年后，听说法就受到挑战。最终到了1970年，基于理论上和实用方面的原因，听说法受到激烈的抨击，对新的转向的呼声越来越大。

正如多数观察者已注意到的，听说法起源于第二次世界大战期间美国战时语言课程的"军队法"（参见本书第6章第102页）的理论和实践的发展，如莫尔顿（Moulton 1961/1963）所述，可以用本书

第 8 章（第 158 页）提到的五个口号来加以总结。布卢姆菲尔德（Bloomfield 1942）具有开创性的小册子，密执安大学英语语言学院（The English Language Institute of the University of Michigan）弗里斯和拉多的学说，对比语言学的发展，语言实验室的新技术，以及美国国防教育法案（NDEA 1957）带来的给予语言研究和发展的慷慨经济支持，所有这些因素都对听说法理论的发展有很大的贡献。听说法理论可能是第一个公开承认产生于语言学和心理学的语言教学理论。但是，听说法的倡导者不仅仅坚称已将语言教学建立在了坚实的科学基础之上，而且试图表明，从科学的各个学科派生出来的原则可以以具体、易于运用的形式，应用于语言教学材料的编写与日常教学实践。

听说法的倡导者称这是一种高效的教学方法，此言一出，就立即受到挑战。谢勒与沃特海默（Scherer and Wertheimer 1964；参见本书第 4 章第 56 页，第 6 章第 106 页）的研究是寻找实证证据的首次努力。后来的研究，如查斯顿与沃尔德霍夫（Chastain and Woerdehoff 1968）、宾夕法尼亚项目（Smith 1970）和瑞士的 GUME 项目（Levin 1972），仍在继续寻找支持听说法优点的具体证据。早在 1964 年，卡罗尔、里弗斯、萨波特和阿尼斯菲尔德（Anisfeld）就对听说法的理论根据提出了质疑（Valdman 1966；Rivers 1964；参见本书第 15 章第 327—329 页）。乔姆斯基（Chomsky 1966）在东北会议上的著名演说（见本书第 6 章第 108 页和第 15 章第 327 页）彻底动摇了听说法的理论基础，导致 1966 年到 1972 年间关于听说法的大辩论。与此同时，语言教学材料和教学实践则刚刚跟上听说法思想和课堂创新的步伐。理论的快速变化与实践的低速发展之间的差距，导致 70 年代初的混乱和迷茫（已如前面的章节所述）。

教学目标

听说法的重中之重是听和说两种"基本技能"。虽然阅读和写作并未被完全忽视,但是听和说却处于优先地位,而且在教学顺序中先于阅读和写作。同直接法相似,听说法极力在不参照母语的条件下培养目标语技能。例如,布鲁克斯(Brooks 1960/1964)认为,语言学习的理想结果是,对第二语言的掌握跟第一语言达到相同水平。听说法的倡导者虽然并不认为文化是第二语言教学所必不可少的,但是语言学习却首先被看作是实用交际技能的获得。

教学技巧

听说法的教学技巧在哪些方面不同于语法翻译法或者直接法的教学技巧呢?听说法虽然不像语法翻译法那样突出强调语法知识或者语法信息,但也绝非将它看作禁区,不能越雷池一步。它确实拒斥语法翻译法以智力训练为目的的问题解决方式,而且对形容词表或者动词形式表之类孤立的词形变化特征亦无青睐。课堂上或者教学材料中第一语言的使用,在听说法中亦不像在直接法中那样受到限制。直接法因缺乏语言学基础,不能在科学的指导下对语言资料分级而受到听说法倡导者的非难。

根据听说法,学习过程即习惯形成和条件作用的过程,其中没有认知分析的干预。换言之,在内隐—明示选择这个问题上,听说法倾向于采用内隐策略,而非明示策略,重点放在积极简单的练习上。其意图是减轻语言学习的负担,使之成为相对更省力的重复和模仿。听说法将对对话的记忆和模仿性重复作为具体的学习技巧引入语言学习之中。此外,听说法还完善了句型操练(亦称结构操练或者句型练习)。类似操练虽然以前就有(如在帕尔默的著作中),但是在听说法中却成为一种基本特征，而且作为语言学习的一种技巧被多样化和精细化，这是以前所未有的。因此，听说法技巧似乎使语言学习不再需要很强的学术背景和倾向性。所推崇的方式上的简单与直接，似乎使语言学习更接近普通学习者。进一步讲，口语在以前在很大程度上仅仅是语言学习中书本学问的点缀，在听说法中却走到了舞台的中央，而且使用录音和语言实验室操练的教学技巧，为学习者提供了进行听说练习的机会，使他们在不参与实际会话的条件下，以程式化的刺激与反应形式，演练日常语言对话。

理论假设

听说法是50年代和60年代描写语言学、结构语言学和对比语言学的真实写照。对听说法的影响主要来自斯金纳，同时也受到奥斯古德等新行为主义者的影响。根据其心理学理论，语言学习是刺激与反应、操作条件作用和强化的过程，其重点是按照精心准备的小步骤和阶段进行的无错误、成功的学习。由于其对心理学和语言学理论的应用缺乏科学的严密性和一致性，因此受到里弗斯（Rivers 1964）、卡罗尔（Carroll 1966）和乔姆斯基（Chomsky 1966）等人的不断批评。

评价

60年代初，听说法点燃了人们对语言教学黄金时代到来的希望。到60年代末，它却摇身一变，成为百无一是的替罪羊，语言教学所有的问题都归罪于它。其理论基础并不牢固，而且，从实际的角度来讲，也没有实现其希望。实证研究结果并未不容置疑地验证其优越性，而且那些自觉地使用听说法教学材料和教学方法的教师，抱怨这些教学技巧不仅无长期效果，而且导致了学生的厌烦。

考虑到上述批评，有必要重申一下听说法对语言教学的贡献。首先，听说法是第一个提出要将语言教学的理论发展建立在公开申明的语言学理论和心理学理论基础之上的理论。其次，它试图使语言学习为广大的普通学习者能够企及。换言之，这一理论提出，语言教学应该以不需要抽象推理这种高级认知能力的参与就能完成的方式展开。第三，它强调句法的发展，而其他教学理论则往往只关心词汇和形态。第四，由它引发产生了一系列简单的教学技巧，如对语言具体特征的多样化、分级和强化练习。最后，它将语言技能分离成教学手段。听说法将特殊设计的听力和口语练习技术引入教学中，而之前的口语练习仅仅是朗读课本练习，而且不同语言技能的顺序安排也没有在教学法意义上以一贯之地处理。

视听法

主要特征

通过视觉呈现的一个场景，乃是将学习者置于有意义的话语和语境中的主要手段。

渊源

这一方法在课程《法国声音与形象》（CREDIF 1961）的引言中有描述，而且正是在这个课程中，这种方法第一次应用于教学实践。其最新发展反映在雷纳与海纳尔（Renard and Heinle 1969）、法语传播研究及学习中心（CREDIF 1971）和《法国声音与形象》（*Voix et Visages de la France*）（Heinle *et al.* 1974）中。

历史发展

这一方法 50 年代发源于法语传播研究及学习中心（CREDIF），是由居伯里纳（Guberina）和里旺（Rivenc）领导的团队集体研究和设计出来的。这一方法背后的原则在由法语传播研究及学习中心团队开发、出版的几种课程中得到应用，如以成年初学者为对象的法语教程《法国声音与形象》、针对儿童的类似教程《早安，莉娜!》以及修订版《法国声音与形象》。上述部分教程改编后在美国（Renard and Heinle 1969）和英国（Gross and Mason 1965）制作出版；根据相同的原则，加拿大以《加拿大对话》（*Dialogue Canada*）（Commission de la function publique（公共功能委员会）1974-1977）为标题制作出版了一个新教程，供加拿大政府语言学校使用。法语传播研究及学习中心的教学方法和教程，通过教师培训课程在世界各地得到广泛推广，后者最初是严格的视听法原则及其应用的培训课程。近年来，法语传播研究及学习中心团队提倡一种更为灵活的教学技巧观和教学程序观。

教学目标

可视化语言学习分为以下几个阶段：视听法尤其适应于第一阶段的学习，在这一阶段，学习者首先要熟悉基础法语中所规定的日常语言；第二个阶段主要培养就一般性话题连续交谈的能力，以及阅读一般小说和报纸的能力；第三个阶段是专业或者其他类型专门性话语的应用。视听法尤其适用于初始阶段的语言学习。

教学技巧

从法语传播研究及学习中心教学方法发展起来的视听教学，由一系列精心设计但次序刻板的事件组成。开始上课，先是幻灯放映和录音播放。录音是程式化的对话和叙述性评论，幻灯的画面跟话语相匹配。换言之，视觉形象与言语相辅相成，共同构成一个语义单位。义群的意义在教学程序的第二个阶段，由教师采用指认、演示、选择性回听、问答等形式加以解释（"阐释（explication）"）。第三个阶段，重复对话数遍，通过多次回放录音和幻灯，或者通过语言实验室练习来熟练记忆。教学程序的下一阶段是发展阶段（development phase）（亦称"运用（exploitation）"或者"转换（transposition）"），学生逐渐从录音—幻灯播放中解放出来：例如，至此，幻灯的播放已经没有伴随的录音，要求学生回忆录音上的叙事评论，或者创造自己的评论配音；或者对场景的内容加以改编，并采用问答或者角色扮演手段，应用于学生本人或者其家庭、朋友。除了对场景全面的处理之外，每一课还包括语法操练时段，用于对录音和幻灯呈现的对话中出现的某个句型或者几个句型进行练习。语法和语音都得到练习。语言解释在授课过程中无足轻重。同听说法一样，阅读和写作教学被延迟，但是在适当的时候会得到应有的重视。

理论假设

视听法的基础是语言学，其语法和词汇内容取自描写语言学研究，如基础法语。但是，跟其前身听说法不同的是，视听法强调语言的社会属性和情景性：

> "……语言首先是个体或者社会群体间的一种沟通/交流手段……"（CREDIF 1961：viii）

因此，视觉形象的呈现并非可有可无的伎俩，而是旨在模仿语言使用的社会语境的手段。

这种方法所假设的学习过程跟格式塔心理学相契合，始于对情景的总体把握，逐渐过渡到具体的语言片段。这种方法坚持使用非分析性的学习方式，坚持明确界定的教学程序，对最佳语言学习方式有自己确定的假设。它鼓励学习者以整体方式来掌握从磁带上听到的，在幻灯上看到的具体语境中的语言表达。换言之，它不鼓励学习者对语言进行分析。同样，在法语语音或者语法教学过程中，编者坚持认为，语调、节奏模式和语义单位不能被分解得支离破碎。但是，练习的顺序跟听说法没有本质上的差异。然而，练习中的刺激是图画性质的，而且努力在有意义的语境中对所学的所有语言特征进行练习，不做无意义脱离语境的纯粹句型练习。[9]

评价

由法语传播研究及学习中心所发展起来的视听法，乃是现代为了解决语言学习问题而做出的非同凡响的努力。它将语言教学分为三个不同的层次，[10]将语言学习置于简化了的社会语境中，从一开始就作为有意义的口语交际来教授语言。它用幻灯视觉和用录音机听觉呈现的情景，取代了直接法使用的印刷文本，这是语言教学中一种新鲜的替代手段，也是50年代（即该方法刚设计出来时）为了利于语言教学对新技术的一种回应，同时也是一种负责任的利用新技术的方式。同听说法一样，其基础是公开申明的语言学和心理学原理。

视听法主要受到两方面的批评。视听法的很多教学技巧都借鉴了直接法，因此，同后者相似，前者表达意义有困难；幻灯的视觉形象并不能保证话语的意义不会被学习者误解。话语同视觉形象之间的对应，从理论上讲，是值得怀疑的，而且要面临一些实际的困难。另外一种批评是，方法所强加的刻板的教学程序，其基础是完全没有经过验证的关于学习顺序的假设。

认知理论

主要特征

有人认为，这种理论或者方法是"当代修正的语法翻译理论"（Carroll 1966: 102），也有人认为是当代修正的直接法（Hester 1970；Diller 1971，1975，1978）。其最新的形式，用迪勒（Diller 1971，1978）或者查斯顿（Chastain 1976）的话来说，是将重点放在语言作为有意义的系统的有意识学习上，其理论基础是认知心理学和转换生成语法。

渊源

任何一个理论家都不是认知理论的唯一主要支持者。卡罗尔（Carroll 1966）是对语言教学认知理论的特点进行描述的第一人。查斯顿（Chastain 1969，1976）也对认知理论和教学进行过很有价值的阐释。迪勒（Diller 1971，1975，1978）曾对认知法和听说法做过对比。作为一种成熟的语言教学理论，认知法尚未得到批判性审视。80年代初，其贡献被对语言教学交际方式越来越强烈的兴趣所掩盖。[11]

历史发展

作为听说法的一种替代选择，认知理论产生于60年代中期，是对听说法所遭遇的批评的一种反应。语法翻译法或者直接法的重新发现，绝非仅仅是时间的倒转，乃是试图将心理学、心理语言学和现代语言学新的发展的真知灼见注入语言教学所做出的努力。70 年代初期以来，有数种语言课程公之于世，它们均声称其基础是认知理论。但是，这种方法所产生的练习技巧几乎没有增添什么新的东西。认知理论的主要影响似乎是放松了听说法对教学材料和练习的束缚，消除了人们强加给语法翻译法和直接法的恶名。

教学目标

从广义上讲，认知教学的目标跟听说法理论家提出的目标是一致的（Chastain 1976: 146-147），但是两者在近期目标上显然有一定的差异。认知理论并不那么推崇听说技能的至高无上。相反，它强调对语言作为一个统一有意义的系统的各个方面的掌握，即一种有意识获得的可用于真实情景中的"语言能力（competence）"。卡罗尔对其教学目标做出如下定义：

> "这种理论认为学习者理解外语结构的重要性大于使用结构的能力，因为据认为，假如学生对语言的结构有恰当的认知掌握的话，随着语言在有意义情景中的使用，语言能力会自动发展起来"（Carroll 1966: 102）。[12]

教学技巧

卡罗尔认为，认知法的教学技巧具有以下特点：

> "……学习一门语言是有意识地掌握第二语言的语音、语法和词汇模式的过程，总的来说，采用的手段是对各种模式作为一套知识来进行分析和学习"（同上）。

换言之，认知理论并不拒斥、掩盖或者不重视有意识的语法或者语言规则的教学，也不排斥将阅读和写作同听说一起来进行教学。认知理论不期望通过强化操练来形成习惯，自动掌握某种语言，而是希望学习者努力去理解语言系统，而且对有意义材料的练习比自动化掌握的欲望有更大的价值。用于描述行为主义学习观的术语，如条件作用（conditioning）、塑造（shaping）、强化、习惯形成和过度学习（overlearning）等，已经由对规则学习、有意义的练习和创造性的强调所替代。

理论假设

同听说法相似，认知理论在语言学和心理学那里寻找到了其合理的依据。它抛弃了行为主义和结构主义语言学，从转换生成语法和认知心理学那里寻找到了第二语言教学的基础。认知理论是60年代乔姆斯基引发的语言学理论和心理学理论转向的反映。迪勒（Diller 1978）总结出认知主义的四大原则，跟莫尔顿（Moulton 1961/1963）用以描述听说法的五大原则形成对照。

（一）"活着的语言具有规则制约下的创造性"（Diller 1978: 23）。这一原则显然是以乔姆斯基提出的两个概念为依据：语言是受规则制约的，语言具有创造性，它表明，语言应作为一个有意识学习的系统来教授。

（二）"语法规则具有心理的现实性"（同上：26）。一门语言的使用者自动地应用语言规则，这证明他们已掌握了语言的规则。然而，规则自动得到应用这一事实，并不意味着规则是自动学习的。同象棋游戏的规则一样，一种新的语言"最好结合行动的示范和练习来学习"（同上：29）。也就是说，技能的学习可能是有意识的（亦即用本书第 18 章的术语来说，是明示的），通过（反复）使用达到自动化程度。

（三）"人天生具有学习语言的特殊装备"（Diller 1978: 29）。语言学习是人类（区别于其他动物）的一个特点，具有生物学基础，但是，并不局限于儿童。儿童的能力被高估，而成年人的能力则被低估。在"有意义的使用情景"（同上：30）中，语言学习可以发生在人生的任何一个阶段。它是学习者的一种活动，而非"仅仅外界强加给我们"（同上：34）的某种东西。

（四）"活着的语言是我们用以思维的语言"（同上：34）。语言跟意义和思维是交织在一起的，学习一种语言"就是学习用那种语言去思维。有意义的练习而非操练，是语言学习的唯一方式"（同上：37）。

评价

认知理论主要是借助于语言学和心理语言学的新理论来对听说法进行批评，它指出后者理论中存在的理论上和应用方面的缺点，将人们的注意力吸引到了听说理论所抛弃或者轻视的语言与语言学习的一些重要方面，如创造性和意义。它还重新发现了语法翻译法和直接法中一些有价值的特征。在语言学习的内隐—明示问题上，认知理论公开承认明示教学的重要性。然而，由于忽视了听说法的一些优点，认知理论激化了不同教条之间的论战，却没有提供令人信服的证据，证明除了在某些方面保持平衡外还做了什么努力。

结论：作为语言教学理论的方法

关于语言教学方法的争论并不局限于本章所分析的六种方法，新的方法也并没有由于70年代初认知主义的发展而停止出现。[13]但是，前面对六种方法的简要描述足以表明，这些已有命名的教学方法的产生有以下三种方式。

（1）首先，它们部分是对由于社会、经济、政治或者教育状况变化而提出的对语言教育不断变化的需求所做出的回应。语法翻译法跟19世纪影响学校教育的教育信念相适应。直接法产生于欧洲政治与商业快速扩张时期，那时铁路的发展带来了贸易的增长与旅行的便捷。阅读法乃是20年代课程论的反映。听说法和视听法产生于第三世界民族国家崛起的时代，那时，西方世界在第二次世界大战后，新的国际意识在觉醒。

（2）其次，语言教学方法产生于语言理论的发展和关于语言学习的心理学视角的变化。例如，直接法的前奏是19世纪的联想主义心理学和语言科学，而听说理论、视听理论和认知理论——远远超出语言教学理论的范畴——则努力在语言学和心理学中探寻其基础。

（3）最后，多数方法都是一线教师经验、直觉和观点的反映。正是教师和学生对某一方法的不满和采用某种方法教学的失败，才导致对方法的不断批评和对改革与重点转移的要求。

每一种方法都有其新的真知灼见，而且都努力去解决我们在本书第18章所着重指出的三个语言学习问题中的一个。因此，语法翻译理论和认知理论都认为，语言是一个有序的规则系统，学习者至少在一定程度上，能够通过一定的学习方法（明示法）有意识地获得。语法翻译法和听说法两者都以不同的方式，从第一语言对语言学习重要性角度（一语—二语联系）对迁移/干扰现象进行了处理。听说法通过对比语言分析，曾大胆（虽然不是非常成功）地尝试系统地将重点放在第一、第二语言之间的差异上，以此为手段来克服语言干扰。直接法和听说法都已认识到了对学习者而言沉浸于第二语言的重要性，前者以摒弃翻译为手段，后者则以坚持强化练习和习惯化为方式。阅读法和听说法提供了将不同的语言技能分离出来的经验，前者是读，后者是说，从而跟其他方法所推行的整体方式形成鲜明的对照。所有的方法都重视系统练习的必要性。但是，语法翻译法和认知理论将语言作为一种认知学习问题来教授，而听说法和视听法则倡导一种相对不需要多做思考的操练和训练方式（明示—内隐选择）。对学习者至关重要的第二语言的意义问题，语法翻译法通过简单的翻译手段就克服了。在这些较新的方法中，直接法的倡导者已经意识到了意义问题，建议采用几种技巧加以解决，如示范、教具、用第二语言进行解释或者提供语境，但是只有视听法一直在关注意义，坚持提供系统的视觉支持。

本章中所考察的所有方法，都具有分析特征。也就是说，这些方法都没有作为一种有意识的教学策略来探索应用非分析的参与或者体验式学习方式的可能性。从本书第 18 章中所讨论的三个问题的角度来看，这些方法都强调"语码"的学习，而非通过参与交际活动的手段来学习语言，以此来解决语码—交际的两难问题。[14] 近几年来，这种意义上的交际策略产生了，但是几乎没有达到（而且幸运的是，将永远达不到）所谓教学"方法"的固化程度。然而，交际理论对目前流行的关于语言教学策略的思想和实践产生了非常深刻的影响，假如不能在教学所有层面上为非分析性（体验或者参与）的交际成分留有余地的话，这样的语言教学现今已经几乎无法想象了。

本章所简要介绍的各种教学方法有两个共同的主要弱点。其一是它们是相对固化的语言教学信念的组合，其二是过分强调某个单一方面，以此为语言的教与学的核心问题。这一特征具有历史意义，而且有其新颖的灼见，但是最终以此为基础建立起来的语言教学理论是不够完备的。进一步讲，关于学习者与学习方式，所有的方法都有自己往往是非常缜密、详尽的假设。从原理上讲，这些假设虽合情合理，但是，没有经过语言学习现实批评性的系统检验。

因此，教学方法就是语言教学的理论，这些理论部分来自于实际经验、直觉和创造性，部分来自于社会、政治与教育的需要，还有部分来自于理论思考。但是，这些理论都没有作为语言的教与学的理论系统地陈述出来，而且，除了最近为数不多的几个例外，也没有得到实证证据的验证。[15]

正是由于方法这个概念的根本弱点，大约二十年来，人们越来越普遍地坚信，语言教学不能单纯用教学方法来满意地进行理论化。教学概念的变化是我们下一章探讨的主题。

注释：

1 几年前，安东尼（Anthony 1963/1965；同时参见 Anthony and Norris 1969）对"围绕这个领域的相互重叠丛生的术语"（1965：93）进行过观察，提出将"方式/理论（approach①）""方法（method②）"和"技巧（technique）"做出如下区分。方式/理论构成语言教学的原理或者理论基础。方法具有程序性，用麦基（见本书第21章）的话说，可理解为"教学材料的选择、分级、讲授以及诱导学习的教学实施"（Anthony and Norris 1969：2）。一种理论中可包含多种方法，但是每一种方法都必须建立在一种理论的基础之上。技巧是方法的具体实施（1965：96），用以描写某

---

① 这个术语是一个多义词，理论家使用也不统一，因此在本书中根据行文需要，有时翻译成"方式"，有时则翻译成"理论"。——译者注

② 这个术语多数情况下翻译成"方法""教学方法"或者"教法"，但是在本书中作者似乎将方法等同于理论了，所以有时根据行文需要，也翻译"理论"。——译者注

个课堂上使用的"具体窍门、计策或者手段"（Anthony 1965：96）。技巧必须和方法同时跟隐藏在背后的理论协调起来。安东尼和诺里斯（Anthony and Norris 1969：6）得出以下结论："方法必须建立在原理的基础上，而且必须通过所选择的技巧来实施，引导学生做出原理所界定的期待的语言行为。"上述定义虽有助于将理论假设（"方式/理论"）、教学策略（"方法"）和具体的课堂活动（"技巧"）区分开来，但是却并没有反映出"方法"这个广义的、无明确定义的术语最近甚至在当今的实际用法。

2　三个主要的语言学习问题的范围在本书第 18 章（第 400—405 页）中已有界定。

3　读者可能会发现，有必要将本章的描述，跟本书第 6 章的历史回顾联系起来。

4　例如，参阅广为流行的《自学》（*Teach Yourself*）系列语言教材。

5　"透彻地学习语言，而不片面地追求理论研究；不仅要达到能够顺畅地理解法国人的作品，而且也要能够在口头和书面交流中运用熟语（习语）"（引自萨克斯（Sachs 1893）关于新版通行的普洛茨教学语法的短文）。关于梅丹热尔、奥伦多尔夫、阿恩、普洛茨以及其他人的教学语法的参考文献，见凯利（Kelly 1969）。

6　据我所知，目前尚没有人做过系统研究来探明在不同语言的教学中和不同层次的语言教学中，语法教学和翻译技巧在多大程度上仍然在使用。

7　埃舍（Escher 1928）在其未发表的芝加哥大学学位论文中追溯了其历史发展。同时参阅本书第 5 章关于国际语音协会规定的讨论。

8　布鲁克斯（Brooks 1964：6）受到兰格在其《新手段中的哲学》中对指号（sign）和符号（symbol）区分的影响。因此，他努力将自己的语言教学理论建立在语言哲学的基础上。本人必须坦承，从来都没有理解兰格关于指号和符号之间的区别跟布鲁克斯的教学理论究竟有何关系。值得注意的是，"指号"和"符号"两术语在第 1 章中详细讨论过之后，在其著作其他章节中就再也没有提起过。

9 关于视听法的介绍，见《法国声音与形象》的导言（CREDIF 1961）。同时参阅视听法理论家居伯里纳（Guberina 1964）的论述。

10 亦即包括初级日常会话的初级水平（niveau un），包括高级会话和报刊与其他非专业文献阅读的中级水平（niveau deux），以及根据专业兴趣和专业类型区分的语言使用的第三级水平。

11 在我们关于语言学习问题的考察中（见本书第 18 章第 403—404 页），认知理论跟听说习惯理论形成了鲜明的对照，前者是"明示—内隐选择"标题下的"明示"教学。

12 值得注意的是，认知理论的假设是，这种能力在有意义的情景中会自动发展起来，但是这一假设后来并未得到经验的验证，反而导致对其理论的质疑。

13 在本书第 6 章中（尤其参见图表 6.1）我们已经注意到，70 年代出现了数种新的教学方法，它们引起了教师和公众的兴趣，如沉默法（Gattegno 1972，1976）、社区语言学习（Curran 1976）、暗示法（Lozanov 1979；Scovel 1979）、达特茅斯法（The Dartmouth Method）（Rassias 1971）和自然法（Terrell 1977）。关于对这些方法的讨论，参见本塞勒与舒尔茨（Benseler and Schulz 1979）、迪勒（Diller 1975，1978）和史蒂维克（Stevick 1976，1980）。关于对不同教学方法简明、全面、最新的综述与参考文献，参阅里弗斯（Rivers 1981：第 2 章）。同时参见布朗（Brown 1980）。

14 迪勒（Diller 1975，1978）认为，直接法具有交际语言教学非分析的参与性与体验性特征。然而，值得注意的是，交际教学法并非总是被理解为具有非分析性。对这个概念的另外一种解释是关注社会语言与话语特征的语言学习。这种方式可能分析性很强，但是它所考虑的不仅仅是语音和句法，还有其他很多特征。关于这一点，参阅本书第 12 章（第 258—262 页）。斯特恩（Stern 1981, 1981a）曾就对交际语言教学的不同解释进行过探讨。

15. 上述 60 年代研究中对各种教学方法的比较，乃是对语言学习进行的实证性考察，如谢勒与沃特海默（Scherer and Wertheimer 1964）、宾夕法尼亚项目（Smith 1970）、查斯顿与沃尔德霍夫（Chastain and Woerdehoff 1968）和 GUME 项目（Levin 1972）。

第21章

语言教学法无定法

20世纪60年代和70年代，语言教育学领域的多项发展，标志着语言教学已经背离了唯一方法这个概念。这些新的发展之所以值得我们关注，是因为它们指明了语言教育思想的新动向：克服了由于纯粹或者主要通过方法概念对语言教学进行理论化而产生的偏狭、教条和顾此失彼。需要考虑的发展所涵盖的范围非常庞杂，但是，这些发展合起来则是对语言教学更宏观和更有区别性的阐释。

我们首先要考察的是将语言教学置于更全面的框架中所做出的尝试。这主要是通过介绍几种广为人知的教师指南来进行。其次，我们将介绍60年代借助于"方法分析（method analysis）"和"方法体系（methodics）"以更有建设性的方式对重新解读方法概念所做出的努力。再次，我们将对两种小规模的研究进行分析，两者之所以重要，是因为它们对发现教学方法背后的基本原则的可能性进行了探索。最后，我们将考察实证法对语言教学研究的贡献。

教师指南

所要考察的第一种理论，将教学方法融入了关于语言教学更全面的论述中。这非常有效地体现在了几种广为人知，且非常有影响力的教师指南中，如本书第 2 章中作为语言教学理论的例子所提到的教师指南：布鲁克斯（Brooks 1960/1964）、拉多（Lado 1964）、里弗斯（Rivers 1968/1981）、格里特纳（Grittner 1969/1977），以及查斯顿（Chastain 1971，1976）。

上述教师指南的内容旨在说明如何从现代理论家—教学一线教师的视角，对语言教学进行理论探讨。图表 21.1 是对七种教学指南按照章节内容所做的分析。无疑，在其语言教学的概念中，方法问题处于核心地位，但是被放置在更宏观的背景中。从图表 21.1 可以看出，指南通常从历史的视角来看待语言教学中的社会、政治和教育因素（3），[1] 并对语言在课程设置中的地位进行了分析（4）。教学指南还对教学宗旨和目标进行界定（4）。自古安、斯威特和帕尔默以来，以语言学关于语言本质的阐释和心理学或者最近的心理语言学关于语言学习的理论为基础对语言教学的合理性进行阐述，已成为语言教学指南的惯例（1、2）。然而，其主要关注点则是从教学法的角度对语言教学不同方面的处理（6）。60 年代以来，对语言教学各个方面的处理，是从听、说、读和写等技能（7）方面，或者从语音、语法、词汇、文学和文化（5）等语言内容方面，而且有时也从初学者、中级和高级学习者等语言教学的不同阶段方面（8）来进行的。在这些标题下，教学指南通常包含语言教学各种问题的解决方案、实例和对语言教学技巧合理性的解释。同时，教学指南中还有某种测试观（10）。指南中还经常专门另辟章节，来处理材料、设备和技术辅助（如语言实验室或者视觉与视听媒体的使用等）问题（9）。对语言教学各个方面的处理，往往都是以关于教师角色和其他一些职业问题的讨论来结束（11、12）。

一般来说，教师指南反映了作者作为教师或者师资培训人员的经验，他们对当时语言学、应用语言学和心理语言学文献的理解，及其个人在方法问题上的观点。例如，布鲁克斯（Brooks 1960，1964）、拉多（Lado 1964）和里弗斯（Rivers 1968）采纳了听说法，而查斯顿（Chastain 1971，1976）则力主将听说法与认知理论相结合。里弗斯在其1981年版的指南中主张采用折中法，因为"教师每天都面临帮助学生学习新语言的任务，没有时间和精力全心全意地去尝试流行的每一种新方法或者新理论"（同上：54）。她认为，折中主义者努力"将所有通行的语言教学方法中最有效的技巧融入其课堂教学过程中"（同上：55）。折中方式似乎跟许多语言教师的直觉合拍。

从我们在本书第3章中提出的模型来看，指南构成了第一层次的"理论"与第三层次的"实践"之间重要的联系。假如以批判的眼光作为一个类别加以审视的话，指南不能将经过严格验证的知识、研究证据、公众的立场、作者的个人观点以及假设或者臆断清楚地区分开来。因此，这些书最好被看成是经验丰富、深谙此道的理论家和教学一线教师的语言教学理论。从本章所提出的观点来看，其价值在于，它们试图对指南的作者所认为的语言教学中重要的语言教学的方方面面做出全面、统一的阐释。这些都是我们所能够掌控的对语言教学最明确的宏观阐释。

然而，在一定程度上，教学指南使教学方法这个概念作为某种特殊的事物以及作为语言教学中的一个核心概念具有了长久的生命力。多数指南都是在某一种方法或者几种方法组合的框架内操作的。它们虽然有时对所选择的方法持批判与超然的立场，但是方法问题的核心地位，正如有名称的方法所表达出来的，在指南中并未受到质疑。

题目分析	布鲁克斯（Brooks 1964）	查斯顿（Chastain 1976）	菲诺基亚诺与博诺莫（Finocchiaro and Bonomo 1973）	格里特纳（Grittner 1977）	霍恩西（Hornsey 1975）	拉多（Lado 1964）	里弗斯（Rivers 1981）
1 语言的本质。语言学。	语言理论。语言与谈话。	第一语言学习。	外语的教学：（什么是语言?）	什么是语言? 什么是语言学。	新兴的语言学。		语言理论和语言学习。
2 语言学习与心理学。学习者。	母语与第二语言。语言学习。	第二语言研究。第一语言学习。听说教学。理论与教学。认知理论与教学。学生。满足学习者的需求。	外语的教学：（语言学习。）	美国人第二语言能学习到什么水平? 心理学与语言学习：动机与方法。		现代语言学习理论。	语言学习与语言学习的各种理论。（语言学习，早还是晚开始。）
3 历史、社会政治与教育背景。	语言教学：美国学派。（教师面临的问题。）	历史透视。		美国外语教学的历史根源。		语言教学的原则。	

续表

题目分析	布鲁克斯(Brooks 1964)	查斯顿(Chastain 1976)	菲诺基亚诺与博诺莫(Finocchiaro and Bonomo 1973)	格里特纳(Gritner 1977)	霍恩西(Hornsey 1975)	拉多(Lado 1964)	里弗斯(Rivers 1981)
4 理由、宗旨与目标。	语言教程的目标。语言学习。	为什么学习第二语言?	课程设置:(一些基本假设。)	美国人为什么要学习外语?外语教学的目标:最基本要求。			语言教学的目标。其他目标:(特殊用途语言。)
5 内容 (1) 语音。	语音。		语言特征的教学。(语音系统的教学。)	句型操练。文化环境中四种技能的学习:(语音……的教学。)	发音。	各种语言的音位系统。语调与节奏。	语音教学。
(2) 语法。	句型练习。		(语法系统的教学。)	句型操练。	语法。有限的目标——唯一的结构。	句型练习。从句子到句型。	语言与语言学习的各种理论。结构练习。

续表

题目分析	布鲁克斯(Brooks 1964)	查斯顿(Chastain 1976)	菲诺基亚诺与博诺莫(Finocchiaro and Bonomo 1973)	格里特纳(Grittner 1977)	霍恩西(Hornsey 1975)	拉多(Lado 1964)	里弗斯(Rivers 1981)
(3) 词汇。	词汇。		(词汇系统的教学。)			有生命力的词汇及其意义。	其他?(词汇学习。)
(4) 文学。	语言与文学。			文学的学习。		文化内容与文学。	
(5) 文化。	语言与文化。	文化教学。	提供文化方面的真知灼见。	(文化,民族和人类关系。)		语言与文化。	文化理解。
6 教学法/策略/技巧。	方法与材料。句型练习。	听说理论与教学。认知理论与教学。第二语言教学的总方针。	材料与技巧的有效使用。假如……会怎么样?语言教学的可为与不可为。	句型操练。心理学与语言教学机与方法。	句型操练与语言学习:动机与个性化教学。	句型练习。语言教学的原则。	语言教学方法。结构练习。

续表

题目分析	布鲁克斯（Brooks 1964）	查斯顿（Chastain 1976）	菲诺基亚诺与博诺莫（Finocchiaro and Bonomo 1973）	格里特纳（Grittner 1977）	霍恩西（Hornsey 1975）	拉多（Lado 1964）	里弗斯（Rivers 1981）
7 技能 (1) 听力理解。		听力理解。	交际技能的培养：（听—说。）	四种技能的学习。		各种语言的音位。	听力理解。
(2) 说。		说。	（听—说。）	（说的能力。）		语调与节奏。元音与辅音的网络。	说的技能：基本知识的学习。说的技能：个人的意思表达。
(3) 阅读。	阅读与写作。	阅读。	（阅读。）	（阅读的能力。）	文本的使用。阅读。		阅读技能。
(4) 写作。	阅读与写作。	写作。	（写作。）	（写作的能力。）	写作。	句型练习。写作。	写作技能。

续表

题目分析	布鲁克斯（Brooks 1964）	查斯顿（Chastain 1976）	菲诺基亚诺与博诺莫（Finocchiaro and Bonomo 1973）	格里特纳（Grittner 1977）	霍恩西（Hornsey 1975）	拉多（Lado 1964）	里弗斯（Rivers 1981）
8 课程设计。初学者的中级水平者的教学。高级学习者的教学。	学习的连续性。	课程准备。课堂活动。多样化教学。第一天上课。（附录1）。	课程开发。平衡课程的规划。		第六学级作业。语法：（分级与选择）。	建立语难滩头堡。	其他？（语言课的计划。）（课堂管理。）
9 设备、材料和技术辅助。	语言实验室。语言实验室材料。方法与技术本的选择辅助。	语言实验室（附录4）。基本文本的选择使用。（附录2）。	教学材料与教学技术的有效使用。	语言实验室及其他电化媒体	操练与练习：（语言实验室里进行的法语操练）（对某一小学实验室操练视觉辅助的批评）视觉材料。	技术辅助。语言实验室。教具。教学机器与程序化学习。	技术与语言学习中心。其他？（教材。）

续表

	布鲁克斯 (Brooks 1964)	查斯顿 (Chastain 1976)	菲诺基亚诺与博诺莫 (Finocchiaro and Bonomo 1973)	格里特纳 (Grittner 1977)	霍恩西 (Hornsey 1975)	拉多 (Lado 1964)	里弗斯 (Rivers 1981)
题目分析							
10 测试与评估。	测试与测量。	评估。	测试与评估。	对外语课程的评估。		语言测试。	测试:原则与技术。
11 教师。	教学的职业发展。	新思想的来源(附录3)。职业组织与期刊(附录5)。		对外语课程的评估。			其他?(跟上职业的发展。)
12 其他题目。					使用纪实材料		

图表 21.1 七种主要语言教学指南所涵盖的主要题目。(所列题目并非对指南所涵盖主要标题的穷尽性分析。若对指南的详细内容有兴趣,可查阅指南。)章中包含的小节用括号表示。

⁴⁸² 方法分析与方法体系

在本书第 20 章我们对不同语言教学方法进行了描述，似乎它们是完善的独立存在；而且，正如本书前面的章节所述，有些教师坚持认为："所有的方法都有一定的可取之处"，而且教学实践中采取了一种最近里弗斯（Rivers 1981）在其指南中所倡导的折中法。但是，这种折中法仍然是建立在对不同方法的概念区分基础之上的。然而，恰恰是不同方法作为独立实体的区别性，才颇值得质疑。准确地说，不同的方法究竟指什么，如何将它们令人满意地综合起来，关于这些问题尚没有达成一致。作为语言教学的理论，各种方法的缺陷一而再、再而三地为人们所关注：

> "直接法、简化法、情景法、自然法、电影法、会话法、口语法、语言学法，诸如此类的术语不仅意思含混，而且不够恰切，因为这些方法将自身局限于复杂课题的一个方面，并由此推论这个方面就是事物的全部"（Mackey 1965: 156）。[2]

自 60 年代以来，理论家为了建立起一个全面的语言教学的概念框架，克服方法这个概念中所隐含的偏狭与门派之见，做出了许多努力。

其中最有影响的是在麦基和其他语言学家的研究基础上发展起来的一个理论框架，其关于这个问题的思想，初步形成于 50 年代的伦敦。在随后的十年间，最初的一些概念得到系统的发展，在本书第 8 章提到的两部具有开拓性的著作中体现出来，这两部著作是《语言教学分析》（Mackey 1965）和《语言科学与语言教学》（Halliday, McIntosh, and Strevens 1964）。[3]

从语言教学方法的泛滥与混乱出发，麦基（同上：156）问道："某种方法中必须包含什么内容？当然，无论是算术还是天文，抑或是音乐或者数学的教学，方法中包含教学所包含的所有内容。"根据麦基的观点，语言教学需要教学材料、教师和学习者相匹配。如本书第 3 章（第 39—41 页；参见图表 3.5）所述，麦基将这些因素放到了更广阔的社会、政治背景中。然而，其主要突出的重点是文本型教学材料的分析，即具体技术意义上的"方法分析"。而持跟麦基相似观点的韩礼德、麦金托什和斯特雷文斯（Halliday, McIntosh, and Strevens 1964），则并未将自己局限于对教学材料的分析。其概念旨在适用于语言教学的整个过程。麦基的"方法分析"和韩礼德、麦金托什和斯特雷文斯的"方法体系"，是关于将第二语言提供给学习者并帮助他们学习第二语言的过程的理论模型。

麦基所谓方法中的基本概念是选择（selection）、分级（gradation）、呈现（presentation①）和重复（repetition）。以母语者日常使用的语言为出发点，语言教学"方法"首先要求对所教授的内容进行选择。在麦基看来，选择主要是根据语言教程的目的、长度和水平对语言项目所进行的选择。如本书第 8 章（见图表 8.1）所述，韩礼德、麦金托什和斯特雷文斯方法体系中最初的概念是限制（limitation），之下是制约（restriction），即将所教授语言局限于某一方言或者语域，然后就是对所教授语言项目的选择。

因此，选择和限制用于描述课程开发者在为实际教学做准备的过程中做出语言选择这一重要任务。两种方案都对需要做出什么样的选择和选择应遵循什么原则进行了分析。例如，麦基强调，语言项目的使用频率并非唯一适用的原则，还需要考虑范围、可及性、覆盖面和

---

① 这个术语有时也译作"讲授"。——译者注

学习的难易程度。选择的结果是教学大纲、教程或者教材语音、语法、词汇和语义项目的总藏。

所选择出来的语言项目必须按照一定的顺序加以安排。麦基以及韩礼德、麦金托什和斯特雷文斯都给分级阶段以高度重视。麦基将分类（grouping）和次序（sequence）区分了开来，前者是将相互联系的项目放到一起，后者则是按项目排列的先后顺序。对麦基而言，分级阶段是从语言学或者心理语言学的角度对语言项目进行排序。韩礼德、麦金托什和斯特雷文斯也对阶段划分（staging）和排序（sequencing）做了类似的区分，但是对他们而言，这是根据教程要求来对语言项目进行安排的任务。

语言项目一旦聚合起来，并进行了排序，接下来的任务就是将它们教授给学习者。这一阶段在两种方案中都被称为呈现。分析至此，两种方案产生了分歧。麦基将具体的方法分析所研究的文本材料的呈现，跟教学分析（teaching analysis）所关注的教师对语言材料的呈现区分了开来。方法分析提出的问题是（Mackey 1965: 228）："学习者翻开教材看到的是什么？教材教授学习者多少语言内容？如何教授语言的形式和意义？"韩礼德、麦金托什和斯特雷文斯所谓呈现的意思是，"教学过程的核心、学生与所教授语言项目的直接接触"（Halliday, McIntosh, and Strevens 1964: 213），包括课堂教学、电视或者语言实验室教学以及视听教程。韩礼德、麦金托什和斯特雷文斯对初次呈现（initial presentation）跟重复教学（repeated teaching）做了区分。前者亦称"初步教学（first-time teaching）"，后者即供练习、强化和补救教学的机会。同样，麦基也对重复（亦即练习）跟呈现做了区分。他认为，只有通过重复，学习者才能够形成正确的语言习惯，进而独立地使用语言。[4]

呈现与重复乃是教学过程中方法之争所重点关注的部分。但是，两种方案在方法问题的辩论中都没有偏向任何一方。相反，麦基对多种意义呈现的程序做了区分："区分（differential）"程序显然产生于语法翻译法，其中采用了第一语言；"例证"（ostensive）程序、"图画"（pictorial）程序和"语境"（contextual）程序产生于直接法或者视听法。但是，方法之辩中几乎被看作是信条的东西，却被麦基从多个方位加以审视，当成了教学过程中的多个选项。麦基用听说法的习惯训练来对重复阶段进行分析，但是给四种技能以同等重视。阅读训练中吸收了阅读法中的某些活动形式。

韩礼德、麦金托什和斯特雷文斯的方案在教学程序方面没有这么具体，对现代技术的发展颇为青睐，采取的立场似乎更接近视听法，而非听说法。但是，两种方案均将语言教学程序放在了一个大的框架内。

韩礼德、麦金托什和斯特雷文斯方案的最后一个阶段是测试（testing）："（教师）必须……了解教学的效果如何：也就是说，学生学习的情况如何"（Halliday, McIntosh, and Strevens 1964: 214）。麦基的方法分析中没有测试这个阶段，原因是其核心是对材料的分析。因此，其方案中最后的测量阶段，乃是对四个阶段——选择、分级、呈现和重复——定量分析的指导原则。因此，测量的目的是对材料进行评估。

但是，方法分析之后紧跟教学分析。在教学分析中，可结合教学大纲、学习者、教师的特点以及教学的条件，对方法（从麦基的意义上讲，即教材）的适宜性进行评估。教学包括教学前活动、课堂活动（授课）和测试。在教学前阶段，教师必须对教程或者教材加以改造，以适应所教授的学生，同时做好讲授和练习的计划。课堂活动的界定，采用的是跟前述方法分析相似的术语。所提到的许多程序，都源自听说法和视听法，为人们所熟知。媒体的使用也包含在教学分析中。最后，教学程序结束是对语言学习的测量，即测试。

以下（图表21.2）是对两种语言教学阐释的总结。

方法分析与教学分析（麦基）(Mackey 1965)		方法体系（韩礼德、麦金托什和斯特雷文斯）(Halliday, McIntosh, and Strevens 1964)	
（方法分析：）			
1. 选择		1. 限制	制约 选择
2. 分级	分类 排序	2. 分级	阶段划分 排序
3a. 呈现 3b. 重复	3c.（教学分析：） 大纲 学习者和教师 计划 技巧	3. 呈现	初步教学 重复教学 强化教学　补救教学
4a. 对方法的测量	4b. 对学习的测量： 测试	4. 测试	

图表21.2　方法分析与方法体系的比较

评价

上述两种方案破除了方法之争中对单一教学方面的过分执着，清楚地对语言教学的不同阶段进行了界定。虽然并未刻意跟课程理论相联系，但是两种方案中事实上已经包含了课程开发（选择与分级）的某些概念、课程实施的某些概念（呈现、重复和测试）以及课程评估的某些概念（麦基对方法的测量）。这两个方案首次做出努力，为全面解决语言教学问题和客观地对语言教学现实而非仅仅是语言教学的应然状态进行阐释，提供了宏观的框架。两者还清楚地对教与学两个概念做了区分。两种方案出版时，尚未得到实证研究的验证。换言之，两个框架是否能为教学计划、对语言课程进行分析或者语言教学研究提供一套有用的概念尚不清楚。两种方案所引进的两个系统和术语虽然在随后多年间得到广泛应用，但是任何一个方案都没有得到系统的检验，而且两者作为语言教学理论的潜力也并没有得到应有的全部发挥。也没有人曾为之做出努力，将任何一个方案跟教学理论中当时方兴未艾的课程研究联系起来。[5]

对方法的概念分析

博斯科与迪彼得罗

为了弥合方法上的分歧，另有数人对各种方法进行了系统的分析。其中之一是博斯科和迪彼得罗（Bosco and Di Pietro 1970）。博斯科和迪彼得罗采用音系学中以某些特征的有无为手段对语音特征进行分析的区别特征分析法（distinctive-feature analysis），对各种语言教学方法进行了比较研究，在最常用的教学"策略"中，找出十一种区别特征，其中八种为心理特征，三种为语言特征。

心理特征包括：

1 功能性与非功能性：目标是交际呢，还是理解语言的结构？
2 核心性与非核心性：从心理的角度来看，教学方法是指向"核心"认知过程呢，还是指向"边缘性"感觉运动条件作用？
3 情感性与非情感性：教学方法是否强调情感领域？

4　一般规律与非一般规律：语言规则是否以明示的方式置于核心位置？

5　特殊性与非特殊性：教学方法是否鼓励学习者发展自己独一无二的表达风格？

6　微观性与非微观性（或者宏观性）：教学方法是鼓励语言与语言表达的综合观或者整合观呢，还是将语言作为孤立的"分子"的集合教授给学习者？

7　循环性与非循环性：教学方法是定期对所学语言点加以复习呢，还是以线性方式从一点到另一点进行下去？

8　趋合性与非趋合性：教学方法是鼓励离散的具体技能（如语言辨别、听力理解、口头表达等）的获得呢，还是不加区分地处理语言技能？

三种语言特征包括：

1　普遍性与非普遍性：教学方法是将第二语言作为普遍特征的一个例子来加以分析呢，还是将每一种语言作为独一无二的、特殊的、具体的现象来对待？

2　系统性与非系统性：教学方法是将语言作为有序的系统来对待呢，还是以无序的方式来处理语言特征？

3　分离性与非分离性：教学方法试图建立整体的语言结构呢，还是孤立地处理每一个语言规则？

借助于这十一种特征，博斯科和迪彼得罗对各种不同的教学方法进行了界定，找出其共有的和特有的特征。因此，根据博斯科和迪彼得罗的阐释，语法翻译法（GT）、直接法（DM）和听说法（AL）具有下列特征（见图表21.3）：

策　略

心　理　特　征	GT	DM	AL
1. 功能性	−	+	+
2. 核心性	+	−	−
3. 情感性	−	+	−
4. 一般规律性	+	−	+
5. 特殊性	−	−	−
6. 微观性	−	+	−
7. 循环性	−	−	−
8. 分离性	−	−	+
语　言　特　征			
1. 普遍性	+	−	−
2. 系统性	−	−	+
3. 整体性	−	−	−

凡例：GT = 语法翻译法

DM = 直接法

AL = 听说法

+ 表示具有某种特征

− 表示不具有某种特征

图表21.3　博斯科和迪彼得罗语言教学方法特征分析

从上述列表可以看出，语法翻译法具有以下特征：核心性（认知）、一般规律性（重视规则）和普遍性（其基础是语言的普遍原则）。直接法具有功能性、情感性、微观性等特征，而听说法则具有功能性、一般规律性、分离性和系统性等特征。前述三种方法都不具备明确的特殊性（即鼓励个人的表达），或者明确的循环性。三种教学方法均无建立统一的语言结构的目标。

这一方案是对语言教学进行阐释所迈进的一大步，因为它将为数不多的一些原则分离了出来，用于对所有的语言教学方法进行描写和分析。以这种方式，可以找出各种方法共有的特征与差异。同时，这一方案也受到人们的质疑与批评。首先，其中有些特征相互重叠。例如，第六种心理特征（微观性与宏观性）跟第二种语言特征（系统性与非系统性）和第三种语言特征（统一性和非统一性）相互重叠。其次，从这些特征的呈现方式来看，似乎都是等同的。其实，不同组别特征的分析范围和方向差别很大（如第二、四、六、八种特征），而另外一些特征则指教学目标（如第一、三、五种特征），还有些特征则指课程的设计（如第七种特征）。进言之，除了直觉的阐释程序之外，尚不清楚根据什么原则将某些特征赋予具体的教学方法。例如，为什么说直接法具有情感性，而听说法却没有呢？最后，这种分析背后的假设是，教学方法是明确的、独一无二的实体，因此可以进行特征分析。

这一方案的巨大价值在于：（1）澄清了可供语言教学理论家做出的选择，（2）明确了一些超越不同教学方法的共同特征。博斯科和迪彼得罗得出如下结论：最佳教学策略可以根据矩阵中所有或者任何特征加以确定。"用上述术语所表达出来的理想策略，绝非是将有限的教学实践强加给教师。教学风格的差异，多如每个特征在文本材料中可能有的解读方式"（Bosco and Di Pietro 1970: 52）。因此，这个方案是克服各种方法的分离性和局限性以及发现语言教学法背后的基本特征所做出的重大努力。

克拉申和塞利格

克拉申和塞利格（Krashen and Seliger 1975）也对教学方法进行了特征分析，他们发现了八种特征，其中有几种跟博斯科和迪彼得罗所列特征重合：

1　+离散的语言点。[6] 这个特征借自于语言测试术语，指对语法规则和词汇项目的处理。语言的特征是作为孤立的项目来对待的呢，还是将语言作为整体来对待？视听法强调语言的宏观成分，而早期的语法翻译法和听说法则将每一个语言项目看作是孤立的。这一特征跟博斯科和迪彼得罗"微观"与"宏观"、"分离性"与"非分离性"、"统一性"与"非统一性"之间的区分非常相似。

2　+演绎。指先讲授规则然后做练习，还是从练习中推断出规则（归纳）。+演绎通常是语法翻译法的一个特征，而归纳则是直接法和听说法的特征。博斯科和迪彼得罗并未特意将这一特征指明，在其方案中与此最接近的是第四对特征，即一般规律性与非一般规律性。

3　+明示。演绎方式肯定是明示教学，而归纳方式可能或者以规则的明示阐释为终点，或者一直保持规则的内隐性。语法翻译法和认知法具有+明示特征，而直接法和听说法总的来说（但未必全部如此）依赖于内隐方式（−明示）。这一特征指本书第18章所说的明示/内隐选择，或者指博斯科和迪彼得罗的一般规律性/非一般规律性。

4　排序指语言内容的安排。语言项目安排的依据是否是对比原则或者"自然"习得顺序？是否从简单到复杂、从用处最大到最小、从频率最高到最低进行安排？用麦基的术语来说，语言课程所依据的分级原则是什么？在语法翻译法、直接法等一些较古老的方法中，分级被看成一种教学常识，而非什么值得争议的问题。词汇分级作为阅读法的一个重要方面首次出现，后来则成为听说教程的重心。法语传播研究及学习中心（CREDIF）的分析与课程开了系统分级之先河。听说法教程对精心设计的梯度的重要性有着非常强烈的意识。听说法的倡导者因直接法对分级的随意性而对其提出批评。记住，分级也是麦基的方法分析以及韩礼德、麦金托什和斯特雷文斯方法体系的一个基本特征。70年代，一些语言培训项目对严格的分级原则加以抵制，主要原因是任何排序都难以得到语言学理论的支持，也就是说，因为任何安排都有其任意性。虽然博斯科和迪比特罗并未这样处理排序问题，但是第七种心理特征（循环性与非循环性）和第二种语言特征（系统性与非系统性）则指课程设计中相关的问题。

5 语言运用渠道指某种方法中听、说、读、写的分离与结合。某种方法可能要求采用"单一渠道"方式，或者"多渠道"方式。例如，听说法和视听法给予听和说以优先地位。麦基以及韩礼德、麦金托什和斯特雷文斯都在其阶段划分的概念中考虑了这个特征，特指第二语言教学中不同阶段对听说与读写的不同侧重。这一特征跟博斯科和迪彼得罗的第八种心理特征（即分离性与非分离性，亦即各种语言技能的分与合）恰好相吻合。

6 练习类型："聚焦"与"散焦"指语言操练设计的一个特征。操练的设计可以将学习者的注意力集中到所练习的语言点上，如语法翻译练习或者认知法练习中经常的做法，此所谓"聚焦"。相反，练习的设计也可以将学习者的注意力从所练习的语言点上转移出去。例如，根据拉多（Lado 1964）的观点，这是听说法句型练习设计的一个基本特征，这种设计方式"迫使学生使用有问题句型，而思考的却是另外某种事物，即要表达的信息"（同上：106）。他将句型练习定义为"注意力在问题句型之外的关于问题句型的快速口头操练"（同上：105）。博斯科和迪彼得罗的第二个心理特征（核心性与非核心性）跟这个特征相关。

7 控制程度是以一定方式来设计课程，以避免学习者犯错误。

听说法遵循斯金纳的程序教学原则，对语言教程加以组织，以避免犯很多错误。后来的误差分析和中介语研究改变了人们对学习者所犯语言错误的看法，认为它在语言学习中有积极作用。其假设是，假如没有犯错误的机会，学习者就不能形成自己内化了的、正确的语言标准。因此，支持这一观点的认知主义者反对教师或者课程对语言练习的严格控制，主张应该给学习者更多的创造性使用语言的自由，当然，这也必然相应地增加了犯错误的机会。这一方面涵盖在博斯科和迪彼得罗的方案中。

8 克拉申和塞利格找出的最后一个特征是反馈（feedback），指教师对学习者语言错误进行纠正的程度："是纠正错误呢，还是对错误置之不理"（Krashen and Seliger 1975: 180）。这一选择是不同教学方法的一个区别特征，"在各种形式的正规教学中，学生至少有些时候应该清醒地认识到自己什么时候犯了错误"（同上）。但是，教师纠错的规律性、速度或者细节方面是有差异的。韩礼德、麦金托什和斯特雷文斯的"补救教学"概念是教学过程中的同一成分。正是在最近盛行的交际语言教学方式中，作为教学过程的一个阶段，教师有意识地拒绝给予解释和反馈，目的是给学习者机会发展自己的"交际策略"。

克拉申和塞利格对语言教学特征的分析，总的来说，是70年代初受到关于听说理论与认知理论的争议问题诱发的结果，因此不如博斯科和迪比特罗的分析更全面。从总体来看，两种方案都不够系统，不能对语言教学做出统一全面的解释。然而，两种分析都揭示出语言教学理论和实践的一些共同与不同的方面，为对语言教学进行概念上的澄清提供了一些有价值的分析范畴。

语言教学研究的实证方式

上述所探讨的研究以各自不同的方式，在努力建构一个可用于对语言教学进行分析的全面的、系统的框架，而其他一些研究同时也在努力通过实证方法来对教学进行深入的探讨。

实验研究

解决语言教学方法问题和争议的重要实证方式之一是实证比较研究。如前所述（第 4 章第 54 页及以下诸页），这种研究的历史可追溯到很多年以前。从本章所正在讨论的观点来看，这些研究虽然绝非没有任何争议，但毕竟是语言教学分析的一大进步。这些研究不仅仅局限于对不同教学方法优缺点进行争论，它们试图对不同教学方法进行实证验证，因此在过去主观臆断和个人观点阐述一统天下的领域里，引进了一种客观研究的成分（见本书第 4 章第 63 页）。

本书中数次引用的多组研究，于 60 年代已经在试图解决听说法是否比语法翻译法（或者认知法）效果更好这一问题。[7] 这种类型的研究明确无误地表达出人们希望将教学方法的改革付诸实际教学实证检验的愿望。谢勒－沃特海默的实验（Scherer and Wertheimer 1964）是在科罗拉多大学德语教学的实际情景中展开的，是语言教学一线教师（谢勒）同心理学家（沃特海默）之间的合作。宾夕法尼亚项目（Smith 1970）规模很大，宾夕法尼亚整个州许多中学许多班级和教师都直接参与了实验。查斯顿及同事的系列研究也是在一个学院和中学里进行的。瑞典的 GUME 项目则是在中学和成人教育的语言课堂上展开的。有些研究旨在对语言实验室的教学效果进行评估（如 Keating 1963；Smith 1970；Green 1975）。另外一个实证研究的例子是在加拿大的蒙特利尔、渥太华、多伦多和其他一些中心城市的中小学所进行的关于"双语教育"或者"沉浸式教学"的系列研究。这些研究对沉浸式教学与传统的第二语言教学形式的效果进行了比较。[8]

上述所提到的各项研究虽然重要、有价值，但恰好都在本章所关注的方面存在严重的缺陷：方法概念的本质并不清楚。多数研究都将教学方法作为一个主要的比较的范畴。无论是从理论的角度，还是从实践的角度来看，这些对比的概念，如听说法与语法翻译法、语言实验室法与非语言实验室法、沉浸式教学法与非沉浸式教学法，并非像其标签所表明的一样泾渭分明。在实验研究中，按照字面意思来接受这些标签是远远不够的。教学方法的研究要有说服力，关键是，方法之间的理论区分必须明确，而且可以得到课堂观察或者是其他记录教学变量技术的实证支持。恰恰是在这一方面，近二十年来的数项研究远非尽如人意。

从积极的方面来看，实验研究对语言教学的阐释究竟有何贡献呢？总的来说，这种研究促进了人们对语言的教与学更为现实的理解。事实上，研究表明，各种教学方法并不像术语的区分那样泾渭分明。研究还让人们保持清醒的头脑，对各种方法的革新者和倡导者倾向于做出的往往是夸大其词的主张采取审慎的态度。如今，语言教师和教育行政管理者，至少在某些国家，在引进新的语言教学方法之前，更倾向于对实证研究的发现加以考虑，这应该归功于上述研究。

采用课堂观察手段对教学进行的研究

近年来，有数项研究已开始密切关注教学的条件和一些人为因素，目的是为了克服空泛的"方法"范畴的缺陷。在本节中，我们只能简要地对这一研究方向做一介绍。

我们必须了解"课堂上发生了什么",才能更好地理解语言教学的真实状况,这说起来容易。课堂上发生的事件有很多,观察者不能也不想对所有的事件都进行观察。他只关注那些从他所选择的角度来看重要的事件。因其重要而选择某些方面,忽视另外一些方面,这其中暗含着某种概念框架。在教育研究中,课堂观察具有悠久的传统。事实上,已经成型的观察体系数以百计。[9] 但是,每一种方案都是为自己特殊的目的而设计的,因此有其应该关注哪些课堂事件的假设。极少有方案是为语言课堂特别准备的。多数用于对语言教学进行观察的方案都取法于弗兰德斯互动分析系统(The Flanders System of Interaction Analysis)。这一观察方案50年代由弗兰德斯提出(Flanders 1970),它是为了对课堂的社会氛围和其他教育团体进行评估而进行的一系列研究的副产品。弗兰德斯系统中隐含的哲学是"民主的"课堂管理优于"专制的"课堂管理,而且观察主要针对这一信念。[10] 互动分析最初应用于社会研究或者科学等一般学校科目的教学课堂。尚未恰当地予以考虑的一个问题是,在多大程度上弗兰德斯系统的一些范畴是对第二语言教学的一些关键问题的回应。为了适用于第二语言教学课堂,弗兰德斯系统数度被修订。当然,研究者已认识到,若要更准确、更全面地对语言课堂实践进行观察,必须对原有系统进行修改和补充;但是,用弗兰德斯系统进行分类的互动策略是否是语言的教与学中最重要的,几乎没有人提出这个最基本的问题,更不用说做出回答了。

其中最有名的改编之一是外语互动分析系统(The Foreign Language Interaction Analysis System,简称FLINT),其中包含弗兰德斯原有系统中所有的范畴,并补充了其他一些项目,如是否在课堂上使用第一语言或者第二语言。[11] 外语互动分析系统的创始人,莫斯科维茨（Moskowitz）将这个系统应用于了教师教育。她发现，这个系统为正在接受师范教育的学生提供有用的反馈，帮助他们建立对课堂互动、教师式语言（teacher talk）和学生式语言（student talk）的敏感性（Moskowitz 1967，1968，1970，1971，1976）。[12]

范赛罗（Fanselow 1977）也研制了一套应用于对外语课堂进行分析的综合系统，称FOCUS，即"情景中使用的交际观察焦点（Foci for Observing Communication Used in Settings）"。范赛罗研制这套系统的意图是对"教师实际所作所为"进行描写和归纳概括。他认识到，需要有一套系统对语言课堂事件进行描写和分析，而不需要使用那些意义模糊的描写语词，如"操练、强化、机械的、交际、节奏、听说法……"（1977: 19）。范赛罗的系统区分出语言课堂交际的五种特征：(1) 发话者：谁在交流？(2) 要达到什么教学目的？(3) 以什么为媒介？(4) 如何使用媒介？(5) 交流的内容是什么？针对上述每个问题，范赛罗都提供了一定子范畴，可以用于对针对上述问题的回答进行分类。范赛罗认为，这套方案系统地使用了严密界定的一套范畴，避免了用于讨论语言课堂语言的模糊性与混乱。另一种途径是将英国的辛克莱和库尔撒德（Sinclair and Coulthard 1975）提出的语言分析方案应用于语言课堂分析，用话语功能（discourse functions）和话步（moves）对语言课堂进行分析。[13]这种方案实际上是否能可靠有效地将不同的教学方式区分开来，仍然是一个未知数。但是，毋庸置疑，为了更好地理解语言教学，需要更明确的分析范畴和实证验证。

上述研究者以及其他一些研究者（如 Allwright 1975；Chaudron 1977；Naiman et al. 1978），一直在孜孜以求但是尚未找到用于对所有种类的第二语言教学进行描写和分析的理论完善的综合模型。如奈曼等人（Naiman et al. 1978）所言，"……用于对语言教学进行分析的实证方案的匮乏被认为是一种劣势，它已导致对语言教学相关方面想当然的研究。因此，应该展开研究，找出有效的教学技巧，并加以分类，同时应对针对不同类型学生的教学技巧的效果展开研究"（Naiman *et al.* 1978:101）。

目前所研发出来的课堂观察方案，似乎缺乏能抓住第二语言教与学的基本和具体特点的标准。假如对第二语言教学的分析能更刻意地跟第二语言学习的过程和在关于第二语言学习的讨论中所探讨的各种类型的问题（本书第 18 章）相联系的话，此类标准是可以找到的。然而，上述研究向我们明确昭示的是，若用于对语言教学进行理论梳理和阐释，本书第 20 章中所阐述的各种教学方法是不够充分的。

结论

本章所简要探讨的各种语言教学方法所产生的最终效果是，语言教学已经不再被用单一的、没有区别的方法上的规定来加以概念化。目前，语言教学理论家有意地回避这一简单的公式。本章中所描述的各种研究[14]提出了一个区别性更强、从经验来讲更有生命力的语言教学观，这种教学观可以持续、全面地应用于第二语言教学的各种情境中。

注释：

1. 括号内数字表示图表 21.1 中对教学指南中所包含题目的分析。
2. 霍金斯（Hawkins 1981: Appendix D），对同一问题也做了阐释，他在书中复制了耶斯佩森和麦基的教学方法列表，同时增补了他自己的列表，有名称的教学方法的数量增至大约 40 种。霍金斯得出如下结论，"我们关于语言教学历史的简要回顾清楚地表明，我们必须要抵制住任何寻找灵丹妙药的诱惑"（同上：228）。

3. 根据麦基（Mackey 1965a: 150）的观点："方法分析的发展，可追溯到 20 世纪 40 年代，当时有人在伦敦提出了一系列建议，要求对语言教学采用描写而非规定的方式。这些建议后来在 50 年代以一组文章的形式发表了出来。"文章主题涉及教学方法的概念（Mackey 1950）、选择（Mackey 1953）、分级（Mackey 1954）和呈现（Mackey 1955）。在（Mackey 1965）专著出版的那一年，麦基将整个方案压缩后，在乔治敦圆桌会议（Georgetown Round Table）上向与会者进行了报告（Mackey 1965a）。

4. 因此，在这一方面，麦基的理论中采纳了听说法的一些原则。

5. 然而，麦基的数位学生与合作者的确在他基于《语言教学分析》中所提出的某些方向上进行过探索，如关于选择（Laforge 1972）、词汇（如 Savard 1970；Mackey, Savard, and Ardouin 1971）的研究。

6. 加（+）号表示具有某种特征，减（-）号表示不具有某种特征。

7. 关于其中某些研究，可参阅本书第 6 章和第 20 章（第 463 页），前者对研究按照历史顺序进行排列，而后者则在听说法的发展这个语境中提到过这些研究。本书第 4 章对实证研究这一问题结合语言教学理论和教学实践进行过讨论。

8. 关于沉浸式教学的研究，可参阅本书第 4 章注释 13。本书第 19 章提到的国际教育成就评估协会（IEA）的研究（Carroll 1975；Lewis and Massad 1975）是对语言教学实证研究问题的进一步阐释。

9. 关于课堂观察方案的简要发展历史及其跟语言教学的联系，参阅奈曼等（Naiman et al. 1978）。关于语言课堂教学的全面综述，见朗（Long 1980）。

10. 弗兰德斯的体系源于关于社会氛围的一些研究（Lewin，Lippitt，and White 1939；Anderson 1939）。两篇文章后来收入论文集（Amidon and Hough 1967），本书第19章注释10中有引用。

11. 除了莫斯科维茨的外语互动分析系统（FLINT）之外，还有分别由贾维斯（Jarvis 1968）和雷格（Wragg 1970）提出的两种第二语言课堂观察方案。

12. 在一项关于视听法法语教学的阿尔伯塔研究中，有位研究者（McEwen 1976）提出了一套课堂观察方案，称"第二语言范畴系统（The Second Language Category System）"。麦克尤恩（McEwen）认识到，语言课堂上所发生的事件，甚至是在最简单的结构化课程安排中，并非是单一维度的。麦克尤恩的方案中有三个维度，要求从内容、思维过程和语言功能方面进行三重分析。采用这种系统进行研究，麦克尤恩每分钟可以记录下27个事件。其他一些研究者则努力将重心放在语言课堂的某几个方面上。例如，奥尔赖特（Allwright 1975）和乔德伦（Chaudron 1977）对纠错进行了研究，发现教师纠错时，师生之间常发生误解。

13. 由于受到范赛罗和辛克莱与库尔撒德课堂观察和分析方案的启发，安大略教育研究院（OISE）现代语言中心所进行的一项（未发表的）观察研究，对传统第二语言课堂上和沉浸式教学班上的法语学习之间的差异进行了分析。关于这份未发表的报告的节选，见斯特恩与卡明斯（Stern and Cummins 1981：227）。同时参见辛克莱与布拉齐尔（Sinclair and Brazil 1982）。

14. 当然，在同一方向上还有其他一些发展，本章中未加考虑。因此，应该指出的是，70年代兴盛的语言课程的新理论中暗含着对方法概念的批评。这些新的理论摒弃了对教学方法的过分执着，将重心放到了教学的内容和目标上。

第22章

语言教学的教育学解读

从本书前两章对各种教学方法、教师指南、实验研究和各种概念框架的探讨可以看出,在本书所分析的所有的基本概念中,教学这个概念的定义最为含混不清。我们在探寻的过程中,尚未发现某个模型或者解读能作为完全满意的一种表达应用于决策或者研究。

"各种方法"虽然都揭示出语言教学的一些重要特征,但是在某些方面,它们过于宽泛、定义不清,而且在另外一些方面不够全面。教学指南虽然从教学方法的角度对教学进行了综合概括和分析,但是都从个人的视角出发,考虑的是具体教学情境(如美国中学的语言教学),而且大都针对某个特殊的读者群(即在接受教师培训的学生),没有将个人观点、争议的问题和定型的知识区分开来。对语言教学方法的实证研究为教学研究引进了一点以前所缺少的实证成分,而且课堂观察对这一趋势起到了推波助澜的作用,但是这些研究往往只关注某些孤立的课堂事件,如错误纠正。由博斯科和迪比特罗(Bosco and Di Pietro 1970/1971)、韩礼德、麦金托什和斯特雷文斯(Halliday, McIntosh, and Strevens 1964)[①] 以及克拉申和塞利格(Krashen and Seliger 1975) 提出的方法分析、方法体系以及特征分

---

① 由于作者的疏忽,漏掉了韩礼德等人,此处根据前一章的内容补上。——译者注

析，试图为语言教学的客观研究建立概念框架。上述所有学者所做出的努力，都可看成是为了对教学这个概念加以澄清向前迈出的一步。

在一定程度上借鉴上述所有理论的基础上，我们试图在本章中提出另外一种概念框架，将本书第20章和第21章中所探讨的各种理论中所缺少的教育学成分增加到语言教学中。假如我们刻意地去用教育理论和研究来表达语言教学概念的话，这当然并非表明语言教学理论应该亦步亦趋地跟着教育理论爬行。语言教学的特殊性，亦即语言教学关注语言和语言学习，这本身就为自己做出了规定。然而，语言教学作为一种教育活动，至少应该将教育理论的某些成分和语言教学跟其他教育活动所共有的特征一并加以考虑。

因此，我们将把本书第19章（第435—441页）所探讨的课程的概念，应用于对语言教学的分析。在本章中，我们将这些概念，置于了邓金和比德尔（Dunkin and Biddle 1974）两位教育研究者提出的用于对一般教学进行研究的模型中（见图表22.1）。

将这个模型跟课程的概念结合起来使用的优势在于可以用它进行自我审视，从而促进个人理论的发展。同时，正如邓金和比德尔所指出的，这个方案为教学研究提供了一幅有价值的地图。

在本章中，我们将局限于对这个模型的简明介绍，指出其中一些主要教学范畴，以便于对图表3.7中的中间层次上的一些主要概念进行讨论。将我们带向图表3.7中实践层的更详细的研究，则超出了本书的范围，乃是未来正在准备研究的课题。

教学模型

邓金和比德尔（Dunkin and Biddle 1974: 38）所提出的课堂教学

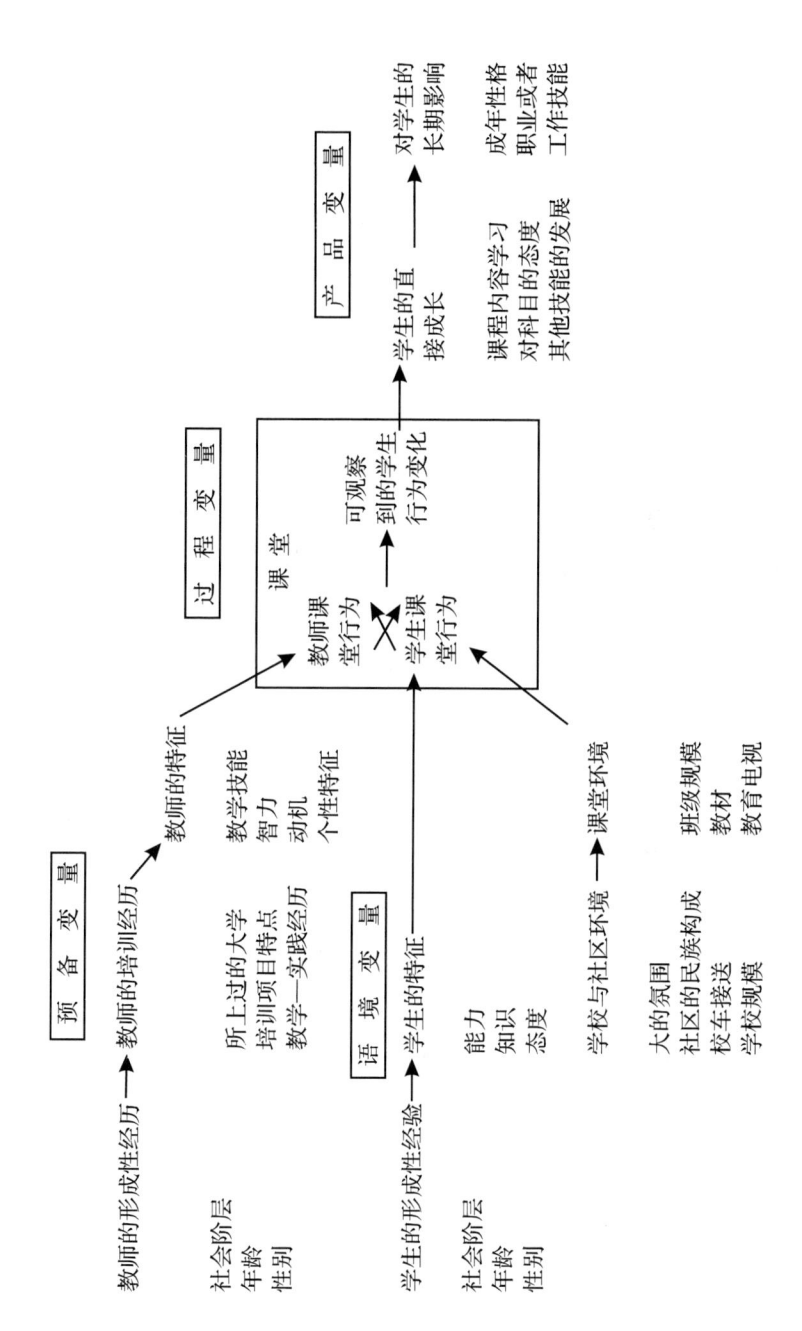

第 22 章 语言教学的教育学解读 647

```
预 备 变 量

教师的形成性经历 ──→ 教师的特征
                        教学技能
社会阶层      所上过的大学      智力
年龄          培训项目特点      动机
性别          教学—实践经历    个性特征

语 境 变 量

学生的形成性经验 ──→ 学生的特征
                        能力
社会阶层                  知识
年龄                      态度
性别

学校与社区环境 ──→ 课堂环境
                    班级规模
大的氛围            教材
社区的民族构成      教育电视
校车接送
学校规模

过 程 变 量

┌─────────────────┐
│      课 堂       │
│                   │
│         可观察    │
│         到的学生  │
│ 教师课  行为变化  │
│ 堂行为╳           │
│      学生课       │
│      堂行为       │
└─────────────────┘
         │
         ↓
产 品 变 量

学生的直        对学生的
接成长    ──→  长期影响

课程内容学习    成年性格
对科目的态度    职业或者
其他技能的发展  工作技能
```

图表 22.1 邓金与比德尔课堂教学研究模型

模型，区分出四个主要类别的变量：预备（presage）、语境（context）、过程（process）和产品（product）[1]。预备变量指教师作为个体或者群体注入到教学中的特征，包括他们自己的形成性经历、接受的训练以及个人特征。语境变量包括教师实施教学的条件、社区、学校、学校的周边环境以及学生。这一方案的核心是课堂：教师和学生在课堂上的所作所为、教师的课堂行为以及学生的课堂行为，所有这一切统称过程变量。最后，产品变量指教—学过程的最终结果，"学生通过参与由教师和其他学生参与的课堂活动而产生的变化"（Dunkin and Biddle 1974: 46）。至此，可将教学的直接影响，即常常是用测试可以测量的结果，跟不易测量的长期影响区别开来。简而言之，这一方案是对教学研究中可以探索而且已经做过探索的各种关系的总结：语境—过程、预备—过程、过程—过程（即课堂上各种过程之间的关系）与过程—产品等关系。方案提供了一个界定清晰的框架，可通过它来在一定的理论和研究的语境中对具体的研究加以审视。邓金和比德尔在其著作《教学研究》（*The Study of Teaching*）中，借助于前述几组基本的关系，对课堂教学整个领域进行批判性考察。他们也认识到，隐藏在不同的课堂研究背后的，是必须加以批判审视的概念和哲学立场（"保证"）。

显而易见，图表 22.1 所示模型跟图表 16.1 所示用于对语言学习进行阐释的模型有很多相似之处。假如将学习的模型中加入教师特征，同时对教育处理（educational treatment①）给予充分考虑的话，学习模型就跟邓金和比德尔（Dunkin and Biddle 1974）对教学的阐释统一了起来，这样一来，我们就拥有了一个可以对语言教学和语言学习同时进行研究的模型。

---

① 此处实际上指教学过程中所发生的一切。——译者注

我们所提出的模型（图表 22.2）中有两个主要参与者：一是语言教师，二是语言学习者。关于学习者的特征，本书在前面的章节中已有论述（第 17 章）。同学习者一样，教师也将自身的一些特征带到语言教学中，其中包括年龄、性别、教育背景和个性特点，这些都可能对教育处理产生影响。最重要的是，语言教师将自己的语言背景和经验、作为语言学家和教师的职业训练、以往的语言教学经验，以及不同程度上系统的关于语言、语言的教与学的理论预设，带到语言教学中。

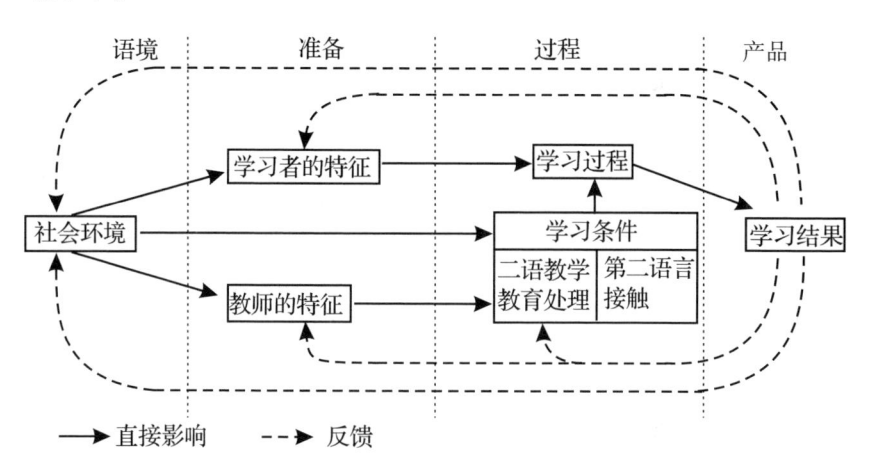

图表 22.2　教—学的模型（图表 22.1 和图表 16.1 特征的综合）

影响语言环境所提供的支持程度的社会语境（见第 13 章），不仅对学习者而且对教师都有影响，从而间接地影响教育处理。

课程意义上的教学

与邓金和比德尔图表中的呈现方式不同，我们将教师的所作所为（亦即教育处理）跟学习者的所作所为（亦即学习过程）分离了开来。而且，与邓金与比德尔不同，教学并非简单地表达为"教师课堂行为"。在我们的概念中,"教育处理"包括可观察到的课堂活动,而且的确有必要对此类可观察到的行为加以密切关注,而非笼统地谈什么教学。本书第 21 章中所探讨的语言课堂研究,对我们理解语言教学贡献了一个重要的组成成分。但是,孤立的课堂事件就像脱离语境的只言片语。某个事件或者某一堂课的意图,只有放到一定的序列或者语境中,才能清楚地显示出来。假如我们在观察中不将教师如何处理其教学计划和意图包含进来,假如他们不将其工作计划、课程设置、教学大纲或者教程拿给我们看的话,外表的行为就没有多大意义了。

教育处理的全部意义在于,它作为一个"教程"或者"课程"提供给学生。所谓"教程"或者"课程",即在一段时间内教授的一个科目,就我们的情况而言,即一门语言,它展示出一定的结构或者"教学大纲",具有连贯性,其目标是一步步地提高语言水平,取得其他的学习结果。因此,课堂教学事件应该在超出某一课堂背景的课程和活动的语境下来进行观察。教师作为课程开发者,应做出活动计划,准备与选择教学材料,对材料加以改编以适应具体用途,将所有的教学材料和课堂活动分为几个步骤或者阶段。作为课堂教学的一线教师,他可能不仅要组织课堂内的活动,还要组织课堂外的活动。在课堂之外可能有跟课堂语言学习相关的独立阅读、家庭作业、专题研究、撰写文章以及其他练习活动。在"开放学校"里,教室可能并非是学习的主要场所。教师还可以安排学生交换,邀请目标语本族语者来访,以及计划学生游学和其他一些与第二语言母语者在自然环境中接触的经历。总之,教学,假如从课程的角度来加以解读的话,乃是有一定的目的[2]和达到目的的手段的有计划的行动。正如我们在本书第 19 章(第 421 页)中所指出的,教学的手段—目的观在语言教学中是不可避免的。

目的

教学目标和内容在教学分析中都应该明确出来,并加以区别。如前所述,"方法"之辩中始终隐含着不同方法在教学目标上不言而喻的差异。但是,教学目标转变意识的缺乏,加剧了围绕方法之辩的混乱。[3] 方法分析和方法体系中作为一条原则介绍的"选择"或者"限制"中,暗含着为了达到一定的目的和在一定时间内语言技能达到一定的水平,对语言内容做出有意识选择的意思。博斯科和迪彼得罗的特征分析也反映出各种教学方法在目标上的差异,尽管这一点在其方案中并没有特别解释。[4] 对 70 年代末所倡导的语言需求分析(如 Richterich and Chancerel 1978/1980;Munby 1978)和对特殊用途语言这两个概念(Strevens 1977a)的重视,乃是在相同方向上所做出的努力:其目的是确定语言课程的目标和内容。

从这个观点来看,1970 年左右瓦莱特在布鲁姆教育目标分类的基础上提出的方案(见第 19 章第 438 页),乃是从教育学的角度对语言教学进行分析具有开拓性的尝试。交叉列表中水平排列的是布鲁姆型的行为范畴,垂直排列的是内容范畴,通过这个列表,瓦莱特(Valette 1971;见图表 22.3)以简明和精确的形式,将教学的内容与目标表达了出来,而且他在文中(Valette 1971)展现出测试项目能以何种方式具体地对表中不同方格的内容进行考查。布鲁姆的原始分类并未考虑语言问题,瓦莱特对此做了多处修改和修订。[5]

相当一个时期以来,本书作者及其同事一直采用类似交叉列表形式对教学目标和教学内容进行描述,但是使用的范畴比瓦莱特的方案要宽泛一些。1980 年至 1981 年研制的类似表格之一中包含四个行为目标范畴和四个内容范畴(见图表 22.4)。

图表 22.3 瓦莱特第二语言教学中行为与内容说明表

	行 为																
	认知和心理运动技能											情感领域					
	知识与知觉				操纵		理解与生成					参与					
内容	各种成分的知识	区分与辨别各种成分的能力	规则与句型知识	区分与辨别各种规则与句型的能力	复制各种成分与句型的能力	操纵各种成分与句型的能力	掌握语段或句型外显（表层）意义的能力 G.1 释义 / G.2 英语对应表达		生成表达预期的表层意义的语段或句型的能力	用内隐（深层）意义分析语段或者句型的能力	分析表达预期的内隐意义的语段或句型的能力	对现象更为清醒的意识	对差异的容忍度加强	展示出对现象的兴趣	获得成绩后的满足	提高能力和增进理解愿望的增强	积极推进跨文化理解
	A	B	C	D	E	F	G		H	I	J	K	L	M	N	O	P
1.0 口语 1.1 词汇 1.2 语法 1.3 语音																	语言
2.0 书面语 2.1 词汇 2.2 语法 2.3 拼写																	
3.0 体态语（或身体语言）																	
4.0 生活方式文化 4.1 社会 4.2 文化																	文化
5.0 文明																	
6.0 艺术																	
7.0 文学																	文学
8.0 交际 8.1 面对面 8.2 电话 8.3 信息																	交际

■ 空格　■ 不可能的格

内　　容	目　　标			
	语言水平	知识	情感	迁移
语言教学大纲（L2）	■	▨	▨	▨
文化教学大纲（C2）	▨	■	▨	▨
交际活动教学大纲（L2/C2）	■	▨	▨	▨
普通语言教育大纲	▨	▨	▨	■

建议主要重点 ■　　　建议次要重点 ▨

图表 22.4　语言教学的课程模型（根据 Stern 1980；Ullmann 1982）

这四类目标也是在布鲁姆分类法的基础上设计出来的，但是并未照搬原始方案，没有像瓦莱特在图表 22.3 中一样直接采用布鲁姆的概念。在我们的方案中，第二语言的语言水平是首要目标（同时参见本书第 16 章，尤其是图表 16.3）。第二个目标是知识，包括第二语言（L2）显性知识和与第二语言对应的文化知识（C2）。第三个是情感目标，包括跟语言和文化相关的价值观和态度。这个目标的实现是本方案不可分割的一个组成部分。第四个行为范畴是迁移，作为一种目标，它承认对一种语言的学习可以泛化到所学语言之外的领域。这一目标在更普遍的意义上重复了前述三个二语目标，其目的是通过第二语言的学习来学习语言学习的方法，即掌握（1）语言学习的技能，（2）概念知识，以及（3）一般的价值观和态度。内容范畴包括语言、文化、交际和一般语言教育四个大的方面。语言指某一具体的第二语言或者其变体，文化即目标文化（C2）或者几种目标文化（C2s）（例如法国文化及/或非洲法语国家文化及/或讲法语的加拿大文化，英国文化及/或讲英语的北美或者澳大利亚文化，等等）。交际指用语言从事的活动，或者暗示某种语言本身之外的某种内容，促使学习者作为参与者直接或者间接地同第二语言母语者进行交流。最后，一般语言教育指某种第二语言和目标文化之外的内容，它使学习者能够超越"所学习的语言"。[6] 无需对这些宽泛的范畴进一步阐释，就可以清楚地看出，本书前面各个章节中所阐述的语言、文化、社会和学习者的概念，是应用这些范畴的课程设置的一个组成部分。[7]

在交叉列表中，教学内容范畴与教学目标两者之间的交互关系可清楚地显示出来，这样一来，表中有一些单元代表教学内容与教学目标在主要方面的匹配，而其他一些单元则代表辅助内容和目的。表格仅仅提供一幅地图，或者是对各种范畴有序的呈现。教学现实要求对这些范畴进行解读，这样才能决定哪些目标和内容范畴应该优先。决定决策的因素包括语言教学的总目的，以及学生的年龄或者成熟程度和以往接受教育与语言学习的经验。因此，在中学阶段或者大学阶段的语言学习中，各个范畴可能相对分布比较均匀。相反，小学教育中的第二语言教学，或者成人职业教育中的第二语言教学，可能需要强调交际和语言水平，而非一般的语言教育和迁移。

70 年代以来，作为对语言教学的阐释中一个重要组成部分（见本书第 6 章第 109 页；第 21 章注释 14），教学目标和教学内容的确定已成为语言教学理论和实践的主要关注点。这不可能是唯一的关注点，但是对教学目标和教学内容的强调，匡正了 60 年代盛行的将教学解读为教学方法的错误做法。

手段

正如本书第 19 章所述（第 438 页），课程理论中的第二个方面是教学这个概念，即具体意义上的教学：教师为了诱导学习的发生做了什么。而且，正如我们在本书第 1 章（第 20 页）中所指出的，此处采纳的是广义的定义：语言教学包括所有的旨在促使语言学习发生的程序。

对目的（内容和目标）和手段（教学）从概念层次上做出区分，

这在语言教学中尤其重要，因为把两者混淆乃是教学方法之辩中无休无止的麻烦源。[8]教师创造学习的条件，如分组或者时间安排；他使用教学材料和其他设备，而且所选择的程序导致一些有针对性的课堂活动。

从课程理论的特指意义上讲，教学将我们带入教学方法之辩中争议最激烈的领域。因此，沿着方法体系、方法分析和特征分析所开启的方向走下去，放弃固定"方法"（亦即教师或研究人员必须全盘接受的、据信显然不同于其他方法的不可更改的技巧组合这个"一揽子教学策略"）的观念是恰当的。相反，假如采纳更宽泛的教学策略概念，并在这个可能包含许多具体教学技巧的概念下开展教学活动，不仅从结果来看更有效，而且从教学法的角度来看更为灵活。前述两个概念分别对应于我们在关于语言学习的讨论中所谓的"学习策略"和"学习技巧"（见本书第18章第405页）。[9]而且，课程理论中也使用了策略这个概念。同学习策略的情形一样，我们不可能开列出一个确定的、穷尽式的教学策略的清单，但是可以以寻找源自 L1—L2 关系、语码—交际困境和明示—内隐选择三个语言教学关键问题的策略为起点，开始我们的探寻（见图表22.5）。前述三个问题呈现给我们六种主要教学策略，用三对参数表示如次：

（一）语内—语际（文化内—跨文化）维度涉及第二语言学习中是否使用第一语言。完全使用第二语言的技巧称语内或者文化内技巧。采用第一语言和本族文化为参照系的技巧被称为语际或者跨文化技巧。我们不做先验性的判断，无论是对语内/文化内技巧，还是对语际/跨文化技巧，都既不加贬斥，亦不加推崇，因为根据理论，在语言和文化这个维度上，在两个极端之间摆动是有充分理由的。[10]

（二）客观—主观（分析—体验）维度产生于语码—交际困境，指将语言和文化作为语码和学习与掌握的客体对待的可能性，或者作

教 学 策 略

（1）跨语言　　　语　内
　　　←——————→
　　　跨文化　　　文化内
　　　（比较）　　（非比较）

（2）客　观　　　主　观
　　　←——————→
　　　分析式的　　体验式的
　　　形式的　　　功能的
　　　以语言为中心　以内容为中心

（3）明　示　　　内　隐
　　　←——————→
　　　认　知　　　非认知
　　　"学习"　　　"习得"
　　　　　　　　　直觉的
　　　　　　　　　自动化的

```
         听说
          ↑
    听    |    说
   接受 ←—+—→ 生成
    读    |    写
          ↓
         读写
```

时 间 安 排 策 略

总时间：

少量时间　　　　大量时间
←——————————→
30—60　　　　　3000—5000
小时　　　　　　小时

时间分配：

集中的　　　　　　分散的
←——————————→

强化的
密集的
参与式的　　　　　"滴注"
　　　　　　　　　"流注"

社 会 策 略

```
        以教师为中心
            ↑
    个体 ←——+——→ 大组
            ↓
        以学习者为中心
```

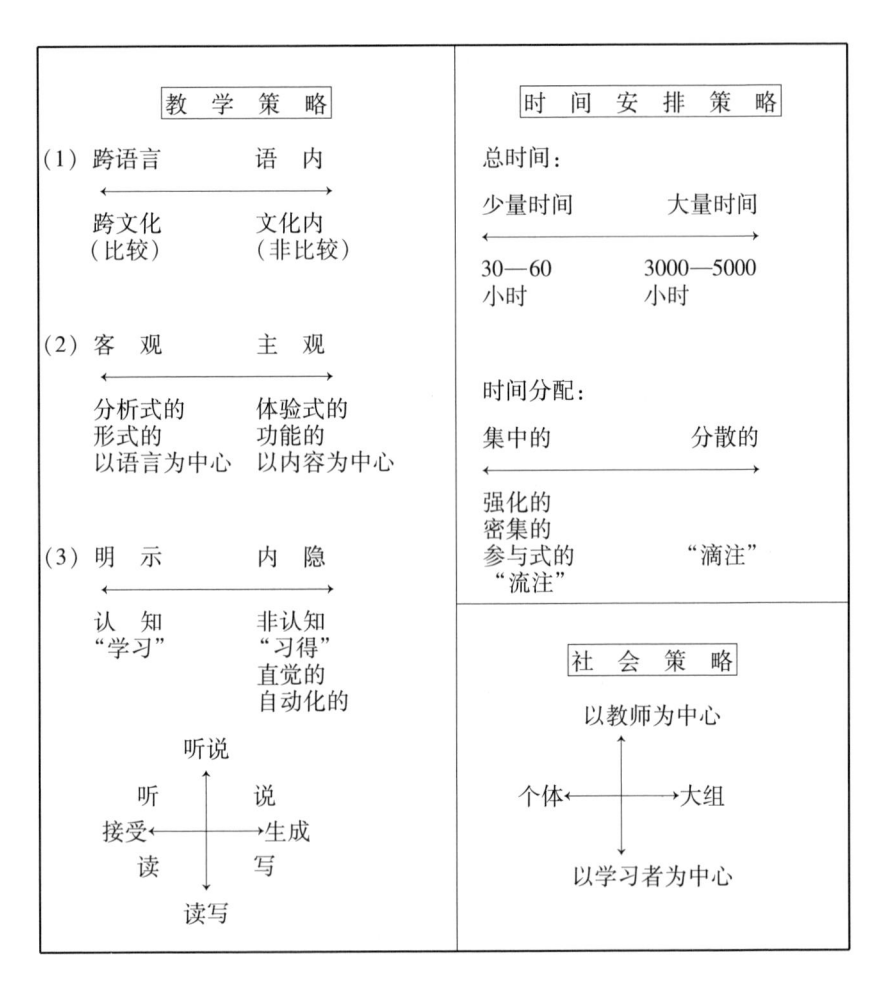

图表 22.5　教学选择

为可以通过参与个人接触和交际行为主观体验的某种事物来对待的可能性。课堂语言学习总体来说是客观、分析式的，而"大街上"的语言学习（Macnamara 1973）则是主观的、非分析的和参与式的。所做出的假设是，客观策略和主观策略都是正当合理的；取决于学习者、学习的机会、学习过程的阶段和学习者的目标，两者都在不同程度上有需求。[11]

（三）明示—内隐维度与不同的教学技巧相关，有些技巧鼓励学习者面对一门新的语言采取一种认知的或者推理的方式，亦即用克拉申的话来说，就是发挥监察机制的作用；而有些技巧则鼓励学习者更为直觉地自动吸取语言，用克拉申的话来说，就是"习得"过程。我们可以假设，明示—内隐策略并非水火不容，不可调和。但是，其适用性可能因学习者特征、学习过程的阶段和学习的条件而异。[12]

策略也可以从最近二十年来已明确的其他维度上加以系统化。尤其是四种技能可以分离为听、说、读和写，或者至少从接受和生成或者从听说和读写两个维度加以综合。[13]人们具有清醒认识的其他一些宽泛的策略选择既与教学时间有关：可用于语言学习的总时间与时间分配（或集中或分散），[14]也同社会和人际安排有关：班级规模与学生构成，个性化小组与大组教学，以教师为中心或者以学生为中心的教学方式，而且与此相关，还有语言课堂上的人际关系问题。在这种语境中，作为对语言教学中人类关系的研究的假设，我们在对语言教学进行解读的过程中提出的附庸化/幼儿化和去附庸化/解放等概念（见本书第18章第399—400页）可能有用处。[15]

上面所简要介绍的各种宽泛的策略选择，既未得到很清楚的描述，也未对其应用和效果进行过任何系统的研究。对语言教学各个方面设计精巧的研究和实验，可能会促进对第二语言教与学的理解。

阶段与顺序

语言教学作为某种过程或者顺序，其内容的次序安排原则在语言教学实践中可谓根深蒂固，而且隐含在课程的概念中。尚不能够确定的是，指导阶段划分或者对教学内容进行排序的原则应该是什么。以往的经验和思想从一个极端走到另一极端，大相径庭：从完全放弃对教学内容的有意识排序（此所谓"无教学大纲"）到进行严格排序，从主张分两大阶段划分的方案到精确界定的一系列语言应掌握的水平。[16]目前，尚没有人提出对内容进行排序的唯一方案，或者简便易行的公式。然而，语言的学习不可能一蹴而就，因此根据具体的教学条件，渐进性教学梯度和不同阶段的划分是不可避免的。我们假设，渐进性教学梯度的确定应以几个内容标准为依据（如语言、文化或者交际），应考虑目前关于作为发展过程的语言学习的知识（见本书第18章）。渐进性教学梯度确定的结果，是对掌握水平的界定和教学内容的排序，而且界定和排序应符合根据教学内容、学习目标以及我们对学习者与学习的了解所制定的原则。最后，渐进性教学梯度要经过实证研究的验证，同时根据实证研究的发现加以修订。

学习结果

在我们的语言教学研究中，邓金和比德尔模型中的"产品"变量主要是指学习者所达到的实际语言水平。由于我们在本章中已经对教学目标和内容的概念进行详细的阐释，在第16章中对语言学习的结果——语言水平这个概念也进行过详尽的探讨，因此本节中不需要对学习结果做进一步解释。除语言水平外，当然还有其他一些认知和情感结果需要牢记。[17]根据邓金和比德尔的观点，应对近期和长远结果做出区分。近期结果对下一步教学反馈很重要。其评估是"形成性的"，具有诊断意义，对下一步语言的教与学有影响。"教——学——结果——评估——继续教"这一过程构成一个循环，可以反复重复，直至教程结束。这一循环既可以是良性的，也可以是恶性的。语言教学在许多情况下费时低效这一事实，是对语言教学和研究的持续挑战。

长远结果可以从学习者个体的角度、教师的角度以及社会的角度来加以考察。对学习者个体而言，学习结果应该是相对永久性的对某种第二语言的习得。假如由于失用，所学语言被忘记，这种永久性结果体现为以后可以很容易地重新拾起所学语言，或者体现为学习新语言的能力。长远学习结果还包括学习者通过语言学习获得的相对持久的态度。

对教师个人而言，对自己教学的评估和对其学生学习的评估，为下一步教学提供反馈。这是教与学循环的一个必要的组成部分。从长远来看，"教——学——结果——反馈"这一循环也改变教师的教学能力，而且有望能丰富其教学经验，使其更胜任教学工作。但是，我们还必须注意对教师可能产生的消极影响：例如，长期经常地跟第二语言学习者交流会对自身的语言水平产生消极影响，语言教师往往主观上对这一事实有着清醒的认识。

语言学习对社会的持久影响虽然更为难以把握，但是却很重要：语言学习有望为社会注入一种第二语言或者一种双语成分。例如，欧洲国家的语言学习，可以被看作是促进不同语言群体之间交流的一种手段，它将欧洲社会更加紧密地团结在一起。同样，在北美，双语教育或者外语教学不仅受到社会的影响，而且，假如真正有效的话，会对社会产生影响，使其更能接受双语制、多语制，改善社区关系，或者培养其国际视野。因此，语言教学可能对社会政治的变革产生潜在的影响。语言教学是否具有长远效应，不能先验地予以假定。必须收集一些个案的证据，这样才能发现语言学习在多大程度上具有长远、显著的社会效应，以及具有什么样的社会效应。语言教学还可能给社会注入关于某种语言与多种语言、某种文化与多种文化理性或者非理性的观点，而且可能促进国际或者族际文化水平的提高。

对语言学习结果的解释是一个永久性的挑战，对教学如此，对研究亦如此。在多大程度上,某些学习结果(如一个学生的高语言水平与另一学生的低语言水平,或者一些学生的积极态度与另一些学生的消极态度),可以确信地归因于某一种先行因素或者几种先行因素的组合、教育处理、学习过程、教师或者学习者因素,或者环境变量呢?在探寻上述问题答案的过程中,各种先进理论的组合、各种不同研究方式的结合,以及实际的灼见,可能会导致阐释上的更大区分和更好的教学效果。从长远来看,重要的是,语言学习结果可能影响进而改变社会文化和社会语言环境,后者乃是语言的教与学进程启动的大背景。

正如邓金和比德尔所指出的,语言教学的研究对不同组变量之间的关系进行了探索:预备(教师/学习者)—过程、语境—过程、过程—过程和过程—产品。语言教学研究只是最近才开始对上述不同的关系进行探讨,而且往往是孤立地关注某几个方面,没有对具体研究的大框架给予恰当的考虑。本章所简要描述的教—学模型,旨在使我们能够将语言教学的不同方面相互联系起来进行审视,并且以此方式来获得对教学更为全面的观点,以达到理论建构、实际决策和研究三重目的。

结论

在本章中,我们试图从教育学的角度对语言教学进行阐释,而且将课程理论中用于对广义的教学进行研究的一些范畴和研究模型应用于语言教学。我们的论据是,这种教育学方式之所以有价值,是因为我们能够以这种方式将我们研究中最后一个基本概念——教学,同与之关系最为紧密的学科——教育学,联系起来。而且,这种方式不仅有助于对语言教学全面分析的实现,而且有助于将语言教学跟其他一些基本概念和语言教学之外的其他教育活动领域联系起来。

我们不会声言本书所提出的模型是在一定的教学理论框架内对教学这个概念进行分析的唯一的模型。的确，我们设想，有其他一些理论模型也可用于对语言教学进行分析。这些理论是为了达到不同目的而建构的，因此使用的范畴也不相同。[18] 同本书前面各个部分中所探讨的其他一些基本概念一样，本书这一部分的主要目的是提出一些范畴，使我们能够系统地对语言教学概念本身进行思考。

注释：

1. 邓金和比德尔采用了米策尔（Mitzel 1960）在其《教育研究百科全书》（*Encyclopedia of Educational Research*）提出的一个术语；但是，米策尔只对三组变量做了区分：准备、过程和产品。
2. 在教育学的讨论和语言教学中，有时对"goals""aims"和"objectives"三者之间从等级层次上做了区分，"goals"是一个广义的终极范畴，"aims①"则是更为具体的一系列目的，"objectives"可精确定义看得见的且常常可以用行为结果来描述的目的。假如人们认识到这种区别不能总是清楚地用于所表达出来的学习结果的话，那么前述层次性的区分可能有其用途。在本书的讨论中，我们并未采纳这种区分。
3. 例如，直接法和听说法不仅提出了新的教学技巧和新的学习技巧，而且作为学习的目标，突出强调听和说。
4. 例如，第一个特征，"功能性与非功能性"，提出下述问题：目标

---

① 这三个词确实非常难以区分，如果勉强根据作者给出的解释来翻译的话，分别可译作"宏观/终极目标""具体目标"和"行为目标"。——译者注

是否是交际，如在直接法、听说法，或者阅读法中；目标是否是对语言结构的理解，博斯科和迪比特罗将这一目标归于语法翻译法和认知法。第三个特征，"情感性和非情感性"，提出了方法中是否包含情感目标这一问题。有几种强调"人本主义技巧"和"人际关系"的课程，开始明确地提出了这一目标。第五种特征，"特殊性与非特殊性"，同另外一个目标（即帮助学习者培养其独特的表达风格和将语言学习同自己的目的联系起来）相联系。虽然任何已得到认可的方法中都未把这一目标包含在内，但教师对此并非一无所知，而且古安早就已经提出。第八种特征，"分离性和非分离性"，指向具体语言技能的语言学习，如阅读法中的阅读，听说法中的听说，或者直接法或者语法翻译法中的宏观综合语言水平或者能力。

5 瓦莱特最初将布鲁姆的分类法应用于语言教学是在 1969 年和 1971 年。后来不久，瓦莱特认识到，若要用以表述语言教学的目标，布鲁姆的方案必须加以修订。例如，见瓦莱特和迪斯科（Valette and Disick 1972）和瓦莱特（Valette 1981）。

6 霍金斯（Hawkins 1981）在其关于课程设置中的现代语言的著作中，从学校层面对第二语言教学的这一方面做了进一步阐释。博斯科和迪彼得罗的语言特征——"普遍性与非普遍性"，可能是受到类似的启发而提出来的。

7 关于四种范畴中三种范畴的理据，见本书第 12 章（第 261—262 页），尤其是图表 12.3。图表 12.3 中的"结构"和"功能"方面，对应于图表 22.4 中的"语言教学大纲"，图表 12.3 中的"社会文化方面"相当于图表 22.4 中的"文化教学大纲"，图表 12.3 中的"经验方面"等同于图表 22.4 中的"交际活动教学大纲"。图表 22.4 中的"普通语言教育大纲"在本书第 12 章的讨论中并没有进行探讨，因此在图表 12.3 中未体现出来。早期关于这一课程设置方案的讨论，参见斯特恩（Stern 1976）和斯特恩等人（Stern et al. 1980）。当前的版本乃是作者本人与其同事之一丽贝卡·厄尔曼（Rebecca Ullmann）合作的结晶。斯特恩（Stern 1980）和厄尔曼（Ullmann 1982）曾在其论文中对此进行过报告。在由美国外语教学委员会（The American Council on the Teaching of Foreign Languages 1980: 28）提出的关于80年代课程重点的报告中，这个由四种教学大纲组成的方案作为多维课程的体现被采纳。

8　未能对此做出区分，是博斯科和迪比特罗的分析最大的弱点。总体来说，克拉申和塞利格的方案是对教学而非对教学内容和教学目标的理论探讨；因此，是否做出这种区分无关紧要。

9　实际上，这就是那些折中主义者所倡导的（如 Rivers 1981）。然而，本人认为，折中主义并未认识到方法概念中存在的根本弱点，亦未指明以何为基础以及根据什么原则对不同方法的不同方面加以选择与组合。

10　这一维度在两种特征分析中并未提到。

11　这一维度在斯特恩（Stern 1981a）中进行过详细讨论。同一个方面也出现在博斯科与迪彼得罗的第一个特征中（即功能性/非功能性）。克拉申和塞利格则在其方案中没有提到这一维度。

12　这一维度乃是两种特征分析关注的焦点。在博斯科和迪比特罗的方案中，第二个特征（核心性/非核心性）和第四个特征（一般规律性/非一般规律性），以及克拉申和塞利格方案中的±演绎、±明示和聚焦/散焦涉及同一个参数。

13　阅读法和听说法以各种技能的分离作为一种教学策略。最近，"自然法"的支持者使早期类似的建议起死回生，主张应延迟生成技能的培养，强烈坚持接受技能的培养领先（如 Terrell 1977）。博斯科和迪彼得罗的第八种特征（分离性/非分离性）以及克拉申和塞利格的"语言运用渠道"所针对的就是这个方面。在其关于语言即交际一书中，威多森（Widdowson 1978）对上述观点做了进一步细化，将抽象的技能练习跟交际情景中的技能练习区分开来。换言之，他将四种技能维度与客观—主观参数合并了起来。

14 已有数位研究者对总教学时间问题和时间分配问题进行过研究（如 Carroll 1975；Burstall *et al*. 1974；Stern *et al*. 1976；Swain 1981，1981a）。关于安大略语言教育中产生于教学时间与时间分配问题的有趣的行政管理措施，见斯特恩（Stern 1979）。有数位研究者对密集强化教程进行过描述（如 Hawkins and Perren 1978；Benseler and Schulz 1979a；Freudenstein in press；Stern in press）。同时参见斯特恩（Stern 1982）。

15 关于语言教与学的社会与人际方面，本书前面的章节中已有阐述，第一次是在对近几十年语言教学的历史回顾中（本书第 6 章第 110—111 页），接着是在语言学习一章的社会学习和情感策略标题下（本书第 18 章第 411—412 页），最后一次是在本书第 19 章关于课堂社会学的讨论中（第 426 页）。作为语言教学的一个重要发展，这两个方面已得到认可（Brown 1980；Stevick 1980）。博斯科与迪彼得罗以及克拉申与塞利格所提出的两种方案中，并未将语言教学中的社会构成成分清楚地指出来。克拉申和塞利格的最后两个特征，即"控制"和"反馈"中，暗含着对教师与班级互动的观察。相反，一些课堂观察方案，如范赛罗的"情景中使用的交际观察焦点（FOCUS）"，则侧重于互动成分（但主要从定量的角度）；这些方案似乎缺乏语言学习情境中师生互动的内在理据。欧洲委员会现代语言项目所认证的自我指导的学习或者"自主学习"（learner autonomy）（Holec 1980, 1981）这个概念，乃是语言教学从以教师为中心到以学生为中心转变的展示，"我们的目标……必须是培养越来越有自我意识、自立、能够通过体验直接学习、逐渐摆脱对教师的依赖的学习者"（Trim 1981: xiv）。斯特恩（Stern 1980a）在其关于"现场"语言学习的讨论中，也表达了类似的观点。

16 关于评估量表，见本书第 16 章（第 352—353 页），关于语言学习的发展阶段，见本书第 18 章（第 399—400 页）。阶段和次序的概念在方法体系（Halliday, McIntosh, and Strevens 1964）和方法分析（Mackey 1965, 1965a；参见第 21 章第 483 页）中乃是一个核心原则。方法分析中的某些特征，如循环性/非循环性（博斯科和迪彼得罗）和排序（克拉申和塞利格），指向这个问题。关于前面注释 5 中提到的瓦莱特和迪斯科（Valette and Disick 1972）提出的阶段划分方案，瓦莱特（Valette 1981）曾做过简明的解释。最近英国分级测试的经验表明，阶段划分是组织教学的一个重要原则（Harding, Page, and Rowell 1980; Buckby et al. 1981）。纽马克（Newmark 1966）和麦克纳马拉（Macnamara 1973）对课程设置中的语言分级提出了怀疑。肖（Shaw 1977）和斯特恩等（Stern et al. 1980）对课程的组织原则进行过讨论。

17 无疑，博斯科和迪彼得罗提出的第三种（情感性/非情感性）和第五种（特殊性/非特殊性：教学方法是否鼓励学习者发展自己独特的表达风格？）心理特征考虑到了这一切。

18 例如，可以设想一种决策模型，根据这一模型，语言教学可以从语言教师的角度来加以审视，教师的角色相当于心理治疗师，根据学习过程的阶段性,围绕着如何逐渐将学习者从教师的支持下解放出来来安排教学。关于语言教学的其他一些最新观点,例如,见奥尔特曼(Altman 1981)和波利策(Politzer 1981)。

结　　论

同其他专业人员相比，教师或许更能清楚地认识到，他们时时刻刻受到来自各个方面的信息、规定、指导、劝告、建议、革新、研究结果以及所谓的科学证据的狂轰滥炸。正如我们在本书绪论中所指出的，在这个迷宫中找到出路并非易事，而且本书的撰写就是为了帮助教师找到出路，从而能够形成自己的判断，并对自己的理论立场加以界定。

我们的目标并非是提供另外一个公式或者一种规定。相反，我们试图提供一幅包含方向定位、全景和视角的"地图"。希望一线语言教师能够借助于本书，通过系统地对几个基本问题的反思，借鉴语言教学文献提供的知识以及其他许多学科的理论与研究所提供的知识，形成一个系统统一的语言教学观。从语言教学的观点来看，这些学科构成了我们所说的教育语言学这个应用学科。

首先，在本书第一部分中，我们重点强调实践、理论和研究的互补性。本书的核心是语言教学思想（理论）的发展，而非语言教学实践的各种体现和细节。[1] 但是，语言的教与学的实际经验永远不会从我们的大脑中消失，因此鼓励读者在一章接一章地阅读本书的过程中，将所讨论的题目，跟自己作为教师和学习者的经验联系起来；借助于更为有意识的系统化的概念，运用已有的阐释和理论，对自己的经验进行反思，并且以此方式认识实践背后的理论问题。

这也就是为什么研究观（research outlook）是对实践和理论探讨重要的补充。第4章对研究的作用进行了探讨，在此我们敦促读者对研究要持一种积极而非亦步亦趋的态度。本书的主体部分给出了一些已经做过的研究的例子，并对这些研究以何种方式增进了知识进行了探讨。我们还对尚未做过但是需要进行的研究做了提示。对研究贡献的回顾揭示出研究的不平衡性。有些主题研究很多，而有些可能不是那么重要的主题则未得到重视，甚至被完全忽略。第二语言学习实证研究的骤然繁荣（见本书第五部分）乃是颇受欢迎的一项发展，填补了我们知识上的一个空白，虽然在那一方面需要做的工作仍有很多。然而，语言学习的研究固然重要，但这绝非忽视教学研究、描写性语言研究、文化研究、历史研究或者对当前教学革新的批判性探索的理由。

我们的研究围绕着几个关于四个核心概念虽简单但是非常基本的问题展开：[2]

语言的本质是什么？
如何理解语言学习？
社会环境在多大程度上影响我们对语言和语言学习的理解？
最后，如何解读语言教学这一概念？

虽然在书中我们试图回答上述问题，但是在任何地方我们都从来没有暗示过上述问题可以一劳永逸地得到肯定的回答。相反，假如作为一个职业，我们希望用恰当的新方式来处理问题，而且想要避免停滞或者职业衰退的话，我们必须反反复复提出同类问题。

本书四个主要部分（第三至六部分）每一部分针对语言、社会、语言学习和语言教学四个核心概念之一及其相对应的学科领域，加上第二部分历史的回顾，这五个部分共同构成本书第 3 章所尝试提出的对语言教学的多因素多学科解读。语言教学的历史表明，语言教学理论一而再、再而三地陷入将问题过分简单化的陷阱。因为这种理论往往采纳的是一种单因素、单学科的途径,常常是不自觉地就这样做了。在本书第六部分(第20章)中我们看到,各种教学方法过分强调了孤立的教学策略,关心教学过程,却牺牲了教学目标和教学内容。最近以学科领域为导向的科学方式的注入,在一定程度上具有类似的效应:专注于某一学科,却忽略了其他同等重要的学科,首先是语言学,其次是心理学,最近是社会语言学。正如本书第3章(第47页)所指出的,我们不能仅仅依赖于语言学,也不能仅仅依赖于心理学或者社会语言学,还不能只依靠教育理论。这些不同的学科共同发挥基本的相互支撑的作用,奠定了语言教学的学术基础。如果说这个研究能得出任何肯定的结论的话,那就是语言教学理论的多因素、跨学科和多层次特点。

我们已确定,语言教学历史、语言科学、社会科学、心理学和教育理论,乃是对令人满意的语言教学理论建构至关重要的学科领域。

(一)若要语言教学免于成为过眼云烟而昙花一现的话,就需要采用历史方式。历史视角的用处,不仅在关于语言教学史的章节中通过简要的历史描述中彰显出来,而且在联系语言教学对其他学科的描述中彰显出来。假如从历史的角度来看的话,我们所考察的语言学、社会科学、心理学和教育学的发展就都一目了然了。但是,历史文献记载的匮乏却是一种劣势。

(二)语言显然是一个核心概念,因此语言学和社会语言学关于语言本质的研究是不可或缺的。各种语言理论(图表7.2和图表9.3)与第16章中关于语言水平的讨论表明,语言学的各种范畴需要从语言教育的角度对语言进行定义,而这些定义反过来影响课程中语言的范围和处理(见本书第22章图表22.4)。[3]

(三)假如将语言置于社会语言和社会文化语境中的话,社会学、人类学和社会语言学是语言教学理论所必需的。这意味着，同教学语法类似，社会语言和社会文化指南不仅符合狭义的语言学原理，而且是"对语境敏感的"课程所必需的资源。在这一方面，资料库甚至远远不如语言学成分那样令人满意。我们缺少所教授语言的社会语言和文化"语法"（见图表 12.1）。

（四）在所有这些核心概念中，有关学习的猜想、理论探讨、争议和研究最多，这并不足为怪。自 50 年代以来，一直有人在对此进行研究，但是 70 年代，这方面的研究急剧增加。尽管研究历史悠久，但是我们对第二语言学习仍然没有一幅清晰的图画：我们既不了解学习究竟如何展开，也不知道为什么经常会停止或者彻底失败。因此，儿童和成年第二语言学习者的相似性和差异性一直没有得到圆满的解释，第二语言学习的阶段性也没有得到恰当的描写，亦未得到实证研究的验证。然而，一些有创意的新概念（如"中介语""习得""文化适应"）、精密的假设和完善的分析方案（例如图表 16.1 和图表 18.2）让我们更深入地洞察语言学习，从而使我们能够建构理论和给出解释、设计研究方案以及对个体的语言学习模式进行诊断。

（五）尽管关于教学方法的辩论旷日持久，但是教学的概念本身仍然是最模糊不清的，后来通过各种理论探讨、实证研究和课堂观察，才逐渐地将自身从方法的辩论中解放出来。我们认为，假如我们想得到一种更客观和全面的语言教学观的话，就需要对语言教学从课程论和更广义的教育理论的角度进行更为深思熟虑的阐释。语言教学的教育学阐释显然具有跨学科性质（恰如教育本身的研究，见本书第 19 章）：在对教学进行分析的过程中，我们使用了具有心理学性质的目标概念和取自语言学、社会语言学、文化研究和教育理论的内容概念（见图表 22.4）。我们所确认的教学策略（见图表 22.5）同样也源于多个学科，部分来自于教学本身的历史，部分来自于语言学习心理学和其他心理学或者社会学研究。

虽然所考察的五个研究领域都是语言教学理论的建构所不可缺少的，但是语言教学同这些学科领域的关系模式却五花八门，差异很大，这未免令人惊讶。[4] 例如，语言学跟语言教学的关系就经历了很多起伏：50年代和60年代初是语言学自信的应用阶段，1965年至1970年间，由于各种新的语言学理论的产生，语言学的应用进入了迷茫期，从70年代初开始到70年代末结束，教育语言学这个更为自信的应用学科的出现，导致了对语言学在语言教学中作用的重新评估。

长期以来，心理学和心理语言学也一直在同语言教学互动，但是这种互动在许多方面不同于语言学跟语言教学的互动。语言教学的展开向来以心理学假设为支撑，而且50年代以来，一直把心理学作为一种资源来使用，自60年代以来，心理语言学成为语言教学的资源。直至1970年，一直有一种趋势，要从普通心理学中外推出第二语言学习心理学。只是到了70年代，基于实证研究的独立的第二语言学习心理学才开始发展起来，它在一定程度上可与教育语言学的"解放"相提并论，而且前者贡献于后者。

相反，社会学和人类学研究迄今对语言教学中的社会研究和文化研究指导甚少。语言教学理论家在文化和社会领域，尚未采取可同语言学研究和语言学习研究中的主动性相媲美的积极行动。

如本书第六部分所述，作为一个研究领域，语言教学同教育学之间的关系或许是所有学科中研究最不够系统的一个。或许是因为语言教学理论家想当然地认为教育学的一些概念适用于语言教学的研究。但是，教育思想、价值和实践在语言教学中的应用却很零散，而且有时很没有区分性。[5] 第二语言学习的一些特殊性往往没有给予足够的重视，同时高度相关的普通教育理论的进展在语言教学中完全被忽视。

最后，语言教学本身的历史可以说并没有对语言教学理论的发展产生重大影响。除了凯利的《语言教学2500年》为极少数例外之外，对语言教学历史作为当前理论发展的资源进行的系统研究非常鲜见。当然，在本书的研究中，我们试图以有限的方式来弥补这一缺憾，在理论发展中建立起一种历史连续意识，但是这并不能替代系统的历史研究。

虽然研究使我们确信这些领域对语言教育至关重要，但是从我们对各个学科发展的描述可以看出，任何一个学科都不可能直接简单地"应用"于语言教学实践。语言学与语言教学之间关系的起起落落在这一方面尤其有教益（见本书第9章和第15章）。所有这些学科所需要的是介于语言教学实践和基本研究领域之间的"过滤""缓冲"或者"混合"。因此，图表3.7所呈现的模式中假定，在第一个基础层次和第三个实践层次之间应有一个中介阶段或者中间层。[6] 本书第二至六部分中所描述的五种方式的整合，可以看成是教育语言学的任务。可以理解，语言教学整合观的出现尚需要一个逐渐发展的过程。

在本研究中我们把主要注意力都集中到了一个方向上了（见图表C.1），亦即集中到了我们的模式中第二个层次上的基本概念与第一个层次上的人文科学的关系上了。换言之，本书所探讨的主题，**教育语言学**是将语言教育和与语言相关的各个学科联系起来的学问。在此以学科为取向的基础上，下一步是转向对语言教育实践的研究，可以看到在图中（图表C.1；参见图表3.7）它将第二个层次和第三个层次的实践联系起来："语言教育研究"（亦称"语言教育学（language pedagogy）"或者"语言教学论（language didactics）"）。教育语言学主要是"以学科为导向"，而语言教育研究则以"实践和问题为导向"。在教育语言学的基础上，语言教育研究将对语言教学方

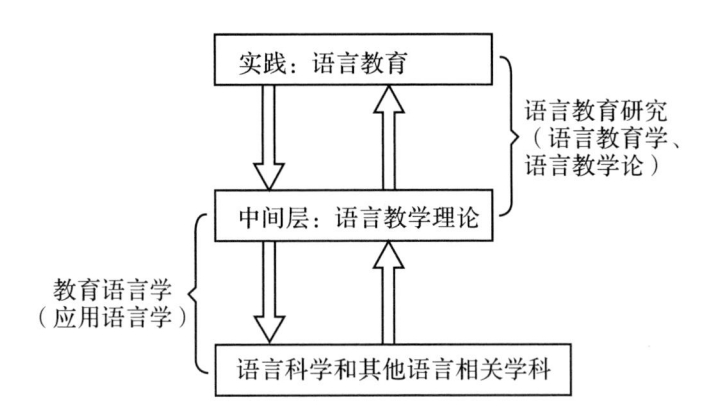

```
                    ┌─────────────────┐  ┐
                    │ 实践：语言教育    │  │
                    └─────────────────┘  │ 语言教育研究
                         ⇅              ├ （语言教育学、
                    ┌─────────────────┐  │ 语言教学论）
          ┐         │中间层：语言教学理论│  ┘
教育语言学 ├         └─────────────────┘
（应用语言学）┤         ⇅
          ┘         ┌─────────────────────┐
                    │语言科学和其他语言相关学科│
                    └─────────────────────┘
```

图表 C.1　教育语言学与语言教育研究的关系

法及其机构组织进行考察。至此，我们正处于另一个学科领域研究的门槛边上。最终，教育语言学和语言教育研究两种途径需要交互作用，才能构建出语言教与学的综合理论。对那些相信第二语言教育会持续沿着职业化道路发展的人来说，这是一项具有挑战性的任务。

注释：

1　前面已指出（本书第 22 章第 498 页），对概念框架中第三个层次的研究正在准备中。

2　这些问题在第 3 章中（第 47—49 页）有全面的讨论。

3　语言的范围和研究还没有定论。在实际课程研究中，当然有必要对语言教学大纲作为总藏和教学内容安排所遵循的顺序来进行描述。

4　关于各个学科领域同语言教学实践之间关系的详细研究，见斯特恩、韦施和哈利（Stern, Wesche, and Harley 1978）。该文指出四种不同的交互模型：分离或者"袖手旁观"模型（即语言教学和各个学科之间相互没有任何关系），应用模型（即各个学科可以直接得到应用），资源模型（即语言教师应将各个学科看成一种资源，适合时可以借鉴）和共同基础或者趋同模型（即各个学科同语言教学之间有许多共同之处，应该在相互平等的基础上互动）。"理想"的关系是共同基础或者趋同模型。斯特恩（Stern 1978b）对这些模型进行过简明介绍。

5 应用的实例有程序化教学、教学目标分类、个性化教学、互动分析。

6 斯特恩、韦施和哈利（Stern, Wesche, and Harley 1978）曾对用以表征中间层的机构机制进行过探讨。50年代末以来建立的语言中心往往承担起了这项功能。关于从这个角度对语言中心的讨论，见斯特恩（Stern 1969b, 1974）。

参考文献与引用索引

(方括号内为原文页码,即本书的边码;n = 注释)

'Actes du premier colloque international de linguistique appliquée,' organized by the Faculty of Letters and Human Sciences of the University of Nancy, France: 26 – 31 October 1964. *Annales de l'Est*, Mémoire no. 31, 1966, with a foreword by Bernard Pottier and Guy Bourquin. Nancy:Faculté des Lettres et des Sciences humaines de l'Université de Nancy. [107]

Adam, **R. S.** 1959. 'Social Factors in Second Language Learning, with Special Reference to the Fiji Islands.' Unpublished Ph. D. thesis, University of London. [267(n 18)]

Adorno, **T. W.**, **Frenkel-Brunswick**, **E. Levinson**, **D. J.** and **Sanford**, **R. N.** 1950. *The Authoritarian Personality*. New York: Harper and Row. [214(n 9), 237, 379]

Africa, **H.** 1980. 'Language in Education in a Multilingual State: A Case Study of the Role of English in the Educational System of Zambia.' Unpublished Ph. D thesis, University of Toronto. [244 (n 16), 449 (n 19)]

Agard, **F. B.** and **Dunkel**, **H. B.** 1948. *An Investigation of Second-Language Teaching*. Boston: Ginn. [54]

Akmajian, **A.**, **Demers**, **R. A.** and **Harnish**, **R. M.** 1979. *Linguistics: An Introduction to Language and Communication*. Cambridge, Mass. :

M. I. T. Press. [151(n 22)]

Alatis, J. E. (ed.) 1968. *Contrastive Linguistics and Its Pedagogical Implications.* Report of the 19th Round Table on Linguistics and Language Studies. Washington, D. C.: Georgetown University Press. [168, 171(n 11), Di Pietro 1968]

Alatis, J. E. (ed.) 1970. *Linguistics and the Teaching of Standard English to Speakers of Other Languages or Dialects.* Report of the 20th Round Table on Linguistics and Language Studies. Washington, D. C.: Georgetown University Press. [Spolsky 1970]

Alatis, J. E. (ed.) 1978. *International Dimensions of Bilingual Education.* Georgetown University Round Table. Washington D. C.: Georgetown University Press. [Stern 1978, Swain 1978]

Alatis, J. E. (ed.) 1980. *Current Issues in Bilingual Education.* Georgetown University Round Table on Languages and Linguistics, 1980. Washington, D. C.: Georgetown University Press. [69(n 7), Cummins 1980a]

Alatis, J. E., Altman, H. B. and **Alatis, P. M.** (eds.) 1981. *The Second Language Classroom: Directions for the 1980's.* Essays in honour of Mary Finocchiaro. New York and Oxford: Oxford University Press. [116(n 15), 268(n 22), Altman 1981, Brown 1981, Krashen 1981a, Politzer 1981, Stern 1981, Valette 1981, Widdowson and Brumfit 1981]

Alatis, J. E. and **Twaddell, K.** (eds.) 1976. *English as a Second Language in Bilingual Education.* Washington D. C.: TESOL, 1976. [Paulston 1975]

Albright, R. W. 1958. *The International Phonetic Alphabet: Its*

Background and Development. Monograph of the *International Journal of American Linguistics*, 24: Part III (Publication VII of the Indiana University Research Center in Anthropology, Folklore and Linguistics). [90,96(n 13)]

Allen, E. D. and **Valette, R. M.** 1977. *Classroom Techniques: Foreign Languages and English as a Second Language.* Second edition. (First edition, 1972: *Modern Language Classroom Techniques: A Handbook*) New York, etc.: Harcourt Brace Jovanovich. [5(n 3)]

Allen, H. B. (ed.) 1965. *Teaching English as a Second Language.* New York: McGraw-Hill. [Anthony 1963]

Allen, J. P. B. 1973. 'Applied grammatical models in a remedial English syllabus' in Corder and Roulet, 1973: 91 – 106. [174]

Allen, J. P. B. 1980. 'A Three-Level Curriculum Model for Second Language Education.' Keynote address at the Annual Conference of the Ontario Modern Language Teachers' Association, Toronto, April 1980. mimeo. [261 – 262]

Allen, J. P. B. and **Corder, S. P.** (eds.) 1973 – 1977. *The Edinburgh Course in Applied Linguistics.* Vol 1. *Readings for Applied Linguistics*, 1973; Vol 2. *Papers in Applied Linguistics*, 1975; Vol 3. *Techniques in Applied Linguistics*, 1974; Vol 4. *Testing and Experimental Methods*, (edited by Allen J. P. B. and Davies, A.) 1977. London and Oxford: Oxford University Press. [105] (See also separate entries below)

Allen, J. P. B. and **Corder, S. P.** (eds.) 1973. *Readings for Applied Linguistics.* Edinburgh Course in Applied Linguistics, Vol 1. London: Oxford University Press. [Jakobson 1960]

Allen, J. P. B. and **Corder S. P.** (eds.) 1974. *Techniques in Applied*

Linguistics. Edinburgh Course in Applied Linguistics, Vol 3. London: Oxford University Press. [451(n 37)]

Allen, J. P. B. and **Corder, S. P.** (eds.) 1975. *Papers in Applied Linguistics*. Edinburgh Course in Applied Linguistics, Vol 2. London: Oxford University Press. [150(n 22) Allen and Widdowson 1975, Brown 1975, Corder 1975, Criper and Widdowson 1975, Ingram 1975, van Buren 1975]

Allen, J. P. B. and **Davies, A.** (eds.) 1977. *Testing and Experimental Methods*. Vol 4 of Edinburgh Course in Applied Linguistics. London: Oxford University Press. [70(n 16)]

Allen, J. P. B. and **van Buren, P.** (eds.) 1971. *Chomsky: Selected Readings*. London: Oxford University Press. [150(n 20), Chomsky 1959, 1966]

Allen, J. P. B. and **Widdowson, H. G.** 1974. 'Teaching the communicative use of English.' *IRAL*, 12: 1-21. [178]

Allen, J. P. B. and **Widdowson, H. G.** 1975. 'Grammar and language teaching' in Allen and Corder 1975: 45-97. [131, 149-150(n 13, 19)]

Allwright, R. L. 1975. 'Problems in the study of the language teacher's treatment of learner error' in Burt and Dulay 1975: 96-109. [494, 496(n 12)]

Allwright, R. L. 1976. 'Language learning through communication practice.' *ELT Documents* 3: 2-14. [405]

Altman, H. B. (ed.) 1972. *Individualizing the Foreign Language Classroom: Perspectives for Teachers*. Rowley, Mass.: Newbury House. [447(n 10)]

Altman, H. B. (Guest editor) 1977. Special issue: 'Individualized instruction'. *System* 5/2. [387(n 1)]

Altman, H. B. 1981. 'What is second language teaching' in Alatis, Altman and Alatis 1981: 5 – 19. [513(n 18)]

Altman, H. B. and **Politzer, R. L.** (eds.) 1971. *Individualizing Foreign Language Instruction: Proceedings of the Stanford Conference, May 6 – 8, 1971.* Rowley, Mass.: Newbury House. [111, 387(n 1), 447(n 10)]

AMA. See Assistant Masters Association.

American Council on the Teaching of Foreign Languages, 1980. *Proceedings of the National Conference on Professional Priorities.* Boston, Mass., November 1980. Hastings-on-Hudson: ACTFL Materials Center. [511(n 7), Stern 1980]

Amidon, E. J. and **Hough, J. B.** (eds.) 1967. *Interaction Analysis: Theory, Research, and Application.* Reading, Mass.: Addison-Wesley. [447(n 10), 495(n 10) Anderson 1939, Lewin *et al.* 1939]

Andersen, R. W. (ed.) 1981. *New Dimensions in Second Language Acquisition Research.* Rowley, Mass.: Newbury House. [Oller 1981]

Anderson, D. 1969. 'Harold E. Palmer: A biographical essay' in Palmer and Redman 1969: 133 – 166. [95(n 11), 100]

Anderson, H. H. 1939. 'The measurement of domination and socially integrative behaviour in teachers' contacts with children.' *Child Development* 10: 73 – 89; also in Amidon and Hough 1967: 4 – 23. [495(n 10)]

Andersson, T. 1953. *The Teaching of Foreign Languages in the Elementary School.* Boston: Heath. [105]

Andersson, T. 1969. *Foreign Languages in the Elementary School: A Struggle against Mediocrity.* Austin: University of Texas Press. [87]

Andersson, T. and **Boyer, M.** 1970. *Bilingual Schooling in the United States.* Washington, D. C.: U. S. Government Printing Office. [Mackey 1970]

Angiolillo, P. F. 1947. *Armed Forces' Foreign Language Teaching: Critical Evaluation and Implications.* New York: Vanni. [87, 104]

Anisfeld, M. 1966. 'Psycholinguistic perspectives on language learning' in Valdman 1966: 107 – 119. [145, 167, 168, 327, 394]

Annan, N. (Lord Annan) (Chairman) 1962. *The Teaching of Russian* (The Annan Report). London: H. M. S. O. [282]

Anthony, E. M. 1963. 'Approach, method and technique.' *English Language Teaching* 17: 63 – 67; reprinted in Allen 1965: 93 – 97. [474(n 1)]

Anthony, E. M. and **Norris, W. E.** 1969. *Method in Language Teaching.* ERIC Focus Reports on the Teaching of Foreign Languages, No. 8. New York: MLA/ERIC Clearinghouse on the Teaching of Foreign Languages and ACTFL. [32(n 3), 474(n 1)]

Antier, M. 1965. 'Panorama de l'enseignement des langues vivantes en France.' *Le fraçais dans le monde* 35: 15 – 21. [96(n 17)]

Apelt, W. 1967. *Die kulturkundliche Bewegung im Unterricht der neueren Sprachen in Deutschland in den Jahren 1886 – 1945.* Berlin: Volkseigener Verlag. [87, 97]

Applied Linguistics (journal) Oxford: Oxford University Press. [112, 335(n 14)]

Applied Psycholinguistics (journal). Cambridge: Cambridge University

Press. [112, 335(n 14)]

Archambault, **R. D.** (ed.) 1965. *Philosophical Analysis and Education*. London: Routledge and Kegan Paul. [25 – 26]

Archer, **R. L.** 1941. 'Educational psychology American and British: Some points of comparison'. *British Journal of Educational Psychology* 11: 128 – 134. [320, 322]

Ardener, **E.** (ed.) 1971. *Social Anthropology and Language*. London: Tavistock Publications. [215(n 17), Robins 1971]

Assistant Masters Association 1979. *Teaching Modern Languages in Secondary Schools: A Book for and by Language Teachers in the Classroom*. London, etc.: Hodder and Stoughton. [5(n 3), 101, 264 (n 9)]

Atkins, **H. C.** and **Hutton**, **H. L.** 1920. *The Teaching of Modern Foreign Languages in School and University*. London: Arnold. [247]

Austin, **J. L.** 1962. *How to Do Things with Words*. Oxford: Clarendon Press; Cambridge, Mass.: Harvard University Press. [222, 242(n 3)]

Ausubel, **D. P.** 1964. 'Adults versus children in second-language learning: Psychological considerations.' *Modern Language Journal* 48: 420 – 424. [363 – 364]

Ausubel, **D. P.** 1967. *Learning Theory and Classroom Practice*. Bulletin, No. 1. Toronto: Ontario Institute for Studies in Education. [307 – 309]

Ausubel, **D. P.**, **Novak**, **J. D.** and **Hanesian**, **H.** 1978. *Educational Psychology: A Cognitive View*. New York: Holt, Rinehart and Winston. Second edition. [315(n 27)]

Ausubel, **D. P.**, **Sullivan**, **E. V.** and **Ives**, **S. W.** 1980. *Theory and Problems of Child Development*. Third edition. New York: Gruner and

Stratton. [382, 388(n 7), 414(n 9)]

Axtell, J. L. 1968. *The Educational Writings of John Locke.* A critical edition with introduction and notes. Cambridge: Cambridge University Press. (Most relevant paragraphs are on pp 266 - 289). [77 - 78]

Bagster-Collins, E. W. 1930. 'History of modern language teaching in the United States' in Modern Foreign Language Study and Canadian Committee on Modern Languages 1930: 3 - 96. [87]

Baldegger, M. , Müller, M. and **Schneider, G.** 1980. *Kontaktschwelle Deutsch als Fremdsprache.* Strasbourg: Council of Europe. [110, 179]

Banathy, B. H. and **Sawyer, J. O.** 1969. 'The primacy of speech: A historical sketch.' *Modern Language Journal* 53: 537 - 544. [87]

Banks, O. 1976. *The Sociology of Education.* Third revised edition. New York: Schocken Books. [447(n 7)]

Barker-Lunn, J. C. 1970. *Streaming in the Primary School.* Slough: National Foundation for Educational Research. [447(n 10)]

Baron, G. , Cooper, D. H. and **Walker, W. G.** 1969. *Educational Administration: International Perspectives.* Chicago: Rand McNally. [447(n 13)]

Baron, G. and **Taylor, W.** (eds.) 1969. *Educational Administration and the Social Sciences.* London: Athlone Press. [447(n 13)]

Bausch, K. R. 1979. 'Die Erstellung von didaktischen Grammatiken als Exempel für das Verhältnis von Angewandter Linguistik, Fremdsprachendidaktik und Sprachlehrforschung' in Bausch 1979a: 2 - 24. [176]

Bausch, K. R. (ed.) 1979a. *Beiträge zur Didaktischen Grammatik:*

Probleme, *Konzepte*, *Beispiele*. Königstein/Ts: Scriptor. [Bausch 1979]

Bausch, **K. R.** and **Kasper**, **G.** 1979. 'Der Zweitsprachenerwerb: Möglichkeiten und Grenzen der "grossen" Hypothesen.' *Linguistische Berichte* 64: 3-35. [335(n 15, n 16), 413(n 5)]

Bazan, **B. M.** 1964. 'The danger of assumption without proof.' *Modern Language Journal* 48: 337-346. [30]

Bearne, **C. G.** and **James**, **C. V.** (eds.) 1976. *Modern Languages for the 1980s*. London: CILT. [115(n 12)]

Beauchamp, **G. A.** 1975. *Curriculum Theory*. Third edition. Wilmette, Ill.: Kagg Press. [449(n 21)]

Beaudoin, **M.**, **Cummins**, **C.**, **Dunlop**, **H.**, **Genesee**, **F.** and **Obadia**, **A.** 1981. 'Bilingual education: A comparison of Welsh and Canadian experiences.' *Canadian Modern Language Review* 37: 498-509. [405]

Beck, **C.** 1974. *Educational Philosophy and Theory: An Introduction*. Boston: Little, Brown and Co. [420, 446(n 1, 3)]

Bell, **D. W.** 1960. 'Problems in modern language teaching.' *Educational Research* 2: 112-122. [68(n 6)]

Bell, **R.** and **Grant**, **N.** 1977. *Patterns of Education in the British Isles*. London: Allen and Unwin. [447(n 13)]

Bellack, **A. A.** and **Kliebard**, **H. M.** (eds.) 1977. *Curriculum and Evaluation*. Berkeley, Cal.: McCutchan. [Scriven 1967]

Bender, **M. L.**, **Bowen**, **J. D.**, **Cooper**, **R. L.** and **Ferguson**, **C. A.** (eds.) 1976. *Language in Ethiopia*. London: Oxford University Press. [244(n 16)]

Benedict, **R.** 1934. *Patterns of Culture*. New York: Houghton Mifflin.

[198, 214(n 7, 8), 248]

Benedict, R. 1946. *The Chrysanthemum and the Sword: Patterns of Japanese Culture.* Boston: Houghton Mifflin. [214(n 9)]

Bennett, W. C. 1951. *Area Studies in American Universities.* New York: Social Science Research Council. [265(n 10)]

Benseler, D. P. and **Schulz, R. A.** 1979. 'Methodological trends in college foreign language instruction: A report' in U. S. A. 1979a: 59 – 70. [116(n 15), 475(n 13)]

Benseler, D. P. and **Schulz, R. A.** 1979a. *Intensive Foreign Language Courses.* Language in Education series, no. 18. Washington, D. C.: Center for Applied Linguistics/ERIC. [512(n 14)]

Benson, C. S. 1978. *The Economics of Public Education.* Boston: Houghton Mifflin. [447(n 11)]

Bereday, G. Z. 1964. *Comparative Method in Education.* New York: Holt, Rinehart and Winston. [432, 448(n 16)]

Bernstein, B. B. 1964. 'Aspects of language and learning in the genesis of the social process' in Hymes, 1964: 251 – 263. [212]

Bernstein, B. B. 1971. *Class, Codes and Control.* Vol 1: *Theoretical Studies Towards a Sociology of Language.* London: Routledge and Kegan Paul. [211, 216 – 217(n 25, 26), 232, 257]

Bernstein, B. B. (ed.) 1973. *Class, Codes and Control.* Vol 2: *Applied Studies Towards a Sociology of Language.* London: Routledge and Kegan Paul. [217(n 26)]

Besse, H. 1979. 'Contribution à l'histoire du français fondamental.' *Le français dans le monde*, 19/148: 23 – 30. [94(n 2)]

Bialystok, E. 1978. 'A theoretical model of second language learning.'

Language Learning 28: 69 – 83. [358(n 2), 407 – 409]

Bialystok, E. 1979. 'Explicit and implicit judgements of L2 grammaticality.' *Language Learning* 29: 81 – 103. [404, 409]

Bialystok, E. 1980. 'Inferencing: Testing the hypothesis-testing hypothesis.' Unpublished manuscript; to appear in Seliger and Long, in press. [404, 409]

Bibeau, G. 1982. *L'éducation bilingue en Amérique du Nord.* Montreal: Guerin. [69(n 13)]

Bierstedt, R. 1966. *Emile Durkheim: A Biography Interwoven with the Writings of the French Sociologist and Philosopher.* The Laurel Great Lives and Thought Series. New York: Dell Publishing Co. [213(n 2)]

Bierwisch, M. 1970. 'Semantics' in Lyons, 1970: 166 – 184. [132, 150(n 16)]

Biggs, P. and **Dalwood, M.** 1976. *Les Orléanais ont la parole.* London: Longman. [267(n 20)]

Birkmaier, E. M. 1960. 'Modern languages' in Harris 1960: 861 – 888. [95(n 10)]

Birkmaier, E. M. (ed.) 1968. *Britannica Review of Foreign Language Education*, Vol 1. Chicago: Encyclopedia Britannica. [Seelye 1968]

Birley, D. 1972. *Planning and Education.* London: Routledge and Kegan Paul. [448(n 14)]

Bishop, G. R. (ed.) 1960. *Culture in Language Learning.* Northeast Conference on the Teaching of Foreign Languages, 1960. Reports of the Working Committees. New Brunswick, N. J.: Rutgers, The State University. [251, 266(n 11)]

Blanc, M. and **Biggs, P.** 1971. 'L'enquête socio-linguistique sur le français parlé à Orléans.' *Le français dans le monde* 85: 16 – 25. [258, 267(n 20)]

Blaug, **M.** 1970. *An Introduction to the Economics of Education.* London: Alan Lane; The Penguin Press. [447(n 11)]

Bloch, **B.** 1949. 'Leonard Bloomfield.' *Language* 25: 87 – 98. [136]

Bloch, **B.** and **Trager**, **G. L.** 1942. *Outline of Linguistic Analysis.* Special Publication of the Linguistic Society of America. Baltimore: Linguistic Society of America, [104, 157]

Bloom, **B. S.** (ed.) 1956. *Taxonomy of Educational Objectives: The Classification of Educational Goals.* Handbook 1: *Cognitive Domain.* New York: McKay. [438]

Bloom, **B.**, **Hastings**, **J. Y.** and **Madaus**, **G.** (eds.) 1971. *Handbook of Formative und Summative Evaluation of Student Learning.* New York: McGraw-Hill. [441, Valette 1971]

Bloomfield, **L.** 1914. *Introduction to the Study of Language.* New York: Holt. [136]

Bloomfield, **L.** 1933. *Language.* New York: Holt. London: Allen and Unwin, 1935. [102, 136 – 137, 150(n 18), 171(n 7), 243(n 10)]

Bloomfield, **L.** 1942. *Outline Guide for the Practical Study of Foreign Languages.* Special Publications of the Linguistic Society of America. Baltimore: Linguistic Society of America. [88, 99, 104, 123, 127, 157, 171(n 13), 433, 463]

Boas, **F.** (ed.) 1911/1922. *Handbook of American Indian Languages.* Part I: 1911, Part II: 1922. Bulletin 40, Bureau of American Ethnology, Smithsonian Institution. Washington, D. C.: Government Printing Office; reprinted Osterhont, N. B., The Netherlands:

Anthropological Publications, 1969. [201]

Boas, F. *et al.* (eds.) 1938. *General Anthropology.* Boston: Heath. [195]

Boas, F. 1964. 'On grammatical categories' in Hymes 1964: 121 – 123. [202]

Bolinger, D. 1968. 'The theorist and the language teacher.' *Foreign Language Annals* 2: 30 – 41. [173]

Bolinger, D. and **Spears**, D. A. 1981 *Aspects of Language.* Third Edition. New York: Harcourt Brace Jovanovich. [151(n 22)]

Bond, O. F. 1953. *The Reading Method: An Experiment in College French.* Chicago: University of Chicago Press. [460 – 461]

Bongers, H. 1947. *The History and Principles of Vocabulary Control.* Woerden (Holland): Wocopi. [170(n 5)]

Boocock, S. S. 1980. *Sociology of Education: An Introduction.* Second edition. Boston: Houghton Mifflin. [447(n 7)]

Booth, C. J. 1889/1891. *Life and Labour of the People.* Vol I: 1889; Vol II: 1891. First edition. London and Edinburgh: Williams and Norgate. [193]

Boring, E. G. 1929. *A History of Experimental Psychology.* New York: Appleton-Century-Croft. [313(n 5)]

Bosco, F. J. and **Di Pietro**, R. J. 1970. 'Instructional strategies: Their psychological and linguistic bases.' *IRAL* 8: 1 – 19; also in Lugton and Heinle 1971: 31 – 52. [486 – 491, 497, 511(n 8), 512(n 11, 12, 13, 15), 513(n 16, 17)]

Bottomore, T. B. 1971. *Sociology: A Guide to Problems and Literature.* London: Allen and Unwin. Second edition. First edition 1962. [192,

200 – 201, 213(n 1), 253]

Boyd, W. and **King, E. J.** 1972. *The History of Western Education*. Tenth edition. First edition by W. Boyd 1921. London: A. and C. Black. [447(n 6)]

Brachfeld, O. 1936. ' Individual Psychology in the learning of languages. ' *International Journal of Individual Psychology* 2: 77 – 83. [321 – 322, 390(n 17), 414(n 10)]

Breen, M. P. and **Candlin, C. N.** 1980. ' The essentials of a communicative curriculum in language teaching. ' *Applied Linguistics* 1: 89 – 112. [115(n 14)]

Breen, M. P. and **Candlin, C. N.** forthcoming. *The Communicative Curriculum in Language Teaching*. London: Longman.

Breul, K. 1898. *The Teaching of Modern Foreign Languages and the Training of Teachers*. Cambridge: Cambridge University Press. [154]

Breymann, H. and **Steinmüller, C.** 1895 – 1909. *Die neusprachliche Reformliteratur von 1876 bis 1909: Eine bibliographisch-kritische Übersicht*. Leipzig. [93]

Brickman, W. W. 1949/1973. *Research in Educational History*. Norwood, Pa: Norwood Editions. [447(n 6)]

Bright, W. (ed.) 1966. *Sociolinguistics: Proceedings of the UCLA Sociolinguistics Conference, 1964*. The Hague: Mouton. (Reprinted 1971). [218, Ferguson 1966, Haugen 1966a]

British Journal of Educational Psychology (journal). Issued by the British Psychological Society. Edinburgh: Scottish Academic Press. [319]

British Journal of Language Teaching (formerly, *Audio-Visual*

Language Journal) issued by the British Association of Language Teaching. [450-451(n 36)]

Brooks, N. 1960/1964. *Language and Language Learning.* Second Edition. (First edition 1960) New York, etc.: Harcourt, Brace and World. [30, 106, 168, 171(n 12), 250-252, 266(n 11), 298, 333 (n 2), 462, 475(n 8), 477, 478, 479(Fig. 21.1)]

Brooks, N. 1966. 'Language teaching: The new approach.' *Phi Delta Kappan* 47: 357-359. [30]

Brown, G. 1975. 'Phonological theory and language teaching' in Allen and Corder, 1975: 98-121. [130, 149(n 12)]

Brown, H. D. 1973. 'Affective variables in second language acquisition.' *Language Learning* 23: 231-244. [390(n 17)]

Brown, H. D. (ed.) 1976. 'Papers in second language acquisition.' Proceedings of the Sixth Annual Conference on Applied Linguistics, University of Michigan, Jan 30 - Feb 1, 1975. *Language Learning* Special Issue, No 4. [111, 330, Dulay and Burt 1976, Kennedy and Holmes 1976, Schumann 1976, Tarone *et al.* 1976]

Brown, H. D. 1980. *Principles of Language Learning and Teaching.* Englewood Cliffs, N. J.: Prentice-Hall. [244(n 17), 334(n 4), 336 (n 19), 387(n 2), 390(n 16, 17, 20, 21), 413(n 6), 475(n 13), 512(n 15)]

Brown, H. D. 1981. 'Affective factors in second language learning' in Alatis, Altman, and Alatis 1981: 111-129. [390(n 17)]

Brown, E. K. and **Miller**, J. E. 1980. *Syntax: A Linguistic Introduction to Sentence Structure.* London, etc.: Hutchinson. [149(n 13)]

Brumfit, C. J. 1980. 'From defining to designing: Communicative specifications versus communicative methodology in foreign language teaching' in Müller 1980: 1 - 9. [268(n 24)]

Brumfit, C. J. and **Johnson, K.** (eds.) 1979. *The Communicative Approach to Language Teaching.* Oxford: Oxford University Press. [179, 258, 268(n 22), Morrow 1979]

Bruner, J. S. 1960/1977. *The Process of Education.* Reissued in 1977 with a new preface. Cambridge, Mass.: Harvard University Press. [308]

Bruner, J. S. 1966. *Toward a Theory of Instruction.* Cambridge, Mass.: Harvard University Press. [308]

Buchanan, M. A. 1927. *A Graded Spanish Word Book.* Toronto: University of Toronto Press. [101]

Buchanan, M. A. and **MacPhee, E. D.** 1928. *Modern Language Instruction in Canada.* Toronto: University of Toronto Press. [87]

Buckby, M. 1976. 'Is primary French in the balance?' *Modern Language Journal* 56: 340 - 346. [365]

Buckby, M., Bull, P., Fletcher, R., Green, P., Page, B., and **Roger, D.** 1981. *Graded Objectives and Tests for Modem Languages: An Evaluation.* London: Schools Council. [513(n 16)]

Budner, S. 1962. 'Intolerance of ambiguity as a personality variable.' *Journal of Personality* 39: 29 - 50. [382]

Bühler, K. 1934. *Sprachtheorie.* Jena: Fischer. [223 - 224]

Bullock Report 1975. *A Language for Life.* Report of a Committee of Inquiry appointed by the Secretary of State for Education and Science under the chairmanship of Lord Bullock. London: H. M. S. O. [389 (n 9)]

Burstall, C. 1975. 'French in the primary school: The British experiment.' *Canadian Modern Language Review* 31: 388 - 402. [277 - 278]

Burstall, C. 1975a. 'Factors affecting foreign-language learning: A consideration of some recent research findings.' *Language Teaching and Linguistics: Abstracts* 8: 5 - 25; also in Kinsella 1978: 1 - 21. [390 (n 17)]

Burstall, C., Jamieson, M., Cohen, S. and Hargreaves, M. 1974. *Primary French in the Balance.* Windsor: NFER Publishing Company. [56, 59, 65, 69(n 12), 111, 270, 275, 277, 279, 364, 376, 377, 378, 385, 390(n 17), 512(n 14)]

Burt, M. K. and Dulay, H. C. (eds.) 1975. *New Directions in Second Language Learning, Teaching and Bilingual Education.* Selected papers from the Ninth Annual TESOL Convention, Los Angeles, March 1975. Washington, D. C.: TESOL. [330, Allwright 1975, Dulay and Burts 1976]

Burt, M. K., Dulay, H. C. and Finocchiaro M. (eds.) 1977. *Viewpoints on English as a Second Language.* New York: Regents. [Dulay and Burt 1977]

Butler, C. S. 1979. 'Recent developments in systemic linguistics.' *Language Teaching and Linguistics: Abstracts* 12: 71 - 89. [150(n 19)]

Cameron, N. 1947. *The Psychology of Behavior Disorders: A Biosocial Interpretation.* Boston: Houghton Mifflin. [216(n 21), 294]

Campbell, R. N. 1980. Statement in a symposium on 'Toward a redefinition of applied linguistics' in Kaplan 1980: 7. [36 - 38]

Canada. 1967 – 1970. *Report of the Royal Commission on Bilingualism and Biculturalism.* 6 vols. Ottawa: Queen's Printer. [244(n 16), 275, 282]

Canadian Modern Language Review/Revue canadienne des langues vivantes. Until 1982, *The Journal of the Ontario Modern Language Teachers Association.* Since 1982, published independently at Welland, Ontario, Canada: 4, Oakmount Road. [69(n 13)]

Canale, M. and **Swain, M.** 1980. 'Theoretical bases of communicative approaches to second language teaching and testing.' *Applied Linguistics* 1: 1 – 47. [116(n 15), 242 – 243(n 6, 7), 258, 268(n 22), 347, 349, 357, 358(n 5)]

Candlin, C. N. 1973. 'The status of pedagogical grammars' in Corder and Roulet 1973: 55 – 64. [175]

Candlin, C. N., **Bruton, C. J.** and **Leather, J. L.** 1976. 'Doctors in casualty: Applying communicative competence to components of specialist course design.' *IRAL* 14: 245 – 272. [178, 229]

Carmichael, L. (ed.) 1946. *Manual of Child Psychology.* Second edition. New York: Wiley; London: Chapman. [MacCarthy 1946]

Carroll, B. J. 1980. *Testing Communicative Performance: An Interim Study.* Oxford: Pergamon Press. [268(n 23), 358(n 9)]

Carroll, J. B. 1953. *The Study of Language: A Survey of Linguistics and Related Disciplines in America.* Cambridge, Mass.: Harvard University Press. [54, 209, 299, 322 – 323]

Carroll, J. B. 1956. 'Introduction' to Whorf 1956: 1 – 34. [215(n 14)]

Carroll, J. B. 1960 'Wanted: A research basis for educational policy on foreign language teaching.' *Harvard Educational Review* 30: 128 – 140. [54]

Carroll, J. B. 1961/1963 *Research on Teaching Foreign Languages*. Publications of the Language Laboratory; Series Preprints and reprints: Vol III B. Ann Arbor, Mich.: University of Michigan; also in Gage 1963:1060 – 1100. [68(n 2, 4)]

Carroll, J. B. 1964. *Language and Thought*. Englewood Cliffs, N. J.: Prentice-Hall. [324, 334(n 8)]

Carroll, J. B. 1966. 'The contributions of psychological theory and educational research to the teaching of foreign languages' in Valdman 1966: 93 – 106; also in Müller 1965: 365 – 381 and *Modern Language Journal* 1965 49: 273 – 281. [25, 107, 324, 394, 403, 463, 465, 469]

Carroll, J. B. 1966a. 'Research in foreign language teaching: The last five years' in Mead 1966: 12 – 42. [68(n 4)]

Carroll, J. B. 1967. 'Research problems concerning the teaching of foreign or second languages to younger children' in Stern 1967: 94 – 109. [68(n 4), 269]

Carroll, J. B. 1968. 'Language testing' in Davies 1968: 46 – 69. [349, 350 – 351 (Figs 16.4, 16.5), 357]

Carroll, J. B. 1969. 'Psychological and educational research into second language teaching to young children' in Stern 1969: 56 – 68. [53, 269]

Carroll, J. B. 1969a. 'Modern languages' in Ebel 1969. [269(n 4)]

Carroll, J. B. 1969b. 'Guide for the collection of data pertaining to the study of foreign or second languages by younger children' in Stern 1969:

201 – 250 and appendixes. [269(n 4), 70(n 16)]

Carroll, J. B. 1971. 'Current issues in psycholinguistics and second language teaching.' *TESOL Quarterly* 5: 101 – 114. [25, 32(n 4), 169, 329, 335(n 13), 394]

Carroll, J. B. 1974. 'Learning theory for the classroom teacher' in Jarvis 1974a: 113 – 149. [336(n 19), 394]

Carroll, J. B. 1975. *The Teaching of French as a Foreign Language in Eight Countries.* [56, 112, 276 – 277, 353, 365 – 366, 432 – 434, 495(n 8), 512(n 14)]

Carroll, J. B. 1975a. 'Aptitude in second language learning' in Taggart 1975: 8 – 23. [369, 389(n 10, 11, 13, 14)]

Carroll, J. B. 1981. 'Twenty-five years of research on foreign language aptitude' in Diller 1981: 83 – 118. [68(n 4), 368 – 369, 388(n 8)]

Carroll, J. B. 1981a. 'Conscious and automatic processes in language learning.' *Canadian Modern Language Review* 37: 462 – 474. [394, 404]

Carroll, J. B. and **Sapon, S. M.** 1959. *Modern Language Aptitude Test* (MLAT). New York: Psychological Corporation. [68(n 4), 323, 369 – 373]

Carroll, J. B. and **Sapon S.** 1967. *Modern Language Aptitude Test—Elementary.* (EMLAT) New York: Psychological Corporation. [369 – 373]

Carton, A. S. 1971. 'Inferencing: A process in using and learning language' in Pimsleur and Quinn 1971: 45 – 58. [403]

Catford, J. C. 1959. 'The teaching of English as a foreign language' in Quirk and Smith 1964: 137 – 159. [22(n 1)]

Center for Applied Linguistics. 1961. *Second Language Learning as a Factor in National Development in Asia, Africa, and Latin America.* Summary statement and recommendations of an international meeting of specialists held in London, December 1960. Washington, D. C. Center for Applied Linguistics. [284(n 2)]

Centre for Contemporary European Studies, University of Sussex. 1972. *French Studies in the Secondary School.* Report of a Conference held at Brighton, 1972. Brighton: University of Sussex. [265(n 10)]

Chambers, J. K. and **Trudgill, P.** 1980. *Dialectology.* Cambridge: Cambridge University Press. [149(n 7)]

Chastain, K. 1969. 'The audio-lingual habit theory versus the cognitive code-learning theory: Some theoretical considerations.' *IRAL* 7: 97 – 106. [56, 469]

Chastain K. 1971. *The Development of Modern Language Skills: Theory to Practice.* Philadelphia: Center for Curriculum Development. (See also Chastain 1976.) [56, 169, 462, 477 – 481]

Chastain, K. 1976. *Developing Second-Language Skills: Theory to Practice.* Chicago: Rand McNally. (Second edition of Chastain, 1971) [5(n 3), 169, 250, 266(n 11, 13), 462, 469, 477 – 479 (Fig. 21.1)]

Chastain, K. D. and **Woerdehoff, F. J.** 1968. 'A methodological study comparing the audio-lingual habit theory and the cognitive code-learning theory.' *Modern Language Journal* 52: 268 – 279. [56, 69(n 10), 463, 476(n 15), 491 – 492]

Chaudron, C. 1977. 'A descriptive model of discourse in the corrective treatment of learners' errors.' *Language of Learning* 27: 29 – 46. [494,

496(n 12)]

Cheydleur, F. D. 1929. *French Idiom List, Based on a Running Count of 1,183,000 Words.* New York: Macmillan. [101]

Chomsky, N. 1957. *Syntactic Structures.* The Hague: Mouton. [105, 141 - 144]

Chomsky, N. 1959. Review of *Verbal Behavior* by B. F. Skinner (New York: Appleton-Century-Crofts, 1957). *Language* 35: 26 - 58. Reprinted with a further comment by Chomsky in Jakobovits and Miron 1967: 142 - 171. Excerpts of the review also reprinted in Allen and van Buren 1971: 136 - 139, 147 - 148. [141, 298 - 300, 307, 314(n 13)]

Chomsky, N. 1965. *Aspects of the Theory of Syntax.* Cambridge, Mass.: M. I. T. Press. [129, 141 - 143, 146, 218, 315(n 20), 342]

Chomsky, N. 1966. 'Linguistic theory' in Mead 1966: 43 - 49. Reprinted also in Allen and van Buren 1971: 152 - 159 with an explanatory introduction by the editors. [108, 144 - 146, 167, 173, 300, 327, 335(n 11), 463 - 464, 465]

Chomsky, N. 1968. *Language and Mind.* New York: Harcourt Brace and World. [295, 300]

Christophersen, P. 1973. *Second-Language Learning: Myth and Reality.* Harmondsworth, Middlesex: Penguin Books. [16]

Chun, J. 1979. 'A survey of research in second language acquisition' in Croft 1980: 181 - 198. [387(n 2)]

CILT (Centre for Information on Language Teaching and Research) 1970. *Report on the Survey of Research into Spoken Language, 1968.* London: CILT. [171(n 15)]

CILT Reports and Papers No 8. 1972. *Teaching Modern Languages Across the Ability Range.* London: Centre for Information on Language Teaching and Research. [387(n 1), 447(n 10)]

Clark, H. H. and **Clark, E. V.** 1977. *Psychology and Language: An Introduction to Psycholinguistics.* New York: Harcourt Brace Jovanovich. [301, 314(n 10, 11), 315(n 20, 21), 342, 358(n 6)]

Clark, J. L. D. 1971. *Leadership in Foreign-Language Education: The Foreign Language Teacher and Research.* New York: ERIC Clearinghouse on Languages and Linguistics/Modern Language Association. [53, 70(n 16)]

Clément, R. 1979. 'Ethnicity, Contact and Communicative Competence in a Second Language.' Paper presented at an international conference on social psychology and language at the University of Bristol. [378]

Clifford, G. J. 1978. 'Words for schools: The applications in education of the vocabulary researches of Edward L. Thorndike' in Suppes 1978: 107–198. [100]

Closset, F. 1949. *Didactique des langues vivantes.* Brussels: Didier. [77, 94(n 3,5), 95(n 6), 156, 171(n 6)]

Cohen, A. 1975. 'Successful immersion education in North America.' *Working Papers on Bilingualism* 5: 39–46. [34(n 13)]

Cohen, A. and **Hosenfeld, C.** 1981. 'Some uses of mentalistic data in second-language research.' *Language Learning* 31: 285–313. [313(n 1), 415(n 16)]

Coleman, A. 1929. *The Teaching of Modern Foreign Languages in the United States.* New York: Macmillan. [101, 264(n 7), 460]

Coleman, A. (compiler) 1933. *An Analytical Bibliography of Modern*

Language Teaching, *1927 – 1932*. Chicago: Chicago University Press. [Fife 1933]

Collins, H. F. 1934. 'England and Wales: Modern Languages' in Percy 1934: 417 – 428. [458]

Comenius see Keatinge 1910.

Commager, H. S. 1970. *Meet the U. S. A.: Including a Practical Guide for Academic Visitors to the United States.* Fifth edition; first edition 1945. New York: Institute of International Education. [266(n 15)]

Commission de la fonction publique du Canada. 1974 – 1977. *Dialogue Canada.* Ottawa: Ministre des approvisionnements et services Canada. [466]

Conant, J. B. 1947. *On Understanding Science: An Historical Approach.* New Haven: Yale University Press. [33(n 6)]

Cook, V. J. 1969. 'The analogy between first-and second-language learning.' *IRAL* 7: 207 – 216. [328]

Cook, V. J. 1977. 'Cognitive processes in second language learning.' *IRAL* 15: 1 – 20. [397]

Cook, V. J. 1978. 'Second-language learning: A psycholinguistic perspective.' *Language Teaching and Linguistics: Abstracts* 11: 73 – 89. [413(n 6)]

Cooke, D. A. 1974. 'The Role of Explanation in Foreign Language Instruction.' Unpublished Ph. D. thesis, University of Essex. [95(n 5)]

Cooper, R. L. 1970. 'What do we learn when we learn a language?' *TESOL Quarterly* 4: 312 – 320. [328]

Cooper, R. L. 1980. 'Sociolinguistic surveys: The state of the art.'

Applied Linguistics 1: 113 – 128. [244 (n 16)]

Corder, S. P. 1967. 'The significance of learners' errors.' *IRAL* 5: 161 – 170; also in Richards 1974: 19 – 30. [335 (n 15), 336 (n 16), 395 – 396, 399]

Corder, S. P. 1973. *Introducing Applied Linguistics*. Harmondsworth, Middlesex: Penguin Books. [176 (Fig. 9.1)]

Corder, S. P. 1973a. 'Linguistic theory and applied linguistics' in Corder and Roulet 1973: 11 – 19. [173 – 175]

Corder, S. P. 1975. 'Applied linguistics and language teaching' in Allen and Corder 1975: 1 – 15. [50 (n 1)]

Corder, S. P. 1978. 'Language-learner language' in Richards 1978: 71 – 93. [403, 413 (n 4, 7, 8)]

Corder, S. P. 1981. *Error Analysis and Interlanguage*. Oxford: Oxford University Press. [64, 125, 332, 336 (n 15), 354]

Corder, S. P. and **Roulet, E.** (eds.) 1973. *Theoretical Linguistic Models in Applied Linguistics*. 3rd AIMAV Seminar, Neuchâtel May 1972. Brussels: AIMAV, Paris: Didier. [Allen 1973, Candlin 1973, Corder 1973a, Widdowson 1979a]

Coste, D. *et al.* 1976. *Un niveau seuil*. Strasbourg: Council of Europe. [110, 112, 179, 226, 349]

Coulthard, M. 1975. 'Discourse analysis in English: A short review of the literature.' *Language Teaching and Linguistics: Abstracts* 8: 73 – 89; also in Kinsella 1978: 22 – 38. [149 (n 17)]

Coulthard, M. 1977. *An Introduction to Discourse Analysis*. London: Longman. [149 (n 17)]

Council for Cultural Co-operation of the Council of Europe. (ed.)

1963. *New Trends in Linguistic Research*. Strasbourg: Council of Europe. [Strevens 1963]

Council of Europe 1971. *Modern Language Learning in Adult Education: Linguistic Content, Means of Evaluation and Their Interaction in the Teaching of and Learning of Modern Languages in Adult Education* (Rüschlikon Symposium). CCC/EES (71) 135. Strasbourg: Council of Europe. [450(n 34)]

Council of Europe 1973. *Systems Development in Adult Language Learning: A European Unit/Credit System for Modern Language Learning by Adults*. Strasbourg: Council for Cultural Cooperation of the Council of Europe. Reissued in 1980; see Trim *et al*. [Richterich 1973]

Council of Europe 1981. *Modern Languages (1971 – 1981)*. Report presented by CDCC Project Group 4 with a résumé by J. L. M. Trim, Project Adviser. Strasbourg: Council for Cultural Co-operation of the Council of Europe. [285(n 11), Fitzpatrick 1981, Holec 1981, Trim 1981]

Cowie, A. P. (ed.) 1981. *Lexicography and Its Pedagogic Applications*. Thematic issue of *Applied Linguistics* 2/3. [150(n 15)]

CREDIF: Centre de Recherche et d'Etude pour la Diffusion du Français 1961/1971. *Voix et Images de France: Cours audio-visuel de français, premier degré*. First edition 1961. Première partie: livre du maître. Paris: Didier, 1971. [466, 475(n 9)]

Criper, C. and **Widdowson, H. G.** 1975. ' Sociolinguistics and language teaching' in Allen and Corder 1975: 155 – 217. [284(n 1)]

Croft, K. (ed.) 1980. *Readings on English as a Second Language: For Teachers and Teacher Trainees*. Second edition. Cambridge, Mass.:

Winthrop. [Chun 1979, Schumann 1975, Stern 1975]

Cronbach, L. J. 1977. *Educational Psychology*. Third edition. New York: Harcourt Brace Jovanovich. [311, 315(n 27)]

Crystal, D. 1971. *Linguistics*. Harmondsworth: Penguin Books. [149 (n 13), 151 (n 22)]

Cummins, J. 1979. 'Cognitive/academic language proficiency, linguistic interdependence, the optimal age question and some other matters.' *Working Papers on Bilingualism* 19: 197–205. [352–353, 356–357, 358(n 8)]

Cummins, J. 1980. 'The cross-lingual dimensions of language proficiency: Implications for bilingual education and the optimal age issue.' *TESOL Quarterly* 14: 175–187. [352–353, 358(n 8), 389(n 10)]

Cummins, J. 1980a. 'The construct of language proficiency in bilingual education' in Alatis 1980: 81–103. [345–346 (Fig. 16.2), 358(n 8), 389(n 10)]

Cummins, J. 1981. *Bilingualism and Minority Language Children*. Language and Literacy Series. Toronto: OISE Press. [358(n 8), 389(n 10)]

Curran, C. A. 1976. *Counseling-Learning in Second Languages*. Apple River, Ill.: Apple River Press. [109, 390(n 21), 475(n 13)]

d'Anglejan, A. 1978. 'Language learning in and out of classrooms' in Richards 1978: 218–237. [405, 414(n 12)]

d'Anglejan, A. and **Tucker, G. R.** 1973. 'Sociolinguistic correlates of speech style in Quebec, in Shuy and Fasold, 1973: 1–27. [237–238, 284(n 5)]

Dakin, J. 1973. *The Language Laboratory and Language Learning.* London: Longman. [451(n 39)]

Darian, S. G. 1969. 'Background of modern language teaching: Sweet, Jespersen and Palmer.' *Modern Language Journal* 53: 545 – 550. [95 (n 11)]

Darian, S. G. 1972. *English as a Foreign Language: History, Development and Methods of Teaching.* Norman: University of Oklahoma Press. [94 (n 3), 95(n 6)]

Darwin, C. 1877. 'A biographical sketch of an infant.' *Mind* 2: 285 – 294. [313(n 6)]

Das Gupta, J. 1970. *Language Conflict and National Development: Group Politics and National Language Policy in India.* Berkeley: University of California Press. [236 – 237, 244(n 15)]

Dato, D. P. (ed.) 1975. *Developmental Psycholinguistics Theory and Applications.* Georgetown University Round Table on Languages and Linguistics. Washington, D. C.: Georgetown University Press. [Dulay and Burt 1975, Krashen 1975]

Davies, A. (ed.) 1968. *Language Testing Symposium: A Psycholinguistic Approach.* London: Oxford University Press. [Carroll 1968]

Davies, I. K. and **Hartley, J.** (eds.) 1972. *Contributions to an Educational Technology.* London: Butterworth. [444, 451 (n 39)]

Davies, R. P. 1975. *Mixed Ability Grouping: Possibilities and Experiences in the Secondary School.* London: Temple Smith. [447(n 10)]

De Francis, J. (ed.) 1951. *Report on the Second Annual Round Table on Linguistics and Language Teaching.* Monograph Series on Languages and

Linguistics, No 1 (Sep. 1951) Washington, D. C.: Georgetown University Press. [68(n 7)]

Dent, H. C. 1977. *Education in England and Wales.* London: Hodder and Stoughton. [447(n 13)]

de Sauzé, E. B. 1929. *The Cleveland Plan for the Teaching of Modern Languages, with Special Reference to French.* Fifth edition 1959. Philadelphia: Winston. [100, 457]

Dicks, H. V. 1950. 'Personality traits and national-socialist ideology.' *Human Relations* 3: 111–154. [214(n 9)]

Diebold, A. R. Jr. 1965. 'A survey of psycholinguistic research, 1954–1964' in Osgood and Sebeok 1965: 205–291. [314(n 14)]

Diller, K. C. 1970. 'Linguistic theories of language acquisition' in Hester 1970: 1–32. [169]

Diller, K. C. 1971. *Generative Grammar, Structural Linguistics, and Language Teaching.* Rowley, Mass.: Newbury House. [169, 469]

Diller, K. C. 1975. 'Some new trends for applied linguistics and foreign language teaching in the United States.' *TESOL Quarterly* 9: 65–73. [116(n 15), 458, 469, 475(n 13,14)]

Diller, K. C. 1978. *The Language Teaching Controversy.* Rowley, Mass.: Newbury House. (Revised edition of Diller, 1971) [77, 95 (n 6), 100, 146, 169, 458, 469–471, 475(n 13), 476(n 15)]

Diller, K. C. (ed.) 1981. *Individual Differences and Universals in Language Learning Aptitude.* Rowley, Mass.: Newbury House. [Carroll 1981, Wesche 1981a]

Dinneen, F. P. 1967. *An Introduction to General Linguistics.* New York, etc.: Holt, Rinehart and Winston. [148(n 1, 3), 150(n 18, 20,

22)]

Di Pietro, R. J. 1968. 'Contrastive analysis and the notions of deep and surface grammar' in Alatis 1968: 65–80. [168]

Di Pietro, R. J. 1971. *Language Structures in Contrast.* Rowley, Mass.: Newbury House. [168]

Disick, R. S. 1975. *Individualizing Language Instruction: Strategies and Methods.* New York: Harcourt Brace Jovanovich. [447(n 10)]

Dittmar, N. 1976. *Sociolinguistics: A Critical Survey of Theory and Application.* London: Arnold. [242(n 1)]

Dodge, J. W. (ed.) 1972. *Other Words, Other Worlds: Language-in-Culture.* Northeast Conference on the Teaching of Foreign Languages. Reports of the Working Committees. New York: MLA Materials Center. [266(n 15)]

Dodson, C. J. 1967. *Language Teaching and the Bilingual Method.* London: Pitman. [454]

Dodson, C. J. 1978. 'The independent evaluator's report' in Schools Council Committee for Wales 1978: 47–53. [414(n 12)]

Dollard, J. and **Miller, N. E.** 1950. *Personality and Psychotherapy: An Analysis in Terms of Learning, Thinking and Culture.* New York: McGraw-Hill. [216(n 21)]

Dreitzel, H. P. (ed.) 1970. *Toward a Theory of Communication.* Recent Sociology, No. 2. London: Macmillan. [194]

Dulay, H. C. and **Burt, M. K.** 1974. 'You can't learn without goofing: An analysis of children's second language learning strategies' in Richards 1974: 95–123. [336(n 16), 354, 402]

Dulay, H. C. and **Burt, M. K.** 1975. 'A new approach to discovering universals of child second language acquisition' in Dato 1975: 209 – 233. [336(n 16)]

Dulay, **H. C.** and **Burt**, **M. K.** 1976. 'Creative construction in second language learning and teaching' in Brown 1976: 65 – 79; also in Burt and Dulay 1975: 21 – 32. [336(n 16)]

Dulay, **H. C.** and **Burt**, **M. K.** 1977. 'Remarks on creativity in second language learning' in Burt, Dulay and Finocchiaro 1977: 95 – 126. [330 – 331, 336(n 16)]

Dunkel, **H. B.** 1948. *Second-Language Learning*. Boston: Ginn. [54]

Dunkin. **M. J.** and **Biddle**, **B. J.** 1974. *The Study of Teaching*. New York: Holt, Rinehart and Winston. [51(n 4), 498 – 500(Fig. 22.1), 508]

Duwes, **G. C.** 1534. *An Introductorie for to learne to rede, to prononce, and to speke Frenche trewly, compyled for the right high excellent and most vertuous Lady Mary of Englande, daughter to our most gracious soveraign Lorde Kyng Henry the Eight*. (taken from Lambley 1920: 86) [77, 85 – 86]

Ebel, **R. L.** (ed.) 1969. *Encyclopedia of Educational Research*. 4th edition. New York: Macmillan. [Carroll 1969a]

Educational Administration Abstracts. (journal) Issued jointly by the University Council for Educational Administration and the Department of Educational Administration, Texas A and M University. [447(n 12)]

Eisner, **E. W.** and **Vallance**, **E.** (eds.) 1974. *Conflicting Conceptions of Curriculum*. Berkeley, Cal.: McCutchan. [434, 436 – 437]

Ellegard, **A.** and **Lindell**, **E.** (eds.) 1970. *Direkt eller insikt?* Lund:

Gleerups. [70(n 14)]

Ellison, F. P. 1969. 'The teaching of Portuguese in the past fifty years' in Walsh, 1969: 235 – 249. [87]

Emmans, K., **Hawkins**, E. and **Westoby**, A. 1974. *Foreign Languages in the Private Sector of Industry and Commerce.* York: Language Teaching Centre, University of York. [283]

English Language Teaching Journal (journal) Oxford: Oxford University Press [104, 115(n 9)]

Entwistle, N. J. 1973. *The Nature of Educational Research.* Bletchley, Bucks: Open University Press. [59, 63]

Ervin, S. M. and **Osgood**, C. E. 1954/1965. 'Second language learning and bilingualism' in Osgood and Sebeok 1965: 139 – 146. [298, 333(n 2), 402]

Ervin-Tripp, S. 1974. 'Is second language learning like the first?' *TESOL Quarterly* 8: 137 – 144. [366]

Ervin-Tripp, S. M. 1971. 'Sociolinguistics' in Fishman, 1971: 15 – 91. [227]

Escher, E. 1928. 'The Direct Method of Studying Foreign Languages: A Contribution to the History of Its Sources and Development.' Unpublished Ph. D. thesis, University of Chicago. [453]

Ewing, N. R. 1949 – 1950. 'Trends in modern language teaching.' *Educational Review* 1: 147 – 157; 2: 31 – 42, 133 – 144.

Eysenck, H. J. (ed.) 1970 *Readings in Extraversion-Introversion: I. Theoretical and Methodological Issues.* London: Staples Press. [380]

Fanselow, J. F. 1977. 'Beyond Rashomon: Conceptualizing and describing the teaching act. ' *TESOL Quarterly* 11: 17 - 39. [493, 513 (n 15)]

Fearing, P. 1969. ' Non-graded foreign language classes. ' *Foreign Language Annals* 2: 343 - 347; also published as Focus Report No. 4. ERIC Focus Reports on Foreign Language Teaching. New York: MLA/ ERIC Clearinghouse on the Teaching of Foreign Languages, 1969. [447 (n 10)]

Ferguson, C. A. 1959. ' Diglossia. ' *Word* 15: 325 - 340. Also in Ferguson, 1971: 1 - 26. [232, 234, 243(n 11)]

Ferguson, C. A. 1962. ' Background to second language problems ' in Rice, 1962: 1 - 7. [19, 232]

Ferguson, C. A. 1966. ' National sociolinguistic profile formulas ' in Bright 1966: 309 - 324. [244(n 16)]

Ferguson, C. A. 1971. *Language Structure and Language Use: Essays by Charles A. Ferguson.* Selected and introduced by A. S. Dil. Stanford, Cal. : Stanford University Press. [Ferguson 1959]

Ferguson, C. A. 1975. ' Toward a characterization of English foreigner talk. ' *Anthropological Linguistics* 17: 1 - 14. [125]

Fife, R. H. (compiler) 1931. *A Summary of Reports on the Modern Foreign Languages with an Index to the Reports.* Publications of the American and Canadian Committees on Modern Languages, vol. 18. New York: Macmillan. [115(n 5), 249, 264(n 7)]

Fife, R. H. 1933. ' Publications of the American and Canadian Committees on Modern Languages: A brief summary of the publications ' in Coleman 1933: 2 - 13. [115(n 5)]

Fillmore, C. J. , Kempler, D. and **Wang, W. S. Y.** (eds.) 1979.

Individual Differences in Language Ability and Language Behavior. New York: Academic Press. [Fillmore 1979]

Fillmore, **L. W.** 1979. 'Individual differences in second language acquisition' in Fillmore *et al.* 1979: 203 – 228. [392]

Findlay, **J. J.** 1932. 'The psychology of modern language learning.' *British Journal of Educational Psychology* 2: 319 – 331. [319 – 320, 333 (n 2)]

Finocchiaro, **M.** and **Bonomo**, **M.** 1973. *The Foreign Language Learner: A Guide for Teachers.* New York: Regents Publishing Co. [5(n 3), 479(Fig. 21.1)]

Firth, **Sir Charles** 1929. *Modern Languages at Oxford, 1729 – 1929.* London: Oxford University Press. [87]

Firth, **J. R.** 1957. *Papers in Linguistics: 1934 – 1951.* London: Oxford University Press. [209].

Fishman, **J. A.** 1966. 'The implications of bilingualism for language teaching and language learning' in Valdman 1966: 121 – 132. [15]

Fishman, **J. A.** (ed.) 1968. *Readings in the Sociology of Language.* The Hague: Mouton. [218, Stewart 1968]

Fishman, **J. A.** (ed.) 1971. *Advances in the Sociology of Language* vol 1. The Hague: Mouton. [218 – 219, Ervin-Tripp 1971, Labov 1971]

Fishman, **J. A.** 1972. *The Sociology of Language: An Interdisciplinary Social Science Approach to Language in Society.* Rowley, Mass.: Newbury House. [204, 206, 230, 235, 236, 238, 242(n 1)]

Fishman, **J. A.** *et al.* 1966. *Language Loyalty in the United States.* The Hague: Mouton. [236]

Fishman, **J. A.**, **Ferguson**, **C. A.** and **Das Gupta**, **J.** (eds.) 1968.

Language Problems of Developing Nations. New York: Wiley. [237, 244(n 21), Rubin 1968]

Fisiak, J. (ed.) 1981. *Contrastive linguistics and language teaching.* Oxford: Pergamon Press. [168]

Fitzpatrick, A. 1981. 'The use of media and the construction of multimedia systems for communicative language learning.' *Council of Europe* 1981: 50 – 55. [451(n 39)]

Flanders, N. A. 1970. *Analyzing Teaching Behavior.* Reading, Mass.: Addison-Wesley. [493, 495(n 10)]

Flechsig, K. H. (compiler). 1965. *Neusprachlicher Unterricht I.* Weinheim/B: Beltz. [263(n 3), 264(n 8), Schön 1925]

Flugel, J. C. and **West, D. J.** 1964. *A Hundred Years of Psychology: 1833 – 1933.* First edition 1933. Third edition with Part V: 1933 – 1963, revised by D. J. West. London: Duckworth. [313(n 5)]

Fodor, J. and **Katz, J. J.** (eds.) 1964. *The Structure of Language.* Englewood Cliffs, N. J.: Prentice Hall. [Harris 1952]

Foreign Language Annals (journal) Issued by the American Council on the Teaching of Foreign Languages. Hastings-on-Hudson: ACTFL. [70(n 14)]

Forrester, D. L. 1975. 'Other research into the effectiveness of language laboratories' in Green 1975: 5 – 33. [69(n 11)]

Fraenkel, G. 1969. 'A chapter in the history of language study.' *Linguistics* 53: 10 – 29. [87, 114]

France: Ministère de l'Education Nationale, 1954. *Le Français élémentaire.* Paris: Centre National de Documentation Pédagogique. See also France, 1959. [105]

France: Ministère de l'Education Nationale, 1959. *Le Français fondamental (1er degré)*. New edition of *Français élémentaire*. Paris: Institut Pédagogique National. [105 (see France, 1954)]

Freud, S. 1904. *Zur Psychopathologie des Alltagslebens*. Vienna: Internationaler Psychoanalytischer Verlag. Translated into English as *Psychopathology of Everyday Life*, published in 1914. Reissued as a Pelican Book in 1938, Harmondsworth: Penguin Books. See also Strachey: 1955 – 1964. [292, 313(n 8)]

Freud, S. See Strachey.

Freudenstein, R. (ed.) in press. *Multilingual Education through Compact Courses*. Oxford and Munich: Pergamon Press/Hueber Verlag. [512(n 14), Stern in press]

Fries, C. C. 1945. *Teaching and Learning English as a Foreign Language*. Ann Arbor: University of Michigan Press. [158 – 159]

Fries, C. C. 1949. 'The Chicago Investigation.' *Language Learning* 2: 89 – 99. [159]

Fries, C. C. 1952. *The Structure of English: An Introduction to the Construction of English Sentences*. New York: Harcourt, Brace & Co. [142, 159]

Fries, C. C. 1961. 'The Bloomfield School' in Mohrmann, C., Sommerfelt, A. and Whatmough, J., 1961: 196 – 224. [137, 150(n 18)]

Frink, O. 1967. *Intensive Language Training*. Occasional Papers in Language, Literature and Linguistics Series A, 4. Athens, Ohio. [87]

Fröhlich, M. 1976. 'Case Studies of Second Language Learning.' Unpublished M. A. thesis, University of Toronto. [405 – 406, 412]

Fucilla, **J. G.** 1967. *The Teaching of Italian in the United States: A Documentary History*. New Brunswick, N. J.: American Association of Teachers of Italian. [87]

Fudge, **E. C.** 1970. 'Phonology' in Lyons, 1970: 76 – 95. [149 (n 12)]

Fudge, **E. C.** 1973. *Phonology*. Harmondsworth: Penguin. [149(n 12)]

Gage, **N. L.** (ed.) 1963. *Handbook of Research on Teaching*. Chicago: Rand McNally. [308, Carroll 1961/1963)]

Gage, **N. L.** and **Berliner**, **D. C.** 1979. *Educational Psychology*. Second edition. Chicago: Rand McNally. [315(n 27)]

Gagné, **R. M.** 1975. *Essentials of Learning for Instruction*. Expanded edition. New York: Holt, Rinehart and Winston. [315(n 22)]

Gagné, **R. M.** 1977. *The Conditions of Learning*. Third edition. New York: Holt, Rinehart and Winston. [309, 315(n 22), Ingram 1975]

Galton, **F.** 1883. *Inquiries into Human Faculty and Its Development*. London: Macmillan. [292, 313(n 7)]

Gardner, **R. C.** 1975. 'Motivational variables in second language learning' in Taggart 1975: 45 – 73. [358(n 2), 383 – 384]

Gardner, **R. C.** 1979. 'Social psychological aspects of second language acquisition' in Giles and St. Clair 1979: 193 – 220. [237, 358(n 2), 375, 378]

Gardner, **R. C.** and **Lambert**, **W. E.** 1972. *Attitudes and Motivation in Second Language Learning*. Rowley, Mass.: Newbury House. [375 – 377, 390(n 17, 19)]

Gardner, **R. C.** and **Smythe**, **P. C.** 1981. 'On the development of the attitude/motivation test battery.' *Canadian Modern Language Review*

37: 510-525. [375]

Garfinkel, H. 1967. *Studies in Ethnomethodology*. Englewood Cliffs, N. J.: Prentice-Hall. [194, 221, 228]

Gattegno, C. 1972. *Teaching Foreign Languages in Schools: The Silent Way*. New York: Educational Solutions. [109, 475(n 13)]

Gattegno, C. 1976. *The Common Sense of Teaching Foreign Languages*. New York: Educational Solutions. [475(n 13)]

Geissler, H. 1959. *Comenius und die Sprache*. Pädagogische Forschungen, no. 10. Heidelberg: Quelle und Meyer. [95(n 11)]

Genesee, F. 1976. 'The role of intelligence in second language learning.' *Language Learning* 26: 267-280. [368]

Genesee, F. 1981. 'A comparison of early and late immersion programs.' *Canadian Journal of Behavioral Sciences* 13: 115-128. [364]

Getzels, J. W., Lipham, J. M. and Campbell, R. F. 1968. *Educational Administration as a Social Process: Theory, Research, Practice*. New York: Harper and Row. [429]

Gilbert, M. 1953/1954/1955. 'The origins of the reform movement in modern language teaching in England.' *Durham Research Review* 4: 1-9 (Part I); 5: 9-18 (Part II); 6: 1-10 (Part III). [86, 98, 114 (n 1)]

Giles, H. (ed.) 1977. *Language, Ethnicity and Intergroup Relations*. London: Academic Press. [244(n 17), Giles et al. 1977, Taylor et al. 1977]

Giles, H., Bourhis, R. Y. and Taylor, D. M. 1977. 'Towards a theory of language in ethnic group relations' in Giles 1977: 307-348.

[378]

Giles, H. and **St. Clair, R. N.** (eds.) 1979. *Language and Social Psychology.* Oxford: Blackwell. [244(n 17), Gardner 1979]

Gillett, M. 1973. *Educational Technology – Toward Demystification.* Scarborough, Ont.: Prentice-Hall of Canada. [444, 445, 451(n 39)]

Gingras, R. C. (ed.) 1978. *Second-Language Acquisition and Foreign Language Teaching.* Arlington, Va.: Center for Applied Linguistics. [19–20, 332 Gingras 1978a, Krashen 1978, Schumann 1978]

Gingras, R. C. 1978a. 'Second-language acquisition and foreign language teaching' in Gingras 1978: 88–97. [415(n 5)]

Godel, R. 1957. *Les sources manuscrites du Cours de Linguistique Générale de F. de Saussure.* Geneva and Paris: Droz and Minard. [148(n 3)]

Godel, R. 1966. 'F. de Saussure's theory of language' in Sebeok 1966: Appendix I. 479–493. [148(n 2, 3)]

Goldschmidt, W. (ed.) 1959. *The Anthropology of Franz Boas.* Memoir 89, American Anthropological Association. [214(n 7)]

Goodlad, J. I., **von Stoephasius, R.** and **Klein, M. F.** 1966. *The Changing School Curriculum.* New York: Fund for the Advancement of Education. [449(n 22)]

Gorer, G. 1948. *The Americans: A Study in National Character.* London: Cresset Press. [214(n 9)]

Gorer, G. and **Rickman, J.** 1949. *The People of Great Russia: A Psychological Study.* London: Cresset Press. Also New York: Norton, 1962. [214(n 9)]

Gorman, T. P. (ed.) 1970. *Language in Education in Eastern Africa.* Nairobi, etc.: Oxford University Press. [111, 244(n 16)]

Gougenheim, G. , Michéa, R. , Rivenc, P. and Sauvageot, A. 1964. *L'élaboration du français fondamental* (1er degré): *Etude sur l'établissement d'un vocabulaire et d'une grammaire de base.* New edition. (First edition 1956 entitled *L'élaboration du Français Elémentaire.*) Paris: Didier. [55, 104, 115(n 6), 171(n 14)]

Gouin, F. 1880. *L'art d'enseigner et d'étudier les langues.* Paris. Translated by Swan, H. and Betis, V. as *The Art of Teaching and Studying Languages.* London: George Philip, 1892. [78, 98, 152 – 153, 170(n 1), 333(n 1), 456]

Green, P. S. (ed.) 1975. *The Language Laboratory in School: Performance and Prediction – An Account of the York Study.* Edinburgh and New York: Oliver and Boyd. [451(n 39), 492, Forrester 1975]

Green, T. (ed.) 1971. *Educational Planning in Perspective.* Guildford: Futures – IPC Science and Technology Press. [448(n 14)]

Greenberg, J. H. 1968. 'Anthropology: I. The field' in Sills 1968: vol 1. 304 – 313. [195]

Greene, J. 1972. *Psycholinguistics: Chomsky and Psychology.* Harmondsworth: Penguin Books. [150(n 20), 301, 314(n 16)]

Greene, J. 1975. *Thinking and Language.* London: Methuen. [295, 313(n 3)]

Gregory, M. 1980. 'Language as a social semiotic'. The recent work of M. A. K. Halliday. *Applied Linguistics* 1: 74 – 81. [150]

Grittner, F. M. 1977. *Teaching Foreign Languages.* Second edition. (First edition, 1969) New York: Harper and Row. [9(n 3), 77, 95 (n 10), 115(n 14), 477, 479(Fig. 21.1)]

Gross and Mason. 1965. See *CREDIF* 1971.

Guberina, P. 1964. 'The audio-visual global and structural method' in Libbish 1964: 1 – 17. [475(n 9)]

Guiora, A. Z. 1972. 'Construct validity and transpositional research: Toward an empirical study of psychoanalytic concepts.' *Comprehensive Psychiatry* 13: 139 – 150. [381]

Guiora, A. Z., **Beit-Hallahani**, **Brannon**, R. C. L., **Dull**, C. Y. and **Scovel**, T. 1972. 'The effects of experimentally induced changes in ego states on pronunciation ability in a second language: An exploratory study.' *Comprehensive Psychiatry* 13: 421 – 428. [381]

Gumperz, J. J. 1968/1977. 'The speech community' in Sills 1968: vol 9. 381 – 386. [214(n 5), 232]

Gumperz, J. J. and **Hymes**, D. (eds.) 1972. *Directions in Sociolinguistics: The Ethnography of Communication*. New York: Holt, Rinehart and Winston. [Hymes 1972a, Schegloff 1968]

Guntermann, G. and **Phillips**, J. K. 1981. 'Communicative course design: Developing functional ability in all four skills.' *Canadian Modern Language Review* 37: 329 – 343. [268(n 24)]

Hadow Report. 1926. *The Education of the Adolescent*, prepared by a Consultative Committee of the Board of Education. London: H. M. S. O. [435]

Hall, C. S. and **Lindzey**, G. 1970. *Theories of Personality*. Second edition. (First edition 1957) New York: John Wiley. [33(n 8), 34(n 10)]

Hall, M. and **Dennis**, L. A. (Co-chairmen) 1968. *Living and Learning: The Report of the Provincial Committee on Aims and Objectives* *of Education in the Schools of Ontario.* Toronto: Newton. [435]

Hall, R. B. 1947. *Area Studies: With Special Reference to Their Implications for Research in the Social Sciences.* New York: Social Science Research Council. (Pamphlet No. 3). [263(n 2), 265(n 10)]

Halliday, M. A. K. 1973. *Explorations in the Functions of Language.* London: Edward Arnold. [223-228]

Halliday, M. A. K., McIntosh, A. and **Strevens, P.** 1964. *The Linguistic Sciences and Language Teaching.* London: Longman. [22(n 1), 33(n 5), 35, 107, 125, 138-140, 164-165, 167, 172(n 19), 185, 395, 482-486, 489-490, 513(n 16)]

Halls, W. D. 1970. *Foreign Languages and Education in Western Europe.* London: Harrap. [115(n 7), 265(n 9), 448(n 18)]

Hamp, E. 1961. 'General linguistics - The United States in the fifties' in Mohrmann *et al.* 1961: 165-195. [138]

Handschin, C. H. H. 1923. *Methods of Teaching Modern Languages.* Yonkers-on-Hudson, N. Y.: World Book Co. [155]

Hanna, G., Smith, A. H., McLean, L. D., and **Stern, H. H.** 1980. *Contact and Communication: An Evaluation of Bilingual Student Exchange Programs.* Toronto: OISE Press. [70(n 18), 379]

Hannerz, U. 1973. 'The second language: An anthropological view.' *TESOL Quarterly* 7: 235-248. [213(n 5)]

Hans, N. 1958. *Comparative Education: A Study of Educational Factors and Traditions.* Third edition. First edition 1950. London: Routledge and Kegan Paul. [448(n 16)]

Harding, A., Page B., and **Rowell, S.** 1980. *Graded Objectives in*

Modern Languages. London: CILT. [513(n 16)]

Harley B. (Guest editor) 1976. 'Alternative programs for teaching French as a second language in the schools of Carleton and Ottawa School Boards.' *Canadian Modern Language Review* 33: entire issue no. 2. [69(n 13)]

Harris, C. W. (ed.) 1960, *Encyclopedia of Educational Research.* Third edition. New York: Macmillan. [Birkmaier 1960, Mitzel 1960]

Harris, M. 1968. *The Rise of Anthropological Theory: A History of Theories of Culture.* New York: Crowell. [214(n 6,7)]

Harris, Z. S. 1947. *Methods in Structural Linguistics.* Chicago: Chicago University Press. Published in 1951 as *Structural Linguistics.* Chicago: Chicago University Press. [137]

Harris, Z. S. 1952. 'Discourse analysis.' *Language* 28: 1-30; also in Fodor and Katz 1964: 355-383. [133]

Harrison, W., Prator, C. and **Tucker, G. R.** 1975. *English Language Policy Survey: A Case Study in Language Planning.* Arlington, Va: Center for Applied Linguistics. [16]

Hartmann, R. R. K. and **Stork, F. C.** 1972. *Dictionary of Language and Linguistics.* New York: John Wiley. [1: 16]

Hatch, E. M. (ed.) 1978. *Second Language Acquisition: A Book of Readings.* Rowley, Mass.: Newbury House. [332, 335(n 15), 413 (n 6), Snow and Hoefnagel-Höhle 1978]

Hatch, E. 1978a. 'Acquisition of syntax in a second language' in Richards 1978: 34-70. [355, 396-397, 403]

Hatch, E. and **Farhady, H.** 1982. *Research Design and Statistics for Applied Linguistics.* Rowley, Mass.: Newbury House.

Haugen, E. 1953. *The Norwegian Language in America: A Study in Bilingual Behaviour.* 2 vols. Philadelphia: University of Pennsylvania Press; second edition, Bloomington: Indiana University Press, 1969. [211, 232]

Haugen, E. 1956. *Bilingualism in the Americas: A Bibliography and Research Guide.* Publication of the American Dialect Society, No. 26. University, Alabama: University of Alabama Press. [216(n 24)]

Haugen, E. 1966. *Language Conflict and Language Planning: The Case of Modern Norwegian.* Cambridge, Mass.: Harvard University Press. [216(n 24), 244(n 20, 21)]

Haugen, E. 1966a. 'Linguistics and language planning' in Bright 1966: 50–66. [239, 244(n 21)]

Haugen, E. 1972. *The Ecology of Language: Essays by Einar Haugen.* Selected and introduced by A. S. Dil. Stanford, Cal.: Stanford University Press. [211]

Hawkins, E. 1981. *Modern Languages in the Curriculum.* Cambridge: Cambridge University Press. [5(n 2), 70(n 14), 148(n 4), 495(n 2), 511(n 6)]

Hawkins, E. and **Perren, G. E.** (eds.) 1978. *Intensive Language Teaching in Schools.* London: Centre for Information on Language Teaching and Research. [512(n 14)]

Hayter, W. (Chairman) 1961. *Report of a Sub-Committee of the University Grants Committee on Oriental, Slavonic, East European and African Studies.* (The Hayter Report) London: H. M. S. O. [282]

Heidelberger Forschungsprojekt 'Pidgin-Deutsch' 1979. 'The acquisition of German syntax by foreign migrant workers' in Sankoff

1979: 1 - 22. [340, 392]

Heinle, C. H., Coulombe, R. and **Smith, F. S.** (Project Development Staff) 1974. *Voix et Visages de la France*. Chicago: Rand McNally. 35 - 53. [466]

Henderson, E. J. A. 1971. 'Phonology' in Minnis 1971. [149(n 12)]

Henmon, V. A. C. 1929. *Achievement Tests in the Modern Foreign Languages*. Prepared for the Modern Foreign Language Study and the Canadian Committee on Modern Languages. New York: Macmillan. [101, 333(n 3)]

Henning, C. A. (ed.) 1977. *Proceedings of the Los Angeles Second Language Acquisition Forum* ESL Section. Los Angeles, Cal.: University of California at Los Angeles. [Swain 1977]

Hester, R. (ed.) 1970. *Teaching a Living Language*. New York: Harper and Row. [458, 469, Diller 1970]

Hilgard, E. R. 1948. *Theories of Learning*. New York: Appleton-Century-Crofts. [404]

Hilgard, E. R. and **Bower, G. H.** 1975. *Theories of Learning*. Englewood Cliffs, N. J.: Prentice Hall. [315(n 22, 24)]

Hill, A. A. 1958. *Introduction to Linguistic Structures: From Sound to Sentence in English*. New York: Harcourt Brace. [137]

Hill, B. 1981. 'Some applications of media technology to the teaching and learning of languages.' *Language Teaching and Linguistics: Abstracts* 14: 147 - 161. [451(n 39)]

Hill, W. F. 1977. *Learning: A Survey of Psychological Interpretations*. Third edition (First and second editions: 1963, 1971). New York: Crowell. [315(n 22)]

Hirst, P. H. 1966. 'Philosophy and educational theory' in Scheffler 1966: 78-95. [26]

Hirst, P. H. and **Peters, R. S.** 1970. *The Logic of Education.* London: Routledge and Kegan Paul. [22]

H. M. I. Series 1977. *Modern Languages in Comprehensive Schools. Matters for discussion,* no. 3. London: H. M. S. O. [116(n 15)]

Hoijer, H. 1964. 'Cultural implications of some Navaho linguistic categories' in Hymes, 1964: 142-160. [206, 215(n 15)]

Holec, H. 1980. *Autonomy and Foreign Language Learning.* Strasbourg: Council of Europe; also Oxford: Pergamon Press, 1981. [513(n 15)]

Holec, H. 1981. 'Learner autonomy and language learning' in Council of Europe 1981: 66-74. [513(n 15)]

Holland, J. G. and **Skinner, B. F.** 1961. *The Analysis of Behavior.* New York: McGraw-Hill. [305]

Holmes, B. 1979. *International Guide to Education Systems.* Paris: UNESCO. [448(n 17)]

Holmes B. 1980. *International Yearbook of Education.* Vol. 32. Paris: UNESCO. [448(n 17)]

Holmes, G. and **Kidd, M. E.** 1982. 'Second-language learning and computers.' *Canadian Modern Language Review* 38: 503-516. [451(n 39)]

Hörmann, H. 1979. *Psycholinguistics: An Introduction to Research and Theory.* New York: Springer Verlag. Second edition of translation by H. H. Stern and P. Lepmann. [314(n 12), 315(n 21)]

Hornby, A. S. (with the assistance of A. P. Cowie and J. W. Lewis) 1974. *Oxford Advanced Learner's Dictionary of Current English.* London:

Oxford University Press. [149(n 15)]

Hornsey, A. W. (ed.) 1975. *Handbook for Modern Language Teachers.* London: Methuen. [5(n 3), 479(Fig. 21.1)]

Hosenfeld, C. 1975. 'The new student role: Individual differences and implications for instruction' in Jarvis 1975: 129 – 167. [406]

Hosenfeld, C. 1979. 'Cora's view of learning grammar.' *Canadian Modern Language Review* 35: 602 – 607. [65, 406]

Howatt, A. P. R. 1969. *Programmed Learning and the Language Teacher.* London: Longman. [451(n 39)]

Hsu, F. L. K. 1969. *The Study of Literate Civilizations.* In series (edited by G. and L. Spindler) 'Studies in Anthropological Method'. New York: Holt, Rinehart and Winston. [266(n 15)]

Hübner, W. 1925. 'Kulturkunde im neusprachlichen Unterricht.' *Die Neueren Sprachen* 33: 161 – 175. [263(n 5)]

Hudson, R. A. 1980. *Sociolinguistics.* Cambridge: Cambridge University Press. [148(n 6), 217(n 26), 238, 242(n 1,2), 243(n 10), 244 (n 17), 284(n 4)]

Huse, H. R. 1931. *The Psychology of Foreign Language Study.* Chapel Hill: University of North Carolina Press. [319, 322]

Husén, T. 1967. *International Study of Achievement in Mathematics: A Comparison of Twelve Countries.* Vols. I and II. Stockholm: Almqvist and Wiksell; and New York: Wiley. [432]

Hymes, D. (ed.) 1964. *Language in Culture and Society: A Reader in Linguistics and Anthropology.* New York: Harper and Row. [202, 215 (n 12, 13, 15), 218, Bernstein 1964, Boas 1964, Hoijer 1964]

Hymes, D. 1972. 'On communicative competence' in Pride and Holmes

1972: 269 – 293. [111, 146, 221, 229]

Hymes, D. 1972a. 'Models of the interaction of language and social life' in Gumperz and Hymes 1972: 35 – 71. [221 – 228]

IAAM see Incorporated Association of Assistant Masters, etc.

Illich, I. 1971. *Deschooling Society*. New York: Harper and Row. (Also Harmondsworth, Middlesex: Penguin Books, 1973.) [21]

Incorporated Association of Assistant Masters in Secondary Schools, 1929. *Memorandum on the Teaching of Modern Languages*. London: University of London Press. [99, 101, 155, 170(n 3), 248 – 249, 264 – 265(n 9), 458]

Incorporated Association of Assistant Masters in Secondary Schools, 1949. *The Teaching of Modern Languages*. London: University of London Press. [101, 170(n 3), 264 – 265(n 9)]

Incorporated Association of Assistant Masters in Secondary Schools, 1956. *The Teaching of Modern Languages*. Revised edition. London: University of London Press. [101, 170(n 3), 264 – 265(n 9)]

Incorporated Association of Assistant Masters in Secondary Schools, 1967. *The Teaching of Modern Languages*. Fourth edition. London: University of London Press. [101, 264 – 265(n 9)]

Individualizing instruction in foreign languages. 1975. A series of articles based on a conference symposium. *Modern Language Journal* 59: 323 – 366. [387(n 1)]

Ingram, D. E. 1980. 'Applied linguistics: A search for insight' in Kaplan 1980: 37 – 56. [38, 41]

Ingram, E. 1975. 'Psychology and language learning' in Allen and

Corder 1975: 218-290. [70(n 14), 315(n 26), 336(n 19), 394]

Ingram, S. R. and **Mace, J. C.** 1959. 'An audio-visual French course.' *Modern Languages* 40: 139-143. [106]

Inkeles, A. and **Levinson, D. J.** 1969. 'National character: The study of modal personality and sociocultural systems' in Lindzey and Aronson, 4: 418-506. [214(n 10)]

Interlanguage Studies Bulletin (journal). Utrecht: University of Utrecht. [335(n14)]

Ituen, S. 1980. 'Societal Needs and Expectations for the Teaching of International Languages: A Case Study of French in Nigeria and English in Ivory Coast.' Unpublished Ph. D. thesis, University of Toronto. [244(n 16), 448(n 19)]

Jackson, B. 1964. *Streaming: An Educational System in Miniature.* London: Routledge and Kegan Paul. [447(n 10)]

Jakobovits, L. A. 1968. 'Implications of recent psycholinguistic developments for the teaching of a second language.' *Language Learning* 18: 89-109; also in Jakobovits 1970: Chapter 1. [328, 336 (n 19)]

Jakobovits. L. A. 1970. *Foreign Language Learning: A Psycholinguistic Analysis of the Issues.* Rowley, Mass.: Newbury House. [38, 328, 335 (n 12), Mackey 1970]

Jakobovits, L. A. and **Miron, M. S.** (eds.) 1967. *Readings in the Psychology of Language.* Englewood Cliffs, N. J.: Prentice-Hall. [314 (n 13), Chomsky 1959]

Jakobson, R. 1960. 'Closing statement: Linguistics and poetics' in

Sebeok, 1960: 353 – 357. Extracts also in Allen and Corder, 1973: 53 – 57. [221, 223 – 228]

James, C. 1980. *Contrastive Analysis.* London: Longman. [168]

James, C. V. and **Rouve, S.** 1973. *Survey of Curricula and Performance in Modern Languages 1971 – 1972.* London: Centre for Information on Language Teaching and Research. [283]

Jarvis, G. A. 1968. 'A behavioral observation system for classroom foreign language skill acquisition activities.' *Modern Language Journal* 52: 335 – 341. [496(n 11)]

Jarvis, G. A. (ed.) 1974. *Responding to New Realities.* The ACTFL Review of Foreign Language Education, No. 5. Skokie, Ill.: National Textbook Company and American Council on the Teaching of Foreign Languages. [252, Nostrand 1974]

Jarvis, G. A. (ed.) 1974a. *The Challenge of Communication.* ACTFL Review of Foreign Language Education, No. 6. Skokie, Ill.: National Textbook Company. [Carroll 1974]

Jarvis, G. A. (ed.) 1975. *Perspective: A New Freedom.* ACTFL Review of Foreign Language Education, No. 7. Skokie, Ill.: National Textbook Company. [406, Hosenfeld 1975]

Jernudd, B. H. 1973. 'Language planning as a type of language treatment' in Rubin and Shuy 1973: 11 – 23. [245(n 21)]

Jernudd, B. H. and **Das Gupta, J.** 1971. 'Towards a theory of language planning' in Rubin and Jernudd, 1971: 195 – 215. [238]

Jespersen, O. 1904. *How to Teach a Foreign Language.* London: Allen and Unwin. Translated from the Danish original *Sprogundervisning* by S. Yhlen-Olsen Bertelsen. [51(n 6), 88, 91, 99]

Johnson, F. C. 1969. 'The failure of the discipline of linguistics in language teaching.' *Language Learning* 19: 235 - 244. [173]

Johnson, K. 1977. 'The adoption of functional syllabuses for general language teaching courses.' *Canadian Modern Language Review* 33: 667 - 680. [260, 268(n 24)]

Johnson, M. Jr. 1967. 'Definitions and models in curriculum theory.' *Educational Theory* 17: 127 - 140. [438]

Jones, R. L. and **Spolsky, B.** (eds.) 1975. *Testing Language Proficiency*. Arlington, Va.: Center for Applied Linguistics. [Wilds 1975]

Joos, M. 1961. *The Five Clocks: A Linguistic Excursion in the Five Styles of English Usage*. New York: Harcourt, Brace and World. [125]

Journal of Multilingual and Multicultural Development. (journal) Clevedon, U. K.: Tieto. [112, 335(n 14)]

Jump, J. R. 1961. 'Two hundred years of Spanish grammars.' *Modern Languages* 42: 24 - 26. [87]

Jung, C. G. 1918. *Studies in Word-Association*. Translated by M. D. Eder. London: Heinemann. Re-issued in 1969 by Routledge and Kegan Paul, London. Also in Vol. 2 of *The Collected Works of C. G. Jung*, edited by H. Read *et al.*, 1973, London: Routledge and Kegan Paul. [292]

Kaplan, R. B. (ed.) 1980. *On the Scope of Applied Linguistics*. Rowley, Mass.: Newbury House. [36, Campbell 1980, Ingram 1980, Spolsky 1980]

Kari, J. and **Spolsky, B.** 1973. *Trends in the Study of Athapaskan*

Language Maintenance and Bilingualism. Navaho Reading Study Progress Report, No. 21. Albuquerque: University of New Mexico. [243 (n 13)]

Katz, **J. J.** 1966. *The Philosophy of Language.* New York: Harper and Row. [315 (n 20)]

Keating, **R. F.** 1963. *A Study of the Effectiveness of Language Laboratories.* (The Keating Report) New York: Columbia University Teachers College, Institute of Administrative Research. [69 (n 11), 106, 443, 492]

Keatinge, **M. W.** (translator) 1910. *The Great Didactic of John Amos Comenius.* Translated into English and edited with biographical, historical and critical introductions. Second edition. First edition 1896. Reissued from the 1910 edition. New York: Russell and Russell. [94(n 5)]

Kelly, **A. V.** (ed.) 1975. *Case Studies in Mixed Ability Teaching.* London: Harper and Row. [447(n 10)]

Kelly, **L. G.** 1969. *25 Centuries of Language Teaching.* Rowley, Mass.: Newbury House. [1, 80–83, 98, 452–453]

Kelly, **L. G.** 1971. 'English as a second language: A historical sketch.' *English Language Teaching* 25: 120–132. [87]

Kennedy, **G.** and **Holmes**, **J.** 1976. Discussion of 'Creative construction in second language learning and teaching' in Brown 1976: 81–92. (See also Dulay and Burt 1976.) [336(n 16)]

King, **E. J.** 1973. *Other Schools and Ours.* Fourth edition. London: Holt, Rinehart and Winston. [448(n 17)]

Kinsella, **V.** (ed.) 1978. *Language Teaching and Linguistics: Surveys.*

London, etc.: Cambridge University Press. [Burstall 1975a, Coulthard 1975, Le Page 1975, Stern and Weinrib 1977, Strevens 1977a]

Kloss, H. 1966. 'Types of multilingual communities: A discussion of ten variables.' *Sociological Inquiry* 36: 135-145. [266]

Kneller, G. F. 1971. *Introduction to the Philosophy of Education.* Second edition. (First edition, 1964) New York: Wiley.

Koordinierungsgremium im DFG—Schwerpunkt 'Sprachlehrforschung' (ed.) 1977. *Sprachlehr-und Sprachlernforschung.* Kronberg, Ts: Scriptor. 4: [70(n 16)]

Krashen, S. D. 1973. 'Lateralization, language learning, and the critical period: Some new evidence.' *Language Learning* 23: 63-74. [362]

Krashen, S. D. 1975. 'The development of cerebral dominance and language learning: More new evidence' in Dato 1975: 179-192. [362]

Krashen, S. D. 1978. 'The monitor model for second language acquisition' in Gingras 1978: 1-26. [311, 336(n 17)]

Krashen, S. D. 1981. *Second Language Acquisition and Second Language Learning.* Oxford, etc.: Pergamon. [331, 336(n 17), 362, 363, 388(n 7), 391(n 7), 404, 412(n 2)]

Krashen, S. D. 1981a. 'Effective second language acquisition: Insights from research' in Alatis, Altman, and Alatis 1981: 95-109. [390(n 17)]

Krashen, S. D., Long, M. A. and **Scarcella, R. C.** 1979. 'Age, rate and eventual attainment in second language acquisition.' *TESOL Quarterly* 13: 573-582. [366, 387(n 2)]

Krashen, S. D. and **Seliger, H.** 1975. 'The essential contribution of formal instruction in adult second language learning.' *TESOL Quarterly* 9: 173 - 183. [336(n 17), 488 - 490, 497, 511(n 8), 512(n 11, 12, 13, 15), 513(n 16)]

Krathwohl, D. R. , Bloom, B. S. and **Masia, B. B.** 1964. *Taxonomy of Educational Objectives: The Classsification of Educational Goals.* Handbook 2: *Affective Domain.* New York: McKay. [438]

Kreidler, C. W. (ed.) 1965. *Report of the Sixteenth Annual Round Table Meeting on Linguistics and Language Studies.* Georgetown University Monograph Series on Languages and Linguistics, No. 18. Washington, D. C. : Georgetown University Press. [Mackey 1965a]

Kress, G. (ed.) 1976. *Halliday: System and Function in Language.* Selected papers. London: Oxford University Press. [140,150(n 19)]

Kroeber, A. L. and **Kluckhohn, C.** 1952. *Culture: A Critical Review of Concepts and Definitions.* Papers of the Peabody Museum of American Archaeology and Ethnology, 47/1. Cambridge Mass. : Harvard University. Reissued in Vintage Books. New York: Random House, 1963. [214(n 10), 247, 263(n 3)]

Labov, W. 1971. 'The study of language in its social context' in Fishman 1971: 152 - 216. [219]

Labov, W. 1972. *Sociolinguistic Patterns.* Philadelphia: University of Pennsylvania Press, Oxford: Blackwell. [219]

Labov, W. and **Fanshel, D.** 1977. *Therapeutic Discourse: Psychotherapy as Conversation.* New York, San Francisco and London: Academic Press. [179, 229]

Ladefoged, P. , Glick, R. and **Criper, C.** 1972. *Language in*

Uganda. London: Oxford University Press. [244(n 16)]

Lado, R. 1957. *Linguistics Across Cultures: Applied Linguistics for Language Teachers.* Ann Arbor: University of Michigan Press. [105, 159, 168, 266(n 11), 395]

Lado, R. 1961. *Language Testing: The Construction and Use of Foreign Language Tests.* London: Longman; also New York: McGraw-Hill, 1964. [163, 316(n 30)]

Lado, R. 1964. *Language Teaching: A Scientific Approach.* New York: McGraw-Hill. [77, 168, 171(n 12), 266(n 11), 462, 477, 478, 479(Fig 21.1), 490(n 60)]

Lafayette, R. C. 1978. *Teaching Culture: Strategies and Techniques.* Washington, D.C.: ERIC Clearinghouse on Languages and Linguistics, Center for Applied Linguistics. [263(n 2)]

Laforge, L. 1972. *La sélection en didactique analytique.* Québec: Les Presses de l'Université Laval. [495(n 5)]

Lambert, W. E. 1963. 'Psychological approaches to the study of language. Part I: On learning, thinking and human abilities.' *Modern Language Journal* 47: 51-62. [324, 334(n 7, 8)]

Lambert, W. E. 1963a. 'Psychological approaches to the study of language. Part II: On second language learning and bilingualism.' *Modern Language Journal* 47: 114-121. [324, 334(n 7, 8)]

Lambert, W. E. 1975. 'Culture and language as factors in learning and education' in Wolfgang 1975: 55-83. [378]

Lambert, W. E. and **Tucker, G. R.** 1972. *Bilingual Education of Children: The St. Lambert Experiment.* Rowley, Mass.: Newbury House. [69(n 13), 107, 111, 364]

Lambley, K. 1920. *The Teaching and Cultivation of the French Language in England during Tudor and Stuart Times*. With an introductory chapter on the preceding period. Manchester: Manchester University Press; London: Longman. [84, 95(n 9)]

Lamendella, J. T. 1969. 'On the irrelevance of transformational grammar to second language pedagogy.' *Language Learning* 19: 255 – 270. [173]

Langacker, R. W. 1972. *Fundamentals of Linguistic Analysis*. New York, etc.: Harcourt Brace Jovanovich. [126, 149(n 8)]

Langacker, R. W. 1973. *Language and Its Structure: Some Fundamental Linguistic Concepts*. Second edition. New York: Harcourt Brace Jovanovich. [151(n 22)]

Language and Language Behavior Abstracts (journal) San Diego, Cal.: Sociological Abstracts, Inc. [71(n 24)]

Language Learning: A Journal of Applied Linguistics. Ann Arbor, Michigan: University of Michigan. [104, 115(n 10), 159, 330]

Language Planning Newsletter. Honolulu, Hawaii: East-West Culture Learning Institute, East-West Center. [244(n 19)]

Language Problems and Language Planning (journal) Austin Texas: University of Texas Press. [244(n 19)]

Language Teaching: The International Abstracting Journal for Language Teachers and Applied Linguistics. (formerly, *Language Teaching and Linguistics: Abstracts.*) Issued by the Centre for Information on Language Teaching and Research, London. Cambridge: Cambridge University Press. [71 (n 24)]

Larson, D. N. and **Smalley, W. A.** 1972. *Becoming Bilingual: A Guide* *to Language Learning.* New Canaan, Conn.: Practical Anthropology. [382, 390(n 17), 398, 399]

Lawrence, E. 1970. *The Origins and Growth of Modern Education.* Harmondsworth: Penguin. [447(n 6)]

Lawton, D. 1968. *Social Class, Language, and Education.* London: Routledge and Kegan Paul. [217(n 26)]

Leavitt, S. E. 1969. 'A history of the teaching of Spanish in the United States' in Walsh 1969: 222 – 234. [87]

Lee, V. 1973. *Social Relationships and Language: Some Aspects of the Work of Basil Bernstein.* Walton Hall, Bletchley: Open University Press. [217(n 26)]

Lee, W. R. 1971. 'Ten years of the teaching of English as a foreign language.' *English Language Teaching* 26: 3 – 13. [87]

Leech, G. 1974. *Semantics.* Harmondsworth: Penguin Books. [150(n 16), 150(n 21)].

Leedham, J. 1973. *Educational Technology: A First Look.* Bath: Pitman. [444, 451(n 39)]

Legge, D. 1975. *An Introduction to Psychological Science: Basic Processes in the Analysis of Behaviour.* London: Methuen. [313(n 3)]

Le Maître Phonétique (journal) Published by the International Phonetic Association from 1886 – 1970. Since 1971: *Journal of the International Phonetic Association* [99, 114(n 3)]

Lenneberg, E. H. 1967. *Biological Foundations of Language.* New York: Wiley. [302, 314(n 10), 362]

Léon, P. R. 1962. *Laboratoire de Langues et Correction Phonétique: Essai méthodologique.* Publication du Centre de Linguistique Appliquée de

Besançon. Paris: Didier. [87, 450(n 37)]

Leopold, **W. F.** 1939 – 1949. *Speech Development of a Bilingual Child: A Linguist's Record.* Vol. 1. *Vocabulary Growth in the First Two Years.* 1939; Vol. 2 *Sound Learning in the First Two Years.* 1947; Vol. 3 *Grammar and General Problems in the First Two Years.* 1949; Vol. 4 *Diary From Age Two.* 1949a. Evanstown, Ill.: Northwestern University Press. [314(n 19), 413(n 6)]

Le Page, **R. B.** 1975. 'Sociolinguistics and the problem of competence.' *Language Teaching and Linguistics: Abstracts* 8: 137 – 156. Also in Kinsella 1978: 39 – 59. [242(n 1)]

Lester, **M.** (ed.) 1970. *Readings in Applied Transformational Grammar.* New York: Holt, Rinehart and Winston. [Newmark 1966]

Levenston, **E. A.** 1973. Teaching indirect object structures in English: A case study in applied linguistics. (mimeo) [174]

Levenston, **E. A.** 1975. 'Aspects of testing oral proficiency of adult immigrants to Canada' in Palmer and Spolsky 1975: 66 – 74. [260]

Levenston, **E. A.** 1979. 'Second language lexical acquisition: Issues and problems.' *Interlanguage Studies Bulletin* 4: 147 – 160. [150(n 14)]

Levie, **W. H.** and **Dickie**, **K. E.** 1973. 'The analysis and application of media' in Travers 1973: 858 – 882. [451(n 39)]

Levin, **L.** 1969. *Implicit and Explicit: A Synopsis of Three Parallel Experiments in Applied Psycholinguistics.* Gothenburg (Sweden): Department of Educational Research, Gothenburg School of Education, University of Gothenburg. Research Bulletin No. 1. [403]

Levin, **L.** 1972. *Comparative Studies in Foreign Language Teaching: The GUME Project.* Stockholm: Almqvist and Wiksell. [56, 69(n 10),

463, 476(n 15)]

Lewin, K., Lippitt, R. and **White, R.** 1939. 'Patterns of aggressive behaviour in experimentally created "social climates".' *Journal of Social Psychology* 1939: 271 – 299; also in Amidon and Hough 1967: 24 – 46. [496(n 10)]

Lewis, E. G. 1962. *Foreign and Second Language Teaching in the USSR.* London: ETIC/The British Council. [448(n 18)]

Lewis, E. G. and **Massad, C. E.** 1975. *The Teaching of English as a Foreign Language in Ten Countries.* New York: Wiley. [56, 112, 280, 353, 433 – 434, 495(n 8)]

Lewis, L. J. and **Loveridge, A. J.** 1965. *The Management of Education: A Guide for Teachers to the Problems of New and Developing Systems.* New York: Praeger. [447(n 13)]

Lewis, M. M. 1936. *Infant Speech: A Study of the Beginnings of Language.* Second edition 1951. London: Routledge and Kegan Paul. [302]

Lewis, M. M. 1947. *Language in Society.* London: Nelson. [210, 216 (n 22)]

Lewy, A. (ed.) 1977. *Handbook of Curriculum Evaluation.* Paris: UNESCO; and New York: Longman. [450(n 33)]

Libbish, B. (ed.) 1964. *Advances in the Teaching of Modern Languages.* Vol. 1. Oxford: Pergamon Press. [Guberina 1964, Stack 1964]

Lind, M. 1948. 'Modern language learning: The intensive course as sponsored by the United States Army and implications for the undergraduate course of study.' *Genetic Psychology Monographs* 38: 3 – 82. [87, 104]

Lindzey, G. and **Aronson, E.** (eds.) 1969. *The Handbook of Social Psychology.* 5 vols. Second edition. Reading, Mass.: Addison-Wesley. [Inkeles and Levinson 1969]

Lindzey, G., Hall, C. and **Thompson, R. F.** 1975. *Psychology.* New York: Worth Publishers. [313(n 3, 4)]

Linguistic Reporter (journal) Washington D. C.: Center for Applied Linguistics. [68(n 7), 106]

Littlewood, W. 1981. *Communicative Language Teaching: An Introduction.* Cambridge: Cambridge University Press. [179, 268 (n 22)]

Locke, J. 1693. *Some Thoughts Concerning Education.* London. Available in: (1) edition by Quick, R. H. 1880. London: Cambridge University Press. Second edition, 1889. (2) abridged and edited by Garforth, F. W. 1964. London: Heinemann (for language pedagogy see pp 194−208). (3) Axtell 1968. [78]

Long, M. H. 1980. 'Inside the "black box": Methodological issues in classroom research on language learning.' *Language Learning* 30: 1−42. [495(n 9)]

Lozanov, G. 1979. *Suggestology and Outlines of Suggestopedy.* New York: Gordon and Breach, Science Publishers. [475(n 13)]

Lugton, R. C. and **Heinle, C. H.** (eds.) 1971. *Toward a Cognitive Approach to Second Language Acquisition.* Language and the Teacher: A Series in Applied Linguistics, No. 17. Philadelphia, Pa: Center for Curriculum Development. [Bosco and Di Pietro 1970]

Luria, M. A. and **Orleans, J. S.** 1928. *Luria-Orleans Modern Language Prognosis Test.* Yonkers, N. Y.: World Book Company. [333(n 3)]

Lynd, R. S. and **Lynd, H. M.** 1929. *Middletown: A Study in American Culture.* New York: Harcourt Brace. Also New York: Harcourt, Brace and World, 1956. [193, 213(n 3)]

Lynd, R. S. and **Lynd, H. M.** 1937. *Middletown in Transition: A Study in Cultural Conflicts.* New York: Harcourt Brace. [193]

Lyons, J. 1968. *Introduction to Theoretical Linguistics.* Cambridge: Cambridge University Press. [123, 126, 151(n 22)]

Lyons, J. (ed.) 1970. *New Horizons in Linguistics.* Harmondsworth: Penguin Books. [Bierwisch 1970, Fudge 1970, Matthews 1970, 124]

Lyons, J. 1971. 'Structural organization of language 2: Grammar' in Minnis 1971: 55–74. [131, 149(n 13)]

Lyons, J. 1977. *Semantics.* London and New York: Cambridge University Press. [132]

Lyons, J. 1977a. *Chomsky.* Fontana Modern Masters Series. London: Fontana/Collins. First edition 1970. [140, 150(n 20)]

Lyons, J. 1981. *Language and Linguistics: An Introduction.* Cambridge: Cambridge University Press. [149(n 7, 12, 13), 150(n 16), 151(n 22)]

Lyons, J. and **Wales, R. J.** (eds.) 1966. *Psycholinguistics Papers: The Proceedings of the 1966 Edinburgh Conference.* Edinburgh: Edinburgh University Press. [McNeill 1966a, 315(n 20)]

McCarthy, D. 1946. 'Language development in children' in Carmichael 1946: 492–630. [293]

McDonough, S. H. 1981. *Psychology in Foreign Language Teaching.* London: Allen and Unwin. [390(n 16, 17, 20), 336(n 19)]

McEwen, N. Z. 1976. 'An Exploratory Study of the Multidimensional Nature of Teacher-Student Verbal Interaction in Second Language Classroom.' Unpublished Ph. D. thesis. University of Alberta. [496(n 12)]

Mackey, W. F. 1950. 'The meaning of method.' *English Language Teaching* 5: 4 - 10 [495(n 3)]

Mackey, W. F. 1953. 'What to look for in a method: Selection.' *English Language Teaching* 7: 77 - 85. [495(n 3)]

Mackey, W. F. 1954. 'What to look for in a method: Grading.' *English Language Teaching* 8: 45 - 58. [495(n 3)]

Mackey, W. F. 1955. 'What to look for in a method: Presentation.' *English Language Teaching* 9: 41 - 56. [495(n 3)]

Mackey, W. F. 1965. *Language Teaching Analysis.* London: Longman. [33(n 5), 35, 68(n 6), 78 - 80, 107, 164 - 166, 167, 185, 395, 441 - 442, 482 - 485, 490, 495(n 3), 513(n 16)]

Mackey, W. F. 1965a. 'Method Analysis: A survey of its development, principles and techniques' in Kreidler 1965: 149 - 162. [495(n 3), 513(n 16)]

Mackey, W. F. 1970. 'A typology of bilingual education.' *Foreign Language Annals* 3: 596 - 608. Also in Andersson and Boyer 1970: 63 - 82; Mackey 1972, Appendix D: 149 - 171; see also Mackey 1976: Chapters 6 and 7. [271 - 275]

Mackey, W. F. 1970a. Foreword to Jakobovits 1970: vii - xiii. [39]

Mackey, W. F. 1972. *Bilingual Education and a Binational School.* Rowley, Mass.: Newbury House. [Mackey 1970]

Mackey, W. F. 1976. *Bilinguisme et contact des langues.* Paris: Editions

Klincksieck. [Mackey 1970]

Mackey, W. F. 1978. 'Organizing research on bilingualism: The IRCB story.' *McGill Journal of Education* 13: 116-127. [69(n 9)]

Mackey, W. F., Savard, J. G. and Ardouin, P. 1971. *Le vocabulaire disponible du fraçais.* Paris: Didier. [495(n 5)]

McLaughlin, B. 1978. *Second-Language Acquisition in Childhood.* Hillsdale, N. J.: Lawrence Erlbaum Associates, and New York: Wiley. [298, 303, 315(n 20), 332, 387(n 2), 413(n 6)]

McLaughlin, B. 1978a. 'The Monitor Model: Some methodological considerations.' *Language Learning* 28: 309-332. [414(n 11)]

Maclay, H. 1971. 'Linguistics: Overview' in Steinberg and Jakobovits 1971: 157-182. [150(n 21)]

Macnamara, J. 1966. *Bilingualism and Primary Education: A Study of Irish Experience.* Edinburgh: Edinburgh University Press. [14]

Macnamara, J. 1967. 'The bilingual's linguistic performance: A psychological overview.' *Journal of Social Issues* 23: 58-77. [298]

Macnamara, J. 1973. 'Nurseries, streets and classrooms: Some comparisons and deductions.' *Modern Language Journal* 57: 250-254. [506, 513(n 16)]

McNeill, D. 1966a. 'The creation of language by children' (with prepared comments by C. Fraser and M. Donaldson) in Lyons and Wales 1966: 99-132. [315(n 20)]

McNeill, D. 1966. 'Developmental psycholinguistics' in Smith and Miller 1966: 15-84. [315(n 20)]

Malinowski, B. 1923. 'The problem of meaning in primitive languages' in Ogden and Richards 1923: 451-510 (or 1946: 296-336). [207-

209, 216(n 22), 223]

Malinowski, B. 1935. *Coral Gardens and Their Magic.* London: Allen and Unwin. [138]

Mallinson, V. 1953. *Teaching a Modern Language.* London: Heinemann. [77, 94(n 3, 5)]

Mallinson, V. 1975. *An Introduction to the Study of Comparative Education.* Fourth edition. First edition 1957. London: Heinemann. [448(n 17)]

Marckwardt, A. H. 1963. 'English as a second language or English as a foreign language.' *PMLA* 78: 25 – 28. [16]

Marckwardt, A. H. 1967. 'Teaching English as a foreign language: A survey of the past decade.' *Linguistic Reporter* 9/5: Supplement 19. [87]

Maréchal, R. 1972. *Histoire de l'enseignement et de la méthodologie des langues vivantes en Belgique des origines au début du 20e siècle.* Paris: Didier. [84, 87, 97]

Mareschal, R. 1977. 'Normes linguistiques: Détermination, description, contenu, utilité.' *Canadian Modern Language Review* 33: 620 – 631. [358(n 9)]

Martin-Gamero, S. 1961. *La Enseñanza del Inglés en España* (desde la edad media hasta el siglo XIX). Madrid: Editorial Gredos. [87]

Mason, E. J. and **Bramble, W. J.** 1978. *Understanding and Conducting Research: Applications in Education and the Behavioral Sciences.* New York: McGraw-Hill. [63]

Matthews, P. H. 1970. 'Recent developments in morphology' in Lyons 1970: 96 – 114. [149(n 13)]

Mead, G. H. 1934. *Mind, Self and Society: From the Standpoint of a Social Behaviorist.* Chicago: University of Chicago Press. [209]

Mead, M. 1928. *Coming of Age in Samoa.* New York: Morrow. [198]

Mead, M. 1930. *Growing Up in New Guinea.* New York: Blue Ribbon. [198]

Mead, M. 1935. *Sex and Temperament in Three Primitive Societies.* New York: Morrow. [198]

Mead, R. G., Jr. (ed.) 1966. *Language Teaching: Broader Contexts. Northeast Conference on the Teaching of Foreign Languages: Reports of the Working Committees.* New York: MLA Materials Center. [108, 335 (n 11), Carroll 1966a, Chomsky 1966]

Meidinger, J. V. 1783. *Praktische französische Grammatik.* Liège. [453]

Merkley, D. 1977. *French Vocabulary: A Curriculum Aid.* Aurora, Ontario, Canada: York County Board of Education. [61]

Miller, G. A. and **Buckhout, R.** 1973. *Psychology: The Science of Mental Life.* New York: Harper and Row. [313(n 4)]

Miller, G. A., Galanter, E. and **Pribram, K. H.** 1960. *Plans and the Structure of Behavior.* New York: Holt. [314(n 15)]

Mills, C. W. 1959. *The Sociological Imagination.* New York: Oxford University Press. Also Harmondsworth: Penguin, 1970. [194]

Minnis, N. (ed.) 1971. *Linguistics at Large.* The fourteen linguistic lectures presented by the Institute of Contemporary Arts, London, 1969–1970. London: Gollancz. New edition 1973: St. Albans: Paladin. [Henderson 1971, Lyons 1971, Ullmann 1971]

Mitchell, G. D. 1968. *A Hundred Years of Sociology.* Chicago: Aldine.

[194, 213(n 1)]

Mitzel, H. E. 1960. 'Teacher effectiveness' in Harris 1960: 1481 - 1486. [510(n 1)]

Modern Foreign Language Study and Canadian Committee on Modern Languages. 1930. *Studies in Modern Language Teaching.* American and Canadian Committees on Modern Languages, Vol. 17. New York: Macmillan. [Bagster-Collins 1930]

Modern Language Association of America. 1901. *Report of the Committee of Twelve of the Modern Language Association of America.* Boston: D. C. Heath. [99]

MLA: Modern Language Association of Great Britain. 1977. *Mixed Ability Teaching in Modern Languages.* A questionnaire enquiry. London: Modern Language Association. [447(n 10)]

Modern Language Journal Published for the National Federation of Modern Language Teachers Associations by the University of Wisconsin Press, Madison, Wisconsin. [70(n 14)]

Modern Studies 1918. The report of the Committee (appointed by the Prime Minister) on the position of Modern Languages in the educational system of Great Britain (The Leathes Committee report). London: H. M. S. O. [99-100, 247, 282]

Mohrmann, C., Sommerfelt, A. and **Whatmough, J.** (eds.) 1961. *Trends in European and American Linguistics: 1930 - 1960.* Utrecht: Spectrum. [Fries 1961, Hamp 1961, Moulton 1961]

Montaigne, M. de. 1580 - 1588. *Essais.* Edited by Villey, P. and Saulnier, V. L. Paris: Alcan 1965. [Montaigne 1899]

Montaigne, M. de. 1550 - 1588/1899. *Essays. The Education of*

Children. Edited by L. E. Rector, 1899. New York: Appleton. [388 (n 3)]

Moore, T. 1977. 'An experimental language handicap (personal account).' *Bulletin of the British Psychological Society* 30: 107 – 110. [313(n 1), 401]

Morgan, B. Q. 1928. *German Frequency Word Book.* New York: Macmillan. [101]

Morgan, L. H. 1877. *Ancient Society.* New York: Holt. New edition edited by E. Leacock in Meridian Books. New York: World Publishing Company, 1963. [196]

Morris, I. 1957. 'The persistence of the classical tradition in foreign-language teaching.' *English Language Teaching* 11: 113 – 119. [87]

Morrow, K. 1979. 'Communicative language testing' in Brumfit and Johnson 1979: 143 – 157. [268]

Moskowitz, G. 1967. 'The FLINT system' in Simon and Boyer 1967 – 1970: 1, Section 2, No. 15; 3, No. 15. [493]

Moskowitz, G. 1968. 'The effects of training foreign language teachers in Interaction Analysis.' *Foreign Language Annals* 1: 218 – 235. [493]

Moskowitz, G. 1970. *The Foreign Language Teacher Interacts.* Revised edition. Minneapolis, Minn.: Association for Productive Teaching. [493]

Moskowitz, G. 1971. 'Interaction Analysis: A new modern language for supervisors.' *Foreign Language Annals* 5: 211 – 221. [493]

Moskowitz, G. 1976. 'The classroom interaction of outstanding foreign language teachers.' *Foreign Language Annals* 9: 135 – 157. [493]

Moulton, W. G. 1961/1963. 'Linguistics and language teaching in the United States: 1940 – 1960' in Mohrmann, Sommerfelt, and Whatmough, 1961: 82 – 109. Also *IRAL* 1, 1963: 21 – 41. [86, 115 (n 7), 151, 157 – 158, 171(n 8, 9), 462 – 463]

Müller, G. (compiler) 1965. *International Conference: Modern Foreign Language Teaching – Report*. (Report on a meeting held in Berlin, August 1964) Berlin: Pädagogisches Zentrum and Cornelsen. [55, 107, 334(n 9), Carroll 1966, Stern 1965]

Müller, K. E. (ed.) 1980. *The Foreign Language Syllabus and Communicative Approaches to Teaching: Proceedings of a European-American Seminar*. Special issue of *Studies in Second Language Acquisition* 3/1. [268(n 22), Brumfit 1980]

Munby, J. 1978. *Communicative Syllabus Design: A Sociolinguistic Model for Defining the Content of Purpose-Specific Language Programmes*. Cambridge: Cambridge University Press. [259, 502]

Murdock, G. P. et al. 1964. *Outline of Cultural Materials*. Fourth revised edition. (First edition 1961.) New Haven: Human Relations Area Files. [200, 214 – 215(n 11), 252]

Musgrave, P. W. 1979. *The Sociology of Education*. Third edition. London: Methuen. [447]

Nagel, E. 1961. *The Structure of Science: Problems in the Logic of Scientific Explanation*. London: Routledge and Kegan Paul; New York: Harcourt, Brace and World. [32, 33(n 6), 34(n 15)]

Naiman, N., Fröhlich, M., Stern, H. H. and **Todesco, A.** 1978. *The Good Language Learner*. Research in Education Series, no. 7.

Toronto: Ontario Institute for Studies in Education. [111, 313(n 1), 332, 334(n 4), 353, 358(n 2), 374, 380, 381, 383, 389(n 12), 390(n 16, 20), 405, 406, 412, 494, 495(n 9)]

Nemser, W. 1971. 'Approximative systems of foreign language learners.' *IRAL* 9: 115–123; also in Richards 1974: 55–63. [399]

Neufeld, G. G. 1973. 'Foreign language aptitude: An enduring problem' in Rondeau 1973: 146–162. [372, 389(n 8), 390(n 15)]

Neufeld, G. G. 1975. 'A theoretical perspective on the nature of linguistic aptitude' in Taggart 1975: 74–90. [372, 389(n 11)]

Newell, C. A. 1978. *Human Behavior in Educational Administration.* Englewood Cliffs: Prentice-Hall. [448(n 13)]

Newmark, L. 1966. 'How not to interfere with language learning.' *International Journal of American Linguistics* 32: 77–83; also in Lester 1970: 219–227. [513(n 16)]

Newmark, L. 1971. 'A minimal language-teaching program' in Pimsleur and Quinn 1971: 11–18. [450(n 34)]

Nickel, G. (ed.) 1971. *Papers in Contrastive Linguistics.* Cambridge: Cambridge University Press. [168]

Nida, E. A. 1957. 'Some psychological problems in second language learning.' *Language Learning* 8: 7–15. [334(n 4)]

Noblitt, J. S. 1972. 'Pedagogical grammar towards a theory of foreign language materials preparation.' *IRAL* 10: 313–331. [175–176]

Norris, W. E. 1971. *TESOL at the Beginning of the '70's: Trends, Topics and Research Needs.* Pittsburgh: Department of General Linguistics and University Center for International Studies. [115(n 7)]

Norwood Report 1943. *Curriculum and Examinations in Secondary*

Schools, prepared by the Secondary School Examinations Council. London: H. M. S. O. [435]

Nostrand, H. L. 1966. 'Describing and teaching the sociocultural context of a foreign language and literature' in Valdman 1966: 1–25. [251, 252, 266(n 11, 12)]

Nostrand, H. L. 1973. 'French culture's concern for relationships: Relationism?' *Foreign Language Annals* 6: 469–480. [266(n 11)]

Nostrand, H. L. 1974. 'Empathy for a second culture: Motivations and techniques' in Jarvis 1974: 263–327. [251, 252–253, 266(n 11)]

Nuffield Foundation 1977. *The Early Teaching of Modern Languages: A Report on the Place of Language Teaching in Primary Schools*. London: Nuffield Foundation. [365]

O'Connor, D. J. 1957. *An Introduction to the Philosophy of Education*. London: Routledge and Kegan Paul. [26, 420]

O'Connor, J. D. 1973. *Phonetics*. Harmondsworth: Penguin Books. [149 (n 12)]

OECD: Organization for Economic Co-operation and Development 1972–1975. *Classification of Educational Systems in OECD Member Countries*. 9 vols. one for each country plus one summary volume. Paris: OECD. [448(n 17)]

Ogden, C. K. 1930. *Basic English: A General Introduction with Rules and Grammar*. First edition. London: Kegan Paul, Trench, Trubner and Co. [101, 102, 161, 170(n 5)]

Ogden, C. K. and Richards, I. A. 1923. *The Meaning of Meaning: A Study of the Influence of Language upon Thought and of the Science of*

Symbolism. With supplementary essays by B. Malinowski and F. G. Crookshank. London: Trubner and Co. ; Kegan Paul, Trench, Trubner. Eighth edition New York: Harcourt, Brace and World, 1946. [207 - 209, Malinowski 1923]

Ohannessian, S. , Ferguson, C. A. and **Polomé, E. C.** (eds.) 1975. *Language Surveys in Developing Nations: Papers and Reports on Sociolinguistic Surveys.* Arlington, Va. : Center for Applied Linguistics. [244(n 16)]

Oller, J. W. Jr. 1970. 'Transformational theory and pragmatics.' *Modern Language Journal* 54: 504 - 507. [177 - 178]

Oller, J. W. Jr. 1976. 'Evidence for a general proficiency factor: An expectancy grammar.' *Die Neueren Sprachen* 2: 165 - 174. [349, 352, 356(Fig. 16.6), 357]

Oller, J. W. Jr. 1979. *Language Tests at School: A Pragmatic Approach.* London: Longman. [187(n 6), 268(n 23), 314(n 18), 316(n 30)]

Oller, J. W. Jr. 1981. 'Research on the measurement of affective variables: Some remaining questions' in Andersen 1981: 14 - 27. [379, 390(n 17)]

Oller J. W. Jr. and **Richards, J. C.** (eds.) 1973. *Focus on the Learner: Pragmatic Perspectives for the Language Teacher.* Rowley, Mass. : Newbury House. [187(n 6), 331, 336(n 19)]

Olmsted, D. L. 1950. *Ethnolinguistics So Far.* Studies in Linguistics: Occasional Papers, No. 2. Norman: Oklahoma Battenburg Press. [215 (n 12)]

Olsen, S. 1980. 'Foreign language departments and computer-assisted instruction.' *Modern Language Journal* 64: 341 - 349. [451(n 39)]

Ontario Ministry of Education 1974. *Report of the Ministerial Committee on the Teaching of French* (Gillin Report). Toronto: Ontario Ministry of Education. [285 (n 11)]

Ontario Ministry of Education 1980. *French, Core Programs 1980: Curriculum Guidelines for the Primary, Junior, Intermediate, and Senior Divisions.* Toronto: Ontario Ministry of Education. [450(n 31)]

Orléans Archive 1974. *Etude sociolinguistique sur Orléans: Catalogue des enregistrements.* Colchester: Department of Languages and Linguistics, University of Essex. [268(n 20)]

Osgood, C. E. and **Sebeok, T. A.** (eds.) 1954. 'Psycholinguistics: A survey of theory and research problems.' *Journal of Abnormal and Social Psychology* 49: Supplement. Reprinted as *Psycholinguistics: A Survey of Theory and Research Problems* with *A Survey of Psycholinguistic Research, 1954 – 1964* by A. R. Diebold. Bloomington: Indiana University Press, 1965. [103, 105, 128, 295 – 298, 304, 305, 314(n 14), Diebold 1965, Ervin and Osgood 1954/1965]

Osgood, C. E., Suci, G. J. and **Tannenbaum, P. H.** 1957. *The Measurement of Meaning.* Urbana, Ill.: University of Illinois Press. [390(n 19)]

Oskarsson, M. 1978. *Approaches to Self-Assessment in Foreign Language Learning.* Strasbourg: Council of Europe. [353]

Otter, H. S. 1968. *A Functional Language Examination.* Series Language and Language Learning. London: Oxford University Press. [96(n 17)]

Owen, J. G. 1973. *The Management of Curriculum Development.* Cambridge: Cambridge University Press. [448(n 25)]

Palmer, **F. R.** 1971. *Grammar*. Harmondsworth: Penguin Books. [141, 149(n 13), 150(n 20)]

Palmer, **F. R.** 1981. *Semantics: A New Outline*. Cambridge: Cambridge University Press. First edition, 1976. [150(n 16, 21)]

Palmer, **H. E.** 1917. *The Scientific Study and Teaching of Languages*. London: Harrap. Reissued in a new edition by Harper H. in the Series Language and Language Learning. London: Oxford University Press, 1968. [88, 100, 155–156, 317–319]

Palmer, **H. E.** 1921. *The Oral Method of Teaching Languages*. Cambridge: Heffer. [100, 156, 170(n 4), 318]

Palmer, **H. E.** 1922. *The Principles of Language-Study*. London: Harrap. Reissued 1964 in the Series Language and Language Learning. London: Oxford University Press. [100, 156(n 4), 170, 318]

Palmer, **H. E.** and **Redman**, **H. V.** 1969. *This Language Learning Business*. First edition: London: Harrap, 1932. Reissued in Series Language and Language Learning. London: Oxford University Press. [319, Anderson 1969]

Palmer, **L.** and **Spolsky**, **B.** (eds.) 1975. *Papers on Language Testing 1967–1974*. Washington, D. C.: TESOL. [Levenston 1975]

Palsgrave, **J.** 1530. *L'Esclarcissement de la langue fraçoyse*. London. Edited by F. Genin, Paris, 1852. [86]

Parry, **A.** 1967. *America Learns Russian: A History of the Teaching of the Russian Language in the United States*. Syracuse, N. Y.: Syracuse University Press. [87]

Partington, **J. A.** 1969. 'Streams, sets, and mixed-ability groups.' *Modern Languages* 50: 117–120. [447(n 10)]

Passy, P. 1899. *De la méthode directe dans l'enseignement des langues vivantes.* Bourgla-Reine: IPA. [99]

Passy, J. and **Rambeau, A.** (eds.) 1897. *Chrestomathie française: Morceaux choisis de prose et de poésie avec prononciation figurée à l'usage des étrangers (précédés d'une introduction sur la méthode phonétique).* Fifth edition, London: Harrap (1926). [96(n 13)]

Paulston, C. B. 1974. *Implications of Language Learning Theory for Language Planning: Concerns in Bilingual Education.* Papers in Applied Linguistics: Bilingual Education Series 1. Arlington Va: Center for Applied Linguistics. [16]

Paulston, C. B. 1975. 'Ethnic relations and bilingual education: Accounting for contradictory data.' *Working Papers on Bilingualism* 6: 1-44. Also in Alatis and Twaddell 1976: 235-262. [34(n 13), 243(n 14), 271]

Paulston, C. B. and **Bruder, M. N.** 1976. *Teaching English as a Second Language: Techniques and Procedures.* Rowley, Mass.: Newbury House. [5(n 3)]

Paulston, C. B. and **Selekman, H. R.** 1976. 'Interaction activities in the foreign classroom, or how to grow a tulip-rose.' *FL Annals* 9: 248-254. [407]

Peal, E. and **Lambert, W. E.** 1962. 'The relation of bilingualism to intelligence.' *Psychological Monographs* 76/546: 1-23. [295]

Peers, E. A. 1945. *'New' Tongues, or Modern Language Teaching of the Future.* London: Pitman. [285(n 9)]

Penfield, W. G. 1953. 'A consideration of neurophysiological mechanisms of speech and some educational consequences.' *Proceedings of the*

American Academy of Arts and Sciences 82: 199 - 214. [334(n 6)]

Penfield, W. G. and **Roberts, L.** 1959. *Speech and Brain-Mechanisms.* Princeton: Princeton University Press; London: Oxford University Press. [334(n 6)]

Penfield, W. G. 1965. ' Conditioning the uncommitted cortex for language learning.' *Brain* 88: 787 - 798. [334(n 6)]

Percy, Lord E. (ed.) 1934. *The Yearbook of Education.* London: Evans. [Collins 1934]

Perren, G. E. (ed.) 1979. *Foreign Languages in Education.* National Congress on Languages in Education. Papers and Reports, no. 1 (1978). London: CILT. [69(n 8), 116(n 15), 285(n 9, 10)]

Perren, G. E. (ed.) 1979a. *The Mother Tongue and Other Languages in Education.* National Congress on Languages in Education. Papers and Reports, no. 2 (1978). London: CILT. [69(n 8), 116(n 15), 285(n 9,10)]

Peters, R. S. 1963. *Authority, Responsibility and Education.* Second edition. London: Allen and Unwin. [421]

Peters, R. S. (ed.) 1973. *The Philosophy of Education.* Oxford Readings in Philosophy. London: Oxford University Press. [446(n 1)]

Peters, R. S. and **White, J. P.** 1973. ' The philosopher's contribution to educational research' in Taylor 1973: 93 - 112. [70(n 17)]

Phillips, J. K. (ed.) 1981. *Action for the '80s: A Political, Professional, and Public Program for Foreign Language Education.* Skokie, Ill.: National Textbook Company. [Stern and Cummins 1981]

Piaget, J. 1923. *Le langage et la pensée chez l'enfant.* First edition 1923, second 1930, eighth 1968. Neuchâtel: Delachaux et Nestlé. [294, 314 (n 19)]

Pike, K. L. 1945. *The Intonation of American English.* Ann Arbor: University of Michigan Press. [171(n 10)]

Pike, K. L. 1960. *Language in Relation to a Unified Theory of the Structure of Human Behavior.* Santa Anna: Summer Institute of Linguistics. Second revised edition, 1967, entitled: *Language in Relation to a Unified Theory of Human Behavior.* The Hague: Mouton. [137]

Pimsleur, P. 1960. Report of the Conference on Psychological Experiments related to Second Language Learning. (Mimeographed report of a conference held at the University of California in Los Angeles, Dec. 1959 – Jan. 1960.) [334(n 7)]

Pimsleur, P. 1966. *Pimsleur Language Aptitude Battery.* (PLAB) New York: Harcourt Brace Jovanovich. [369, 370 – 373]

Pimsleur, P. and Quinn, T. (eds.) 1971. *The Psychology of Second Language Learning.* Papers from the Second International Congress of Applied Linguistics, Cambridge, September, 1969. Cambridge: Cambridge University Press. [Carton 1971, Newmark 1971, Reibel 1971, 336(n 19)]

Pimsleur, P., Sundland, D. M. and McIntyre, R. D. 1966. *Underachievement in Foreign Language Learning.* New York: MLA Materials Center. [381]

Pinloche, A. 1913. *La nouvelle pédagogie des langues vivantes: Observations et réflexions critiques.* Paris: Didier. [77]

Politzer, R. L. 1981. 'Effective language teaching: Insights from research' in Alatis, Altman and Alatis 1981: 21 – 35. [513(n 18)]

Politzer, **R. L.** and **Weiss**, **L.** 1969. *Improving Achievement in Foreign Language*. Philadelphia: Center for Curriculum Development. [389 (n 12)]

Polomé, **E.** and **Hill**, **C. P.** 1981. *Language in Tanzania*, Ford Foundation Survey of Language Use and Language Teaching in East Africa. Oxford: Oxford University Press. [244(n 16)]

Preyer, **W.** 1882. *Die Seele des Kindes*. Leipzig: Griebens Verlag. Fourth edition 1895. Fifth to ninth edition prepared by K. Schaefer. Ninth edition 1923. [313(n 6)]

Pride, **J. B.** and **Holmes**, **J.** (eds.) 1972. *Sociolinguistics: Selected Readings*. Harmondsworth: Penguin Books. [Hymes 1972]

Pritchard, **D. F.** 1952. 'An investigation into the relationship of personality traits and ability in modern language.' *British Journal of Educational Psychology* 22: 157–158. [381]

Pula, **F. J.** and **Goff**, **R. J.** 1972. *Technology in Education: Challenge and Change*. Ohio: Charles A. Jones Publishing Co. [451(n 39)]

Purves, **A.** and **Levine**, **D.** (eds.) 1975. *Educational Policy and International Assessment*. Berkeley, Cal.: McCutchan. [432–433]

Quirk, **R.**, **Greenbaum**, **S.**, **Leech**, **G.** and **Svartvik**, **J.** 1972. *A Grammar of Contemporary English*. London: Longman. [16, 71 (n 25), 143, 187(n 3)]

Quirk R. and **Smith**, **A. H.** (eds.) 1964. *The Teaching of English*. London: Oxford University Press. (First published in 1959 by Martin, Secker and Warburg.) [Catford 1959]

Qvistgard, **J.**, **Schwarz**, **H.** and **Spang-Hanssen**, **H.** (eds.) 1974.

Applied Linguistics: Problems and Solutions. Vol. 3 of the Proceedings of the AILA Third Congress, Copenhagen, 1972. Heidelberg: Julius Groos Verlag. [Stern 1974]

Radcliffe-Brown, A. R. 1952. *Structure and Function in Primitive Society: Essays and Addresses.* London: Cohen and West. [195, 198 – 199, 206, 215(n 18)]

Rassias, J. A. 1971. 'New dimensions in language training: The Dartmouth College experiment.' *ADFL* 3: 23 – 27. [475(n 13)]

Redman, H. V. 1967. 'Harold E. Palmer – Pioneer teacher of modern languages.' *English Language Teaching* 22: 10 – 16. [95(n 11)]

Reibel, D. A. 1971. 'Language learning strategies for the adult' in Pimsleur and Quinn 1971: 87 – 96. [450]

Reid, L. A. 1962. *Philosophy and Education: An Introduction.* London: Heinemann. [446(n 1)]

Reid, L. A. 1965. 'Philosophy and the theory and practice of education' in Archambault 1965: 17 – 37. [26]

Renard, C. and **Heinle, C. H.** 1969. *Implementing Voix et Images de France, Part I in American Schools and Colleges.* Center for Curriculum Development in Audio-Visual Language Teaching. Philadelphia and New York: Educational Division. [466]

Rice, F. A. (ed.) 1962. *Study of the Role of Second Languages in Asia, Africa, and Latin America.* Washington, D. C.: Center for Applied Linguistics. [232 – 234, 284(n 2), Ferguson 1962, Samarin 1962, Stewart 1962]

Richards. J. C. (ed.) 1974. *Error Analysis: Perspectives on Second*

Language Acquisition. London: Longman. [64, Corder 1967, Dulay and Burt 1974, Nemser 1971, Selinker 1972, 332, 335(n 15), 336(n 19)]

Richards, J. C. (ed.) 1978. *Understanding Second and Foreign Language: Learning Issues and Approaches*. Rowley, Mass.: Newbury House. [332, 335(n 15), Corder 1978, d'Anglejan 1978, Hatch 1978a, Richards 1978a, Rodgers 1978, 336(n 19)]

Richards, J. C. 1978a. 'Models of language use and language learning' in Richards 1978: 94–116. [347]

Richmond, W. K. (ed.) 1970. *The Concept of Educational Technology: A Dialogue with Yourself*. London: Weidenfeld and Nicholson. [451(n 39)]

Richmond, W. K. 1970a. *The School Curriculum*. London: Methuen. [449(n 21)]

Richterich, R. 1973. 'Definition of language needs and types of adults' in Council of Europe 1973: 31–88, also in Trim *et al*. 1980. [259]

Richterich, R. 1978. 'The analysis of language needs: Illusion – pretext – necessity' in *A European Unit/Credit System for Modern Language Learning by Adults*. Strasbourg: Council of Europe 4–6. [53]

Richterich, R. 1980. 'Definition of language needs and types of adults' in Trim *et al*. 1980: 29–88. (First published in Council of Europe 1973: 29–62.) [259]

Richterich, R. and **Chancerel, J. L.** 1978/1980. *Identifying the Needs of Adults Learning a Foreign Language*. Strasbourg: Council of Europe. Also Oxford: Pergamon Press. 1980. [110, 259, 502]

Rivenc, P. 1979. 'Le français fondamental vingt-cinq ans après.' *Le* *français dans le monde* 19/148: 15 - 22. [94(n 2)]

Rivers, W. M. 1964. *The Psychologist and the Foreign Language Teacher.* Chicago and London: University of Chicago Press. [76, 107, 266(n 11), 324 - 327, 336(n 19), 394, 403, 462, 463, 465]

Rivers, W. M. 1968. See Rivers 1968/1981.

Rivers, W. M. 1972. 'The foreign language teacher and cognitive psychology, or Where do we go from here?' in Rivers 1976: 109 - 130. [108, 169, 329, 394, 399]

Rivers, W. M. 1975. *A Practical Guide to the Teaching of French.* New York: Oxford University Press. [5(n 3), 187(n 3)]

Rivers, W. M. 1976. *Speaking in Many Tongues: Essays in Foreign Language Teaching.* Expanded second edition. (First edition with preface by H. H. Stern 1972.) Rowley, Mass.: Newbury House. [329, 394, 399, Rivers 1972]

Rivers, W. M. 1979. 'Learning a sixth language: An adult learner's daily diary.' *Canadian Modern Language Review* 36: 67 - 82; also in Rivers 1981: 500 - 515 (Appendix B). [313(n 1), 401]

Rivers, W. M. 1968/1981. *Teaching Foreign-Language Skills.* Second edition. (First edition, 1968.) Chicago and London: University of Chicago Press. [5(n 3), 94(n 1), 108, 115(n 14), 169, 251, 263(n 2), 266(n 11), 326, 335(n 10), 394, 475(n 13), 462, 477, 478, 479(Fig. 21.1), 482, 512(n 9)]

Rivers, W. M., Azevedo, M. M., Heflin, W. H. Jr. and Hyman-Opler, R. 1976. *A Practical Guide to the Teaching of Spanish.* New York: Oxford University Press. [5(n 3)]

Rivers, W. M., Dell'Orto, K. M. and Dell'Orto, V. J. 1975. *A*

Practical Guide to the Teaching of German. New York: Oxford University Press. [5(n 3), 187(n 3)]

Rivers, W. M. and **Temperley, M. S.** 1978. *A Practical Guide to the Teaching of English as a Second or Foreign Language.* New York: Oxford University Press. [5(n 3)]

Roberts, P. 1964. *English Syntax.* New York: Harcourt Brace. [167]

Robins, R. H. 1951. *Ancient and Mediaeval Grammatical Theory in Europe with Particular Reference to Modern Linguistic Doctrine.* London: Bell. [148(n 1)]

Robins, R. H. 1961. 'John Rupert Firth.' *Language* 37: 191 – 200. [138]

Robins, R. H. 1971. 'Malinowski, Firth, and the "Context of situation"' in Ardener 1971: 33 – 46. [216(n 20)]

Robins, R. H. 1979. *A Short History of Linguistics.* London: Longman. First edition 1967. [148(n 1)]

Robins, R. H. 1980. *General Linguistics: An Introductory Survey.* London: Longman. Third edition. First edition, 1964. [151(n 22)]

Robinson, W. P. 1972. *Language and Social Behaviour.* Harmondsworth: Penguin Books. [217(n 26), 221, 223 – 227, 242(n 4)]

Rodgers, T. 1978. 'Strategies for individualized language learning and teaching' in Richards 1978: 251 – 273. [387(n 1)]

Rokeach, M. 1960. *The Open and Closed Mind: Investigations into the Nature of Belief Systems and Personality Systems.* New York: Basic Books. [379]

Rondeau, G. (ed.) 1973. *Some Aspects of Canadian Applied Linguistics.* Montreal: Centre Educatif et Culturel. [Neufeld 1973, Stern 1973]

Rosansky, E. J. 1975. 'The critical period for the acquisition of language: Some cognitive developmental considerations.' *Working Papers on Bilingualism* 6: 92 – 102. [363]

Rosenbaum, J. E. 1976. *Making Inequality: The Hidden Curriculum of High School Tracking.* New York: Wiley. [447(n 10)]

Ross, J. 1974. 'Enquête sociolinguistique et description syntaxique' in Verdoodt; 1974: 137 – 154. [267(n 20)]

Rothwell, W. 1968. 'Teaching French: Old wine in new bottles.' *Bulletin of the John Rylands Library* 51: 184 – 199. [87]

Roulet, E. 1972. *Théories grammaticales, descriptions et enseignement des langues.* Paris: Fernand Nathan; Bruxelles: Labor. [187(n 4)]

Roulet, E. 1980. *Langue maternelle et langues secondes: Vers une pédagogie intégrée.* Paris: Hatier-Crédif. [5(n 2)]

Rowntree, B. S. 1901. *Poverty: A Study of Town Life.* London: [193]

Rowntree, B. S. 1941. *Poverty und Progress: A Second Social Survey of York.* London: Longmans, Green. [193]

Rubin, J. 1968. 'Language and education in Paraguay' in Fishman, Ferguson and Das Gupta, 1968: 477 – 488. [235]

Rubin, J. 1971. 'Evaluation and language planning' in Rubin and Jernudd 1971: 217 – 252. [240, 245(n 21)]

Rubin, J. 1973. Introduction to Rubin and Shuy 1973: v – x. [240, 245(n 21)]

Rubin, J. 1973a. 'Language planning: Discussion of some current issues' in Rubin and Shuy 1973: 1 – 10. [245(n 21)]

Rubin, J. 1975. 'What the "good language learner" can teach us.' *TESOL Quarterly* 9: 41 – 51. [381, 405 – 406, 414(n 13)]

Rubin, J. 1979. 'Concerning language planning in 1979.' *AILA Bulletin* 1: 1-8. [244(n 19)]

Rubin, J. and Jernudd, B. H. *Can Language Be Planned? Sociolinguistic Theory and Practice for Developing Nations.* An East-West Center Book. Honolulu, Hawaii: University of Hawaii Press. [244(n 19, 21), Jernudd and Das Gupta 1971, Rubin 1971]

Rubin, J. and Jernudd, B. H. (with the assistance of M. Stetser and C. Bonamalay) (compilers) 1979. *References for Students of Language Planning.* Honolulu, Hawaii: East-West Center. [244(n 19, 21)]

Rubin, J. and Shuy, R. W. (eds.) 1973. *Language Planning: Current Issues and Research.* Washington, D. C.: Georgetown University Press. [244(n 19, 21), Jernudd 1973, Rubin 1973, 1973a]

Rülcker, T. 1969. *Der Neusprachenunterricht an höheren Schulen: Zur Geschichte und Kritik seiner Didaktik.* Frankfurt, etc.: Diesterweg. [87, 97, 114(n 1), 263(n 3), 456, 459]

Rutherford, W. E. 1968. *Modern English: A Textbook for Foreign Students.* New York: Harcourt, Brace and World. [168]

Ryan, D. T. and Greenfield, T. B. 1975. *The Class Size Question: Development of Research Studies Related to the Effects of Class Size, Pupil/Adult, and Pupil/Teacher Ratios.* Toronto: Ontario Ministry of Education. [447(n 10)]

Sachs, K. 1893. 'Die Neubearbeitungen der Ploetzschen Lehrbücher.' *Archiv für das Studium der neueren Sprachen und Literaturen* 91: 327-329. [454, 474(n 5)]

Saettler, P. 1968. *A History of Instructional Technology.* New York: McGraw-Hill. [451(n 39)]

Salter, M. 1972. 'Introduction.' *Group Work in Modern Languages.* York: Materials Development Unit, Language Teaching Centre, University of York. [447(n 10)]

Samarin, W. J. 1962. 'Lingua francas, with special reference to Africa' in Rice 1962: 54 – 64. [234]

Sang, F. and **Vollmer, H. J.** 1978. *Allgemeine Sprachfähigkeit und Fremdsprachenerwerb: Zur Struktur von Leistungsdimensionen und linguistischer Kompetenz des Fremdsprachenlerners.* Berlin: Max-Planck-Institut für Bildungsforschung. [358(n 8)]

Sankoff, D. (ed.) 1979. *Linguistic Variation: Models and Methods.* New York: Academic Press. [Heidelberger, etc. 1979]

Sapir, E. 1921. *Language.* New York: Harcourt Brace. [195, 202]

Sapir, E. 1934. 'The emergence of the concept of personality in a study of cultures.' *Journal of Social Psychology* 5: 408 – 415; also in Sapir 1970: 194 – 207. [197 – 198]

Sapir, E. 1970. *Culture, Language and Personality: Selected Essays.* Edited by D. G. Mandelbaum. Berkeley, Cal.: University of California Press. (Chosen from larger collection of *Selected Writings of Edward Sapir in Language, Culture and Personality.* Edited by D. G. Mandelbaum, 1949.) [202, Sapir 1934]

Saporta, S. (ed.) 1961. *Psycholinguistics: A Book of Readings.* New York: Holt, Rinehart and Winston. [314(n 14)]

Saporta, S. 1966. 'Applied linguistics and generative grammar' in Valdman 1966: 81 – 92. [144, 161, 167, 171 (n 16)]

Saussure, F. de 1916. *Cours de linguistique générale.* Edited by Bally, C., Sechehaye, A. and Riedlinger, A. Paris: Payot. Third edition

1965. [121, 126]

Savard, J. G. 1970. *La valence lexicale*. Paris: Didier. [495(n 5)]

Savard, J. G. 1977. 'Besoins langagiers et fonctions langagières.' *Canadian Modern Language Review* 33: 632 – 646. [259]

Savard, J. C. and **Laforge**, L. (presenters) 1981. *Proceedings of the 5th Congress of L'Association Internationale de Linguistique Appliquée (AILA)*. Montreal 1978. Publication of the International Centre for Research on Bilingualism. Quebec: Les Presses de l'Université Laval. [Stern 1981a]

Savignon, S. J. 1972. *Communicative Competence: An Experiment in Foreign Language Teaching*. Philadelphia: Center for Curriculum Development. [111]

Saville-Troike, M. (ed.) 1977. *Linguistics and Anthropology*. Georgetown University Round Table on Languages and Linguistics, 1977. Washington, D. C.: Georgetown University Press. [242(n 1), Sherzer 1977]

Scheffler, I. (ed.) 1966. *Philosophy and Education*. Second edition. Boston: Allyn and Bacon. [Hirst 1966]

Schegloff, E. A. 1968. 'Sequencing in conversational openings.' *American Anthropologist* 70: 1075 – 1095. Also in Gumperz and Hymes 1972: 346 – 380. [228]

Scherer, G. A. C. and **Wertheimer**, M. 1964. *A Psycholinguistic Experiment in Foreign Language Teaching*. New York, etc.: McGraw-Hill. [56, 61, 69(n 10), 106, 334(n 7), 463, 476(n 15), 491]

Schofield, H. 1972. *The Philosophy of Education: An Introduction*. London: Allen and Unwin. [446(n 1)]

Schön, E. 1925. 'Probleme der französischen Kulturkunde in der höheren Schule.' *Neue Jahrbücher für Wissenschaft und Jugenbildung* 1925: 245 - 258. (Reprinted in Flechsig, 1965.) [248, 263(n 6)]

Schools Council Committee for Wales. 1978. *Bilingual Education in Wales*, 5 - 11. London: Evans/Methuen. [Dodson 1978]

Schröder, K. 1959, *Die Entwicklung des Englischunterrichts an den deutschsprachigen Universitäten bis zum Jahre 1850*. Ratingen: Henn. [87]

Schultz, D. 1975. *A History of Modern Psychology*. Second edition. New York: Academic Press. [313(n 5)]

Schumann, J. H. 1975. 'Affective factors and the problem of age in second language acquisition.' *Language Learning* 25: 209 - 235; also in Croft 1980: 222 - 247. [336(n 18), 363, 381, 388(n 7), 390(n 17), 398, 399]

Schumann, J. H. 1976. 'Second language acquisition research: Getting a more global look at the learner' in Brown 1976: 15 - 28. [336(n 18), 358(n 2), 370]

Schumann, J. H. 1976a. 'Social distance as a factor in second language acquisition.' *Language Learning* 26: 135 - 143. [336(n 18)]

Schumann, J. H. 1978. 'The acculturation model for second language acquisition' in Gingras 1978: 27 - 50. [238, 244(n 17), 270, 331, 336(n 18), 402, 413(n 5)]

Scovel, T. 1979. Review of Lozanov, G., *Suggestology and Suggestopedy*. *TESOL Quarterly* 13: 255 - 266. [475(n 13)]

Scriven, M. 1967. 'The methodology of evaluation' in Tyler, Gagné and Scriven 1967: 39 - 83; also in Bellack and Kliebard 1977: 334 - 371.

[441]

Searle, J. R. 1969. *Speech Acts: An Essay in the Philosophy of Language.* Cambridge: Cambridge University Press. [223 - 226]

Searle, J. R. 1976. 'A classification of illocutionary acts.' *Language in Society* 5: 1 - 23. [226]

Sebeok, T. A. (ed.) 1960. *Style in Language.* Cambridge, Mass.: M. I. T. Press. [221, Jakobson 1960]

Sebeok, T. A. (ed.) 1966. *Current Trends in Linguistics.* Vol. 3: *Theoretical Foundations.* The Hague, Paris: Mouton. [Godel 1966]

Sebeok, T. A. (ed.) 1972. *Current Trends in Linguistics* 9/1. The Hague, Paris: Mouton. [Strevens 1972]

Seelye, H. N. 1968. 'Analysis and teaching of the cross-cultural context' in Birkmaier 1968: 37 - 81. [251, 252, 266(n 11)]

Seelye, H. N. 1974. *Teaching Culture: Strategies for Foreign Language Educators.* Skokie, Ill.: National Textbook Company and American Council on the Teaching of Foreign Languages. [251, 252, 263(n 2), 266(n 11, 14, 15)]

Seliger, H. W. 1979. 'On the nature and function of language rules in language teaching.' *TESOL Quarterly* 13: 359 - 369. [32(n 3)]

Seliger, H. W. and **Long, M.** (eds.) in press. *Classroom Oriented Research in Language Learning.* Rowley, Mass.: Newbury House. [Bialystok 1980]

Selinker, L. 1972. 'Interlanguage.' *IRAL* 10: 219 - 231. Also in Richards 1974: 31 - 54. [125, 335(n 15), 355, 399, 402]

Selinker, L., Swain, M. and **Dumas, G.** 1975. 'The interlanguage hypothesis extended to children.' *Language Learning* 25: 139 - 152.

[335(n 15), 354]

Seshadri, C. 1978. 'Second-Language Planning for a Multilingual Country English Language Instruction in India.' Unpublished Ph. D. thesis, University of Toronto. [244(n 16), 448(n 19)]

Sexton, V. S. and **Misiak, H.** (eds.) 1976. *Psychology Around the World.* Monterey, Cal.: Brooks/Cole. [313(n 2)]

Shannon, C. E. and **Weaver, W.** 1949. *The Mathematical Theory of Communication.* Urbana, Ill.: University of Illinois Press. [296]

Shaw, A. M. 1977. 'Foreign-language syllabus development: Some recent approaches.' *Language Teaching and Linguistics: Abstracts* 10: 217 – 233. [259, 513(n 16)]

Sherzer, J. 1977. 'The ethnography of speaking: A critical appraisal' in Saville-Troike 1977: 43 – 57. [220]

Shuy, R. W. (ed.) 1973. *Sociolinguistics: Current Trends and Prospects.* 23rd Annual Round Table on Languages and Linguistics. Washington, D. C.: Georgetown University Press. [Whiteley 1973]

Shuy, R. W. and **Fasold, R. W.** (eds.) 1973. *Language Attitudes: Current Trends and Prospects.* Washington, D. C.: Georgetown University Press. [d'Anglejan and Tucker 1973]

Sills, D. L. (ed.) 1968. *International Encyclopedia of the Social Sciences.* 17 vols. New York: Free Press. [Greenberg 1968, Gumperz 1968]

Simmins, C. A. 1930. 'The mental processes involved in learning a foreign language.' *Modern Languages* 12: 37 – 43. [321]

Simon, A. and **Boyer, E. G.** (eds.) 1967 – 1970. *Mirrors for Behavior: An Anthology of Classroom Observation Instruments.* Vols. 1 – 14.

Philadelphia: Research for Better Schools. [493, Moskowitz 1967]

Simpson, J. M. Y. 1979. *A First Course in Linguistics.* Edinburgh: Edinburgh University Press. [148(n 1), 149(n 12,13), 150(n 16, 20), 151(n 22)]

Sinclair, J. McH. (ed.) 1980. *Applied Discourse Analysis.* Thematic Issue of *Applied Linguistics* 1/3. [150(n 17)]

Sinclair, J. McH. and **Brazil, D.** 1982. *Teacher Talk.* Oxford: Oxford University Press. [496(n 13)]

Sinclair, J. McH. and **Coulthard, R. M.** 1975. *Towards an Analysis of Discourse.* London: Oxford University Press. [179, 229, 494]

Skinner, B. F. 1954. 'The science of learning and the art of teaching.' *Harvard Educational Review* 24: 86–97; also in Smith and Moore 1962: 18–33. [305]

Skinner, B. F. 1957. *Verbal Behavior.* New York: Appleton-Century-Crofts. [105, 129, 141, 298–299, 307]

Skinner, B. F. 1958. 'Teaching machines.' *Science* 128: 969–977. [305]

Skinner, B. F. 1961. 'Teaching machines' *Scientific American* (November issue: 1–13) Reprint: San Francisco: Freeman. [305–307]

Skutnabb-Kangas, T. and **Tukoomaa, P.** 1976. *Teaching Migrant Children's Mother-tongue and Learning the Language of the Host Country in the Context of the Sociocultural Situation of the Migrant Family.* Helsinki: Finnish National Commission for UNESCO. [243(n 14)]

Slagter, P. J. 1979. *Un nivel umbral.* Strasbourg: Council of Europe. [110,179]

SLANT: Second Language Acquisition Notes and Topics (journal) San

Francisco, Cal.: San Francisco State University. [335(n 14)]

Slobin, D. J. 1979. *Psycholinguistics.* Glenview, Ill.: Scott, Foresman. Second edition. First edition 1971. [315(n 21)]

Smith, F. and **Miller**, G. A. (eds.) 1966. *The Genesis of Language: In Children and Animals.* Cambridge, Mass.: M. I. T. Press. [315 (n 20), McNeill 1966]

Smith, L. E. (ed.) 1981. *English for Cross-Cultural Communication.* London: Macmillan. [17, 285(n 7)]

Smith, P. D. Jr. 1970. *A Comparison of the Cognitive and Audiolingual Approaches to Foreign Language Instruction: The Pennsylvania Foreign Language Project.* Philadelphia, Penn.: Center for Curriculum Development. [56, 61, 70(n 14), 108, 443, 463, 476(n 15), 491 - 492]

Smith, W. I. and **Moore**, J. W. (eds.) 1962. *Programmed Learning: Theory and Research. An Enduring Problem.* Selected readings. Princetown, N. J.: Van Nostrand. [Skinner 1954]

Smythe, P. C., **Stennet**, R. G. and **Gardner**, R. C. 1975. 'The best age for foreign language training: Issues, options and facts.' *Canadian Modern Language Review* 32: 10 - 23. [387(n 2)]

Snow, C. E. and **Hoefnagel-Höhle**, M. 1978. 'Age differences in second language acquisition' in Hatch 1978: 333 - 344. [366, 367]

Snow, R. E. 1973. 'Theory construction for research on teaching' in Travers 1973: 77 - 112. [33(n 6, 8)]

Spens Report 1938, *Secondary Education with Special Reference to Grammar Schools and Technical High Schools*, prepared by a Consultative Committee of the Board of Education. London: H. M. S. O.

[435]

Spicer, **A.** 1969. 'The Nuffield foreign languages teaching materials project' in Stern 1969: 148 – 161. [60, 449(n 25)]

Spicer, **A.** 1980. 'The early teaching of modern languages: The British experience.' *Canadian Modern Language Review* 36: 408 – 421. [365]

Spolsky, **B.** 1970. 'Linguistics and language pedagogy: Applications or implications?' in Alatis 1970: 143 – 155. [51(n 2), 145, 174, 182, 185]

Spolsky, **B.** (ed.) 1972. *The Language Education of Minority Children: Selected Readings.* Rowley, Mass.: Newbury House. [243(n 14)]

Spolsky, **B.** (ed.) 1973. *Current Trends in Educational Linguistics.* Hague: Mouton. [51(n 2)]

Spolsky, **B.** 1973a. 'The field of educational linguistics' in Spolsky 1973. [51(n 2)]

Spolsky, **B.** 1978. *Educational Linguistics: An Introduction.* Rowley, Mass.: Newbury House. [51(n 2), 237, 243(n 13, 14), 244(n 15)]

Spolsky, **B.** 1980. 'The scope of educational linguistics' in Kaplan 1980: 67 – 73. [36]

Spolsky, **B.**, **Green**, **J. B.** and **Read**, **J.** 1974. *A Model for the Description, Analysis, and Perhaps Evaluation of Bilingual Education.* Navajo Reading Study Progress Report No. 23. Albuquerque, N. M.: University of New Mexico. [271, 273(Fig. 13.2)]

Stack, **E. M.** 1960. *The Language Laboratory and Modern Language Teaching.* New York: Oxford University Press. Second edition, 1966; third edition, 1971. [106, 462]

Stack, E. M. 1964. 'Advances in language teaching in the United States' in Libbish 1964: 66 - 90. [160]

Steinberg, D. D. and **Jakobovits, L. A.** (eds.) 1971. *Semantics: An Interdisciplinary Reader in Philosophy, Linguistics and Psychology.* Cambridge: Cambridge University Press. [Maclay 1971, 150 (n 21)]

Stengel, E. 1939. 'On learning a new language.' *International Journal of Psychoanalysis* 2: 471 - 479. [322, 390(n 17)]

Stern, C. and **Stern, W.** 1907. *Die Kindersprache: Eine psychologische und sprachtheoretische Untersuchung.* Leipzig: Barth. Fourth edition 1928.

Stern, H. H. 1964. 'Modern languages in the universities: Achievements and present trends.' *Modern Languages* 45: 87 - 97. [87]

Stern, H. H. 1965. 'Final report on the work of groups and committees' (Summing up of 1964 Berlin Conference) in Müller 1965: 43 - 60. [162]

Stern, H. H. 1966. 'Recent developments in foreign language teaching in Great Britain.' *Neusprachliche Mitteilungen aus Wissenschaft und Praxis* 1966: 16 - 27. [106, 115(n 7)]

Stern, H. H. 1967. *Foreign Languages in Primary Education.* (Revised version of a report originally published in 1963 as one of the International Studies in Education of the Unesco Institute for Education, Hamburg) London: Oxford University Press. [56, 69(n 12), 106, 323, 361, 364, 387(n 2), 448(n 18), Carroll 1967]

Stern, H. H. 1968 - 1969. 'Foreign language learning and the new view of first-language acquisition.' *Child Study* 30: 25 - 36; also in Stern 1970: 57 - 66 under the title 'First and second language acquisition.'

[315(n 20), 328]

Stern, H. H. (ed.) 1969. *Languages and the Young School Child.* London: Oxford University Press. [56, 69(n 12), 108, 364, 387(n 2), Carroll 1969, 1969b, Spicer 1969, Stern 1969a]

Stern, H. H. 1969a. 'Languages for young children: An introductory survey of current practices and problems' in Stern 1969: 9-35 (see esp. Table 1, p.10). [16]

Stern, H. H. 1969b. 'Language centers today and a new modern language center at OISE' *Canadian Modern Language Review* 25: 9-21, also in Stern 1970: 13-24. [521(n 6)]

Stern, H. H. 1970. *Perspectives on Second Language Teaching.* Toronto: Ontario Institute for Studies in Education. [68(n 6), 69(n 9), 328, 335(n 11), Stern 1968-1969, 1969b]

Stern, H. H. 1971. 'A general model for second language teaching theory and research.' Unpublished paper. [51(n 5)]

Stern, H. H. 1972. Preface to Rivers 1972: vii-xi; see Rivers 1976. [329]

Stern, H. H. 1973. 'Language teaching materials: The next phase' in Rondeau 1973: 261-272. [450(n 34)]

Stern, H. H. 1974. 'Directions in language teaching theory and research' in Qvistgard *et al.* 1974: 61-108. [51(n 5), 115(n 11)]

Stern, H. H. 1974a. 'Retreat from dogmatism: Toward a better theory of language teaching.' *Canadian Modern Language Review* 30: 244-254. [51(n 5), 169]

Stern, H. H. 1975. 'What can we learn from the good language learner?' *Canadian Modern Language Review* 31: 304-318; also in

Croft 1980: 54 - 71. [381, 406, 405 - 406, 414(n 14)]

Stern, H. H. 1976. 'Mammoths or modules.' *Times Educational Supplement* 8 October 1976. Special Inset on modern language teaching, p. 44. [511(n 7)]

Stern, H. H. 1978. 'Bilingual schooling and foreign language education: Some implications of Canadian experiments in French immersion' in Alatis 1978: 165 - 188. [70(n 13), 405]

Stern, H. H. 1978a. 'French immersion in Canada: Achievements and directions.' *Canadian Modern Language Review* 34: 836 - 854. [70(n 13), 364]

Stern, H. H. 1978b. 'Language research and the classroom practitioner.' *Canadian Modern Language Review* 34: 680 - 687. [70(n 16), 521(n 4)]

Stern, H. H. 1979. 'Of honeymoons, hangovers and bootstraps in foreign language teaching.' The Modern Language Association Twentyman Lecture 1978. *Modern Languages* 60: 1 - 19. [116(n 15), 387(n 1), 512(n 14)]

Stern, H. H. 1980. 'Directions in foreign language curriculum development' in American Council on the Teaching of Foreign Languages 1980: 12 - 17. [503(Fig. 22.4), 504, 511(n 7)]

Stern, H. H. 1980a. 'Language learning on the spot: Some thoughts on the language aspect of student exchange programs.' *Canadian Modern Language Review* 36: 659 - 669. [513(n 15)]

Stern, H. H. 1981. 'Communicative language teaching and learning: Toward a synthesis' in Alatis, Altman and Alatis 1981: 131 - 148. [405, 414(n 12), 476(n 14)]

Stern, **H. H.** 1981a. 'The formal-functional distinction in language pedagogy: A conceptual clarification' in Savard and Laforge, 1981: 425-455. [405, 414(n 12), 476(n 14), 512(n 11)]

Stern, **H. H.** 1982. *Issues in Early Core French: A Selective and Preliminary Review of the Literature, 1975 – 1981.* Toronto: City of Toronto Board of Education. [70(n 14), 365, 387(n 2), 512(n 14)]

Stern, **H. H.** in press. 'The time factor and other aspects in compact course development' in Freudenstein in press. [512(n 14)]

Stern, **H. H.** and **Cummins J.** 1981. 'Language teaching/learning research: A Canadian perspective on status and directions' in Phillips 1981: 195-248. [4, 284(n 6), 336(n 19), 387(n 2), 388(n 7, 8), 390(n 17), 413(n 5), 496(n 13)]

Stern, **H. H.**, **Swain**, **M.** and **McLean**, **L. D.** 1976. *French Programs: Some Major Issues.* Toronto: Ontario Ministry of Education. [72(n 28), 512(n 14)]

Stern, **H. H.**, **Swain**, **M.**, **McLean**, **L. D.**, **Friedman**, **R. J.**, **Harley**, **B.** and **Lapkin**, **S.** 1976a. *Three Approaches to Teaching French Evaluation and Overview of Studies Related to the Federally-Funded Extensions of the Second Language Learning (French) Programs in the Carleton and Ottawa School Boards.* Toronto: Ontario Ministry of Education. [66, 72(n 26), 111(n 28)]

Stern, **H. H.**, **Ullmann**, **R.**, **Balchunas**, **M.**, **Hanna**, **G.**, **Schneidermann**, **E.** and **Argue**, **V.** 1980. *Module Making: A Study in the Development and Evaluation of Learning Materials for French as a Second Language.* Toronto: Ontario Ministry of Education. [60, 315(n 28), 511(n 7), 513(n 16)]

Stern, H. H. and Weinrib, A. 1977. 'Foreign languages for younger children trends and assessment.' *Language Teaching and Linguistics: Abstracts* 10: 5-26. Also in Kinsella 1978: 152-172. [69-70(n 12, 14), 364, 365, 367, 387(n 2)]

Stern, H. H., Wesche, M. B. and Harley, B. 1978. 'The impact of the language sciences on second-language education' in Suppes 1981: 397-475. [4, 70(n 16), 72(n 29), 387(n 2), 388(n 8), 520(n 4), 521(n 6)]

Stevick, E. W. 1976. *Memory, Meaning and Method.* Rowley, Mass.: Newbury House. [475(n 13)]

Stevick, E. W. 1980. *Teaching Languages: A Way and Ways.* Rowley, Mass.: Newbury House. [475(n 13), 512(n 15)]

Steward, J. H. 1950. *Area Research: Theory and Practice.* New York: Social Science Research Council (Bulletin 63). [265(n 10)]

Stewart, E. C. 1971. *American Cultural Patterns: A Cross-Cultural Perspective.* Pittsburgh: University of Pittsburgh Regional Council for International Education. [266(n 15)]

Stewart, W. A. 1962. 'An outline of linguistic typology for describing multilingualism' in Rice 1962: 15-25. [22(n 4), 232-234, 243(n 12), 237, 270]

Stewart, W. A. 1968. 'A sociolinguistic typology for describing national multilingualism' in Fishman 1968: 531-545. (Revised version of Stewart, 1962.) [17, 22(n 4), 232-233, 237, 270]

Stieglitz, C. J. 1955. 'The Berlitz Method.' *Modern Language Journal* 39: 300-310. [98]

Stott, D. H. 1946. *Language Teaching in the New Education.* London:

University of London Press. [322]

Strachey, J. (ed.) 1955 – 1964. *The Standard Edition of the Complete Psychological Works of Sigmund Freud.* London: Hogarth Press and Institute of Psycho-Analysis. Vol. 6: *The Psychopathology of Everyday Life* 1960. Vol. 13: *Totem and Taboo and Other Works* 1955. Vol. 21: *The Future of an Illusion, Civilization and Its Discontents, and Other Works* 1961. Vol. 23: *Moses and Monotheism, An Outline of Psycho-Analysis and Other Works* 1964. [197, 292]

Strevens, P. D. 1963. 'Linguistic research and language teaching' in Council for Cultural Co-operation 1963: 81 – 105. [68(n 6)]

Strevens, P. D. 1963a. *The Study of the Present-Day English Language: A Triple Bond between Disciplines.* Leeds: Leeds University Press. [161]

Strevens, P. D. 1972. 'Language teaching' in Sebeok 1972: 702 –732. [96(n 16), 99, 102, 115(n 7), 160]

Strevens, P. D. 1976. 'A theoretical model of the language learning/teaching process.' *Working Papers on Bilingualism* 11: 129 – 152. [41 –42, also Fig. 3.6, 51(n 3, 4)]

Strevens, P. D. 1977. *New Orientations in the Teaching of English.* Oxford: Oxford University Press. [41, 51(n 3)]

Strevens, P. D. 1977a. 'Special-purpose language learning: A perspective.' *Language Teaching and Linguistics: Abstracts* 10: 145 – 163; also in Kinsella 1978: 185 –203. [110, 126, 502]

Strevens, P. D. (ed.) 1978. *In Honour of A. S. Hornby.* Oxford: Oxford University Press. [149(n 15)]

Studies in Second Language Acquisition (journal) Bloomington, U. S. A.:

Indiana University. [335(n 14)]

Suppes, P. (ed.) 1978. *Impact of Research on Education: Some Case Studies*. Washington, D. C.: National Academy of Education. [Clifford 1978, Stern, Wesche and Harley 1978]

Swain, M. 1977. 'Future directions of second language research' in Henning 1977: 15 – 28. [358(n 2)]

Swain, M. 1978. 'Bilingual education for the English-speaking Canadian' in Alatis 1978: 141 – 154. [70(n 13), 364]

Swain, M. 1981. 'Time and timing in bilingual education.' *Language Learning* 31: 1 – 15. [364, 512(n 14)]

Swain, M. 1981a. 'Linguistic expectations: Core, extended and immersion programs.' *Canadian Modern Language Review* 37: 486 – 497. [364, 512(n 14)]

Swain, M. and **Harley, B.** 1979. 'Editorial.' *Working Papers on Bilingualism* 19: i-ii. [330]

Swain, M. and **Lapkin, S.** 1981. *Bilingual Education: A Decade of Research*. Toronto: Ontario Ministry of Education. [70 (n 13), 72 (n 28), 107]

Swain, M and **Lapkin, S.** 1982. *Evaluating Bilingual Education: A Canadian Case Study*. Clevedon, Avon: Multilingual Matters (First published 1981 as *Bilingual Education: A Decade of Research*. Toronto: Ontario Ministry of Education.)

Sweet, H. 1899. *The Practical Study of Languages: A Guide for Teachers and Learners*. London: Dent. Also published in the Series Language and Language Learning, edited by R. Mackin. London: Oxford University Press, 1964. [88, 96(n 15), 170(n 2), 263(n 1), 317 – 318, 333 (n 1), 456-457]

Symonds, P. M. 1930. *Foreign Language Prognosis Test* (Form A and B) New York: Columbia University Teachers College. [333(n 3), 368-369]

System: The International Journal of Educational Technology and Language Learning Systems. Oxford Pergamon Press. [450]

Taggart, G. (ed.) 1975. *Attitude and Aptitude in Second Language Learning.* Proceedings of the 5th Symposium of the Canadian Association of Applied Linguistics, Toronto, May 1974. [Carrol 1975a, Gardner 1975, Neufeld 1975]

Tarone, E. 1979. 'Interlanguage as chameleon.' *Language Learning* 29: 181-191. [335(n 15)]

Tarone, E., Frauenfelder, U. and **Selinker, L.** 1976. 'Systematicity/variability and stability/instability in interlanguage systems' in Brown 1976: 93-134. [335(n 15)]

Tarone, E., Swain, M. and **Fathman, A.** 1976. 'Some limitations to the classroom applications of current second language acquisition research.' *TESOL Quarterly* 10: 19-32. [70(n 16)]

Taylor, D. M., Maynard, R. and **Rheult, E.** 1977. 'Threat to ethnic identity and second-language learning' in Giles 1977: 99-118. [378]

Taylor, I. 1976. *Introduction to Psycholinguistics.* New York: Holt, Rinehart and Winston. [315(n 21)]

Taylor, P. H. and **Richards, C.** 1979. *An Introduction to Curriculum Studies.* Windsor: NFER Publishing Co. [449(n 20, 21, 26, 30), 450(n 33)]

Taylor, W. (ed.) 1973. *Research Perspectives in Education.* London: Routledge and Kegan Paul. [Peters and White 1973]

Terrell, T. D. 1977. 'A natural approach to second language learning and acquisition.' *Modern Language Journal* 61: 325 – 337. [475 (n 13), 512(n 13)]

Terwilger, R. I. 1970. 'Multigrade proficiency grouping for foreign language instruction.' *Modern Language Journal* 54: 331 – 333. [447 (n 10)]

TESOL Quarterly: A Journal for Teachers of English to Speakers of Other Languages. Washington, D. C.: School of Languages and Linguistics, Georgetown University. [330]

Thomas, W. I. and **Znaniecki, F.** 1918 – 1921. *The Polish Peasant in Europe and America.* 5 vols. Boston: R. G. Badger, Gorham Press. Second edition 1927. New York: Knopf. [193]

Thomson, R. 1968. *The Pelican History of Psychology.* Harmondsworth: Penguin Books. [313(n 5)]

Thorndike, E. L. 1921. *The Teacher's Word Book.* New York: Teachers College. [100, 155, 460]

Thouless, R. H. 1969. *Map of Educational Research: A Survey of Salient Research for Those Engaged in the Practice of Education.* Slough: National Foundation for Educational Research in England and Wales. [68 (n 3)]

Thrasher, F. M. 1927. *The Gang: A Study of 1313 Gangs in Chicago.* Revised edition 1937. Chicago: University of Chicago Press. [193]

Thut, I. N. 1957. *The Story of Education: Philosophical and Historical Foundations.* New York: McGraw-Hill. [447(n 6)]

Titone, R. 1968. *Teaching Foreign Languages: An Historical Sketch.* Washington, D. C.: Georgetown University Press. [79, 94(n 3), 95 (n 5, 6, 7, 11), 98]

Titone, R. 1974. *Methodology of Research in Language Teaching: An Elementary Introduction.* Bergamo, etc.: Minerva Italica. [70(n 16)]

Tomb, J. W. 1925. 'On the intuitive capacity of children to understand spoken language.' *British Journal of Psychology* 6: 53 – 55. [323]

Travers, R. M. W. (ed.) 1973. *Second Handbook of Research on Teaching.* Chicago: Rand McNally. [33(n 6), Levie and Dickie 1973, Snow 1973, Travers 1973a]

Travers, R. M. W. 1973a. 'Educational technology and related research viewed as a political force' in Travers 1973: 979 – 996. [445]

Travers, R. M. W. 1978. *An Introduction to Educational Research.* Fourth edition. New York: Macmillan. [63]

Travers, J. F. 1979. *Educational Psychology.* New York: Harper and Row. [315(n 27)]

Tretheway, A. R. 1976. *Introducing Comparative Education.* New York: Pergamon Press. [448(n 17)]

Trim, J. L. M. 1978. *Some Possible Lines of Development of an Overall Structure for a European Unit/Credit Scheme for Foreign Language Learning by Adults.* Strasbourg: Council of Europe. [353, 359(n 10), 395]

Trim, J. L. M. 1980. *Developing a Unit/Credit Scheme of Adult Language Learning.* Prepared for the Council of Europe. First edition 1978. Oxford: Pergamon Press. [110, 285(n 11)]

Trim, J. L. M. 1981. 'Résumé' in Council of Europe 1981: ix – xxvi.

[513(n 15)]

Trim, **J. L. M.**, **Richterich**, **R.**, **Van Ek**, **J. A.** and **Wilkins**, **D. A.** 1980. *Systems Development in Adult Language Learning: A European Unit/Credit System for Modern Language Learning by Adults.* Prepared for the Council of Europe. Oxford, etc.: Pergamon. First published 1973 by Council of Europe, Strasbourg. [116(n 15), 285(n 11), 412 (n 11), Richterich 1973, Wilkins 1973]

Trudgill, **P.** 1974. *Sociolinguistics: An Introduction.* Harmondsworth: Penguin Books. [242(n 11)]

Tyler, **R. W.** 1949. *Basic Principles of Curriculum and Instruction.* Chicago: University of Chicago Press. [449(n 20)]

Tyler, **R. W.**, **Cagné**, **R. M.** and **Scriven**, **M.** (eds.) 1967. *Perspectives of Curriculum Evaluation.* AERA Monograph Series on Curriculum Evaluation No. 1. Chicago: Rand McNally. [Scriven 1967]

Ullmann, **R.** 1982. 'A broadened curriculum framework for second languages.' *ELT Journal* 36: 255 – 262. [503(Fig. 22.4), 511(n 7)]

Ullmann, **S.** 1971. 'Semantics' in Minnis 1971: 75 – 87. [132, 149 (n 16)]

UNESCO 1953. *The Use of Vernacular Languages in Education.* Monographs on Fundamental Education, VIII. Paris: UNESCO. [362]

UNESCO 1955. *The Teaching of Modern Languages.* A volume of studies deriving from the International Seminar organized by the Secretariat of UNESCO at Nuwara Eliya, Ceylon, in August, 1953. Series Problems in Education, Vol. 10. Paris: UNESCO. [104]

UNESCO 1970. *La planification de l'éducation: Bilan, problèmes et* perspectives. Paris: UNESCO. [448(n 14)]

U. S. A. 1979. *Strength through Wisdom: A Critique of U. S. Capability.* The President's Commission on Foreign Language and International Studies. Nov. 1979. Washington, D. C.: U. S. Government Printing Office. [112, 265(n 10), 285(n 11)]

U. S. A. 1979a. *Background Papers and Studies.* The President's Commission on Foreign Language and International Studies. Washington, D. C.: U. S. Government Printing Office. [116(n 15), Benseler and Schulz 1979, Warriner 1979]

Vaizey, J. 1962. *The Economics of Education.* London: Faber and Faber. [447(n 11)]

Valdman, A. (ed.) 1966. *Trends in Language Teaching.* New York, etc.: McGraw-Hill. [463, Anisfield 1966, Carroll 1966, Fishman 1966, Nostrand 1966, Saporta 1966, Valdman 1966a]

Valdman, A. 1966a. 'Introduction' in Valdman 1966: xv – xxii. [145, 171(n 17), 174]

Valdman, A. (ed.) 1977. *Pidgin and Creole Linguistics.* Bloomington: Indiana University Press. [124, 284(n 4)]

Valette, R. M. 1969. *Directions in Foreign Language Testing.* New York: ERIC Clearinghouse on the Teaching of Foreign Languages and of English in Higher Education, and Modern Language Association. [450(n 31), 511(n 5)]

Valette, R. M. 1971. 'Evaluation of learning in a second language' in Bloom, Hastings and Madaus 1971: 817 – 853. [315(n 28), 450(n 31), 502 – 503, 511(n 5)]

Valette, R. M. 1981. 'The evaluation of second language learning' in Alatis, Altman and Alatis 1981: 159 – 174. [511(n 5), 513(n 16)]

Valette, R. M. and **Disick, R. S.** 1972. *Modern Language Performance Objectives and Individualization: A Handbook.* New York: Harcourt Brace Jovanovich. [399, 511(n 5), 513(n 16)]

van Buren, P. 1975. 'Semantics and language teaching' in Allen and Corder 1975: 122 – 154. [150(n 16)]

Vander Beke, C. E. 1929. *French Word Book.* New York: Macmillan. [101, 162]

van Ek, J. A. 1975. *The Threshold Level in a European Unit/Credit System for Modern Language Learning by Adults.* Systems Development in Adult Language Learning. Strasbourg: Council of Europe. [110, 112, 178 – 179, 226, 349, 449(n 31)]

van Gennep, A. 1910. 'Un ethnographe oublié du XVIIIe siècle: J. N. Demeunier.' *Revue des idées* 7:18 – 28. [214(n 6)]

Verdoodt, A. (ed.) 1974. *Applied Sociolinguistics.* Proceedings, Vol. II of the Third Congress of the Association Internationale de Linguistique Appliquée, Copenhagen, 1972. Heidelberg: Julius Groos. [Wilkins 1974, Ross 1974]

Vernon, P. E. 1960. *Intelligence and Attainment Tests.* London: University of London Press. [368]

Viëtor, W. (pseudonym: Quousque tandem) 1882. *Der Sprachunterricht muss umkehren! Ein Beitrag zur Überbürdungsfrage.* Heilbronn. Second edition 1886. [91, 98, 459]

Vollmer, H. J. 1979. 'Why are we interested in "general language proficiency"?' *Lingua et Signa* 1 (in press). [358(n 8)]

Vollmer, H. J. and **Sang, F.** 1980. Competing Hypotheses about Second Language Ability: A Plea for Caution. mimeo. [358(n 8), 389(n 8)]

Vollmer, H. J. and **Sang, F.** no date. Zum psycholinguistischen Konstrukt einer internalisierten Erwartungsgrammatik. mimeo. [358(n 8)]

Walker, D. A. 1976. *The IEA Six Subject Survey: An Empirical Study of Education in Twenty-one Countries.* Stockholm: Almqvist and Wiksell; and New York: Wiley. [433]

Walsh, D. D. (ed.) 1969. *A Handbook for Teachers of Spanish and Portuguese.* Lexington, Mass.: Heath. [Ellison 1969, Leavitt 1969]

Wardhaugh, R. 1969. 'TESOL: Current problems and classroom practices.' *TESOL Quarterly* 3: 105–116. [1, 34(n 9)]

Wardhaugh, R. 1969a. *Teaching English to Speakers of Other Languages: The State of the Art.* Washington, D. C.: ERIC Clearinghouse for Linguistics. [108, 115(n 7)]

Wardhaugh, R. 1977. *Introduction to Linguistics.* Second edition. First edition 1972. New York: McGraw-Hill. [151(n 22)]

Warriner, H. P. 1979. 'Foreign language teaching in the schools—1979—Focus on methodology' in U. S. A. 1979a: 49–58. [116(n 15)]

Watson, F. 1909. *The Beginnings of the Teaching of Modern Subjects in England.* London: Pitman. [86, 446(n 4)]

Watson, J. B. 1913. 'Psychology as the Behaviorist views it.' *Psychological Review* 20: 158–177. [313(n 9)]

Watson, J. B. 1914. *Behavior: An Introduction to Comparative Psychology.* New York: Holt. [313(n 9)]

Watson, J. B. 1919. *Psychology from the Standpoint of a Behaviorist.* Philadelphia: Lippincott. [293, 313(n 9)]

Watts, G. B. 1963. 'The teaching of French in the United States: A history.' *The French Review* 37/1: Part 2 (whole issue). [87]

Weiler, H. N. 1980. *Educational Planning and Social Change: Report on an IEEP Seminar.* Paris: UNESCO and International Institute for Educational Planning. [448(n 14)]

Weinreich, U. 1953. *Languages in Contact: Findings and Problems.* Originally published as No. 1 in the series 'Publications of the Linguistic Circle of New York' (New York). The Hague: Mouton, 1963. [210, 216(n 23), 232]

Weinstock, R. 1980. 'A Functional Study of Discourse Structure in Conversational English.' Unpublished Ph. D. thesis, University of Toronto. [229]

Wesche, M. B. 1979. 'Learning behaviours of successful adult students on intensive language training.' *Canadian Modern Language Review* 35: 415–430. [414(n 15)]

Wesche, M. B. 1981. 'Communicative testing in a second language.' *Canadian Modern Language Review* 37: 551–571. [268(n 23)]

Wesche, M. B. 1981a. 'Language aptitude measures in streaming, matching students with methods, and diagnosis of learning problems' in Diller 1981: 119–154. [368, 388(n 8)]

West, M. 1926. *Bilingualism (with Special Reference to Bengal).* Bureau of Education, India. Occasional Reports No. 13. Calcutta: Government of India Central Publications Branch. [101, 460]

West, M. P. 1926a. *Learning to Read a Foreign Language: An*

Experimental Study. New York, etc.: Longmans, Green and Co. [101, 460]

Whiteley, W. H. 1973. 'Sociolinguistic surveys at the national level' in Shuy 1973: 167–180. [244(n 16)]

Whiteley, W. H. (ed.) 1974. *Language in Kenya.* Nairobi: Oxford University Press. [244(n 16)]

Whiting, J. and **Child, I.** 1953. *Child Training and Personality: A Cross-Cultural Study.* New Haven: Yale University Press. [198]

Whitney, W. D. 1875. *The Life and Growth of Language: An Outline of Linguistic Science.* New York: Appleton. [148(n 2)]

Whorf, B. L. 1956. *Language, Thought, and Reality: Selected Writings of Benjamin Lee Whorf.* Edited and introduced by J. B. Carroll. Cambridge, Mass.: M.I.T. Press. [205, 215(n 14)]

Widdowson, H. G. 1978. *Teaching Language as Communication.* Oxford: Oxford University Press. [116(n 15), 178–179, 259, 268(n 22), 512(n 13)]

Widdowson, H. G. 1979. *Explorations in Applied Linguistics.* Oxford: Oxford University Press. [29, 79, 268(n 22)]

Widdowson, H. G. 1979a. 'Directions in the teaching of discourse' in Widdowson 1979: 89–100. First published in Corder and Roulet 1973: 65–76. [179]

Widdowson, H. G. 1979b. 'Two types of communication exercise' in Widdowson 1979: 65–74. First published in the AILA/BAAL Seminar Proceedings on The Communicative Teaching of English, University of Lancaster, March 1973. [266(n 16)]

Widdowson, H. G. and **Brumfit, C. J.** 1981. 'Issues in second language syllabus design' in Alatis, Altman and Alatis 1981:199-210. [266(n 24)]

Wilds, C. P. 1975. 'The oral interview test' in Jones and Spolsky 1975: 29-44. [358(n 9)]

Wilkins, D. A. 1972. *Linguistics in Language Teaching*. London: Arnold. [149(n 12,13), 150(n 15), 151(n 22), 187(n 1, 5)]

Wilkins, D. A. 1973. 'The linguistic and situational content of the common core in a unit/credit system' in Trim *et al.* 1980: 129-146. [187(n 7), 494]

Wilkins, D. A. 1974. 'Grammatical, situational, and notional syllabuses' in Verdoodt 1974: 254-265. [187(n 8), 494]

Wilkins, D. A. 1976. *Notional Syllabuses*. London: Oxford University Press. [110, 113, 132, 178, 179, 223-226, 494]

Wilson, J. 1977. *Philosophy and Practical Education*. London: Routledge and Kegan Paul. [446]

Witkin, H. A., Oltman, P. K., Raskin, E. and **Karp, S. A.** 1971. *A Manual for the Embedded Figures Test*. Palo Alto, Cal.: Consulting Psychologists Press. [373]

Wolfgang, A. (ed.) 1975. *Education of Immigrant Students*. Toronto: Ontario Institute for Studies in Education. [Lambert 1975]

Worsley, P. *et al.* 1970. *Introducing Sociology*. Second edition 1977. Harmondsworth: Penguin Books. [195, 200, 213(n 1)]

Working Papers on Bilingualism. (journal) Toronto: OISE Modern Language Centre. [330]

Workpapers in TESL. (journal) Los Angeles, Cal.: University of California. [335(n 14)]

Wragg, E. C. 1970. 'Interaction analysis in the foreign language classroom.' *Modern Language Journal* 54: 116 – 120. [496(n 11)]

Wright, A. 1976. *Visual Materials for the Language Teacher.* London: Longman [451 (n 39)]

Wundt, W. 1877 – 1905. *Völkerpsychologie.* Vol. I: *Die Sprache.* Leipzig: Wilhelm Engelmann Verlag. [292]

Yalden, J. 1976. 'Information resources in second language teaching and learning: A guide for teachers, researchers, and educators.' *Canadian Modern Language Review* 32: 316 – 348. [69(n 9)]

Yalden, J. 1981. *Communicative Language Teaching: Principles and Practice.* Language and Literacy Series. Toronto: OISE Press. [268 (n 22)]

Yates, A. 1966. *Grouping in Education: A Report Sponsored by the Unesco Institute for Education, Hamburg.* New York: Wiley. [447(n 10)]

Zeydel, E. H. 1964. 'The teaching of German in the United States from colonial times to the present.' *German Quarterly* 37: 315 – 392. [87]

索 引

（索引中的页码为原书页码，即本书边码）

academic/explicit learning strategy 学术/明示学习策略 411，455
　　参见 explicit-implicit option
Académie française 法兰西学院 239
acculturation theory 文化适应（移入）理论 62，238，270，331，402，413（注释5），518
acquisition vs. learning 习得与学习 19，20，113（图表6.1），311，331，388（注释7），391–393，403–404，412–413（注释2），414（注释11），507，518
　　参见 monitor theory
acrolect 高势语 284（注释4）
active planning strategy 积极的计划策略 411
activism 行动主义 79，81
address (modes of) 称呼（方式）206，227–228
addressee 受话者/听话者 221（图表11.1），222，226（图表11.3），227（图表11.4）
addresser 说话者/发话者 221（图表11.1），222，226（图表11.3），227（图表11.4）
Adler, A. 阿德勒 290（图表14.1），321
adult education 成人教育 44（图表3.7），428
adult language learning 成人语言学习 44（图表3.7），310，363，365–366
advanced (learners) 高级（学习者）478，481（图表21.1）
aesthetic (function of speech act) 审美的（言语行为功能）224（图表11.2），227（图表11.4）
affect, affective aspect/learning/learning strategy 情感、情感方面/学习/学习策略 110，216（注释21），294，310，315（注释29），321，322，325，331，334（注释4），363，

371, 375 及以下诸页, 383-386, 390（注释17）, 398, 410, 411-412, 438, 486, 503（图表22.4）, 504, 510-511（注释4）, 513（注释17）

Africa 非洲 13, 111, 231, 236, 237

age and language learning, optimal age 年龄与语言学习, 最佳年龄 309, 323, 358（注释1）, 360, 361-367, 387（注释2）, 388（注释7）, 436, 471

Ahn, F. 阿恩 79, 453, 474（注释5）

Allen, J. P. B. 艾伦 109, 187（注释5）, 268（注释22）

ambilingualism 精通两国语言 15

American Army Method (wartime language courses) 美国军队法（战时语言课程）102, 113（图表6.1）, 250, 463

American Association of Applied Linguistics 美国应用语言学学会 35

American Council of Learned Societies 美国学术学会委员会 104

American English 美国英语 256

American Indian/Amerindian languages 美国印第安语言 201, 204, 205

American structuralism/American structural linguistics 美国结构主义/美国结构主义语言学 134, 136, 144-146, 148（注释5）, 156-159, 322

analogy vs. analysis (in language learning)（语言学习中的）类比（类推）与分析 325-326, 403

参见 analytical approach, explicit-implicit option

analytical approach 分析方式 182-183, 473, 506（图表22.5）

参见 non-analytical approach, explicit-implicit option

Analytical Psychology 分析心理学 290（图表14.1）

andragogy 成人教育学 52（注释10）

anomie 失范 379, 380, 383（图表17.2）, 384

anthropological linguistics 人类语言学 201, 203, 326

anthropology 人类学 3, 36（图表3.2）, 44（图表3.7）, 49, 195-200, 255（图表12.1）, 266（注释11）, 517

and language ~与语言 201 及以下诸页

cultural and social 文化与社会~ 192, 195, 196, 213-214（注释5）

history ~历史 196 及以下诸页

anxiety 焦虑 382，383（图表 17.2），384

applied linguistics, applied linguist 应用语言学，应用语言学家 35，36（图表 3.1，3.2），37，38（图表 3.4），39，47，100，109

参见 educational linguistics

approach 方式/理论 474（注释 1）

appropriacy, appropriateness 适切性，恰当性，得体性 179，411

approximative system 近似系统 354，358（注释 7）

aptitude, aptitude testing, special aptitudes/special abilities 语言学习能力，语言学习能力测验，特殊学习能力/特殊能力 309，368

archaeology 考古学 195，204

archaic language 古语 92，96（注释 15）

area studies 区域研究 265（注释 10），432

Army Specialized Training Program (ASTP) 美国军队特别培训项目 104，463

参见 American Army Method

artificial language 人造（人工）语言 233（图表 11.5）

Ascham, R. 阿斯卡姆 79

Asia 亚洲 13，231，236，237

association, associationism, associative 联想，联想主义，联想的 292，300，305，317-319，327，459

参见 word association

attitude, attitude testing, social attitude 态度，态度测验，社会态度 55，237-238，309，340，360，375-379，390（注释 17），504

audiolingual theory/method/approach/strategy, aural-oral method, audio-lingual habit theory, audiolingualism 听说理论/方法/方式/策略，听力—口语法，听说习惯理论，听说法 23，26，30，61，76，77，80，103，107，113（图表 6.1），167，301，307，324-327，328，369，403，443，447（注释 5），460，472，473，478，487，489，491，506（图表 22.5），507，510（注释 3），510-511（注释 4），512（注释 13）

auditory capacity/alertness, phonetic coding ability 听觉能力/敏感，语音编码能力 370，371（图表 17.1），372

Austin, J. L. 奥斯汀 258

authentic（language use）真实的（语言使用）161, 411

authoritarian personality, authoritarianism 独裁（专制）人格，专制主义 379, 380, 381, 382, 383（图表 17.2），384, 424

autobiography, autobiographical approach 自传，自传方式（方法）75, 87, 114, 400-401

　　参见 introspection, retrospection

automatic/mechanical（learning, response）自动/机械（学习，反应）311, 325, 424

autonomie de l'apprenant 自学

　　参见 self-directed learning

availability/*disponibilité*（of words）（词汇的）可及性 162

baby talk 宝贝语 125

balanced bilingualism 平衡双语现象 15

Bally, C. 巴利 154

Basedow J. B. 巴泽多 79

Basic English 基础英语 101, 113（图表 6.1），115（注释 6），161

basic interpersonal communicative skills（BICS）基本人际交际技能 352, 353, 388（注释 7）

basic personality 基本人格 198, 214（注释 10）

　　参见 national character

basilect 低势语 284（注释 4）

Bausch, K. R. 鲍施 187（注释 5）

beginners（in language learning）初学者（语言学习的）478, 481（图表 21.1）

behavioural objectives 行为目标 348（图表 16.3），438

behaviourism 行为主义 160, 290（图表 14.1），291, 293, 299, 305, 313-314（注释 9），322-323, 324, 326-327

Belgium 比利时 84

Berlitz, M. D. 伯利茨 95（注释 6），98, 457

Berlitz school 伯利茨学校 98, 100

Bernstein, B. 伯恩斯坦 211-213, 216-217（注释 25, 26, 27），425

biculturalism 双文化现象 282

bilingual, bilingualism 双语（者）的，双语现象（制）13, 14-15, 22（注释 3），31, 210-211, 216（注释 23），230, 235, 236, 240, 282, 284, 295, 297, 298, 304, 314-315（注释 19），330, 425-426, 509

　　参见 bilingual education, co-ordinate

and compound bilingualism, immersion, trilingualism, multilingualism

bilingual education, bilingual schooling 双语教育，双语教学 2，103，111，271，430，509

    contexts and factors of ~的语境与因素 273（图表 13.2）

    typology ~的分类（类型）272（图表 13.1）

Bilingual Education Act (U.S.A.)（美国）双语教育法案 108，241

Bilingual Education Project 双语教育项目 70（注释 13）

bilingual method (of teaching) 双语教学方法 454

biographies/biographical studies 自传/自传研究 87，94（注释 3），95（注释 11）

Binet, A. 比奈 294

blind learning 无知觉学习 311，404

Bloom, B. 布鲁姆 438，502 – 503，511（注释 5）

Bloomfield, L. 布卢姆菲尔德 134，136，137，157，203，296，314（注释 9）

Boas, F. 博厄斯 195，196，201，204

branching programme 分支型程序 307

Bratt-Paulston 布拉特－保尔森 见 Paulston

Breen, M. 布林 268

British Council 英国文化委员会 115（注释 9）

British Pilot Scheme 英国试验计划 见 Primary French Project

broad and narrow categorizers 宽泛与狭窄分类者 374 – 375

Broadbent, D. 布罗德本特 52（注释 8）

Brøndal, V. 布朗德尔 154

Bruder, M. N. 布鲁德 268（注释 22）

Brumfit, C. 布伦菲特 187（注释 5），268（注释 22）

Bruner, J. 布鲁纳 290（图表 14.1）

Brunot, F. 布吕诺特 154

built-in syllabus 内建（内嵌）教学大纲 354，396

Canada 加拿大 4，10，13，56，69（注释 9，13），71（注释 26），108，240 – 241，271，282，492

Canadian French, French in Canada 加拿大法语 10，256

Canadian Society for the Study of Education 加拿大教育研究学会 51（注释 5）

Candlin, C. 坎德林 109, 187（注释 5）, 268（注释 22）

Carnegie Corporation 卡耐基公司 171（注释 5）

Carroll, J. B. 卡罗尔 55, 68（注释 4）, 309

category (in scale-and-category theory, q. v.)（scale-and-category theory 中，参见该条）范畴 139

Center for Applied Linguistics (CAL) 应用语言学研究中心（简称 CAL）22（注释 4）, 55, 68（注释 7）, 71（注释 24）, 106, 159-160, 284（注释 2）

Centre for Information on Language Teaching and Research (CILT) 语言教学与研究中心（简称 CILT）55, 71（注释 24）, 107, 268（注释 22）, 285（注释 10）

cerebral cortex 大脑皮质 362

channel, performance channel 信道（渠道），语言使用渠道 128（图表 7.1）, 135（图表 7.2）, 221（图表 11.1）, 222, 489, 512（注释 13）

Chicago (University of) 芝加哥大学 461, 475（注释 7）

child language 儿童语言 124, 208, 302, 314（注释 19）, 345

child training 儿童训练 198

Chomsky, N. 乔姆斯基 129, 134, 140-147, 150（注释 20）, 219, 294, 295, 298-301, 302, 327-329, 342

class/classroom (behaviour, climate, teaching), language class 班级/课堂（行为、氛围、教学），语言课 110, 391-393, 413（注释 5）, 426, 447（注释 10）, 498, 499（图表 22.1）, 512（注释 15）

参见 educational treatment, instruction, social climate

classical language 古典语言 10, 82, 233（图表 11.5）, 423

classroom observation 课堂观察 63, 72（注释 26）, 406, 415（注释 15）, 492-494, 495（注释 9）, 496（注释 11, 12, 13）

class size 班级（课堂）规模 426, 427, 447（注释 10）

class visits abroad 班级国外游学 264（注释 8）

Cleveland Plan 克利夫兰计划 100, 457

clinical psychology 临床心理学 197, 290（图表 14.1）, 312

code 语码 125, 128（图表 7.1），129, 212, 221（图表 11.1），226（图表 11.3）

code switching 语码转换 125, 372

code-communication dilemma 语码—交际困境 402, 405, 410, 473, 505–506

cognition, cognitive growth/development 认知，认知成长/发展

cognitive learning theory (general)（一般）认知学习理论 294–295, 297（图表 14.3），307–308, 310, 326, 373, 374–375, 386, 438, 470

cognitive/academic language proficiency (CALP) 认知/学术语言水平（简称 CALP）352, 353, 388（注释 7）

cognitive approach (to language teaching), cognitive, learning of second language, cognitive theory, cognitive code learning, cognitivism（语言教学）认知方式（理论），认知的，第二语言学习，认知理论，认知语码学习，认知主义 23, 26, 76, 107, 113（图表 6.1），169, 322, 398, 403, 410, 454, 458, 469–471, 475（注释 12），478, 486, 489, 491, 510–511（注释 4）

参见 rationalist theory

cognitive style 认知风格 360, 373–374, 390（注释 16）

coherence vs. cohesion distinction 衔接与连贯 179

Comenius, J. A. 夸美纽斯 79

commissive (speech act function) 承诺语（言语行为功能）224（注释 11.2）

Committee of Twelve 十二人委员会 99

Committee on Research and Development in Modern Languages (U.K.)（英国）现代语言研究与发展委员会 69（注释 8），107

common literacy 一般读写能力 437, 449（注释 29）

communication and communicative language teaching 交际与交际语言教学 96（注释 14），111, 112, 113（图表 6.1），115（注释 14），116（注释 15），149（注释 11），179, 180, 258–262, 268（注释 23），326, 333（注释 2），469, 473, 475（注释 14），503（图表 22.4），504

communication strategy 交际策略 411

communicative competence, communicative abilities/capacity 交际能力 111, 146, 179, 216（注释 18）, 229-230, 237, 261（图表 12.2）, 333（注释 2）, 344, 346, 348（图表 16.3）, 349, 356（图表 16.6）, 357, 358（注释 5）, 399, 407

act, act of communication 行为，交际行为 128（图表 7.1）, 296（图表 14.2）

参见 speech act

Community Language Learning 社区语言学习 64, 109, 110, 113（图表 6.1）, 390（注释 21）, 475（注释 13）

compact courses 密集强化教程 512（注释 14）

comparative education 比较教育 56, 420, 431-434, 448（注释 17）

    linguistics ~语言学 120

    philology ~语文学 120

    sociology ~社会学 199

    参见 IEA, UNESCO

compartmentalization 条块分割 46

competence 语言能力 128, 129, 177, 219, 300, 303, 340, 341-359, 511（注释 4）

    参见 linguistic competence, communicative competence, performance

composition 作文 80, 92

Compromise Method 折中法 99, 101, 113（图表 6.1）

computer assisted/aided instruction 计算机辅助教学 103, 439, 444

Comte, A. 孔德 192

concepts（of language teaching）, conceptual analysis（语言教学的）概念，概念分析 9-22, 117, 189, 287, 417, 421-422, 446（注释 1）, 486-491

    参见 conceptual framework, terminology

conceptual framework 概念框架 25-26, 35-52

    参见 T1, theory

conceptual learning, cognitive learning, meaningful learning, learning with insight 概念学习，认知学习，有意义的学习，顿悟学习 307-308, 310

    参见 cognition

conditioning 条件反射（作用）290（图表 14.1）, 300, 302, 323, 324, 424, 464, 486

connectionism 联想（联通）主义 290（图表 14.1）, 305

conscience collective 集体良知 193

conscious learning, deliberate learning

有意识的学习 311, 404

参见 conceptual learning, cognition, cognitive approach

consistency vs. inconsistency (of theory)（理论的）一致性与不一致性 28-29, 378, 394

constative (speech act function) 陈叙语（言语行为功能）222

contact (between participants in speech act)（言语行为中参与者之间的）接触 221（图表 11.1）, 222, 226（图表 11.3）, 227（图表 11.4）

content (of curriculum)（课程）内容 44（图表 3.7）, 50, 338（图表 16.1）, 478, 479（图表 21.1）, 496（注释 14）, 501-505

context, setting, scene, milieu, environment 语境，背景，情景，（文化、政治、经济）环境，环境 44（图表 3.7）, 48, 49, 60, 134, 135（图表 7.2）, 137, 147, 164-165（图表 8.1）, 221, 226（图表 11.3）, 227（图表 11.4）, 269-281, 391-393, 477-478, 479（图表 21.1）, 498, 499（图表 22.1）, 509

context of situation 情景语境 138, 177, 207, 208, 209, 216（注释 20）, 223

参见 context-dependent 等, contextual analysis 等, social context

context-dependent vs. independent 语境依赖的与语境独立的 212, 216（注释 25）, 257

contextual analysis of language teaching 语言教学的语境分析 269-281

contrast/opposition (in linguistic analysis)（语言分析中的）对比/对立 126

contrastive linguistics, contrastive analysis 对比语言学，对比分析 105, 159-160, 166, 168, 171（注释 11）, 176, 185, 203-204, 216（注释 23）, 253, 276, 304, 330, 395, 402, 463, 465, 472

co-ordinate and compound bilingualism 并列与复合双语现象 30, 298, 320, 333（注释 2）, 345, 402, 464

coping, coping techniques 应对，应对技巧 411

参见 strategic competence

Corder, S. P. 科德 109, 187（注释 5）, 268（注释 22）

corpus 语料库 137, 144, 162, 166

correspondence exchanges 交笔友 249,

264（注释8）

Coste, D. 科斯特 187（注释5），268（注释22）

Council for Cultural Co-operation of the Council of Europe 欧洲委员会文化合作委员会 见 Council of Europe

Council of Europe Modern Languages Project 欧洲委员会现代语言项目 53，66，107，109，111，112，116（注释15），178，179，283，449－450（注释31），513（注释15）

creative, creativity 创造的，创造性 146，184，300，302，328，344－345，356（图表16.6），399，407

creative construction hypothesis 创造性建构假说 330，396－397，403

CREDIF: *Centre de recherche et d'étude pour la diffusion du français* 法语传播研究与学习中心 55，450（注释35），466－468

 参见 français fondamental

Creole 克里奥尔语 124，233（图表11.5），234，284（注释4）

criteria for language teaching theories 语言教学理论的标准 27－31

critical period（of language learning）（语言学习的）关键期 362

 参见 age and language learning

crosscultural（studies, teaching strategy）跨文化（研究，教学策略）214（注释11），432，505，506（图表22.5）

crosslingual（skills, strategies, techniques）跨语言（技能，策略，技巧）347，348（图表16.3），402－403，455，505，506（图表22.5）

 参见 translating

Crowder, N. A. 克劳德 307

culture（concept of, study of）文化（的概念，的研究）191，195－200（语言教学中）200，246－256，263（注释3），263－264（注释7），264－265（注释9），265（注释10），266－268（注释11－20），478，480（图表21.1），503（图表22.4），504

Culture Learning Institute 文化学习研究所 51（注释3）

culture shock/stress 文化休克/应激 381－382，398，412

Curran, C. A. 柯伦 109

curriculum（general and language）（一般与语言）课程（设置）、课程论 3，40（图表3.5），92，109，113（图表6.1），181（图表9.2），230，246－268，419，420，434－

442, 449（注释 20, 21），477－485, 501－505, 511（注释 7）

design ~ 设计 176, 259, 261（图表 12.2），262（图表 12.3），486, 511（注释 7）

development ~ 发展 440, 450（注释 33），485

evaluation ~ 评估 441, 450（注释 33），485

implementation ~ 实施 440－441, 485

philosophy ~ 哲学 435, 436－437

processes ~ 过程 435－436, 440－441

theory ~ 理论 435－448, 450（注释 35），485

参见 materials, syllabus

customs and manners 习俗与举止 196

参见 culture

cyclic vs. non-cyclic 循环性与非循环性 486, 487（图表 21.3），489, 513（注释 16）

Dauzat, A. 多扎特 154

deductive (teaching) 演绎（教学）489

参见 inductive

deep structure vs. surface structure 深层结构与表层结构 143, 145, 301, 328, 343

Defense Language Institute (U.S.A.)（美国）国防语言学院 352

Department of Education and Science (U.K.)（英国）教育与科学部

dependence, dependent status (of learner)（学习者的）依赖性，依赖地位 399, 400, 411

参见 infantilization, satellization

de Sauzé, E. 德索泽 95（注释 6），100, 457

deschooling 反传统学校 21, 439

description (of languages), descriptive linguistics（语言的）描写，描写语言学 37（图表 3.3），64, 71（注释 25），122－123, 148（注释 6），159, 161－162, 176（图表 9.1），181（图表 9.2），185－186, 465, 467, 516

参见 prescriptivism

diachronic vs. synchronic 历时的与共时的 83, 123, 297（图表 14.3）

dialects, dialectology 方言，方言学 124, 149（注释 7），231, 232, 256, 344

dialogue 对话 80, 89, 91, 462, 464

diglossia 双重语体（双言制）216

（注释 23），232，234，235，236，243（注释 11）

Dilthey, W. 狄尔泰 214（注释 7，8），247

direct method 直接法 26，77，89，92，113（图表 6.1），402，403，456-460，472，473，475（注释 7，14），487，510（注释 3），510-511（注释 4）

directive（speech act function）指令语（言语行为功能）224（图表 11.2），225

disciplines and language pedagogy (relations) 各个学科与语言教育（学）（的关系）36-39，41，42（图表 3.6），44（图表 3.7），47-48，518-521

discourse analysis 话语分析 113（图表 6.1），130，133，135（图表 7.2），150（注释 17），177，178，183（图表 9.3），301

discovery learning 发现学习 311

discrete point (test, language teaching feature) 离散语言点（测试，语言教学特征）488-489

disponibilité 可及性 见 availability

divergent vs. non-divergent (feature of method) 趋合性与非趋合性（教学方法的特征）486，487（图表 21.3），489，511（注释 4），512（注释 13）

dogmatism 教条主义 379，382

domain 话语域 125

dominance configuration (of bilingualism)（双语的）单语优势格局 15

drill/mechanical drill 操练/机械操练 311，324，326，421，424

dual-iceberg phenomenon 双冰山现象 345，346（图表 16.2）

Durkheim, E. 涂尔干 192，193，213（注释 2）

dyadic 二分（二人）的 222

East-West Center 东西方研究中心 17，51（注释 3）

eclectic, eclecticism 折中的，折中方法（主义）29，101，115（注释 14），174，176，478，482，511-512（注释 9）

ecology of language 语言生态 211

economic and technological factors and language learning 经济与技术因素和语言学习 279

economics of education/language teaching 教育/语言教学经济学 419-420，427，447（注释 11）

Edelhoff, C. 埃德尔霍夫 268（注释 22）①

Education, educational theory, study of education, educational science 教育，教育理论，教育研究，教育科学 3, 22（注释 5），25, 44（图表 3.7），49–50, 419–451, 497–498, 510, 517, 519

educational administration and organization 教育管理与组织 420, 427–430

educational context 教育背景 273（图表 13.2, 13.3），274（图表 13.4, 13.5），275, 280–281, 427–430, 431–434, 447（注释 13）

参见 context, social context

educational linguistics 教育语言学 37（图表 3.3），44（图表 3.7），50, 51（注释 2），177–180, 186, 519, 520（图表 C.1）

educational planning 教育规划 420, 430–431, 448（注释 14）

educational psychology 教育心理学 48, 290（图表 14.1），304, 309–312, 315（注释 27），319–321, 322, 368, 419, 424

educational research 教育研究 63, 70（注释 17）

educational technology, language teaching technology 教育技术，语言教学技术 103, 280, 420, 442–445, 437, 451（注释 37, 39），468

参见 technology of instruction

educational treatment 教育处理 338（图表 16.1），391–393, 500（图表 22.2），501

参见 instruction

ego-involvement 自我投入 380

emancipation, emancipated (during learning process)（学习过程中的）解放，解放的 410, 411, 507, 513（注释 18）

emergent model (of culture)（文化的）层创模式 252

emotional development 情感发展，见 affective aspect

emotive (speech act function) 表情（言语行为功能）224（图表 11.2），226（图表 11.3）

empathy 同理心 214（注释 7），381

empirical (research, science, procedures, findings) 实证（的）（研究，

---

① 原文有误（n 33），应为注释 22，此处予以纠正。——译者注

科学，程序，发现）29，63，137，332，410，491－494，497，516

empiricist（language teaching theory）（语言教学理论）经验主义者 95（注释 6），169，302

参见 rationalist

encoding vs. decoding 编码与解码 128（图表 7.1），296（图表 14.2）

ends and means 目的与手段 421－422，446（注释 3），501－505，505－507

English language, English as a second/foreign language（ESL/EFL）英语语言，二语/外语英语（简称 ESL/EFL）16，56，87，104，107，108，109－110，124，149（注释 10），155，158－159，161，187（注释 3），235－236，267（注释 18），276，279，280－281，338（图表 16.1），339－340，349，353，432－434

English Language Institute 英语语言所 54，104，158，171（注释 10），463

environmental factors/influences, environmentalism 环境因素/影响，环境论（主义）267，270，293，388（注释 5）

equilingualism 平衡双语现象 15

Erasmus, D. 伊拉斯谟 361

ergons, ergonics 尔格子，量子学 156

ERIC Clearinghouse on Languages and Linguistics ERIC 语言与语言学资料交流中心 68（注释 7）

error, error analysis 误差，误差分析 64，113（图表 6.1），176，354，357，396，400，490，496

Esperanto 世界语 234

ethnic（groups, languages）种族（民族）（群体，语言）195，243（注释 13），201－202，204－206

参见 Amerindian language, primitive languages

ethnocentric, ethnocentrism 种族（民族）中心的，种族（民族）中心主义 249，379，381，383（图表 17.2），384

ethnographic/sociocultural/sociolinguistic guide 民族志/社会文化/社会语言指南 254，263，266（注释 16）

ethnography 人种志（研究）192，195，253

of speaking, of communication 说话的～，交际的～147，220－230

ethnology 文化人类学（人种学、民族学）192，195，215（注释 12）

ethnolinguistics 文化人类语言学 215（注释 12），284（注释 6）

ethnomethodology 民族志方法学 147，194

etymology 词源学 120，156

etymon 词源 156

Europe (linguistics and language teaching in) 欧洲（的语言学与语言教学）115（注释 7），160－162，230，231，509

参见 Council of Europe

European Studies 欧洲研究 265（注释 10）

evaluation (of learning outcomes)（学习结果的）评估 42（图表 3.6），44（图表 3.7），50，311，338（图表 16.1），435，439－440，441

参见 outcome

everyday talk, conversation, languages of everyday life 日常交谈，会话，日常生活语言 194，229，257

exolinguistics 外语言学 296（图表 14.2）

exercise, exercise type 练习，练习类型（种类）490

参见 practice, drill

expectancy (grammar) 期待（语法）314（注释 18），349，352，356（图表 16.6），357

experiential (language teaching strategy) 经验（语言教学策略）261（图表 12.2），262（图表 12.3），473，506（图表 22.5）

experimental research 实验研究 64，65，321，407－409，491－492，497，507

explication de texte/analyse de texte/lecture expliquée 原著文本诠释/原著文本分析/讲解课 28

explicit-implicit option 内隐—明示（显性—隐性）选择 402，403－404，408（图表 18.2），409，410，464，468，475（注释 11），489，505－507，506－507（图表 22.5）

expressive (speech act function) 表情功能（言语行为功能）223，224（图表 11.2），225

face-to-face interaction 面对面互动（交流）194，228

faculté de langage 语言官能 302，315（注释 20）

faculty psychology 机能心理学 455

feature analysis (of language teaching methods)（语言教学方法的）特征分析 486－491，497，502，505

field dependence/independence 场依存/独立 373, 374-375, 389-390（注释 14）

fields of discourse 话语场 125

first language/mother tongue/native language/L1 第一语言、母语、本族语、一语

  definition ~定义 9-14, 22（注释 1）, 341-345

  acquisition ~习得 292, 293-294, 297, 301-303

  teaching ~教学 2, 39

  and second language acquisition/learning (relations between, comparison of) ~与第二语言习得/学习（的关系与比较）13-14, 303-304, 330-331, 345-347, 395-397, 402-403

Firth, J. R. 弗斯 134, 138, 207

FLES movement 小学外语运动 见 Foreign Languages in the Elementary School

FLINT: Foreign Language Interaction Analysis System 外语互动分析系统 493, 496（注释 11）

focus on vs. focus away (exercise type) 聚焦与散焦（练习类型）490

FOCUS: 'Foci for Observing Communication Used in Settings' 情景中使用的交际观察焦点 493-494

foreigner talk 外国式语言 125

Foreign Languages in the Elementary School (FLES) 小学外语（简称 FLES）87, 105, 113（图表 6.1）, 363

  参见 primary education

foreign language learning/teaching 外语学习/教学 2, 9, 11, 15-18

  参见 language teaching, language learning, second language learning, second language vs. foreign language distinction

Foreign Service Institute (U.S.A.)（美国）外事学院 352

forgetting 遗忘 308, 313

formal 形式（的）

  linguistic analysis, properties of language ~语言分析，语言的~特征 137, 163, 166, 175, 183, 186, 261（图表 12.2）, 262（图表 12.3）, 342, 346, 350-351（图表 16.4, 16.5）

  mastery ~（熟练）掌握 346, 356（图表 16.6）, 399, 407

  参见 linguistic competence

  learning, learning strategy ~学习，

~学习策略 407，411

teaching strategy ~教学策略 391–393，405，486，487（图表21.3），510（注释4）

formal code vs. elaborated code (restricted code vs. public code) 正式码与精制码（限制码与共享码）212

formalism 形式主义 79，81

formative evaluation 形成性评估 441，508

fossilization 化石化 355，410

frame of reference 参照系 343

français fondamental (formerly *français élémentaire*) 基础法语（以前称"初级法语"）55，64，77，94（注释2），104–105，161–162，171（注释14），450（注释35），467 参见 CREDIF

free composition 自由作文 93

French language, French as a second/foreign language 法语语言，法语第二语言/外语 56，77，84–86，87，107，108，112，124，132，149（注释10），187（注释3），432–433

参见 CREDIF，*français fondamental*，Primary French Project

Freud, S. 弗洛伊德 290（图表14.1），291，292

Freudian theory 弗洛伊德的理论 199

Fries, C. 弗里斯 54，138，158，159，463

FSI (Foreign Service Institute) Language Proficiency Ratings 外事学院语言水平量表 352–353，358（注释9）

functional (teaching strategy) 功能（教学策略）486，487（图表21.3），506（图表22.5），510（注释4）

functionalism (anthropology) 功能主义 199

functions (of language, of speech act), functional categories（语言、言语行为的）功能，功能范畴 132–133，208，221（图表11.1），223–226，261（图表12.2），262（图表12.3），511（注释7）

Gagné, R. M. 加涅 444

Gardner, R. 加德纳 68（注释5），309

Gattegno, C. 加蒂格纳 109

Gastarbeiter 流动工人 13，340

参见 migrant worker

general language education 普通语言教育 148，503（图表 22.4），504，511（注释 6）

general linguistics 普通语言学 37（图表 3.3），121

general psychology 普通心理学 290（图表 14.1）

generalization, stimulus generalization (in behaviourist psychology)（行为心理学中的）泛化，刺激泛化 300

generative semantics 生成语义学 144，150（注释 21）

genetic factors 遗传因素 293

genre (of speech event)（言语事件的）语类 222

geographical factors (in language learning)（语言学习的）地理（环境）因素 270，278-279

Georgetown University School of Languages and Linguistics 乔治城大学语言与语言学学院 68（注释 7）

Round Table on Languages and Linguistics (GURT) 语言学与语言研究圆桌会议（简称 GURT）51（注释 2），68-69（注释 7）

Germany 德国 87，93，98，114（注释 1，2），198，214（注释 8，9），247-249

Gesamthochschule Kassel 卡塞尔联合大学 268（注释 22）

Gestalt principle, Gestalt psychology 格式塔原则，格式塔心理学 248，290（图表 14.1），291，305，320，326-327

Giessen, University of 吉森大学 268（注释 22）

Glastonbury Materials Project (U.S.A.)（美国）格拉斯顿伯里教学材料项目 106

参见 audiolingual theory

Gleason, A. 格利森 138

Glinz, H. 格林茨 154

Good Language Learner Project (Canada)（加拿大）优秀语言学习者项目 111，406

Gougenheim, G. 古冈安 55

Gouin, F. 古安 78，79，94（注释 3），95（注释 6），152-154，457，478，511（注释 4）

grading, gradation, graded tests 分级，分级测试 110，113（图表 6.1），164，165（图表 8.1），483，485（图表 21.2），489，513（注释 16）

grammar (in linguistics)（语言学中的）语法 131，138，149（注释 13），164，183（图表 9.3）

teaching of ~ 教学 80, 89, 91, 92, 165（图表 8.1）, 175, 183, 454, 475（注释 6）, 478, 480（图表 21.1）

grammar-translation method/traditional method 语法翻译法/传统法 26, 56, 92, 402, 453 – 456, 469, 472, 473, 487, 489, 491, 510 – 511（注释 4）

grammatical competence 语法能力 349, 356（图表 16.6）

abilities/sensitivity ~ 能力/敏感性 370（图表 17.1）, 370 – 372, 389 – 390（注释 14）

grammaticality 语言合法性（合乎语法性）411

graphic (substance skills, teaching strategy) 文字（物质技能，教学策略）138, 348（图表 16.3）, 506（图表 22.5）, 507

graphology 字系学 138

Great Britain/Britain/United Kingdom (U.K.) 大不列颠/不列颠/联合王国 13, 54, 84 – 86, 106, 109, 115（注释 12）, 138, 161, 172（注释 19）, 206, 211, 215（注释 17）, 264（注释 9）, 434 – 435, 457 – 458

group, grouping (of students)（学生的）小组，分组 194, 447（注释 8）, 506（图表 22.5）, 507

Guaraní 瓜拉尼语 235

guided/unguided vs. directed/undirected (natural) language learning 有指导的与无指导（自然）的语言学习 340, 391 – 393

GUME Project GUME 项目 56, 57, 62, 69（注释 10）, 70（注释 14）, 403, 463, 492

Habermas, J. 哈贝马斯 259

habit, habituation, habitual, habit formation 习惯，习惯化，习惯的，习惯形成 32（注释 4）, 144, 158, 300, 302, 318, 320, 322 – 323, 324, 325 – 329, 335（注释 11, 13）, 358（注释 3）, 424, 464

Haitian Creole 海地克里奥尔语 124

Halliday, M. 韩礼德 134, 138 – 140, 258

Harris, Z. 哈里斯 138, 140, 141

Hamilton, J. 汉密尔顿 79

Hessisches Institut für Lehrerfortbildung 黑西施教师教育（培训）学院 268（注释 22）

heuristic (speech act function) 探究功

能（言语行为功能）224（图表11.2），225

hidden curriculum 隐藏课程 110

　参见 affect, social climate

higher education, university education 高等教育，大学教育 44（图表3.7），50，428

　参见 post-secondary education

historical awareness 历史意识 75-76

historicity (attribute in language typology) 历史性（语言类型特征）233

historiography of language teaching 语言教学的历史研究 76-87，94（注释1），95（注释7）

history of education 教育史 419，423-424，447（注释6）

history of language teaching 语言教学（的历）史 1，44（图表3.7），49，54-57，75-116，446-447（注释5），447（注释6），453-454，456-458，460-461，462-464，466，469，475（注释7），516，519

history of linguistics, historical linguistics 语言学史，历史语言学 120-121，148（注释1）

Hjelmslev, L. 叶尔姆斯莱夫 154

Hockett, C. F. 霍基特 138

home-school language switch 家庭—学校语言转换 56

homogenicity (attribute in language typology) 同质性（语言类型特征）233

Hull, C. L. 赫尔 305

human relations 人类关系 110，113（图表6.1），507

Human Relations Area Files 人类关系领域档案 200，215（注释11）

humanistic psychology 人本主义心理学 290（图表14.1）

humanistic techniques 人本主义技术 113（图表6.1），511（注释4）

Humboldt, W., von 洪堡 204，247

humpty-dumpty effect 汉普蒂—邓普蒂效应 183-184

Hymes, D. 海姆斯 258，342

hypothesis testing (in language learning) （语言学习中的）假设检验 328

identity hypothesis 同一性假设 335-336（注释16），395-397

idiographic vs. non-idiographic 特殊性与非特殊性 486，487（图表21.3），511（注释4），513（注释17）

idiosyncratic dialect 特异方言 354

IEA 国际教育成就评估协会 见 International Association for the Evaluation of Education Achievement

illocutionary act 示意言行 179，222，242（注释3）

imaginative（speech act function）想象功能（言语行为功能）224（图表11.2），225

imitation 模仿 144，302，311，323，398，464

immersion, early immersion, late immersion 沉浸（浸入）式教学，早沉浸，晚沉浸 34（注释13），56，65，66，107，110，111，113（图表6.1），262，268（注释25），364，388，411，426，430，460，492

参见 home-school language switch, bilingual education

immigrants, immigration 移民 34（注释13），46，211，430

immigrant workers 流动工人

India 印度 17，101，236，276

individual differences 个体差异 360，387（注释1）

individualization, individualized/personalized instruction, individualized learning 个性化，个性化教学，个性化学习 110，111，113（图表6.1），387（注释1），406，439，447（注释10），506（图表22.5），507

individual psychology 个体心理学 290（图表14.1），321

inductive（grammar, learning, teaching）归纳（语法，学习，教学）89，92，370（图表17.1），389-390（注释14），489

infantilization 婴儿化 382，411，507

inferencing 推理 403，407，408（图表18.2），409

informant（native speaker as）提供资料的本族语者、受访人 157，162

information theory 信息论 128，296（图表14.2）

information resources（for educational linguistics）（教育语言学的）信息资源 71（注释24）

innate, innateness 先天的，先天性 389（注释11）

参见 nativist

inner speech 内部言语 461

insight 顿悟 307

Institute of Human Relations（Yale University）（耶鲁大学）人类关系学院 215（注释11）

instruction 教学 438-439，505

参见 educational treatment

instructional objectives 教学目标 438

　　参见 objectives

instrumental（motive/orientation）工具（动机/取向）377

instrumental（speech act function）工具功能（言语行为功能）225，227（图表 11.4）

　　参见 conative, directive

integration strategy（of minority group）（少数族裔的）同化策略 238

integrative（motive/orientation）趋和（动机/取向）377，381，383（图表 17.2）

intelligence, intelligence testing, IQ, reasoning ability 智力，智力测验，智商，推理能力 293，294，309，368

　　参见 cognition

intensive language training/course 强化语言/培训教程 87，102

interaction（as sociolinguistic term）（社会语言学术语）交往（交流）

　　face-to-face 面对面~228

　　norms of ~的规范 227-228

interactional（speech act function）交往功能（言语行为功能）224（图表 11.2），225

Interaction Analysis 互动分析 493，495-496（注释 10）

interest（in language learning）（对语言学习的）兴趣 371（图表 17.1），383（图表 17.2），384

　　参见 motivation

interethnic relations 种族（民族）间关系 284（注释 6）

　　参见 ethnic

interference 干扰 211，330，375，395，396，472

　　参见 transfer

interference-prone（IP）易于受到外部的干扰（简称 IP）373-374

　　参见 Stroop Colour-Word Test, transfer, interference

interlanguage, interlanguage studies 中介语，中介语研究 62，113（图表 6.1），125，176，330，335（注释 15），346，354-356，357，358（注释 7），359（注释 13），396，399，400，402-403，410，518

interlevel, mediating stage（in model of language teaching theory）（语言教学理论模型中的）中间层，中介阶段 44（图表 3.7），181（图表 9.2），186，254，255（图表 12.1），519，520（图表 C.1），

521（注释6）

intermediate (learners) 中级（学习者）478, 481（图表21.1）

internalization, interiorization, incorporation 内化，内在化，吸纳 398-399

International Association for the Evaluation of Educational Achievement (IEA) 国际教育成就评估协会（简称IEA）56, 64, 112, 276, 277, 280, 365, 432-434

    IEA English and French tests ~英语与法语测试 353-354

    eight-country study of French as a foreign language ~法语作为外语的八国研究 433-434, 495（注释8）

    ten-country study of English as a foreign language ~英语作为外语的十国研究 280, 433-434

International Association of Applied Linguistics (AILA) 国际应用语言学协会（简称AILA）107

International Bureau of Education 国际教育署 432

International Centre for Research on Bilingualism 国际双语研究中心 55, 69（注释9）

International Institute for Educational Planning (IIEP) 国际教育规划院 448（注释14）

international language 族际语、世界性语言 17-18, 102-103, 285（注释7）

    参见 language typology

International Phonetic Alphabet 国际音标 90, 96（注释13）, 114（注释3）, 121, 163

International Phonetic Association (IPA) 国际语音协会（简称IPA）88, 90, 96（注释16）, 99, 114（注释3）, 457

    IPA articles 国际语音协会规定 88-94

international studies 国际研究 265（注释10）

interpersonal aspect 人际方面 见 social interaction, social learning strategy

interpreting 口译 347, 348（图表16.3）

interview (as research technique) （作为研究技术的）访谈 65, 313（注释1）, 406

    参见 introspection

interwar years 两次世界大战之间的岁月 99-102

intracultural（teaching strategy）文化内（教学策略）505，506（图表22.5）

intralingual（skills）语内（技能）347，348（图表16.3），402-403，459，505，506（图表22.5）

introspection, introspective studies 内省，内省研究 289，313（注释1），400，406-407，415（注释16）
　　参见 autobiography

introversion vs. extraversion 内向与外向 380

Ireland（bilingual schooling in）爱尔兰（的双语教育）271

irredentism 民族统一主义 230

Ivory Coast/Côte d'Ivoire（French in）（法语在）象牙海岸 17，244（注释16）

Jacotot, J. 雅克托 78，79

Jakobovits, L. 雅格博维茨 68（注释5）

Jamaican Creole 牙买加克里奥尔语 124

Japan 日本 198，214（注释9）

Jespersen, Otto 耶斯佩森，奥拓 51（注释6），79，95（注释6），98，154

Johnson, K. 约翰逊 268（注释22）

joking（anthropological study of）笑话（的人类学研究）215（注释18）

Jones, D. 琼斯 96（注释16）

Joos, M. 朱斯 138

Jung, C. G. 荣格 290（图表14.1），292，380

key（of speech act）（言语行为的）基调 221（图表11.1），222

kinesic, kinesics 身势的，身势语 297（图表14.3）

King's English 国王英语、标准英语 124，256

knowledge（as an objective）知识（作为教学目标）503（图表22.4）

Kulturkunde（in Germany）（德国）文化 247-249，263（注释3）

Krashen, S. D. 克拉申 506-507

Kroeber, A. L. 克罗伯 201，202

L1 一语 9，11，13，22（注释1）

L2 二语 9，11，13，22（注释1）

L1-L2 connection 一语—二语联系 298，402-403，410，460，472，505-506
　　参见 first and second language 等

Lado, R. 拉多 95（注释6），171

（注释10），463

Lambert, W. E. 兰伯特 55，68（注释5），309，323

Lancaster (University of) 兰开斯特（大学）268（注释22）

language (nature of) 语言（的本质）37（图表3.3），44（图表3.7），48，90-91，119-120，123-129，147-148，152-156，166-167，180，181，182-185，187（注释1），207-209，241-242，391，455，459，465，467，470，478，479（图表21.1），503（图表22.4），504，516，517

language acquisition 语言习得 见 acquisition-learning, first language, second language learning

Language Acquisition Device (LAD) 语言习得机制（简称LAD）302，315（注释20）

language across the curriculum 跨课程语言 389（注释9）

 and social class ~ 与社会阶层 211-213，219-220，270，277-288

 and society ~ 与社会 191 及以下诸页

 and thought ~ 思维 152，202-206，294-295，322，471

 and culture ~ 与文化 191 及以下诸页，251，253

language analysis (categories of) 语言分析（的范畴）135（图表7.2），183（图表9.3）

language aptitude, language aptitude tests, foreign language aptitude 语言学习能力，语言学习能力测验（测试），外语语言能力 55，68（注释4），309，318，321，323，360，367-373，370（图表17.1），388-389（注释8），389（注释12），311（注释15），411

language attitude 语言态度 237-238，277-278，331，375-379，383（图表17.2），385，411-412

 参见 attitude

language centres 语言中心 104，186，521（注释6）

language comprehension (psycholinguistic study of) 语言理解（的心理语言学研究）301，409

 参见 listening, reading

language conflict 语言冲突 236，237

contact, languages in contact ~ 接触，接触中的语言 210-211，304

language curriculum 语言课程 见

curriculum
language didactics 语言教学论 52（注释 10），520（图表 C.1）
 education ~ 教育 2，39，50，52（注释 10），212，519，520（图表 C.1）
 参见 language pedagogy
language ego 语言自我 381，388（注释 7）
language event, speech event (analysis of) 语言事件，言语事件（的分析）221（图表 11.1）
language for special purpose 特殊用途语言 110，113（图表 6.1），126，461，502
language in anthropology 人类学中的语言 201-209
 in psychology 心理学中的 ~ 291-304
 in sociology 社会学中的 ~ 209-213
language laboratory 语言实验室 56，64，69（注释 11），87，93，106，113（图表 6.1），163，442-443，462，463，465，478，481（图表 21.1）

language learning 语言学习 18-20，43，48，400-405，516，517-518
 参见 psychology of learning, second language learning research
language loyalty 语言忠诚 234
 maintenance ~ 保持 234，336
 needs, needs analysis ~ 需求，~ 需求分析 110，113（图表 6.1），259，502
 norms ~ 规范 123，145，227，228，257，343
language of wider communication, world languages 广泛交流的语言，世界性语言 10，13，17，103，281，430
language pathology 语言矫治 312，322
language pedagogy①/second language pedagogy/pedagogy, language teaching methodology 语言教育（学）、语言教学/第二语言教育（学）、第二语言教学/教学、教育，语言教学法（方法）3，33（注释 7），36（图表 3.2），37（图表 3.3），39，42（图表 3.6），49，52（注释 10），147-148，284，298，419，519，520（图表 C.1）

---

① 作者在本书中"language pedagogy"这个术语有时指一个学科，所以译作"语言教育学"，有时指具体的教学活动，所以译作"语言教育"或者"语言教学"。——译者注

language planning 语言规划 37, 237, 238-241, 244（注释 19, 21）, 278, 431

　　参见 second language planning

language policy 语言政策 31, 40（图表 3.5）, 46, 65-66, 68, 241, 269, 278, 283

language practice 语言练习 见 practice

　　rule ~ 规则 见 rule

　　sciences ~ 科学 见 disciplines and language pedagogy

　　shift ~ 转换 234, 236

　　shock ~ 休克 398, 412

　　situations (varieties of)（各种各样的）~ 情景 232-238, 276-277

　　stress ~ 应激 398, 412

　　surveys ~ 调查 111, 193, 236, 237, 240, 244（注释 16）, 283

language teaching guides, language teachers' guides 语言教学指南, 语言教师指南 477-482, 497

language teacher 语言教师 1, 2, 3, 9, 23, 24, 38（图表 3.4）, 48, 53, 67, 75, 191, 289, 360, 423, 478, 481（图表 21.1）, 500（图表 22.2）, 515

　　teaching ~ 教学 9-22, 20-21, 41, 48, 258-262, 419-433, 495, 497-513, 513（注释 18）, 516, 517, 518

language teaching methods, method battles, method controversies 语言教学方法, 方法之战, 方法之争 1, 24, 32（注释 4）, 33（注释 5）, 38（图表 3.4）, 39, 42（图表 3.6）, 81, 82, 103, 109, 113（图表 6.1）, 170（注释 1）, 452-475, 474（注释 1）, 475（注释 13）, 477-495, 495（注释 2）, 497, 501, 505, 511-512（注释 9）

　　参见 language teaching methodology, language pedagogy, language teaching theory

language teaching methodology 语言教学法 44（图表 3.7）, 50, 52（注释 11）, 60, 64-65, 100-101, 103, 478, 505-507

　　参见 language pedagogy, language teaching methods, language teaching theory

language teaching theory 语言教学理论 23, 25, 26, 33（注释 5）, 39, 50, 319-320, 332-333, 410, 412, 452-475, 486, 505

language testing, language tests 语言测试, 语言测验 163, 165（图表

8.1），311－312，316（注释30），320－321，333（注释3），352，353－354，357，478，481（图表21.1）

language typology 语言类型 17，22（注释4），232－234，244（注释16），285（注释7）

language use 语言使用 179，259，261，459

language varieties/variations 语言变体/变异 124－126，219－220，223，256－258

langue and *parole* 语言（系统）与言语 127，128，129，145，193，219

latent learning, incidental learning 潜伏学习，偶发学习 311，404

lateralization 偏侧化 362

learner-centred（instruction）学习者中心（教学）506（图表22.5），507，513（注释15）

learner language 学习者语言 125，354

learner, language learner, learner factors/characteristics/variables 学习者，语言学习者，学习者因素/特征/变量 42（图表3.6），48，60，309，338（图表16.1），339，341，360－390，386－387，500（图表22.2）

learning 学习
  how to learn ~（学会）学习 322
  process ~ 过程 338（图表16.1），339，393－412，468，500（图表22.2），501
  strategies, techniques ~ 策略，~ 技巧 339，405－409，414（注释13，14），505
  style ~ 风格 见 cognitive style
  theory ~ 理论 见 psychology of learning
  参见 second language learning

Lenneberg, E. 莱尼伯格 294，328

lexicography, lexicology 词典编撰学，词汇学 37，130，131，132，135（图表7.2），138，150（注释15），155

limitation（in methodics, q.v.）限制（methodics 中，参见该条）164－165（图表8.1），483，485（图表21.2），502

linear programme 线性程序 307

linguistic anthropology 语言人类学 201，211

linguistic competence 语言能力 146，229，301，343，348（图表16.3），349，350（图表16.4），356（图表16.6），357，358（注释5）

linguistic relativity, theory of 语言相对论 202

Linguistic Society of America 美国语言学会 104, 157

linguistics 语言学 36（图表3.2）, 38（图表3.4）, 44（图表3.7）, 49, 119-151, 150（注释22）

    characteristics ~特征 121-129

    history ~历史 120-121, 148（注释1）

    schools of thought ~思想流派 134-146

    and language teaching ~与语言教学 102, 147-148, 152-172, 173-187, 479（图表21.1）, 516-519

listener/hearer, listening, listening comprehension 听者/听话者，听，听力理解 135（图表7.2）, 222, 344, 346, 347, 348（图表16.3）, 464, 478, 480（图表21.1）, 489, 507

literacy 读写（能力）/阅读与写作（能力） 124

literature (study of), literary scholarship 文学（研究）155, 243（注释8）, 478, 480（图表21.1）

Locke, J. 洛克 78, 79, 305, 361

locutionary act 发话言行 222, 242（注释3）

London Institute of Education 伦敦教育学院 212, 268（注释22）

London (or British) School 伦敦（或者英国）学派 134

Lozanov, G. 洛扎诺夫 109

Machiavellianism 马基雅弗利主义 379, 380, 383（图表17.2）, 384

McGill University 麦吉尔大学 55, 69（注释13）, 237, 323, 375

McNeill, D. 麦克尼尔 328

macrolinguistics 宏观语言学 296

macrosociology 宏观社会学 194

marginal languages 边缘语言 233（图表11.5）, 234

Malinowski, B. 马林诺夫斯基 207

Marckwardt, A. H. 马克沃德 171（注释10）

Martinet, A. 马丁内特 154

materials, textbooks, courses, teaching grammars, manuals, materials development （教学）材料，教材，教程，教学语法，手册，材料编写 39, 40（图表3.5）, 41, 42（图表3.6）, 44（图表3.7）, 50, 60, 84-86, 103, 131, 157, 162, 164, 168,

178-179，258，280，338（图表16.1），478，481（图表21.1）

Marx, K. 马克思 192

Maslow, A. H. 马斯洛 290（图表14.1）

mastery (level, learning)（精熟）掌握（水平，学习）507-508

mediating 中介

参见 translating, interpreting 347, 348（图表16.3）

media (in language teaching)（语言教学中的）媒体 442-444，478，481（图表21.1）

medium/channel (for speech act)（言语行为的）媒介/渠道 222

medium-oriented vs. message-oriented (language learning) 媒介为导向的与信息为导向的（语言学习）414（注释12），506（图表22.5）

Meidinger, Meidingerei 梅丹热尔，梅丹热尔法 79，91，172（注释20），474（注释5）

Meillet, A. 梅勒特 154

memorization 记忆 144，155，308，311，317，318，322，370（图表17.1），372，411，462，464

meaning (in linguistics and language teaching)（语言学与语言教学中的）意义 130，132，145，153，164，343，460，468，471，473

in primitive languages 原始语言中的 ~ 207

mental discipline, mental training 心理修炼，心理训练 454，455

mesolect 中势语 284（注释4）

message 信息 128（图表7.1），135（图表7.2），221（图表11.1），226（图表11.3），296（图表14.2），297（图表14.3）

metalingual/metalinguistic function 元语言功能 225，226（图表11.3），227（图表11.4）

metatheory 元理论 43，45

参见 theory

method 方法 见 language teaching method

method analysis 方法分析 166，477，482-486，495（注释3），505

methodics 方法体系 165（图表8.1），477，482-486，497，505

microlinguistics 微观语言学 296（图表14.2）

microsociology 微观社会学 194，426

migrant workers 流动工人 13，46，236，243（注释13），340

参见 immigrants

Miller, G. 米勒 328

mimicry and memorization, mim-mem 模仿与记忆，模—记 323，462，464

minority language (learning group) 少数族裔语言（学习小组）2，238，430

mixed ability (groups, classes) 混合能力（小组，班）387（注释1）

参见 streaming

model (for a theory) （理论）模型 28，35–50，51（注释4），128（图表7.1），135（图表7.2），181（图表9.2），225–226（图表11.3），255（图表12.1），272–274（图表13.1–13.5），296（图表14.2），297（图表14.3），338（图表16.1），346（图表16.2），408（图表18.2），498，499（图表22.1），500（图表22.2），513（注释18），520（图表C.1），520–521（注释4）

Modern Foreign Language Study 现代外语研究 87，101，113（图表6.1），115（注释5），155，249，263（注释7），321，460

Modern Language Aptitude Test 现代语言学习能力测验 见 language aptitude

Modern Language Association (U.K.) （英国）现代语言协会 99

Modern Language Association of America 美国现代语言协会 99

Modern Language Centre (MLC) of the Ontario Institute for Studies in Education (OISE) (Canada) （加拿大）安大略教育研究院（简称 OISE）现代语言中心（简称 MLC）4，55，69（注释9），71（注释24），108，268（注释22），330，406，496（注释13）

molar vs. non-molar/molecular (feature of method) 微观性与非微观性（教法特征）486，487（图表21.3），489

monitor theory/monitor model, monitoring (learning strategy) 监察理论/监察模型，监察（学习策略）62，331，336（注释17），403–404，407–409，411，413（注释5），414（注释11），507

monoglot 只熟悉一种语言的人 295

monolingual illusion 单语假象 216（注释23）

Montaigne, M. de 蒙恬 78，79，94（注释4），361，388（注释3）

morphology 形态学 130, 131, 132, 135（图表 7.2）, 137, 149（注释 13）

Morrow, K. 莫罗 268（注释 22）

mother tongue 母语 见 first language, native language

motivation 动机 297（图表 14.3）, 309, 325, 360, 371, 375 – 379, 383（图表 17.2）, 385, 390（注释 17）

Mowrer, O. H. 莫勒 325

multidimensional curriculum 多维课程 503（图表 22.4）, 511（注释 7） 参见 curriculum, curriculum design

multidisciplinary approach (to language teaching theory)（语言教学理论的）多学科方式（视角、途径）47, 419, 516 – 517

multifactor view 多因素观（点）47, 516 – 517

multilevel curriculum design 多层次课程设计 261 – 262

multilingual (country, society), multilingualism 多语（国家，社会），多语制 13, 17, 19, 230, 240, 509

multiple language acquisition 多种语言的习得 2

narratives, narration, prose text 叙事，叙述，散文文本 89, 91, 130, 208, 458, 459

nation state 民族国家 230, 231

national character 民族性格 198, 214（注释 10）, 263（注释 4）

National Congress on Languages in Education (U. K.)（英国）全国教育语言大会 69（注释 8）, 116（注释 15）, 283, 285（注释 9, 10）

National Council for Educational Technology (U. K.)（英国）全国教育技术委员会 444

National Defense Education Act (NDEA) (U. S. A.)（美国）国防教育法案（简称 NDEA）105, 431, 435, 463

National Foundation for Educational Research (NFER) (U. K.)（英国）全国教育研究基金会（简称 NFER）56, 68（注释 3）, 111, 364, 376, 433

national language 民族语 10, 103

profiles ~概貌 237, 244（注释 16）

native and non-native language education 本族语与非本族语教育 5（注释 2）参见 first language, L1-L2 connection native language 本族语 9, 11

native speaker 本族语者 145, 157, 158, 162, 303, 341-346, 423

nativism, nativist (theory) （语言）先天论, 天赋（先天）说 293, 315 （注释20）, 362

natural method 自然法 475, 512 （注释13）

nature or nurture 先天或者后天（培养）293

natural/naturalistic language learning 自然/自然环境中的语言学习 18-20, 57, 340, 391-393, 413 （注释5）

参见 acquisition vs. learning

Navaho 纳瓦霍语（人）205-206

need achievement 成就需求 380, 383 （图表17.2）, 384

needs analysis 需求分析 见 languages needs

neo-behaviourism, neo-behaviourists 新行为主义, 新行为主义者 299, 305, 324, 465

Neo-Firthian theory 新弗斯理论 138-140, 164-165

New Key (teaching approach) 新手段（教学方式）443, 463, 475 （注释8）

参见 audiolingual theory

Nida, E. A. 奈达 138, 171 （注释10）

Nigeria (English in) （英语在）尼日利亚 17, 244

nomothetic vs. non-nomothetic (feature of method) 一般规律与非一般规律（教学方法的特征）486, 487 （图表21.3）, 489

参见 feature analysis

non-analytical (teaching strategy) 非分析（性）（教学策略）182, 473, 475-476 （注释14）, 506

参见 analytical approach

non-native language 非本族语 9, 11

non-sexist language 非性别歧视语言 5 （注释1）

non-syllabus 无教学大纲 507

non-verbal act 非言语行为 222, 227 （图表11.4）

norms of interpretation 阐释（理解）的规范 227

参见 language norms

Northeast Conference on the Teaching of Foreign Languages (U.S.A.) （美国）东北外语教学会议 108, 335 （注释11）, 463

Norwegian (language, immigrants) 挪威（语言, 移民）211, 244 （注释

20）

notional syllabus 意念大纲 132，178，226

notions and functions/notional-functional 意念与功能/意念—功能的 112，132，150（注释16），178，348（图表16.3），356（注释16.6）

Nuffield Foundation（U. K.）（英国）纳菲尔德基金会 56，435

Nuffield Language Project（U. K.）（英国）纳菲尔德语言项目 106，449（注释25）

objectives, language teaching objectives, educational objectives 目标，语言教学目标，教育目标 44（图表3.7），50，81，82（图表5.1），109，303，315（注释28），338（图表16.1），359（注释10），437-438，454，458-459，461，464，467，469-470，496（注释14），501-505，510（注释2，3），510-511（注释4），511（注释5）

objective（teaching strategy）客观的（教学策略）506（图表22.5）

official language 官方语言 10

Official Languages Act（Canada）（加拿大）官方语言法案 108，240-241

Ollendorf, H. G. 奥伦多尔夫 78，79，453，474（注释5）

Oller, J. W. Jr. 奥勒 187（注释5）

Ontario 安大略省 4，69（注释13）

operant, operant conditioning 操作（的），操作条件作用（反射）299，305-306，315（注释23），465

optimal age 最佳年龄 见 age

organization（of language teaching）（语言教学的）组织 42（图表3.6），44（图表3.7），50，52（注释11），60，103，360，361-362，367-368，392，428-430

Organization for Economic Co-operation and Development（OECD）经济合作与发展组织（简称OECD）448

Orléans Project 奥尔良项目 258

orthography 正字法 156

Osgood, C. E. 奥斯古德 305，325，328，465

Ottawa-Carleton Project（Canada）（加拿大）渥太华—卡尔斯顿项目 71（注释26）

outcome, learning outcome, product 结果，学习结果，产品 338（图表16.1），339，340，439-440，500（图表22.2），509

参见 evaluation

Oxford accent, Oxford English 牛津腔（口音），牛津英语 124, 256

Palmer, H. E. 帕尔默 51, 79, 95（注释 6），268（注释 22），460, 465, 478

paradigmatic 纵聚合（关系）127, 139, 373

parents (views held by) 家长（所持观点）24, 31, 256

Parisian French 巴黎法语 256

parole 言语 见 *langue* and *parole*

participant (in the speech act)（言语行为）参与者 222

participatory (approach to language learning) 参与式（语言学习方式）473, 474–476（注释 14），506（图表 22.5）

Passy, P. 帕西 96（注释 16），98（注释 3），154

pattern, language pattern, pattern practice/drill 句型，语言模式，句型练习/操练 80, 127, 145, 163, 166, 171–172（注释 17, 20），462, 464

参见 drill

patterns of culture 文化模式 214（注释 7），248

参见 culture

Paulston, C. B. 保尔森 187（注释 5），268（注释 22）

Pavlov, I. P. 巴甫洛夫 290（图表 14.1），305

pedagogical 教学（的）

  grammar ~ 语法 175–177, 181（图表 9.2），186, 187（注释 2, 3, 9），254, 263, 517

  language guide ~ 语言指南 187（注释 9）

  norm ~ 规范 257

  参见 language norm

pen-friendships 笔友 249

Penfield, W. 彭菲尔德 323, 334（注释 6），362

Pennsylvania Foreign Language Project 宾夕法尼亚外语项目 56, 61, 64, 65, 66–67, 69（注释 10），70（注释 14），108, 113（图表 6.1），463, 491

performance, linguistic performance abilities 语言运用，语言运用能力 128, 129, 145, 219, 341, 346, 349, 351（图表 16.5）

参见 competence

performance objectives 成绩目标 348

（图表 16.3），438

performatives（speech act function）施行句（言语行为功能）222，224（图表 11.2），225，227（图表 11.4）

perlocutionary act 取效言行 242（注释 3）

permeability（of language ego, q. v.）穿透（渗透）性（language ego 中，参见该条）363，381，388（注释 7）

perseverance/persistence（as learner characteristics）（作为学习者特征的）坚持不懈/持久性 380，412，415（注释 15）

参见 affect, personality

personality, personality theory, personality factors（in language learning）人格，人格理论，（语言学习中的）人格因素 33（注释 8），34（注释 10），197－198，216（注释 21），237，321，334（注释 4），360，379－386

参见 basic personality

phatic, phatic communion 寒暄的，寒暄交谈 208，224（图表 11.2），225，226（图表 11.3）

Philippines 菲律宾 276

philology 语文学 120，154，208

philosophy of education 教育哲学 419，420－422

phone, phonic substance, phoneme 音子，语音实体，音位 130，138－139，156

phonetic alphabet/transcription 音标/注音 89，90，91，92，93，96（注释 13），459

参见 phonetics

phonetics, phonology, and language teaching 语音学，音系学，与语言教学 89，90，93，121，130，131，135（图表 7.2），137，138，149（注释 12），156，183（图表 9.3），219，296（图表 14.2），302，459，478，479（图表 21.1）

参见 phonetic alphabet

physiological psychology 生理心理学 290（图表 14.1），312

Piaget, J. 皮亚杰 290（图表 14.1）

Piagetian stages（of intellectual growth）皮亚杰（智力发展）阶段 363

pidgin 洋泾浜语 124，233（图表 11.5），234

Piepho. H. E. 皮福 268（注释 22）

Pike, K. L. 派克 138，171（注释 10）

Pimsleur, P. 平斯柳 309

Ploetz, K. 普罗茨 77, 78, 79, 453, 474（注释5）

poetic（speech act function）诗化功能（言语行为功能）224（图表11.2），226（图表11.3）

political factors（in language teaching）（语言教学中的）政治因素 230-231, 278

polyglottism 多种语言能力 86

polysystemic（linguistic analysis）多系统性（语言分析）164

post-secondary education 428 高等教育、中学后教育

参见 higher education

practice（in theory and practice, q. v.）实践（theory and practice 中，参见该条）

 practical 实践的 1, 2-3, 23-25, 34（注释9），38（图表3.4），39, 44（图表3.7），50

practising, language practice 练习，语言练习 78, 85, 86, 94-95（注释5），144, 302, 308, 311, 323, 407-408, 453, 484

参见 drill, pattern

pragmatic, pragmatics 语用（实用）的，语用学 147, 177, 178, 186, 208

prejudice 偏见 214（注释9），237, 248, 379, 384, 429

presage（variables）预备（变量）498, 499（图表22.1），500（图表22.2），509, 510（注释1）

prescriptivism, prescriptiveness 规定主义，规定性 123, 148（注释6），240

参见 language norm

presentation（in methodics, method analysis, q. v.）呈现（教学）（methodics, method analysis 中，参见该条）165（图表8.1），483, 485（图表21.2）

President's Commission on Foreign Language and International Studies 总统外语与国际研究委员会 112, 265（注释10）

Pressey, S. 普雷西 306

primary education（language teaching in），languages for younger children，early language teaching 小学教育（中的语言教学），儿童语言教学，早期语言教学 44, 56, 69（注释12），70（注释14），87, 105-108, 111, 323, 361 及以下诸页, 364-365, 423, 425, 428, 430

primacy of speech 口头语言的首要地位 87，89，145，149（注释9），163

Primary French Project（U.K.）（英国）小学法语项目 56，65，67，69（注释12），71（注释19），106，111，270，275，277–278，279，376–379

primary language 主要语言 9，12，22（注释1）

参见 first language

'primitive'（pre-literate/pre-industrial/tribal）culture/community "原始"（文字出现前的/工业化前的/部落）文化/社会 195，196，199，208，214（注释8）

language ~语言 201，202

procedures（instructional）（教学）程序 44（图表3.7），50，338（图表16.1），505–507

参见 teaching strategies and techniques

process（variables in models of teaching）（教学的理论模型中的各种）过程（变量）498，499（图表22.1），500（图表22.2），501，509，510（注释1）

product（variables in models of teaching）（教学的理论模型中的各种）产品（变量）498，499（图表22.1），500（图表22.2），508，509，510（注释1）

productive（skills），production 生成（产出）（技能），生成（产出）301，348（图表16.3），506（图表22.5），507

proficiency 语言水平 113（图表6.1），303，340，341–359，356（图表16.6），399，407，410，434，503（图表22.4），508，511（注释4）

programmed instruction, programmed learning 程序化教学，程序化学习 307，315（注释24），439，444

pronunciation（teaching of）发音（的教学）80，310

psychiatry 精神病学 216（注释21）

psychoanalysis 心理分析 197，290（图表14.1），292，321–322，381

psycholinguistics, psychology of language 心理语言学，语言（的）心理学 3，37（图表3.3），38（图表3.4），44（图表3.7），49，103，105，113（图表6.1），291–304，314（注释14），518

history of ~的历史 295–298

psychology, psychologist 心理学，心理学家 3，36（图表3.2），37（图表

3.3），38（图表3.4），44（图表3.7），49，155，197-199，289及以下诸页，290（图表14.1），313（注释3），516，517，518

history of ~的历史 291-292，313（注释5）

psychology of learning/of language learning, learning theory 学习/语言学习心理学，学习理论 18-20，23，30，37（图表3.3），44（图表3.7），289，304-312，315（注释22），324-329，333，336（注释19），444，478，479（图表21.1），517-518

psychometrics 心理测量（学）163，290（图表14.1），311-312

Quebec French 魁北克法语 149（注释10）

Quebec Ministry of Education 魁北克省教育厅 268（注释22）

Radcliffe-Brown, A. R. 拉德克里夫-布朗 195

race (concept of) 种族（的概念）195，202

rank scale 等级量表 139

rapid reading 快速阅读 462

rating scales (of proficiency)（语言水平）评估量表 352-353，357，358-359（注释9，10），513（注释16）

rationalist (language teaching theory) 理性主义（语言教学理论）95（注释6），169，302，458

参见 empiricist

Ratke, W. 拉特科 79

reading (L2 teaching of), reading method（二语）阅读教学，阅读法 80，101，113（图表6.1），135（图表7.2），222，344，346，347，348（图表16.3），400，460-462，472，478，480（图表21.1），489，507，510-511（注释4），512（注释13）

Reading, University of 雷丁大学 268（注释22）

receptive (skills, teaching strategy) 接受性（技能，教学策略）348（图表16.3），506（图表22.5），507

参见 listener, reading

referential (speech act function) 指称功能（言语行为功能）224（图表11.2），225，226（图表11.3），227（图表11.4）

reform movement（教学）改革运动

84，86，93，98，113（图表6.1），114（注释2），456-457

regional language 地方语言 10，13，234

register 语域 125，140，162，344

regulatory（speech function）调节功能（言语功能）224（图表11.2），225

reinforcement, reward 强化，奖赏 299-300，306，327，328，465

renarration/*Nacherzählung* 复述 93，458

repetition, repeated teaching 重复，重复教学 165（图表8.1），311，317，323，328，464，484，485（图表21.2）

representational（speech function）指称功能（言语功能）224（图表11.2），225

research 研究 3，53-72，111，113（图表6.1），113-114，181（图表9.2），255，258，308，323，356-357，366-367，391，395-397，410，412，413（注释5），432，476（注释15），507，515-516

　　attitudes to 对待~的态度 53-54，67，515

　　features of ~的特征 61-67

　　history of ~的历史 54-57

　　methodology ~方法 63-65，70（注释16，17）

　　questions and issues ~问题与议题 113-114，255，356-357，366-367，410，412

　　scope of ~的范围 59-61

residence abroad（在）国外居住 250，264（注释8）

restricted code/public code 限制码/共享码 212

　　参见 formal code

restructuring hypothesis 重构假说 396-397，403

retrospection 反省 289，313（注释1），406，415（注释16）

reward 奖赏 见 reinforcement

Ripman, W. 里普曼 79

Richterich, R. 里克特里奇 268（注释22）

Rogers, C. 罗杰斯 290（图表14.1）

role（social）（社会）角色 194，209，222，226，257，260，294，348（图表16.3）

　　playing ~扮演 411

Romic（alphabet）罗马（字母）90

　　参见 International Phonetic Alphabet

rote learning, rote memory 机械学习，

机械记忆 328, 370（图表 17.1），371–373

Roulet, E. 鲁莱特 187（注释 5）

Royal Commission on Bilingualism and Biculturalism (Canada)（加拿大）皇家双语与双文化委员会 108, 240, 282

rules (language, grammar, sociolinguistic), rule-governed behaviour（语言，语法，社会语言学）规则，规则制约的行为 32（注释 4），78, 84–86, 94–95（注释 5），144, 228, 327, 328, 335（注释 13），342, 453, 454, 470, 471, 486

Rüschlikon Symposium 吕施里贡研讨会 111

Sapir, E. 萨丕尔 201, 202, 204, 251

satellization/desatellization, satellizer 附庸化/去附庸化，附庸者 382, 388（注释 7），399, 400, 411, 414（注释 9），507

Saussure, F. de 索绪尔 121, 219, 292

Savignon, S. 萨维格农 268（注释 22）

scale-and-category theory 级阶与范畴理论 138–140, 150（注释 19），164, 174

school curriculum 学校课程（设置）86, 423, 446（注释 4）

参见 curriculum

School for Applied Linguistics (University of Edinburgh; later incorporated into the Department of Linguistics) (U. K.) 应用语言学学院（英国爱丁堡大学；后并入语言学系）105, 268（注释 22）

School of Oriental and African Studies (University of London) (U. K.) 亚非研究学院（英国伦敦大学）138

Schools Council for Curriculum and Examination (U. K.)（英国）课程与考试学校委员会 435

scientific grammar 科学语法 175, 186, 187（注释 2），459

参见 pedagogical grammar

Scottish Council for Research in Education (U. K.)（英国）苏格兰教育研究委员会 433

Searle, J. R. 塞尔 258

second language (concept of) 第二语言（的概念）9–18

vs. foreign language distinction ～与外语的区分 15–17, 18（图表 1.1），22（注释 1），279, 338

（图表 16.1），339 – 340，391 – 393

learning, foreign language learning, second language acquisition, non-native language learning ~学习，外语学习，第二语言习得，非本族语学习 2，14 – 15，30，37（图表 3.3），38（图表 3.4），39 – 40（图表 3.5），41 – 43，44（图表 3.7），48，90 – 91，94（注释 4），297，298，303，304，311，330 – 332，393 – 415，408（图表 18.2），516，517 – 518

learning research ~学习研究 57，71（注释 22），110，111，113（图表 6.1），323，329 – 332，334（注释 7），391，401，405 – 409，415（注释 15），451（注释 38）

planning ~规划 269，281 – 283

参见 language pedagogy, proficiency, research

secondary education 中等（中学）教育 44（图表 3.7），50，84，87，423，428，430

secondary language, weaker language (concept of) 辅助语言，弱势语言（的概念）9，12，22（注释 1）

Seidenstücker, J. H. 赛登斯图克尔 79，453

selection (of linguistic items)（语言项目的）选择 164，165（图表 8.1），166，176，483，485（图表 21.2），502

参见 limitation

self-assessment (of proficiency)（语言水平的）自我评估 353

self-directed learning, learner autonomy 自学，自主学习 113（图表 6.1），513（注释 15）

self-image 自我形象 209，382，412

semantic differential 语义区分 376，390（注释 19）

semantic mastery 语义掌握 346，356（注释 16.6），399，407

semanticon 意义素 156

semantics 语义学 130 – 132，135（图表 7.2），139，144，150（注释 16），153，156，177，178，183（图表 9.3），301

sensorimotor, psychomotor (skills) 感觉运动，心理运动（技能）297（图表 14.3），438，486

sentence 句子 130，137，141 – 142，152，159，179

sequencing, sequence (in teaching and learning)（教与学中的）排序，顺

序（次序）165（图表8.1），394-400，439，489，507-508，513（注释16）

参见 grading, stage

setting/situation 背景/情景 178, 221（图表11.1），222

参见 context

shaping 塑造 300, 306, 311

Silent Way 沉默法 64, 109, 110, 113（图表6.1），475（注释13）

skill, skill acquisition/learning fundamental skills 技能，技能获得/学习基本技能 310, 348（图表16.3），358（注释3），464，478，480（图表21.1），487，507，511（注释4）

skill-getting and skill-using 获得技能与使用技能 399-400

Skinner, B. F., Skinnerian approach 斯金纳，斯金纳方式（理论）290（图表14.1），291，298-300，302，305，306，307，327，328，444，465

Slavonic languages 斯拉夫语言 282

slip of the tongue 口误 292, 313（注释8）

social 社会（的）

agencies/institutions ~力量（能动作用）/机构 194, 271, 273（图表13.3），424-425

change ~变革 424-426

class ~阶层 194, 211, 220, 424-425

climate ~氛围（气候）110, 426, 495-496（注释10）

social context/social milieu/setting 社会语境/氛围（环境）/背景 134, 135（图表7.2），183，191，219，220，255（图表12.1），256-258，269-281，338（图表16.1），340，378，424-426，447（注释8），468，500（图表22.2），516

参见 context

social 社会（的）

interaction ~交往 209, 221（图表11.1），222，224（图表11.2），225，447（注释10），512-513（注释15）

/interpersonal learning strategy ~/人际学习策略 398, 410, 411, 512-513（注释15）

/informal learning ~/非正规学习 311, 404

mobility ~流动性 424-425

social psychology 社会心理学 209 及以下诸页，290（图表14.1），323，

384

social sciences 社会科学 192‐200，241‐242，284

参见 各分支学科下的词条

social (classroom teaching) strategies 社会（课堂教学）策略 506（图表22.5），507

social survey 社会调查 193

society 社会 191 及以下诸页，424‐425，508‐509，516，519

definition of ~的定义 200‐201

sociocultural factors (in language learning)（语言学习中的）社会文化因素 270，277，320，326，331

sociocultural guide 社会文化指南 255（图表12.1），517

参见 ethnographic

sociolect/social dialect 社会方言 124，232，256，344

sociolinguistic competence 社会语言能力 343，349，356（图表16.6），358（注释5）

sociology 社会学 3，36（图表3.2），38（图表3.4），44（图表3.7），49，192‐195，209，213（注释1），255（图表12.1），517

of education 教育~ 194，211‐213，419，424‐426，447（注释7），512‐513（注释15）

of language 语言~ 211，230‐241，269

of language teaching 语言教学~ 269‐285

sociolinguistics 社会语言学 3，37（图表3.3），38（图表3.4），44（图表3.7），49，103，146，147，177，192，213，218‐245，255（图表12.1），284，516‐517

origins of ~的起源 218‐219

sound-symbol relations/association 声音—符号关系/联想 370（图表17.1），371，372

South America (language issues in) 南美（的语言问题）237

speaker 说话者 135（图表7.2），222

speaking 说（话）93，325，344，346，347，348（图表16.3），464，478，480（图表21.1），489，507

speech act, speech act theory 言语行为，言语行为理论 113（图表6.1），128（图表7.1），133，135（图表7.2），177，220，221（图表11.1），222，226（图表11.3），348（图表16.3），358（注释4）

speech community 言语社团 17，232

speech event 言语事件 221，222

speech functions 言语功能 223, 224（图表 11.2）, 225, 226（图表 11.3）, 227（图表 11.4）

speech situation 言语情景 221（图表 11.1）, 222

speech sounds 语音 见 phonetics

Spencer, H. 斯宾塞 192

Spolsky, B. 斯波尔斯基 187（注释 5）

Sprachgefühl 语感 342

Sputnik crisis 人造卫星危机 431

stages (of language learning), phases, staging（语言学习的）阶段, 阶段划分 165（图表 8.1）, 399-400, 478, 481（图表 21.1）, 507-508, 513（注释 16）

参见 grading, sequencing

stamping in 铭刻 307, 311

Standard Average European (SAE) 一般标准欧洲语（简称 SAE）205, 276

Standard language 标准语 10, 220, 233（图表 11.5）

Stanford Conference on Individualizing Foreign Language Instruction (U.S.A.)（美国）斯坦福个性化外语教学会议 111

status studies, state-of-the-art reports 现状（状况）研究, 现状报告 88

of period before World War I 第一次世界大战前~ 98-99

of the interwar years 两次世界大战之间~ 99-102, 115（注释 4）

of the post-war era 战后~ 102-108, 115（注释 7, 8）

of the seventies and early eighties 70年代与 80 年代初~ 108-112, 116（注释 15）

stereotypes 刻板印象 237, 248, 263（注释 4）, 277, 429

stimulus and response/stimulus-response/S-R bond 刺激与反应/刺激—反应/S-R 联结 30, 31, 32（注释 4）, 305, 465

St Lambert (Canada)（加拿大）圣朗贝尔 107

strategic competence 策略能力 229, 243（注释 7）, 356（注释 16.6）

streaming/grading, streaming vs. unstreaming/grading vs. ungrading 能力分组/分级, 能力分组与非能力分组/分级与非分级 387（注释 1）, 429, 447（注释 10）

stronger language 强势语言 9

Stroop Colour-Word Test 斯特鲁普颜色词测验 373-374

structure（concept of）, structuralism 结构（的概念），结构主义 126-127, 134, 136-138, 139, 144-146, 150（注释 18），156-159, 163, 166-167, 177, 465

参见 American structuralism

student exchange 学生交换 70（注释 18），249, 379

studial capacities 非自然学习能力 318

style（in language）（语言）风格 125, 222, 344

subjective-experiential（teaching strategy）主观—经验（教学策略）506（图表 22.5）

suggestopaedia 暗示法 64, 109, 110, 113（图表 6.1），475（注释 13）

St Wolfgang Symposium 圣沃尔夫冈研讨会 111

summative evaluation 总结性评估 441

supportive and non-supportive language environments 支持性与非支持性语言环境 339-340, 391-392（图表 18.1）

Sweet, H. 斯威特 51, 79, 98, 154, 459, 478

syllabus 教学大纲 38（图表 3.4），42（图表 3.6），501

syntagmatic 横聚合（的）127

syntax 句法（学）130, 131, 135（图表 7.2），137, 141-144, 149（注释 13），156

system of education 教育系统（体制）428-430, 447-448（注释 13）

systematic vs. non-systematic（language teaching feature）系统性与非系统性（语言教学的特征）487（图表 21.3），489

systemic linguistics 系统语言学 140, 150（注释 19）

systems approach 系统方式 444

T1（theory as conceptual framework）T1（作为概念框架的理论）25, 28, 29, 35, 43, 50, 62

T2（working theory）T2（工作理论）26, 27, 28, 29, 30, 43, 48, 49, 62, 88, 89, 400, 452

T3（scientific theory）T3（科学理论）26, 27, 29, 30, 62

tagmemics 法位学 134, 174

tape recorder, tape recording 录音机，录音 465

taxonomy of educational objectives 教育目标分类 438, 502, 503, 511（注释 5）

参见 objectives, ends and means

teacher-centred (instruction) 以教师为中心的（教学）506（图表22.5），507，513（注释15）

teacher training/teacher education 教师培训/教师教育 42（图表3.6），44（图表3.7），154，160，170（注释2）

teaching 教学 39，44（图表3.7），258，259，498，510，518

　　参见 language teacher, language teaching

teaching grammar 教学语法 77，85，187（注释2）

teaching machine 教学机器 305-307，444

teaching of English as a foreign/second language (TEFL/TESL) 英语作为外语/第二语言的教学 16，338（图表16.1），340

teaching strategies 教学策略 50，505-507，518

teaching techniques 教学技巧 50，259，454-455，458，459，461，464，467，470，505-507

technology of instruction 教学技术 103，444-445

terminology 术语 9-22，22（注释8），52（注释10），421-422，474（注释1）

terminal behaviour 终端行为 348（图表16.3）

text study 文本细读（研读，研究）93，130，458，459

thème 母语译成外语 92

　　参见 translation

theoretical linguistics, linguistic theory 理论语言学，语言学理论 119-151，181（图表9.2），186

TESOL Association (Teaching of English to Speakers of Other Languages) (U.S.A.) （美国）TESOL 协会 107，330

testing 测试 163，165（图表8.1），311-312，439-440

　　参见 language testing

theory, theory and practice, theorizing 理论，理论与实践，理论化（探讨）1，2，3，23-34，35-52，62，177-180，420-422，452，464，515，520

　　参见 metatheory, practice, T1, T2, T3

Third World 第三世界 199，279，281

Thorndike E. L. 桑代克 290（图表14.1），305，307

threshold（psychological）（心理）临界水平（点）①400，410 参见 turning point

Threshold Level 临界（中级）水平 见 Council of Europe Modern Languages Project

time factor（in language learning）（语言学习中的）时间因素 43，365，506（图表 22.5），507，512（注释 14）

tip-of-the tongue phenomenon 舌尖现象 343

tolerance of ambiguity 模糊容忍度 382－383

topic（of speech act）（言语行为的）话题 135（图表 7.2），221（图表 11.1），223

traditional grammar 传统语法 164，174，187（注释 3）

transfer of learning, transfer as a learning objective 学习迁移，迁移作为学习目标 308，311，321，330，375，395－397，503（图表 22.4），504

transformational generative grammar（TC）转换生成语法（简称 TC）140－147，148（注释 5），150（注释 20），167－169，173，174，300－302，314（注释 15），327，470

transitional competence 过渡语言能力 354，399

triadic（speech event）三分（三人）的（言语事件）222

Trier, J. 特里尔 204

trilingualism 三语制（现象）84

Trim, J. 特里姆 187（注释 5），268（注释 22）

Trobriand Islands 特罗布里恩群岛 207

Tucker, R. 塔克 68（注释 5）

turning point（in language learning process）（语言学习过程的）转折点 321－322，334（注释 5），400，410，414（注释 10）

Ullmann, R. 厄尔曼 511（注释 7）

UNESCO Institute of Education（Germany）（德国）联合国教科文组织教育学院 56，106，108，432

unilingualism, unilingual environment 单语制（现象），单语环境 230，

---

① 心理学中一般译作"阈限"，但是作者在本书中所使用的意义，跟心理学还有些差异，因此译作"临界水平（点）"。——译者注

231,240,243（注释9），295,304

United Nations 联合国 103

United Nations Educational, Scientific, and Cultural Organization (UNESCO) 联合国教科文组织（简称 UNESCO）64,103,104,432

Ursprache, protolanguage 原始语，原型语言 120

U.S.A. 美国 87,102,104,105,241,271,431,457,461

use and usage 使用与用法 179,459

utterance 话语 128（图表7.1），137,145,179

values, educational values, cultural values 价值，教育价值，文化价值 270,422,504

verbal behaviour 语言行为 128,129,292,293,299

verbal labelling 语言标签 209,294

verbal learning 语言学习 310

verbal memory 语言记忆 372

verbal repertoire 语言总存 232

vernacular 土语 233（图表11.5）

version 外语译成母语 92

Viëtor, W. 维埃托尔 79,98,154,172（注释20），459

vitality (attribute in language typology) 生命力（语言类型的特征）233

vocabulary, teaching of 词汇教学 80,91,96（注释15），170（注释5），455,478,480（图表21.1）

vocabulary control 词汇控制 132,155,170（注释5），460,461,462 参见 word counts/word frequency studies

Watson, J. B. 华生 290（图表14.1），291,299,305,313（注释9）

Weber, M. 韦伯 192,193

Weisgerber, L. 魏斯格尔贝尔 154,204

Weltanschauungstypen 世界观类型 214（注释8）

Western Ontario (University of) 西安大略大学 237,375

West Indies (language stituation) 西印度群岛（语言现状）276

Whorf, B. L., Whorfian hypothesis 沃尔夫，沃尔夫假说 203-206,251,276,294

Widdowson, H. G. 威多森 109,187（注释5），268（注释22）

Wilkins, D. 威尔金斯 109,187（注释5,7），286（注释22）

Woodworth, R. S. 伍德沃斯 290（图表 14.1），305

word 词，词汇 130, 155

word association 词汇联想 292, 313（注释 7）

word counts/word frequency studies 词汇统计（计量）/词汇频率研究 100, 132, 155

writer and writing 作者与创作 89, 92, 124, 128（图表 7.1），135（图表 7.2），145, 222, 325, 344, 346, 347, 348（图表 16.3），478, 481（图表 21.1），489, 507

World War I 第一次世界大战 99-100

World War II 第二次世界大战 77, 102, 104, 156-157, 230

Wundt, W. 冯特 290（图表 14.1），292

Zambia (English in)（英语在）赞比亚 17, 244（注释 16）

译 后 记

本书的翻译从口头达成协议开始到交稿，历时十四个多月，从那时起就开始断断续续地着手翻译，正式开始翻译则是在合同签订后，至今也已经一年多了。期间的甘苦，只有做翻译实践的人才能真正体会得到，这就是为什么许多人都不愿意做这"为人作嫁"的苦差事的原因（当然，还有更深层次的体制原因）。但是，本人却乐此不疲，因为：一来做翻译是本人一生的理想；二来本人一向认为，与其做那些凑数的"垃圾"学问，不如原汁原味地向国人介绍国外有真才实学学者的著述（这对促进国内的学术研究发展，有百利而无一害，而且也极大地发挥了外语人理应发挥的沟通中外的作用）。

谈到本书的翻译，有三难：第一难是内容。本书涵盖语言学、心理学、心理语言学、社会学、人类学、教育学等多个学科，若无广博的知识，是很难应付的。第二难是语言表达。许多读过本书的人都反映，本书的语言有些晦涩，甚至有些术语的使用也并不是那么特别规范（例如，"threshold"一词，作者虽然说是一个心理学术语，但是若严格按照心理学术语来翻译，则是行不通的），或者语言意思表达不是那么精到，个别地方甚至有语言表达错误，因此理解起来就很费力，遑论翻译了。第三难是书中引用了法语和德语两种本人不熟悉的语言。

本书主要译者是本人，但总的来说仍然是集体合作的结晶，大致分工如次：刘振前、宋青（第1—10章和第19—22章，以及绪论、结论与索引），庄会彬与刘佳婷（第11—18章初稿）。全书由刘振前做了第一遍校对与修改，庄会彬、生为、刘佳婷、刘鑫、朱璇等通读了全书，并指出了译稿中仍然存在的一些错误之处与晦涩难懂的地方，接着由庄会彬进行第二遍校对，最后由刘振前做了进一步修改；书中的所有图表由庄会彬和李兰完成。最后，宋青对全书统一做了润色。在翻译过程中，同事刘洪东和包汉毅帮助翻译了书中的法语与德语引文。谨表最真诚的感谢。

最后，值此本书付梓之际，谨向本人的硕士导师、已故著名翻译家叶治（笔名主万）先生致以最崇高的敬意与感谢。二十多年前，蒙先生不弃，收本人为学生，将学生带入翻译的殿堂，不仅教给了我翻译的技巧，同时用自己的实际行动教会了我对待翻译严肃认真的态度。

刘振前
2012 年 10 月 18 日
于山东大学第五宿舍 四友斋

图书在版编目(CIP)数据

语言教学的基本概念/(加)H.H.斯特恩著;刘振前,宋青,庄会彬译. —北京:商务印书馆,2018
（牛津应用语言学汉译丛书）
ISBN 978-7-100-15613-4

Ⅰ.①语… Ⅱ.①H…②刘…③宋…④庄… Ⅲ.①语言教学—研究 Ⅳ.①H09

中国版本图书馆 CIP 数据核字(2017)第 297831 号

权利保留,侵权必究。

牛津应用语言学汉译丛书
语言教学的基本概念
〔加〕H.H. 斯特恩 著
刘振前 宋青 庄会彬 译

商 务 印 书 馆 出 版
（北京王府井大街36号 邮政编码100710）
商 务 印 书 馆 发 行
北京市十月印刷有限公司印刷
ISBN 978-7-100-15613-4

2018年2月第1版　　　　　开本 880×1230　1/32
2018年2月北京第1次印刷　印张 26⅝
定价:82.00元